中華古籍保護計劃

ZHONG HUA GU JI BAO HU JI HUA CHENG GUO

· 成 果 ·

安徽省歙縣博物館等三十七家收藏單位

古籍普查登記目録

全國古籍普查登記目録

國家圖書館出版社
National Library of China Publishing House

圖書在版編目（CIP）數據

安徽省歙縣博物館等三十七家收藏單位古籍普查登記目錄/《安徽省歙縣博物館等三十七家收藏單位古籍普查登記目錄》編委會編.—北京:國家圖書館出版社,2022.8
（全國古籍普查登記目錄）
ISBN 978－7－5013－7554－7

Ⅰ.①安…　Ⅱ.①安…　Ⅲ.①博物館—古籍—圖書目錄—中國　Ⅳ.①Z838

中國版本圖書館 CIP 數據核字（2022）第 131564 號

書　　名	安徽省歙縣博物館等三十七家收藏單位古籍普查登記目錄	
著　　者	《安徽省歙縣博物館等三十七家收藏單位古籍普查登記目錄》編委會　編	
責任編輯	王　雷	

出版發行 國家圖書館出版社(北京市西城區文津街 7 號　100034)
（原書目文獻出版社 北京圖書館出版社）
010－66114536　63802249　nlcpress@nlc.cn(郵購)

網　　址 http://www.nlcpress.com
排　　版 京荷(北京)科技有限公司
印　　裝 河北三河弘翰印務有限公司
版次印次 2022 年 8 月第 1 版　2022 年 8 月第 1 次印刷

開　　本 787×1092　1/16
印　　張 51
字　　數 960 千字
書　　號 ISBN 978－7－5013－7554－7
定　　價 510.00 圓

《全國古籍普查登記目錄》

工作委員會

主　任：周和平

副主任：張永新　詹福瑞　劉小琴　李致忠　張志清

委　員（按姓氏筆畫排序）：

《全國古籍普查登記目録》

序　言

　　全國古籍普查登記工作是"中華古籍保護計劃"的首要任務，是全面開展古籍搶救、保護和利用工作的基礎，也是有史以來第一次由政府組織、參加收藏單位最多的全國性古籍普查登記工作。

　　2007 年國務院辦公廳發布《關於進一步加强古籍保護工作的意見》（國辦發〔2007〕6 號），明確了古籍保護工作的首要任務是對全國公共圖書館、博物館和教育、宗教、民族、文物等系統的古籍收藏和保護狀況進行全面普查，建立中華古籍聯合目録和古籍數字資源庫。2011 年 12 月，文化部下發《文化部辦公廳關於加快推進全國古籍普查登記工作的通知》（文辦發〔2011〕518 號），進一步落實了全國古籍普查登記工作。根據文化部 2011 年 518 號文件精神，國家古籍保護中心擬訂了《全國古籍普查登記工作方案》，進一步規範了古籍普查登記工作的範圍、内容、原則、步驟、辦法、成果和經費。目前進行的全國古籍普查登記工作的中心任務是通過每部古籍的身份證——"古籍普查登記編號"和相關信息，建立古籍總臺賬，全面瞭解全國古籍存藏情況，開展全國古籍保護的基礎性工作，加强各級政府對古籍的管理、保護和利用。

　　《全國古籍普查登記工作方案》規定了全國古籍普查登記工作的三個主要步驟：一、開展古籍普查登記工作；二、在古籍普查登記基礎上，編纂出版館藏古籍普查登記目録，形成《全國古籍普查登記目録》；三、在古籍普查登記工作基本完成的前提下，由省級古籍保護中心負責編纂出版本省古籍分類聯合目録《中華古籍總目》分省卷，由國家古籍保護中心負責編纂出版《中華古籍總目》統編卷。

　　在黨和政府領導下，在各地區、各有關部門和全社會共同努力下，古籍普查登記工作得以扎實推進。古籍普查已在除臺、港、澳之外的全國各省級行政區域開展，普查内容除漢文古籍外，還包括各少數民族文字古籍，特別是於 2010 年分别啓動了新疆古籍保護和西藏古籍保護專項，因地制宜，開展古籍普查登記工作；國家古籍保護中心研製的"全國古籍普查登記平臺"已覆蓋到全國各省級古籍保護中心，并進一步研發了"中華古籍索引庫"，爲及時展現古籍普查成果提供有力支持；截至目前，已有 11375 部古籍進入《國家珍貴古籍名録》，浙江、江蘇、山東、河北等省公布了省級《珍貴古籍名録》，古籍分級保護機制初步形成。

《全國古籍普查登記目録》是古籍普查工作的階段性成果，旨在摸清家底，揭示館藏，反映古籍的基本信息。原則上每申報單位獨立成册，館藏量少不能獨立成册者，則在本省範圍內幾個館目合并成册。無論獨立成册還是合并成册，均編製獨立的書名筆畫索引附於書後。著録的必填基本項目有：古籍普查登記編號、索書號、題名卷數、著者（含著作方式）、版本、册數及存缺卷數。其他擴展項目有：分類、批校題跋、版式、裝幀形式、叢書子目、書影、破損狀況等。有條件的收藏單位多著録的一些擴展項目，也反映在《全國古籍普查登記目録》上。目録編排按古籍普查登記編號排序，内在順序給予各古籍收藏單位較大自由度，可按分類排列古籍普查登記編號，也可按排架號、按同書名等排列古籍普查登記編號，以反映各館特色。

此次全國古籍普查登記工作，克服了古籍數量多、普查人員少、普查難度大等各種困難，也得到了全國古籍保護工作者的極大支持。在古籍普查登記過程中，國家古籍保護中心、各省古籍保護中心爲此舉辦了多期古籍普查、古籍鑒定、古籍普查目録審校等培訓班，全國共 1600 餘家單位參加了培訓，爲古籍普查登記工作培養了大量人才。同時在古籍普查登記工作中，也鍛煉了普查員的實踐能力，爲將來古籍保護事業發展奠定了良好的基礎。

《全國古籍普查登記目録》的出版，將摸清我國古籍家底，爲古籍保護和利用工作提供依據，也將是古籍保護長期工作的一個里程碑。

國家古籍保護中心

2013 年 10 月

《全國古籍普查登記目録》

編纂凡例

一、收録範圍爲我國境内各收藏機構或個人所藏，産生於 1912 年以前，具有文物價值、學術價值和藝術價值的文獻典籍，包括漢文古籍和少數民族文字古籍以及甲骨、簡帛、敦煌遺書、碑帖拓本、古地圖等文獻。其中，部分文獻的收録年限適當延伸。

二、以各收藏機構爲分册依據，篇幅較小者，適當合并出版。

三、一部古籍一條款目，複本亦單獨著録。

四、著録基本要求爲客觀登記、規範描述。

五、著録款目包括古籍普查登記編號、索書號、題名卷數、著者、版本、册數、存缺卷等。古籍普查登記編號的組成方式是：省級行政區劃代碼—單位代碼—古籍普查登記順序號。

六、以古籍普查登記編號順序排序。

《安徽省歙縣博物館等三十七家收藏單位古籍普查登記目錄》

編委會

顧　問：林旭東

主　編：葛小禾　石　梅

編　委：

安徽省古籍保護中心：曹冬生　石　梅　鍾姝娟　葛小禾　彭　紅

歙縣博物館：方　暉　王衛東　葉劍波　王國輝　陳玉琳　汪龍輝　張　麗　周　琴

黃山市圖書館：倪清華　陳國光　曹　廣

戴震紀念館：應國華　朱彩琴

黃山市黃山區圖書館：湯　月　江　贇　柏世勝　余曉紅

祁門縣圖書館：彭江琪　周　群　戴　亞　查　琪

祁門縣博物館：陳浩河　陳建農　王升文　江翠娟

休寧縣狀元博物館：汪　濤　鮑文寧　許振杰　孫　艷

黟縣圖書館：汪新安　王紅影

黃山學院圖書館：李鐵範　胡善風　劉鐵紅　江　誠　張世能　吳秉坤　張曉峰

宣城市圖書館：張蓓蓓　孫　燕　嚴曉婧　蔣葉琪　劉　玲　胡　婧　徐文静　肖　弋

宣城市博物館：王愛武　黃勝橋　侯　蓓

廣德市圖書館:遲　賓　唐　芬　李興峰　李　群　楊　暘
汪　燕　楊常綠

績溪縣圖書館:汪順祥　高芙利　宋美卿　曹婧婧

安徽省郎溪縣圖書館:趙　雙　張　健　李家芳　王　旭
吳義志　何光成　張洪慶　董安琪

青陽縣圖書館:陳　麗　丁勁松　殷黎明　唐　亮

安徽省九華山歷史文物館:汪傳忠　焦　健　李報生
石　琴　汪曉俊

石臺縣圖書館:方玲麗　馬曉晨　錢　惠　劉　濤

安徽省石臺縣崇實中學:潘曉山　許能祥　聶學文　江　華
張宇婷　何慧寶　鄭　慧　焦目祥

桐城市圖書館:吳蘇琴　鄧康明　程益貴　郭紅丁　余春梅
王小勤

桐城市博物館:葉　鑫　方向紅　張梅生　姚　達　汪傳榮
唐雪琴

安慶師範大學圖書館:呂利平　劉傳迅　汪　斌　董　燕
華應康　沈志富　何承斌　何流壘　王紅艷

潛山市圖書館:韓焰生　程李娟

嶽西縣圖書館:萬嶽霞　曹訓武　張惠群　陳　蜜　秦　吳
胡雪蕾　徐　盼

太湖縣圖書館:王慶宏　雷克玲　章萍萍　王曉霞　趙　樂
陳亞美

宿松縣圖書館:楊　峰　鄧芬芬

懷寧縣圖書館:劉　毅　張俊生　昂　琳　查雲梅　鮑勝萍

程元元

銅陵市圖書館:吳永龍　吳　杰　畢　瑩　姜陵陵　孫　晨

樅陽縣圖書館:謝思球　馬麗琴　汪　湛　陶　樹　黃安平
曹芳莉　許　盛　方　銳　盧　瑶　張二采

當塗縣圖書館:夏　斌　韓運平　孫　坤

馬鞍山李白研究所:周霍祁　韋桂枝　趙斯霞　胡　俊
朱　潔　呂彥舒

安徽工業大學圖書館:陳光華

蕪湖市圖書館:唐　俊　劉學梅　褚福穎

安徽省無爲市圖書館:錢傳寶　沈懷玉　付　勇　張　穎
陳麗麗　尤婷婷　許　堯　方　文　徐　芸　陳恩芳
李　莉　李曉燕

蕪湖市灣沚區圖書館:王國輝　秦艷敏　黃曉明　朱　晶
姜甜甜　劉康麗　周　穎　陶　企

安徽中醫藥高等專科學校圖書館:徐雪琴　胡愛兵　高林萍
汪艷娟　曹　葭

安徽醫科大學圖書館:陳志武　周國正　李桂芳　魏　平
曹紅院　洪　紅　曹　中　夏　果

碭山縣圖書館:李超群　蔣　勇　馬軍榮　陳朝玉　商月月

《安徽省歙縣博物館等三十七家收藏單位古籍普查登記目録》

前　言

　　15 年來，安徽省共完成 70 家古籍收藏單位的 85478 部 723349 册（件）古舊綫裝書普查登記，其中 1912 年前刊印抄寫的古籍有 72197 部 646825 册（件）。自 2016 年以來，由國家圖書館出版社先後出版了安徽師範大學圖書館、安徽大學圖書館、安徽博物院、安徽中國徽州文化博物館、安慶市圖書館、皖北地區 26 家收藏單位、安徽省圖書館等 32 家單位的館藏古籍普查登記目録。本書是安徽省出版的第 8 部古籍普查登記目録，也是全省的最後一部古籍普查登記目録，共收録全省 37 家收藏單位的 8202 部 78667 册（件）古籍普查數據。

　　2007 年，國務院辦公廳下發《關於進一步加强古籍保護工作的意見》（國辦發〔2007〕6 號），標志着"中華古籍保護計劃"正式在全國實施。安徽省隨即成立安徽省古籍保護中心，主要負責組織全省古籍保護、開展古籍普查登記、建立古籍綜合數據資料庫、開展古籍保護修復培訓和古籍保護研究工作。省古籍保護中心成立初期，就開始着手組織開展全省基層古籍單位的古籍普查登記。2007 年 6 月 25 日，省古籍保護中心在充分調研的基礎上，於全省範圍内選取 10 家古籍存藏單位作爲試點，包括本合册中的桐城市圖書館、無爲市圖書館（時爲無爲縣圖書館）、九華山藏經閣、戴震紀念館、歙縣博物館，在一年時間内采用試點先行、以點帶面的工作方式，全面帶動全省古籍普查工作。試點期間，省古籍保護中心派專家前往安慶、桐城、九華山等地進行實地督導，現場著録珍貴古籍的基本信息，并進行實地目録編製教學指導。2008 年 5 月，省古籍保護中心在安徽省圖書館舉辦了"第一届安徽省古籍普查培訓班"，來自全省 23 家單位的 41 位學員參加了培訓，全省的古籍普查工作也由此正式拉開序幕。

　　此後的十餘年，安徽省古籍保護中心根據皖南地區各地各館的具體情況，分步驟分階段逐步推進古籍普查登記。省古籍保護中心首先集中精力完成全省存藏量千部以上古籍收藏單位的古籍普查登記。2013 年，經過幾年的不懈努力，桐城市圖書館、蕪湖市圖書館、歙縣博物館、戴震紀念館等 13 家古籍收藏單位率先完成館藏古籍普查登記，并由國家圖書館出版社出版《全國古籍普查登記目録檔》。隨後，借助中國古籍保護協會"中華古籍普查志願服務行動"，充分運用省内高校文化志願者的力量,完成全省館藏較多、普查難度較大的藏館的普查登記任務。2016 年至 2017 年,安徽省古籍保護中心連續組織來自安徽大學和安徽師範大學的文化志願者共 24 人次,先後赴皖南地區的無爲市圖書館(時爲無爲縣圖書館)、績溪縣圖書館、嶽西縣圖書館、潛山市圖書館(時爲潛山縣圖書館)、宣城市圖書館、宿松縣圖書館開展文獻整理與普查登記 3029 部 19391 册(件),全省普查完成率得到大幅提升。另外,省中心針對有能力開展古籍普查工作的單位,組織舉辦古籍普查登記專項培訓班。2017 年 12 月,省中心在安徽農業大學圖書館舉辦"安徽省古籍普查與保護培訓班",對包括安慶師範大學(時爲安慶師範學院)圖書館在内的高校圖書館的工作人員進行古籍普查培訓,督促完成本單位古籍普查登記。最後,對於皖南地區存藏量少且相對分散的古籍收藏單位,省古籍保護中心采取督導的方式代爲普查。2017 年 3 月,省中心抽調省圖書館的古籍業務骨幹,赴黟縣圖書館、祁門縣圖書館、廣德市圖書館(時爲廣德縣圖書館)、郎溪縣圖書館、涇縣圖書館、當塗縣圖書館、懷寧縣圖書館、樅陽縣圖書館、太湖縣圖書館、蕪湖市灣沚區圖書館(時爲蕪湖縣圖書館)開展古籍普查專項督導,共完成 169 部 2151 册(件)的文獻整理與普查登記。2018 年 12 月,省古籍保護中心再次抽調業務骨幹赴休寧縣狀元博物館、祁門縣博物館、石臺縣圖書館和石臺縣崇實中學開展督導,共完成 368 部 3599 册(件)的文獻整理與普查登記。

2021 年,安徽省新增三家古籍收藏單位,分別是:安徽工業大學圖書館、安徽醫科大學圖書館、碭山縣圖書館。2021 年 3 月至 4 月,省古籍保護中心克服新冠肺炎疫情的影響,采取普查督導的方式,分三批赴三家新增古籍收藏單位開展文獻整理與普查登記,共完成 284 部 2028 册(件)。至此,全省的普查登記工作全部完成。

在全省古籍普查工作逐步推進的同時,省古籍保護中心也在對各館提交的普查數據進行審校。安徽省古籍普查登記工作充分運用全國古籍普查平臺,無論是文化志願者活動、業務培訓、普查督導,都嚴格按照國家古籍保護中心普查登記的 7 項指標(含書影)要求在平臺上完成著録。平臺著録的方式大大提高了全省古籍普查數據審校的效率,審校人員通過各館上傳的書影檢查著録,發現著録的問題及時根據書影修改,對於存疑的部分發回各館核查。其後,省中心再統一導出數據進行數據三審,經過幾次多遍的校改,最終完成各館目録的審校工作,確保古籍普查目録出版品質。

隨着全省古籍普查工作的深入,各館的古籍保護工作也取得了積極進展。全省建立健全古籍分級保護機制,共有 10 家單位入選前六批"全國古籍重點保護單位",6 家單位入選首批"安徽省古籍重點保護單位"。本合册中蕪湖市圖書館、歙縣博物館入選第五批"全國古籍重點保護單位",蕪湖市圖書館、歙縣博物館、桐城市圖書館、無爲市圖書館入選首批"安徽省古籍重點保護單位"。通過普查,更是發現了深藏於各館的寶藏。截至目前,全省共 282 部古籍入選《國家珍貴古籍名錄》,本合册中桐城市圖書館入選 3 部,蕪湖市圖書館入選 3 部,青陽縣圖書館入選 1 部,安徽省九華山歷史文物館入選 1 部;270 部入選首批《安徽省珍貴古籍名錄》,本合册中無爲市圖書館入選 6 部,桐城市圖書館入選 4 部,歙縣博物館入選 4 部。這些珍貴古籍,保留了濃厚的安徽地域文化底藴,具有極高的版本與文獻價值。

由於單位較多,本合册的審校工作由安徽省古籍保護中心曹冬生、石梅、鍾姝娟、葛小禾、彭紅五位審校人員分工完成,同步開展古籍數據審校。其中,曹冬生負責 11 家單位,分別是:歙縣博物館、宣城市博物館、青陽縣圖書館、桐城市博物館、潛山市圖書館、嶽西縣圖書館、太湖縣圖書館、宿松縣圖書館、懷寧縣圖書館、樅陽縣圖書館、無爲市圖書館,共 4084 條;石梅負責 11 家單位,分別是:黄山市圖書館、黄山市黄山區圖書館、祁門縣圖書館、黟縣圖書館、宣城市圖書館、廣德市圖書館、績溪縣圖書館、郎溪縣圖書館、安徽省九華山歷史文物館、桐城市圖書館、蕪湖市圖書館,共 2830 條;鍾姝娟負責 5 家單位,分別是:戴震紀念館、黄山學院圖書館、安慶師範大學圖書館、當塗縣圖書館、安徽中醫藥高等專科學校圖書館,共 781 條;葛小禾負責 4 家單位,分別是:馬鞍山李白研究所、安徽工業大學圖書館、安徽醫科大學圖書館、碭山縣圖書館,共 261 條;彭紅負責 6 家單位,分別是:祁門縣博物館、休寧縣狀元博物館、石臺縣圖書館、安徽省石臺縣崇實中學、銅陵市圖書館、蕪湖市灣沚區圖書館,共 246 條。本合册的出版工作,主要由安徽省古籍保護中心葛小禾、石梅負責。

需要説明的是,本合册中安徽醫科大學圖書館、宿州市碭山縣圖書館由於普查完成時間較晚,未及時并入皖南地區出版,因此收入本書合册出版。另外,馬鞍山市涇縣圖書館館藏均爲民國綫裝書,不予收録。至此,全省 69 家單位的 8 部古籍普查登記目録審校出版工作全部完成,慎終承始,終得圓滿。

全省 8 部古籍普查登記目録的最終出版,離不開全省各古籍公藏單位的協助支持,更離不開全省每一個古籍普查工作者的辛勤付出。這 8 部目録是全省古籍保護工作的里程碑,更是全省開啓下階段工作的重要基礎。未來,省古籍保護中心將繼續推進全省的古籍保護工作,啓動《中華古籍總目·安徽卷》的編纂,加大力度促進古籍修復與數字化、文獻整理出版、宣傳推廣等方面的工作,讓深植於安徽典籍中的文化根基,展現出新時代的别樣風采!

安徽省古籍保護中心
2022 年 6 月

目　　録

黄山市歙縣博物館古籍普查登記目録

全國古籍普查登記目録

國家圖書館出版社

National Library of China Publishing House

340000－1883－0000001　善 4

登壇必究四十卷　（明）王鳴鶴編　明萬曆刻本　四十冊

340000－1883－0000002　善 9

天祿閣外史八卷　（漢）黃憲撰　明嘉靖刻本　二冊

340000－1883－0000003　善 17

唐王濤先生外臺秘要方四十卷首一卷　（唐）王濤撰　（明）程敬通訂　明崇禎刻本　三十二冊

340000－1883－0000004　善 30

玉機微義五十卷　（明）劉宗厚撰　明正德刻本　十二冊

340000－1883－0000005　善 35

四本堂座右編二十四卷　（清）朱潮遠輯　清康熙刻本　四冊

340000－1883－0000006　善 36

黃帝內經二十四卷　（唐）王冰輯　明嘉靖刻本　八冊

340000－1883－0000007　善 38

新纂門目五臣音注揚子法言十卷　（漢）揚雄撰　明刻本　六冊

340000－1883－0000008　善 41

瘡瘍經驗三卷　（清）鮑集成輯　清嘉慶刻本　二冊

340000－1883－0000009　善 44

群書考索古今事文玉屑二十四卷　（明）楊淙編　明萬曆刻本　十二冊

340000－1883－0000010　善 59

雪莊黃山圖不分卷　（清）雪莊繪　清康熙稿本　一冊

340000－1883－0000011　善 64

汪氏譜乘不分卷　（清）汪舸輯　清乾隆刻本　一冊

340000－1883－0000012　善 68

困學紀聞二十卷　（宋）王應麟撰　清乾隆刻本　六冊

340000－1883－0000013　善 70

唐詩畫譜四卷　（明）黃鳳池編　明萬曆刻本　二冊

340000－1883－0000014　善 75

世說新語四卷　（南朝梁）劉孝標注　明萬曆刻本　四冊

340000－1883－0000015　善 77

草香堂集不分卷　（清）龔半千撰　清康熙抄本　一冊

340000－1883－0000016　善 83

食物本草四卷　（明）盧和撰　明隆慶五年(1571)刻本　四冊

340000－1883－0000017　善 86

燕閒清賞三卷　（明）高濂撰　明萬曆刻本　一冊　存一卷(中)

340000－1883－0000018　善 87

岩鎮水口文峰塔重修記略不分卷　（清）程維翰撰　清道光抄本　一冊

340000－1883－0000019　善 89

徽城竹枝詞不分卷　（清）吳梅顛著　清乾隆抄本　一冊

340000－1883－0000020　善 90－2

明故羅君行狀不分卷　（明）羅應鶴撰　明抄本　一冊

340000－1883－0000021　善 90－3

明故胡太孺人行狀不分卷　（明）羅炌撰　明刻本　一冊

340000－1883－0000022　善 91

曹氏墨林初集二卷　（清）曹素功輯　清乾隆刻本　一冊

340000－1883－0000023　經 3

重刊許氏說文解字五音韻譜十二卷　（漢）許慎撰　明刻本　八冊

340000－1883－0000024　經 6

大宋重修廣韻標準五卷　（隋）陸法言撰　清康熙刻本　六冊

340000－1883－0000025　經 13

佩觿三卷　（宋）郭忠恕撰　清康熙四十九年
(1710)刻本　一冊

340000－1883－0000026　經 15

五雅四十一卷　（明）郎奎金輯　明天啓六年
(1626)郎氏堂策檻刻本　四冊

340000－1883－0000027　經 16

毛詩稽古編三十卷　（清）陳啓源撰　清嘉慶
刻本　十二冊

340000－1883－0000028　經 24

顧氏音學五書三十八卷　（清）顧炎武撰　清
初刻本　九冊　存三十二卷(音論一至三,詩
本音一至十,唐韻正一至八、十二至二十,古
音表一至二)

340000－1883－0000029　經 26

聲類表九卷　（清）戴震撰　清乾隆十二年
(1747)刻本　二冊

340000－1883－0000030　經 51

一輻集十八卷　（清）項淳撰　清乾隆刻本
六冊

340000－1883－0000031　經 52

詩經集注八卷　（明）吳世良編　明嘉靖刻本
二冊

340000－1883－0000032　經 53

江慎修古韻標準不分卷　（清）江永撰　清稿
本　一冊

340000－1883－0000033　經 54

義學正字三卷　（明）沈鯉等撰　明萬曆刻本
一冊

340000－1883－0000034　經 63

韻切指歸二卷　（清）吳心選撰　清康熙三十
五年(1696)刻本　二冊

340000－1883－0000035　經 65

大戴禮記十三卷　（清）朱筠等編　清刻本
二冊

340000－1883－0000036　經 67

諧聲指南不分卷　（明）吳元滿撰　明萬曆刻

本　一冊

340000－1883－0000037　經 78

金剛寶筏六卷　（明）印玄子錄　明萬曆三十
年(1602)刻本　一冊

340000－1883－0000038　經 81

古韻標準不分卷　（清）江永編　清刻本
一冊

340000－1883－0000039　經 92

聲韻考四卷　（清）戴震撰　清道光刻本
一冊

340000－1883－0000040　經 3311

禮學卮言六卷　（清）孔廣森撰　清嘉慶刻本
一冊

340000－1883－0000041　經 3312

四聲切韻表不分卷　（清）江永編　清刻本
一冊

340000－1883－0000042　經 3313

四聲切韻表一卷凡例一卷　（清）江永編　清
乾隆刻本　三冊

340000－1883－0000043　經 3314

切字肆考不分卷　（清）張耕撰　清道光刻本
一冊

340000－1883－0000044　經 3315

古韻發明不分卷　（清）張耕撰　清刻本
三冊

340000－1883－0000045　經 3316－1

詩聲類十二卷　（清）孔廣森編　清嘉慶刻本
一冊

340000－1883－0000046　經 3316－2

經學卮言六卷　（清）孔廣森編　清嘉慶刻本
一冊

340000－1883－0000047　經 3316－3

少廣正負術六卷　（清）孔廣森編　清嘉慶刻
本　一冊

340000－1883－0000048　經 3316－4

駢儷文三卷　（清）孔廣森編　清嘉慶刻本

一冊

340000－1883－0000049　經 3317－1
大方廣佛華嚴經著述集要之華嚴二乘教義分
齊章四卷　（唐）釋法藏撰　清刻本　二冊

340000－1883－0000050　經 3317－2
大方廣佛華嚴經著述集要之華嚴全師子章等
不分卷　（唐）釋法藏撰　清光緒刻本　六冊

340000－1883－0000051　經 3319
大唐西域記十二卷　（唐）釋辯機撰　清光緒
刻本　三冊　存九卷（一至九）

340000－1883－0000052　經 3320
大方廣佛華嚴經疏鈔一百七十二卷　（清）釋
澄觀撰　清刻本　三冊　存十卷（七十九至
八十一、一百五十一至一百五十四、一百七十
至一百七十二）

340000－1883－0000053　經 3321
方廣大莊嚴經十二卷　（唐）釋地婆訶羅譯
清刻本　三冊　存九卷（四至十二）

340000－1883－0000054　經 3323
周禮玉海一卷　（清）程甫等輯　清刻本
一冊

340000－1883－0000055　經 3324
易憲四卷　（明）沈泓撰　清刻本　三冊

340000－1883－0000056　經 3325
大廣益會玉篇三十卷　（南朝梁）顧野王撰
清康熙刻本　五冊　存二十五卷（一至二十
五）

340000－1883－0000057　經 3326
重刊玉篇廣韻三十卷　（南朝梁）顧野王撰
清道光三十年（1850）刻本　七冊

340000－1883－0000058　經 3327
說文解字通釋三十六卷　（宋）徐鍇撰　清道
光十九年（1839）刻本　六冊

340000－1883－0000059　經 3329
養性閑筆語錄不分卷　（清）鄧厚菴撰　清刻
本　四冊

340000－1883－0000060　經 3331
大方廣佛華嚴經普賢行願品別疏鈔十五卷
（唐）釋宗密撰　清刻本　五冊

340000－1883－0000061　經 3333
大方廣佛華嚴經疏鈔懸談二十八卷首一卷
（唐）釋澄觀撰　清光緒刻本　八冊

340000－1883－0000062　經 3334
阿毘達磨俱舍論三十卷　（唐）釋三藏譯　清
刻本　六冊

340000－1883－0000063　經 3336
釋摩訶衍論十卷　（後秦）釋筏提摩多譯　清
光緒金陵刻經處刻本　四冊

340000－1883－0000064　經 3337
妙法蓮華經七卷　（後秦）釋鳩摩羅什譯　清
同治刻本　三冊

340000－1883－0000065　經 3338
高僧傳初集十五卷　（南朝梁）釋慧皎撰　清
光緒刻本　四冊

340000－1883－0000066　經 3340
大乘起信論義記六卷　（唐）釋法藏撰　清光
緒刻本　二冊

340000－1883－0000067　經 3342
因明入正理論疏八卷　（唐）釋窺基撰　清刻
本　二冊

340000－1883－0000068　經 3344
十二門論疏四卷　（唐）釋法藏撰　清刻本
二冊

340000－1883－0000069　經 3345
大乘法界無差別論疏二卷　（唐）釋法藏撰
清刻本　一冊

340000－1883－0000070　經 3346
韻學不分卷　（清）黃生等撰　清刻本　十
五冊

340000－1883－0000071　經 3347
總統易三卷　（清）毛異寶編　清刻本　一冊

340000－1883－0000072　經 3348

困知記四卷 （清）秦和等撰 清刻本 四冊

340000－1883－0000073 經3349
程尚書經進禹貢圖不分卷 （宋）程大昌撰
清刻本 二冊

340000－1883－0000074 經3351
小學六卷 （清）高愈注 清刻本 二冊

340000－1883－0000075 經3352
妙法蓮華經七卷 （後秦）釋鳩摩羅什譯 明
刻本 二冊

340000－1883－0000076 經3355
皇清經解一千四百卷 （清）阮元撰 清道光
刻本 十二冊 存五十卷（八百六十七至八
百八十一、一千三十九至一千七十三）

340000－1883－0000077 經3356
十三經集字摹本不分卷 （清）彭玉雯撰 清
道光刻本 八冊

340000－1883－0000078 經3358－1
六書分類七卷 （清）紀昀撰 清刻本 二冊
存六卷（一至六）

340000－1883－0000079 經3358－2
六書通三十三卷 （清）閔齊伋輯 清刻本
三冊 存六卷（三至六、九至十）

340000－1883－0000080 經3359－1
百家姓考略不分卷 （清）王晉升撰 清刻本
一冊

340000－1883－0000081 經3359－2
千字文釋義不分卷 （清）汪嘯尹纂修 清刻
本 一冊

340000－1883－0000082 經3361
鄭氏周易三卷 （漢）鄭玄撰 清乾隆二十一
年（1756）德州盧氏刻本 一冊

340000－1883－0000083 經3362
說文段注訂補十四卷 （清）王紹蘭撰 清光
緒刻本 八冊

340000－1883－0000084 經3363
許氏說文解字雙聲疊韻不分卷 （清）鄧廷楨

撰 清道光知足齋刻本 一冊

340000－1883－0000085 經3364
御定駢字類編二百四十卷 （清）張廷玉編
清光緒十三年（1887）上海同文書局石印刻本
三十四冊 存一百六十七卷（一至八十二、
九十三至九十八、一百四至一百八、一百十三
至一百十七、一百三十四至一百三十七、一百
七十六至二百四十）

340000－1883－0000086 經3365
詩韻合璧五卷 （清）湯文潞輯 清刻本 四
冊 存四卷（二至五）

340000－1883－0000087 經3366
四書集注十五卷 （宋）朱熹注 清刻本
六冊

340000－1883－0000088 經3367
論語十卷 （三國魏）何晏集解 清光緒三十
三年（1907）刻本 二冊

340000－1883－0000089 經3368
孟子五卷 （宋）朱熹注 清刻本 二冊

340000－1883－0000090 經3369
大學中庸不分卷 （宋）朱熹注 清刻本
一冊

340000－1883－0000091 經3370
新定三禮圖不分卷 （宋）聶崇義注 清刻本
二冊

340000－1883－0000092 經3371
增補蘇東坡硃批孟子二卷 （清）趙大浣增補
清嘉慶刻本 二冊

340000－1883－0000093 經3372
古三墳二卷附關氏易傳一卷 （明）唐琳訂
明刻本 一冊

340000－1883－0000094 經3373
大學章句翼二卷 （清）吳曰慎編 清刻本
一冊

340000－1883－0000095 經3374
道德經實注不分卷 （清）汪仲伊撰 清光緒
抄本 二冊

340000－1883－0000096　經 3375

群經補義五卷　（清）江永撰　清乾隆刻本
一冊

340000－1883－0000097　經 3376

說文引經考異十六卷　（清）柳榮宗撰　清刻
本　三冊　存十二卷(五至十六)

340000－1883－0000098　經 3377

呂晚邨先生家訓真跡五卷　（清）呂留良撰
清初抄刻本　一冊

340000－1883－0000099　經 3379

九章算經二十五卷　（晉）劉徽注　清光緒刻
本　九冊

340000－1883－0000100　經 3380

詩韻珠璣五卷　（清）余照輯　清刻本　二冊

340000－1883－0000101　經 3381

說文徐氏新補新附考證不分卷　（清）錢大昭
撰　清刻本　一冊

340000－1883－0000102　經 3382

毛詩異同評三卷　（晉）孫毓撰　清刻本　一
冊　存二卷(中、下)

340000－1883－0000103　經 3383

毛詩傳義不分卷　（清）陳奐編　清刻本
一冊

340000－1883－0000104　經 3384

山海經箋疏不分卷　（清）郝懿行撰　清刻本
六冊

340000－1883－0000105　經 3388

成唯識論述記六十卷　（唐）釋窺基撰　清光
緒二十七年(1901)金陵刻經處刻本　十冊

340000－1883－0000106　經 3390

成唯識論十卷　（唐）釋玄奘譯　清光緒刻本
二冊

340000－1883－0000107　經 3391

唯識二十論四卷　（唐）釋玄奘譯　清刻本
二冊

340000－1883－0000108　經 3393

般若心經五家注不分卷　（唐）靖邁等注　清
刻本　一冊

340000－1883－0000109　經 3394

圓覺紀略疏二卷　（唐）釋宗密撰　清刻本
二冊

340000－1883－0000110　經 3395

中論六卷　（後秦）釋鳩摩羅什譯　清光緒三
十三年(1907)揚州藏經院刻本　二冊

340000－1883－0000111　經 3396

解深密經五卷　（唐）釋玄奘撰　清同治刻本
一冊

340000－1883－0000112　經 3398

辯中邊論述記六卷　（唐）釋窺基撰　清刻本
三冊

340000－1883－0000113　經 3399

等不等觀雜錄八卷　（清）楊仁山撰　清刻本
三冊

340000－1883－0000114　經 3401

孟子正義三十卷　（清）焦循撰　清刻本　十
三冊　存二十七卷(四至三十)

340000－1883－0000115　經 3402

新刻湯睡庵先生家傳易經演九卷　（清）湯賓
尹等撰　清刻本　一冊　存四卷(五至八)

340000－1883－0000116　經 3403

金剛般若波羅蜜經不分卷　（後秦）釋鳩摩羅
什譯　清道光抄本　一冊

340000－1883－0000117　經 3404

劉伯溫全鎮百中經不分卷　（明）劉伯溫撰
清刻本　一冊

340000－1883－0000118　經 4175

禮記章句十二卷　（清）任啟運撰　清抄本
二十冊　存九卷(一至七、十一至十二)

340000－1883－0000119　經 4176

御纂周易折中二十二卷　（清）李光地撰　清
刻本　十二冊

340000－1883－0000120　經 4177

春秋四傳三十八卷 （宋）胡安國撰 清同治刻本 七冊 存二十五卷（一至七、十三至二十七、三十一至三十三）

340000 – 1883 – 0000121 經4178
書經不分卷 （宋）蔡沈集注 清刻本 四冊

340000 – 1883 – 0000122 經4179
周易廣義不分卷 （清）潘友碩輯 清康熙刻本 二冊

340000 – 1883 – 0000123 經4180
茶香室經說十六卷 （清）俞樾撰 清光緒十三年（1887）刻本 二冊 存五卷（一至二、九至十一）

340000 – 1883 – 0000124 經4181
周易四卷 （漢）鄭玄注 清光緒刻本 二冊

340000 – 1883 – 0000125 經4182
參讀禮志疑二卷 （清）汪雙池撰 清刻本 二冊

340000 – 1883 – 0000126 經4183
文公家禮儀節八卷 （明）楊慎撰 清光緒三讓堂刻本 四冊

340000 – 1883 – 0000127 經4184
韻歧五卷 （清）江昱撰 清光緒刻本 二冊

340000 – 1883 – 0000128 經4185
詩問二卷 （清）王照圓撰 清光緒八年（1882）東路廳署刻本 二冊

340000 – 1883 – 0000129 經4186
易經八卷 （宋）程頤撰 清刻本 三冊

340000 – 1883 – 0000130 經4187
大學石經不分卷 （清）陶宗儀錄 清刻本 一冊

340000 – 1883 – 0000131 經4188
夏小正集說四卷 （清）程鴻詔撰 清同治刻本 一冊

340000 – 1883 – 0000132 經4189
等韻一得補篇不分卷 勞乃宣撰 清刻本 三冊

340000 – 1883 – 0000133 經4190
勾股割圓記三卷 （清）戴震撰 清乾隆刻本 一冊

340000 – 1883 – 0000134 經4191
古韻通說二十卷 （清）龍啓瑞撰 清刻本 三冊

340000 – 1883 – 0000135 經4192
孝經類解十八卷 （清）吳之騄輯 清寶翰樓刻本 一冊 存九卷（一至九）

340000 – 1883 – 0000136 經4193
春秋說略十二卷 （清）赫懿行撰 清刻本 四冊

340000 – 1883 – 0000137 經4194
學治續說不分卷 （清）汪輝祖撰 清刻本 一冊

340000 – 1883 – 0000138 經4195
國朝諸老先生論語精義八卷 （宋）朱熹撰 清刻本 一冊 存二卷（三至四）

340000 – 1883 – 0000139 經4196
曲禮不分卷 （清）□□撰 清抄本 一冊

340000 – 1883 – 0000140 經4197
養蒙針度五卷 （清）潘子聲撰 清光緒十二年（1886）三餘堂刻本 二冊

340000 – 1883 – 0000141 經4198
鄭師山春秋經傳闕疑四十五卷 （元）鄭玉撰 清抄本 十冊

340000 – 1883 – 0000142 經4199 – 1
經餘必讀八卷 （清）雷琳等輯 清光緒刻本 四冊

340000 – 1883 – 0000143 經4199 – 2
經餘必讀續編八卷 （清）雷琳等輯 清光緒刻本 三冊 存六卷（三至八）

340000 – 1883 – 0000144 經4200 – 1
姚江學辨二卷 （清）羅澤南撰 清咸豐刻本 二冊

340000 – 1883 – 0000145 經4200 – 2

西銘講義不分卷 （清）羅澤南撰 清咸豐刻本 一冊

340000－1883－0000146 經4200－3

讀孟子劄記二卷 （清）羅澤南撰 清咸豐刻本 一冊

340000－1883－0000147 經4200－4

人極衍義不分卷 （清）羅澤南撰 清咸豐刻本 一冊

340000－1883－0000148 經4200－5

小學韻語不分卷 （清）羅澤南撰 清咸豐刻本 一冊

340000－1883－0000149 經4202

古微書三十六卷 （明）孫穀撰 清嘉慶刻本 六冊

340000－1883－0000150 經4203

周禮正義六卷 （漢）鄭康成注 （唐）陸德明音義 清刻本 六冊

340000－1883－0000151 經4204

呂氏春秋二十六卷 （秦）呂不韋編 清同治刻本 三冊 存十四卷（四至十七）

340000－1883－0000152 經4205

詩經讀本二十卷 （清）施肇曾重刊 清刻本 六冊

340000－1883－0000153 經4206

毛詩故訓傳鄭箋三十卷 （漢）毛亨傳 （漢）鄭玄箋 清同治十一年（1872）五雲堂刻本 一冊 存四卷（一至四）

340000－1883－0000154 經4207

六經奧論七卷 （宋）鄭樵撰 清刻本 六冊

340000－1883－0000155 經4208

傳經表補正十三卷 （清）汪大均撰 清刻本 一冊

340000－1883－0000156 經4209

毛詩傳箋不分卷 （漢）鄭玄撰 清刻本 四冊

340000－1883－0000157 經4210

廿一部諧聲表不分卷 （清）江有誥撰 清刻本 一冊

340000－1883－0000158 經4211

許鄭經文異同詁九卷 （清）桑宣撰 清刻本 二冊

340000－1883－0000159 經4212

毛詩補禮六卷 （清）朱濂撰 清刻本 八冊

340000－1883－0000160 經4213

鄉黨圖考十卷 （清）江永撰 清刻本 四冊

340000－1883－0000161 經4214

廣韻五卷 （宋）陳彭年撰 清刻本 五冊

340000－1883－0000162 經4216

孟子字義疏證三卷 （清）戴震撰 清微波榭刻本 一冊

340000－1883－0000163 經4217

文獻通考詳節二十四卷 （清）嚴虞惇錄 清光緒元年（1875）清來堂刻本 九冊 存二十二卷（一至十二、十五至二十四）

340000－1883－0000164 經4218

四書圖考十三卷 （清）杜炳撰 清光緒石印本 四冊

340000－1883－0000165 經4219

性理體注大全匯解六卷 （清）王文撰 清同治刻本 二冊

340000－1883－0000166 經4220

周禮述注二十四卷 （清）李光坡撰 清刻本 八冊

340000－1883－0000167 經4221

易學象數論三卷 （清）黃宗羲撰 清刻本 一冊

340000－1883－0000168 經4222

韓詩外傳十卷附毛詩陸疏二卷 （漢）韓嬰撰 清咸豐五年（1855）刻本 一冊 存六卷（七至十、毛詩陸疏二卷）

340000－1883－0000169 經4223

童歌養正不分卷 （清）彭繼先輯 清光緒刻

本　一冊

340000－1883－0000170　　經 4224－1
戰國策釋地二卷　（清）張琦撰　清刻本
二冊

340000－1883－0000171　　經 4224－2
五經文字序例不分卷　（唐）張參撰　清刻本
四冊

340000－1883－0000172　　經 4225－1
大戴禮記斠補三卷　（清）孫詒讓撰　清光緒
瑞安廣明印刷所石印本　三冊

340000－1883－0000173　　經 4225－2
仿唐寫本說文解字木部箋異不分卷　（清）莫
友芝撰　清同治刻本　一冊

340000－1883－0000174　　經 4226－1
說文解字校錄二十八卷　（漢）許慎撰　清光
緒刻本　十四冊

340000－1883－0000175　　經 4226－2
說文引經考異十六卷　（清）柳榮宗撰　清刻
本　一冊　存四卷（五至八）

340000－1883－0000176　　經 4227－1
說文統釋序音同義異辨不分卷　（清）錢大昭
撰　清刻本　一冊

340000－1883－0000177　　經 4227－2
新增詞林要韻五卷　（清）秦恩復撰　清嘉慶
十五年(1810)刻本　一冊

340000－1883－0000178　　經 4228－1
孝經十八章輯傳不分卷　（清）汪宗沂撰　清
光緒刻本　一冊

340000－1883－0000179　　經 4228－2
行文語類四卷　（清）孫上登編　清光緒刻本
二冊

340000－1883－0000180　　經 4229－1
聲韻考四卷　（清）戴震撰　清刻本　一冊

340000－1883－0000181　　經 4229－2
重刊學治臆說二卷　（清）汪輝祖撰　清同治
七年(1868)湖北崇文書局刻本　一冊

340000－1883－0000182　　經 4230－1
考工記圖二卷　（清）戴震撰　清刻本　一冊

340000－1883－0000183　　經 4230－2
爾雅古注校三卷　（清）葉慧心撰　清光緒刻
本　二冊

340000－1883－0000184　　經 4231－1
儀禮鄭注句讀十七卷附監本正誤一卷石經正
誤一卷　（明）張爾岐撰　清刻本　四冊

340000－1883－0000185　　經 4231－2
漢書引經異文錄證六卷　（清）繆祐孫撰　清
光緒刻本　二冊

340000－1883－0000186　　經 4232－1
東萊博議二十五卷　（宋）呂祖謙撰　清刻本
六冊

340000－1883－0000187　　經 4232－2
儀禮注疏十七卷　（唐）賈公彥撰　清光緒刻
本　六冊

340000－1883－0000188　　經 4233－1
文字蒙求四卷　（清）王筠撰　清道光刻本
一冊

340000－1883－0000189　　經 4233－2
尚書後案三十卷　（清）王鳴盛撰　清乾隆刻
本　六冊

340000－1883－0000190　　經 4234
周禮注疏刪翼二十八卷　（明）王志長撰　清
刻本　十七冊

340000－1883－0000191　　經 4235－1
戰國策三十三卷　（漢）高誘注　清乾隆四十
八年(1783)三餘堂刻本　七冊　存十卷（一
至十）

340000－1883－0000192　　經 4235－2
國語二十一卷　（三國吳）韋昭注　清乾隆三
餘堂刻本　五冊　存二十卷（一至二十）

340000－1883－0000193　　經 4236－1
段氏說文注訂八卷　（清）鈕樹玉撰　清刻本
一冊　存四卷（一至四）

340000－1883－0000194　經 4236－2

說文解字注三十二卷　（清）段玉裁撰　清同治十一年(1872)湖北崇文書局刻本　七冊　存二十二卷(一至二十二)

340000－1883－0000195　經 4237

九經古義十六卷　（清）惠棟撰　清刻本　三冊　存八卷(五至十二)

340000－1883－0000196　經 4238

易例二卷　（清）惠棟撰　清刻本　一冊

340000－1883－0000197　經 4239

左傳補注三卷　（清）惠棟撰　清刻本　二冊

340000－1883－0000198　經 4240

易經體注大全不分卷　（清）李兆賢撰　清刻本　二冊

340000－1883－0000199　經 4241

詩經解注四卷　（明）徐奮鵬輯　清刻本　三冊

340000－1883－0000200　經 4242

鄉黨圖考十卷　（清）江永撰　清乾隆刻本　二冊

340000－1883－0000201　經 4243

鄉黨圖考不分卷　（清）許品三纂　清抄本　一冊

340000－1883－0000202　經 4245

周易注十四卷　（晉）王廙等撰　清光緒刻本　一冊

340000－1883－0000203　經 4246

論語范氏注不分卷　（晉）范甯撰　清刻本　一冊

340000－1883－0000204　經 4247

四禮初稿附四禮約言七卷　（明）宋纁撰　清刻本　一冊

340000－1883－0000205　經 4248

爾雅音義不分卷　（晉）郭璞撰　清刻本　一冊

340000－1883－0000206　經 4249

詩經學不分卷　（清）胡韞玉編　清光緒刻本　一冊

340000－1883－0000207　經 4250

說文解字三十卷　（清）段玉裁注　清同治刻本　十三冊

340000－1883－0000208　經 4252

詩說三卷附錄一卷　（清）惠周惕撰　清刻本　一冊

340000－1883－0000209　經 4253

書經體注大全三卷　（清）□□撰　清刻本　一冊

340000－1883－0000210　經 4254

禹貢新圖說不分卷　（清）張鉞撰　清刻本　八冊

340000－1883－0000211　經 4255

說文辨字正俗八卷　（清）李富孫撰　清刻本　四冊

340000－1883－0000212　經 4256

禮記十卷　（元）陳澔集說　清刻本　十冊

340000－1883－0000213　經 4257

書經集注六卷　（宋）蔡沈撰　清同治刻本　四冊

340000－1883－0000214　經 4258

書經六卷　（宋）蔡沈撰　清刻本　四冊

340000－1883－0000215　經 4259

詩經世本古義不分卷　（明）何楷撰　清乾隆刻本　七冊

340000－1883－0000216　經 4260

爾雅蒙求二卷　（清）李拔式撰　清嘉慶刻本　三冊

340000－1883－0000217　經 4262

新刻批點四書讀本十九卷　（宋）朱熹輯注　清道光七年(1827)維經堂單色套印本　七冊

340000－1883－0000218　經 4263－1

論語十卷　（三國魏）何晏集解　清同治三年(1864)浙江撫署琴行刻本　二冊

340000－1883－0000219　經 4263－2

孟子十四卷　（宋）朱熹集傳　清同治三年(1864)浙江撫署琴行刻本　三冊　存七卷(一至七)

340000－1883－0000220　經 4263－3

春秋三傳十六卷　（唐）陸德明音義　清同治三年(1864)浙江撫署琴行刻本　十二冊

340000－1883－0000221　經 4263－4

禮記十卷　（元）陳澔集說　清同治三年(1864)浙江撫署琴行刻本　十冊

340000－1883－0000222　經 4263－5

詩經八卷　（宋）朱熹集注　清同治三年(1864)浙江撫署琴行刻本　四冊

340000－1883－0000223　經 4263－6

尚書六卷　（清）高宗弘曆敕譯　清同治三年(1864)浙江撫署琴行刻本　四冊　存四卷(一至二、四至五)

340000－1883－0000224　經 4263－7

周易四卷　（清）高宗弘曆敕譯　清同治三年(1864)浙江撫署琴行刻本　二冊　存二卷(一至二)

340000－1883－0000225　經 4263－8

大學一卷　（宋）朱熹章句　（清）高宗弘曆敕譯　清同治三年(1864)浙江撫署琴行刻本　一冊

340000－1883－0000226　經 4264

重訂汪子遺書十三卷　（清）汪縉撰　（清）李承超重訂　清刻本　十四冊

340000－1883－0000227　經 4265

周易詮義十五卷　（清）汪紱撰　清刻本　十五冊

340000－1883－0000228　經 4266

文公家禮八卷　（宋）朱熹撰　清刻本　三冊

340000－1883－0000229　經 4267

小學鉤沉十九卷　（清）任大椿編　清刻本　二冊

340000－1883－0000230　經 4268

毛詩異義四卷　（宋）汪龍撰　清刻本　四冊

340000－1883－0000231　經 4269

春秋左傳不分卷　（晉）杜預注　清抄本　三冊

340000－1883－0000232　經 4270

周易辨畫四十卷　（清）連斗山撰　清乾隆刻本　七冊

340000－1883－0000233　經 4271－1

戰國策十二卷　（明）陳仁錫評　清刻本　四冊

340000－1883－0000234　經 4271－2

戰國策十二卷　（明）陳仁錫評　清刻本　一冊　存三卷(八至十)

340000－1883－0000235　經 4272－1

復古編附復古編校正三卷　（宋）張有撰　清刻本　三冊

340000－1883－0000236　經 4272－2

安陸集不分卷　（宋）張先撰　清刻本　一冊

340000－1883－0000237　經 4273

周禮正義六十二卷　（清）孫詒讓撰　清光緒鉛印本　二十冊

340000－1883－0000238　經 4274

四書解義不分卷　（清）安溪先生撰　清康熙刻本　一冊

340000－1883－0000239　經 4275

標孟七卷　（清）汪有光評述　清康熙刻本　二冊

340000－1883－0000240　經 4276

經學質疑四卷　（清）朱霈撰　清嘉慶六年(1801)刻本　一冊　存二卷(一至二)

340000－1883－0000241　經 4277

汲古閣說文訂不分卷　（清）段玉裁撰　清刻本　一冊

340000－1883－0000242　經 4278

周禮鄭大夫解詁四卷　（漢）鄭興撰　清刻本　一冊

340000－1883－0000243　經4279

儀禮經注一隅不分卷　（清）朱駿聲撰　清刻本　一冊

340000－1883－0000244　經4280

論語包氏章句十卷　（漢）包咸撰　清刻本　一冊

340000－1883－0000245　經4281－1

春秋左傳注疏六十卷　（晉）杜預注　（唐）陸德明音義　清光緒十三年(1887)上海點石齋石印本　四冊　存十二卷(一至十二)

340000－1883－0000246　經4281－10

十三經注疏校勘記識語四卷　（清）汪文臺撰　清光緒十三年(1887)上海點石齋石印本　一冊　存四卷(一至四)

340000－1883－0000247　經4281－2

周易注疏校勘記十三卷　（晉）韓康伯注（唐）陸德明音義　清光緒十三年(1887)上海點石齋石印本　一冊　存四卷(一至四)

340000－1883－0000248　經4281－3

周禮注疏四十二卷　（漢）鄭玄注　（唐）陸德明音義　清光緒十三年(1887)上海點石齋石印本　二冊　存六卷(一至六)

340000－1883－0000249　經4281－4

禮記注疏六十三卷　（漢）鄭玄注　（唐）陸德明音義　清光緒十三年(1887)上海點石齋石印本　四冊　存十二卷(一至十二)

340000－1883－0000250　經4281－5

毛詩注疏校勘記二十卷　（漢）鄭玄箋　（唐）陸德明音義　清光緒十三年(1887)上海點石齋石印本　二冊　存五卷(四至八)

340000－1883－0000251　經4281－6

孟子注疏十四卷　（漢）趙岐注　（宋）孫奭音義并疏　清光緒十三年(1887)上海點石齋石印本　一冊　存四卷(一至四)

340000－1883－0000252　經4281－7

論語注疏二十卷　（三國魏）何晏集解　（宋）邢昺疏　清光緒十三年(1887)上海點石齋石印本　一冊　存四卷(一至四)

340000－1883－0000253　經4281－8

尚書注疏十九卷　（漢）孔安國傳　（唐）陸德明音義　清光緒十三年(1887)上海點石齋石印本　一冊　存四卷(一至四)

340000－1883－0000254　經4281－9

儀禮注疏十七卷　（漢）鄭玄注　（唐）陸德明音義　清光緒十三年(1887)上海點石齋石印本　二冊　存八卷(一至八)

340000－1883－0000255　經4282

九經圖不分卷　（清）楊魁植輯　清刻本　十冊

340000－1883－0000256　經4283

欽定淵鑒類函不分卷　（清）張英等纂修　清刻本　五冊

340000－1883－0000257　經4284

四書摭餘說不分卷　（清）□□撰　清刻本　一冊

340000－1883－0000258　經4285

說文句讀二卷　（清）王筠撰　清同治刻本　十四冊

340000－1883－0000259　經4286

汪雙池策略不分卷　（清）汪雙池撰　清刻本　六冊

340000－1883－0000260　經4287

壬學瑣記不分卷　（清）程樹勳撰　清刻本　一冊

340000－1883－0000261　經4320

魯班經三卷　（明）午榮編　清刻本　二冊

340000－1883－0000262　經4321

字詁義府合按不分卷　（清）黃生撰　清刻本　二冊

340000－1883－0000263　經4343

重鎸香雪文鈔不分卷　（清）曹學詩撰　清刻本　一冊

340000－1883－0000264　經4351

易經集注不分卷 （明）來知德撰 明洪武刻本 二冊

340000－1883－0000265 經4352
三讓堂易經體注會解四卷 （清）來榓纂輯 清康熙刻本 二冊

340000－1883－0000266 經4353
周易讀本三卷 （清）徐之綱撰 清刻本 一冊

340000－1883－0000267 經4355
學庸不分卷 （宋）朱熹注 清同治刻本 二冊

340000－1883－0000268 經4356
春秋經傳集解三十卷 （晉）杜預撰 清康熙刻本 八冊 存十五卷（十四至二十五、二十八至三十）

340000－1883－0000269 經4360
孔子家語十卷 （三國魏）王肅注 清末刻本 一冊 存五卷（六至十）

340000－1883－0000270 經4361
申鑒中論五卷 （漢）荀悅撰 清刻本 一冊

340000－1883－0000271 經4365
北史一百卷 （唐）李延壽撰 清光緒三十四年（1908）上海集成圖書公司鉛印本 三冊 存十七卷（一至五、十八至二十三、三十五至四十）

340000－1883－0000272 經4366
公羊穀梁合傳二卷 （漢）何休撰 清刻本 一冊

340000－1883－0000273 經4368
重訂新鎸詩經衍義大全八卷 （宋）朱熹編 清刻本 二冊

340000－1883－0000274 經4376
皇清經解一千四百卷 （清）阮元輯 清道光九年（1829）廣東學海堂刻本 一冊 存三卷（四百四十三至四百四十五）

340000－1883－0000275 經4382
四書改錯二十二卷 （清）毛奇齡撰 清石印

本 二冊

340000－1883－0000276 經4383
勸學篇書後不分卷 （清）何啓撰 清石印本 一冊

340000－1883－0000277 史/善14
泊如齋重修宣和博古圖三十卷 （宋）王黼撰 明萬曆十六年（1588）泊如齋刻本 十冊

340000－1883－0000278 史/善23
漢魏別解十六卷 （明）黃澍 （明）葉紹泰編 明崇禎香轂山房刻本 八冊

340000－1883－0000279 史/善31
鮑氏國策注十卷 （宋）鮑彪撰 明嘉靖刻本 三冊 存七卷（一至三、五、七、九至十）

340000－1883－0000280 史/善34
汗簡七卷 （宋）郭忠恕輯 清康熙四十二年（1703）錢塘汪氏一隅草堂刻本 二冊

340000－1883－0000281 史/善43
紫陽書院志十八卷 （清）吳瞻泰 （清）吳瞻琪增訂 清雍正刻本 五冊

340000－1883－0000282 史/善47
論史同異二十卷 （清）王仕雲撰 清康熙九年（1670）鐵漢樓刻本 二冊

340000－1883－0000283 史/善49
徽志補正不分卷 （清）邵棠撰 清嘉慶刻本 一冊

340000－1883－0000284 史/善57
黃山志略不分卷 （清）黃聲先輯 清康熙刻本 二冊

340000－1883－0000285 史/善58
歙縣志十四卷 （清）宋希蕭修 清順治刻本 六冊

340000－1883－0000286 史/善60
聽雨軒雜記不分卷 （清）清涼道人述 清乾隆刻本 三冊

340000－1883－0000287 史/善79
廣輿古今鈔二卷 （清）程晴川編 清乾隆六

十年(1795)刻本　三冊

340000－1883－0000288　史/善88

岩鎮志草四卷　（清）佘華瑞撰　清抄本
四冊

340000－1883－0000289　史/善90－1

忠義水滸全傳不分卷　（明）施耐庵　（明）羅
貫中撰　明萬曆刻本　一冊

340000－1883－0000290　史3406

北齊書五十卷　（唐）李百藥撰　明刻本
四冊

340000－1883－0000291　史3408

欽定續通典一百五十卷　（清）紀昀等撰　清
光緒二十七年(1901)上海圖書集成局鉛印本
十六冊

340000－1883－0000292　史3409

欽定續通志六百四十卷　（清）曹仁虎等校纂
清光緒刻本　十五冊　存二百三十四卷
（四百七至六百四十）

340000－1883－0000293　史3410

南巡盛典一百二十卷　（清）高晉等纂輯　清
光緒刻本　八冊

340000－1883－0000294　史3411－1

御撰資治通鑑綱目二十卷　（清）張廷玉等撰
清道光三十年(1850)刻本　六冊

340000－1883－0000295　史3411－2

寶經堂綱鑑易知錄九十二卷　（清）吳乘權等
輯　清同治二年(1863)寶慶經綸堂刻本　十
六冊　存三十四卷（二至十五、六十九至八十
六、八十九至九十）

340000－1883－0000296　史3418

西嶽華山碑考四卷　（清）阮元編　清嘉慶刻
本　一冊

340000－1883－0000297　史3419

石刻補敘二卷　（宋）曾宏父纂述　清道光刻
本　一冊

340000－1883－0000298　史3420

前漢書注考證二卷　（清）何若瑤撰　清光緒

刻本　一冊

340000－1883－0000299　史3421

繹史一百六十卷　（清）馬驌撰　清乾隆刻本
三冊　存八卷（二十四、一百一至一百四、
一百四十八至一百五十）

340000－1883－0000300　史3423

東都事略一百三十卷　（宋）王偁撰　清光緒
九年(1883)淮南書局刻本　六冊　存八十一
卷（一至九、二十三至五十七、六十九至一百
五）

340000－1883－0000301　史3424

辛氏三秦記不分卷　（清）張澍編輯　清道光
刻本　一冊

340000－1883－0000302　史3425

甘州明季成仁錄四卷　（清）胡秉虔輯　清道
光刻本　一冊

340000－1883－0000303　史3426

歐美政治要義不分卷　（清）戴洪等撰　清光
緒刻本　三冊

340000－1883－0000304　史3427

元聖武親征錄不分卷　（清）何秋濤撰　清道
光刻本　一冊

340000－1883－0000305　史3428

忠武志十卷　（清）張鵬翮輯　清嘉慶刻本
六冊

340000－1883－0000306　史3429

乾隆府廳州縣圖考五十卷　（清）洪亮吉撰
清嘉慶刻本　十四冊

340000－1883－0000307　史3430

漢書注校補五十六卷　（清）周壽昌撰　清光
緒刻本　十二冊

340000－1883－0000308　史3431

三省邊防備覽十四卷　（清）嚴如熤輯　清道
光刻本　一冊　存二卷（十二至十三）

340000－1883－0000309　史3432

墓銘舉例四卷　（明）王行撰　清道光刻本
一冊　存二卷（一至二）

340000－1883－0000310　史3433

地理圖便覽不分卷　（清）崔暕編　清守真道齋刻本　一冊

340000－1883－0000311　史3434

列國政要一百三十二卷　（清）戴鴻慈　（清）端方撰　清光緒刻本　十三冊　存五十三卷（十一至二十五、六十八至八十九、九十五至九十九、一百五至一百十、一百十八至一百十九、一百二十一至一百二十三）

340000－1883－0000312　史3435

讀史大略六十卷　（清）沙張白撰　清末刻本　二冊　存九卷（四十九至五十七）

340000－1883－0000313　史3436－1

守城錄四卷　（宋）陳規撰　清道光刻本　一冊

340000－1883－0000314　史3436－2

陳紀四卷　（明）何良臣撰　清道光刻本　一冊

340000－1883－0000315　史3437

人壽金鑑二十二卷　（清）程得齡輯　清康熙刻本　一冊　存四卷（十九至二十二）

340000－1883－0000316　史3438

元豐九域志十卷　（宋）王存等撰　清刻本　一冊　存二卷（九至十）

340000－1883－0000317　史3439

淮鹺備要十卷　（清）李澄輯　清同治刻本　四冊

340000－1883－0000318　史3440

四季邸鈔全錄不分卷　（清）上海字林滬報編輯　清光緒十三年（1887）上海字林滬報鉛印本　四冊

340000－1883－0000319　史3441

漢官答問五卷　（清）柯有儀　（清）沈藻清撰　清光緒刻本　一冊

340000－1883－0000320　史3442

關中水道記四卷　（清）孫彤撰　清光緒三十四年（1908）新昌胡氏京師鉛印本　一冊

340000－1883－0000321　史3443

通志二百卷附欽定通志考證三卷　（宋）鄭樵撰　清刻本　二十九冊　存一百四十一卷（六十三至二百、欽定通志考證三卷）

340000－1883－0000322　史3444

文獻通考三百四十八卷　（元）馬端臨撰　清刻本　二十三冊　存一百四十二卷（九十九至一百二十七、一百三十四至一百六十四、二百十一至二百二十四、二百三十七至二百九十四、三百三十九至三百四十八）

340000－1883－0000323　史3445－1

皇朝文獻通考三百卷　（清）嵇璜等撰　清光緒二十七年（1901）上海圖書集成局鉛印本　十冊　存六十五卷（一至五、二百十七至二百七十六）

340000－1883－0000324　史3445－2

杜氏通典二百卷　（唐）杜佑撰　清光緒二十七年（1901）上海圖書集成局鉛印本　四冊　存五十八卷（五十三至八十、九十四至一百二十三）

340000－1883－0000325　史3445－3

欽定續通志六百四十卷　（清）紀昀等撰　清光緒二十七年（1901）上海圖書集成局鉛印本　二冊　存二十三卷（一至十、八十一至九十三）

340000－1883－0000326　史3446

康熙字典四十二卷　（清）張玉書等撰　清道光七年（1827）刻本　三十一冊　存三十五卷（子集三卷、丑集三卷、寅集三卷、卯集三卷、辰集三卷、巳集三卷、午集三卷、未集三卷、申集三卷、酉集上至中、原奏一卷、凡例一卷，總目一卷、檢字一卷、辨似一卷，等韻一卷）

340000－1883－0000327　史3447－1

康熙字典四十二卷　（清）張玉書等撰　清道光七年（1827）刻本　二十六冊　存三十卷（子集三卷、丑集三卷、午集三卷、未集三卷、申集三卷、酉集三卷、戌集三卷、亥集三卷，原奏一卷，凡例一卷，總目一卷，檢字一卷，辨似一卷，等韻一卷）

安徽省歙縣博物館等三十七家收藏單位古籍普查登記目錄

340000－1883－0000328　史3447－2

康熙字典備考不分卷　（清）張玉書等撰　清道光七年（1827）刻本　一冊

340000－1883－0000329　史3448

尺木堂綱鑑易知錄九十二卷　（清）吳乘權等輯　清兩儀堂刻本　四十冊

340000－1883－0000330　史3449

綱鑑易知錄九十二卷明鑑易知錄十五卷（清）吳乘權等輯　清同治九年（1870）京都琉璃廠刻本　四十一冊　存一百卷（綱鑑易知錄一至八十五、明鑑易知錄十五卷）

340000－1883－0000331　史3450

時務報五十卷　梁啟超撰　清光緒刻本　五十冊

340000－1883－0000332　史3451

大清一統輿圖三十一卷首一卷　（清）嚴樹森撰　清同治二年（1863）湖北撫署刻本　十二冊　存三十卷（中、南一至十、北一至十八，首一卷）

340000－1883－0000333　史3452

史外三十二卷　（清）汪有典撰　清乾隆刻本　二冊　存二卷（三、七）

340000－1883－0000334　史3453

通鑑本末紀要八十一卷首三卷　（清）蔡毓榮撰　清康熙刻本　一冊　存三卷（首三卷）

340000－1883－0000335　史3454

東槎紀略五卷　（清）姚瑩撰　清道光刻本　二冊

340000－1883－0000336　史3455

丙辰劄記不分卷　（清）章學誠撰　清同治刻本　一冊

340000－1883－0000337　史3456

秦邊紀略六卷　（清）吳坤修撰　清同治刻本　二冊

340000－1883－0000338　史3457

讀書分年日程三卷　（元）程端禮編　清同治刻本　一冊

340000－1883－0000339　史3458

廣輿記二十四卷　（明）陸應陽撰　清同治刻本　七冊　存十三卷（二至十四）

340000－1883－0000340　史3460

欽定歷代職官表六卷　（清）黃本驥撰　清光緒刻本　三冊

340000－1883－0000341　史3461

宋書一百卷　（南朝梁）沈約撰　清同治刻本　十五冊　存五十三卷（一至二十三、三十至四十、五十七至六十七、八十五至九十二）

340000－1883－0000342　史3462－1

宋史四百九十六卷目錄三卷　（元）脫脫等撰　清光緒三十四年（1908）上海集成圖書公司鉛印本　四十五冊　存三百四十八卷（一至十二、三十七至六十二、七十一至一百四、一百十七至一百二十八、一百三十八至二百二十八、二百四十二至二百五十七、二百七十四至二百九十七、三百五至三百三十五、三百三十九至三百五十七、三百六十八至三百七十七、三百八十七至三百九十七、四百十八至四百三十六、四百四十七至四百五十六、四百六十七至四百九十六，目錄三卷）

340000－1883－0000343　史3462－2

宋史四百九十六卷目錄三卷　（元）脫脫等撰　清光緒三十四年（1908）上海集成圖書公司鉛印本　八冊　存六十六卷（九十五至一百四、一百三十八至一百七十、二百二至二百十四、三百六十八至三百七十七）

340000－1883－0000344　史3463－1

明史三百三十二卷　（清）張廷玉等撰　清末刻本　二十冊　存一百六十六卷（三十二至三十六、五十二至六十二、七十三至一百二、一百十三至一百三十五、一百七十三至一百八十九、一百九十九至二百十五、二百三十五至二百五十三、二百八十九至三百三十二）

340000－1883－0000345　史3463－2

明史三百三十二卷　（清）張廷玉等撰　清末刻本　四冊　存三十五卷（八十二至九十九、一百七十三至一百八十九）

340000－1883－0000346　史3464

廣韻五卷　（宋）陳彭年撰　清康熙四十三年（1704）張士俊刻本　三冊　存三卷（下平聲二、上聲三、去聲四）

340000－1883－0000347　史3465

周易八卷　（宋）朱熹撰　清同治刻本　四冊

340000－1883－0000348　史3466

春秋經傳集解三十卷　（晉）杜預撰　清同治十三年（1874）江西書局刻本　十六冊

340000－1883－0000349　史3467

宋史紀事本末一百九卷　（明）馮琦撰　（明）陳邦瞻增訂　明刻本　五冊　存五卷（三至五、七、九）

340000－1883－0000350　史3468

通鑑紀事本末四十二卷　（宋）袁樞撰　清刻本　二十冊　存十九卷（九至十六、二十至三十）

340000－1883－0000351　史3469

合肥相國七十賜壽圖不分卷　（清）陳文琪繪　（清）羅豐祿等撰　清刻本　六冊

340000－1883－0000352　史3470

中國江海險要圖志二十二卷首一卷　（英國）海軍海圖官局編　（清）陳壽　（清）彭如甫譯　清光緒經世文社石印本　七冊　存十六卷（一至三、五、十至二十，首一卷）

340000－1883－0000353　史3471

西域輿地三種彙刻不分卷　（清）徐崇立撰　清刻本　一冊

340000－1883－0000354　史3472－1

欽定宋史四百九十六卷目錄三卷　（元）脫脫等修　清光緒三十四年（1908）上海集成圖書公司鉛印本　四十六冊　存三百七十四卷（一至七十六、八十七至九十四、一百五至一百十六、一百二十九至一百三十七、一百七十一至一百八十四、一百九十三至二百一、二百十八至二百三十二、二百四十二至三百二十一、三百三十九至三百六十七、三百七十八至四百九十六，目錄三卷）

340000－1883－0000355　史3472－2

欽定宋史四百九十六卷目錄三卷　（元）脫脫等修　清光緒三十四年（1908）上海集成圖書公司鉛印本　十三冊　存一百二十二卷（十三至三十六、六十三至七十、一百五至一百十六、一百七十八至一百八十四、二百五十八至二百七十三、二百九十八至三百四、三百五十八至三百六十七、三百七十八至三百八十六、四百九至四百十七、四百三十七至四百四十六、四百五十七至四百六十六）

340000－1883－0000356　史3475

瞿木夫先生自訂年譜不分卷　（清）瞿中溶撰　繆荃孫校定　清同治刻本　一冊

340000－1883－0000357　史3476

乙卯劄記不分卷　（清）章學誠撰　清光緒刻本　一冊

340000－1883－0000358　史3477

書目舉要不分卷　（清）李之鼎　（清）周貞亮編　清光緒刻本　一冊

340000－1883－0000359　史3479

四書人物備考十二卷　（明）陳仁錫增訂　清乾隆刻本　六冊

340000－1883－0000360　史3480

伊犁總統事略十二卷　（清）夏松筠撰　清嘉慶刻本　六冊

340000－1883－0000361　史3481

五洲圖考不分卷　（清）龔柴撰　清光緒刻本　四冊

340000－1883－0000362　史3482

綱鑑正史約三十六卷　（明）顧錫疇編　〔清〕陳弘謀增修　清乾隆二年（1737）境遠堂刻本　九冊　存二十卷（一至七、十三至十五、十九至二十、二十九至三十六）

340000－1883－0000363　史3483

百將圖傳二卷　（清）丁日昌輯　清同治八年（1869）江蘇書局刻本　一冊　存一卷（下）

340000－1883－0000364　史3484

辛卯侍行記六卷　（清）陶葆廉撰　清光緒二
十三年(1897)養樹山房刻本　六冊

340000－1883－0000365　史3485

西洋史要不分卷　（清）小川次郎撰　清宣統
刻本　二冊

340000－1883－0000366　史3486

雞澤脞錄不分卷　（清）程鴻詔撰　清同治刻
本　一冊

340000－1883－0000367　史3487

明史論附左傳史論六卷　（清）谷應泰撰　清
同治刻本　一冊

340000－1883－0000368　史3488

英領開浦殖民地志不分卷　（清）學部編譯圖
書局編　清光緒三十四年(1908)學部圖書局
鉛印本　一冊

340000－1883－0000369　史3489

國朝畫徵錄三卷　（清）張庚撰　清同治刻本
一冊　存二卷(上、下)

340000－1883－0000370　史3490

無聲詩史七卷　（清）姜紹書撰　清刻本
二冊

340000－1883－0000371　史3491

紀元篇三卷　（清）李兆洛撰　清同治刻本
一冊

340000－1883－0000372　史3492

文獻通考詳節二十四卷　（清）嚴虞惇輯　清
同治刻本　二冊　存四卷(八至十一)

340000－1883－0000373　史3493

文獻大通考正續三十二卷首一卷　（清）盧宣
旬編　清略識字齋刻本　一冊　存一卷(二)

340000－1883－0000374　史3495

嘯亭雜錄八卷續錄二卷　（清）昭槤撰　清光
緒九年(1883)九思堂刻本　十冊　存九卷
(嘯亭雜錄八卷、續錄一)

340000－1883－0000375　史3496

鴻雪因緣圖記不分卷　（清）麟慶撰　清光緒
刻本　五冊

340000－1883－0000376　史3497

虞初續志十卷　（清）鄭澍若編　清嘉慶七年
(1802)養花草堂刻本　四冊

340000－1883－0000377　史3498

梁書五十六卷　（唐）姚思廉撰　清同治刻本
六冊

340000－1883－0000378　史3499

治河方略十卷　（清）靳輔撰　清乾隆刻本
八冊

340000－1883－0000379　史3500

四書古人典林十二卷　（清）江永編　清乾隆
三十九年(1774)刻本　四冊

340000－1883－0000380　史3501

切音捷訣正音不分卷　（清）麗珩輯　清刻本
一冊

340000－1883－0000381　史3502

文房肆考圖說八卷　（清）唐秉鈞撰　清乾隆
刻本　三冊　存六卷(三至八)

340000－1883－0000382　史3503

明貢舉考略二卷國朝貢舉考略三卷　（清）黃
崇蘭輯　清道光金閶經義堂刻本　四冊

340000－1883－0000383　史3504

孔子編年五卷　（宋）胡仔元撰　清刻本
二冊

340000－1883－0000384　史3505

文獻通考正續合編三十二卷首一卷　（清）盧
宣旬編　清嘉慶識字齋刻光緒十二年(1886)
豐城袁氏家塾印本　二十九冊　存三十卷
(三至三十二)

340000－1883－0000385　史3506

後漢書一百二十卷　（南朝宋）范曄撰　（唐）
李賢註　清光緒二十年(1894)上海同文書局
影印本　十七冊　存十七卷(一至十七)

340000－1883－0000386　史3507

隸釋二十七卷　（宋）洪適撰　清抄刻本　一
冊　存六卷(十六至二十一)

340000－1883－0000387　史3509

明貢舉考略二卷 （清）黃崇蘭輯 清道光刻本 二冊

340000－1883－0000388 史3510
國朝貢舉考略三卷 （清）黃崇蘭輯 清嘉慶刻本 二冊

340000－1883－0000389 史3512
日知錄三十二卷 （清）顧炎武撰 清康熙刻本 十二冊

340000－1883－0000390 史3513－1
欽定北史一百卷 （唐）李延壽撰 清末鉛印本 十一冊 存七十一卷（十八至二十九、三十五至九十三）

340000－1883－0000391 史3513－2
欽定北史一百卷 （唐）李延壽撰 清末鉛印本 三冊 存二十九卷（五十一至七十九）

340000－1883－0000392 史3514
欽定南史八十卷 （唐）李延壽撰 清光緒刻本 二十四冊

340000－1883－0000393 史3515
寧古塔紀略不分卷 （清）吳振臣撰 清刻本 一冊

340000－1883－0000394 史3516
廣漢魏叢書天祿閣外史八卷 （漢）黃憲撰 清嘉慶刻本 一冊 存四卷（一至四）

340000－1883－0000395 史3518
石渠餘記六卷 （清）王慶山撰 清刻本 二冊 存二卷（三至四）

340000－1883－0000396 史3522－1
舊唐書二百卷 （五代）劉昫撰 清光緒三十四年（1908）上海集成圖書公司鉛印本 二十冊 存一百二十五卷（一至十九、二十三至四十六、五十三至七十、八十九至九十七、一百四十三至一百八十六、一百九十至二百）

340000－1883－0000397 史3522－2
舊唐書二百卷 （五代）劉昫撰 清光緒三十四年（1908）上海集成圖書公司鉛印本 八冊 存一百二十二卷（二十九至三十三、六十二至一百七十八）

340000－1883－0000398 史3523－1
唐書二百二十五卷附釋音二十五卷附考證 （宋）歐陽修等撰 （宋）董衝釋音 清光緒三十四年（1908）上海集成圖書公司鉛印本 十六冊 存一百十五卷（一至四十三、七十至七十五、一百七至一百二十七、一百四十一至一百四十八、一百五十三至一百六十四,釋音二十五卷）

340000－1883－0000399 史3523－2
唐書二百二十五卷附釋音二十五卷附考證 （宋）歐陽修等撰 （宋）董衝釋音 清光緒三十四年（1908）上海集成圖書館鉛印本 三十一冊

340000－1883－0000400 史3524－1
後漢書一百二十卷 （南朝宋）范曄撰 （唐）李賢註 清末刻本 十六冊 存一百十六卷（五至一百二十）

340000－1883－0000401 史3524－2
後漢書一百二十卷 （南朝宋）范曄撰 （唐）李賢註 清末刻本 五冊 存四十九卷（二十一至六十九）

340000－1883－0000402 史3525－1
欽定宋書一百卷 （南朝梁）沈約撰 清光緒三十四年（1908）上海集成圖書公司鉛印本 十一冊 存九十四卷（一至九、十六至一百）

340000－1883－0000403 史3525－2
欽定宋書一百卷 （南朝梁）沈約撰 清光緒三十四年（1908）上海集成圖書公司鉛印本 十二冊

340000－1883－0000404 史3526
欽定明史三百三十二卷 （清）張廷玉等編 清光緒刻本 二十六冊

340000－1883－0000405 史3527
欽定史記一百三十卷 （漢）司馬遷撰 清乾隆刻本 十五冊 存一百二十八卷（一至十六、十九至一百三十）

340000－1883－0000406　史3528

歷代名臣言行錄二十四卷　（清）朱桓輯　清
光緒刻本　十二冊

340000－1883－0000407　史3529

四書集注十九卷　（宋）朱熹集注　清宣統廣
益書局鉛印本　六冊

340000－1883－0000408　史3530

周禮注疏四十二卷　（明）王志長輯　清刻本
九冊　存十七卷（五至六、十至二十四）

340000－1883－0000409　史3531－1

春秋經傳集解三十卷　（晉）杜預撰　（唐）陸
德明音義　清光緒六年（1880）埽葉山房刻本
一冊　存一卷（一）

340000－1883－0000410　史3531－2

春秋傳本三十卷　（宋）胡安國撰　清綸錫堂
刻本　一冊　存一卷（一）

340000－1883－0000411　史3531－3

春秋三十卷　（宋）胡安國撰　清刻本　一冊
存五卷（十一至十五）

340000－1883－0000412　史3531－4

春秋旁訓欽遵御案四傳合訂四卷　（晉）杜預
撰　（唐）陸德明音義　清張氏匠門書屋刻本
二冊

340000－1883－0000413　史3531－5

春秋左傳杜注三十卷首一卷　（清）姚培謙撰
清光緒九年（1883）淮南書局刻本　一冊
存三卷（一至二、首一卷）

340000－1883－0000414　史3531－6

春秋經傳參定讀本三十卷　（宋）胡安國撰
清大文堂刻本　一冊　存二卷（一至二）

340000－1883－0000415　史3532

監本四書十九卷　（宋）朱熹集註　清武進陳
氏亦園刻本　三冊　存十卷（孟子一至三、論
語六至十、四書字辯一卷、疑字辯一卷）

340000－1883－0000416　史3534

字彙十二卷首一卷末一卷　（明）梅膺祚釋
清同治七年（1868）刻本　十三冊

340000－1883－0000417　史3536－1

五代史七十四卷　（宋）歐陽修撰　清刻本
六冊

340000－1883－0000418　史3536－2

五代史七十四卷　（宋）歐陽修撰　清刻本
六冊

340000－1883－0000419　史3537

欽定遼史一百十六卷附考證　（元）脫脫等修
清末上海集成書局鉛印本　十六冊

340000－1883－0000420　史3538

欽定南齊書五十九卷　（南朝梁）蕭子顯撰
清刻本　十二冊

340000－1883－0000421　史3539－1

欽定北齊書五十卷　（唐）李百藥撰　清刻本
六冊

340000－1883－0000422　史3539－2

欽定北齊書五十卷　（唐）李百藥撰　清刻本
六冊

340000－1883－0000423　史3540

金史一百三十五卷附考證　（元）脫脫等修
清末刻本　十一冊　存一百三卷（五至十九、
三十三至一百二十）

340000－1883－0000424　史3541

欽定春秋左傳讀本三十卷　（清）英和等注釋
清刻本　十冊

340000－1883－0000425　史3543

禮記十卷　（元）陳澔集說　清末李光明莊刻
本　四冊　存四卷（二至三、五、十）

340000－1883－0000426　史3545－1

全本禮記體註大全合參十卷　（清）范翔撰
（清）徐瑄補輯　清刻本　一冊　存一卷（九）

340000－1883－0000427　史3545－2

禮記十卷　（元）陳澔集說　清刻本　一冊
存一卷（六）

340000－1883－0000428　史3546

周易兼義九卷周易音義一卷附校勘記十卷
（唐）孔穎達　（唐）陸德明　（清）阮元撰

清道光六年(1826)刻本　四册

340000－1883－0000429　史 3547－1
孟子七卷　（宋）朱熹集注　清刻本　一册
存二卷(六至七)

340000－1883－0000430　史 3547－2
孟子七卷　（宋）朱熹集注　清古香堂刻本
一册　存二卷(四至五)

340000－1883－0000431　史 3547－3
孟子七卷　（宋）朱熹集注　清武進陳氏亦園
刻本　一册　存二卷(六至七)

340000－1883－0000432　史 3548
附釋音毛詩注疏七十卷校勘記七十卷　（漢）
毛亨傳　清嘉慶二十年(1815)刻本　一册
存四卷(毛詩注疏十二至十三、校勘記十二至
十三)

340000－1883－0000433　史 3549
周禮注疏刪翼三十卷　（明）王志長輯　明崇
禎十二年(1639)刻本　一册　存二卷(三至
四)

340000－1883－0000434　史 3551
春秋左傳三十卷　（晉）杜預等注釋　清同治
八年(1869)刻本　十六册

340000－1883－0000435　史 3553
春秋經傳集解三十卷　（晉）杜預撰　（唐）陸
德明音義　清康熙華川書屋刻本　六册　存
十卷(五至六、十三至十八、二十七至二十八)

340000－1883－0000436　史 3554
欽定四書文不分卷　（清）張玉書撰　清刻本
二十二册

340000－1883－0000437　史 3555
佩文韻府一百六卷拾遺一百六卷　（清）張玉
書撰　（清）張廷玉等輯　清末刻本　九十五
册　存一百六卷(佩文韻府四至七、十六、二
十三至二十四、二十六至二十七、三十一至三
十七、四十五至四十七、六十三、六十七、七十
三至八十五、九十三至一百六,拾遺一至四十
二、七十八至九十三)

340000－1883－0000438　史 3556
史記一百三十卷　（漢）司馬遷撰　清刻本
三十二册

340000－1883－0000439　史 3557－1
欽定魏書一百十四卷　（北齊）魏收撰　清光
緒三十四年(1908)上海集成圖書公司鉛印本
十八册

340000－1883－0000440　史 3557－2
欽定魏書一百十四卷　（北齊）魏收撰　清光
緒三十四年(1908)上海集成圖書公司鉛印本
十册　存七十八卷(一至三十一、五十九至
一百一、一百七至一百十)

340000－1883－0000441　史 3558
資治通鑑目録三十卷　（宋）司馬光編集　清
同治刻本　十二册

340000－1883－0000442　史 3559－1
韻府拾遺一百六卷　（清）張廷玉等撰　清刻
本　八册　存四十三卷(四十三至七十七、九
十四至一百一)

340000－1883－0000443　史 3559－2
佩文韻府四百四十三卷　（清）張玉書　（清）
蔡升元等纂　清刻本　十二册　存五卷(十
五至十六、二十五至二十七)

340000－1883－0000444　史 3560－1
詩經八卷　（宋）朱熹集注　清刻本　五册

340000－1883－0000445　史 3560－2
詩經八卷　（宋）朱熹集註　清刻本　一册

340000－1883－0000446　史 3561
四書典林三十卷　（清）江永編　（清）汪基方
參訂　清雍正刻本　五册　存十二卷(一至
十二)

340000－1883－0000447　史 3562
公穀合傳二十八卷　（漢）何休撰　清刻本
二册　存七卷(六至十二)

340000－1883－0000448　史 3563
三國志六十五卷　（晉）陳壽撰　清刻本　六
册　存二十七卷(七至十、二十至二十七、四

十六至六十）

340000－1883－0000449　史 3565－1

春秋三十卷　（宋）胡安國撰　清康熙四十七年(1708)刻本　二冊　存十三卷(四至十、二十五至三十)

340000－1883－0000450　史 3565－2

春秋傳三十卷　（宋）胡安國撰　清綸錫堂刻本　三冊　存三卷(四、七、十)

340000－1883－0000451　史 3566

歙縣館錄並言不分卷　（清）汪聘卿訂　清光緒刻本　十六冊

340000－1883－0000452　史 3567

乾隆三十年東華錄三十二卷　（清）蔣良騏撰　清刻本　四冊　存八卷(三至八、十三至十四)

340000－1883－0000453　史 3568

欽定各等學堂章程不分卷　（清）張百熙編　清刻本　三冊

340000－1883－0000454　史 3569

四書題解不分卷　（清）袁銑撰　清刻本　一冊

340000－1883－0000455　史 3570

詩經八卷　（宋）朱熹集撰　清慎詒堂刻本　二冊　存五卷(三至四、六至八)

340000－1883－0000456　史 3571

中庸直講不分卷　（明）高拱撰　清刻本　一冊

340000－1883－0000457　史 3573

勸學篇二卷　（清）張之洞撰　清末刻本　一冊　存一卷(下)

340000－1883－0000458　史 3574－1

春秋經傳集解三十卷　（晉）杜預撰　（唐）陸德明音義　清刻本　一冊　存三卷(二至四)

340000－1883－0000459　史 3574－2

周易參同契脈望附悟真篇約註六卷　（清）陶素耜撰　清刻本　一冊　存四卷(周易參同契脈望中、下,悟真篇約註上、中)

340000－1883－0000460　史 3576

昭代叢書春秋稗疏一卷　（清）王夫之撰　清道光世楷堂刻本　一冊

340000－1883－0000461　史 3578

春在堂四書文存不分卷　（清）俞樾撰　清刻本　一冊

340000－1883－0000462　史 3579

第一才子書六十卷　（明）羅貫中撰　（清）毛宗崗評　清光緒刻本　九冊　存二十五卷(十一至十二、二十一至二十三、三十至三十八、四十一至四十二、四十五至四十七、五十三至五十八)

340000－1883－0000463　史 3581－1

書經六卷　（宋）蔡沈集傳　清同治刻本　四冊

340000－1883－0000464　史 3581－2

書經六卷　（宋）蔡沈集傳　清同治刻本　四冊

340000－1883－0000465　史 3581－3

書經六卷　（宋）蔡沈集傳　清同治刻本　四冊

340000－1883－0000466　史 3582

禮記十卷　（元）陳澔撰　清同治刻本　十冊

340000－1883－0000467　史 3584

盛京典制備考八卷　（清）崇厚等輯　清光緒四年(1878)軍督署刻本　六冊

340000－1883－0000468　史 3585－1

日星測時新表不分卷　（清）余煌撰　清道光九年(1829)刻本　一冊

340000－1883－0000469　史 3585－10

日星測時新表不分卷　（清）余煌撰　清道光九年(1829)刻本　一冊

340000－1883－0000470　史 3585－11

日星測時新表不分卷　（清）余煌撰　清道光九年(1829)刻本　一冊

340000－1883－0000471　史 3585－12

日星測時新表不分卷　（清）余煌撰　清道光

九年（1829）刻本　　一册

340000－1883－0000472　　史 3585－13
日星測時新表不分卷　　（清）余煌撰　　清道光
九年（1829）刻本　　一册

340000－1883－0000473　　史 3585－14
日星測時新表不分卷　　（清）余煌撰　　清道光
九年（1829）刻本　　一册

340000－1883－0000474　　史 3585－15
日星測時新表不分卷　　（清）余煌撰　　清道光
九年（1829）刻本　　一册

340000－1883－0000475　　史 3585－16
日星測時新表不分卷　　（清）余煌撰　　清道光
九年（1829）刻本　　一册

340000－1883－0000476　　史 3585－17
日星測時新表不分卷　　（清）余煌撰　　清道光
九年（1829）刻本　　一册

340000－1883－0000477　　史 3585－18
日星測時新表不分卷　　（清）余煌撰　　清道光
九年（1829）刻本　　一册

340000－1883－0000478　　史 3585－19
日星測時新表不分卷　　（清）余煌撰　　清道光
九年（1829）刻本　　一册

340000－1883－0000479　　史 3585－2
日星測時新表不分卷　　（清）余煌撰　　清道光
九年（1829）刻本　　一册

340000－1883－0000480　　史 3585－20
日星測時新表不分卷　　（清）余煌撰　　清道光
九年（1829）刻本　　一册

340000－1883－0000481　　史 3585－21
中星表不分卷　　（清）余煌撰　　清道光九年
（1829）刻本　　一册

340000－1883－0000482　　史 3585－22
中星表不分卷　　（清）余煌撰　　清道光九年
（1829）刻本　　一册

340000－1883－0000483　　史 3585－23
中星表不分卷　　（清）余煌撰　　清道光九年

（1829）刻本　　一册

340000－1883－0000484　　史 3585－24
中星表不分卷　　（清）余煌撰　　清道光九年
（1829）刻本　　一册

340000－1883－0000485　　史 3585－25
中星表不分卷　　（清）余煌撰　　清道光九年
（1829）刻本　　一册

340000－1883－0000486　　史 3585－26
中星表不分卷　　（清）余煌撰　　清道光九年
（1829）刻本　　一册

340000－1883－0000487　　史 3585－27
中星表不分卷　　（清）余煌撰　　清道光九年
（1829）刻本　　一册

340000－1883－0000488　　史 3585－28
中星表不分卷　　（清）余煌撰　　清道光九年
（1829）刻本　　一册

340000－1883－0000489　　史 3585－29
中星表不分卷　　（清）余煌撰　　清道光九年
（1829）刻本　　一册

340000－1883－0000490　　史 3585－3
日星測時新表不分卷　　（清）余煌撰　　清道光
九年（1829）刻本　　一册

340000－1883－0000491　　史 3585－30
中星表不分卷　　（清）余煌撰　　清道光九年
（1829）刻本　　一册

340000－1883－0000492　　史 3585－31
中星表不分卷　　（清）余煌撰　　清道光九年
（1829）刻本　　一册

340000－1883－0000493　　史 3585－32
中星表不分卷　　（清）余煌撰　　清道光九年
（1829）刻本　　一册

340000－1883－0000494　　史 3585－33
中星表不分卷　　（清）余煌撰　　清道光九年
（1829）刻本　　一册

340000－1883－0000495　　史 3585－34
中星表不分卷　　（清）余煌撰　　清道光九年

340000－1883－0000496　史 3585－35
中星表不分卷　（清）余煌撰　清道光九年
(1829)刻本　一冊

340000－1883－0000497　史 3585－36
中星表不分卷　（清）余煌撰　清道光九年
(1829)刻本　一冊

340000－1883－0000498　史 3585－37
中星表不分卷　（清）余煌撰　清道光九年
(1829)刻本　一冊

340000－1883－0000499　史 3585－38
中星表不分卷　（清）余煌撰　清道光九年
(1829)刻本　一冊

340000－1883－0000500　史 3585－39
中星表不分卷　（清）余煌撰　清道光九年
(1829)刻本　一冊

340000－1883－0000501　史 3585－4
日星測時新表不分卷　（清）余煌撰　清道光
九年(1829)刻本　一冊

340000－1883－0000502　史 3585－40
中星表不分卷　（清）余煌撰　清道光九年
(1829)刻本　一冊

340000－1883－0000503　史 3585－41
中星表不分卷　（清）余煌撰　清道光九年
(1829)刻本　一冊

340000－1883－0000504　史 3585－42
中星表不分卷　（清）余煌撰　清道光九年
(1829)刻本　一冊

340000－1883－0000505　史 3585－43
中星表不分卷　（清）余煌撰　清道光九年
(1829)刻本　一冊

340000－1883－0000506　史 3585－5
日星測時新表不分卷　（清）余煌撰　清道光
九年(1829)刻本　一冊

340000－1883－0000507　史 3585－6
日星測時新表不分卷　（清）余煌撰　清道光
九年(1829)刻本　一冊

340000－1883－0000508　史 3585－7
日星測時新表不分卷　（清）余煌撰　清道光
九年(1829)刻本　一冊

340000－1883－0000509　史 3585－8
日星測時新表不分卷　（清）余煌撰　清道光
九年(1829)刻本　一冊

340000－1883－0000510　史 3585－9
日星測時新表不分卷　（清）余煌撰　清道光
九年(1829)刻本　一冊

340000－1883－0000511　史 3587
歐美政治要義不分卷　（清）戴鴻慈等撰　清
光緒刻本　一冊

340000－1883－0000512　史 3588
詩經不分卷　（宋）朱熹撰　清刻本　一冊

340000－1883－0000513　史 3592
平陽全書十五卷　（清）葉泰輯　清弌山房刻
本　三冊　存九卷(一至三、七至九、十二至
十四)

340000－1883－0000514　史 3593
曲江書屋新訂批註左傳快讀十八卷首一卷
(清)李駿品輯　清兩儀堂刻本　十六冊

340000－1883－0000515　史 3594－1
春秋左傳杜注二十七卷　（清）姚培謙撰　清
刻本　九冊

340000－1883－0000516　史 3594－2
春秋左傳杜注三十卷首一卷　（清）姚培謙撰
　清光緒九年(1883)江南書局刻本　二冊
存二十八卷(一至二十七、首一卷)

340000－1883－0000517　史 3595
周易辨畫四十卷　（清）連斗山撰　清乾隆四
十年(1775)刻本　一冊　存五卷(三十六至
四十)

340000－1883－0000518　史 3596
史外八卷　（清）汪有典撰　清末刻本　五冊
存五卷(二至四、七至八)

340000－1883－0000519　史3598
兩漢刊誤補遺十卷　（清）吳仁傑撰　清刻本
　　四冊

340000－1883－0000520　史3599－1
重建新安會館徵信錄不分卷　（清）甯本瑜撰
　　清光緒三十一年(1905)刻本　一冊

340000－1883－0000521　史3599－2
重建新安會館徵信錄不分卷　（清）甯本瑜撰
　　清光緒三十一年(1905)刻本　一冊

340000－1883－0000522　史3599－3
　重建新安會館徵信錄不分卷　（清）甯本瑜撰
　　清光緒三十一年(1905)刻本　一冊

340000－1883－0000523　史3599－4
　重建新安會館徵信錄不分卷　（清）甯本瑜撰
　　清光緒三十一年(1905)刻本　一冊

340000－1883－0000524　史3599－5
　重建新安會館徵信錄不分卷　（清）甯本瑜撰
　　清光緒三十一年(1905)刻本　一冊

340000－1883－0000525　史3599－6
　重建新安會館徵信錄不分卷　（清）甯本瑜撰
　　清光緒三十一年(1905)刻本　一冊

340000－1883－0000526　史3599－7
　重建新安會館徵信錄不分卷　（清）甯本瑜撰
　　清光緒三十一年(1905)刻本　一冊

340000－1883－0000527　史3599－8
　重建新安會館徵信錄不分卷　（清）甯本瑜撰
　　清光緒三十一年(1905)刻本　一冊

340000－1883－0000528　史3600
梁武帝集八卷附梁代帝王合集二卷　（明）閻
光世輯　明刻本　二冊

340000－1883－0000529　史3601
二十二史考異一百卷　（清）錢大昕撰　清光
緒龍氏家塾刻本　十七冊

340000－1883－0000530　史3602
康輶紀行十六卷　（清）姚瑩撰　清道光刻本
　　六冊

340000－1883－0000531　史3603－2
齊乘考證六卷　（清）周嘉猷撰　清乾隆刻本
　　一冊

340000－1883－0000532　史3603－1
齊乘六卷附釋音一卷　（元）于欽纂　清乾隆
刻本　三冊

340000－1883－0000533　史3604
大清律例統纂集成四十卷　（清）姚雨薌纂輯
　　（清）王梧巢增修　清道光三十年(1850)刻
本　十五冊　存二十六卷(一至六、十一至十
二、十六至二十三、二十七至三十、三十五至
四十)

340000－1883－0000534　史3605
四書味根錄三十七卷　（清）金澂撰　清玉尺
山房刻本　九冊　存三十卷(論語六至二十，
孟子一至十四、首一卷)

340000－1883－0000535　史3606
館律駕鍼四卷　（清）蔣圻撰　清刻本　二冊

340000－1883－0000536　史3607
近科館賦駕鍼四卷　（清）蔣圻撰　清咸豐四
年(1854)埽葉山房刻本　三冊　存三卷(一
至二、四)

340000－1883－0000537　史3608
欽定御纂學政全書八十六卷首一卷　（清）恭
阿拉等纂修　清嘉慶十七年(1812)武英殿刻
本　二十四冊　存八十四卷(一至四十四、四
十七至八十六)

340000－1883－0000538　史3609
貴池縣沿革表不分卷　劉世珩撰　清光緒刻
本　一冊

340000－1883－0000539　史3610
石經考異二卷附晉書補傳贊一卷　（清）杭世
駿撰　清雍正刻本　一冊

340000－1883－0000540　史3611
辛丑恭擬條陳底稿不分卷　（清）魏勖撰　清
末刻本　一冊

340000－1883－0000541　史3614

官板地理七卷　(宋)廖瑀撰　清刻本　四册

340000－1883－0000542　史 3615
墨禦珠船不分卷　(清)曹鄉溪評選　清同治刻本　三册

340000－1883－0000543　史 3617
史外八卷　(清)汪有典撰　清光緒刻本　一册　存一卷(一)

340000－1883－0000544　史 3619
中俄邊界記二卷　(清)鄒代鈞撰　清石印本　二册

340000－1883－0000545　史 3620
宋本史氏通鑑釋文三十卷　(宋)史炤撰　清光緒五年(1879)刻本　四册

340000－1883－0000546　史 3621
南唐書十八卷　(宋)陸遊撰　清刻本　三册

340000－1883－0000547　史 3622
太平廣記五百卷　(宋)李昉等撰　明許自昌刻本　一册　存二十八卷(一百八十一至二百八)

340000－1883－0000548　史 3623
輿地經緯度里表不分卷　(清)丁取忠撰　清刻本　一册

340000－1883－0000549　史 3624
顧亭林先生日知錄之餘四卷　(清)顧炎武集　清刻本　二册

340000－1883－0000550　史 3625
愈愚錄六卷　(清)劉寶楠撰　清刻本　二册

340000－1883－0000551　史 3626
禹貢說二卷　(清)魏源撰　清同治刻本　一册

340000－1883－0000552　史 3627
春秋三十卷　(宋)胡安國撰　清刻本　二册　存九卷(十六至二十四)

340000－1883－0000553　史 3628－1
書經六卷　(宋)蔡沈傳集　清末商務印書館刻本　四册

340000－1883－0000554　史 3628－2
書經六卷　(宋)蔡沈傳集　清末商務印書館刻本　一册　存二卷(五至六)

340000－1883－0000555　史 3629
問影樓輿地叢書第一集六卷　(宋)彭大雅撰　清光緒刻本　一册

340000－1883－0000556　史 3630
重刻三輔黃圖六卷　(清)畢沅撰　清乾隆刻本　一册

340000－1883－0000557　史 3632
三史拾遺五卷　(清)錢大昕編　清刻本　三册

340000－1883－0000558　史 3633
通鑑注辨正二卷　(清)錢大昕編　清刻本　一册

340000－1883－0000559　史 3634
陸放翁[游]年譜不分卷　(清)錢大昕編　清嘉慶刻本　一册

340000－1883－0000560　史 3635
聲類四卷　(清)錢大昕述　清刻本　一册　存二卷(三至四)

340000－1883－0000561　史 3636
三統術衍三卷鈐一卷　(清)錢大昕撰　清嘉慶六年(1801)刻本　一册　存一卷(三)

340000－1883－0000562　史 3637
氏族三卷　(清)錢大昕補　清嘉慶十一年(1806)刻本　一册　存二卷(二至三)

340000－1883－0000563　史 3638
疑年錄四卷　(清)錢大昕編　清刻本　一册

340000－1883－0000564　史 3639
元史藝文志四卷四史朔閏考四卷　(清)錢大昕撰　清光緒龍氏家塾刻本　一册

340000－1883－0000565　史 3641
遼史一百十六卷附考證　(元)脫脫等修　清同治刻本　十二册

340000－1883－0000566　史 3642

金史一百三十五卷附考證　（元）脫脫等撰
清光緒刻本　十二冊　存七十三卷（六十三
至一百三十五）

340000－1883－0000567　史3643
魏書一百十四卷　（北齊）魏收撰　明崇禎九
年（1636）琴川毛氏刻本　二十冊

340000－1883－0000568　史3644
恒言錄六卷　（清）錢大昕撰　清光緒龍氏家
塾刻本　二冊

340000－1883－0000569　史3645
十駕齋養新錄二十卷附餘錄三卷　（清）錢大
昕撰　清光緒龍氏家塾刻本　九冊

340000－1883－0000570　史3646
算學不分卷　（清）賈步緯校述　清刻本
二冊

340000－1883－0000571　史3647
禮記集說十卷　（元）陳澔注　清末李光明莊
刻本　二冊　存二卷（一、四）

340000－1883－0000572　史3648
周禮十二卷　（漢）鄭玄注　清刻本　六冊

340000－1883－0000573　史3651
臨川先生訓子三十篇不分卷　（宋）王安石撰
　清刻本　一冊

340000－1883－0000574　史3653
兩江忠義錄不分卷　（清）胡承珙撰　清光緒
十三年（1887）刻　五十六冊

340000－1883－0000575　史3655
唐鑒十二卷　（宋）范祖禹撰　清刻本　二冊

340000－1883－0000576　史3656－1
新譯日本法規大全二十五卷　（清）劉崇傑等
譯校　清光緒三十三年（1907）上海商務印書
館鉛印本　五十九冊　存二十二卷（一至十
一、十三至十五、十七、十九至二十五）

340000－1883－0000577　史3656－2
日本法規解字不分卷　（清）錢恂等撰　清光
緒三十三年（1907）上海商務印書館鉛印本
一冊

340000－1883－0000578　史3657
康熙字典四十二卷　（清）張玉書等撰　清末
上海商務印書館鉛印本　七冊

340000－1883－0000579　史3660
禮記注疏六十三卷　（漢）鄭玄注　（唐）陸德
明音義　明崇禎十二年（1639）毛氏汲古閣刻
本　二冊　存八卷（四十二至四十五、六十至
六十三）

340000－1883－0000580　史3661
毛詩詁訓傳三十卷　（漢）鄭玄箋　清同治十
一年（1872）五雲堂刻本　六冊　存二十二卷
（八至十二、十四至三十）

340000－1883－0000581　史3662
春秋四卷　（清）周熾纂輯　清刻本　三冊

340000－1883－0000582　史3663－1
禮記十卷　（元）陳澔集說　清刻本　二冊
存二卷（四、十）

340000－1883－0000583　史3663－2
周禮十二卷　（漢）鄭玄撰　清刻本　一冊
存二卷（七至八）

340000－1883－0000584　史3664－1
監本附音春秋穀梁注疏二十卷附校勘記二十
卷　（晉）范甯集解　（唐）楊士勛疏　（清）
阮元撰　清光緒十八年（1892）湖南寶慶務本
書局刻本　一冊　存八卷（穀梁注疏一至四、
校勘記一至四）

340000－1883－0000585　史3664－2
監本春秋公羊注疏二十八卷附校勘記二十八
卷　（漢）何休撰　（唐）陸德明音義　（清）
阮元撰　清嘉慶二十年（1815）刻本　一冊
存四卷（公羊注疏二十四至二十五、校勘記二
十四至二十五）

340000－1883－0000586　史3664－3
附釋音春秋左傳注疏六十卷附校勘記六十卷
　（晉）杜預注　（唐）孔穎達疏　（唐）陸德
明音義　（清）阮元撰　清嘉慶二十年（1815）
江西南昌府學刻本　一冊　存四卷（春秋左
傳注疏一至二、校勘記一至二）

340000－1883－0000587　史3664－4

附釋音毛詩注疏七十卷 （漢）毛享傳　（唐）孔穎達疏　**附校勘記七十卷** （清）阮元撰　清刻本　一冊　存二卷(毛詩注疏一、校勘記一)

340000－1883－0000588　史3665

春秋經傳參訂不分卷 （宋）胡安國傳　清刻本　一冊

340000－1883－0000589　史3667

周易本義四卷 （宋）朱熹撰　清刻本　一冊　存二卷(繫辭下傳一卷、說掛傳一卷)

340000－1883－0000590　史3668

春秋經傳集解三十卷 （晉）杜預撰　（唐）陸德明音譯　清三槐書屋刻本　一冊　存二卷(二十六至二十七)

340000－1883－0000591　史3669

三朝北盟會編二百五十卷首一卷附校勘記 （宋）徐夢莘編集　清光緒四年(1878)刻本　三十九冊

340000－1883－0000592　史3670

玉海二百卷辭學指南四卷附刻十三種六十一卷 （宋）王應麟撰　清嘉慶十一年(1806)刻本　三十三冊　存九十四卷(玉海一至十三、二十五至二十七、三十五至三十七、四十七至五十六、八十五至九十二、一百三至一百五、一百十八至一百二十四、一百八十一至一百八十二,詩地理考一至六,漢藝文志考一至十,通鑑地理通釋一至十四,周書王會一卷,漢制考一至四,六經天文編上、下,急就一至二,通鑑答問三至五,姓氏急就篇上、下,踐作篇一卷)

340000－1883－0000593　史3671

周禮六卷 （漢）鄭康成注　清刻本　六冊

340000－1883－0000594　史3672

增訂智囊集補二十八卷 （明）馮夢龍訂　清乾隆刻本　七冊

340000－1883－0000595　史3673

欽定宋史四百九十六卷 （元）脫脫等撰　清刻本　四冊　存二十七卷(四十八至七十、八十三至八十六)

340000－1883－0000596　史3674

欽定前漢書一百二十卷 （漢）班固撰　清末刻本　一冊　存三卷(九十八至一百)

340000－1883－0000597　史3680

大清一統輿圖二十卷 （清）胡林翼等編　清石印本　二冊　存五卷(三至四、十一至十三)

340000－1883－0000598　史3682

同案齒錄不分卷 （清）仰嘉祥等編　清刻本　一冊

340000－1883－0000599　史3684

徐刻百家姓考略不分卷 （清）王晉升撰　清刻本　一冊

340000－1883－0000600　史3686

國朝畫識十八卷 （清）馮金伯編　清抄本　一冊

340000－1883－0000601　史3687

山門詩史不分卷 （清）周子美撰　清光緒二十四年(1898)六聲堂鉛印本　一冊

340000－1883－0000602　史3688

式古堂目錄十七卷 （清）尤瑩編　清光緒十九年(1893)石印本　二冊

340000－1883－0000603　史3689

左恪靖奏稿初編三十八卷續編七十六卷三編六卷 （清）左宗棠撰　清光緒十二年(1886)影印本　八冊　存十六卷(續編六十七至七十六、三編六卷)

340000－1883－0000604　史3690

中國女史二十一卷 （清）金炳麟輯　清宣統刻本　一冊　存二卷(十一至十二)

340000－1883－0000605　史3691

湘軍記二十卷 （清）王定安撰　清光緒十五年(1889)上海書局石印本　一冊　存五卷(一至五)

340000－1883－0000606　史3692－1

尚論篇二卷首一卷 （清）喻昌撰 清光緒同文堂刻本 二冊

340000－1883－0000607 史3692－2
尚論篇二卷首一卷 （清）喻昌撰 清光緒同文堂刻本 一冊 存一卷（上）

340000－1883－0000608 史3693
重訂醫方一盤珠全集十卷首一卷 （清）洪金鼎撰 清文奎堂刻本 三冊

340000－1883－0000609 史3694
彙刻書目不分卷 （明）汪士賢編 清刻本 一冊

340000－1883－0000610 史3695
醫宗說約六卷 （清）蔣示吉撰 清道光八年（1828）經元堂刻本 一冊 存二卷（一至二）

340000－1883－0000611 史3696
路史前紀二卷後紀四卷發揮三卷餘論三卷 （宋）羅泌撰 清光緒二十年（1894）石印本 六冊

340000－1883－0000612 史3697
詩經八卷 （宋）朱熹集注 清光緒三年（1877）永康退補齋胡氏刻本 三冊 存六卷（一至四、七至八）

340000－1883－0000613 史3699
易隱八卷 （清）曹九錫輯 清刻本 三冊 存七卷（二至八）

340000－1883－0000614 史3700
易經八卷 （宋）程頤傳 清末刻本 四冊

340000－1883－0000615 史3701
孟子十四卷 （宋）朱熹集注 清刻本 一冊 存一卷（三）

340000－1883－0000616 史3702
論語二十卷 （宋）朱熹集注 清末鉛印本 一冊 存五卷（一至五）

340000－1883－0000617 史3703
寄傲山房塾課新增幼學故事瓊林四卷首一卷 （清）程允升撰 清末刻本 一冊 存二卷（三至四）

340000－1883－0000618 史3704
駁案新篇三十二卷 （清）全士潮等編 清刻本 四冊 存五卷（二十三至二十四、二十七、三十至三十一）

340000－1883－0000619 史3705
聊齋志異新評十六卷 （清）蒲松齡撰 清光緒三年（1877）廣順但氏刻本 一冊 存一卷（一）

340000－1883－0000620 史3706
康熙字典十八卷附備考總目一卷補遺總目一卷 （清）陳廷敬等編 清光緒十二年（1886）上海點石齋石印本 六冊

340000－1883－0000621 史3707
康熙字典四十二卷 （清）張玉書 （清）陳廷敬撰 清刻本 五冊 存五卷（未下、申三卷、酉上）

340000－1883－0000622 史3708
水經注及歷代地理圖不分卷 （北魏）酈道元撰 清宣統刻本 三十四冊

340000－1883－0000623 史3710
奉天全省府廳州縣地圖不分卷 （清）王志修編輯 清刻本 二冊

340000－1883－0000624 史3711
于文定公讀史漫錄二十卷 （清）黃恩彤參訂 清乾隆刻本 九冊 存十八卷（三至二十）

340000－1883－0000625 史3713－1
章氏遺書文史通義八卷 （清）章學誠撰 清道光刻本 四冊

340000－1883－0000626 史3713－2
章氏遺書校讎通義三卷 （清）章學誠撰 清道光刻本 一冊

340000－1883－0000627 史3714
史案二十卷 （清）吳裕垂撰 清光緒六年（1880）大成堂刻本 五冊 存十卷（一至三、五至十一）

340000－1883－0000628 史3715
歷朝綱鑑總論不分卷 （明）來集之撰 清光

緒刻本　四冊

340000－1883－0000629　史3716
後漢書九十卷　（南朝宋）范曄撰　清刻本
二十冊

340000－1883－0000630　史3718－1
兩朝剝復錄六卷　（明）吳應箕輯　清同治刻
本　四冊

340000－1883－0000631　史3718－2
先撥志始二卷　（明）文秉撰　清同治刻本
二冊

340000－1883－0000632　史3719
讀史鏡古編三十二卷　（清）潘世恩輯　清同
治十三年（1874）江西書局刻本　六冊

340000－1883－0000633　史3720
日下舊聞四十二卷補遺四十二卷　（清）朱彝
尊　（清）朱昆田撰　清刻本　十四冊　存五
十八卷（十一至三十九、補遺十一至三十九）

340000－1883－0000634　史3721
讀史大略六十卷　（清）沙張白撰　清咸豐七
年（1857）恭壽堂刻本　八冊　存四十八卷
（一至四十八）

340000－1883－0000635　史3722
蜀碧四卷　（清）彭遵泗撰　清光緒刻本
二冊

340000－1883－0000636　史3723
補刑法食貨志不分卷　（清）郝懿行撰　清嘉
慶刻本　一冊

340000－1883－0000637　史3724
金剛經衍義七卷　（清）徐澤醇撰　清道光刻
本　一冊　存二卷（一至二）

340000－1883－0000638　史3725
讀史大略六十卷　（清）沙張白撰　清道光二
十五年（1845）刻本　二冊　存四卷（五十七
至六十）

340000－1883－0000639　史3727
皇朝通志一百二十六卷　（清）嵇璜等撰　清
光緒刻本　十二冊

340000－1883－0000640　史3728
欽定續通志六百四十卷　（清）嵇璜等撰　清
末刻本　三十二冊　存二百八十七卷（十一
至四十、一百五十至四百六）

340000－1883－0000641　史3729
欽定續文獻通考二百五十卷　（清）嵇璜撰
清光緒二十七年（1901）上海圖書集成局鉛印
本　十二冊　存一百十卷（一百四十一至二
百五十）

340000－1883－0000642　史3731
大清會典一百卷　（清）允祹撰　清乾隆刻本
十六冊

340000－1883－0000643　史3732
中東戰紀本末八卷　蔡爾康纂　清光緒刻本
八冊

340000－1883－0000644　史3734
兩般秋雨盦隨筆七卷　（清）梁紹壬撰　清道
光刻本　七冊

340000－1883－0000645　史3735
小嫏嬛山館匯刊類書十二種二十三卷　（清）
阮元輯　清末刻本　五冊　存九卷（文選上、
左傳紺珠下、史腴下、十七史蒙求一卷、山海
經腴詞一卷、竹書紀年一卷、六經蒙求一卷、
爾雅貫珠一卷、左氏蒙求注一卷）

340000－1883－0000646　史3736
二十二史箚記三十六卷　（清）趙翼撰　清光
緒刻本　十冊

340000－1883－0000647　史3737
潛確居類書一百二十卷　（明）陳仁錫輯　明
崇禎刻本　四十八冊

340000－1883－0000648　史3738－1
資治通鑑綱目正編五十九卷首一卷前編二十
五卷首一卷續編二十七卷　（宋）朱熹撰　清
春在堂刻本　四十冊　存四十七卷（正編一
至二、四、六至九、十四、十八至十九、三十八、
四十至四十一、四十四、四十八至四十九、五
十六至五十九,首一卷;前編一至二、四至六、
十四至二十三,首一卷;續編九、十一、十三至

十四、十六、二十、二十二至二十五）

340000－1883－0000649　　史3738－2

資治通鑑綱目正編五十九卷　　（宋）朱熹撰
（明）陳仁錫評閱　清春在堂刻本　一冊　存
一卷（十九）

340000－1883－0000650　　史3740－1

遼史拾遺補五卷　　（清）厲鶚撰　清光緒三年
（1877）江蘇書局刻本　二冊

340000－1883－0000651　　史3740－2

遼史拾遺二十四卷　　（清）厲鶚撰　清光緒元
年（1875）江蘇書局刻本　六冊

340000－1883－0000652　　史3741

校本史記一百三十卷　　（漢）司馬遷撰　清同
治九年（1870）刻本　十冊　存三十九卷（一
至三十九）

340000－1883－0000653　　史3742

水利營田圖說不分卷　　（清）吳邦慶輯　清刻
本　二冊

340000－1883－0000654　　史3743

增訂歷科表判句解六卷　　（清）劉慎編　清乾
隆刻本　六冊

340000－1883－0000655　　史3744

古玉圖考不分卷　　（清）吳大澂撰　清石印本
四冊

340000－1883－0000656　　史3745－1

困學紀聞注二十卷　　（宋）王應麟撰　清刻本
九冊　存十九卷（二至二十）

340000－1883－0000657　　史3745－2

困學紀聞二十卷　　（宋）王應麟撰　清刻本
八冊

340000－1883－0000658　　史3747

歙莘墟吳氏承辦塲務稟帖匯稿不分卷　　（清）
吳仁培撰　清抄本　一冊

340000－1883－0000659　　史3748

續山東考古錄三十二卷　　（清）葉圭綬撰　清
光緒刻本　一冊　存四卷（十八至二十一）

340000－1883－0000660　　史3749

天下郡國利病書一百二十卷　　（清）顧炎武輯
清道光敷文閣刻本　二冊　存十卷（六十
九至七十八）

340000－1883－0000661　　史3750

乾隆三十年東華錄三十二卷　　（清）蔣良騏修
清刻本　一冊　存二卷（一至二）

340000－1883－0000662　　史3753

精校龍文鞭影二卷　　（清）李子良輯　清光緒
石印本　二冊

340000－1883－0000663　　史3754

兩漢博聞十二卷　　（宋）楊侃輯　清光緒審報
館鉛印本　六冊

340000－1883－0000664　　史3755

讀通鑑論十一卷　　（清）王夫之撰　清刻本
七冊　存八卷（三至十）

340000－1883－0000665　　史3756

舊唐書二百卷　　（五代）劉昫等撰　清同治刻
本　四十七冊

340000－1883－0000666　　史3757

資治通鑑外紀十卷目錄五卷　　（宋）劉恕編
（清）胡克家注補　清同治十年（1871）江蘇書
局刻本　八冊　存十四卷（二至十、目錄五
卷）

340000－1883－0000667　　史3758

隋書八十五卷　　（唐）魏徵等撰　清刻本　十
二冊

340000－1883－0000668　　史3760

歷代疆域表三卷　　（清）段長基編　清嘉慶二
十年（1815）刻本　一冊　存一卷（上）

340000－1883－0000669　　史3761

北魏地形志圖不分卷　　楊守敬撰　清宣統二
年（1910）武昌刻本　一冊

340000－1883－0000670　　史3763

苗防備覽二十二卷　　（清）嚴如熤撰　清道光
刻本　三冊　存九卷（一至九）

340000－1883－0000671　　史3764

歷代紀元部表二卷　（清）江永編　清乾隆刻本　一冊

340000－1883－0000672　史3765

遼史一百十六卷附考證　（元）脫脫等撰　明嘉靖八年（1529）刻本　一冊　存二十三卷（七十一至九十三）

340000－1883－0000673　史3766

金石文考略十六卷　（清）李光暎撰　清雍正七年（1729）觀妙齋刻本　一冊　存二卷（一至二）

340000－1883－0000674　史3769

後漢書一百二十卷　（南朝宋）范曄撰　清刻本　十五冊　存四十五卷（七十六至一百二十）

340000－1883－0000675　史3770－1

舊五代史一百五十卷目錄二卷附考證　（宋）薛居正等撰　清光緒三十四年（1908）上海集成圖書公司鉛印本　十二冊

340000－1883－0000676　史3770－2

舊五代史一百五十卷目錄二卷附考證　（宋）薛居正等撰　清光緒三十四年（1908）上海集成圖書公司鉛印本　十一冊　存一百四十三卷（八至一百五十）

340000－1883－0000677　史3771

群經官室圖二卷　（清）焦循撰　清嘉慶、道光間江都焦氏半九書壇叢刻本　一冊　存一卷（下）

340000－1883－0000678　史3772

釋弧三卷　（清）錢大昕撰　清乾隆刻本　一冊

340000－1883－0000679　史3773

天下郡國利病書一百二十卷　（清）顧炎武輯　清刻本　十四冊　存二十三卷（九至十二、十四至十五、二十四至二十七、七十六至七十七、八十三至九十三）

340000－1883－0000680　史3775

南京歙縣會館帳籍不分卷　（清）汪芸浦撰

清光緒刻本　一冊

340000－1883－0000681　史3777－1

皇朝諡法考五卷　（清）鮑康撰　清同治刻本　一冊

340000－1883－0000682　史3777－2

皇朝諡法考五卷　（清）鮑康撰　清同治刻本　一冊

340000－1883－0000683　史3778

欽定大清會典一百三十二卷　（清）托津撰　清刻本　四冊　存十七卷（八十四至一百）

340000－1883－0000684　史3779

出使英法意比四國日記六卷　（清）薛福成撰　清光緒二十二年（1896）上海圖書集成印書局鉛印本　一冊　存二卷（一至二）

340000－1883－0000685　史3781

宋書一百卷　（南朝梁）沈約撰　清同治刻本　十六冊

340000－1883－0000686　史3782

三禮圖二十卷　（宋）聶崇義集　清康熙刻本　二冊

340000－1883－0000687　史3783

南齊書五十九卷　（南朝梁）蕭子顯撰　清同治刻本　六冊

340000－1883－0000688　史3784

陳書三十六卷　（唐）姚思廉撰　清同治刻本　四冊

340000－1883－0000689　史3785

續資治通鑑二百二十卷　（清）畢沅編　清同治刻本　五冊　存十九卷（一至十九）

340000－1883－0000690　史3786－1

資治通鑑二百九十四卷　（宋）司馬光編　清嘉慶二十一年（1816）刻本　六十一冊

340000－1883－0000691　史3786－2

通鑑釋文辨誤十二卷　（宋）司馬光編　清嘉慶二十一年（1816）刻本　二冊

340000－1883－0000692　史3787

朱子年譜四卷考異四卷朱子論學切要語二卷
校勘記三卷 （清）王懋竑 （清）王炳
（清）惲祖冀撰 清光緒九年（1883）武昌書局
刻本 四冊

340000－1883－0000693 史3788
文獻通考紀要二卷 （元）馬端臨撰 清乾隆
刻本 二冊

340000－1883－0000694 史3789
語石十卷 葉昌熾撰 清宣統刻本 四冊

340000－1883－0000695 史3790
補三國疆域志二卷 （清）洪亮吉撰 清乾隆
刻本 二冊

340000－1883－0000696 史3792
史記一百三十卷 （漢）司馬遷撰 （南朝宋）
裴駰集解 清刻本 一冊 存五卷（四十至
四十四）

340000－1883－0000697 史3794
弘簡錄二百五十四卷 （明）邵經邦撰 清康
熙刻本 一冊 存二卷（九十七至九十八）

340000－1883－0000698 史3795
李志一卷士女志一卷後賢志一卷序志一卷序
志後語一卷附江源常氏士女志一卷 （晉）常
璩撰 清刻本 一冊

340000－1883－0000699 史3796
七國地理考七卷 （清）顧觀光撰 清道光刻
本 二冊

340000－1883－0000700 史3798
蕉軒隨錄十二卷 （清）方濬師撰 清同治十
一年（1872）退一步齋刻本 十二冊

340000－1883－0000701 史3800
中興將帥別傳三十卷 朱孔彰撰 清光緒刻
本 十冊

340000－1883－0000702 史3803
[安徽歙縣]梅溪洪氏節烈雙褒錄不分卷
（清）洪文翰撰 清光緒刻本 一冊

340000－1883－0000703 史3804
鐵琴銅劍樓藏宋元本書目不分卷 （清）霍氏

撰 清光緒刻本 三冊

340000－1883－0000704 史3805
閻潛丘先生[若璩]年譜不分卷 （清）張穆撰
清道光二十七年（1847）壽陽祈氏刻本
一冊

340000－1883－0000705 史3808
經史百家簡編二卷 （清）曾國藩撰 清同治
刻本 二冊

340000－1883－0000706 史3809
曾文正公批牘六卷 （清）曾國藩撰 清光緒
刻本 六冊

340000－1883－0000707 史3810
曾文正公奏稿三十卷 （清）李翰章編 清光
緒二年（1876）嬰傳忠書局刻本 二冊 存三
卷（一至二、五）

340000－1883－0000708 史3811
曾文正公[國藩]年譜十二卷 （清）黎庶昌編
輯 清光緒二年（1876）嬰傳忠書局刻本 二
冊 存七卷（一至四、八至十）

340000－1883－0000709 史3812
求闕齋日記類鈔二卷 （清）曾國藩撰 （清）
王啟原輯 清光緒二年（1876）嬰傳忠書局刻
本 一冊

340000－1883－0000710 史3816
隋書八十五卷 （唐）魏徵等撰 清光緒刻本
十一冊

340000－1883－0000711 史3817－1
周書五十卷 （唐）令狐德棻等撰 清光緒三
十四年（1908）上海集成圖書公司鉛印本
四冊

340000－1883－0000712 史3817－2
周書五十卷 （唐）令狐德棻等撰 清光緒三
十四年（1908）上海集成圖書公司鉛印本 三
冊 存三十九卷（一至三十九）

340000－1883－0000713 史3818
大清一統志五百卷 （清）高宗弘曆敕撰 清
光緒二十三年（1897）杭州竹簡齋石印本 五

十三冊　存四百一卷(一至一百二十四、一百四十八至四百二十四)

340000－1883－0000714　史3819
大清一統志五百卷　(清)高宗弘曆敕撰　清光緒二十三年(1897)杭州竹簡齋石印本　四十冊　存二百九十卷(一百二十五至三百六十七、三百七十八至四百二十四)

340000－1883－0000715　史3820
資治通鑑綱目正編五十九卷首一卷前編二十五卷首一卷續編二十七卷首一卷末一卷
(明)陳仁錫評閱　清光緒十四年(1888)上海大同書局石印本　二十四冊

340000－1883－0000716　史3821
續資治通鑑二百二十卷　(清)畢沅撰　清光緒三十一年(1905)江蘇書局刻本　五十五冊　存二百一卷(二十至二百二十)

340000－1883－0000717　史3822
續資治通鑑二百二十卷　(清)畢沅撰　清同治八年(1869)江蘇書局刻本　六十冊

340000－1883－0000718　史3823
資治通鑑二百九十四卷目錄三十卷通鑑釋文辯誤十二卷　(宋)司馬光撰　(元)胡三省音注　清嘉慶二十一年(1816)鄱陽胡氏刻同治八年(1869)江蘇書局補刻本　三十七冊　存一百十一卷(一至一百十一)

340000－1883－0000719　史3824
前明忠義別傳三十二卷　(清)汪有典撰　清道光刻本　八冊

340000－1883－0000720　史3825
梁書五十六卷　(唐)姚思廉撰　清同治刻本　六冊

340000－1883－0000721　史3826
舊唐書二百四十卷　(五代)劉昫輯　清同治十一年(1872)浙江書局刻本　四十冊

340000－1883－0000722　史3827
南齊書五十九卷　(南朝梁)蕭子顯撰　清刻本　八冊

340000－1883－0000723　史3828
北史一百卷　(唐)李延壽撰　清刻本　二十二冊

340000－1883－0000724　史3829
三國志六十五卷　(晉)陳壽撰　清刻本　八冊

340000－1883－0000725　史3831
前漢書一百卷附考證　(漢)班固撰　清光緒十四年(1888)上海蜚英館石印本　十六冊

340000－1883－0000726　史3832
明通鑑九十卷目錄二十卷前編四卷附編六卷　(清)夏燮撰　清末刻本　十四冊　存三十一卷(六十二至六十六、七十一至九十,附編六卷)

340000－1883－0000727　史3835
古今偽書考不分卷　(清)姚際恒撰　清光緒刻本　二冊

340000－1883－0000728　史3836
文廟祀位不分卷　(清)馬新貽撰　清同治刻本　一冊

340000－1883－0000729　史3837
史學提要四卷　(清)狄寬輯　清嘉慶十一年(1806)刻本　三冊　存三卷(二至四)

340000－1883－0000730　史3838
光緒湖北輿地圖記二十四卷　(清)鄒代鈞撰　清光緒二十年(1894)湖北輿圖局刻本　十九冊　存十九卷(一至八、十至十三、十六至二十、二十三至二十四)

340000－1883－0000731　史3839
洋防輯要二十四卷　(清)嚴如熤撰　清道光刻本　九冊　存十八卷(四至六、八至九、十二至二十四)

340000－1883－0000732　史3840
河南省圖不分卷　(清)李鶴年編　清同治刻本　一冊

340000－1883－0000733　史3842
三事忠告不分卷　(元)張養浩撰　清同治刻

本　一冊

340000－1883－0000734　史3843
史表功比說不分卷　（清）張錫瑜撰　清光緒
刻本　一冊

340000－1883－0000735　史3844
詩集傳音釋不分卷　（元）羅復纂輯　清咸豐
刻本　一冊

340000－1883－0000736　史3845
揚州北湖小志六卷首一卷　（清）焦循撰　清
嘉慶十三年(1808)刻本　一冊　存四卷(一
至三、首一卷)

340000－1883－0000737　史3846
從征圖記不分卷　（清）黃倬等編　清同治刻
本　一冊

340000－1883－0000738　史3847
史記一百三十卷　（漢）司馬遷撰　清光緒刻
本　二十冊

340000－1883－0000739　史3848－1
元和郡縣圖志四十卷　（唐）李吉甫撰　清刻
本　八冊　存三十八卷(一至二十二、二十五
至四十)

340000－1883－0000740　史3848－2
元和郡縣補志九卷　（唐）李吉甫撰　（清）嚴
觀輯　清刻本　二冊

340000－1883－0000741　史3850
汪雙池先生[紱]年譜四卷　（清）余龍光編
清同治刻本　二冊

340000－1883－0000742　史3851
日本訪書志十七卷　楊守敬撰　清刻本　四
冊　存八卷(三至八、十五至十六)

340000－1883－0000743　史3852
宋瑣語不分卷　（清）王照圓　（清）郝懿行撰
　清嘉慶刻本　五冊

340000－1883－0000744　史3853
聖武記十四卷　（清）魏源撰　清刻本　十
二冊

340000－1883－0000745　史3854
宋瑣語不分卷　（清）王照圓　（清）郝懿行撰
　清嘉慶刻本　三冊

340000－1883－0000746　史3855
漢西域圖考七卷　（清）李光延撰　清同治刻
本　四冊

340000－1883－0000747　史3856
禹貢錐指二十卷圖一卷　（清）胡渭撰　清康
熙漱六軒刻本　十冊　存十一卷(五至八、十
至十一、十三至十五、十九至二十)

340000－1883－0000748　史3857
緬甸國志亞細亞洲志不分卷　（清）學部圖書
局編譯　清光緒刻本　二冊

340000－1883－0000749　史3858
李氏三忠八祀忠義祠事略不分卷　（清）李慶
來編　清光緒刻本　一冊

340000－1883－0000750　史3859
棠陰比事不分卷　（宋）桂萬榮撰　清光緒刻
本　一冊

340000－1883－0000751　史3860
元豐九域志十卷　（宋）王存等刪定　清刻本
　一冊　存三卷(六至八)

340000－1883－0000752　史3861
漢官儀三卷　（宋）劉邠撰　清末刻本　一冊

340000－1883－0000753　史3862
西南紀事十二卷　（清）邵廷采撰　清同治刻
本　二冊

340000－1883－0000754　史3865
國朝畫徵錄三卷　（清）張庚撰　清乾隆四年
(1739)刻本　一冊　存二卷(上、中)

340000－1883－0000755　史3866
蒙古西域諸國錢譜四卷　（清）陳其鏞譯　清
宣統三年(1911)汪氏鉛印振綺堂叢書本
一冊

340000－1883－0000756　史3867
晉宋書故不分卷　（清）郝懿行撰　清嘉慶刻
本　一冊

340000 – 1883 – 0000757　史 3868

苗防備覽二十二卷　（清）嚴如熤撰　清刻本
　一冊　存二卷（二十一至二十二）

340000 – 1883 – 0000758　史 3869

江村銷夏錄三卷　（清）高士奇輯　清光緒刻
本　三冊

340000 – 1883 – 0000759　史 3871

皇朝藩部要略十八卷世系表四卷　（清）祁韻
士撰　清光緒十年（1884）浙江書局刻本
三冊

340000 – 1883 – 0000760　史 3872

吹網錄六卷　（清）葉廷琯撰　清同治八年
（1869）刻本　二冊

340000 – 1883 – 0000761　史 3873

大婚禮節不分卷　（清）□□撰　清同治刻本
　一冊

340000 – 1883 – 0000762　史 3875

汪印人傳十四卷　（清）葉為銘編　清鉛印本
　八冊

340000 – 1883 – 0000763　史 3877

示我周行不分卷　（清）賴盛遠輯　清同治刻
本　一冊

340000 – 1883 – 0000764　史 3878

小嬛嬛十二種二十三卷　（明）楊慎輯　清咸
豐刻本　六冊

340000 – 1883 – 0000765　史 3882

清河書畫舫不分卷　（明）張丑撰　清乾隆刻
本　三冊

340000 – 1883 – 0000766　史 3884

三國志六十五卷　（晉）陳壽撰　清刻本
八冊

340000 – 1883 – 0000767　史 3885

顧亭林先生 [炎武] 年譜不分卷　（清）顧炎武
撰　清道光刻本　一冊

340000 – 1883 – 0000768　史 3886

新斠注地理志十六卷　（清）錢坫撰　（清）徐
松集釋　清光緒會稽章氏刻本　六冊

340000 – 1883 – 0000769　史 3887

[安徽和縣] 和州鮑氏譜略不分卷　（清）鮑友
恪等撰　清末刻本　二冊

340000 – 1883 – 0000770　史 3889

甲子會紀五卷　（明）薛應旂編集　明嘉靖刻
本　四冊

340000 – 1883 – 0000771　史 3890

重訂隋書地理志考證五卷　楊守敬撰　清同
治刻本　二冊

340000 – 1883 – 0000772　史 3891

艮齋雜說十卷　（清）尤侗撰　清兩儀堂刻本
四冊

340000 – 1883 – 0000773　史 3892

池北偶談二十六卷　（清）王士禛撰　清康熙
三十九年（1700）王廷掄福建臨汀郡署刻本
六冊　存二十卷（一至十三、二十至二十六）

340000 – 1883 – 0000774　史 3893

路史前紀九卷後紀十三卷餘論十卷發揮六卷
國名紀十卷　（宋）羅泌撰　（明）喬可校傳
明萬曆三十九年（1611）喬可傳寄齋刻本　十
八冊　存四十三卷（前紀五至九、後紀十三
卷、餘論十卷、發揮一至五、國名紀十卷）

340000 – 1883 – 0000775　史 3894

皇朝謚法考五卷　（清）鮑康撰　清同治刻本
　一冊

340000 – 1883 – 0000776　史 3895

玉海通鑑答問五卷　（宋）王應麟撰　清同治
刻本　二冊

340000 – 1883 – 0000777　史 3896

環遊地球新錄四卷　（清）李圭撰　清光緒刻
本　四冊

340000 – 1883 – 0000778　史 3897

資治通鑑綱目發明五十九卷　（宋）尹起莘撰
　清同治十三年（1874）刻本　四冊　存四十
卷（一至四十）

340000 – 1883 – 0000779　史 3898

吉林外記十卷　（清）薩英額撰　清光緒二十

一年（1895）漸西村舍匯刻本　一冊　存二卷（九至十）

340000－1883－0000780　史3899
求闕齋讀書錄十卷　（清）曾國藩撰　（清）王啓原編輯　清光緒二年（1876）傳忠書局刻本　二冊　存五卷（一至二、五至七）

340000－1883－0000781　史3900
姚氏先德傳七卷　（清）姚瑩撰　清同治刻本　一冊　存六卷（一至六）

340000－1883－0000782　史3901
[光緒]江南鄉試題名錄不分卷　（清）□□修　清光緒刻本　一冊

340000－1883－0000783　史3902
皇朝輿地韻編二卷　（清）李兆洛輯　清光緒刻本　一冊

340000－1883－0000784　史3903
贈太子太傅楊尚書行狀不分卷　（清）歐陽中鵠撰　清同治刻本　一冊

340000－1883－0000785　史3904
河防一覽十四卷　（明）潘季馴撰　清初刻本　五冊　存八卷（二至四、七至九、十一、十三）

340000－1883－0000786　史3905
南省公餘錄八卷　（清）梁章鉅撰　清末刻本　二冊

340000－1883－0000787　史3906
三省山內風土雜識不分卷　（清）嚴如熤撰　清光緒刻本　一冊

340000－1883－0000788　史3908
陝西南山谷口考不分卷　（清）毛鳳枝撰　清光緒刻本　一冊

340000－1883－0000789　史3909
歷代地理志韻編今釋二十卷　（清）李兆洛輯　清同治刻本　一冊　存三卷（六至八）

340000－1883－0000790　史3910
滇海虞衡志十三卷　（清）檀萃輯　清同治刻本　一冊　存六卷（八至十三）

340000－1883－0000791　史3911
玉會篇箋釋三卷　（清）何秋濤撰　清刻本　一冊　存一卷（下）

340000－1883－0000792　史3913
野史四卷　（明）祝允明撰　清光緒四年（1878）申報館鉛印本　一冊　存二卷（一至二）

340000－1883－0000793　史3914
國朝畫識十七卷　（清）馮金伯纂輯　清道光刻本　七冊

340000－1883－0000794　史3915
讀史提要錄十二卷　（清）夏之蓉撰　清乾隆刻本　五冊　存十卷（一至二、五至十二）

340000－1883－0000795　史3916
讀史記集解不分卷　（清）胡秉雯稿　清抄本　一冊

340000－1883－0000796　史3918
畿輔河渠略不分卷　（清）李鴻章等修　清抄本　十五冊

340000－1883－0000797　史3919
湖南輿圖說不分卷　（清）陶覲儀撰　清光緒刻本　二冊

340000－1883－0000798　史3920
大清一統輿圖三十一卷首一卷　（清）嚴樹森編　清同治二年（1863）湖北撫署刻本　八冊

340000－1883－0000799　史3921
新唐書二百二十五卷　（宋）歐陽修撰　清同治十二年（1873）浙江書局刻本　四十一冊

340000－1883－0000800　史3922
史略八十七卷　（清）朱塹輯　清同治刻本　二十冊

340000－1883－0000801　史3923
漢書一百卷　（漢）班固撰　明萬曆四十七年（1619）鍾人傑刻本　十冊　存四十二卷（年表一至八,帝紀六至十二,志一至三、七,列傳一至七、五十五至七十）

340000－1883－0000802　史3924

金史詳校十卷 （清）施國祁撰 清嘉慶刻本
八冊 存八卷（三至十）

340000－1883－0000803 史 3925

三國志六十五卷 （晉）陳壽撰 （明）陳仁錫
評 清古吳書業趙氏覆明汲古閣刻本 十
二冊

340000－1883－0000804 史 3926

聖武記十四卷 （清）魏源撰 清同治刻本
五冊 存十卷（二至七、九至十二）

340000－1883－0000805 史 3928

大清一統志五百卷 （清）穆彰阿 （清）潘錫
恩纂修 清光緒刻本 四冊 存三十七卷
（三百六十八至三百八十九、三百九十六至四
百十）

340000－1883－0000806 史 3929

三國志辨疑三卷 （清）錢大昕撰 清乾隆刻
本 一冊

340000－1883－0000807 史 3930

黃梨洲先生［宗羲］年譜三卷 （清）黃炳垕編
輯 清同治刻本 一冊

340000－1883－0000808 史 3932

後漢書列傳八十卷 （南朝宋）范曄撰 明刻
本 六冊 存三十卷（六至九、十六至十八、
三十三至三十七、四十三至四十七、五十三至
六十五）

340000－1883－0000809 史 3933－1

後漢書八十卷 （南朝宋）范曄撰 （唐）李賢
注 （明）鍾人傑校 明刻本 一冊 存一卷
（一）

340000－1883－0000810 史 3933－2

吳志二十卷 （晉）陳壽撰 明萬曆刻本 一
冊 存七卷（六至十二）

340000－1883－0000811 史 3933－3

補遺綱鑑纂要□□卷 （清）□□撰 明嘉靖
自新齋刻本 一冊 存四卷（三至六）

340000－1883－0000812 史 3934

佩文韻府一百六卷 （清）張玉書 （清）蔡升

元等撰 清嶺南潘氏海山仙館刻本 一百五
冊 存六十四卷（六至十六、二十至二十五、
四十八至八十、九十三至一百六）

340000－1883－0000813 史 3935

列仙傳校正二卷 （清）王照圓撰 清嘉慶刻
本 一冊

340000－1883－0000814 史 3936

列仙傳不分卷 （漢）劉向撰 清嘉慶刻本
一冊

340000－1883－0000815 史 3937

重續歙縣會館錄不分卷 （清）徐上鏞重輯
清手抄本 二冊

340000－1883－0000816 史 3938

河防芻義不分卷 （清）劉成忠撰 清光緒刻
本 一冊

340000－1883－0000817 史 3939

三天入直瑣記不分卷 （清）鮑源深撰 清咸
豐刻本 一冊

340000－1883－0000818 史 3940

星軺考轍四卷 （清）劉啓彤譯述 清光緒刻
本 三冊 存三卷（一至三）

340000－1883－0000819 史 3941

格致鏡原一百卷 （清）陳元龍輯 清乾隆刻
本 十五冊 存三十八卷（一至二十九、三十
二至三十八、四十一至四十二）

340000－1883－0000820 史 3942

歙縣會館錄續編不分卷 （清）汪廷棟撰 清
光緒刻本 一冊

340000－1883－0000821 史 3943

新安會館錄不分卷 （清）洪屏珊撰 清同治
九年（1870）刻本 一冊

340000－1883－0000822 史 3944

史記一百三十卷 （漢）司馬遷撰 清刻本
十冊 存九十一卷（四十至一百三十）

340000－1883－0000823 史 3945

王本史記一百三十卷 （漢）司馬遷撰 清同
治九年（1870）湖北崇文書局刻本 二十四冊

340000－1883－0000824　　史3946－1

後漢書九十卷　（唐）李賢注　清金陵書局仿汲古閣刻本　九冊　存六十四卷（十一至七十四）

340000－1883－0000825　　史3946－2

續漢志三十卷附考證　（晉）司馬彪撰　（南朝梁）劉昭注補　清金陵書局仿汲古閣刻本　一冊　存十八卷（十三至三十）

340000－1883－0000826　　史3947

五代史七十四卷　（宋）歐陽修撰　（宋）徐無黨注　明初汲古閣刻本　六冊　存六十四卷（一至五、十六至七十四）

340000－1883－0000827　　史3948

小腆紀年附考二十卷　（清）徐鼒撰　清同治刻本　七冊　存九卷（九至十七）

340000－1883－0000828　　史3949

典制類林四卷　（清）唐式南編　清乾隆三十年（1765）金穀園刻本　二冊

340000－1883－0000829　　史3950

北齊書五十卷　（唐）李百藥撰　清同治刻本　四冊　存四十七卷（一至三十六、四十至五十）

340000－1883－0000830　　史3951

史記一百三十卷　（漢）司馬遷撰　清刻本　十五冊　存五十五卷（一至二、十三至四十四、七十九至八十六、一百五至一百一十七）

340000－1883－0000831　　史3953

律例圖說正編十卷　（清）萬維翰撰　清乾隆刻本　七冊　存七卷（一至二、四、六至九）

340000－1883－0000832　　史3954

元朝秘史十五卷譯文證補三十卷　（元）□□撰　（清）李文田注　清光緒二十九年（1903）上海文瑞樓石印本　二冊　存三十三卷（元朝秘史一至七,譯文證補一至十五、十八至二十四、二十六至二十九）

340000－1883－0000833　　史3955－1

欽定重修兩浙鹽法志三十卷首二卷　（清）馮

培等纂修　清同治十三年（1874）刻本　二十冊　存二十五卷（一、九至三十,首二卷）

340000－1883－0000834　　史3955－2

兩浙鹽法續纂備考十二卷　（清）楊昌濬撰　清同治十三年（1874）刻本　八冊　存八卷（二至九）

340000－1883－0000835　　史3956

兩浙鹽法續纂備考十二卷　（清）楊昌濬等撰　清同治十三年（1874）刻本　二冊　存三卷（一、三至四）

340000－1883－0000836　　史3957

［熙寧］長安志二十卷圖三卷　（宋）宋敏求撰　（元）李好文繪　清嘉慶刻本　四冊　存二十卷（長安志二十卷）

340000－1883－0000837　　史3960

［道光］徽州府志十六卷首一卷　（清）馬步蟾撰　清道光七年（1827）刻本　二十一冊　存五卷（五至八、十五）

340000－1883－0000838　　史3961

［同治］廬陵縣志五十六卷　（清）陳汝禎等修　清道光刻本　十冊　存二十二卷（一至二十二）

340000－1883－0000839　　史3962

［嘉慶］寧國府志三十六卷首一卷末一卷　（清）魯銓　（清）鍾英修　（清）洪亮吉　（清）施晉撰　清末刻本　三十冊　存三十七卷（一至二十七、二十九至三十六,首一卷,末一卷）

340000－1883－0000840　　史3963－1

［光緒］承德府志六十卷首二十六卷　（清）海忠撰　清光緒十三年（1887）刻本　八冊　存二十六卷（首二十六卷）

340000－1883－0000841　　史3963－2

［光緒］承德府志六十卷首二十六卷　（清）海忠撰　清光緒十三年（1887）刻本　四冊　存十七卷（承德府志一至十七）

340000－1883－0000842　　史3965

曹江孝女廟志八卷 （清）阮元鑒定 清同治刻本 二冊

340000－1883－0000843 史 3966
新安文獻志一百卷 （明）程敏政輯 明刻本 二冊 存六卷（七十二至七十四、八十八至九十）

340000－1883－0000844 史 3973－1
兩淮鹽法志一百六十卷 （清）曾國荃修 清光緒三十一年（1905）金陵刻本 三十二冊 存八十卷（一至八十）

340000－1883－0000845 史 3973－2
兩淮鹽法志一百六十卷 （清）曾國荃修 清光緒三十一年（1905）金陵刻本 三十二冊 存八十卷（八十一至一百六十）

340000－1883－0000846 史 3974
兩淮鹽法志五十六卷首四卷 （清）單渠編纂 清嘉慶刻本 二十八冊

340000－1883－0000847 史 3975
程氏人物志八卷 （清）程之康輯 清康熙四十三年（1704）延慶堂刻本 三冊 存六卷（一至四、七至八）

340000－1883－0000848 史 3976－1
[康熙]徽州府志十八卷 （清）丁廷楗（清）盧詢修 （清）趙吉士等撰 清康熙刻本 七冊 存十三卷（二至五、八至十六）

340000－1883－0000849 史 3976－2
[康熙]徽州府志十八卷 （清）丁廷楗（清）盧詢修 （清）趙吉士等撰 清康熙刻本 一冊 存二卷（四至五）

340000－1883－0000850 史 3979
[康熙]徽州府志十八卷 （清）丁廷楗（清）盧詢修 （清）趙吉士等撰 清康熙刻本 一冊 存二卷（六至七）

340000－1883－0000851 史 3981
[康熙]休寧縣志八卷首一卷 （清）廖騰煃等撰 清康熙三十二年（1693）刻本 一冊 存一卷（一）

340000－1883－0000852 史 3982
[光緒]新安志十卷 （宋）羅願撰 清光緒刻本 四冊

340000－1883－0000853 史 3983
越國汪公雲嵐山墓誌六卷 （清）汪芸浦輯 清嘉慶刻本 二冊 存二卷（四至五）

340000－1883－0000854 史 3984
[嘉靖]徽州府志二十二卷 （明）江尚寧等纂 明嘉靖刻本 一冊 存一卷（一）

340000－1883－0000855 史 3989
黃山志二卷 （清）程弘志編 清乾隆三十五年（1770）刻本 一冊

340000－1883－0000856 史 3994
[嘉慶]旌德縣誌十卷 （清）陳炳德修 清刻本 十五冊

340000－1883－0000857 史 3995
[安徽旌德]旌陽後溪朱氏宗譜四卷首一卷末一卷 （清）朱氏萬統修 清道光二十六年（1846）萃渙堂刻本 五冊

340000－1883－0000858 史 3999
[安徽歙縣]歙北皇呈徐氏族譜十二卷 （清）徐禮輯 清乾隆刻本 六冊 存二卷（一至二）

340000－1883－0000859 史 4000
[安徽歙縣]新安徐氏宗譜十八卷首一卷 （清）徐禋纂修 清乾隆三年（1738）刻本 一冊

340000－1883－0000860 史 4005
[浙江淳安]姚氏宗譜十三卷 （清）姚書奎撰 清光緒二十六年（1900）刻本 一冊 存二卷（十二至十三）

340000－1883－0000861 史 4007
[安徽歙縣]饒氏家譜不分卷 （清）饒鳳翔修 清抄本 一冊

340000－1883－0000862 史 4010
[山西晉昌]唐氏世譜九卷 （清）唐杏春編撰 清嘉慶刻本 四冊 存三卷（一至二、八）

340000－1883－0000863　史4011

[安徽歙縣]汪氏統宗譜一百七十二卷 （明）汪湘撰　清刻本　四冊　存六十二卷（三十一至四十二、五十九至七十六、八十五至一百八、一百三十六至一百四十三）

340000－1883－0000864　史4013

[安徽歙縣]新安東關濟陽江氏宗譜二十四卷 （清）江上錦編　清乾隆刻本　十冊

340000－1883－0000865　史4014

[安徽歙縣]沙園吳氏族譜四卷 （清）吳烈纂修　清康熙刻本　二冊

340000－1883－0000866　史4015

[安徽歙縣]許氏宗譜不分卷 （宋）王荊公撰　清道光刻本　一冊

340000－1883－0000867　史4016

[安徽績溪]西關章氏族譜四十卷 （清）孫維烈重編　清光緒刻本　十冊　存十三卷（一至四、八至十三、十八至二十）

340000－1883－0000868　史4018

[江西婺源]武口王氏統宗世譜不分卷 （清）□□撰　清乾隆二十九年（1764）寫刻本　一冊

340000－1883－0000869　史4019

[安徽休寧]休西汪氏宗譜十卷 （清）汪國徘編撰　清乾隆刻本　一冊

340000－1883－0000870　史4020

[安徽歙縣]新安歙北許氏東支世譜九卷 （清）許鳳翔撰　明隆慶三年（1569）刻本　一冊　存八卷（二至九）

340000－1883－0000871　史4021

[安徽歙縣]許氏宗譜不分卷 （清）□□撰　清咸豐三年（1853）抄本　一冊

340000－1883－0000872　史4025－1

[江西婺源]清華胡氏大族正譜十八卷 （清）胡魁元纂修　清刻本　三冊　存一卷（一）

340000－1883－0000873　史4025－2

[江西婺源]清華胡氏宗譜不分卷 （清）胡魁

元纂修　清刻本　一冊

340000－1883－0000874　史4026

[安徽歙縣]漁岸劉氏世譜十二卷 （清）劉存坊修輯　清乾隆四十一年（1776）刻本　一冊　存五卷（一至五）

340000－1883－0000875　史4027

[安徽歙縣]章祁章氏族譜四卷 （清）□□撰　清乾隆十一年（1746）抄本　一冊

340000－1883－0000876　史4028

[安徽歙縣]張氏統宗世譜二十一卷前一卷後一卷 （明）張憲等修　明刻本　一冊　存三卷（一至二、前一卷）

340000－1883－0000877　史4029

[安徽歙縣]汪氏宗譜不分卷 （清）汪大津敬錄　清同治二年（1863）抄本　一冊

340000－1883－0000878　史4033

[山西晉昌]唐氏族譜十二卷 （清）唐安維編撰　清光緒刻本　一冊　存一卷（八）

340000－1883－0000879　史4034

[浙江唐昌]胡氏宗譜十卷 （清）胡文質編　清道光刻本　九冊　存九卷（二至十）

340000－1883－0000880　史4037

[江西婺源]考川明經胡氏宗譜八卷首二卷 （清）胡天衡撰　清道光刻本　二冊　存二卷（首二卷）

340000－1883－0000881　史4040

[江西婺源]甲道張氏宗譜六十三卷 （清）張雲漢等編撰　清光緒刻本　三十一冊　存二十七卷（一至四、八至九、十二至十三、十六、十九、三十二、三十四、三十九、四十三至五十、五十七至六十二）

340000－1883－0000882　史4045

[江蘇蘇州]程氏支譜六卷 （清）程朧纂修　清道光刻本　四冊　存四卷（一至四）

340000－1883－0000883　史4049

[安徽歙縣]方氏會宗譜二十卷 （清）方士聚纂修　清乾隆刻本　四冊

340000－1883－0000884　史 4053

[安徽歙縣]槐塘程氏重續宗譜二十卷　（清）
程杠等纂修　清康熙刻本　一冊　存一卷
（七）

340000－1883－0000885　史 4054

[安徽歙縣]郡北門程氏宗譜二卷　（清）程茂
楨撰　清康熙刻本　一冊　存一卷（下）

340000－1883－0000886　史 4055

新安程氏統宗補正圖纂三十二卷　（清）程士
培編撰　清康熙刻本　二冊　存十五卷（一
至十五）

340000－1883－0000887　史 4056

[安徽歙縣]澤富王氏會通宗譜八卷　（明）王
友瑄等纂修　明刻本　四冊

340000－1883－0000888　史 4065

魚鱗冊不分卷　（清）王慶元撰　清初刻本
一冊

340000－1883－0000889　史 4072

[安徽歙縣]章氏宗譜十一卷　（清）汪志奇等
修　清乾隆四年（1739）刻本　十冊　存七卷
（三、六至十一）

340000－1883－0000890　史 4073

[安徽歙縣]沙溪汪氏族譜十四卷　（清）汪志
奇等修　清道光刻本　十五冊

340000－1883－0000891　史 4075

[安徽歙縣]汪氏統宗譜八卷　（清）汪禮撰
清乾隆刻本　一冊　存一卷（一）

340000－1883－0000892　史 4077

[安徽歙縣]潭渡黃氏族譜不分卷　（清）黃雲
豹重編　清雍正刻本　一冊

340000－1883－0000893　史 4083

[安徽歙縣]義成朱氏宗譜十二卷　（清）汪菊
如等編撰　清宣統刻本　十二冊

340000－1883－0000894　史 4088

[安徽歙縣]鄭氏宗譜不分卷　（明）徐俌書
明萬曆抄本　一冊

340000－1883－0000895　史 4089

[安徽休寧]陪郭程氏宗譜不分卷　（明）程敏
政重編　明嘉靖刻本　一冊

340000－1883－0000896　史 4092

資治通鑑綱目發明五十九卷　（宋）尹起莘撰
清刻本　二冊　存十九卷（四十一至五十
九）

340000－1883－0000897　史 4093

歷代帝王年表十四卷　（清）阮福敬撰　清道
光四年（1824）刻本　二冊

340000－1883－0000898　史 4094

闕里文獻考一百卷首一卷末一卷　（清）孔繼
汾撰　清乾隆刻本　八冊　存一百一卷（一
至十二、十四至一百，首一卷，末一卷）

340000－1883－0000899　史 4096

五代史七十四卷　（宋）歐陽修撰　清刻本
四冊　存二十一卷（四十三至六十三）

340000－1883－0000900　史 4099

類腋補遺不分卷　（清）張翰純輯　清刻本
一冊

340000－1883－0000901　史 4100

燕閒清賞箋不分卷　（明）高濂撰　清末刻本
二冊

340000－1883－0000902　史 4101

周易兼義九卷附周易署例一卷　（晉）韓康循
注　（唐）孔穎達正義　明汲古閣刻本　一冊
存四卷（七至九、周易署例一卷）

340000－1883－0000903　史 4103

大清律例會通新纂四十卷　（清）何瞻等撰
清道光刻本　二十二冊

340000－1883－0000904　史 4105

文廟史典二十一卷　（清）莫瑞堂編輯　清道
光九年（1829）觀源山房刻本　七冊

340000－1883－0000905　史 4106

舊唐書校勘記六十六卷　（清）張元濟撰　清
道光刻本　二十八冊

340000－1883－0000906　史/4107

資治通鑑二百九十四卷　（宋）司馬光編集

清同治刻本　九十七冊

340000－1883－0000907　史 4108

資治通鑑二百九十四卷　（宋）司馬光編　清刻本　二十九冊　存九十六卷（二十八至三十、一百二至一百五、一百二十一至一百三十二、一百七十二至一百八十八、二百八至二百六十七）

340000－1883－0000908　史 4109

太平寰宇記二百卷　（宋）樂史撰　清刻本三十二冊

340000－1883－0000909　史 4110－1

史記一百三十卷附考證　（漢）司馬遷撰（南朝宋）裴駰集解　清光緒十八年（1892）武林竹簡齋石印本　一冊　存十二卷（一至十二）

340000－1883－0000910　史 4110－2

史記一百三十卷附考證　（漢）司馬遷撰（南朝宋）裴駰集解　清光緒二十六年（1900）煥文書局石印本　一冊　存六卷（一至六）

340000－1883－0000911　史 4112－1

舊唐書二百卷　（五代）劉昫撰　清影印本二冊　存八卷（三十八至四十五）

340000－1883－0000912　史 4113

唐會要一百卷　（宋）王溥撰　清刻本　二十二冊　存九十五卷（六至一百）

340000－1883－0000913　史 4114

舊唐書逸文十二卷　（清）岑建功輯　清道光刻本　四冊

340000－1883－0000914　史 4115

資治通鑑目錄三十卷　（宋）司馬光編集　清同治八年（1869）江蘇書局仿宋刻本　七冊存十三卷（一至二、五至十、十七、二十五至二十八）

340000－1883－0000915　史 4116

後漢書一百二十卷附考證　（南朝宋）范曄撰（唐）李賢註　清刻本　二十四冊

340000－1883－0000916　史 4117

御批通鑑輯覽一百二十卷　（清）傅恒等編撰清光緒套印本　五十八冊

340000－1883－0000917　史 4118

宋史四百九十六卷　（元）脫脫等編撰　清光緒刻本　一百冊

340000－1883－0000918　史 4119

前漢書一百卷　（漢）班固撰　清刻本　二十四冊

340000－1883－0000919　史 4120

遼史一百十五卷附考證　（元）脫脫等撰　清同治十二年（1873）江蘇書局刻本　十二冊

340000－1883－0000920　史 4121

隋書八十五卷　（唐）魏徵撰　清刻本　十二冊

340000－1883－0000921　史 4123

舊五代史一百五十卷　（宋）薛居正等撰　清光緒刻本　十六冊

340000－1883－0000922　史 4124

南史八十卷　（唐）李延壽撰　清刻本　八冊存三十八卷（四十三至八十）

340000－1883－0000923　史 4131

明史三百三十二卷　（清）張廷玉等纂修　清光緒刻本　七十九冊

340000－1883－0000924　史 4142

史記一百三十卷　（漢）司馬遷撰　（南朝宋）裴駰集解　清刻本　十六冊　存八十三卷（一至二十七、七十五至一百三十）

340000－1883－0000925　史 4154

七家後漢書二十一卷　（清）王文臺輯　清刻本　六冊　存十七卷（謝承後漢書八卷、薛瑩後漢書一卷、司馬彪續漢書五卷、華嶠後漢書二卷、謝沈後漢書一卷）

340000－1883－0000926　史 4155

史通通釋二十卷　（清）蔡焯撰　清翰墨園刻本　四冊　存十三卷（一至三、十一至二十）

340000－1883－0000927　史 4156

宋史論三卷元史論一卷　（明）張溥撰　清末

刻本　一冊

340000－1883－0000928　史4157

新校晉書地理志五卷　（清）方愷撰　清刻本
　　二冊

340000－1883－0000929　史4158

金史一百三十五卷附考證不分卷附欽定金國
語解一卷　（元）脫脫等撰　清同治十三年
（1874）江蘇書局刻本　十冊　存六十六卷
（一至五、二十至五十八、六十三至七十七、九
十二至九十八）

340000－1883－0000930　史4159

晉書一百三十卷附音義三卷　（唐）房玄齡撰
　　清同治十年（1871）金陵書局刻本　六冊
存三十九卷（一至四、七十五至八十一、九十
六至一百、一百八至一百三十）

340000－1883－0000931　史4160

晉書一百三十卷　（唐）房玄齡撰　明崇禎刻
本　二十冊

340000－1883－0000932　史4162

十駕齊養新錄二十卷養新餘錄三卷　（清）錢
大昕撰　清刻本　六冊

340000－1883－0000933　史4163

新鎸增訂評注便蒙通鑑八卷附歷代甲子圖一
卷　（宋）南宮靖一撰　明萬曆刻本　六冊

340000－1883－0000934　史4164

戰國策三十三卷附札記三卷　（漢）高誘注
（清）黃丕烈撰　清同治八年（1869）湖北崇文
書局刻本　四冊　存二十七卷（一至二十四、
札記三卷）

340000－1883－0000935　史4165

長河志籍考十卷　（清）田雯編　清光緒三十
四年（1908）仿聚珍版影印本　一冊

340000－1883－0000936　史4166

萬山綱目二十一卷　（清）李誠撰　清光緒二
十六年（1900）刻本　七冊　存十八卷（四至
二十一）

340000－1883－0000937　史4167－1

讀史方輿紀要一百三十卷輿圖要覽四卷
（清）顧祖禹輯撰　清嘉慶十七年（1812）敷文
閣刻光緒五年（1879）蜀南薛氏桐華書屋重修
本　十八冊　存三十一卷（一至十八、二十一
至二十五、七十七至七十八、一百二十四至一
百二十六,輿圖要覽一至二、四）

340000－1883－0000938　史4167－2

輿圖要覽四卷　（清）顧祖禹輯撰　清嘉慶十
七年（1812）敷文閣刻光緒五年（1879）蜀南薛
氏桐華書屋重修本　二冊　存二卷（二、四）

340000－1883－0000939　史4168

山東運河備覽十二卷　（清）陸耀撰　清刻本
　　五冊　存九卷（一至九）

340000－1883－0000940　史4169－1

黃氏五桂樓書目四卷　（清）黃承乙撰　清光
緒二十一年（1895）刻本　二冊

340000－1883－0000941　史4169－2

黃梨洲先生恩舊錄不分卷　（清）黃宗羲撰
清光緒二十一年（1895）刻本　一冊

340000－1883－0000942　史4169－3

黃梨洲先生明夷待訪錄不分卷　（清）黃宗羲
撰　清光緒二十一年（1895）刻本　一冊

340000－1883－0000943　史4170

歷代兵制八卷　（宋）陳傅良撰　清末刻本
一冊

340000－1883－0000944　史4171

三國志考證八卷　（清）潘眉撰　清光緒刻本
　　二冊

340000－1883－0000945　史4172

史記毛本正誤不分卷　（清）丁晏等撰　清刻
本　四冊

340000－1883－0000946　史4173

前漢書一百卷　（漢）班固撰　清刻本　十冊
　　存二十八卷（七至九、十五至十六、二十、二
十七至三十、三十六至四十一、八十七至九十
八）

340000－1883－0000947　史4174

讀史兵略四十六卷 （清）胡林翼撰 清咸豐
十一年(1861)刻本 二十冊

340000－1883－0000948 史4304

古歙岩寺塔記不分卷 （清）方元基撰 清抄
本 一冊

340000－1883－0000949 子2061

潛夫論十卷 （漢）王符撰 清末上海涵芬樓
刻本 二冊

340000－1883－0000950 子2066

鄧析子一卷 （周）鄧析撰 清末上海涵芬樓
影印本 一冊

340000－1883－0000951 子2072

方望溪文鈔六卷 （清）方苞撰 清宣統刻本
八冊

340000－1883－0000952 子2074

曾南豐文集四卷 （宋）曾鞏撰 清宣統刻本
二冊

340000－1883－0000953 子2078

仿宋胡刻文選六十卷 （南朝梁）蕭統撰 清
刻本 十五冊

340000－1883－0000954 子2104

皇明文衡一百卷 （明）程敏政輯 清道光上
海涵芬樓影印本 二十冊

340000－1883－0000955 子2105

揅經室集十一卷目錄一卷 （清）阮元撰 清
道光上海涵芬樓影印本 二十冊

340000－1883－0000956 子2106

道園學古錄五十卷 （元）虞集撰 清末上海
涵芬樓刻本 十二冊

340000－1883－0000957 子2107

抱經堂文集三十四卷 （清）盧文弨撰 清末
刻本 八冊

340000－1883－0000958 子2108

漁洋山人精華錄十卷 （清）侯官林編 清刻
本 四冊

340000－1883－0000959 子2110

呂晚村詩集不分卷 （清）呂留良撰 清刻本
四冊

340000－1883－0000960 子2112

唐詩摘鈔四卷 （清）黃生選評 清康熙刻本
二冊

340000－1883－0000961 子2115

華屏倡和集二卷 （清）侯雲松編 清道光九
年(1829)刻本 一冊

340000－1883－0000962 子2116

陳檢討集二十卷 （清）陳維崧撰 清刻本
一冊 存四卷(八至十一)

340000－1883－0000963 子2117

司馬溫公文集十四卷 （宋）司馬光撰 清光
緒刻本 六冊

340000－1883－0000964 子2118

胡天遊文鈔五卷補遺一卷 （清）胡天遊撰
清宣統刻本 四冊

340000－1883－0000965 子2119

小羅浮社唱和詩存四卷首一卷附白門消寒分
會詩 （清）施橋蟬編 清宣統刻本 二冊

340000－1883－0000966 子2121

古微堂內集三卷外集七卷 （清）魏源撰 清
光緒刻本 四冊

340000－1883－0000967 子2122

錢注杜工部集二十卷 （清）錢謙益箋注 清
宣統刻本 四冊

340000－1883－0000968 子2124

懷古田舍梅統十三卷 （漢）徐榮輯 清同治
刻本 四冊

340000－1883－0000969 子2125

甌北詩鈔十九卷 （清）趙翼撰 清乾隆刻本
四冊

340000－1883－0000970 子2126

滄浪詩話不分卷 （清）朱琰重校 清乾隆刻
本 一冊

340000－1883－0000971 子2128

古文析義十六卷 （清）林雲銘評注 清康熙刻本 十三冊 存十三卷（一、四至九、十一至十六）

340000－1883－0000972 子2143

九章算術九卷 （晉）劉徽注 清末上海涵芬樓刻本 三冊 存八卷（一至四、六至九）

340000－1883－0000973 子2898

淮南子二十一卷 （漢）劉安撰 清末上海涵芬樓影印本 四冊

340000－1883－0000974 子2899

地理陽宅總決不分卷 （清）黃海山人撰 清光緒刻本 一冊

340000－1883－0000975 子2900

地理辨正五卷首一卷末一卷 （清）張心言撰 清道光九年（1829）刻本 二冊

340000－1883－0000976 子2901

奇門旨歸三十八卷 （清）朱浩文撰 清光緒十九年（1893）刻本 十二冊

340000－1883－0000977 子2902－1

釋名四卷 （漢）劉熙撰 清光緒元年（1875）浙江書局刻本 一冊

340000－1883－0000978 子2902－10

董子春秋繁露十七卷 （漢）董仲舒撰 清光緒元年（1875）浙江書局刻本 二冊

340000－1883－0000979 子2902－11

呂氏春秋二十六卷附考一卷 （秦）呂不韋撰 清光緒元年（1875）浙江書局刻本 二冊 存八卷（十九至二十六）

340000－1883－0000980 子2902－12

鹽鐵論十二卷 （漢）桓寬撰 清光緒元年（1875）浙江書局刻本 一冊 存六卷（七至十二）

340000－1883－0000981 子2902－13

文心雕龍十卷 （南朝梁）劉勰撰 清光緒元年（1875）浙江書局刻本 一冊

340000－1883－0000982 子2902－14

天錄閣外史八卷 （漢）黃憲撰 清光緒元年（1875）浙江書局刻本 一冊 存四卷（五至八）

340000－1883－0000983 子2902－15

淮南鴻烈解二十一卷 （漢）劉安撰 清光緒元年（1875）浙江書局刻本 一冊 存三卷（十四至十六）

340000－1883－0000984 子2902－16

補注黃帝內經素問二十四卷 （唐）啟玄子注 （宋）林億等校正 清光緒元年（1875）浙江書局刻本 一冊 存五卷（八至十二）

340000－1883－0000985 子2902－17

法言十卷附申鑑五卷 （漢）揚雄 （漢）荀悅撰 清光緒元年（1875）浙江書局刻本 一冊

340000－1883－0000986 子2902－2

竹書紀年統箋十二卷附前編一卷雜述一卷 （清）徐文靖補箋 清光緒三年（1877）浙江書局刻本 四冊

340000－1883－0000987 子2902－3

公孫述劉牧二志不分卷 （晉）常璩撰 清光緒元年（1875）浙江書局刻本 一冊

340000－1883－0000988 子2902－4

論衡三十卷 （漢）王充撰 清光緒元年（1875）浙江書局刻本 三冊 存十一卷（七至十三、十四至十七）

340000－1883－0000989 子2902－5

新書十卷 （漢）賈誼撰 清光緒元年（1875）浙江書局刻本 二冊

340000－1883－0000990 子2902－6

新書十卷 （漢）賈誼撰 清光緒元年（1875）浙江書局刻本 一冊 存七卷（四至十）

340000－1883－0000991 子2902－7

十六國春秋不分卷元經十卷 （北魏）崔鴻撰 清光緒元年（1875）浙江書局刻本 四冊

340000－1883－0000992 子2902－8

毛詩草木鳥獸蟲魚疏二卷大戴禮記十三卷 （晉）陸機撰 清光緒元年（1875）浙江書局刻本 二冊

340000－1883－0000993　子2902－9
易林四卷　（漢）焦贛撰　清光緒元年(1875)
浙江書局刻本　三冊　存三卷(二至四)

340000－1883－0000994　子2903
管子二十四卷　（唐）房玄齡注　清光緒刻本
　八冊

340000－1883－0000995　子2904－1
學算筆談六卷　（清）華蘅芳撰　清光緒八年
(1882)刻本　四冊

340000－1883－0000996　子2904－2
開方別術一卷　（清）華蘅芳撰　清光緒八年
(1882)刻　一冊

340000－1883－0000997　子2904－3
開方古義二卷　（清）華蘅芳撰　清光緒八年
(1882)刻本　二冊

340000－1883－0000998　子2904－4
積較術三卷　（清）華蘅芳撰　清光緒八年
(1882)刻本　一冊　存一卷(上)

340000－1883－0000999　子2905－1
四元玉鑑三卷首一卷末一卷　（元）朱世傑撰
　清光緒元年(1875)刻本　三冊

340000－1883－0001000　子2905－2
四元玉鑑三卷首一卷末一卷　（元）朱世傑撰
　清光緒元年(1875)刻本　三冊

340000－1883－0001001　子2906
韓子粹言不分卷　（唐）韓愈撰　清康熙刻本
　一冊

340000－1883－0001002　子2908
六子節要不分卷　（清）□□輯　清抄本
一冊

340000－1883－0001003　子2909
澤農要錄六卷　（清）吳邦慶撰　清光緒刻本
　二冊

340000－1883－0001004　子2910
則古昔齋算學二十四卷　（清）李善蘭輯　清
同治刻本　六冊

340000－1883－0001005　子2911
論畫叢書四卷　（唐）王維　（宋）郭思
(元)李衎　(元)釋仲仁撰　清刻本　一冊

340000－1883－0001006　子2912
瓶花譜不分卷　（明）張謙德撰　清乾隆刻本
　一冊

340000－1883－0001007　子2914
月令明義四卷　（明）黃道周撰　清道光刻本
　一冊

340000－1883－0001008　子2915
書法采珍不分卷　（清）□□撰　清致曲軒刻
本　二冊

340000－1883－0001009　子2916
二如亭群芳譜三十卷　（明）王象晉輯　明天
啟元年(1621)沙村草堂刻本　八冊

340000－1883－0001010　子2917
醫驗錄二卷　（清）吳天士撰　清康熙刻本
二冊

340000－1883－0001011　子2918
倪保合地學形勢集八卷　（清）倪化南撰　清
道光刻本　四冊　存七卷(二至八)

340000－1883－0001012　子2919
困學紀聞注二十卷　（清）翁元圻輯　清光緒
刻本　十四冊　存十八卷(一至四、六、八至
二十)

340000－1883－0001013　子2920
醫略六書三十二卷　（清）徐靈胎撰　清趙翰
香居刻本　十六冊

340000－1883－0001014　子2922
孫子十三篇不分卷　（清）洪嗣祺撰　清光緒
抄本　一冊

340000－1883－0001015　子2923
養生論不分卷　（清）王驤陸撰　清抄本
二冊

340000－1883－0001016　子2925
原富不分卷　嚴復譯　清光緒刻本　十冊

安徽省歙縣博物館等三十七家收藏單位古籍普查登記目錄

340000－1883－0001017　子2926－1

沈氏尊生書七十二卷　（清）沈金鰲撰　清乾隆刻本　四冊　存十八卷(一至九、十四至十九、二十五至二十七)

340000－1883－0001018　子2926－2

沈氏尊生書七十二卷　（清）沈金鰲撰　清乾隆刻本　四冊　存十六卷(一至十六)

340000－1883－0001019　子2927

里堂學算記十六卷　（清）焦循撰　清嘉慶四年(1799)刻本　六冊

340000－1883－0001020　子2928

重學二十卷附曲線說三卷　（英國）艾約瑟口譯　（清）李善蘭筆述　清同治五年(1866)刻本　五冊　存二十卷(重學二十卷)

340000－1883－0001021　子2929

山海廣注十八卷圖五卷　（清）吳任臣撰　清康熙刻本　二冊　存六卷(一、圖五卷)

340000－1883－0001022　子2930

山海經廣注十八卷　（清）吳任臣撰　清光緒刻本　四冊　存十七卷(二至十八)

340000－1883－0001023　子2931

字學七種二卷遺一卷　（清）李祕園撰　清光緒十二年(1886)刻本　一冊

340000－1883－0001024　子2932－1

圓率考真圖解不分卷　（清）曾紀鴻撰　清光緒刻本　一冊

340000－1883－0001025　子2932－2

開方說三卷　（清）黎應南補　清光緒刻本　二冊

340000－1883－0001026　子2932－3

數學拾遺不分卷　（清）丁取忠撰　清光緒刻本　一冊

340000－1883－0001027　子2932－4

益古演段三卷　（元）李冶撰　清光緒刻本　二冊

340000－1883－0001028　子2933

新刻陳太史經濟言輯要十二卷　（明）陳子壯撰　清刻本　二冊

340000－1883－0001029　子2935

法界安立圖三卷　（明）釋仁潮集錄　清道光刻本　三冊

340000－1883－0001030　子2936

重訂王燾先生外臺秘要方四十卷　（唐）王燾撰　明崇禎刻本　二十一冊　存二十八卷(九至三十三、三十八至四十)

340000－1883－0001031　子2943

慎思錄二卷　（清）李南暉撰　清光緒刻本　二冊

340000－1883－0001032　子2945

山海經十八卷　（晉）郭璞傳　清刻本　六冊

340000－1883－0001033　子2946

音學辨微不分卷　（清）江永撰　清光緒刻本　一冊

340000－1883－0001034　子2947

醫家四要四卷　（清）程曦等撰　清光緒刻本　二冊　存三卷(二至四)

340000－1883－0001035　子2949

監證指南十卷　（清）葉天世撰　清乾隆刻本　十冊

340000－1883－0001036　子2950－1

痘疹金鏡錄三卷　（清）許豫和編　清乾隆刻本　三冊

340000－1883－0001037　子2950－2

小兒諸熱辨不分卷　（清）許豫和編　清乾隆刻本　二冊

340000－1883－0001038　子2950－3

橡村痘決二卷　（清）許豫和編　清乾隆刻本　二冊

340000－1883－0001039　子2950－4

怡堂散記二卷　（清）許豫和編　清乾隆刻本　二冊

340000－1883－0001040　子2950－5

痘決餘義不分卷　（清）許豫和編　清乾隆刻

本　一册

340000－1883－0001041　子2951

素問靈樞類纂約注三卷　（清）汪仞菴輯　清
光緒刻本　三册

340000－1883－0001042　子2952

山海經類對賦十四卷　（清）涂景濤撰　清同
治十三年(1874)刻本　一册

340000－1883－0001043　子2953

山海經新校正十七卷　（清）畢沅撰　清光緒
刻本　三册

340000－1883－0001044　子2954

名法指掌增訂二卷附便覽　（清）沈辛田輯
清同德堂刻本　四册

340000－1883－0001045　子2955

六韜三略六卷　（漢）黃石公撰　清刻本
一册

340000－1883－0001046　子2956

圓錐曲線說三卷　（清）李善蘭輯　清光緒刻
本　一册

340000－1883－0001047　子2957

三統術詳說四卷　（清）陳澧撰　清同治刻本
一册

340000－1883－0001048　子2958

八線對數類編不分卷　（清）張作楠撰　清道
光刻本　一册

340000－1883－0001049　子2959

割圜密率捷法四卷　（清）岑紹周撰　清道光
刻本　三册

340000－1883－0001050　子2960

晚書訂疑三卷　（清）程廷祚撰　清三餘書屋
刻本　二册

340000－1883－0001051　子2961

周髀算經二卷音義一卷　（漢）趙君卿注　清
光緒十六年(1890)刻本　一册

340000－1883－0001052　子2962

草木子四卷　（明）葉子奇撰　清光緒刻本

四册

340000－1883－0001053　子2963

學算筆談十二卷　（清）華蘅芳撰　清光緒刻
本　四册

340000－1883－0001054　子2964

醫效秘傳三卷　（清）葉桂撰　清道光十一年
(1831)刻本　二册

340000－1883－0001055　子2965

溫病條辨六卷首一卷　（清）吳瑭撰　清光緒
十九年(1893)刻本　四册

340000－1883－0001056　子2966

珍珠囊指掌補遺藥性賦四卷雷公炮製藥性解
六卷　（金）李杲編輯　（清）王子接重訂　清
刻本　一册

340000－1883－0001057　子2967

婦人良方二十四卷　（宋）陳自明撰　明萬曆
刻本　十册

340000－1883－0001058　子2968－1

朱批臨證指南醫案十卷　（清）葉桂撰　清道
光刻本　十册

340000－1883－0001059　子2968－2

種福堂公選良方四卷　（清）葉桂撰　清道光
刻本　二册

340000－1883－0001060　子2969

同壽錄四卷末一卷　（清）項天瑞增補　清乾
隆二十七年(1762)刻本　三册　存三卷(一
至二、四)

340000－1883－0001061　子2970

正宗幼科四卷　（清）喻嘉言撰　清乾隆刻本
四册

340000－1883－0001062　子2971

六種新編二十卷　（清）文晟輯　清同治刻本
四册　存十六卷(内科摘錄一至四、首一,
慈幼便覽一,痘疹摘錄一,偏方補遺一至七,
藥性摘錄一,常用藥物食物一)

340000－1883－0001063　子2972

詳注足本金鏡錄三卷附錄二卷西法一卷

（明）翁仲仁撰　清光緒十四年(1888)上海陶務堂刻本　四冊

340000－1883－0001064　子2973

急救仙方六卷　（清）鮑泰圻校　清道光刻本　一冊

340000－1883－0001065　子2974

痘症正宗二卷　（清）宋麟祥　（清）鍾嶽甫撰　清乾隆刻本　二冊

340000－1883－0001066　子2975

幼科摘要二卷　（清）鮑集成輯　清嘉慶刻本　一冊　存一卷(下)

340000－1883－0001067　子2976

新刻張景岳先生質疑錄二卷附敖氏傷寒金鏡錄一卷　（清）石楷校訂　清康熙刻本　一冊

340000－1883－0001068　子2977

裕昆要錄不分卷　（清）陳延益輯　清光緒刻本　一冊

340000－1883－0001069　子2979

禮斗威儀一卷　（漢）宋均注　清光緒刻本　三冊

340000－1883－0001070　子2980

四元釋例不分卷　（清）易之瀚撰　清道光刻本　十冊

340000－1883－0001071　子2981

九數通考十一卷首一卷末一卷　（清）屈曾發撰　清乾隆刻本　六冊

340000－1883－0001072　子2982

輯古算經三卷　（清）劉衡撰　清道光刻本　三冊

340000－1883－0001073　子2983

國史館儒林傳三卷　（清）董祐誠撰　清刻本　一冊

340000－1883－0001074　子2984

對數述二卷　（清）陳其晉撰　清光緒刻本　二冊

340000－1883－0001075　子2985

植物圖說四卷　（英國）傅蘭雅撰　清光緒刻本　一冊

340000－1883－0001076　子2986

輶軒語不分卷　（清）張之洞撰　清光緒刻本　一冊

340000－1883－0001077　子2988

乾道本韓非子二十卷　（清）吳鼒撰　清嘉慶二十三年(1818)刻本　一冊　存四卷(一至四)

340000－1883－0001078　子2989

文子纘義十二卷　（宋）杜道堅撰　清光緒三年(1877)浙江書局刻本　一冊　存六卷(一至六)

340000－1883－0001079　子2990

測圓海鏡細草十二卷　（元）李冶撰　清同治十二年(1873)刻本　四冊　存五卷(一、三至四、六至七)

340000－1883－0001080　子2991

古籌算考釋六卷　勞乃宣撰　清光緒刻本　六冊

340000－1883－0001081　子2992

垛積籌法二卷　勞乃宣撰　清光緒二十六年(1900)刻本　二冊

340000－1883－0001082　子2993

重學二十卷　（清）李善蘭輯　清同治刻本　五冊

340000－1883－0001083　子2998

醫門法律六卷　（清）喻昌撰　清光緒刻本　六冊

340000－1883－0001084　子3001

文子十二卷　（周）辛鈃撰　清刻本　一冊　存五卷(一至五)

340000－1883－0001085　子3005

壽親養老書不分卷　（宋）陳直撰　清光緒刻本　一冊

340000－1883－0001086　子3017

孫真人備急千金要方九十三卷　（唐）孫思邈

撰 （宋）林億校 清嘉慶刻本 十冊 存四十六卷（一至六、十四至三十一、四十四至六十、六十五至六十九）

340000－1883－0001087 子3042
儒林宗派十六卷 （清）萬斯同撰 清宣統刻本 一冊 存八卷（一至八）

340000－1883－0001088 子3072
百子全書零本三百二十六卷 （清）孫星衍等輯 清光緒刻本 八十五冊 存三百卷（一至三百）

340000－1883－0001089 子3075
困學紀聞二十卷 （宋）王應麟撰 清刻本 六冊

340000－1883－0001090 子3076
困學紀聞二十卷 （宋）王應麟撰 清同治刻本 四冊

340000－1883－0001091 子3077
醫宗金鑑九十卷 （清）吳謙等撰 清末刻本 二十三冊 存三十五卷（三至十六、十八至二十一、二十三至二十七、三十二、四十二至四十三、四十八至四十九、五十一、六十一至六十二、七十三至七十四、八十九至九十）

340000－1883－0001092 子3079
龍威祕書二十一種八十二卷 （清）馬俊良輯 清乾隆刻本 十九冊

340000－1883－0001093 子3080－1
五種遺規十六卷 （清）陳弘謀編輯 清同治七年（1868）金陵書局刻本 九冊 存十三卷（養正遺規上、下，補篇一卷；從政遺規下；在官法戒錄一至四；訓俗遺規一至四、補編附刊一卷）

340000－1883－0001094 子3080－2
五種遺規十六卷 （清）陳弘謀編輯 清同治刻本 三冊 存四卷（從政遺規上、下，訓俗遺規三至四）

340000－1883－0001095 子3081
景嶽全書六十四卷 （明）張介賓撰 清光緒

鉛印本 三十二冊

340000－1883－0001096 子3082
徐評外科正宗十二卷 （明）陳實功撰 （清）徐大椿批 清末刻本 一冊 存四卷（九至十二）

340000－1883－0001097 子3085
穆勒名學不分卷 （英國）穆勒約翰撰 清光緒刻本 八冊

340000－1883－0001098 子3090
日星測時新表不分卷 （清）余煌撰 清道光刻本 四冊

340000－1883－0001099 子3091
大清重刻龍藏彙記不分卷 （清）工布查等編 清刻本 一冊

340000－1883－0001100 子3093
增注莊子因六卷 （清）林雲銘撰 清康熙刻本 四冊

340000－1883－0001101 子3095
韓詩外傳十卷 （漢）韓嬰撰 （明）唐琳點校 明天啓六年（1626）刻本 一冊 存八卷（一至八）

340000－1883－0001102 子3096
續博物志十卷 （唐）李石撰 清光緒刻本 一冊

340000－1883－0001103 子3097
荀子補注二卷 （清）郝懿行補注 清刻本 一冊

340000－1883－0001104 子3098
鹽鐵論二卷 （漢）桓寬撰 清光緒刻本 二冊

340000－1883－0001105 子3100
人壽金鑑二十二卷 （清）程得齡輯 清嘉慶二十五年（1820）刻本 四冊 存十四卷（一至十、十五至十八）

340000－1883－0001106 子3112
莊子南華真經十卷 （晉）郭象注 明刻本 十冊

340000－1883－0001107　子3131

古今醫統正脈全書一百四十八卷　（明）王肯堂撰　清末刻本　六十八冊

340000－1883－0001108　子3138

國語二十一卷　（三國吳）韋昭注　清嘉慶刻本　四冊

340000－1883－0001109　子3141

益智圖二卷　（清）童葉庚撰　清光緒四年（1878）刻本　二冊

340000－1883－0001110　子3144

水經注四十卷首一卷末一卷附錄二卷　（北魏）酈道元撰　清光緒十年（1884）刻本　十六冊

340000－1883－0001111　子3164

識小錄八卷　（清）姚瑩撰　清道光二十九年（1849）刻本　三冊

340000－1883－0001112　子3172

林氏活人錄彙編十四卷　（清）林開燧撰（清）張在浚重輯　清同治刻本　二冊　存七卷（五至十一）

340000－1883－0001113　子3173

醫鏡四卷　（明）王肯堂撰　清康熙刻本　二冊

340000－1883－0001114　子3174

邁種蒼生司命秘本三卷　（清）程敬通撰　清抄本　二冊

340000－1883－0001115　子3175

素問錄樞類纂約注三卷　（清）汪昂撰　清康熙刻本　三冊

340000－1883－0001116　子3176

新刻校定脈決指掌病式圖說不分卷　（清）朱震亨撰　清刻本　一冊

340000－1883－0001117　子3182

醫案續錄不分卷　（清）程文囿撰　清道光刻本　三冊

340000－1883－0001118　子3183

醫案不分卷　（清）程杏軒撰　清光緒刻本一冊

340000－1883－0001119　子3184

幼科證治準繩九卷　（明）王肯堂編　清乾隆刻本　六冊　存五卷（二至四、七、九）

340000－1883－0001120　子3189－1

文昌化書四卷　（清）□□撰　清同治刻本一冊　存一卷（二）

340000－1883－0001121　子3189－2

文昌帝君陰騭文注案四卷　（清）□□輯　清末刻本　一冊　存一卷（二）

340000－1883－0001122　子3199

寶鏡圖不分卷　（清）梁學禮輯　清光緒刻本一冊

340000－1883－0001123　子3214

醫方集解不分卷　（清）汪昂撰　清光緒刻本四冊

340000－1883－0001124　子3215

嬰童百問十卷　（明）魯伯嗣撰　清刻本　一冊　存二卷（七至八）

340000－1883－0001125　子3216

外科樞要四卷　（明）薛已撰　明萬曆刻本一冊　存三卷（一至三）

340000－1883－0001126　子3217

天文論不分卷　（清）□□撰　清抄本　一冊

340000－1883－0001127　子3218

溫病條辨六卷　（清）吳瑭撰　清同治刻本一冊　存一卷（二）

340000－1883－0001128　子3220

文武員兵銜名清冊不分卷　（清）□□撰　清抄本　一冊

340000－1883－0001129　子3221

器象顯真四卷　（英國）白力盎輯　清刻本一冊　存二卷（一至二）

340000－1883－0001130　子3222

合配演算法不分卷　（清）吳榮卿撰　清抄本一冊

340000－1883－0001131　子3223
外科正宗四卷　（明）陳實功撰　明刻本　二冊　存二卷（二、四）

340000－1883－0001132　子3224
小兒科不分卷　（清）□□輯　明崇禎刻本二冊

340000－1883－0001133　子3225
野菜博錄三卷　（清）鮑山撰　清刻本　一冊　存一卷（上）

340000－1883－0001134　子3226
重校本草從新十八卷　（清）吳儀洛編　清光緒二十九年（1903）上海醉六書局石印本　一冊　存六卷（四至九）

340000－1883－0001135　子3227
傷寒論淺注六卷　（清）陳年祖撰　清光緒刻本　一冊

340000－1883－0001136　子3228
徐評外科正宗十二卷　（明）陳實功撰　（清）徐大椿批　清末刻本　一冊　存二卷（五至六）

340000－1883－0001137　子3229
重校本草從新十八卷　（清）吳儀洛編　清光緒二十九年（1903）上海醉六書局石印本　一冊　存三卷（一至三）

340000－1883－0001138　子3232
福幼篇不分卷　（清）莊一夔撰　清同治刻本一冊

340000－1883－0001139　子3235
荀子集解二十卷首一卷　王先謙撰　清光緒刻本　三冊　存九卷（一至三、十三至十七，首一卷）

340000－1883－0001140　子3236
朔方備乘六十八卷首十二卷目錄一卷　（清）何秋濤撰　清咸豐刻本　二十四冊

340000－1883－0001141　子3237－1
急就篇四卷　（宋）王應麟補注　清道光刻本一冊　存二卷（三至四）

340000－1883－0001142　子3237－2
玉海二百卷　（宋）王應麟撰　清刻本　四冊　存十二卷（二十八至三十四、一百六至一百十）

340000－1883－0001143　子3238
辨證錄十四卷　（清）陳士鐸撰　清光緒刻本十一冊　存十三卷（一至二、四至十四）

340000－1883－0001144　子3239
玉海二百卷附詩考一卷　（宋）王應麟撰　清刻本　二十冊　存五十七卷（四至二十四、三十八至四十四、七十二至七十九、八十二至八十四、九十三至一百二、一百十一至一百十七,詩考一卷）

340000－1883－0001145　子3240
管窺輯要八十卷　（清）黃鼎撰　清順治刻本二十二冊　存七十二卷（一至五十二、五十七至七十六）

340000－1883－0001146　子3241
萬寶全書□□卷　（清）煙水山人編　清刻本一冊　存八卷（十至十七）

340000－1883－0001147　子3242
莊子因六卷　（清）林雲銘撰　清光緒刻本二冊　存三卷（三至五）

340000－1883－0001148　子3244
合本草三十卷　（宋）唐慎微撰　清刻本　一冊　存四卷（五、十三、二十七至二十八）

340000－1883－0001149　子3246
武帝靈籤不分卷　（清）□□輯　清刻本一冊

340000－1883－0001150　子3247
識字問奇二卷　（清）李書雲輯　清抄本一冊

340000－1883－0001151　子3248
人譜正篇一卷人譜續篇二卷　（明）劉宗周撰　清光緒刻本　一冊

340000－1883－0001152　子3249
琅琊臺刻石不分卷　（清）黃士琳刻　清光緒

雙鉤本　一冊

340000－1883－0001153　子3250

篆文毛詩不分卷　（清）□□輯　清康熙刻本
三冊

340000－1883－0001154　子3251

石鼓文釋存不分卷　（清）張燕昌撰　清末石
印本　一冊

340000－1883－0001155　子3252

篆文四書十六卷　（清）□□輯　清康熙刻本
四冊

340000－1883－0001156　子3253

歷代鐘鼎彝器款識法帖二十卷　（清）阮元編
清乾隆刻本　一冊　存五卷（一至五）

340000－1883－0001157　子3254

秦會稽刻石雙鉤本不分卷　（清）□□輯　清
乾隆刻本　一冊

340000－1883－0001158　子3255

六書通十卷　（清）閔齊伋撰　清乾隆刻本
十冊

340000－1883－0001159　子3256

碑版文廣例十卷　（清）王芑孫輯　清道光刻
本　六冊

340000－1883－0001160　子3257

六書正譌五卷　（元）周伯琦撰　明翻元刻本
五冊

340000－1883－0001161　子3258

金石文字記六卷　（清）顧炎武撰　清刻本
二冊

340000－1883－0001162　子3259

新增墨蘭竹譜不分卷　（清）陳逵繪　清光緒
刻本　一冊

340000－1883－0001163　子3260

立雪齋印譜四卷　（清）程大年治印　清康熙
鈐印本　一冊

340000－1883－0001164　子3261

鐘鼎字源五卷　（清）汪立名編　清光緒刻本

二冊　存二卷（一至二）

340000－1883－0001165　子3262

仁奉印草不分卷　（清）朱鍾瑞治印　清道光
鈐印本　一冊

340000－1883－0001166　子3263

金石錄三十卷　（宋）趙明誠撰　清光緒刻本
四冊

340000－1883－0001167　子3264

毓秀堂畫傳四卷　（清）王墀繪輯　清石印本
一冊　存一卷（二）

340000－1883－0001168　子3265

天下有山堂墨竹蘭石譜不分卷　（清）汪之元
撰　清抄本　一冊

340000－1883－0001169　子3267

國學叢刊不分卷　（清）羅振玉等編　清宣統
石印本　三冊

340000－1883－0001170　子3268

金石契不分卷　（清）張燕昌撰　清乾隆刻本
一冊

340000－1883－0001171　子3270

山左金石志二十四卷　（清）阮元等撰　清嘉
慶刻本　十二冊

340000－1883－0001172　子3271－1

隸辨八卷　（清）顧藹吉撰　清乾隆刻本　七
冊　存七卷（一至七）

340000－1883－0001173　子3272

邠州石室錄三卷　葉昌熾輯　清光緒刻本
二冊

340000－1883－0001174　子3273

思古齋雙勾漢碑篆額不分卷　（清）何澂輯
清光緒刻本　三冊

340000－1883－0001175　子3274

金石苑不分卷　（清）劉喜海輯　清光緒刻本
三冊

340000－1883－0001176　子3278

印譜四卷　（清）顧湘編輯　清道光刻本

六冊

340000－1883－0001177　子3279

金索不分卷　（清）馮雲鵬　（清）馮雲鶴編輯
清光緒十九年(1893)上海積山書局石印本
十二冊

340000－1883－0001178　子3280

石索不分卷　（清）馮雲鵬等輯　清光緒十九
年(1893)上海積山書局石印本　十二冊

340000－1883－0001179　子3281

松溪摹印不分卷　（清）□□輯　清鈐印本
一冊

340000－1883－0001180　子3282

靜廬精舍印譜不分卷　（清）胡本琪治印　清
光緒鈐印本　一冊

340000－1883－0001181　子3283

任阜長精繪歷代名將圖目錄不分卷　（清）任
阜長撰　清末上海點石齋石印本　二冊

340000－1883－0001182　子3285

巴慰祖印譜不分卷　（清）巴慰祖治印　清鈐
印本　一冊

340000－1883－0001183　子3287－1

林鶴田自記印譜不分卷　（清）林皋治印　清
末鈐印本　一冊

340000－1883－0001184　子3287－2

飛鴻樓集古印章不分卷　（清）□□輯　清末
鈐印本　一冊

340000－1883－0001185　子3287－3

印譜不分卷　（清）□□輯　清末鈐印本
三冊

340000－1883－0001186　子3287－4

韞光樓印譜二卷　（清）□□輯　清鈐印本
二冊

340000－1883－0001187　子3291

隸辨八卷　（清）顧藹吉撰　清乾隆刻本　十
六冊

340000－1883－0001188　子3293

藝文備覽一百十二卷　（清）沙木編　清道光
刻本　二十冊

340000－1883－0001189　子3294

石鼓文音釋一卷　（明）楊慎撰　清刻本
一冊

340000－1883－0001190　子3295

漢酸棗令劉熊碑隸釋不分卷　（清）巴慰祖等
撰　清乾隆刻本　一冊

340000－1883－0001191　子3298

積古齋鐘鼎彝器款識十卷　（清）阮元編錄
清嘉慶刻本　六冊

340000－1883－0001192　子3299－1

十琴軒黃山印冊二卷　（清）鄭沛輯　清光緒
十六年(1890)鈐印本　一冊　存一卷(上)

340000－1883－0001193　子3299－2

紅雪山房墨譜印格不分卷　（清）魯青氏治印
清石壺山館鈐印本　一冊

340000－1883－0001194　子3299－3

汪嘯石印譜不分卷　（清）汪嘯石治印　清末
鈐印本　一冊

340000－1883－0001195　子3299－4

各式印譜不分卷　（清）□□治印　清末鈐印
本　七冊

340000－1883－0001196　子3300

說文解字十五卷　（漢）許慎撰　（宋）徐鉉等
校訂　清光緒刻本　一冊　存四卷(九至十
二)

340000－1883－0001197　子3303

春風廿四詩品印譜不分卷　（清）程奐輪治印
清光緒鈐印本　一冊

340000－1883－0001198　子3307

爾雅圖三卷　（晉）郭璞撰　清光緒刻本　一
冊　存二卷(上、中)

340000－1883－0001199　子4295

野菜譜蟹譜蟲述合集不分卷　（清）袁達德
（清）王磐鴻撰　清順治刻本　一冊

340000－1883－0001200　子4307

林和靖省心錄不分卷　（宋）林和靖撰　清抄本　一冊

340000－1883－0001201　子4316

中論二卷　（漢）徐幹撰　清抄本　二冊

340000－1883－0001202　子4317

琴曲譜錄不分卷　（宋）釋居月撰　清順治刻本　一冊

340000－1883－0001203　子4323

牧牛餘錄不分卷　（清）王家僧撰　清乾隆刻本　一冊

340000－1883－0001204　子4345

戣廬書譜不分卷　（清）汪宗沂編　清光緒刻本　一冊

340000－1883－0001205　子4354

御製數理精蘊上編五卷下編四十卷表八卷　(清)允祉等編　清刻本　十二冊　存十九卷（下編二至十八、三十九至四十）

340000－1883－0001206　子4358

潛夫論十卷　（漢）王符撰　清刻本　一冊　存六卷（五至十）

340000－1883－0001207　子4359

鹽鐵論二卷　（漢）桓寬撰　清光緒刻本　二冊

340000－1883－0001208　子4363

新序十卷　（漢）劉向撰　清嘉慶刻本　一冊　存五卷（六至十）

340000－1883－0001209　子4364

人譜類記增訂六卷　（明）劉宗周撰　清刻本　一冊　存一卷（五）

340000－1883－0001210　子4369

壬午墨粹不分卷　（清）朱寶撰　清刻本　三冊

340000－1883－0001211　子4370

測圓海鏡細草十二卷　（元）李冶撰　清嘉慶刻本　二冊　存八卷（二至五、九至十二）

340000－1883－0001212　子4373－1

中星表不分卷　（清）余煌撰　清末刻本　一冊

340000－1883－0001213　子4373－2

中星表不分卷　（清）余煌撰　清末刻本　一冊

340000－1883－0001214　子4375

古文苑二十一卷　（宋）章樵注　清末刻本　一冊　存七卷（十五至二十一）

340000－1883－0001215　子4377

聖武記十四卷　（清）魏源撰　清光緒刻本　六冊　存十三卷（一至三、五至十四）

340000－1883－0001216　子4380－1

元宰必讀書不分卷　（清）□□輯　清光緒二年(1876)刻本　一冊

340000－1883－0001217　子4380－2

元宰必讀書不分卷　（清）□□輯　清光緒二年(1876)刻本　一冊

340000－1883－0001218　子4386

化學鑑原續編二十四卷　（英國）蒲陸山撰　清刻本　六冊

340000－1883－0001219　集1632

千字文釋義不分卷　（清）汪嘯尹纂輯　清末刻本　一冊

340000－1883－0001220　集1633

曾惠敏公文五卷　（清）曾紀澤撰　清光緒刻本　一冊　存二卷（一至二）

340000－1883－0001221　集1634

孝烈編不分卷　（清）□□輯　清乾隆刻本　一冊

340000－1883－0001222　集1635

宋宗忠簡公集七卷　（宋）宗澤撰　清同治刻本　二冊　存四卷（一至三、七）

340000－1883－0001223　集1636

秦遊日錄不分卷　（清）傅增湘撰　清光緒刻本　一冊

340000－1883－0001224　集 1637

濂亭文集八卷　（清）查燕緒編　清光緒刻本
　　二冊

340000－1883－0001225　集 1657

紫雪山房遺稿一卷曇華書屋遺稿一卷　（清）
鮑增祚撰　清刻本　一冊

340000－1883－0001226　集 1658

集其清英集不分卷　（清）許戀和述　清光緒
刻本　一冊

340000－1883－0001227　集 1659

定川草堂詩集不分卷　（清）張文淦撰　清道
光刻本　一冊

340000－1883－0001228　集 1660

南山集十四卷補遺三卷　（清）戴褐夫撰　清
光緒六年(1880)刻本　二冊

340000－1883－0001229　集 1661

祭曾文正公文不分卷　（清）黃翼升等撰　清
同治刻本　一冊

340000－1883－0001230　集 1702－1

石鼓硯齋詩鈔三十二卷　（清）曹文植撰　清
嘉慶五年(1800)刻本　四冊　存二十二卷
（一至十二、二十三至三十二）

340000－1883－0001231　集 1702－2

石鼓硯齋試帖二卷　（清）曹文植撰　清嘉慶
五年(1800)刻本　一冊

340000－1883－0001232　集 1702－3

石鼓硯齋文鈔二十卷　（清）曹文植撰　清嘉
慶五年(1800)刻本　五冊　存十七卷(一至
四、八至二十）

340000－1883－0001233　集 1771

鳳墅殘帖釋文二卷　（清）錢大昕撰　清刻本
　　一冊

340000－1883－0001234　集 1772

白石道人歌曲四卷別集一卷　（宋）姜夔撰
（清）許增邁校勘　清光緒十年(1884)娛園刻
本　一冊

340000－1883－0001235　集 1781

涵芬樓古今文鈔一百卷　（清）吳曾祺輯　清
宣統刻本　二十五冊　存十六卷（十二、十
四、十九、二十八、三十至三十一、三十九、四
十七、五十七至五十八、六十六、七十一至七
十二、七十五至七十七）

340000－1883－0001236　集 1890

皇朝經世文編一百二十卷　（清）魏源編　清
道光刻本　六十七冊　存一百四卷（一至五
十、五十四至六十一、六十三至七十五、八十
六至一百十八）

340000－1883－0001237　集 2036

洪北江全集　（清）洪亮吉撰　清光緒三年
(1877)授經堂刻本　五十九冊　存一百五十
四卷(詩閣師一至十五，文甲集四至十，乙集
一至八，乙集續編一卷，甲集補遺一卷，乾隆
府廳州縣圖志一至五十，更生齋詩餘一至二，
續集七至十，比雅一至六，附鮚軒詩一至八，
十六國疆域志一至十，十三至十六，東晉疆域
志一至四，六書轉注錄一至十，補三國疆域志
一至二，漢魏音一至四，北江詩話一至六，曉
讀書齋初錄一至二，弟子職箋釋一卷，伊犁日
記一卷，兩晉南北史一至二，通經表一至四，
傳經表一至二）

340000－1883－0001238　集 2041

鄭氏通志二百卷　（宋）鄭樵撰　清光緒鉛印
本　十五冊　存四十五卷（一百八至一百五
十二）

340000－1883－0001239　集 2075

楚辭集注八卷　（宋）朱熹注　清宣統三年
(1911)石印本　四冊

340000－1883－0001240　集 2134

唐甫里先生文集二十卷　（唐）陸龜蒙撰　清
末涵芬樓刻本　五冊

340000－1883－0001241　集 2135

**增廣箋注簡齋詩集三十卷無住詞一卷正誤一
卷**　（宋）胡穉撰　清末涵芬樓影印本　四冊

340000－1883－0001242　集 2156

字學舉隅不分卷　（清）龍啓瑞撰　清道光刻

本　一冊

340000－1883－0001243　集2157

史鑑摘鈔不分卷　（清）□□輯　清抄本
一冊

340000－1883－0001244　集2159

**吳詩集覽二十卷附補注二十卷談藪二卷拾遺
一卷**　（清）吳偉業編　清乾隆四十年（1775）
凌雲亭刻本　一冊　存十五卷（補注九至二
十、談藪二卷、拾遺一卷）

340000－1883－0001245　集2160

織雲勝稿不分卷　（清）張廷組撰　清刻本
一冊

340000－1883－0001246　集2161

壺圓全集二十一卷　（清）徐寶善撰　清道光
刻本　三冊　存八卷（賦抄上、下，詩外集一
至六）

340000－1883－0001247　集2165

桐華舸詩續鈔四卷　（清）鮑瑞駿撰　清光緒
二年（1876）刻本　一冊

340000－1883－0001248　集2166

附鮚軒詩八卷　（清）洪亮吉撰　清道光刻本
一冊

340000－1883－0001249　集2167

西域水道記五卷　（清）徐松撰　清末刻本
一冊　存二卷（一至二）

340000－1883－0001250　集2168

袁文箋正十六卷附錄一卷　（清）石韞玉箋正
清嘉慶十七年（1812）刻本　四冊

340000－1883－0001251　集2170

寄園寄所寄十二卷　（清）趙吉士撰　清康熙
刻本　九冊　存八卷（一至二、四至五、七至
八、十、十二）

340000－1883－0001252　集2173

汲古閣說文訂不分卷　（清）段玉裁撰　清末
刻本　一冊

340000－1883－0001253　集2292

胡文忠公遺集八十六卷　（清）胡林翼撰

（清）鄭敦謹　（清）曾國荃輯　清光緒刻本
十四冊　存六十一卷（一至二十、二十六至二
十九、三十三至四十七、五十二至六十二、六
十七至七十、八十至八十六）

340000－1883－0001254　集2307

佩文韻府一百六卷　（清）張玉書　（清）蔡升
元等撰　清嶺南潘氏海山仙館刻本　五十五
冊　存四十五卷（一至五、十一至十五、二十
六至四十七、八十一至九十三）

340000－1883－0001255　集2309

李文忠公全集一百六十五卷　（清）李鴻章撰
清光緒三十一年（1905）金陵刻本　七十五
冊　存一百二十六卷（奏稿一至七十八、八
十，鹽池教堂函告一，朋僚函稿一至二十，譯
署函稿一至二十，電稿七至十一，總目一）

340000－1883－0001256　集3934

佩文韻府一百六卷　（清）張玉書　（清）蔡升
元等撰　清嶺南潘氏海山仙館刻本　一百五
冊　存六十四卷（六至十六、二十至二十五、
四十八至八十、九十三至一百六）

340000－1883－0001257　集4290

寄園寄所寄十二卷　（清）趙吉士輯　清康熙
刻本　十三冊　存十卷（一至四、六至七、九
至十二）

340000－1883－0001258　集4291

昌黎先生詩集注十一卷首一卷　（清）顧嗣立
刪補　清光緒刻本　四冊

340000－1883－0001259　集4292

柳文七卷　（唐）柳宗元撰　明刻朱墨套印本
三冊

340000－1883－0001260　集4293

江止庵遺集八卷首一卷附錄一卷　（明）江天
一撰　清嘉慶五年（1800）刻本　八冊

340000－1883－0001261　集4296

新安唐氏昭廣錄不分卷　（清）唐皋等輯　清
抄本　一冊

340000－1883－0001262　集4297

杜工部詩說不分卷　（唐）杜甫撰　清抄本
一冊

340000－1883－0001263　集4299

陶淵明文集十卷　（晉）陶潛撰　清光緒刻本
二冊

340000－1883－0001264　集4300

歙縣文徵不分卷　（清）□□輯　清抄本
八冊

340000－1883－0001265　集4308

繡像註解第六才子書不分卷　（清）劉坦評選
清乾隆刻本　八冊

340000－1883－0001266　集4312

嘯閣匯輯旁注必讀古文正宗合參十二卷
（明）張鼐選　明抄本　四冊

340000－1883－0001267　集4313

海門詩鈔八卷外集四卷補錄一卷　（清）鮑皋
撰　清光緒刻本　四冊

340000－1883－0001268　集4314

茗柯文初編一卷二編二卷三編一卷四編一卷
（清）張惠言撰　清刻本　一冊

340000－1883－0001269　集4315

說文堂詩集八卷　（清）許之翰撰　清道光十
八年（1838）刻本　一冊　存二卷（一至二）

340000－1883－0001270　集4317

樂府外集輯錄琴譜四卷首一卷　（清）汪烜輯
清光緒九年（1883）紫陽書院刻本　一冊

340000－1883－0001271　集4318

玉臺新詠十卷　（南朝陳）徐陵撰　清乾隆刻
本　六冊

340000－1883－0001272　集4322

秋水詩鈔□□卷　（清）程藝農撰　清乾隆刻
本　一冊　存三卷（一至三）

340000－1883－0001273　集4324

笛漁小稿十卷　（清）朱昆田撰　清乾隆刻本
一冊

340000－1883－0001274　集4327

芥舟詩不分卷　（清）吳若梅鈔　清康熙鈔本
一冊

340000－1883－0001275　集4328

綠君亭輯東坡隨筆二卷　（明）毛鳳苞輯　明
末毛氏綠君亭刻本　一冊　存一卷（上）

340000－1883－0001276　集4333

壽藤齋詩三十五卷　（清）鮑倚雲撰　清嘉慶
十三年（1808）刻本　一冊　存四卷（十六至
十九）

340000－1883－0001277　集4335

左忠毅公文集五卷附錄一卷　（明）左光斗撰
清道光二十六年（1846）刻本　四冊

340000－1883－0001278　集4336

定川草堂詩集五卷　（清）張文淦撰　清道光
二十三年（1843）刻本　二冊

340000－1883－0001279　集4337

韓江雅集十二卷　（清）全祖望等撰　清乾隆
刻本　一冊　存六卷（一至六）

340000－1883－0001280　集4342

聞見一隅錄三卷　（清）夏炘撰　清抄本
三冊

340000－1883－0001281　集4344

王侍郎奏議十卷　（清）王茂蔭撰　清末刻本
四冊

340000－1883－0001282　集4367

二知軒詩續鈔□□卷　（清）方濬頤撰　清末
刻本　二冊　存四卷（五至八）

黄山市圖書館
古籍普查登記目録

全國古籍普查登記目録

國家圖書館出版社
National Library of China Publishing House

340000－1817－0000001　HT001

覺生感舊詩抄二卷　（清）鮑桂星著　清刻本
　　一冊

340000－1817－0000002　HT002

太上感應篇補注不分卷　（清）楊以貞注　清
光緒九年（1883）金陵李光明莊刻本　一冊

黄山市戴震紀念館
古籍普查登記目録

全國古籍普查登記目録

國家圖書館出版社
National Library of China Publishing House

340000－1898－0000001　1：442

欽定古今圖書集成一萬卷　（清）陳夢雷編
清雍正四年(1726)武英殿銅活字印本　一千
五百五十一冊　缺四十一卷（九百三十至九
百三十六、一千二百九十四至一千三百二十
七）

340000－1898－0000002　1：458

欽定四史　（清）□□輯　清光緒二十八年
(1902)文瀾書局石印本　十六冊　存四種三
百三十七卷（史記八十七卷、前漢書一百卷、
後漢書一百二十卷、三國志三十卷）

340000－1898－0000003　1：459

史記一百三十卷　（漢）司馬遷撰　（南朝宋）
裴駰集解　（唐）司馬貞索隱　（唐）張守節正
義　清光緒十四年(1888)上海蜚英館石印本
十二冊

340000－1898－0000004　1：471

資治通鑑外紀十卷　（宋）劉恕撰　清光緒二
十八年(1902)上海積山書局石印本　一冊

340000－1898－0000005　1：474

續資治通鑑二百二十卷　（清）畢沅撰　清光
緒二十八年(1902)上海積山書局石印本　二
十二冊

340000－1898－0000006　1：475

資治通鑑二百九十四卷　（宋）司馬光撰
（元）胡三省注　通鑑釋文辨誤十二卷　（元）
胡三省撰　清光緒二十八年(1902)上海積山
書局石印本　二十六冊

340000－1898－0000007　1：476

資治通鑑綱目五十九卷　（宋）朱熹撰　（明）
陳仁錫評　資治通鑑綱目前編二十五卷
（元）金履祥撰　（明）陳仁錫評　續資治通鑑
綱目二十七卷　（明）商輅等撰　（明）陳仁錫
評　清嘉慶十三年(1808)刻本　一百六十冊

340000－1898－0000008　1：482

漢書一百卷　（漢）班固撰　（唐）顏師古注
明崇禎十五年(1642)琴川毛氏汲古閣刻清順
治十二年(1655)補緝十七史本　二十四冊

340000－1898－0000009　1：483

北史一百卷附考證　（唐）李延壽撰　清光緒
十八年(1892)武林竹簡齋石印二十四史本
八冊

340000－1898－0000010　1：484

後漢書九十卷　（南朝宋）范曄撰　（唐）李賢
注　續志三十卷　（晉）司馬彪撰　（南朝梁）
劉昭注　清刻本　十二冊

340000－1898－0000011　1：485

三國志六十五卷　（晉）陳壽撰　（南朝宋）裴
松之注　清刻本　八冊

340000－1898－0000012　1：486

元史二百十卷　（明）宋濂　（明）王褘等撰
清光緒十八年(1892)武林竹簡齋石印二十四
史本　十四冊

340000－1898－0000013　1：487

三國志六十五卷　（晉）陳壽撰　（南朝宋）裴
松之注　清光緒十八年(1892)武林竹簡齋石
印二十四史本　四冊

340000－1898－0000014　1：488

宋書一百卷　（南朝梁）沈約撰　清光緒十八
年(1892)武林竹簡齋石印二十四史本　六冊

340000－1898－0000015　1：490

遼史一百十六卷　（元）脫脫等撰　清光緒十
八年(1892)武林竹簡齋石印二十四史本
三冊

340000－1898－0000016　1：491

金史一百三十五卷　（元）脫脫等撰　清光緒
十八年(1892)武林竹簡齋石印二十四史本
八冊

340000－1898－0000017　1：492

遼史一百十六卷　（元）脫脫等撰　清光緒十
八年(1892)武林竹簡齋石印二十四史本
三冊

340000－1898－0000018　1：493

金史一百三十五卷　（元）脫脫等撰　清光緒
十八年(1892)武林竹簡齋石印二十四史本

八冊

340000 – 1898 – 0000019　1：494

南齊書五十九卷　（南朝梁）蕭子顯撰　清光緒十八年(1892)武林竹簡齋石印二十四史本　二冊

340000 – 1898 – 0000020　1：495

北史一百卷附考證　（唐）李延壽撰　清光緒十八年(1892)武林竹簡齋石印二十四史本　八冊

340000 – 1898 – 0000021　1：496

史記一百三十卷　（漢）司馬遷撰　（南朝宋）裴駰集解　（唐）司馬貞索隱　（唐）張守節正義　清光緒十八年(1892)武林竹簡齋石印二十四史本　二十三冊

340000 – 1898 – 0000022　1：497

梁書五十六卷　（唐）姚思廉撰　清光緒十八年(1892)武林竹簡齋石印二十四史本　二冊

340000 – 1898 – 0000023　1：498

北齊書五十卷　（唐）李百藥撰　清光緒十八年(1892)武林竹簡齋石印二十四史本　二冊

340000 – 1898 – 0000024　1：499

魏書一百十四卷　（北齊）魏收撰　清光緒十八年(1892)武林竹簡齋石印二十四史本　八冊

340000 – 1898 – 0000025　1：500

北史一百卷附考證　（唐）李延壽撰　清光緒十八年(1892)武林竹簡齋石印二十四史本　二冊

340000 – 1898 – 0000026　1：501

從政遺規摘鈔二卷補鈔一卷　（清）陳宏謀撰　清同治七年(1868)楚北崇文書局刻五種遺規本　二冊

340000 – 1898 – 0000027　1：502

訓俗遺規摘鈔四卷　（清）陳宏謀撰　清同治七年(1868)楚北崇文書局刻五種遺規本　四冊

340000 – 1898 – 0000028　1：503

在官法戒錄摘鈔四卷　（清）陳宏謀撰　清同治七年(1868)楚北崇文書局刻五種遺規本　四冊

340000 – 1898 – 0000029　1：504

程氏家塾讀書分年日程三卷　（元）程端禮撰　清同治七年(1868)湖北崇文書局刻本　三冊

340000 – 1898 – 0000030　1：505

五代史七十四卷　（宋）歐陽修撰　（宋）徐無黨注　清光緒十八年(1892)武林竹簡齋石印二十四史本　二冊

340000 – 1898 – 0000031　1：506

孟子注疏十四卷附考證　（漢）趙岐注　（宋）孫奭音義并疏　清刻本　四冊　缺六卷（五至十）

340000 – 1898 – 0000032　1：507

爾雅注疏十一卷附考證　（晉）郭璞注　（唐）陸德明音義　（宋）邢昺疏　清刻本　四冊

340000 – 1898 – 0000033　1：508

曾文正公批牘六卷　（清）曾國藩撰　清光緒二年(1876)傳忠書局刻曾文正公全集本　二十冊

340000 – 1898 – 0000034　1：509

輶軒使者絕代語釋別國方言十三卷　（清）戴震疏證　清光緒八年(1882)汗青簃刻本　二十四冊

340000 – 1898 – 0000035　1：510

皇清經解一百九十卷　（清）阮元撰　清光緒石印本　二十一冊

340000 – 1898 – 0000036　1：517

欽定春秋傳說彙纂三十八卷首二卷　（清）王掞等纂　清同治九年(1870)刻本　二十冊

340000 – 1898 – 0000037　1：518

四書詮義三十八卷　（清）汪紱撰　清道光六年(1826)一經堂刻本　十四冊

340000 – 1898 – 0000038　1：519

附釋音周禮注疏四十二卷　（漢）鄭玄注

（唐）陸德明音義　（唐）賈公彥疏　**附校勘記
四十二卷**　（清）阮元撰　（清）盧宣旬摘錄
清嘉慶二十年(1815)江西南昌府學刻重刊宋
本十三經注疏附校勘記本　十一冊

340000－1898－0000039　1:520

儀禮注疏五十卷　（漢）鄭玄注　（唐）陸德明
音義　（唐）賈公彥疏　**附校勘記五十卷**
（清）阮元撰　（清）盧宣旬摘錄　清嘉慶二十
年(1815)江西南昌府學刻重刊宋本十三經注
疏附校勘記本　十一冊

340000－1898－0000040　1:521

評點春秋綱目左傳句解彙雋六卷　（清）韓菼
訂　清狀元閣刻本　六冊

340000－1898－0000041　1:522

監本附音春秋穀梁注疏二十卷　（晉）范甯集
解　（唐）陸德明音義　（唐）楊士勛疏　**附校
勘記二十卷**　（清）阮元撰　（清）盧宣旬摘錄
　清嘉慶二十年(1815)江西南昌府學刻重刊
宋本十三經注疏附校勘記本　四冊

340000－1898－0000042　1:523

詞學全書四種十四卷　（清）查培繼輯　清致
和堂刻本　六冊

340000－1898－0000043　1:524

澄衷蒙學堂字課圖說四卷檢字一卷類字一卷
　（清）劉樹屏撰　（清）吳子城繪圖　清光緒
三十年(1904)澄衷蒙學堂印書處石印本
八冊

340000－1898－0000044　1:525

問奇一覽二卷　（清）李書雲輯　清康熙二十
九年(1690)刻本　二冊

340000－1898－0000045　1:526

音韻須知二卷　（清）李書雲輯　清康熙二十
九年(1690)刻本　二冊

340000－1898－0000046　1:529

附釋音禮記注疏六十三卷　（漢）鄭玄注
（唐）陸德明音義　（唐）孔穎達疏　**附校勘記
六十三卷**　（清）阮元撰　（清）盧宣旬摘錄
清嘉慶二十年(1815)江西南昌府學刻重刊宋

本十三經注疏附校勘記本　十九冊

340000－1898－0000047　1:530

四書恒解十四卷　（清）劉沅輯注　清光緒十
年(1884)刻本　六冊

340000－1898－0000048　1:531

古微書三十六卷　（明）孫穀撰　清嘉慶二十
一年(1816)對山問月樓刻本　三冊

340000－1898－0000049　1:532

日知錄集釋三十二卷刊誤二卷續刊誤二卷
（清）顧炎武撰　（清）黃汝成集釋　清同治八
年(1869)廣州述古堂刻本　十六冊

340000－1898－0000050　1:539

禮記旁訓六卷　（清）徐立綱撰　清狀元閣刻
本　六冊

340000－1898－0000051　1:540

近思錄十四卷　（清）江永集注　清光緒十五
年(1889)掃葉山房刻本　九冊

340000－1898－0000052　1:541

論語注疏解經二十卷　（三國魏）何晏集解
（宋）邢昺疏　**附校勘記二十卷**　（清）阮元撰
　（清）盧宣旬摘錄　清嘉慶二十年(1815)江
西南昌府學刻重刊宋本十三經注疏附校勘記
本　四冊

340000－1898－0000053　1:542

國朝漢學師承記八卷　（清）江藩纂　清光緒
二十二年(1896)志古堂刻本　四冊

340000－1898－0000054　1:543

大學衍義四十三卷　（宋）真德秀撰　清同治
十三年(1874)金陵書局刻本　八冊

340000－1898－0000055　1:544

禮記注疏六十三卷附考證　（漢）鄭玄注
（唐）陸德明音義　（唐）孔穎達疏　清乾隆四
年(1739)武英殿刻十三經注疏附考證本　二
十冊

340000－1898－0000056　1:552

新編直指算法統宗十二卷首一卷　（明）程大
位撰　清光緒八年(1882)刻本　六冊

340000－1898－0000057　　1：553

梅氏叢書輯要六十二卷　（清）梅文鼎撰　清光緒十四年（1888）上海龍文書局石印本　六冊

340000－1898－0000058　　1：555

水經注四十卷　（北魏）酈道元撰　清刻本　十四冊

340000－1898－0000059　　1：556

爾雅注疏十卷　（晉）郭璞注　（宋）邢昺校定　（□）□□音　**附校勘記十卷**　（清）阮元撰　（清）盧宣旬摘錄　清嘉慶二十年（1815）江西南昌府學刻重刊宋本十三經注疏附校勘記本　五冊

340000－1898－0000060　　1：557

小倉山房詩集三十六卷補遺二卷　（清）袁枚編　清刻本　十冊

340000－1898－0000061　　1：558

說文通訓定聲十八卷柬韻一卷說雅十九篇古今韻準一卷　（清）朱駿聲撰　清道光二十八年（1848）刻本　十八冊

340000－1898－0000062　　1：559

段氏說文注訂八卷　（清）鈕樹玉撰　清同治十三年（1874）崇文書局刻本　二冊

340000－1898－0000063　　1：560

說文通檢十四卷首一卷末一卷　（清）黎永椿編　清光緒二年（1876）文昌書局刻本　二冊

340000－1898－0000064　　1：571

詳註全圖算法大成八卷　（明）程大位撰　清宣統元年（1909）石印本　四冊

340000－1898－0000065　　1：575

續古文苑二十卷　（清）孫星衍輯　清光緒九年（1883）江蘇書局刻本　六冊

340000－1898－0000066　　1：576

類纂古文雲蒸六卷　（清）燕毅輯　清光緒三年（1877）亦政書齋刻本　六冊

340000－1898－0000067　　1：577

古文苑二十一卷　（宋）章樵注　清光緒十二年（1886）江蘇書局刻本　四冊

340000－1898－0000068　　1：588

唐人說薈一百六十四帙　（清）陳世熙編　清乾隆五十九年（1794）刻本　三十二冊

340000－1898－0000069　　1：595

全唐詩三十二卷　（清）曹寅等編　清光緒十九年（1893）上海同文書局石印本　十六冊存二十四卷（一至二十四）

340000－1898－0000070　　1：596

十八家詩鈔二十八卷　（清）曾國藩輯　清光緒十四年（1888）鴻文書局石印本　八冊

340000－1898－0000071　　1：597

袁王綱鑑合編三十九卷　（明）袁黃　（明）王世貞編　**明紀綱目二十卷**　（清）張廷玉等輯　清光緒三十年（1904）上海商務印書館鉛印本　十六冊

340000－1898－0000072　　1：598

欽定續通志六百四十卷　（清）嵇璜等撰　清光緒二十七年（1901）上海圖書集成局鉛印本　六十冊

340000－1898－0000073　　1：599

岳忠武王文集八卷首一卷末一卷　（宋）岳飛撰　清乾隆刻本　四冊

340000－1898－0000074　　1：602

東華錄詳節二十四卷　（清）蔣良騏撰　清光緒二十六年（1900）上海東文學堂石印本　十六冊

340000－1898－0000075　　1：604

通志二百卷附考證三卷　（宋）鄭樵撰　清光緒二十七年（1901）上海圖書集成局鉛印九通本　五十四冊

340000－1898－0000076　　1：605

重訂文選集評十五卷首一卷末一卷　（清）于光華輯　清同治十一年（1872）江蘇書局刻本　十六冊

340000－1898－0000077　　1：606

文選六十卷　（南朝梁）蕭統輯　（唐）李善注

清同治八年(1869)金陵書局刻本　十冊

340000－1898－0000078　1：608

文選六十卷　（南朝梁）蕭統撰　（唐）李善注
清刻本　二十四冊

340000－1898－0000079　1：609

李氏五種合刊　（清）李兆洛撰　清光緒十四
年(1888)掃葉山房刻本　八冊

340000－1898－0000080　1：610

朱子年譜四卷考異四卷附錄二卷　（清）王懋
竑纂訂　清同治武昌書局刻本　四冊

340000－1898－0000081　1：611

苕溪漁隱叢話前集六十卷　（宋）胡仔撰　清
道光刻本　八冊

340000－1898－0000082　1：612

陸宣公集二十二卷　（唐）陸贄撰　清嘉慶刻
本　六冊

340000－1898－0000083　1：613

南華經內篇四卷　（戰國）莊周撰　清乾隆元
年(1736)刻本　二冊

340000－1898－0000084　1：615

東華續錄同治朝一百卷　王先謙撰　清光緒
二十五年(1899)公記書莊石印本　二十四冊

340000－1898－0000085　1：617

十朝東華錄五百二十五卷　王先謙撰　清光
緒二十五年(1899)石印本　四十六冊

340000－1898－0000086　1：628

經史百家雜鈔二十六卷　（清）曾國藩編　清
光緒十四年(1888)鴻文書局刻本　六冊

340000－1898－0000087　1：630

呂氏春秋二十六卷附考一卷　（秦）呂不韋撰
（漢）高誘注　清光緒元年(1875)浙江書局
刻本　六冊

340000－1898－0000088　1：631

南華經直解四卷　（清）徐廷槐鈔　清光緒二
十年(1894)文瑞樓刻本　四冊

340000－1898－0000089　1：632

荀子三卷　（戰國）荀況撰　清光緒元年
(1875)湖北崇文書局刻子書百家本　二冊

340000－1898－0000090　1：633

淮南子二十一卷　（漢）劉安撰　（漢）高誘注
（清）莊逵吉校　清光緒元年(1875)湖北崇
文書局刻子書百家本　四冊

340000－1898－0000091　1：634

管子二十四卷　（戰國）管仲撰　清光緒元年
(1875)湖北崇文書局刻子書百家本　四冊

340000－1898－0000092　1：635

抱朴子內篇四卷外篇四卷　（晉）葛洪撰　清
光緒元年(1875)湖北崇文書局刻子書百家本
四冊

340000－1898－0000093　1：636

韓非子二十卷　（戰國）韓非撰　（□）□□注
清光緒元年(1875)湖北崇文書局刻子書百
家本　四冊

340000－1898－0000094　1：637

商子五卷　（戰國）商鞅撰　清光緒元年
(1875)湖北崇文書局刻子書百家本　一冊

340000－1898－0000095　1：638

孔叢子二卷附詰墨一卷　（漢）孔鮒撰　清光
緒元年(1875)湖北崇文書局刻子書百家本
一冊

340000－1898－0000096　1：646

文獻通考三百四十八卷附考證三卷　（元）馬
端臨撰　清光緒二十七年(1901)上海圖書集
成局鉛印九通本　四十四冊

340000－1898－0000097　1：649

本草求真九卷　（清）黃宮繡纂　清乾隆三十
七年(1772)文奎堂刻本　十一冊

340000－1898－0000098　1：650

本草求真主治二卷　（清）黃宮繡纂　清乾隆
三十七年(1772)文奎堂刻本　二冊

340000－1898－0000099　1：653

陳文恭公手札節要三卷　（清）陳宏謀撰　清
同治七年(1868)崇文書局刻本　一冊

340000－1898－0000100　1：655

杜詩鏡銓二十卷年譜一卷附錄一卷　（唐）杜
甫撰　（清）楊倫編輯　清同治十一年（1872）
望三益齋刻本　十二冊

340000－1898－0000101　1：657

春秋公羊傳注疏二十八卷附考證　（漢）何休
撰　（唐）陸德明音義　（□）□□疏　清乾隆
四年（1739）武英殿刻十三經注疏附考證本
八冊

340000－1898－0000102　1：658

論衡三十卷　（漢）王充撰　清光緒元年
（1875）湖北崇文書局刻子書百家本　六冊

340000－1898－0000103　1：659

癸巳類稿十五卷　（清）俞正燮撰　清道光十
三年（1833）求日益齋刻本　五冊

340000－1898－0000104　1：660

鄉黨圖考十卷　（清）江永撰　清乾隆三十九
年（1774）刻本　四冊

340000－1898－0000105　1：663

監本附音春秋穀梁注疏二十卷　（晉）范甯集
解　（唐）陸德明音義　（唐）楊士勛疏　附校
勘記二十卷　（清）阮元撰　（清）盧宣旬摘錄
　清嘉慶二十年（1815）江西南昌府學刻重刊
宋本十三經注疏附校勘記本　六冊

340000－1898－0000106　1：671

皇朝文獻通考三百卷　（清）曹仁虎輯　清光
緒二十七年（1901）上海圖書集成局鉛印九通
本　四十八冊

340000－1898－0000107　1：677

輶軒使者絕代語釋別國方言十三卷　（清）戴
震疏證　清光緒八年（1882）汗青簃刻本　二
冊　存二卷（十二至十三）

340000－1898－0000108　1：679

欽定續通典一百五十卷　（清）嵇璜等纂　清
光緒二十七年（1901）上海圖書集成局鉛印九
通本　十二冊

340000－1898－0000109　1：680

彭剛直公奏稿八卷　（清）彭玉麟撰　清光緒
十七年（1891）刻本　四冊

340000－1898－0000110　1：682

呂氏春秋二十六卷附考一卷　（秦）呂不韋撰
　（漢）高誘注　（清）畢沅校　清光緒十九年
（1893）上海鴻文書局石印二十五子彙函本
一冊

340000－1898－0000111　1：683

墨子十六卷　（戰國）墨翟撰　（清）畢沅校注
列子八卷　（戰國）列禦寇撰　（晉）張湛注
（唐）殷敬順釋文　清光緒十九年（1893）上
海鴻文書局石印二十五子彙函本　一冊

340000－1898－0000112　1：684

荀子二十卷附校勘補遺一卷　（戰國）荀況撰
（唐）楊倞注　（清）盧文弨　（清）謝墉校
清光緒十九年（1893）上海鴻文書局石印二
十五子彙函本　一冊

340000－1898－0000113　1：685

孔子集語十七卷　（清）孫星衍輯　清光緒十
九年（1893）上海鴻文書局石印二十五子彙函
本　一冊

340000－1898－0000114　1：686

管子二十四卷　（戰國）管仲撰　（唐）房玄齡
注　（明）劉績補注　清光緒十九年（1893）上
海鴻文書局石印二十五子彙函本　一冊

340000－1898－0000115　1：687

尸子二卷存疑一卷　（戰國）尸佼撰　（清）汪
繼培輯　莊子十卷　（戰國）莊周撰　（晉）郭
象注　（唐）陸德明音義　清光緒十九年
（1893）上海鴻文書局石印二十五子彙函本
一冊

340000－1898－0000116　1：688

晏子春秋七卷　（戰國）晏嬰撰　（清）孫星衍
校　附音義二卷　（清）孫星衍撰　校勘記二
卷　（清）黃以周撰　鶡冠子三卷　（宋）陸佃
解　清光緒十九年（1893）上海鴻文書局石印
二十五子彙函本　一冊

340000－1898－0000117　1：689

文子纘義十二卷　（元）杜道堅撰　**商君書五卷附考一卷**　（戰國）商鞅撰　（清）嚴萬里（可均）校　清光緒十九年(1893)上海鴻文書局石印二十五子彙函本　一冊

340000－1898－0000118　1:690

韓非子二十卷　（戰國）韓非撰　**附識誤三卷**　（清）顧廣圻撰　清光緒十九年(1893)上海鴻文書局石印二十五子彙函本　一冊

340000－1898－0000119　1:691

尉繚子二卷　（戰國）尉繚撰　清光緒十九年(1893)上海鴻文書局石印二十五子彙函本　一冊

340000－1898－0000120　1:692

淮南子二十一卷　（漢）劉安撰　（漢）高誘注　（清）莊逵吉校　清光緒十九年(1893)上海鴻文書局石印二十五子彙函本　一冊

340000－1898－0000121　1:693

董子春秋繁露十七卷附錄一卷　（漢）董仲舒撰　**揚子法言十三卷**　（漢）揚雄撰　（晉）李軌注　**附音義一卷**　（宋）□□撰　清光緒十九年(1893)上海鴻文書局石印二十五子彙函本　一冊

340000－1898－0000122　1:694

賈子新書十卷　（漢）賈誼撰　（清）盧文弨校　**文中子中說十卷**　（隋）王通撰　（宋）阮逸注　清光緒十九年(1893)上海鴻文書局石印二十五子彙函本　一冊

340000－1898－0000123　1:695

佩文韻府一百六卷拾遺一百六卷索隱一卷　(清)張玉書編　清末民國間掃葉山房石印本　五十冊

340000－1898－0000124　1:696

韓非子二十卷　（戰國）韓非撰　**附識誤三卷**　（清）顧廣圻撰　清光緒十九年(1893)上海鴻文書局石印二十五子彙函本　一冊

340000－1898－0000125　1:697

揚子法言十三卷　（漢）揚雄撰　（晉）李軌注　**附音義一卷**　（宋）□□撰　**文子纘義十二**

卷　（元）杜道堅撰　清光緒十九年(1893)上海鴻文書局石印二十五子彙函本　一冊

340000－1898－0000126　1:698

孫子十家註十三卷　（春秋）孫武撰　（宋）吉天保輯　（清）孫星衍　（清）吳人驥校　**敘錄一卷**　（清）畢以珣撰　**遺說一卷**　（宋）鄭友賢撰　清光緒十九年(1893)上海鴻文書局石印二十五子彙函本　一冊

340000－1898－0000127　1:699

列子八卷　（戰國）列禦寇撰　（晉）張湛注　（唐）殷敬順釋文　**墨子十六卷**　（戰國）墨翟撰　（清）畢沅校注　清光緒十九年(1893)上海鴻文書局石印二十五子彙函本　一冊

340000－1898－0000128　1:700

文中子中說十卷　（隋）王通撰　（宋）阮逸注　**山海經十八卷**　（晉）郭璞傳　（清）畢沅校　清光緒十九年(1893)上海鴻文書局石印二十五子彙函本　一冊

340000－1898－0000129　1:701

賈子新書十卷　（漢）賈誼撰　（清）盧文弨校　**董子春秋繁露十七卷附錄一卷**　（漢）董仲舒撰　清光緒十九年(1893)上海鴻文書局石印二十五子彙函本　一冊

340000－1898－0000130　1:702

竹書紀年統箋十二卷前編一卷雜述一卷　(清)徐文靖撰　**商君書五卷附考一卷**　（戰國）商鞅撰　（清）嚴萬里(可均)校　清光緒十九年(1893)上海鴻文書局石印二十五子彙函本　一冊

340000－1898－0000131　1:703

晏子春秋七卷　（戰國）晏嬰撰　（清）孫星衍校　**附音義二卷**　（清）孫星衍撰　**校勘記二卷**　（清）黃以周撰　清光緒十九年(1893)上海鴻文書局石印二十五子彙函本　一冊

340000－1898－0000132　1:704

管子二十四卷　（戰國）管仲撰　（唐）房玄齡注　（明）劉績補注　清光緒十九年(1893)上海鴻文書局石印二十五子彙函本　一冊

340000 – 1898 – 0000133　　1：705

孔子集語十七卷　（清）孫星衍輯　清光緒十九年（1893）上海鴻文書局石印二十五子彙函本　一冊

340000 – 1898 – 0000134　　1：706

呂氏春秋二十六卷附考一卷　（秦）呂不韋撰　（漢）高誘注　（清）畢沅校　清光緒十九年（1893）上海鴻文書局石印二十五子彙函本　一冊

340000 – 1898 – 0000135　　1：707

荀子二十卷附校勘補遺一卷　（戰國）荀況撰　（唐）楊倞注　（清）盧文弨　（清）謝墉校　尸子二卷存疑一卷　（戰國）尸佼撰　（清）汪繼培輯　清光緒十九年（1893）上海鴻文書局石印二十五子彙函本　一冊

340000 – 1898 – 0000136　　1：708

淮南子二十一卷　（漢）劉安撰　（漢）高誘注　（清）莊逵吉校　清光緒十九年（1893）上海鴻文書局石印二十五子彙函本　一冊

340000 – 1898 – 0000137　　1：709

黃帝內經靈樞十二卷　（□）□□撰　清光緒十九年（1893）上海鴻文書局石印二十五子彙函本　一冊

340000 – 1898 – 0000138　　1：713

晦庵先生朱文公文集一百卷續集五卷別集七卷　（宋）朱熹撰　清刻本　三十冊

340000 – 1898 – 0000139　　1：723

唐書二百二十五卷　（宋）歐陽修　（宋）宋祁等撰　釋音二十五卷　（宋）董衝撰　清光緒十八年（1892）武林竹簡齋石印二十四史本　十六冊

340000 – 1898 – 0000140　　1：724

舊唐書二百卷　（五代）劉昫等撰　清乾隆十二年（1747）刻本　四十冊

340000 – 1898 – 0000141　　1：726

資治通鑑綱目五十九卷　（宋）朱熹撰　（明）陳仁錫評　資治通鑑綱目前編二十五卷　（元）金履祥撰　（明）陳仁錫評　續資治通鑑

綱目二十七卷　（明）商輅等撰　（明）陳仁錫評　清嘉慶十三年（1808）刻本　一百六十冊

340000 – 1898 – 0000142　　1：732

二十一史約編八卷首一卷　（清）鄭元慶述　清同治刻本　八冊

340000 – 1898 – 0000143　　1：733

後漢書九十卷　（南朝宋）范曄撰　（唐）李賢注　續志三十卷　（晉）司馬彪撰　（南朝梁）劉昭注　清同治八年（1869）金陵書局刻二十四史本　十四冊

340000 – 1898 – 0000144　　1：734

漢書一百卷　（漢）班固撰　（唐）顏師古注　清同治八年（1869）金陵書局刻二十四史本　十六冊

340000 – 1898 – 0000145　　1：739

雙池文集十卷　（清）汪紱撰　清道光十四年（1834）一經堂刻本　四冊

340000 – 1898 – 0000146　　1：740

浙刻雙池遺書十二種　（清）汪紱撰　清光緒九年至二十二年（1883 – 1896）刻本　十八冊

340000 – 1898 – 0000147　　1：741

經韵樓集十二卷　（清）段玉裁撰　清光緒十年（1884）秋樹根齋刻本　八冊

340000 – 1898 – 0000148　　1：742

漢書一百卷　（漢）班固撰　（唐）顏師古注　清同治八年（1869）金陵書局刻二十四史本　八冊

340000 – 1898 – 0000149　　1：743

通典二百卷附考證一卷　（唐）杜佑撰　清光緒二十七年（1901）上海圖書集成局鉛印九通本　十五冊

340000 – 1898 – 0000150　　1：744

書經詮義十二卷首二卷　（清）汪紱撰　清光緒七年（1881）紫陽書院刻汪雙池先生叢書本　十三冊

340000 – 1898 – 0000151　　1：745

樂經或問三卷　（清）汪紱撰　清光緒二十

年(1896)刻汪雙池先生叢書本　三冊

340000－1898－0000152　1：746

六禮或問十二卷首一卷末一卷　（清）汪紱撰
清光緒二十一年(1895)刻汪雙池先生叢書本　四冊

340000－1898－0000153　1：754

陳氏毛詩五種　（清）陳奐撰　清道光、咸豐
間吳門南園陳氏掃葉山莊刻本　十一冊　存
五種三十四卷(詩毛氏傳疏三十卷、釋毛詩音
一卷、毛詩說一卷、毛詩傳義類一卷、鄭氏箋
攷徵一卷)

340000－1898－0000154　1：755

孟子注疏十四卷附考證　（漢）趙岐注　（宋）
孫奭音義并疏　清乾隆四年(1739)武英殿刻
十三經注疏附考證本　五冊　存八卷(一至
四、十一至十四)

340000－1898－0000155　1：756

附釋音禮記注疏六十三卷　（漢）鄭玄注
（唐）陸德明音義　（唐）孔穎達疏　**附校勘記
六十三卷**　（清）阮元撰　（清）盧宣旬摘錄
清嘉慶二十年(1815)南昌府學刻重刊宋本十
三經注疏附校勘記本　十六冊

340000－1898－0000156　1：758

列國歲計政要十二卷首一卷　（英國）麥丁富
得力編纂　（美國）林樂知口譯　（清）鄭昌棪
筆述　清光緒元年(1875)刻本　六冊

340000－1898－0000157　1：759

金文雅十六卷　（清）莊仲方編　清光緒刻本
一冊　存四卷(十三至十六)

340000－1898－0000158　1：783

十三經集字音釋四卷　（清）黃蕙田撰　清同
治九年(1870)西山刻本　五冊

340000－1898－0000159　1：784

禮記或問八卷　（清）汪紱撰　清光緒二十二
年(1896)刻汪雙池先生叢書本　四冊

340000－1898－0000160　1：785

禮記章句十卷　（清）汪紱撰　清光緒二十一

年(1895)刻汪雙池先生叢書本　十冊

340000－1898－0000161　1：786

雙池遺書八種　（清）汪紱撰　清光緒二十一
年(1895)刻本　一冊　存二種二卷(孝經章
句一卷、孝經或問一卷)

340000－1898－0000162　1：787

春秋穀梁傳注疏二十卷附考證　（晉）范甯集
解　（唐）陸德明音義　（唐）楊士勛疏　清乾
隆四年(1739)武英殿刻十三經注疏附考證本
六冊

340000－1898－0000163　1：788

周易注疏十三卷附考證　（三國魏）王弼
（晉）韓康伯注　（唐）陸德明音義　（唐）孔
穎達疏　**略例一卷**　（三國魏）王弼撰　（唐）
邢璹注　（唐）陸德明音義　**孝經注疏九卷附
考證**　（唐）玄宗李隆基注　（唐）陸德明音義
（宋）邢昺校　清乾隆四年(1739)武英殿刻
十三經注疏附考證本　六冊

340000－1898－0000164　1：789

春秋左傳注疏六十卷附考證　（晉）杜預注
（唐）陸德明音義　（唐）孔穎達疏　清乾隆四
年(1739)武英殿刻十三經注疏附考證本　二
十冊

340000－1898－0000165　1：790

儀禮注疏十七卷附考證　（漢）鄭玄注　（唐）
陸德明音義　（唐）賈公彥疏　清乾隆四年
(1739)武英殿刻十三經注疏附考證本　十冊

340000－1898－0000166　1：791

監本附釋音春秋公羊注疏二十八卷　（漢）何
休撰　（唐）陸德明音義　（□）□□疏　**附校
勘記二十八卷**　（清）阮元撰　（清）盧宣旬摘
錄　清嘉慶二十年(1815)江西南昌府學刻重
刊宋本十三經注疏附校勘記本　七冊

340000－1898－0000167　1：792

附釋音毛詩注疏二十卷　（漢）毛亨傳　（漢）
鄭玄箋　（唐）陸德明音義　（唐）孔穎達疏
校勘記二十卷　（清）阮元撰　（清）盧宣旬摘
錄　清嘉慶二十年(1815)江西南昌府學刻重

刊宋本十三經注疏附校勘記本　十四冊

340000－1898－0000168　1：795
毛詩注疏三十卷附考證　（漢）毛亨傳　（漢）
鄭玄箋　（唐）陸德明音義　（唐）孔穎達疏
清乾隆四年(1739)武英殿刻十三經注疏附考
證本　十二冊

340000－1898－0000169　1：796
欽定書經傳說彙纂二十一卷首二卷書序一卷
　　（清）王頊齡等撰　清雍正八年(1730)刻本
　十二冊

340000－1898－0000170　1：797
詩經詮義十二卷首一卷末二卷　（清）汪烜纂
集　清道光世德堂刻本　十五冊

340000－1898－0000171　1：798
尚書注疏十九卷附考證　（漢）孔安國傳

（唐）陸德明音義　（唐）孔穎達疏　清乾隆四
年(1739)武英殿刻十三經注疏附考證本
六冊

340000－1898－0000172　1：800
樂經律呂通釋五卷　（清）汪紱輯　清光緒九
年(1883)刻本　五冊

340000－1898－0000173　1：801
方言疏證十三卷　（清）戴震撰　清乾隆曲阜
孔氏刻微波榭叢書本　二冊　存二卷(十二
至十三)

340000－1898－0000174　1：803
古今圖書集成目錄四十卷　（清）陳夢雷編
清雍正四年(1726)內府銅活字印本　八冊
缺八卷(三十三至四十)

黄山市黄山区圖書館古籍普查登記目録

全國古籍普查登記目録

國家圖書館出版社
National Library of China Publishing House

340000 – 1826 – 0000001　K928.3/01

九華山志五卷　（清）周贇編纂　清光緒刻本
　五册

340000 – 1826 – 0000002　K820.9/6

石臺蔣氏宗譜六卷　清光緒十七年（1891）崇
義堂刻本　六册

黄山市祁門縣圖書館古籍普查登記目録

全國古籍普查登記目録

國家圖書館出版社
National Library of China Publishing House

340000－1828－0000001　1：0001－1：0012

春秋左傳五十卷綱目一卷春秋提要一卷春秋列國圖說一卷附音釋　（晉）杜預注　（宋）林堯叟釋　（明）鍾惺　（明）孫鑛　（明）韓範評點　（唐）陸德明音義　清刻本　十二冊

340000－1828－0000002　2：0001－2：0030　善

漢書評林一百卷　（漢）班固撰　（唐）顏師古注　（明）凌稚隆輯並校　明萬曆九年(1581)吳興凌稚隆刻本　三十冊

340000－1828－0000003　2：0043　善

[永樂]祁閶志十卷　（明）黃汝濟修　（明）蔣俊纂　明抄本　一冊

340000－1828－0000004　2：0044－2：0051　善

[康熙]祁門縣志八卷圖考一卷　（清）姚啟元等監修　（清）張瑗等纂修　清康熙旌邑賀尚義刻初印本　八冊

340000－1828－0000005　2：0052－2：0063

[同治]祁門縣志三十六卷首一卷　（清）周溶修　（清）汪韻珊纂　清同治十二年(1873)刻本　十二冊

340000－1828－0000006　2：0064－2：0066

[同治]祁門縣志三十六卷首一卷　（清）周溶修　（清）汪韻珊等纂　清同治十二年(1873)刻本　三冊　存十三卷(四至十一、二十二、二十七至三十)

340000－1828－0000007　2：0068－2：0080

李肅毅伯奏議十三卷　（清）李鴻章撰　（清）吳汝綸　（清）章洪鈞編輯　清光緒石印本　十三冊

340000－1828－0000008　3：0001－3：0008

戊笈談兵十卷首一卷　（清）汪紱撰　（清）盧葆辰　（清）倪望重　（清）程夢元　（清）余家鼎校　清光緒二十一年(1895)長安趙舒翹匯刻浙刻雙池先生遺書本　八冊

340000－1828－0000009　4：0001－4：0006　善

楚辭十七卷　（漢）劉向集　（漢）王逸章句　（宋）洪興祖補注　清初毛氏汲古閣刻本　六冊

340000－1828－0000010　4：0009－4：0018　善

秋崖先生小稾四十五卷秋崖先生小稾詩集三十八卷　（宋）方岳撰　明嘉靖六年(1527)方謙刻清光緒二十一年(1895)黃澍芬重修補刻本(吳建之題識)　十冊

340000－1828－0000011　4：0019

眉公先生晚香堂小品二十四卷　（明）陳繼儒撰　明崇禎杭州湯大節簡綠居刻本　一冊　存四卷(十三至十六)

340000－1828－0000012　4：0020－4：0031

卷施閣集文甲集十卷續一卷文乙集十卷詩集二十卷　（清）洪亮吉撰　（清）洪用懃輯　清光緒三年(1877)陽湖洪用懃授經堂刻授經堂重刊遺集本　十二冊

340000－1828－0000013　4：0032－4：0033

附鮚軒詩八卷　（清）洪亮吉著　清光緒三年(1877)陽湖洪用懃授經堂刻授經堂重刊遺集本　二冊

黄山市祁門縣博物館古籍普查登記目録

全國古籍普查登記目録

國家圖書館出版社
National Library of China Publishing House

340000－1889－0000001　SH－0006/1－6

[安徽祁門]祁西易西瑯琊王氏家譜五卷首一卷末一卷　（清）王有佑　（清）王廷健（清）王廷賢續修　（清）王有志　（清）王有遠　（清）王安輝總理　清光緒二年(1876)元會堂木活字印本　六冊

340000－1889－0000002　SH－0004/1－6

[安徽祁門]關西方氏宗譜三卷　（清）方蘭芬等修　（清）方德親等校閱　（清）方祖應參輯　（清）方道中經理　清道光二十一年(1841)木活字印本　六冊

340000－1889－0000003　SH－0002/1－4

[安徽黟縣]南山程氏譜不分卷　（清）□□纂修　清紅格抄本　四冊

340000－1889－0000004　SH－0001/1－2

[安徽黟縣]南山程氏譜不分卷　（清）□□纂修　清紅格抄本　二冊

340000－1889－0000005　SH－0020/1

安蔬草堂詩鈔一卷　（清）李廷芳著　清刻本一冊

340000－1889－0000006　SH－0019/1－16

聊齋志異十六卷　（清）蒲松齡著　（清）王士正評　清青柯亭刻本　十六冊

340000－1889－0000007　SH－0016/1－9

[同治]祁門縣志三十六卷首一卷　（清）周溶主修　（清）芮濬源等協修　清同治十二年(1873)刻本　九冊　存二十一卷(十三至十八、二十二至三十一、三十三至三十六,首一卷)

340000－1889－0000008　SH－0015/1－12

[同治]祁門縣志三十六卷首一卷　（清）周溶主修　（清）芮濬源等協修　清同治十二年(1873)刻本　十二冊

340000－1889－0000009　SH－0017/1－5

清咸豐至光緒收支雜賬簿不分卷　（清）□□編　清同治九年中元會簿　（清）□□編　清同治至光緒收租簿　（清）□□編　清光緒三年收支簿　（清）□□編　清光緒三年德公祀

簿　（清）□□編　清藍格抄本　五冊

340000－1889－0000010　SH－0014

清光緒成教堂何氏列位正譜不分卷　（清）何錫鴻等總理　（清）何廙和等謄錄　清光緒十八年(1892)何氏藍格抄本　一冊

340000－1889－0000011　SH－0008/1

[安徽黟縣]何氏支譜不分卷　何廷伍等修　清光緒二十年(1894)抄本　一冊

340000－1889－0000012　SH－0012/1－4

[安徽新安]洪氏宗譜□□卷首一卷　（清）洪慶江主修　（清）洪慶文協修　清木活字印本　四冊　存三卷(二至三、首一卷)

340000－1889－0000013　SH－0009/1

[安徽□□]袁氏宗譜□□卷末一卷　（清）袁□□修　清木活字印本　一冊　存一卷(末一卷)

340000－1889－0000014　SH－0031/1

婦科秘方一卷　（清）竹林寺老僧撰　（清）梅氏增補　胎產護生篇一卷　（清）李長科輯（清）陸錫禧參　（清）楊啟鳳定　（清）林秀恕梓　清光緒七年(1881)皖湖同善堂刻本一冊

340000－1889－0000015　SH－0035/1

戊子詩存一卷　（清）春臺老人撰　清抄本一冊

340000－1889－0000016　SH－0030/1

活世生機四卷末一卷　（清）邵紀棠輯　（清）陳起榮　（清）陳翰藻　（清）黃鉅祺校　清光緒八年(1882)文會堂刻本　一冊

340000－1889－0000017　SH－0035/2－3

課稿不分卷　（清）吳義精撰　清抄本　二冊

340000－1889－0000018　SH－0034/1

新安二布衣詩八卷　（明）吳兆　（明）程嘉燧撰　（清）王士禎選　（清）汪洪度　（清）吳瞻泰校　清稿本　一冊　存四卷(一至四)

340000－1889－0000019　SH－0035/5

賦得詩一卷　（清）□□撰　清抄本　一冊

340000－1889－0000020　SH－0035/6
儀禮略編一卷　（清）梁啓讓編　清抄本
一冊

340000－1889－0000021　SH－0035/7
雜著一卷　（清）□□撰　清抄本　一冊

340000－1889－0000022　SH－0022/1－3
四書集注十九卷　（宋）朱熹集註　清李光明
莊刻本　三冊　存九卷（論語六至十、孟子四
至七）

340000－1889－0000023　SH－0021/1－2
澹雅局增定課讀鑑略妥註善本五卷　（明）李
廷機著　（明）張瑞圖校　（清）鄒聖脈訂　清
兩宜堂刻本　二冊　存三卷（一至三）

340000－1889－0000024　SH－0032/1
光緒壬寅補行庚子辛丑江南鄉試中卷不分卷
　（清）王拔萃　（清）曹瑤撰　宣統己酉科安
徽拔貢卷不分卷　（清）周元黼撰　光緒壬寅
補行庚子辛丑江南闈藝不分卷　（清）彭應江
撰　光緒壬寅補行庚子科安徽優行貢卷不分
卷　（清）桂瑞霖撰　清光緒、宣統間刻本
一冊

340000－1889－0000025　SH－0022/4－6
禮記體注四卷漱芳軒合纂禮記體註四卷
（清）范翔參訂　（清）朱光許等校　清刻本
三冊

340000－1889－0000026　SH－0021/7
詩八卷　（宋）朱熹集傳　清刻本　一冊　存
三卷（六至八）

340000－1889－0000027　SH－0021/5－6
書六卷　（宋）蔡沈集傳　清刻本　二冊　存
三卷（三、五至六）

340000－1889－0000028　SH－0021/3－4
詩八卷　（宋）朱熹撰　清延古樓刻本　二冊
存四卷（五至八）

340000－1889－0000029　SH－0033/1
［安徽祁門］城安吳氏宗譜一卷　（清）□□纂
修　明抄本　一冊

340000－1889－0000030　SH－0036－13/1
地母真經一卷　（清）□□撰　清刻本　一冊

340000－1889－0000031　SH－0036－42
幼童舉業啟悟集一卷　（清）汪承忠評選　清
刻本　一冊

340000－1889－0000032　SH－0036－10/1
四書集註十九卷　（宋）朱熹撰　清慎詒堂刻
本（卷六卷端配抄本）　一冊　存五卷（論語
六至十）

340000－1889－0000033　SH－0036－46
抄選時文一卷　（清）陳堯松等撰　清抄本
一冊

340000－1889－0000034　SH－0036－47
四書義四卷　（清）蔡啟盛鑒定　（清）蔣祥鎬
校　清光緒二十七年（1901）上海石印書局石
印本　一冊　存一卷（一）

340000－1889－0000035　SH－0036－19/1
最新初等小學筆算教科書教授法一卷　徐寯
編　清光緒三十二年（1906）上海商務印書館
鉛印本　一冊

340000－1889－0000036　SH－0036－45
時文鈔一卷　（清）□□編　清抄本　一冊

340000－1889－0000037　SH－0036－44
知味軒啟事四卷　（清）陳毓靈撰　（清）左昇
等校訂　清道光十三年（1833）謙益堂刻本
一冊　存一卷（一）

340000－1889－0000038　SH－0036－18//
3//15/1－3
監本四書十九卷　（宋）朱熹集註　清光緒三
十年（1904）文星堂刻本　五冊　缺五卷（論
語六至十）

340000－1889－0000039　SH－0036－2/1－2
周易四卷筮儀一卷　（宋）朱熹撰　圖說一卷
　（□）□□撰　卦歌一卷　（□）□□撰　清
刻本　二冊

340000－1889－0000040　SH－0036－17
詩韻含英十八卷　（清）劉文蔚輯　清明新堂

刻本 一册 存四卷(一至四)

340000－1889－0000041 SH－0036－23/1－2
孟子集註七卷 (宋)朱熹撰 清慎詒堂刻本
二册

340000－1889－0000042 SH－0036－029/
1//SH－0036－16/1－2
寄傲山房塾課新增幼學故事瓊林四卷首一卷
(明)程登吉撰 (清)鄒聖脈增補 (清)
謝梅林 (清)鄒可庭參訂 清郁文堂刻本
三册 存四卷(一至二、四,首一卷)

340000－1889－0000043 SH－0036－28//
31/1－3
新訂四書補註備旨十卷 (清)鄧林著 (清)
鄧煜編次 (清)祁文友重校 (清)杜定基增
訂 清桂月樓刻本 三册

340000－1889－0000044 SH－0036－24
張百川先生訓子一卷 (清)張江撰 清刻本
一册

340000－1889－0000045 SH－0036－32
三訓合讀三卷 (清)吳嘉善輯 清光緒七年
(1881)徽州明德堂刻本 一册

340000－1889－0000046 SH－0036－30/1
格式輯抄不分卷 (清)□□編 清抄本
一册

340000－1889－0000047 SH－0036－27/1
新鐫曆法便覽象吉備要通書二十九卷 (清)
魏鑑述 清刻本 一册 存四卷(十九至二
十二)

340000－1889－0000048 SH－0036－1/1－7
**雲林別墅新輯酬世錦囊書啟合編初集八卷家
禮集成二集七卷採集新聯四集二卷** (清)謝
梅林 (清)鄒可庭定 (清)鄒景揚輯 清同
文堂刻本 七册

340000－1889－0000049 SH－0036－1/8－11
鄉黨圖考十卷 (清)江永著 清道光六年
(1826)刻本 四册

340000－1889－0000050 SH－0036－52/1

小學六卷 (明)陳選注 **小學主意嬭嬛衷旨
六卷** (明)項水心鑒定 (□)李春培
(□)陶元良著 明末刻本 一册 存八卷
(小學一至四、小學主意嬭嬛衷旨一至四)

340000－1889－0000051 SH－0036－52/32－34
憑山閣增輯留青新集三十卷 (清)陳枚選
(清)張國泰訂 (清)陳德裕輯 清□□堂刻
本 三册 存五卷(一至二、六、二十九至三
十)

340000－1889－0000052 SH－0036－52/31
壹都叁圖肆甲廖敦義戶實徵冊一卷 (清)
□□編 清抄本 一册

340000－1889－0000053 SH－0036－52/29－30
童蒙勸學四字短語不分卷 (清)□□編 清
宣統三年(1911)抄本 二册

340000－1889－0000054 SH－0036－52/35－36
四書集註十九卷 (宋)朱熹撰 清慎詒堂刻
本 二册 存二卷(論語、孟子)

340000－1889－0000055 SH－0036－52/26
課藝詩文一卷 (清)□□編 清抄本 一册

340000－1889－0000056 SH－0036－52/25
詩文鈔一卷 (清)□□撰 清抄本 一册

340000－1889－0000057 SH－0036－52/24
論語摘句論文一卷 (清)□□撰 清抄本
一册

340000－1889－0000058 SH－0036－52/27
問答抄不分卷 (清)□□撰 清抄本 一册

340000－1889－0000059 SH－0036－52/22
新刻旁訓故事不分卷 (清)□□撰 清祁邑
文星堂刻本 一册

340000－1889－0000060 SH－0035－52/20
千字文一卷 (南朝梁)周興嗣次韻 清祁邑
文星堂刻本 一册

340000－1889－0000061 SH－0036－52/21
千字文一卷 (南朝梁)周興嗣次韻 清祁邑
文星堂刻本 一册

340000－1889－0000062　SH－0036－52/17

雜記不分卷　（清）□□撰　清抄本　一冊

340000－1889－0000063　SH－0036－52/19

百家姓一卷　（清）□□撰　清祁邑文星堂刻
本　一冊

340000－1889－0000064　SH－0036－52/09

百家姓考略一卷　（清）王相箋註　清刻本
一冊

340000－1889－0000065　SH－0038/1

知愧軒尺牘十六卷　（清）管士駿著　清光緒
五年(1879)刻本　一冊　存四卷(一至四)

340000－1889－0000066　SH－0036－52/7

命理運數□□卷　（□）□□輯　欽定萬年書
一卷　（清）□□編　清石印本　一冊　存二
卷(命理運數上、欽定萬年書一卷)

340000－1889－0000067　SH－0036－52/06

野林別墅新集酬世錦囊三集二卷　（清）鄒景
陽輯　（清）謝梅林　（清）鄒可庭定　清刻本
一冊

340000－1889－0000068　SH－0046/1－34

康熙字典十二集三十六卷備考一卷　（清）張
玉書　（清）陳廷敬總閱　（清）凌紹雯等纂修
清刻本　三十四冊

340000－1889－0000069　SH－0045/1－3

[安徽新安]方氏宗譜三卷首一卷　（清）方來
珠　（清）方有興等總理　清光緒木活字印本
三冊　存三卷(一至二、首一卷)

340000－1889－0000070　SH－0040/1－4

[安徽潛山]皖潛程氏續修支譜十二卷首一卷
末一卷　（清）程燧等修　清木活字印本　四
冊　存四卷(五、七至九)

340000－1889－0000071　SH－0044/1－4、
SH－0042/1

[安徽祁門]汪氏支譜圖系九卷　（清）□□纂
修　清宣統元年(1909)木活字印本　五冊
存五卷(一至三、六、九)

340000－1889－0000072　SH－0037/1

[安徽新安]戴氏宗譜不分卷　（清）戴□□修
清抄本　一冊

340000－1889－0000073　SH－0041－1/1－2

[安徽祁門]張氏宗譜□□卷　（清）張雲栢等
重修　清光緒八年(1882)木活字印本　二冊
存二卷(三至四)

340000－1889－0000074　SH－0057/1－3

槐蔭堂魚鱗冊不分卷　（清）王貞　（清）程學
典書　清抄本　三冊

340000－1889－0000075　SH－0041－3/1

[安徽祁門]張氏宗譜□□卷　（清）張□□纂
修　清木活字印本　一冊　存二卷(一至二)

340000－1889－0000076　SH－0054/1

清祁門魚鱗冊不分卷　（清）□□編　清抄本
一冊

340000－1889－0000077　SH－0053/1

[安徽祁門]偉溪方氏族譜不分卷　（清）方永
老編集　清抄本　一冊

340000－1889－0000078　SH－0050/1

[安徽徽州]建邑彭城劉氏宗譜□□卷首一卷
（清）劉堂纂修　清同治八年(1869)西參乙
照堂木活字印本　一冊　存一卷(首一卷)

340000－1889－0000079　SH－0049/1

[安徽祁門]汪氏支譜圖系九卷　（清）□□纂
修　清木活字印本　一冊　存一卷(一)

340000－1889－0000080　SH－0048/1

御纂醫宗金鑑九十卷　（清）吳謙等編　清刻
本　一冊　存二卷(十六至十七)

340000－1889－0000081　SH－0052/1－2

十保仙洞源田冊不分卷　（清）許嘉會抄謄
清抄本　二冊

340000－1889－0000082　SH－0048/2－3

書經六卷　（宋）蔡沈集傳　清刻本　二冊
存三卷(二至四)

340000－1889－0000083　SH－0048/4－5

春秋增訂旁訓四卷　（清）□□撰　清刻本
二冊　存二卷(三至四)

340000－1889－0000084　　SH－0058/1－3

新編目連救母勸善戲文三卷　　（明）鄭之珍撰
（明）葉宗泰校　明萬曆十年(1582)鄭氏高
石山房刻本　三冊

340000－1889－0000085　　SH－0064－1/1

[安徽石臺]魯氏宗譜續編□□卷　（清）魯坡
等修　清咸豐三年(1853)木活字印本　一冊
存二卷(一至二)

340000－1889－0000086　　SH－0059/1－24

[安徽潛山]許氏宗譜二十七卷首一卷末三卷
（清）許端　（清）許夢弼等纂修　清同治木
活字印本　二十四冊　存二十四卷(二至四、
六至七、九至十三、十五至二十、二十二至二
十四、二十七,首一卷,末三卷)

340000－1889－0000087　　SH－0061/1－11

[浙江金華]蓮塘王氏宗譜十一卷　王詩培等
續修　清宣統元年(1909)木活字印民國十一
年(1922)續修二十五年(1936)重修本　十一
冊　缺一卷(五)

340000－1889－0000088　　SH－0084/1－4

[安徽祁門]林氏宗譜四卷　（清）竹山敦倫堂
纂輯　清光緒五年(1879)刻本　四冊

340000－1889－0000089　　SH－0078

[安徽石臺]洪氏宗譜□□卷　（清）□□纂修
清木活字印本　一冊　存一卷(三)

340000－1889－0000090　　SH－0080/1

[安徽祁門]祁門李氏宗譜□□卷　（清）李氏
界田派四房合修　清木活字印本　一冊　存
一卷(三)

340000－1889－0000091　　SH－0073

清黃氏地冊一卷　（清）□□編　清抄本
一冊

340000－1889－0000092　　SH－0075/1－5

[江西浮梁]汪氏支譜五卷首一卷　（清）汪美
源　（清）汪耀邦等纂修　清宣統元年(1909)
文明堂木活字印本　五冊　缺一卷(五)

340000－1889－0000093　　SH－0081/1

[安徽祁門]汪氏支譜□□卷首一卷　（清）汪
□□等修　清木活字印本　一冊　存二卷
(二、首一卷)

340000－1889－0000094　　SH－0072/1

**新貴公秩下光復嬸底賬本一卷(清光緒十二
年至清光緒十五年)**　（清）□□編　清光緒
紅格抄本　一冊

340000－1889－0000095　　SH－0072/2

**十六都一圖五甲何世興戶新立大勳收稅冊一
卷(清同治十年至清光緒三十一年)**　（清）
□□編　清抄本　一冊

340000－1889－0000096　　SH－0072/3

同治五年清算四年□□徵底冊不分卷　（清）
□□編　清同治五年(1866)抄本　一冊

340000－1889－0000097　　SH－0072/4

宣統三年歲次辛亥各處謄清賬本一卷　（清）
□□編　清宣統三年(1911)抄本　一冊

340000－1889－0000098　　SH－0072/6

文會賬本一卷(清道光二十一年至民國四年)
（□）□□編　清道光至民國四年(1821－
1915)紅格抄本　一冊

340000－1889－0000099　　SH－0071/2

永言孝思賬簿一卷(清咸豐十年至同治元年)
（清）□□編　清抄本　一冊

340000－1889－0000100　　SH－0096/1

陳閭橋會條規姓氏錄不分卷　（清）陳閭橋會
編　清康熙三十六年(1697)抄本　一冊

340000－1889－0000101　　SH－0071/3

**八九都五甲長房吳高發戶粮冊一卷(清同治
五年至清光緒十四年)**　（清）楊夢華造　清
抄本　一冊

340000－1889－0000102　　SH－0098－1/1

**[會紀、會租賬簿]不分卷(清光緒十四年至民
國二年)**　（清）□□編　清光緒十四年至民
國二年(1888－1913)抄本　一冊

340000－1889－0000103　　SH－0071/4

謄契簿一卷　（清）程端基抄　清抄本　一冊

340000－1889－0000104　　SH－0070

新安魚鱗冊一卷　（清）□□編　清抄本
一冊

340000－1889－0000105　　SH－0098－3/1

收支賬簿不分卷　（清）□□編　清抄本
一冊

340000－1889－0000106　　SH－0089/3

[藻祀膳清賬簿]一卷(清光緒二十八年至民
國二十八年)　（清）□□編　清光緒至民國
抄本　一冊

340000－1889－0000107　　sh－0098－5/1

[上七保塘坵各號田租稅收簿]不分卷　（清）
□□編　清抄本　一冊

340000－1889－0000108　　SH－0098－6/1

二十二都一圖十甲金大進戶推收對同寔徵冊
不分卷　（清）□□編　清抄本　一冊

340000－1889－0000109　　SH－0089/5

光緒七年藻公文會清算簿一卷(清光緒元年
至民國三十三年)　（清）□□編　清光緒至
民國抄本　一冊

340000－1889－0000110　　SH－0098－7/1

清同治十年至光緒二十年進祀租穀簿不分卷
　（清）□□編　清抄本　一冊

340000－1889－0000111　　SH－0095/1

春秋經傳集解三十卷　（晉）杜預撰　（唐）陸
元朗音釋　（宋）林堯叟附註　（清）馮李驊增
訂　左繡三十卷　（清）馮李驊　（清）陸浩評
輯　（清）范允斌　（清）沈乃文　（清）陸偲
參評　清刻本　七冊　缺十四卷(春秋經傳
集解四、十八至二十、二十八至三十,左繡四、
十八至二十、二十八至三十)

340000－1889－0000112　　SH－0087－1/1

[安徽祁門]汪氏家譜不分卷　（清）汪新鳳修
　清抄本　一冊

340000－1889－0000113　　SH－0089/11

收支賬簿一卷(清光緒二年至民國四年)
（清）□□纂修　清光緒至民國紅格抄本

一冊

340000－1889－0000114　　SH－0087－2/1

二十一都二圖六甲陳啟芳戶各位牽單實徵冊
不分卷　（清）□□編　清嘉慶元年(1796)抄
本　一冊

340000－1889－0000115　　SH－0094

八仙老花一卷　（清）□□撰　清光緒抄本
一冊

340000－1889－0000116　　SH－0090/1－19

憑山閣增輯留青新集三十卷　（清）陳枚選
（清）陳德裕增輯　清刻本　十九冊　缺六卷
(一、七至八、二十八至三十)

340000－1889－0000117　　SH－0086/1－2

[安徽祁門]南源汪氏宗譜二卷首一卷　（清）
汪詩元等主修　清光緒四年(1878)木活字印
本　二冊　存二卷(二、首一卷)

340000－1889－0000118　　SH－0092/1－14

四書味根錄三十七卷首二卷　（清）金澄撰
清同治七年(1868)聚錦堂刻本　十四冊

340000－1889－0000119　　SH－0093/1－4

四書集註本義匯參四十三卷首四卷　（清）王
步青撰　（清）王士鼇編　（清）王維甸
（清）王乃昀校　清石印本　四冊　存五卷
(中庸一、首一,論語一,孟子一至二)

340000－1889－0000120　　SH－0088/1－5

[安徽祁門]文堂陳氏宗譜六卷首一卷　（清）
陳淦等纂修　清抄本　五冊　存四卷(三至
六)

340000－1889－0000121　　SH－0091/1－25

康熙字典十二集三十六卷總目一卷檢字一卷
辨似一卷等韻一卷補遺一卷備考一卷　（清）
張玉書　（清）陳廷敬總閱　（清）凌紹雯等纂
修　清刻本　二十五冊

340000－1889－0000122　　SH－0104/1－6

酌雅齋四書遵注合講十九卷圖考一卷　（清）
翁復編　（清）詹文煥參定　四書章句十九卷
（宋）朱熹撰　清乾隆四十五年(1780)金閶

書業堂刻本　六冊

340000－1889－0000123　　SH－0126

金剛經心經直解不分卷　（清）純陽子撰　清
四香草堂刻本　一冊

340000－1889－0000124　　SH－0117

[江西浮梁]胡氏宗譜□□卷首一卷　（清）
□□纂修　清道光木活字印本　一冊　存二
卷（一、首一卷）

340000－1889－0000125　　SH－0107－1/1

新訂四書補註備旨十卷　（清）鄧林著　（清）
鄧煜編次　（清）祁文友重校　（清）杜定基增
訂　清刻本　一冊　存二卷（大學一、中庸
一）

340000－1889－0000126　　SH－0107－2/1

新訂四書補註備旨十卷　（清）鄧林著　（清）
鄧煜編次　（清）祁文友重校　（清）杜定基增
訂　清桂月樓刻本　一冊　存二卷（孟子一
至二）

340000－1889－0000127　　SH－0107－3/1－2

新訂四書補註備旨十卷　（清）鄧林著　（清）
鄧煜編次　（清）祁文友重校　（清）杜定基增
訂　清刻本　二冊　存三卷（孟子一至二、
四）

340000－1889－0000128　　SH－0116/2

[安徽祁門]覺皇寶壇一卷　（清）汪成龍撰
清抄本　一冊

340000－1889－0000129　　SH－0114/1－4

古文釋義新編八卷　（清）余誠評註　（清）余
芝參閱　清乾隆八年（1743）三餘堂刻本　四
冊　存四卷（一、五至七）

340000－1889－0000130　　SH－103/1－4

[安徽新安]環溪王氏家譜四卷末一卷　（清）
王春暉　（清）王錫蕃等纂修　清光緒三十一
年（1905）木活字印本　四冊

340000－1889－0000131　　SH－0115/1－3

書經體註大全合參六卷　（宋）蔡沈集傳
（清）范翔鑒定　（清）張聖度訂　（清）錢希
祥參　**書經集傳六卷**　（宋）蔡沈集傳　清刻
本　三冊　存六卷（書經體註大全合參一、三
至四，書經集傳一、三至四）

340000－1889－0000132　　SH－0121

唐詩三百首二卷　（清）蘅塘退士編　清道光
十九年（1839）英德堂刻本　一冊

340000－1889－0000133　　SH－0120

雙桂軒尺牘一卷　（清）丁善儀撰　清光緒八
年（1882）刻本　一冊

340000－1889－0000134　　SH－0106/1

新安祁西復建利濟石橋徵信錄一卷　（清）祁
西厯口利濟橋局編　清光緒二十四年（1898）
木活字印本暨刻本　一冊

340000－1889－0000135　　SH－0119

元號流水賬簿一卷(光緒二十五年)　（清）正
發祥錄　清光緒抄本　一冊

340000－1889－0000136　　SH－0118

[柒保康氏魚鱗冊]不分卷　（清）□□編　清
抄本　一冊

340000－1889－0000137　　SH－0123/1

音韻正訛四卷　（清）孫耀輯　（清）吳思本訂
清刻本　一冊

340000－1889－0000138　　SH－0105/1－32

康熙字典十二集三十六卷補遺一卷　（清）張
玉書　（清）陳廷敬總閱　（清）凌紹雯等纂修
清道光七年（1827）刻本　三十二冊

340000－1889－0000139　　SH－0122

法雨摘要一卷　（清）法雨壇降筆　清光緒二
年（1876）明德壇刻本　一冊

黄山市休宁县文物局古籍普查登记目录

全国古籍普查登记目录

国家图书馆出版社
National Library of China Publishing House

340000－1893－0000001　0307/1－12
字彙十二卷首一卷　（明）梅膺祚集　清刻本
十二冊

340000－1893－0000002　0321/1－3
[安徽新安]詹氏宗譜□□卷首□□卷　（清）
詹□□纂修　清木活字印本　三冊　存三卷
（二十一、二十四,首四）

340000－1893－0000003　0306/1－26
緯文堂綱鑑易知錄九十二卷　（清）吳乘權等
輯　清緯文堂刻本　二十六冊　缺二十一卷
（三至八、五十四至六十二、八十七至九十二）

340000－1893－0000004　0344/1－14
春秋經傳集解三十卷首一卷　（晉）杜預撰
左繡三十卷首一卷　（清）馮李驊　（清）陸浩
評輯　（清）范允斌等參評　清李光明莊刻本
十四冊　缺八卷（春秋經傳集解二十一至
二十二、二十五至二十六,左繡二十一至二十
二、二十五至二十六）

340000－1893－0000005　0974/1－2
張百川先生塾課八卷　（清）張百川（張清海）
撰　（清）周汝調編釋　清文光堂刻本　二冊
存三卷（一至三）

340000－1893－0000006　1008
同治庚午科浙江闈墨一卷　（清）蔣崇禮等撰
清聚奎堂刻本　一冊

340000－1893－0000007　1112
四書視□□卷　（□）□□撰　清石印本　一
冊　存三卷（孟子一至三）

340000－1893－0000008　0965
四書古人典林十二卷　（清）江永編　清光緒
十年(1884)上海同文書局石印本　一冊　存
一卷（一）

340000－1893－0000009　1018
雜抄不分卷　（□）□□撰　清抄本　一冊

340000－1893－0000010　1019
少林棍法闡宗三卷　（明）程沖斗著　清程利
人抄本　一冊

340000－1893－0000011　0979
四書人物類典串珠四十卷　（清）臧志仁編輯
（清）臧銘　（清）臧錕校字　清刻本　八冊

340000－1893－0000012　966
舉業正宗不分卷　（清）周秉禮等撰　清抄本
一冊

340000－1893－0000013　998/1
分韻合選□□卷　（□）□□撰　清刻本　一
冊　存二卷（三至四）

340000－1893－0000014　0983/1－2
唐詩試體分韻四卷首一卷末一卷　（清）談苑
編　清刻本　二冊　存三卷（一、三,首一卷）

340000－1893－0000015　0982/1－2
向蘭皋先生小題文不分卷　（清）向日貞撰
（清）黃際飛鑒定　（清）左史　（清）魯質評
清同治七年(1868)刻本　二冊

340000－1893－0000016　0968/1
彙刻考卷雋快新編一卷　（清）翁遂盦鑒定
（清）席振逵等編次　清道光二十二年(1842)
刻本　一冊

340000－1893－0000017　0975/1
安徽試牘存真一卷　（清）柳汝俊等撰　清刻
本　一冊

340000－1893－0000018　1007/1
姓氏聯珠一卷　（□）□□撰　清刻本　一冊

340000－1893－0000019　1000/1
寄嶽雲齋試體詩選詳註二卷　（清）張學蘇箋
（清）聶銑敏藁　（清）王茂松等校　清大文
堂刻本　一冊

340000－1893－0000020　0989/1
賦文抄不分卷　（□）□□撰　清抄本　一冊

340000－1893－0000021　0987/1
金臚策楷一卷　（清）陳冠生等撰　清光緒十
四年(1888)上海蜚英館石印本　一冊

340000－1893－0000022　0973/1
冬烘嘆詩不分卷　（清）冬烘先生撰　清抄本
一冊

340000－1893－0000023　1113－1115/1－4

監本四書十九卷　（宋）朱熹集註　清李光明家刻本　六冊　缺十卷（論語五至七、孟子一至七）

340000－1893－0000024　0329/1

羅經指南撥霧集三卷　（清）葉泰著　（明）吳天洪批點　（清）郭廷彥定　清刻本　一冊

340000－1893－0000025　0328/1

格言聯璧不分卷　（清）金纓撰　清同治十年（1871）刻本　一冊

340000－1893－0000026　0326/1－3

分類詳註飲香尺牘四卷　（清）飲香居士輯（清）傭隱子箋釋　清道光三年（1823）刻本三冊　缺一卷（二）

340000－1893－0000027　0322/1－3

正字通十二卷　（清）廖文英輯　清刻本　三冊　存三卷（辰集中、申集上、酉集下）

340000－1893－0000028　0303/1－5

曾文正公家書十卷家訓二卷　（清）曾國藩撰清上海著易堂鉛印本　五冊　缺二卷（家書九至十）

340000－1893－0000029　0337/1

[嘉慶]休寧縣志二十四卷　（清）何應松等纂修　清嘉慶刻本　一冊　存二卷（一至二）

340000－1893－0000030　0310/1－4

新編直指算法統宗十七卷首篇一卷　（明）程大位編集　（清）程素亭等較正　清康熙刻本四冊

340000－1893－0000031　0313/1－12

[道光]休寧縣志二十四卷圖一卷　（清）何應松等修　清道光三年（1823）刻本（卷一、圖一卷配影印本）　十二冊

340000－1893－0000032　0338/1－6

禮記增訂旁訓六卷　（清）張大受重校　清厚德堂刻本　六冊

340000－1893－0000033　0357/1

[安徽黟縣]石印徐氏支譜不分卷　（清）徐

□□修　清抄本　一冊

340000－1893－0000034　0308/1

竹坡軒梅冊不分卷　（清）鄭淳輯　清道光刻本　一冊

340000－1893－0000035　0311/1－2

[安徽休寧]休寧西門汪氏宗譜十四卷　（清）汪澍等修輯　（清）汪嘉用等修　清順治九年（1652）刻本　二冊

340000－1893－0000036　1116－2/1－2

[□□]王氏宗譜□□卷　（清）王□□修　清光緒木活字印本　二冊　存三卷（二至四）

340000－1893－0000037　1116－3/1

[□□]王氏族譜□□卷　（清）王□□修　清木活字印本　一冊　存一卷（四）

340000－1893－0000038　0305/1－40

康熙字典十二集三十六卷總目一卷檢字一卷辨似一卷等韻一卷補遺一卷備考一卷　（清）張玉書　（清）陳廷敬總閱　（清）凌紹雯等纂修　清光緒元年（1875）湖北崇文書局刻本（午集下、戌集下配清刻本）　四十冊

340000－1893－0000039　0312/1－6

[光緒]婺源縣志六十四卷首一卷　（清）吳鶚總纂　（清）許召衡　（清）孫敬綱協纂（清）汪正元等纂修　清光緒九年（1883）刻本六冊　存十六卷（一至三、十一至十四、二十一至二十六、三十一至三十二,首一卷）

340000－1893－0000040　0332/1－2

京鍥神峯張先生通考闢謬命理正宗大全六卷（明）張楠著　（明）杜春芳較正　清刻本二冊　存二卷（三至四）

340000－1893－0000041　0320/1－7

[新安]武口王氏總譜二百六十四卷　（清）王文進修　清刻本　七冊　存五十五卷（丁集八至二十,戊集十九至二十六、三十四至四十四,辛集十二至三十二,壬集二至三）

340000－1893－0000042　1005/1

性理集論新編不分卷　（清）郭雄圖等撰　清

三餘堂刻本　一冊

340000－1893－0000043　0999/1
近科館課分韻詩選□□卷　（清）翁心存等編
纂　清刻本　一冊　存二卷（三至四）

340000－1893－0000044　0980/1－2
新科考卷二卷　（清）何希軾編次　清刻本
二冊

340000－1893－0000045　1003/1－4
墨快前編不分卷　（清）毛松齡輯評　（清）鮑
惠參訂　清道光二十四年(1844)刻本　四冊

340000－1893－0000046　0987/1－5
策賦論詩文不分卷　（清）周根卻等撰　啟悟
集不分卷　（□）□□撰　童子問路不分卷
(清)鄭之琮撰　清抄本　五冊

340000－1893－0000047　0978/1
詩抄一卷　（清）王元梅著　應制詩存一卷
(清)王元梅著　詩抄一卷　（□）□□撰　素
心閣賦艸一卷　（清）王元梅著　清抄本
一冊

340000－1893－0000048　0981/1－2
小題靈源集不分卷　（清）魯慶元編次　（清）
陳典三校　清道光十二年(1832)刻本　二冊

340000－1893－0000049　0991/1
科舉考卷一卷　（清）戴亨衢等撰　清抄本
一冊

340000－1893－0000050　1021/1
闈墨詩集二百首不分卷　（□）□□撰　清刻
本　一冊

340000－1893－0000051　0977/1－5
天崇文選初集不分卷　（明）黃淳耀等撰　清
刻本　五冊

340000－1893－0000052　1022/1
闈墨文集不分卷　（□）□□撰　清刻本
一冊

340000－1893－0000053　1009/1
試文集論語不分卷　（□）□□撰　清刻本
一冊

340000－1893－0000054　1002/1－2
周易四卷圖說一卷筮儀一卷　（清）畢公天校
閱　清宣統二年(1910)上海廣益書局石印本
二冊

340000－1893－0000055　1001/1
小學集註六卷　（明）陳選集註　（清）周光霽
校訂　清刻本　一冊

340000－1893－0000056　0992/1
科考分體利試文中□□卷　（清）李震生等撰
清抄本　一冊　存一卷（四）

340000－1893－0000057　0967/1－4
[光緒]乙亥恩科直省鄉墨文萃全集不分卷
(清)蘭莊先生評選　清刻本　四冊

340000－1893－0000058　1010/1
試文集孟子不分卷　（□）□□撰　清刻本
一冊

340000－1893－0000059　0988/1－2
搭截新編不分卷　（清）繆文鎔編次　（清）胡
玉樹參訂　（清）楊厚孫等校　清道光十年
(1830)有美堂刻本　二冊

340000－1893－0000060　0323/1－3
酌雅齋四書遵註合講十九卷圖考人物考一卷
（清）翁復編次　（清）詹文煥參訂　清刻本
三冊　存十卷（論語一至五、孟子一至五）

340000－1893－0000061　0327/1－2、0346/
1、0353/1
古文約編十卷附錄一卷　（清）倪承茂訂
(清)程凌九等校　清清芬書屋刻本　四冊
存四卷（三至四、六、十）

340000－1893－0000062　0339/1－2
選擇備要一卷諏吉便覽不分卷　（清）俞榮寬
撰　清光緒九年(1883)刻朱墨套印本　二冊

340000－1893－0000063　0340/1
理氣仙機正道真傳一卷　（清）吳廷仁著　清
抄本　一冊

340000－1893－0000064　0304/1－3
通天秘書續集□□卷　（□）□□撰　清光緒

黃山市休寧縣文物局古籍普查登記目錄

二十二年（1896）上海書局石印本　三冊　存四卷（重訂增補陶朱公致富全書一至二、通天曉四、衛濟餘編五）

340000－1893－0000065　0324/1－2

平陽全書十五卷　（清）葉泰輯　（清）楊宮建參　（清）張曾褆訂　清弌山房刻本　二冊　存五卷（一至五）

340000－1893－0000066　0325/1

山法全書十九卷首二卷　（清）葉泰輯　（清）郭廷彥參　清刻本　一冊　存一卷（山法全書二）

340000－1893－0000067　0309/1

培遠堂手札節存三卷　（清）陳宏謀著　清同治三年（1864）刻本　一冊　存一卷（上）

340000－1893－0000068　0355/1

百世流芳一卷　（清）許光勳輯　明末刻本　一冊

340000－1893－0000069　0354/1

孝經一卷　（唐）玄宗李隆基注　（唐）陸德明音譯　清同治七年（1868）湖北崇文書局刻本　一冊

340000－1893－0000070　0352/1

孝經一卷　（□）□□撰　**文昌孝經一卷**（□）□□撰　清同治四年（1865）刻本　一冊

340000－1893－0000071　0349/1－0351/1

論語十卷　（宋）朱熹章句　清慎詒堂刻本　三冊　缺三卷（八至十）

340000－1893－0000072　0348/1

鹽鐵論八卷　（漢）桓寬著　（清）萬廷莘校　清刻本　一冊　存二卷（一至二）

340000－1893－0000073　0347/1

龍文鞭影二卷　（明）楊臣靜增訂　（明）楚蕭良纂輯　（明）來集之音註　清刻本　一冊　存一卷（下）

340000－1893－0000074　0317/1－24

[安徽安慶]譙國嵇氏遷懷宗譜二十卷首二卷末二卷　（清）嵇玉麟等督修　（清）嵇冠卿等文總　清光緒二十三年（1897）木活字印本　二十四冊

340000－1893－0000075　1116－4/1－8

[湖南]王氏族譜□□卷首一卷　（清）闔族公輯　清木活字印本　五冊　存九卷（二至五、七、九至十一，首一卷）

黄山市黟縣圖書館古籍普查登記目録

全國古籍普查登記目録

國家圖書館出版社
National Library of China Publishing House

340000 – 1827 – 0000001　0001 – 0030

[嘉慶]黟縣志十六卷首一卷　（清）吳甸華修　（清）程汝翼纂　[道光]黟縣續志不分卷（清）呂子珏續修　（清）詹錫齡同修　（清）謝永泰編　[同治]黟縣三志十六卷首一卷末一卷　（清）謝永泰纂修　清同治十年(1871)刻本　三十冊

340000 – 1827 – 0000002　0031 – 0058

[嘉慶]黟縣志十六卷首一卷　（清）吳甸華修　（清）程汝翼纂　[道光]黟縣續志不分卷（清）呂子珏續修　（清）詹錫齡同修　（清）謝永泰編　[同治]黟縣三志十六卷首一卷末一卷　（清）謝永泰纂修　清同治十年(1871)刻本　二十八冊

340000 – 1827 – 0000003　0059 – 0076

[嘉慶]黟縣志十六卷首一卷　（清）吳甸華修　（清）程汝翼纂　[道光]黟縣續志不分卷（清）呂子珏續修　（清）詹錫齡同修　（清）謝永泰編　[同治]黟縣三志十六卷首一卷末一卷　（清）謝永泰纂修　清同治十年(1871)刻本　十八冊

340000 – 1827 – 0000004　0077 – 0097

[嘉慶]黟縣志十六卷首一卷　（清）吳甸華修　（清）程汝翼纂　[道光]黟縣續志不分卷（清）呂子珏續修　（清）詹錫齡同修　（清）謝永泰編　[同治]黟縣三志十六卷首一卷末一卷　（清）謝永泰纂修　清同治十年(1871)刻本　二十一冊

340000 – 1827 – 0000005　0098 – 0107

[嘉慶]黟縣志十六卷首一卷　（清）吳甸華修　（清）程汝翼纂　[道光]黟縣續志不分卷（清）呂子珏續修　（清）詹錫齡同修　（清）謝永泰編　[同治]黟縣三志十六卷首一卷末一卷　（清）謝永泰纂修　清同治十年(1871)刻本　十冊　存十卷(黟縣志二至三、五至八、十三,黟縣三志十至十一、十六)

340000 – 1827 – 0000006　0108 – 0111

[嘉慶]黟縣志十六卷首一卷　（清）吳甸華修　（清）程汝翼纂　[道光]黟縣續志不分卷（清）呂子珏續修　（清）詹錫齡同修　（清）謝永泰編　[同治]黟縣三志十六卷首一卷末一卷　（清）謝永泰纂修　清同治十年(1871)刻本　四冊　存七卷(黟縣志二至三、六至八,黟縣三志八至九)

340000 – 1827 – 0000007　0112 – 0126

[嘉慶]黟縣志十六卷首一卷　（清）吳甸華修　（清）程汝翼纂　[道光]黟縣續志不分卷（清）呂子珏續修　（清）詹錫齡同修　（清）謝永泰編　[同治]黟縣三志十六卷首一卷末一卷　（清）謝永泰纂修　清同治十年(1871)刻本　十五冊　存十五卷(黟縣志四至八;黟縣三志七、九至十六、末一卷)

340000 – 1827 – 0000008　127

[嘉慶]黟縣志十六卷首一卷　（清）吳甸華修　（清）程汝翼纂　[道光]黟縣續志不分卷（清）呂子珏續修　（清）詹錫齡同修　（清）謝永泰編　[同治]黟縣三志十六卷首一卷末一卷　（清）謝永泰纂修　清同治十年(1871)刻本　一冊　存一卷(黟縣志七)

340000 – 1827 – 0000009　0128 – 0134

[嘉慶]黟縣志十六卷首一卷　（清）吳甸華修　（清）程汝翼纂　[道光]黟縣續志不分卷（清）呂子珏續修　（清）詹錫齡同修　（清）謝永泰編　清同治十年(1871)刻尊經閣印本　七冊

340000 – 1827 – 0000010　0135

[順治]黟縣誌八卷　（清）竇士範纂修　清順治刻本　一冊　存二卷(五至六)

黄山學院圖書館
古籍普查登記目録

全國古籍普查登記目録

國家圖書館出版社
National Library of China Publishing House

340000－1848－0000001　　族譜009

泉塘葛氏宗譜十六卷首一卷末一卷　　（清）葛光漢修　清宣統三年（1911）木活字印本　三冊　缺一卷（末一卷）

340000－1848－0000002　　族譜012

皖潛程氏續修族譜十二卷首一卷末一卷（清）程種之纂修　清道光十三年（1833）木活字印本　十一冊　缺四卷（一、四上、七至八）

340000－1848－0000003　　族譜013

皖潛天堂程氏續修支譜十三卷首一卷末一卷　　（清）程子文纂修　清光緒二十一年（1895）木活字印本　十冊　缺七卷（三、五至七、十至十二）

340000－1848－0000004　　族譜014

司空方氏族譜六卷　　（清）方巨川纂修　清嘉慶十三年（1808）木活字印本　六冊

340000－1848－0000005　　族譜015

方氏宗譜十二卷　　（清）方紹周纂修　清道光二十五年（1845）木活字印本　十一冊

340000－1848－0000006　　族譜016

新安武口王氏總譜二百六十四卷　　（清）王文進纂修　清乾隆四十三年（1778）刻本　二十三冊

340000－1848－0000007　　族譜023

武陵吳氏宗譜六卷　　清光緒二十年（1894）木活字印本　六冊

340000－1848－0000008　　族譜026

濟陽江氏宗譜二十五卷末一卷　　（清）江初艮修　清乾隆二十八年（1763）木活字印本　三十九冊

340000－1848－0000009　　族譜028

滎陽潘氏宗譜五卷　　（清）潘勤業纂修　清光緒三十三年（1907）木活字印本　五冊

340000－1848－0000010　　族譜031

汪氏支譜七卷首一卷　　汪浦洋修　清宣統元年（1909）木活字印本　八冊

340000－1848－0000011　　族譜033

新安黃氏橫槎重修大宗譜三十八卷首一卷（清）黃茂待等纂修　清乾隆十七年（1752）刻本　二十冊

340000－1848－0000012　　族譜034

黃氏宗譜四卷　　（清）黃德銓纂修　清光緒三十年（1904）木活字印本　四冊

340000－1848－0000013　　族譜035

高峰朱氏宗譜四卷首一卷末一卷　　（清）樹德堂梓　清同治十一年（1872）木活字印本　三冊

340000－1848－0000014　　族譜036

金溪程氏支譜六卷首一卷末一卷　　（清）黃寅纂修　清光緒十二年（1886）木活字印本　六冊

340000－1848－0000015　　族譜037

汪氏統宗正脉二十八卷　　（清）汪來青纂修　清乾隆九年（1744）木活字印本　二十冊

340000－1848－0000016　　族譜051

平陽邑汪氏宗譜六卷首一卷　　（清）汪余煌纂修　清道光十年（1830）木活字印本　四冊

340000－1848－0000017　　族譜052

龍溪俞玉一公支譜四卷　　（清）俞亦友纂修　清同治九年（1870）木活字印本　四冊

340000－1848－0000018　　族譜053

平陽汪氏宗譜四卷首一卷末一卷　　（清）汪興和纂修　清同治九年（1870）木活字印本　三冊　缺一卷（三）

340000－1848－0000019　　族譜054

廬江何氏宗譜四卷　　（清）何德嘉纂修　清同治十三年（1874）木活字印本　四冊

340000－1848－0000020　　族譜058

汪氏宗譜十二卷首一卷末一卷　　（清）汪爾昌纂修　清光緒二十九年（1903）木活字印本　十二冊

340000－1848－0000021　　族譜060

西溪汪氏家譜十四卷　　（清）汪志琦纂修　清康熙四十七年（1708）刻道光二十九年（1849）

補刻本　十五冊　缺三卷(十一、十三至十四)

340000－1848－0000022　族譜069

鄧氏宗譜二百五十七卷　(清)鄧崑纂修　清同治十年(1871)木活字印本　二十一冊

340000－1848－0000023　族譜105

胡氏宗譜二卷　(清)胡紹南修　清道光十七年(1837)木活字印本　二冊

340000－1848－0000024　族譜061

孫氏宗譜十七卷　清乾隆十二年(1747)刻本　二十四冊

340000－1848－0000025　族譜100

青溪汪氏宗譜六卷首一卷末一卷　(清)汪世晅修　清光緒二十一年(1895)木活字印本　六冊

340000－1848－0000026　族譜102

平陽汪氏宗譜八卷　(清)汪大樽纂修　清同治七年(1868)木活字印本　八冊

340000－1848－0000027　族譜106

東源程氏宗譜七卷首一卷末一卷　(清)程宗祿修　清同治八年(1869)木活字印本　四冊

340000－1848－0000028　族譜113

朱氏宗譜十三卷　(清)朱紫封纂修　清光緒九年(1883)木活字印本　十三冊

340000－1848－0000029　族譜114

吳氏宗譜四卷　(明)吳從周修　明萬曆刻本　四冊

340000－1848－0000030　族譜117

東山濟陽江氏宗譜五卷　(清)江朝森纂修　清光緒十三年(1887)木活字印本　四冊

340000－1848－0000031　族譜118

績邑東關黃氏宗譜十卷　(清)黃俊廷修　清光緒二十二年(1896)木活字印本　七冊

340000－1848－0000032　族譜119

金竹洪氏支譜一卷　(清)洪恩普修　清光緒二十三年(1897)木活字印本　一冊

340000－1848－0000033　族譜129

鄭氏宗譜八卷　(清)鄭兆烈等修　清嘉慶五年(1800)木活字印本　八冊

340000－1848－0000034　族譜132

嚴田李氏宗譜八卷　(清)李傑門主修　清光緒二十七年(1901)木活字印本　八冊

340000－1848－0000035　族譜134

劉氏瀹源宗譜十五卷　(清)劉源愷主修　清同治八年(1869)木活字印本　十五冊

340000－1848－0000036　族譜135

劉氏瀹源宗譜五卷　清宣統元年(1909)木活字印本　五冊

340000－1848－0000037　族譜137

歙西堨田汪氏家譜四卷首一卷　(清)汪邦忠修　清光緒七年(1881)木活字印本　一冊

340000－1848－0000038　族譜140

遂安儒洪余氏族譜十八卷首一卷末一卷　(清)余大炳修　清光緒十年(1884)木活字印本　十六冊

340000－1848－0000039　族譜142

汪氏家譜十六卷首三卷末一卷　(清)汪有炊修　清同治十年(1871)木活字印本　二十冊

340000－1848－0000040　族譜148

尚書方氏宗譜二卷首一卷　(清)方永盛修　清同治十年(1871)木活字印本　二冊

340000－1848－0000041　族譜149

建德團山劉氏宗譜四卷首一卷　(清)劉興讓修　清光緒三十三年(1907)木活字印本　四冊

340000－1848－0000042　族譜151

松田劉氏宗譜□□卷　濟美堂修　清光緒二十年(1894)木活字印本　一冊　存一卷(三)

340000－1848－0000043　族譜153

吳氏宗譜四卷　(清)吳盈萬修　清道光八年(1828)木活字印本　四冊

340000－1848－0000044　族譜163

鄭氏宗譜□□卷　(清)鄭士璿修　清咸豐十

年(1860)木活字印本　一册　存一卷(一)

340000－1848－0000045　族譜062
清華胡氏統譜三十四卷首一卷末一卷　（清）
婺源清華胡氏修　清同治十三年(1874)木活
字印本　三十六册

340000－1848－0000046　族譜073
新安程氏族譜一卷　明萬曆三十六年(1608)
抄本　一册

340000－1848－0000047　族譜177
林氏宗譜四卷　（清）竹山敦倫堂纂輯　清光
緒五年(1879)木活字印本　四册

340000－1848－0000048　族譜179
鴻源吳氏宗譜十二卷首一卷末一卷　（清）吳
元籛修　清乾隆五十三年(1788)木活字印本
六册

340000－1848－0000049　族譜180
新安武口王氏支譜八卷首一卷末一卷　（清）
王起株修　清道光二十五年(1845)木活字印
本　六册

340000－1848－0000050　族譜182
仙源杜氏實錄四卷　仙源杜氏修　清光緒二
十一年(1895)木活字印本　一册

340000－1848－0000051　族譜183
徽埠曹氏支譜四卷　（清）曹德崑修　清道光
二十九年(1849)木活字印本　四册

340000－1848－0000052　族譜206
葉氏宗譜六卷　（清）葉紹聞修　清光緒元年
(1875)木活字印本　二册

340000－1848－0000053　族譜208
東參陳氏支譜一卷　（清）陳振恩修　清乾隆
四十七年(1782)木活字印本　一册

340000－1848－0000054　族譜209
東參陳氏支譜一卷　（清）陳運達修　清嘉慶
二十四年(1819)木活字印本　二册

340000－1848－0000055　族譜218
春穀方氏宗譜四卷　（清）方世明修　清光緒
三年(1877)木活字印本　四册

340000－1848－0000056　族譜260
新安商山吳氏宗祠譜傳一卷　（清）吳應遷修
清康熙二十一年(1682)刻本　一册

340000－1848－0000057　族譜261
何氏宗譜不分卷　（清）何光淇修　清道光四
年(1824)木活字印本　二册

340000－1848－0000058　族譜262
汪氏重修大田墓祠記不分卷　（清）汪溶修
清道光二十八年(1848)木活字印本　一册

340000－1848－0000059　族譜285
吳興姚氏宗譜八卷首一卷　（清）姚大鋌等纂
修　清同治九年(1870)木活字印本　八册

340000－1848－0000060　族譜085
平陽郡汪氏宗譜六卷首一卷　（清）汪黃麟修
清光緒三十一年(1905)木活字印本　六册

340000－1848－0000061　族譜107
槐溪王氏宗譜十卷首一卷　（清）王應瑜修
清光緒十八年(1892)木活字印本　八册

340000－1848－0000062　族譜110
績溪東關馮氏家譜八卷首一卷末一卷　（清）
馮景坊修　清光緒二十三年(1897)木活字印
本　六册

340000－1848－0000063　族譜111
嚴田李氏宗譜六卷首一卷　（清）李華樹修
清道光七年(1827)木活字印本　六册

340000－1848－0000064　族譜112
蘇氏六修族譜十六卷　（清）蘇懷山修　清光
緒二十七年(1901)木活字印本　十四册

340000－1848－0000065　族譜115
王氏家譜不分卷　（清）王文蜀修　清康熙十
九年(1680)刻本　一册

340000－1848－0000066　族譜116
汪氏統宗正脉二十八卷首一卷　（明）汪蓉峰
修　明隆慶四年(1570)刻本　四册

340000－1848－0000067　族譜126
環溪吳氏家譜四卷　（清）吳光昭修　清光緒
二十九年(1903)木活字印本　四册

340000 – 1848 – 0000068　族譜 127

胡氏家譜不分卷　（清）胡寶璟修　清乾隆二十七年(1762)木活字印本　十四冊

340000 – 1848 – 0000069　族譜 139

山南鄭氏宗譜八卷　（清）鄭佩蘭修　清光緒三十年(1904)木活字印本　七冊

340000 – 1848 – 0000070　族譜 143

皖懷受泉李氏家乘十二卷末一卷　（清）李開先修　清咸豐元年(1851)木活字印本　十一冊

340000 – 1848 – 0000071　族譜 144

祁門奇峰鄭氏宗譜四卷　（清）鄭岳修　清光緒五年(1879)木活字印本　四冊　存三卷（二至四）

340000 – 1848 – 0000072　族譜 136

考川明經胡氏宗譜八卷首一卷　（清）胡陸秀纂修　清道光九年(1829)木活字印本　三十三冊

340000 – 1848 – 0000073　族譜 146

陳氏宗譜二十五卷首一卷末一卷　（清）陳耀南修　清光緒二十年(1894)木活字印本　二十八冊

340000 – 1848 – 0000074　族譜 181

胡氏宗譜五卷首一卷　（清）胡蔭桐纂修　清光緒三十一年(1905)木活字印本　二十六冊

340000 – 1848 – 0000075　族譜 214

濟陽江氏宗譜二十卷　（清）黃寅修　清同治七年(1868)木活字印本　三十二冊

340000 – 1848 – 0000076　族譜 293

劉氏大成宗譜三卷首一卷末一卷　（清）劉鎮和修　清宣統元年(1909)木活字印本　四冊

340000 – 1848 – 0000077　族譜 233

考川明經胡氏宗譜八卷首一卷　（清）胡陸秀修　清道光九年(1829)木活字印本　四十冊

340000 – 1848 – 0000078　族譜 283

汪氏宗譜十六卷首一卷末一卷　（清）汪文煥修　清道光五年(1825)木活字印本　十八冊

340000 – 1848 – 0000079　族譜 185

蜀川陳氏宗譜十八卷首一卷　（清）陳錦文修　清光緒十一年(1885)木活字印本　十四冊

340000 – 1848 – 0000080　族譜 273

平陽郡汪氏宗譜二十九卷首一卷　（清）汪戴垣修　清光緒三十二年(1906)木活字印本　二十冊

340000 – 1848 – 0000081　族譜 259

潛陽汪氏宗譜二十五卷　（清）汪岳修　清光緒十八年(1892)木活字印本　四十冊

340000 – 1848 – 0000082　族譜 216

績溪張氏宗譜十二卷首一卷末一卷　（清）張拱端纂修　清光緒十二年至十三年(1886 – 1887)木活字印本　十冊

340000 – 1848 – 0000083　族譜 155

敦煌郡洪氏支譜二十四卷首一卷末一卷　（清）洪立慶修　清光緒三十年(1904)鄭文和堂木活字印本　七冊

340000 – 1848 – 0000084　族譜 215

南關惇敘堂宗譜十卷　（清）許道宣修　清光緒八年至十五年(1882 – 1889)木活字印本　九冊

340000 – 1848 – 0000085　族譜 178

祁門胡氏族譜八卷　（清）胡廷琛纂修　清光緒十四年(1888)木活字印本　八冊

340000 – 1848 – 0000086　族譜 156

新安黃氏宗譜三卷　（清）黃經義修　清乾隆十五年(1750)刻本　五冊

340000 – 1848 – 0000087　族譜 287

環溪汪氏宗譜四卷　（清）汪昌禮修　清光緒十三年(1887)木活字印本　四冊

340000 – 1848 – 0000088　族譜 203

李氏宗譜不分卷　（明）□□修　明刻本　五冊

340000 – 1848 – 0000089　族譜 292

松田劉氏宗譜□□卷首一卷　（清）劉賢濠修　清道光二十一年(1841)木活字印本　三冊

安徽省歙縣博物館等三十七家收藏單位古籍普查登記目錄

存三卷(一至二、首一卷)

340000－1848－0000090　族譜 150

章氏宗譜四卷　（清）章自秋修　清光緒十三年(1887)木活字印本　二冊

340000－1848－0000091　族譜 162

新安畢氏族譜十七卷　（明）畢濟川總裁（明）畢郁等纂修　明正德四年(1509)刻本二冊

340000－1848－0000092　族譜 257

仙源吳氏宗譜四卷　（清）吳報耀修　清光緒七年(1881)木活字印本　四冊

宣城市圖書館
古籍普查登記目錄

全國古籍普查登記目錄

國家圖書館出版社
National Library of China Publishing House

吳絲蜀桐張高秋空山凝雲頹不流
愁李憑中國彈箜篌崑山玉碎鳳凰叫芙蓉泣露香
蘭笑十二門前融冷光二十三絲動紫皇女媧鍊石
補天處石破天驚逗秋雨夢入神山教神嫗老魚跳
波瘦蛟舞吳質不眠倚桂樹露腳斜飛濕寒兔

殘絲曲

垂楊葉老鴛哺兒殘絲欲斷黃蜂歸綠鬢少年金釵

340000－1836－0000001　00001－00007

春秋左傳五十卷　（晉）杜預　（宋）林堯叟注釋　（唐）陸德明音義　（明）鍾惺　（明）孫鑛　（明）韓範評點　清三餘堂刻本　七冊存二十四卷（三至二十六）

340000－1836－0000002　00008－00012

春秋左傳杜註三十卷首一卷　（晉）杜預注（清）姚培謙學　清光緒十五年(1889)江南書局刻本　五冊　存十六卷（三至六、十至十二、十六至十八、二十二至二十四、二十八至三十）

340000－1836－0000003　00024－00026

曲江書屋新訂批註左傳快讀十八卷首一卷（晉）杜預注　（唐）陸德明音義　（清）李紹崧選訂　清曲江書屋刻本　三冊　存四卷（一、七、十八,首一卷）

340000－1836－0000004　00027－00029

春秋宗朱辨義十二卷首一卷末一卷　（明）張自超著　清光緒七年(1881)刻本　三冊　存四卷（五、七至九）

340000－1836－0000005　00044

爾雅註疏十一卷　（晉）郭璞注　（宋）邢昺疏清刻本　一冊　存三卷（九至十一）

340000－1836－0000006　00045－00050

字彙十二卷　（明）梅膺祚音釋　清刻本　六冊　存六卷（子、丑、寅、辰、午、酉）

340000－1836－0000007　00051

字學舉隅一卷　（清）龍啟瑞編　清光緒二十二年(1896)秀記書屋石印本　一冊

340000－1836－0000008　00052

正字略一卷　（清）王筠撰　清光緒八年(1882)王筠刻本　一冊

340000－1836－0000009　00053－00056

書經集註六卷　（宋）蔡沈集注　清光緒十八年(1892)金陵寶善堂刻本　四冊　缺二卷（三至四）

340000－1836－0000010　00057－00060

書經集註六卷　（宋）蔡沈集注　清光緒十八年(1892)金陵寶善堂刻本　四冊　缺二卷（三至四）

340000－1836－0000011　00061－00065

匯海書局書經集註六卷　（宋）蔡沈集注　清蕪湖匯海書局刻本　五冊　缺一卷（五）

340000－1836－0000012　00066－00069

書經集傳六卷　（宋）蔡沈集傳　清郁文堂刻本　四冊　缺二卷（四、六）

340000－1836－0000013　00070－00072

書經體註大全合參六卷　（宋）蔡沈集傳（清）范翔鑒定　（清）張聖度訂　（清）錢希祥參　清刻本　三冊　缺一卷（一）

340000－1836－0000014　00073－00074

書經合纂大成六卷　（清）同文書局編　清石印五經合纂大成本　二冊　存三卷（四至六）

340000－1836－0000015　00081－00083

爾雅三卷　（晉）郭璞注　（唐）陸德明音釋清光緒二十二年(1896)湖南經綸元記刻本三冊

340000－1836－0000016　00084－00086

爾雅三卷　（晉）郭璞注　（唐）陸德明音釋清光緒二十二年(1896)湖南經綸元記刻本三冊

340000－1836－0000017　00087－00089

爾雅註疏十一卷　（晉）郭璞注　（宋）邢昺疏清嘉慶六年(1801)三槐堂刻敬書堂印本三冊　缺三卷（九至十一）

340000－1836－0000018　00090－00091

詩經集傳八卷　（宋）朱熹集著　清光緒六年(1880)金陵李光明莊刻本　二冊　存四卷（一至二、四至五）

340000－1836－0000019　00092－00093

詩經集傳八卷　（宋）朱熹集著　清刻本　二冊　存二卷（三至四）

340000－1836－0000020　00094

詩經體註大全合糸八卷　（清）高朝瓔定

（清）沈世楷輯　清光緒刻本　一冊　存一卷
（三）

340000－1836－0000021　00095
詩經融註大全體要八卷　（清）高朝瓔定
（清）沈世楷輯　清刻本　一冊　存二卷（四
至五）

340000－1836－0000022　00096
詩經融註大全體要八卷　（清）高朝瓔定
（清）沈世楷輯　清文奎堂刻本　一冊　存二
卷（一至二）

340000－1836－0000023　00097－00099
新增詩經補註附考備旨八卷　（清）鄒梧岡纂
輯　（清）鄒廷猷編次　（清）鄒景揚訂　清刻
本　三冊　存四卷（三、六至八）

340000－1836－0000024　00100－00106
御纂詩義折中二十卷　（清）傅恒等撰　清涇
元堂刻本　七冊　缺四卷（七至十）

340000－1836－0000025　00107
釋毛詩音四卷毛詩說一卷　（清）陳奐撰　清
光緒三十三年（1907）上海鴻章書局石印本
一冊

340000－1836－0000026　00108
忠經一卷孝經一卷　（漢）鄭玄　（明）陳選集
注　清末石印本　一冊

340000－1836－0000027　00109
忠經一卷孝經一卷　（漢）鄭玄　（明）陳選集
注　清石印本　一冊

340000－1836－0000028　00110
孝經章句或問合編不分卷　（清）汪紱章句
（清）汪達潢等校　清光緒二十一年（1895）刻
本　一冊

340000－1836－0000029　00111－00112
太玄經十卷　（漢）揚雄撰　（宋）司馬光集注
焦氏易林四卷　（漢）焦贛撰　清光緒元年
（1875）湖北崇文書局匯刻百子全書本　二冊
缺三卷（焦氏易林二至四）

340000－1836－0000030　00113

桐城先生點勘太玄讀本十卷　（漢）揚雄撰
（清）吳汝綸點勘　清宣統二年（1910）衍星社
排印本　一冊

340000－1836－0000031　00114
周易四卷筮儀一卷卦歌一卷圖說一卷　（明）
朱熹本義　清兩儀堂刻本　一冊　缺三卷
（二至四）

340000－1836－0000032　00115
周易本義四卷卦歌一卷圖說一卷　（明）朱熹
本義　清光緒十八年（1892）金陵寶善堂刻本
二冊

340000－1836－0000033　00116
搜神記二十卷　（晉）干寶撰　**搜神後記十卷**
（晉）陶潛撰　**博物志十卷**　（晉）張華撰
清光緒元年（1875）湖北崇文書局刻崇文書局
彙刻書本　一冊　存二十四卷（搜神記十七
至二十、搜神後記十卷、博物志十卷）

340000－1836－0000034　00117－00118
周易集註四卷筮儀一卷卦歌一卷圖說一卷
（宋）朱熹著　清光緒舊學山房刻本　一冊

340000－1836－0000035　00119
周易四卷　（宋）朱熹本義　清刻本　一冊
缺一卷（一）

340000－1836－0000036　00120－00122
周易註疏四十二卷　（三國魏）王弼注　（唐）
陸德明音義　（唐）孔穎達疏　**附校勘記四十
二卷**　（清）阮元撰　清同治十年（1871）廣東
書局刻十三經注疏附校勘記本　三冊　存十
四卷（周易註疏三至九、附校勘記三至九）

340000－1836－0000037　00123－00125
易經精華六卷首一卷末一卷　（清）薛嘉穎撰
清刻本　三冊　缺一卷（首一卷）

340000－1836－0000038　00126
焦氏易林四卷　（漢）焦延壽撰　清刻本　一
冊　存二卷（二至三）

340000－1836－0000039　00132－00136
宋本十三經註疏　（清）阮元校　（清）盧宣旬

摘錄　附校勘記　（清）阮元撰　清光緒十三年(1887)上海脈望仙館石印本　五冊　存九十卷(周易正義一至十、附校勘記一至十、附釋音尚書註疏十六至二十、附校勘記十六至二十、附釋音春秋左傳註疏十六至四十五、春秋左傳註疏十六至四十五)

340000－1836－0000040　00137－00147

皇清經解一百九十卷　（清）阮元輯　清光緒十七年(1891)上海鴻寶齋石印本　十一冊　存八十一卷(一至十二、二十八至三十二、三十九至四十九、五十五至六十五、七十九至九十、一百二十四至一百四十一、一百四十四至一百五十五)

340000－1836－0000041　00148－00156

禮記集說十卷　（元）陳澔撰　清四川善成堂刻本　九冊　缺一卷(十)

340000－1836－0000042　00157－00163

禮記集說十卷　（元）陳澔撰　清末金陵李光明莊刻本　七冊　缺三卷(一、八、十)

340000－1836－0000043　00165－00168

禮記約編啚鳳十卷　（清）汪基撰　清石印三禮約編啚鳳本　四冊　存七卷(四至十)

340000－1836－0000044　00169－00171

說文廣義三卷　（清）王夫之撰　清同治二年至四年(1863－1865)金陵書局刻船山遺書本　三冊

340000－1836－0000045　00176－00179

評點春秋綱目左傳句解彙雋六卷　（清）韓菼重訂　清光緒文苑山房刻本　三冊　存四卷(一至三、六)

340000－1836－0000046　00180－00185

評點春秋綱目左傳句解彙雋六卷　（清）韓菼重訂　清寶善書局刻本　六冊　缺一卷(六)

340000－1836－0000047　00204

春秋稗疏二卷　（清）王夫之撰　清同治二年至四年(1863－1865)金陵書局刻船山遺書本　一冊

340000－1836－0000048　00205

評點春秋左傳綱目句解彙雋六卷　（清）韓菼重訂　清石印本　一冊　存二卷(四、六)

340000－1836－0000049　00206

左傳史論二卷　（清）高士奇論正　清刻本　一冊

340000－1836－0000050　00207－00208

公羊穀梁春秋合編附註疏纂十二卷　（漢）何休學　（晉）范甯集解　（唐）楊士勛疏　(明)朱泰禎纂述　（清）朱爾鄴輯　清經綸堂刻本　二冊

340000－1836－0000051　00212－00213

論語集註二十卷論語序說一卷　（宋）朱熹撰　清光緒金陵李光明莊刻本　二冊

340000－1836－0000052　00214－00215

孟子集註十四卷孟子序說一卷　（宋）朱熹撰　清光緒金陵李光明莊刻本　二冊　存六卷(孟子集註一至五、孟子序說一卷)

340000－1836－0000053　00216－00221

讀四書大全說十卷　（清）王夫之撰　清同治二年至四年(1863－1865)金陵書局刻船山遺書本　六冊　缺四卷(二至四、十)

340000－1836－0000054　00222

四書稗疏一卷　（清）王夫之撰　四書攷異一卷　（清）王夫之撰　清同治二年至四年(1863－1865)金陵書局刻船山遺書本　一冊

340000－1836－0000055　00225

尚書補疏二卷　（清）焦循學　清嘉慶焦氏刻本　一冊

340000－1836－0000056　00227

四書集註十九卷　（宋）朱熹撰　清光緒金陵李光明莊刻本　一冊　存二卷(大學、中庸)

340000－1836－0000057　00228－00229

文淵堂四書體註合講十九卷　（宋）朱熹集注　（清）翁復編次　（清）詹文煥參定　清文淵堂刻本　二冊　存十卷(論語一至十)

340000－1836－0000058　00230－00231

四書合講十九卷　（宋）朱熹集注　清石印本
　二冊　存四卷（孟子三至四、六至七）

340000－1836－0000059　00236

增注字類標韻六卷補遺一卷　（清）范多珏重
訂　清宣統元年（1909）上海文藝書局鉛印本
　一冊

340000－1836－0000060　00240－00246

康熙字典三十六卷補考一卷補遺一卷　（清）
張玉書　（清）陳廷敬總閱　（清）凌紹雯等纂
修　清光緒三十三年（1907）上海鴻文書局石
印本　六冊

340000－1836－0000061　00247

春秋家說三卷　（清）王夫之撰　清同治二年
至四年（1863－1865）金陵書局刻船山遺書本
　一冊　存一卷（三）

340000－1836－0000062　00248－00251

儀禮十七卷　（清）吳廷華撰　（清）方靈皋鑒
定　（清）方巨來等校　（清）吳崇典等覆校
（清）方苞參訂　清乾隆二十二年（1757）東壁
書莊刻本　四冊　缺五卷（七至十一）

340000－1836－0000063　00252－00255

禮記集說十卷　（元）陳澔撰　清舊學山房刻
本　四冊　存四卷（四、七至九）

340000－1836－0000064　00257

说文解字註三十卷　（清）段玉裁注　清石印
本　一冊　存二卷（五至六）

340000－1836－0000065　00258

皇清經解分經合纂十六卷　（清）阮元輯　清
石印本　一冊　存一卷（一）

340000－1836－0000066　00259－00261

東萊博議四卷　（宋）呂祖謙撰　（清）馮泰松
校　清光緒二十四年（1898）江西三益堂刻本
　三冊　缺一卷（二）

340000－1836－0000067　00262－00267

春秋左傳五十卷　（晉）杜預　（宋）林堯叟注
釋　（唐）陸德明音義　（明）鍾惺　（明）孫
鑛　（明）韓範評點　清三餘堂刻本　六冊

存十五卷（二十九至四十、四十八至五十）

340000－1836－0000068　00270

延經堂塾課不分卷　朱鴻儒撰　清延經堂塾
課刻本　一冊

340000－1836－0000069　00271

匯學讀本二集四卷　（清）曹一士等撰　（清）
徐匯公塾編　清光緒十四年（1888）上海土山
灣慈母堂鉛印本　一冊　存一卷（下集下）

340000－1836－0000070　00273

增訂釋義經書便用通考雜字二卷外一卷　不
著撰者　清光緒寶善堂刻本　一冊　存一卷
（下）

340000－1836－0000071　00275

春秋世論五卷　（清）王夫之撰　清同治二年
至四年（1863－1865）金陵書局刻船山遺書本
　二冊

340000－1836－0000072　00276－00281

漢書評註一百卷　（明）凌稚隆輯校　清掃葉
山房石印本　六冊　存四十四卷（三十六至
四十、五十二至六十六、六十九至九十二）

340000－1836－0000073　00285

歷代史論十二卷　（明）張溥撰　清刻本　一
冊　存三卷（十至十二）

340000－1836－0000074　00286

唐書二百二十五卷　（宋）宋祁撰　清光緒二
十八年（1902）武林竹簡齋二次石印二十四史
本　一冊　存十卷（九十七至一百六）

340000－1836－0000075　00287

新刊趙田了凡袁先生編纂古本歷史大方綱鑑
補三十九卷首一卷　（明）袁黃編纂　清刻本
　一冊　存一卷（三十七）

340000－1836－0000076　00288

了凡綱鑑補三十九卷首一卷　（明）袁黃編纂
清光緒三十年（1904）維新書局刻本　一冊
存十五卷（一、七至十一、十五至十六、二十
一、二十三、二十五、三十一、三十三、三十八，
首一卷）

340000－1836－0000077　00290

重訂王鳳洲先生綱鑑會纂四十六卷　（明）王世貞纂　清石印本　一冊　存十九卷（二十八至四十六）

340000－1836－0000078　00304

明史論四卷　（清）谷應泰撰　（清）張溥論正　清光緒五年(1879)西江裴氏刻八年(1882)修文堂後印歷代史論本　一冊

340000－1836－0000079　00306－00307

戰國策三十三卷　（漢）高誘注　清末鉛印本　二冊　存十九卷（八至十七、二十五至三十三）

340000－1836－0000080　00310

光緒癸卯恩科江南鄉試中卷一卷　（清）□□撰　**光緒癸未科會試硃卷一卷**　（清）□□撰　清刻本　一冊

340000－1836－0000081　00311－00312

會試硃卷不分卷　（清）□□編　清刻本　二冊

340000－1836－0000082　00313－00314

史學驪珠四卷　（清）周贇纂輯　清光緒七年(1881)刻本　二冊　存二卷（二至三）

340000－1836－0000083　00315

史通削繁四卷　（清）紀昀撰　清刻本　一冊　存一卷（四）

340000－1836－0000084　00316

歷代史論十二卷　（明）張溥論正　清刻本　一冊　存三卷（七至九）

340000－1836－0000085　00317－00329

歷代史事論海三十二卷　（清）譚奇撰　清石印本　十三冊　存十八卷（二至四、六至八、十一至十四、十九、二十一至二十二、二十四至二十八）

340000－1836－0000086　00330－00332

讀史提要錄十二卷　（清）夏之蓉編　清刻本　三冊　存五卷（三至四、十至十二）

340000－1836－0000087　00334－00335

元史論一卷宋史論三卷　（明）張溥論正（明）陶文錦校勘　清廣東刻本　二冊

340000－1836－0000088　00336

讀史碎金註八十卷白文六卷　（清）胡文炳編輯　清光緒元年(1875)蘭石齋刻本　一冊　存一卷（二十九）

340000－1836－0000089　00341－00344

皇朝文獻通考輯要二十六卷　（清）湯壽潛輯　清鉛印本　四冊　存十二卷（二至五、十至十一、十七至十八、二十、二十二至二十四）

340000－1836－0000090　00345－00347

欽定續文獻通考輯要二十六卷　（清）湯壽潛輯　清光緒二十五年(1899)上海圖書集成局鉛印三通考輯要本　三冊　存八卷（一至四、二十至二十三）

340000－1836－0000091　00348

欽定續文獻通考輯要二十六卷　（清）湯壽潛輯　清光緒二十五年(1899)上海圖書集成局鉛印三通考輯要本　一冊　存二卷（十六至十七）

340000－1836－0000092　00350

[寧國]賣株木店呂程等田塘契不分卷　（清）趙郁齋書　清同治六年(1867)趙郁齋抄本　一冊

340000－1836－0000093　00351

武職官階品級二卷　（清）□□編　清光緒刻本　一冊　存一卷（上）

340000－1836－0000094　00353－00354

彭剛直公奏稿八卷　（清）彭玉麟撰　清光緒十七年(1891)蘇州刻本　二冊　存三卷（一、七至八）

340000－1836－0000095　00355

林文忠公政書甲集九卷乙集十七卷丙集十一卷　（清）林則徐撰　清刻本　一冊　存一卷（乙集兩廣奏稿一）

340000－1836－0000096　00356－00360

讀史方輿紀要十卷　（清）顧祖禹著　（清）黃

冕摘鈔　清道光三十年(1850)黃冕刻本　五
冊　缺四卷(四至六、九)

340000－1836－0000097　00381－00404

[光緒]宣城縣志四十卷首一卷　(清)章綬纂
修　(清)李應泰主修　(清)吳潮監修　清光
緒十四年(1888)刻本　二十四冊

340000－1836－0000098　00407

欽定四庫全書總目二百卷　(清)紀昀等纂修
　清刻本　一冊　存二卷(一百四十七至一
百四十八)

340000－1836－0000099　00415

晏子春秋八卷　(春秋)晏嬰撰　清光緒元年
(1875)湖北崇文書局刻本　一冊

340000－1836－0000100　00416－00417

輶軒語七卷　(清)張之洞撰　清光緒四年
(1878)潘氏敏德堂刻本　二冊

340000－1836－0000101　00418－00423

朱子原訂近思錄十四卷　(宋)朱熹撰　(宋)
呂祖謙輯　(清)江永集注　(清)王鼎校次
清同治七年(1868)楚北崇文書局刻善化章經
濟堂印本　六冊

340000－1836－0000102　00424－00427

朱子原訂近思錄十四卷附校勘記一卷考訂朱
子世家一卷　(宋)朱熹撰　(宋)呂祖謙輯
(清)江永集注　(清)王鼎校次　清光緒十八
年(1892)江西兩儀堂刻本　四冊

340000－1836－0000103　00450

聰訓齋語一卷恒產瑣言一卷　(清)張英著
清刻本　一冊

340000－1836－0000104　00451

司空詩品註釋一卷　(唐)司空圖撰　清同治
九年(1870)刻本　一冊

340000－1836－0000105　00452

小學集註六卷　(宋)朱熹撰　清光緒三十二
年(1906)上海鴻寶齋石印本　二冊　缺一卷
(六)

340000－1836－0000106　00459

道德經註二卷　(宋)蘇轍著　清刻本　一冊

340000－1836－0000107　00460

道德經註二卷　(宋)蘇轍著　清刻本　一冊

340000－1836－0000108　00461

太上老子道德經集解二卷　(春秋)李耳撰
(宋)董思靖集解　(宋)劉若淵校　清光緒三
年(1877)吳興陸心源十萬樓刻本　一冊

340000－1836－0000109　00462

道德真經註四卷　(元)吳澄撰　清刻本
一冊

340000－1836－0000110　00465

墨子十六卷　(戰國)墨翟撰　(清)吳汝綸點
勘　清宣統二年(1910)衍星社鉛印桐城吳先
生點勘諸子七種本　一冊　存八卷(一至八)

340000－1836－0000111　00466－00468

抱朴子內外篇四卷　(晉)葛洪撰　亢倉子不
分卷　(春秋)庚桑子撰　玄真子不分卷
(唐)張志和撰　天隱子不分卷　(唐)□□撰
　清光緒元年(1875)湖北崇文書局刻子書百
家本　三冊

340000－1836－0000112　00469

管子二十四卷　(春秋)管仲撰　(唐)房玄齡
注　(明)劉績補　清刻本　一冊　存二卷
(二十三至二十四)

340000－1836－0000113　00470－00471

管子二十四卷　(春秋)管仲撰　清刻本　二
冊　存十六卷(九至二十四)

340000－1836－0000114　00472－00475

二如亭群芳譜三十卷首一卷　(明)王象晉纂
輯　清刻本　四冊　存四卷(藥譜二、木譜一
至二、果譜一)

340000－1836－0000115　00476－00478

秘傳花鏡六卷　(清)陳淏子訂輯　清金閶書
業堂刻本　三冊　存三卷(一至三)

340000－1836－0000116　00485

臨證指南醫案八卷　(清)葉桂著　(清)徐靈
胎評　清光緒三十二年(1906)上海龍文書局

石印本　一冊　存一卷(一)

340000－1836－0000117　00487

叔苴子外編二卷　(明)莊元臣撰　**郁離子不分卷**　(明)劉基撰　**空同子不分卷**　(明)李夢陽撰　**海沂子不分卷**　(明)王文祿撰　清光緒元年(1875)湖北崇文書局刻子書百家本　一冊

340000－1836－0000118　00488

論衡三十卷　(漢)王充撰　清光緒元年(1875)湖北崇文書局刻子書百家本　一冊　存八卷(七至十四)

340000－1836－0000119　00494－00496

經餘必讀續編八卷　(清)雷琳　(清)錢樹棠　(清)錢樹立輯　(清)胡鳳丹校　清光緒二十年(1894)尚德堂刻本　三冊　缺二卷(三至四)

340000－1836－0000120　00500

集說詮真不分卷　(清)黃伯祿輯　清刻本　一冊

340000－1836－0000121　00502－00508

日知錄集釋三十二卷　(明)顧炎武著　(清)黃汝成校　清掃葉山房石印本　七冊　缺十五卷(一至五、八至九、十四至十六、二十八至三十二)

340000－1836－0000122　00509－00510

格言聯璧二卷　(清)金纓輯　清咸豐元年(1851)金纓刻同治二年(1863)修本　二冊

340000－1836－0000123　00515

閱微草堂筆記二十四卷　題(清)觀奕道人(紀昀)撰　清石印本　一冊　存一卷(六)

340000－1836－0000124　00516

續博物志十卷　(唐)李石撰　**述異記二卷**　(南朝梁)任昉撰　清光緒元年(1875)湖北崇文書局刻崇文書局彙刻書本　一冊

340000－1836－0000125　00519

天元一釋二卷　(清)焦循學　清嘉慶五年(1800)江都焦氏雕菰樓刻焦氏叢書本　一冊

340000－1836－0000126　00520

大清光緒十一年歲次乙酉時憲書不分卷　(清)欽天監印造　清光緒十年(1884)刻朱墨套印本　一冊

340000－1836－0000127　00521

釋弧三卷　(清)焦循學　清刻焦氏叢書本　一冊

340000－1836－0000128　00522－00525

加減乘除釋八卷　(清)焦循學　清刻本　四冊

340000－1836－0000129　00526－00529

行素軒算稿不分卷　(清)華蘅芳撰　清光緒八年(1882)刻本　四冊

340000－1836－0000130　00531

八賢手札八卷　(清)郭慶藩編　清光緒二十四年(1898)石印本　一冊　存四卷(五至八)

340000－1836－0000131　00535

沈隱侯集二卷　(南朝梁)沈約著　(明)張溥閱　清光緒十八年(1892)善化章氏經濟堂刻本　一冊　存一卷(一)

340000－1836－0000132　00536

陸平原集二卷　(晉)陸機著　(明)張溥閱　清光緒十八年(1892)善化章氏刻漢魏六朝百三名家集本　一冊　存一卷(二)

340000－1836－0000133　00537

陸清河集二卷　(晉)陸雲著　(明)張溥閱　清光緒十八年(1892)善化章氏刻漢魏六朝百三名家集本　一冊　存一卷(二)

340000－1836－0000134　00538

王文憲集不分卷　(南朝齊)王儉著　(明)張溥閱　清刻本　一冊

340000－1836－0000135　00539

李懷州集一卷　(隋)李德林著　(明)張溥閱　清光緒十八年(1892)善化章氏經濟堂刻漢魏六朝百三名家集本　一冊

340000－1836－0000136　00545

杜詩會稡二十四卷　(唐)杜甫撰　(清)張遠

箋　清刻本　一冊　存三卷(十九至二十一)

340000－1836－0000137　00570－00581

歐陽文忠公全集一百五十三卷首一卷附五卷
　(宋)歐陽修著　(清)歐陽衡校　清刻本
十二冊　存四十四卷(九十五至一百二十七、
一百三十四、一百四十四至一百五十三)

340000－1836－0000138　00585－00586

大清縉紳全書四卷　(清)□□編　清光緒十
四年(1888)刻本　二冊　存二卷(元、貞)

340000－1836－0000139　00587－00588

孔氏家語十卷　(三國魏)王肅注　清舊學山
房刻本　二冊

340000－1836－0000140　00592

歐陽文忠公集選二卷　(明)孫鑛輯　清刻本
一冊

340000－1836－0000141　00593－00594

魯齋集二十卷　(宋)王柏撰　(清)胡鳳丹校
清同治永康胡氏退補齋刻本　二冊　存五
卷(四至五、八至十)

340000－1836－0000142　00595

仁山先生金文安公文集五卷　(宋)金履祥撰
行狀一卷　(清)柳貫撰　清刻本　一冊
缺二卷(一至二)

340000－1836－0000143　00597

增訂徐文定公集六卷首一卷　(明)徐光啟撰
清宣統元年(1909)上海慈母堂鉛印本　一
冊　存一卷(四)

340000－1836－0000144　00598

王甯朔集一卷　(明)張溥閱　(南朝齊)王融
著　清光緒十八年(1892)善化章氏經濟堂刻
漢魏六朝百三家集本　一冊

340000－1836－0000145　00599－00602

震川先生集三十卷別集十卷　(明)歸有光撰
清刻本　四冊　存十六卷(震川先生集二
十至三十,別集二至四、九至十)

340000－1836－0000146　00605

胡文忠公遺集十卷首一卷　(清)胡林翼撰

(清)閻敬銘　(清)厲雲　(清)盛康編輯
(清)嚴樹森鑒定　清同治三年(1864)武昌節
署刻本　一冊　存二卷(二至三)

340000－1836－0000147　00606－00608

青巖集十二卷　(清)許楚著　(清)施愚山
(清)王阮亭鑒定　(清)汪息盧校正　清康熙
白華堂刻本　三冊　缺三卷(七至九)

340000－1836－0000148　00609

全謝山文鈔十六卷　(清)全祖望撰　清宣統
二年(1910)上海國學扶輪社鉛印本　一冊
存二卷(九至十)

340000－1836－0000149　00610－00614

望溪先生文集十八卷望溪先生集外文十卷
(清)方苞撰　(清)戴鈞衡編　清咸豐元年
(1851)桐城戴鈞衡刻本　五冊　存九卷(二
至六、九至十、十五至十六)

340000－1836－0000150　00615－00616

曾文正公文集三卷　(清)曾國藩撰　清宣統
三年(1911)掃葉山房石印曾文正公全集本
二冊　存二卷(二至三)

340000－1836－0000151　00617－00618

晚聞堂集十六卷　(清)余紹祉著　(清)余龍
光輯　(清)齊學培校　清刻本　二冊　存九
卷(二至五、九至十三)

340000－1836－0000152　00619

韓炎孫卓文集不分卷　(清)韓炎　(清)孫卓
撰　清抄本　一冊

340000－1836－0000153　00620

雙節堂庸訓四卷　(清)汪輝祖纂　清同治十
一年(1872)寧國刻本　一冊　存二卷(一至
二)

340000－1836－0000154　00621

舳艫八卷續編四卷　(清)鈕琇輯　清宣統三
年(1911)上海時中書局石印本　一冊　存四
卷(一至二、五至六)

340000－1836－0000155　00622

指所齋文集四卷駢體文一卷　(清)高錫基撰

清光緒十六年(1890)刻本　一冊　存一卷
（文集二）

340000 – 1836 – 0000156　00623 – 00625
街南文集二十卷　（清）吳肅公著　清木活字
印本　三冊　存六卷（九至十、十三至十六）

340000 – 1836 – 0000157　00630 – 00636
街南文集二十卷　（清）吳肅公著　清木活字
印本　七冊　缺六卷（一至六）

340000 – 1836 – 0000158　00638 – 00640
音註小倉山房尺牘八卷　（清）袁枚著　（清）
胡光斗箋釋　清石印本　三冊　缺二卷（一
至二）

340000 – 1836 – 0000159　00643
培遠堂手札節存一卷　（清）陳宏謀著　清刻
本　一冊

340000 – 1836 – 0000160　00647
望溪先生集外文補遺二卷　（清）戴鈞衡編
清刻本　一冊

340000 – 1836 – 0000161　00648
樂在堂文集四卷　（清）陳悅旦撰　清刻本
一冊　存二卷（三至四）

340000 – 1836 – 0000162　00649
紀文達公遺集三十二卷　（清）紀昀著　（清）
紀樹馨編　清刻本　一冊　存一卷（文集九）

340000 – 1836 – 0000163　00654
篤素堂文集四卷　（清）張英著　清末上海文
瑞樓石印本　一冊

340000 – 1836 – 0000164　00655
茗柯文初編一卷二編二卷三編一卷四編一卷
（清）張惠言撰　清刻本　一冊　缺二卷
（茗柯文初編一卷、二編一）

340000 – 1836 – 0000165　00658 – 00664
五百家註音辯昌黎先生文集四十卷　（唐）韓
愈撰　清刻本　七冊　存十九卷（一、六至
八、十七至十八、二十至二十二、二十七至三
十六）

340000 – 1836 – 0000166　00665

柳柳州集選四卷　（唐）柳宗元著　（明）陸夢
龍編選　清刻本　一冊　存二卷（一至二）

340000 – 1836 – 0000167　00668
晚香園續稿二卷　（清）江廷棟撰　清咸豐六
年(1856)慎典堂刻本　一冊

340000 – 1836 – 0000168　00669
西堂雜俎一集八卷　（清）尤侗撰　清刻本
一冊　缺二卷（七至八）

340000 – 1836 – 0000169　00670 – 00671
守株山房詩存□□卷　（清）杜潔澐撰　清同
治五年(1866)刻本　二冊　存二卷（一至二）

340000 – 1836 – 0000170　00672
賞雨茅屋詩集十四卷　（清）曾燠撰　清刻本
一冊　存二卷（一至二）

340000 – 1836 – 0000171　00674
求志居集三十二卷　（清）陳世鎔撰　清刻本
一冊　存六卷（七至十二）

340000 – 1836 – 0000172　00675
堅白石齋初集四卷　（清）張燁撰　清道光十
九年(1839)刻本　一冊

340000 – 1836 – 0000173　00676 – 00678
師水齋詩集十八卷　（清）崔預著　清同治八
年(1869)刻本　三冊　缺六卷（三、八至十
二）

340000 – 1836 – 0000174　00679
**薑齋文集十卷薑齋文集補遺二卷龍源夜話一
卷**　（明）王夫之撰　清刻船山遺書本　一冊
存五卷（薑齋文集八至九、薑齋文集補遺二
卷、龍源夜話一卷）

340000 – 1836 – 0000175　00683 – 00686
古文翼八卷　（清）唐德宜編　（清）張承霖等
校　清同治十二年(1873)黃氏藝文堂刻本
四冊　存三卷（一、五至六）

340000 – 1836 – 0000176　00691
國朝六家詩鈔八卷　（清）沈德潛　（清）鄒一
桂鑒定　清乾隆寫刻本　一冊　存一卷（七）

340000 – 1836 – 0000177　00723 – 00724

123

古文觀止十二卷　（清）吳留村鑒定　（清）吳乘權　（清）吳大職錄　清光緒三十二年（1906）兩儀堂刻本　二冊　存四卷（一至二、五至六）

340000－1836－0000178　00733

古文詞略二十四卷　（清）梅曾亮輯　清刻本　一冊　存十卷（十一至二十）

340000－1836－0000179　00734

古文詞略二十四卷　（清）梅曾亮輯　清刻本　一冊　存一卷（七）

340000－1836－0000180　00759

鄭齋漢學文編六卷　（清）孫同康撰　清光緒三十四年（1908）鉛印本　一冊　存三卷（四至六）

340000－1836－0000181　00760

愚齋雜錄一卷　（清）盛宣懷編　清光緒十三年（1887）臨湖季嗣雲刻本　一冊

340000－1836－0000182　00762－00765

文選六十卷　（南朝梁）蕭統輯　（唐）李善注　清海錄軒刻朱墨套印本　四冊　存二十八卷（一至十、三十一至三十三、三十五至四十、四十七至五十五）

340000－1836－0000183　00770－00774

詠物詩選註釋八卷　（清）俞琰輯　（清）易開縉　（清）孫洗鳴輯注　清經綸堂刻本　五冊　缺三卷（二至四）

340000－1836－0000184　00775－00776

宛雅初編八卷首一卷　（明）梅鼎祚編　（清）張汝霖補輯　清光緒元年（1875）宛村劉樹本堂刻本　二冊

340000－1836－0000185　00777－00785

宛雅初編八卷首一卷二編八卷三編二十四卷末一卷　（明）梅膺祚編　（清）施閏章　（清）蔡蓁春　（清）施念曾續編　（清）張汝霖補輯　清光緒元年（1875）宛村劉樹樓刻本　九冊　存三十二卷（初編一至四，首一卷；二編八卷；三編一至三、七至九、十一至十六、十九至二十四，末一卷）

340000－1836－0000186　00786

宛雅初編八卷首一卷二編八卷三編二十四卷末一卷　（明）梅膺祚編　（清）施閏章　（清）蔡蓁春　（清）施念曾續編　（清）張汝霖補輯　清刻本　一冊　存一卷（三編八）

340000－1836－0000187　00786－00790

唐宋八大家文讀本三十卷　（清）沈德潛評點　（清）陸闓亭　（清）顧祿百編　（清）周念萱　（清）陸雲洲校　清光緒十四年（1888）上海江左書林刻本　五冊　存八卷（一至四、七至八、十、二十二）

340000－1836－0000188　00797

賦選不分卷　不著撰者　清刻本　一冊

340000－1836－0000189　00799

古詩源十四卷　（清）沈德潛選　清刻本　一冊　存三卷（八至十）

340000－1836－0000190　00801

古唐詩合解十二卷　（清）王堯衢注　（清）李模　（清）李桓校　清大道堂刻本　一冊　存二卷（一至二）

340000－1836－0000191　00802

古文觀止十二卷　（清）吳留村鑒定　（清）吳乘權　（清）吳大職錄　清刻本　一冊　存二卷（七至八）

340000－1836－0000192　00803－00808

古文觀止十二卷　（清）吳留村鑒定　（清）吳乘權　（清）吳大職錄　清光緒二十年（1894）經國書局刻本　六冊

340000－1836－0000193　00809－00811

古文觀止十二卷　（清）吳留村鑒定　（清）吳乘權　（清）吳大職錄　清光緒二十一年（1895）刻本　三冊　存六卷（一至二、七至十）

340000－1836－0000194　00823－00824

茂林賦鈔一卷二集一卷　吳學洙編輯　清光緒八年（1882）研香齋刻本　二冊

340000－1836－0000195　00825

七家詩選註釋七卷 （清）張熙宇輯評 清京都文德堂刻朱墨套印本 一冊 存一卷（六）

340000－1836－0000196 00826

目耕小題偶編一卷 （清）徐楷評註 （清）沈叔眉選 清刻本 一冊

340000－1836－0000197 00827

目耕齋初集不分卷二刻不分卷三刻不分卷 （清）徐楷評註 （清）沈叔眉選 清刻本 一冊 存三刻

340000－1836－0000198 00828－00830

[光緒]江南鄉試硃卷不分卷 （清）董繩燾等著 清末刻本 三冊

340000－1836－0000199 00831

陰陽書塾試帖四卷 （清）王成璐選 （清）顧翃訂 清刻本 一冊 存二卷（三至四）

340000－1836－0000200 00832

青雲集分韻試帖詳註四卷 （清）楊逢春輯 清光緒金陵李光明莊刻本 一冊 存一卷（四）

340000－1836－0000201 00833

關中課士律賦箋注不分卷 谷逢鈞等撰 清光緒十年（1884）上海江左書林刻本 一冊

340000－1836－0000202 00834－00841

古文喈鳳新編八卷 （清）汪基鈔輯 （清）鮑澄 （清）江葉校勘 清刻本 八冊

340000－1836－0000203 00842－00845

隨園詩話十六卷補遺四卷 （清）袁枚著 清宣統元年（1909）上海鑄記書局石印本 四冊

340000－1836－0000204 00848

寄嶽雲齋試體詩選詳註四卷 （清）張學酥箋 （清）王茂松 （清）宋延芳校 清刻本 一冊 存一卷（四）

340000－1836－0000205 00851

古文分編集評初集五卷二集五卷三集八卷四集四卷 （清）于光華編輯 （清）于在衡參訂 清刻本 一冊 存一卷（初集一）

340000－1836－0000206 00853－00857

重刊李扶九原選古文筆法百篇二十卷首一卷 （清）李扶九輯 （清）黃仁黼纂定 清光緒八年（1882）滇南書局刻本 五冊 缺五卷（十六至二十）

340000－1836－0000207 00859

尚絅堂試律詳註一卷 （清）劉嗣綰著 （清）張熙宇評選 （清）石暉甲箋注 清刻朱墨套印七家詩詳註本 一冊

340000－1836－0000208 00860

西漚試帖一卷 （清）李惺著 （清）張熙宇輯評 清刻朱墨套印本 一冊

340000－1836－0000209 00861－00863

尚絅堂試帖輯註一卷 （清）劉嗣綰著 （清）張熙宇輯評 （清）王植桂輯註 桐雲試帖輯註一卷 （清）楊庚著 西漚試帖輯註一卷 （清）李惺著 清光緒十八年（1892）益元書局刻七家試帖輯注彙鈔本 三冊

340000－1836－0000210 00864－00867

詞律拾遺八卷 （清）徐本立纂 詞律補遺一卷 （清）杜文瀾編 清同治十二年（1873）刻本 四冊

340000－1836－0000211 00868－00879

詞律二十卷拾遺六卷補遺一卷 （清）萬樹論次 （清）杜文瀾校 清光緒二年（1876）吳下刻本 十二冊 存二十卷（詞律二十卷）

340000－1836－0000212 00909

續新齊諧十卷 （清）袁枚編 清光緒十八年（1892）勤裕堂鉛印本 一冊 存五卷（六至十）

340000－1836－0000213 00912－00913

新鐫玉茗堂批點按參補出像南宋志傳十卷 題（明）研石山樵訂正 題（明）織里畸人校 清刻本 二冊 存四卷（五至八）

340000－1836－0000214 00914－00939

廣博物志五十卷 （明）董斯張纂 （明）楊鶴等訂 清光緒五年（1879）學海堂刻本 二十六冊 存三十七卷（一至四、十至十一、十三至二十一、二十三至三十八、四十一至四十

二、四十四至四十七)

340000 – 1836 – 0000215　00940 – 00943

欽定古今圖書集成一萬卷目錄四十卷　（清）陳夢雷輯　（清）蔣廷錫彙考　清光緒三十年（1904）圖書集成鉛版印書局鉛印本　四冊　存二十六卷（家範典七十二至七十七，閨媛典一百六至一百一十三、一百二十一至一百二十六,禮儀典一百四十至一百四十五）

340000 – 1836 – 0000216　00944 – 00948

困學紀聞二十卷　（宋）王應麟撰　（清）汪珵校　清刻本　五冊　存十八卷（三至二十）

340000 – 1836 – 0000217　00951 – 00953

匯報不分卷　（清）上海匯報館編　清光緒鉛印本　三冊

340000 – 1836 – 0000218　00955 – 00957

匯報不分卷　（清）上海匯報館編　清光緒鉛印本　三冊

340000 – 1836 – 0000219　00958 – 00960

匯學讀本四卷　不著撰者　清光緒十四年（1888）上海慈母堂排印本　三冊　缺一卷（下集下）

340000 – 1836 – 0000220　00961 – 00967

預備立憲公會報　（清）預備立憲工會編輯所編　清光緒三十四年（1908）鉛印本　七冊　存七期（二至七、十）

340000 – 1836 – 0000221　00968

俟解一卷噩夢一卷　（明）王夫之撰　清同治二年至四年（1863 – 1865）金陵書局刻船山遺書本　一冊

340000 – 1836 – 0000222　00969 – 00971

南洋官報□□卷　不著撰者　清光緒鉛印本　三件　存三卷（六十五、七十一、一百二十八）

340000 – 1836 – 0000223　00974

孔子家語十卷　（三國魏）王肅注　（清）李恩綬校　（清）王筱泉書　清李光明莊刻本　二冊　存六卷（三至八）

340000 – 1836 – 0000224　00976

御選唐宋詩醇四十七卷目錄二卷　（清）高宗弘曆選　清刻本　一冊　存五卷（十九至二十三）

340000 – 1836 – 0000225　00977

玉函山房輯佚書七百三十九卷　（清）馬國翰輯　清光緒九年（1883）長沙瑯嬛館刻本　一冊　存一卷（七十六）

340000 – 1836 – 0000226　00978 – 00979

古文雅正十四卷　（清）蔡世遠選評　清刻本　二冊　存四卷（六至七、十三至十四）

340000 – 1836 – 0000227　00980

中說二卷　（隋）王通著　清刻本　一冊

340000 – 1836 – 0000228　00983 – 00984

仙樣集裁詩十法二卷　（清）吳灼等撰　清道光二十五年（1845）青蓮堂刻本　二冊

340000 – 1836 – 0000229　00985

板橋詩鈔六卷　（清）鄭燮著　清影印本　一冊　存三卷（一至三）

340000 – 1836 – 0000230　00986

歷代名臣言行錄二十四卷　（清）朱桓編輯　清刻本　一冊　存四卷（八至十一）

340000 – 1836 – 0000231　00987 – 00988

國朝名人書札二卷　吳曾祺輯　清宣統元年（1909）上海商務印書館鉛印本　二冊　存一卷（二）

340000 – 1836 – 0000232　00989

揚侍郎集一卷　（漢）揚雄著　（明）張溥閱　清光緒十八年（1892）善化章經濟堂刻漢魏六朝百三名家集本　一冊

340000 – 1836 – 0000233　00990

選注六朝唐賦二卷　（清）馬傳庚選注　清石印本　一冊　存一卷（下）

340000 – 1836 – 0000234　00991

惜抱軒今體詩選十八卷　（清）姚鼐輯　清同治七年（1868）湘鄉曾氏刻本　一冊　存五卷（五言今體詩鈔一至五）

340000－1836－0000235　00993

四書集註不分卷　（宋）朱熹撰　清抄本
一冊

340000－1836－0000236　00994－00997

補校袁文箋正八卷首一卷　（清）袁枚著　題
（清）汗漫山人補校　（清）石韞玉箋　清嘉慶
二十五年(1820)嶺南周氏叢雅居刻本　四冊
存六卷(一至三、七至八,首一卷)

340000－1836－0000237　00998－00999

賓筵倡和詩鈔八卷　（清）趙履瀛著　（清）崔
惠人定　（清）徐祖纆　（清）傅懋桐校　清光
緒十五年(1889)涇川趙氏小古墨齋刻本　二
冊　存七卷(一至七)

340000－1836－0000238　01000

春在堂尺牘六卷　（清）俞樾撰　清石印本
一冊　存三卷(四至六)

340000－1836－0000239　01001－01002

崇實堂詩集十四卷　（清）李長郁著　清光緒
三十三年(1907)刻本　二冊　存九卷(一至
九)

340000－1836－0000240　01004

呂洞賓三度城南柳雜劇不分卷　（元）古子敬
撰　清刻本　一冊

340000－1836－0000241　01005

塵夢草不分卷　題（清）植軒先生撰　清石印
本　一冊

340000－1836－0000242　01012－01016

明鑒易知錄十五卷　（清）朱國標錄　（清）吳
乘權　（清）周之炯　（清）周之燦輯　清群玉
閣刻本　五冊　存十三卷(一至五、八至十
五)

340000－1836－0000243　01020－01021

目耕齋初集四卷　（清）徐楷評註　（清）沈叔
眉選刊　清光緒二十年(1894)湖南書局刻本
二冊

340000－1836－0000244　01042

山門新語二卷　（清）周贇撰　清光緒十九年
(1893)六聲草堂刻本　一冊

340000－1836－0000245　01043

孔叢子二卷附詰墨一卷　（漢）孔鮒撰　清光
緒元年(1875)湖北崇文書局刻子書百家本
一冊

340000－1836－0000246　01044

中興名臣事略八卷　朱孔彰撰　清光緒二十
五年(1899)上海圖書集成印書局石印本　一
冊　存四卷(五至八)

340000－1836－0000247　01045－01050

繪圖筆生花十六卷　（清）馮心如著　清石印
本　六冊　存六卷(二至三、六、十至十二)

340000－1836－0000248　01051－01054

精選黃眉故事十卷　（明）鄧志謨編　清刻本
四冊

340000－1836－0000249　01055－01056

後西遊記不分卷　題（清）天花才子評點　清
刻本　二冊

340000－1836－0000250　01057－01060

國朝先正事略六十卷　（清）李元度纂　清光
緒二十五年(1899)上海圖書集成印書局鉛印
本　四冊　存三十四卷(一至四、二十一至三
十三、四十四至六十)

340000－1836－0000251　01061

國朝耆獻類徵初編七百二十卷　（清）李桓輯
清刻本　一冊　存二卷(三百八十三至三
百八十四)

340000－1836－0000252　01062－01064

歷代畫史匯傳七十二卷首一卷　彭蘊璨編
清刻本　三冊　存二十卷(十至十六、二十五
至三十、六十六至七十二)

340000－1836－0000253　01065

廣治平略三十六卷　（清）蔡方炳定　清刻本
一冊　存三卷(二十三至二十五)

340000－1836－0000254　01066－01070

劉中丞奏議二十卷　（清）劉蓉著　清光緒十
一年(1885)思賢講舍刻本　五冊　存十卷

（一至四、七至十、十九至二十）

340000－1836－0000255　01071－01073

尺木堂綱鑑易知錄九十二卷　（清）吳乘權
（清）周之燦　（清）周之炯輯　清鉛印本　三
冊　存二十卷（四十七至五十三、六十七至七
十三、八十七至九十二）

340000－1836－0000256　01074－01083

讀通鑑論三十卷　（清）王夫之撰　清同治四
年(1865)曾氏金陵節署刻本　十冊　缺八卷
（十六至十七、二十三至二十四、二十七至三
十）

340000－1836－0000257　01084－01098

鼎鍥趙田了凡袁先生編纂古本歷史大方綱鑑
補三十九卷　（明）袁黃編纂　清刻本　十五
冊　存十四卷（四至六、八至九、十二、十五、
二十、二十二、二十八、三十、三十四、三十八
至三十九）

340000－1836－0000258　01099－01100

乾坤正氣集五百七十四卷　（明）繆昌期著
（清）潘錫恩校　清道光二十八年(1848)涇縣
潘氏袁江節署求是齋刻本　一冊　存二卷
（從野堂存稿四至五）

340000－1836－0000259　01103－01106

國朝先正事略六十卷首一卷　（清）李元度纂
清光緒二十八年(1902)漢讀樓書局石印本
四冊　存三十五卷（七至十七、二十六至三
十四、四十六至六十）

340000－1836－0000260　01160

五種遺規十二卷　（清）陳宏謀原編　清鉛印
本　一冊

340000－1836－0000261　01168－01182

文辭大尺牘二十六卷　（明）鍾惺纂輯　（明）
馮夢龍訂釋　（清）王鼎增輯　清末碧梧山莊
鉛印本　十五冊　缺二卷（十至十一）

340000－1836－0000262　01183

魏文帝集六卷　（三國魏）曹丕著　（明）張溥
閱　清刻本　一冊　存二卷（一至二）

340000－1836－0000263　01184－01187

文獻通考輯要二十四卷　（清）湯壽潛編輯
清光緒二十五年(1899)上海圖書集成局鉛印
本　四冊　存十卷（一至四、十至十一、十七
至十八、二十三至二十四）

340000－1836－0000264　01188

臥雲山館詩鈔二卷　（清）王萬來撰　清刻本
一冊

340000－1836－0000265　01189－01190

郭弘農集二卷附錄一卷　（晉）郭璞著　（明）
張燮閱　清光緒十八年(1892)善化章經濟堂
刻漢魏六朝百三家集本　二冊

340000－1836－0000266　01192

文選六十卷　（南朝梁）蕭統撰　（唐）李善注
文選考異十卷　（清）胡克家撰　清末石印
本　一冊　存一卷（文選五）

340000－1836－0000267　01194－01196

國朝駢體正宗十二卷　（清）曾燠輯　清光緒
二十三年(1897)上海文淵山房石印本　三冊
存六卷（三至六、九至十）

340000－1836－0000268　01198－01199

河海昆侖錄四卷　（清）裴景福撰　清宣統元
年(1909)鉛印本　二冊　存二卷（一、四）

340000－1836－0000269　01200－01202

板橋詩鈔三卷板橋詞鈔一卷板橋書畫一卷板
橋家書一卷　（清）鄭燮著　清影印本　三冊

340000－1836－0000270　01203

板橋集六卷　（清）鄭燮著　清刻本　一冊
存二卷（板橋題畫一、板橋家書一）

340000－1836－0000271　01206

无能子三卷　（唐）□□撰　胎息經一卷　題
（唐）幻貞先生注　至遊子二卷　（唐）□□撰
清光緒元年(1875)湖北崇文書局刻崇文書
局彙刻書本　一冊

340000－1836－0000272　01208

濂洛關閩六先生傳一卷　（清）羅惇衍編次
清刻本　一冊

340000－1836－0000273　01211－01212

漁洋山人古詩選五言詩十七卷七言詩十五卷
　（清）王士禛選　清同治五年(1866)金陵書
　局刻本　二冊　存九卷(五言詩五至八、十三
　至十七)

340000－1836－0000274　01213

希古山房詩草五卷　（清）李揚著　清光緒三
十二年(1906)刻本　一冊

340000－1836－0000275　01217

諧鐸十二卷　（清）沈起鳳撰　清刻本　一冊
　存三卷(七至九)

340000－1836－0000276　01221

百丈叢林清規證義記九卷首一卷　（唐）釋懷
海集編　（清）釋儀潤記　清刻本　一冊　存
一卷(五)

340000－1836－0000277　01222

徐僕射集十卷　（南朝陳）徐陵撰　清善化藍
田章氏刻本　一冊　存一卷(二)

340000－1836－0000278　01223

七家試帖輯註彙鈔七卷　（清）張熙宇輯評
清刻朱墨套印本　一冊　存二卷(二至三)

340000－1836－0000279　01225

存樸山房詩鈔八卷　（清）孔廣仁撰　清刻本
　一冊　存四卷(五至八)

340000－1836－0000280　01226

崔蘭生詩賦遺草二卷　（清）崔國琚撰　（清）
崔光斗　（清）崔紹中編輯　（清）崔繩祖
（清）崔輝祖校　清同治九年(1870)刻本
一冊

340000－1836－0000281　01227

聽園詩鈔十六卷　（清）王楷撰　清刻本　一
冊　存二卷(十五至十六)

340000－1836－0000282　01228－01234

七家試帖輯註彙鈔七卷　（清）王植桂輯注
（清）張熙宇輯評　清光緒十八年(1892)益元
書局刻本　七冊

340000－1836－0000283　01236－01240

明儒學案六十二卷　（清）黃宗羲著　（清）賈
潤參閱　清刻本　五冊　存二十卷(二十一
至三十、三十四至三十五、五十至五十七)

340000－1836－0000284　01242

荀子二十卷校勘補遺一卷　（春秋）荀況著
（唐）楊倞注　（清）盧文弨　（清）謝墉校勘
清刻本　一冊　缺十九卷(一至十九)

340000－1836－0000285　01248

草蟲吟□□卷　（清）姚玉著　清自得山房刻
本　一冊　存二卷(一至二)

340000－1836－0000286　01249

卜歲恒言二卷　（清）吳鵠録　清光緒金陵李
光明莊刻本　一冊

340000－1836－0000287　01250

學算筆談十二卷　（清）華蘅芳撰　清刻本
一冊　存二卷(一至二)

340000－1836－0000288　01251

皇朝一統輿地全圖不分卷　不著撰者　清光
緒二十年(1894)上海鴻寶齋石印本　一冊

340000－1836－0000289　01252

賢母錄不分卷　（清）鄭珍撰　清同治元年
(1862)刻本　一冊

340000－1836－0000290　01253－01254

出使日記續刻十卷　（清）薛福成撰　清光緒
傳經樓刻本　二冊　存二卷(一、九)

340000－1836－0000291　01255

魏武帝集一卷　（三國魏）曹操撰　（明）張溥
輯評　清光緒十八年(1892)善化章經濟堂刻
漢魏六朝百三名家集本　一冊

340000－1836－0000292　01265－01268

萬國史記二十卷　（日本）岡本監輔撰　清光
緒二十七年(1901)上海兩宜齋石印本　四冊
　存十三卷(一至三、七至十六)

340000－1836－0000293　1276

聖諭廣訓不分卷　（清）聖祖玄燁撰　清刻本
　一冊

340000－1836－0000294　01277－01278

欽定大清會典圖一百三十二卷 （清）慶桂纂
　清刻本　二冊　存十一卷（三十至四十）

340000－1836－0000295　01279－01294

綱鑑易知錄九十二卷 （清）周之燦 （清）吳
乘權 （清）周之炯輯 清刻本 十六冊 缺
四十九卷（五至十、十四至二十一、三十至三
十七、四十四至四十五、四十九至五十六、六
十三至六十四、六十七至七十二、七十八至八
十二、八十六至八十九）

340000－1836－0000296　01303－01305

桃花潭文徵六卷 （清）翟大程編輯 清刻本
　三冊　存三卷（二、五至六）

340000－1836－0000297　01306－01307

重定古文釋義新編八卷 （清）余誠評注
（清）余芝虎閱　清鉛印本　二冊　存四卷
（三至四、七至八）

340000－1836－0000298　01308－01309

古文淵鑒六十四卷 　（清）徐乾學等編注 清
宣統二年（1910）學部圖書局石印本　二冊
存九卷（七至十一、五十七至六十）

340000－1836－0000299　01310

國朝常州駢體文錄三十一卷結一宦駢體文一
卷　屠寄輯　清光緒十六年（1890）刻本　一
冊　存五卷（一至五）

340000－1836－0000300　01311

聰訓齋語恒產瑣言合刊二卷 （清）張英著
清木活字印本　一冊

340000－1836－0000301　01312－01323

校正尚友錄統編二十四卷 　題（清）錢湖釣徒
編 清光緒十四年（1888）上海鴻章書局石印
本　十二冊　缺八卷（六、九、十三、十五至十
六、十八、二十三至二十四）

340000－1836－0000302　01324－01330

國朝名臣言行錄三十卷首一卷 （清）董壽纂
輯 清光緒二十九年（1903）石印本　七冊
缺八卷（二十三至三十）

340000－1836－0000303　01331－01337

東坡集八十四卷目錄二卷 （宋）蘇軾著　清
刻本　七冊　存十四卷（四十七至四十八、五
十一至五十六、五十九至六十二、六十九至七
十）

340000－1836－0000304　01340－01341

海峰文集八卷 （清）劉大櫆著　清乾隆刻醒
園印本　二冊　存三卷（一至三）

340000－1836－0000305　01344－01346

存研樓文集十六卷 （清）儲大文撰　清光緒
元年（1875）靜遠堂刻本　三冊　存七卷（一
至五、八至九）

340000－1836－0000306　01347－01354

增廣尚友錄統編二十二卷 （清）應祖錫編輯
　清石印本　八冊　存十五卷（三至六、九至
十一、十三至十八、二十一至二十二）

340000－1836－0000307　01355

國朝政典教科書□□卷 （清）任壽彭編輯
清光緒三十一年（1905）安慶正誼書局鉛印本
　一冊　存四卷（五至八）

宣城市博物館古籍普查登記目録

全國古籍普查登記目録

國家圖書館出版社
National Library of China Publishing House

340000－4881－0000001　90055

［安徽宣城］宛陵梅氏家譜二十二卷首一卷末一卷　清宣統二年(1910)刻本　六冊

340000－4881－0000002　90053

原本直指演算法統宗十二卷首一卷　（明）程大位編　清同治三年(1864)善成堂刻本　四冊

340000－4881－0000003　90058

梅氏叢書輯要六十二卷　（清）梅文鼎撰　清光緒十四年(1888)龍文書局石印本　六冊

340000－4881－0000004　90061

梅氏籌算三卷　（清）梅文鼎撰　（清）梅文鼏學　（清）梅毅成較輯　清光緒十三年(1887)陝西求友齋刻本　二冊

宣城市廣德市圖書館古籍普查登記目錄

全國古籍普查登記目錄

國家圖書館出版社
National Library of China Publishing House

歌詩編第二

吳絲蜀桐張高秋空山凝雲

愁李憑中國彈箜篌崑山玉碎鳳凰叫芙蓉泣露香

蘭笑十二門前融冷光二十三絲動紫皇女媧鍊石

補天處石破天驚逗秋雨夢入神山教神嫗老魚跳

波瘦蛟舞吳質不眠倚桂樹露腳斜飛濕寒兔

殘絲曲

垂楊葉老鶯哺兒殘絲欲斷黃蜂歸綠鬢少年金釵

340000－4802－0000001　1：0007－1：0008

韓詩外傳十卷　（漢）韓嬰著　（明）鍾惺評述
　清刻本　二冊

340000－4802－0000002　1：0001－1：0006

康熙字典十二集三十六卷備考一卷補遺一卷
　（清）張玉書等撰　清光緒三十年（1904）上
海錦章書局石印本　六冊

340000－4802－0000003　2：0001－2：0008

三國志六十五卷　（晉）陳壽撰　（南朝宋）裴
松之注　清光緒十四年（1888）上海蜚英館石
印本　八冊

340000－4802－0000004　2：0009－2：0032

明儒學案六十二卷　（清）黃宗羲輯著　（清）
萬言訂　**師說一卷**　（清）黃宗羲述　清光緒
八年（1882）馮全垓刻慈溪二老閣印本　二十
四冊

340000－4802－0000005　2：0033－2：0076

九通全書　（清）嵇璜等編　清光緒二十八年
至二十九年（1902－1903）貫吾齋石印本　四
十四冊

340000－4802－0000006　2：0037－2：0100

皇朝經世文續編一百二十卷　（清）盛康輯
（清）盛宣懷編次　清光緒二十三年（1897）武
進盛氏思補樓刻本　六十四冊

340000－4802－0000007　2：0077－2：0082

小學考五十卷　（清）謝啟昆錄　清光緒十五
年（1889）上海鴻文書局影印本　六冊

340000－4802－0000008　3：0001－3：0008

子史精華一百六十卷　（清）允祿等纂　清光
緒十年（1884）上海同文書局石印本　八冊

340000－4802－0000009　4：0001－4：0008

校訂定庵全集十卷　（清）龔自珍撰　（清）薛
凤昌校訂　**定庵年譜稿本一卷**　（清）黃守恆
編　清宣統元年（1909）上海時中書局鉛印本
　八冊

340000－4802－0000010　5：0001－5：0036

皇朝經世文編一百二十卷　（清）賀長齡輯
（清）魏源編　清光緒十二年（1886）武進盛氏
思補樓石印本　三十六冊

宣城市績溪縣圖書館古籍普查登記目錄

全國古籍普查登記目錄

國家圖書館出版社

National Library of China Publishing House

340000－1838－0000001　10200：08

易經八卷　（宋）程頤傳　清光緒金陵李光明莊刻本　六冊

340000－1838－0000002　10200：09

易經八卷　（宋）程頤傳　清光緒金陵李光明莊刻本　六冊

340000－1838－0000003　10200：10

周易四卷筮儀一卷卦歌一卷圖說一卷　（宋）朱熹本義　清光緒金陵李光明莊刻本　二冊

340000－1838－0000004　10200：11

周易四卷筮儀一卷卦歌一卷圖說一卷　（宋）朱熹本義　清光緒金陵李光明莊刻本　二冊

340000－1838－0000005　10200：12

周易四卷筮儀一卷卦歌一卷圖說一卷　（宋）朱熹本義　清光緒金陵李光明莊刻本　二冊

340000－1838－0000006　10200：13

周易四卷筮儀一卷卦歌一卷圖說一卷　（宋）朱熹本義　清光緒金陵李光明莊刻本　二冊

340000－1838－0000007　10200：14

周易四卷筮儀一卷卦歌一卷圖說一卷　（宋）朱熹本義　清光緒金陵李光明莊刻本　一冊　存三卷(二至四)

340000－1838－0000008　5

周易四卷卦歌一卷圖說一卷筮儀一卷　（宋）朱熹本義　清乾隆五十七年(1792)紫巖存心齋刻本　一冊　存一卷(一)

340000－1838－0000009　9

周易四卷卦歌一卷圖說一卷　（宋）朱熹本義　清刻本　一冊　存一卷(卦歌一卷)

340000－1838－0000010　10200：03

周易四卷卦歌一卷圖說一卷　（宋）朱熹本義　清文星堂刻本　一冊

340000－1838－0000011　10200：02

周易四卷卦歌一卷圖說一卷筮儀一卷　（宋）朱熹本義　清同治存心齋刻本　一冊　存四卷(周易一、卦歌一卷、圖說一卷、筮儀一卷)

340000－1838－0000012　10200：06

易經大全會解四卷圖目一卷篇義一卷卦歌一卷筮儀一卷　（清）來爾繩纂輯　（清）朱采治　（清）朱之澄編訂　（清）來玨　（清）來明校正　（清）來學謙重訂　**周易四卷**　（宋）朱熹本義　清嘉慶二十四年(1819)來道添刻本　二冊

340000－1838－0000013　10200：01

易經大全會解四卷　（宋）朱熹集義　（清）來爾繩纂輯　（清）朱采治　（清）朱之澄編訂　（清）來玨　（清）來明　（清）朱樹遠　（清）朱本校正　清咸豐二年(1852)刻本　二冊

340000－1838－0000014　10200：06

易經大全會解四卷　（清）來爾繩纂輯　清嘉慶二十四年(1819)來道添刻本　二冊

340000－1838－0000015　2

周易四卷　（宋）朱熹本義　清刻本　一冊　存三卷(二至四)

340000－1838－0000016　10200：02－01

周易四卷　（宋）朱熹本義　清刻本　一冊　存三卷(二至四)

340000－1838－0000017　10200：05

御纂周易折中二十二卷首一卷　（清）李光地等纂　清刻本　一冊　存二卷(九至十)

340000－1838－0000018　10200：04

周易衷翼集解二十卷首一卷附圖說　（清）汪洼纂述　清刻本　一冊　存一卷(十九)

340000－1838－0000019　6

周易衷翼集解二十卷首一卷附圖說　（清）汪洼纂述　清刻本　一冊　存一卷(十九)

340000－1838－0000020　7

御纂周易折中二十二卷首一卷　（清）李光地等撰　清刻本　一冊　存二卷(九至十)

340000－1838－0000021　4

易經大全會解四卷　（清）來爾繩纂輯　（清）朱采治　（清）朱之澄編訂　（清）來玨（清）來明　（清）朱樹遠　（清）朱本校正（宋）朱熹集義　清咸豐二年(1852)刻本

二冊

340000－1838－0000022　　13

附釋音尚書註疏二十卷　（唐）孔穎達疏　清
同治刻十三經注疏附校勘記本　一冊　存二
卷（五至六）

340000－1838－0000023　　22

周禮十二卷　（漢）鄭玄注　（唐）陸德明音義
清同治七年（1868）湖北崇文書院刻本　二
冊　存四卷（一至四）

340000－1838－0000024　　26

儀禮鄭註句讀十七卷　（清）鄭玄注　（清）張
爾岐句讀　清刻本　一冊　存四卷（六至九）

340000－1838－0000025　　25

儀禮疏五十卷　（唐）賈公彥等撰　清刻本
一冊　存二卷（十二至十三）

340000－1838－0000026　　12

書經旁訓辨體合訂四卷　（清）徐立剛　（清）
蔡沈輯　清刻本　三冊　存三卷（二至四）

340000－1838－0000027　　10300：04

**枕葄齋書經問答八卷首一卷補習科七卷末一
卷**　胡嗣運撰　清光緒三十四年（1908）績溪
胡氏鵬南書屋木活字印本　二冊

340000－1838－0000028　　11

**枕葄齋書經問答八卷首一卷補習科七卷末一
卷**　胡嗣運撰　清光緒三十四年（1908）績溪
胡氏鵬南書屋木活字印本　二冊

340000－1838－0000029　　21

枕葄齋詩經問答十四卷末一卷　胡嗣運撰
清光緒三十四年（1908）績溪胡氏鵬南書屋木
活字印本　二冊

340000－1838－0000030　　10400：01

枕葄齋詩經問答十四卷末一卷　胡嗣運撰
清光緒三十四年（1908）績溪胡氏鵬南書屋木
活字印本　二冊

340000－1838－0000031　　10400：01－01

枕葄齋詩經問答十四卷末一卷　胡嗣運撰
清光緒三十四年（1908）績溪胡氏鵬南書屋木

活字印本　一冊

340000－1838－0000032　　14

枕葄齋詩經問答十四卷末一卷　胡嗣運撰
清光緒三十四年（1908）胡氏鵬南書屋木活字
印本　一冊　存八卷（一至八）

340000－1838－0000033　　20

欽定四庫全書總目毛詩正義四十卷　（唐）孔
穎達編　清刻本　一冊　存一卷（一）

340000－1838－0000034　　19

詩經傍訓辨體合訂四卷　（清）徐立剛輯　清
刻本　二冊

340000－1838－0000035　　18

詩經體註大全合參八卷　（清）高朝瓔定
（清）沈世楷輯　清木活字印本　四冊

340000－1838－0000036　　17

欽定詩經傳說彙纂二十一卷　不著撰者　清
刻本　一冊　存一卷（五）

340000－1838－0000037　　16

詩經瑯環大全體註八卷　（清）范翔鑒定
（清）沈世楷輯　清刻本　一冊

340000－1838－0000038　　15

詩傳孔氏傳一卷　（春秋）端木賜述　**詩說一
卷**　（漢）申培著　清刻增訂漢魏叢書本
一冊

340000－1838－0000039　　31

全本禮記體註大全合參十卷　（清）范紫登原
定　（清）徐瑄補輯　清刻本　十冊

340000－1838－0000040　　30

全本禮記體註大全合參十卷　（清）范紫登原
定　（清）徐瑄補輯　清刻本　二冊　存二卷
（一、十）

340000－1838－0000041　　10200：05－01

御纂周易折中二十二卷首一卷　（清）李光地
等撰　清光緒二十九年（1903）鑄記書局石印
御纂五經本　一冊

340000－1838－0000042　　29

全本禮記體註大全合參十卷　（清）范紫登定

（清）徐旦參訂　徐瑄補輯　清初刻本
十冊

340000－1838－0000043　28

附釋音禮記註疏六十三卷　（漢）鄭氏注
（唐）孔穎達疏　清刻本　二冊　存六卷（四
十五至四十七、五十一至五十三）

340000－1838－0000044　8

禮記精義六卷首一卷　（清）黃淦纂　清尊德
堂刻本　一冊　存四卷（一至三、首一卷）

340000－1838－0000045　10502：03

儀禮疏五十卷附校勘記五十卷　（晉）鄭玄注
（唐）賈公彥等疏　（清）阮元校勘　（清）
盧宣旬摘錄　清江西南昌府學刻重刊宋本十
三經注疏附校勘記本　一冊　存四卷（儀禮
疏十二至十三、校勘記十二至十三）

340000－1838－0000046　10400：02

附釋音毛詩註疏二十卷　（漢）毛亨撰　（漢）
鄭元箋　（唐）孔穎達疏　毛詩註疏校勘記二
十卷　（清）阮元撰　（清）盧宣旬摘錄　清同
治十二年（1873）江西書局刻重刊宋本十三經
注疏附校勘記本　二冊

340000－1838－0000047　10300：01

書經體註大全合參六卷　（宋）蔡沈集傳
（清）范翔鑒定　（清）張聖度訂　（清）錢希
祥參　清咸豐二年（1852）刻本　四冊

340000－1838－0000048　27

漱芳軒合纂禮記體註四卷　（清）范翔參訂
清刻本　四冊

340000－1838－0000049　10503：09

禮記集說十卷　（元）陳澔撰　清紫巖存心齋
刻本　一冊　存一卷（五）

340000－1838－0000050　10400：03

五經旁訓辨體合訂四卷　（清）徐立綱輯　清
刻本　二冊

340000－1838－0000051　10300：02

書經旁訓辨體合訂四卷　（清）徐立綱輯　清
刻五經旁訓辨體合訂本　三冊　存三卷（二

至四）

340000－1838－0000052　10400：05

欽定詩經傳說匯纂二十一卷　（清）王鴻緒等
編　清漱芳閣刻本　一冊　存一卷（五）

340000－1838－0000053　10502：05

儀禮釋官九卷首一卷　（清）胡匡衷著　清同
治八年（1869）績溪胡肇智刻本　四冊

340000－1838－0000054　10500：01

三禮小識不分卷　（清）胡秉虔撰　清嘉慶稿
本　一冊

340000－1838－0000055　10300：03

附釋音尚書註疏二十卷附校勘記二十卷
（漢）孔安國傳　（唐）孔穎達疏　（唐）陸德
明音義　（清）盧宣旬校訂　尚書注疏校勘記
二十卷　（清）阮元撰　（清）盧宣旬摘錄　清
同治十二年（1873）江西書局刻重刊宋本十三
經注疏附校勘記本　一冊　存四卷（附釋音
尚書註疏五至六、附校勘記五至六）

340000－1838－0000056　3

御纂周易折中二十二卷首一卷　（清）李光地
撰　清光緒二十九年（1903）鑄記書局石印本
一冊　存十卷（一至九、首一卷）

340000－1838－0000057　10503：07

欽定禮記義疏八十二卷首一卷　（清）鄂爾泰
等撰　清刻本　一冊　存二卷（七十八至七
十九）

340000－1838－0000058　10503：08

禮記二十卷　（漢）鄭玄注　清刻本　一冊
存一卷（四）

340000－1838－0000059　10400：04

詩經體註大全合參八卷　（清）高朝瓔定
（清）沈世楷輯　清咸豐二年（1852）刻本
四冊

340000－1838－0000060　10503：06

淑芳軒合纂禮記體註四卷　（清）范翔參訂
清咸豐二年（1852）刻本　四冊

340000－1838－0000061　10503：05

附釋音禮記註疏六十三卷　（漢）鄭玄注（唐）孔穎達疏　（唐）陸德明釋　**校勘記六十三卷**　（清）阮元撰　（清）盧宣旬摘錄　清嘉慶二十年(1815)南昌府學刻重刊宋本十三經註疏附校勘記本　二冊　存十二卷(附釋音禮記註疏四十五至四十七、五十一至五十三，校勘記四十五至四十七、五十一至五十三)

340000－1838－0000062　10503：04

禮記精義六卷首一卷　（清）黃淦纂　清嘉慶八年(1803)刻本　一冊　存四卷(一至三、首一卷)

340000－1838－0000063　10502：04

儀禮正義四十卷　（漢）鄭玄注　（清）胡培翬學　清同治八年(1869)刻本　二十冊

340000－1838－0000064　10300：05

書經六卷　（宋）蔡沈集傳　清大文堂刻本一冊　存二卷(五至六)

340000－1838－0000065　10400：06

詩經瑯環體註大全八卷　（清）范翔鑒定（清）沈世楷輯　清刻本　一冊　存一卷(五)

340000－1838－0000066　10503：10

禮記十卷　（元）陳澔集說　清寶善堂刻本一冊　存一卷(六)

340000－1838－0000067　10400：07

詩傳孔氏傳一卷　（春秋）端木賜述　**詩說一卷**　（漢）申培著　清光緒二十年(1894)藝文書局刻本　一冊

340000－1838－0000068　10805：10

四書疏註撮言大全三十七卷　（清）胡蓉芝輯（清）紀曉嵐鑒定　（清）吳冠山校正　清刻本　三冊　存七卷(一、十一至十二、十七至二十)

340000－1838－0000069　10501：01

周禮十二卷　（漢）鄭玄注　（唐）陸德明音義　清同治七年(1868)湖北崇文書局刻本　二冊　存四卷(一至四)

340000－1838－0000070　10805：09

四書考異總考三十六卷條考三十六卷　（清）翟灝撰　清乾隆無不宜齋刻本　二冊　存十卷(總考三十一至三十六、條考一至四)

340000－1838－0000071　10502：01

儀禮鄭註十七卷　（漢）鄭玄注　（清）張爾岐句讀　清刻本　一冊　存三卷(六至八)

340000－1838－0000072　10805：08

四書典林三十卷　（清）江永編　清刻本　二冊　存六卷(三至五、十二至十四)

340000－1838－0000073　10805：06

四書合講十九卷　（宋）朱熹集註　清刻本二冊　存十卷(一至十)

340000－1838－0000074　10805：07

四書典制類聯音註三十三卷　（清）閻其淵編輯　清刻本　四冊

340000－1838－0000075　10600：01

春秋左傳五十卷　（晉）杜預　（宋）林堯叟注釋　（唐）陸德明音義　（明）鍾惺　（明）孫鑛　（明）韓範評點　清咸豐二年(1852)刻本四冊

340000－1838－0000076　10600：10

春秋大事表五十卷附春秋輿圖一卷附錄一卷（清）顧棟高輯　**春秋輿圖**　（清）顧棟高著（清）華淞定　清乾隆十三年至十四年(1748－1749)萬卷樓刻本　二十冊

340000－1838－0000077　10805：05

四書味根錄三十七卷　（清）金澂撰　清光緒七年(1881)刻本　十六冊

340000－1838－0000078　10600：04

半農先生春秋說十五卷　（清）惠士奇撰（清）吳泰來　（清）吳泰棟校　清刻本　一冊存二卷(六至七)

340000－1838－0000079　10503：11

禮記二十卷　（漢）鄭玄注　清刻本　一冊存一卷(六)

340000－1838－0000080　10805：01

四書味根錄三十七卷　（清）金澂識　清刻本

二十册

340000－1838－0000081　10600：05

監本春秋公羊註疏二十四卷　（漢）何休撰
（清）胡祖謙校　**附校勘記二十四卷**　（清）阮
元校勘　（清）盧宣旬摘錄　清刻本　三册
存二十二卷(監本春秋公羊註疏十二至十五、
十八至二十四,校勘記十二至十五、十八至二
十四)

340000－1838－0000082　10700：03

勸孝歌不分卷　清刻本　一册

340000－1838－0000083　10805：02

四書拾義五卷續一卷　（清）胡紹勳學　清道
光十四年(1834)吟經樓刻本　二册

340000－1838－0000084　10805：04

四書拾義五卷　（清）胡紹勳學　清道光十四
年(1834)吟經樓刻本　二册

340000－1838－0000085　10600：06

附釋音春秋左傳註疏六十卷　（晉）杜預注
（唐）孔穎達疏　（唐）陸德明音義　**校勘記六
十卷**　（清）阮元撰　（清）盧宣旬摘錄　清江
西南昌府學刻重刊宋本十三經注疏附校勘記
本　二册　存十二卷(附釋音春秋左傳註疏
十七至十九、四十六至四十八,校勘記十七至
十九、四十六至四十八)

340000－1838－0000086　10805：03

四書拾義五卷　（清）胡紹勳學　清道光十四
年(1834)吟經樓刻本　一册

340000－1838－0000087　10600：11

春秋左傳杜註三十卷首一卷　（清）姚培謙輯
　清同治五年(1866)金陵書局刻本　四册
存十二卷(一至二、十三至二十一,首一卷)

340000－1838－0000088　10600：08

欽定春秋傳說彙纂三十八卷　（清）王掞撰
清刻本　四册　存七卷(十一至十二、十七、
二十四、三十六至三十八)

340000－1838－0000089　10600：07

評點春秋綱目左傳句解彙雋六卷　（清）韓菼

重訂　清上海錦章圖書局石印本　六册

340000－1838－0000090　10801：01

論語集註十卷　（宋）朱熹撰　清光緒三十年
(1904)刻本　二册

340000－1838－0000091　10600：12

春秋經傳集解三十卷　（晉）杜預注　（唐）陸
元朗音釋　（宋）林堯叟附注　（清）馮李驊等
輯並校　清華川書屋刻本　六册　存八卷
(四至五、十八至二十二、三十)

340000－1838－0000092　10600：13

春秋左傳五十卷　（晉）杜預注　（宋）林堯叟
附注　（唐）陸德明音義　（明）鍾惺　（明）
孫鑛　（明）韓範評閱　清恕堂刻本　一册
存四卷(三十二至三十五)

340000－1838－0000093　10801：02

論語類考二十卷　（明）陳士元著　（清）陳春
校　清嘉慶二十四年(1819)蕭山陳氏湖海樓
刻湖海樓叢書本　一册　存七卷(十四至二
十)

340000－1838－0000094　10600：09

春秋經傳三十八卷　（清）胡傳撰　（晉）杜預
（漢）何休　（晉）范甯注　清刻本　一册

340000－1838－0000095　10802：01

孟子集註七卷　（宋）朱熹撰　清光緒三十年
(1904)刻本　三册

340000－1838－0000096　10600：16

春秋左傳杜註三十卷首一卷　（清）姚培謙輯
　清刻本　一册　存四卷(二十七至三十)

340000－1838－0000097　10801：05

論語集註十卷　（宋）朱熹撰　清刻本　一册
存三卷(八至十)

340000－1838－0000098　10801：04

論語集註十卷　（宋）朱熹撰　清刻本　一册
存二卷(九至十)

340000－1838－0000099　10503：01

全本禮記體註大全合參十卷　（清）徐旦參訂
（清）徐瑄補輯　清文富堂刻本　十册

340000－1838－0000100　24

儀禮正義四十卷　（清）胡培翬撰　清同治八年（1869）蘇州湯晉苑局刻本　二十冊

340000－1838－0000101　23

儀禮釋官九卷首一卷　（清）胡匡衷著　清同治八年（1869）胡肇智研六閣刻本　四冊

340000－1838－0000102　10600：14

春秋左傳五十卷　（晉）杜預注　（宋）林堯叟附注　（唐）陸元朗音義　（明）鍾惺　（明）孫鑛　（明）韓範評點　清李光明莊刻本　二冊　存六卷（三十八至四十三）

340000－1838－0000103　10600：15

春秋左傳五十卷附諸侯興廢一卷春秋提要一卷　（晉）杜預注　（宋）林堯叟附注　（明）韓範評閱　清寶善堂刻本　一冊　存三卷（春秋左傳一、諸侯興廢一卷、春秋提要一卷）

340000－1838－0000104　10503：02

全本禮記體註大全合參十卷　（清）徐旦參訂　（清）徐瑄補輯　清大文堂刻本　二冊　存二卷（一、十）

340000－1838－0000105　10801：03

論語註疏解經二十卷　（三國魏）何晏集解　（宋）邢昺疏　校勘記二十卷　（清）阮元撰　（清）盧宣旬摘錄　清刻本　一冊　存六卷（論語註疏解經八至十、校勘記八至十）

340000－1838－0000106　10503：03

全本禮記體註十卷　（清）徐旦參訂　（清）徐瑄補輯　清刻本　十冊

340000－1838－0000107　10802：04

圖畫四書白話解二十卷　（清）彪蒙書室輯（清）陳國粹演義　（清）陳善　（清）王有宗校訂　清光緒三十四年（1908）上海彪蒙書室石印本　三冊　存三卷（一、三、五）

340000－1838－0000108　35

梁書五十六卷　（唐）姚思廉撰　明崇禎六年（1633）琴川毛氏汲古閣刻本　六冊

340000－1838－0000109　11001：01－－1

新增繪圖幼學故事瓊林四卷首一卷　（明）程允升撰　（清）鄒聖脈補注　（清）石韞玉評校　清光緒三十一年（1905）石印本　五冊

340000－1838－0000110　11001：01

精校新增繪圖幼學故事瓊林四卷首一卷（明）程允升撰　（清）鄒聖脈補注　（清）石韞玉評校　清光緒三十一年（1905）石印本　五冊

340000－1838－0000111　11001：02

上海鴻寶齋書局精校新增繪圖幼學故事瓊林四卷首一卷　（明）程允升撰　（清）鄒聖脈補注　（清）石韞玉評校　清光緒三十年（1904）上海鴻寶齋書局石印本　五冊

340000－1838－0000112　30200：09

寄傲山房塾課新增幼學故事瓊林四卷首一卷　（清）程允升撰　（清）鄒聖脈增補　（清）謝梅林　（清）鄒可庭參訂　清光緒十五年（1889）刻本　三冊　存四卷（一至二、四，首一卷）

340000－1838－0000113　30200：10

寄傲山房塾課新增幼學故事瓊林四卷首一卷　（清）程允升撰　（清）鄒聖脈增補　（清）謝梅林　（清）鄒可庭參訂　清光緒金陵李光明莊刻本　一冊　存一卷（四）

340000－1838－0000114　30200：11

寄傲山房塾課新增幼學故事瓊林四卷首一卷　（清）程允升撰　（清）鄒聖脈增補　（清）謝梅林　（清）鄒可庭參訂　清光緒金陵李光明莊刻本　四冊

340000－1838－0000115　30200：12

寄傲山房塾課新增幼學故事瓊林四卷首一卷　（清）程允升撰　（清）鄒聖脈增補　（清）謝梅林　（清）鄒可庭參訂　清大成堂刻本　四冊

340000－1838－0000116　10700：06

孝經不分卷　不著撰者　清集成堂刻本　一冊

340000－1838－0000117　11002：12

角山樓增補類腋人部十五卷　（清）姚培謙
（清）張卿雲撰　（清）趙克宜增輯　（清）曹
傳霖校　清石印本　一冊

340000－1838－0000118　10803：01

四書字辨不分卷　（宋）朱熹章句　清光緒三
十年（1904）刻本　一冊

340000－1838－0000119　10802：06

孟子七卷　（宋）朱熹集傳　清刻本　一冊
存二卷（四至五）

340000－1838－0000120　11002：11

類腋五十五卷補遺一卷　（清）姚培謙　（清）
張卿雲集　（清）王日煥錄　（清）張隆孫校訂
　類腋補遺一卷　（清）張隆孫採輯　清乾隆
聚業堂刻本　十冊

340000－1838－0000121　10900：04

策學全璧四卷　（清）劉之屏纂輯　清同治元
年（1862）刻本　一冊　存一卷（一）

340000－1838－0000122　10900：02

七經精義　（清）黃淦纂　清嘉慶十二年
（1807）刻本　十三冊

340000－1838－0000123　10

書經六卷　（宋）蔡沈集傳　清刻本　一冊
存二卷（五至六）

340000－1838－0000124　10300：01－1

書經體註大全合參六卷　（清）范翔鑒定
（清）張聖度訂　（清）錢希祥參　（宋）蔡沈
集傳　清咸豐二年（1852）刻本　四冊

340000－1838－0000125　10500：01－1

周禮小識一卷儀禮小識一卷禮記小識一卷
（清）胡秉虔撰　清稿本　一冊

340000－1838－0000126　34

欽定禮記義疏八十二卷首一卷　（清）鄂爾泰
等纂修　清刻本　一冊　存二卷（七十八至
七十九）

340000－1838－0000127　33

禮記集說十卷　（元）陳澔撰　清刻本　一冊
存一卷（四）

340000－1838－0000128　1

禮記集說十卷　（元）陳澔撰　清刻本　一冊
存一卷（五）

340000－1838－0000129　32

禮記集說十卷　（元）陳澔撰　清刻本　一冊
存一卷（六）

340000－1838－0000130　10700：02

孝經註解一卷　（唐）玄宗李隆基注解　清抄
本　一冊

340000－1838－0000131　11002：10

初學行文語類四卷　（清）孫埏輯　清刻本
一冊　存二卷（三至四）

340000－1838－0000132　10900：03

經義述聞三十二卷　（清）王引之撰　清刻本
一冊　存二卷（四至五）

340000－1838－0000133　11002：09

小學集注六卷　（明）陳選撰　清刻本　一冊
存一卷（五）

340000－1838－0000134　10900：06

經學不厭精二卷　（德國）花之安編　清光緒
二十四年（1898）廣學會板鴻寶齋刻本　一冊
存一卷（下）

340000－1838－0000135　11001：06

龍文鞭影二卷　（宋）陳士龍著　（明）蕭良有
編　（明）楊臣靜增訂　（清）王廷伯校　清道
光二十六年（1846）刻本　二冊

340000－1838－0000136　11001：05

龍文鞭影二集二卷　（明）蕭良有著　（明）楊
臣靜增訂　（清）李暉吉　（清）徐瓚輯　清咸
豐二年（1852）刻本　一冊　存一卷（上）

340000－1838－0000137　11002：08

幼學須知直解二卷　（元）唐良瑜　（元）唐良
瑚集注　（明）程允升著　清富文堂刻本　一
冊　存一卷（下）

340000－1838－0000138　10900：05

皇朝五經彙解二百七十卷　題（清）抉經心室
主人纂　清石印本　五冊　存八十一卷（一

百二十八至一百三十六、一百四十五至一百五十一、一百七十六至二百四十）

340000－1838－0000139　11002：07
刭逐十二卷　（清）孫詒讓撰　清光緒二十年（1894）刻本　一冊　存二卷（一至二）

340000－1838－0000140　11002：06
卮林十卷　（明）周嬰纂　清嘉慶二十四年（1819）蕭山陳氏湖海樓刻湖海樓叢書本　一冊　存二卷（六至七）

340000－1838－0000141　11003：05
字說一卷　（清）吳大澂撰　清光緒刻本　一冊

340000－1838－0000142　11002：04
小學集解六卷　（宋）朱熹撰　（明）吳訥集解　（明）趙鳳翔　（明）趙慎徽編輯　清同治八年（1869）江蘇書局刻本　二冊

340000－1838－0000143　11003：03
說文通檢十四卷首一卷末一卷　（清）黎永椿編　清同治十二年（1873）富文齋刻本　一冊

340000－1838－0000144　11001：07
繪圖四千字文　不著撰者　清光緒三十一年（1905）浙紹奎照樓石印本　一冊

340000－1838－0000145　11002：03
爾雅疏十卷　（宋）邢昺疏　（清）盧宣旬校訂　**爾雅註疏校勘記十卷**　（清）阮元撰　（清）盧宣旬摘錄　（清）王銘校　清嘉慶二十年（1815）南昌府學刻重刊宋本十三經註疏附校勘記本　一冊　存四卷（爾雅疏三至四，爾雅註疏校勘記三至四）

340000－1838－0000146　11001：08
真草隸篆四體千字文不分卷　清末廣益書局石印本　一冊

340000－1838－0000147　11003：02
說文解字注十五卷　（清）段玉裁注　清刻本　一冊　存二卷（十四至十五）

340000－1838－0000148　11002：02
小學集注六卷　（宋）朱熹撰　清琉璃廠龍文

閣石印武英殿本　二冊　存三卷（一至二、六）

340000－1838－0000149　11003：04
說文解字十五卷　（漢）許慎記　（宋）徐鉉等校定　清同治十二年（1873）陳昌治刻本　二冊　存五卷（四至八）

340000－1838－0000150　11002：01
爾雅註疏十卷　（晉）郭璞注　（宋）邢昺疏　清刻本　二冊　存四卷（二至五）

340000－1838－0000151　11002：17
爾雅疏十卷　（晉）郭璞注　（宋）邢昺注　（清）盧宣旬訂　清刻本　一冊　存二卷（九至十）

340000－1838－0000152　11001：11
千字文不分卷　不著撰者　清慎餘堂刻本　一冊

340000－1838－0000153　11003：09
康熙字典十二集三十六卷檢字一卷辨似一卷等韻一卷備考一卷補遺一卷　（清）張玉書　（清）陳廷敬總閱　（清）凌紹雯等纂修　清道光七年（1827）刻本　十八冊　存二十卷（子集上至下、丑集上至下、寅集中至下、卯集上至下、巳集上至下、午集上至下、申集上、酉集中至下）

340000－1838－0000154　11003：08
康熙字典十二集三十六卷總目一卷檢字一卷辨似一卷備考一卷補遺一卷等韻一卷　（清）張玉書　（清）陳廷敬總閱　（清）凌紹雯等纂修　清光緒二十年（1894）點石齋石印本　六冊

340000－1838－0000155　11003：10
康熙字典十二集三十六卷總目一卷檢字一卷辨似一卷等韻一卷補遺一卷備考一卷　（清）張玉書　（清）陳廷敬總閱　（清）凌紹雯等纂修　清刻本　四冊　存四卷（卯集下、未集中、申集中、酉集中）

340000－1838－0000156　11003：07
康熙字典十二集三十六卷總目一卷檢字一卷辨似一卷備考一卷補遺一卷等韻一卷　（清）

張玉書　（清）陳廷敬總閱　（清）凌紹雯等纂
修　清刻本　九冊　存九卷(子集中、卯集
下、辰集中至下、申集上、戌集中、亥集上至
下)

340000－1838－0000157　11003：06

**康熙字典十二集三十六卷附總目一卷檢字一
卷辨似一卷等韻一卷補遺一卷備考一卷**
（清）張玉書　（清）陳廷敬總閱　（清）凌紹
雯等纂修　清啟元堂刻本　六冊　存六卷
(寅集中至下、辰集中、巳集下、午集中、酉集
下)

340000－1838－0000158　11003：11

**康熙字典十二集三十六卷附總目一卷檢字一
卷辨似一卷等韻一卷補遺一卷備考一卷**
（清）張玉書　（清）陳廷敬總閱　（清）凌紹
雯等纂修　清刻本　十冊　存十四卷(子集
中,丑集上至中,寅集上、下,卯集下,未集下,
酉集下,總目一卷,檢字一卷,辨似一卷,等韻
一卷,補遺一卷,備考一卷)

340000－1838－0000159　11004：01

詩韻集成十卷　（清）余照輯　清咸豐五年
(1855)刻本　四冊

340000－1838－0000160　11002：14

角山樓增補類腋物部二十卷　（清）姚培謙
（清）張卿雲撰　（清）趙克宜增輯　清角山樓
石印本　一冊　存五卷(九至十三)

340000－1838－0000161　11004：02

新刊神童詩不分卷　不著撰者　清國富文堂
刻本　一冊

340000－1838－0000162　11004：03

初學檢韻袖珍十二集佩文詩韻一卷　（清）姚
文登輯　（清）姚炳章校　清光緒八年(1882)
刻本　四冊

340000－1838－0000163　11002：15

辨字摘要四卷　（清）饒應召撰　（清）盧紹麒
（清）楊占鰲編　清乾隆二十二年(1757)天
祿閣刻本　一冊

340000－1838－0000164　11004：04

**字彙十二卷首一卷末一卷韻法直圖一卷韻法
橫圖一卷**　（明）梅膺祚撰　清刻本　一冊
存三卷(末一卷、韻法直圖一卷、韻法橫圖一
卷)

340000－1838－0000165　11002：16

澄衷蒙學堂字課圖說四卷　（清）劉樹屏撰
清澄衷蒙學堂石印本　二冊　存二卷(二、
四)

340000－1838－0000166　30200：13

新增繪圖幼學故事瓊林四卷首一卷　（明）程
允升著　（清）鄒聖脈增補　清光緒三十三年
(1907)上海章福記石印本　四冊

340000－1838－0000167　11002：13

幼學求源三十三卷　（明）程允升著　（清）鄒
聖脈增補　清刻本　一冊　存五卷(十五至
十九)

340000－1838－0000168　11002：18

幼學求源三十三卷　（明）程允升著　（清）鄒
聖脈增補　清刻本　一冊　存三卷(三至五)

340000－1838－0000169　11002：19

幼學求源三十三卷　（明）程允升著　（清）鄒
聖脈增補　清刻本　一冊　存七卷(九至十
五)

340000－1838－0000170　11002：20

幼學求源三十三卷　（明）程允升著　（清）鄒
聖脈增補　清刻本　一冊　存四卷(十六至
十九)

340000－1838－0000171　11004：07

新增說文韻府羣玉二十卷　（元）陰時夫輯
（元）陰中夫注　（明）王元貞校正　清文光堂
刻本　二冊　存二卷(十三至十四)

340000－1838－0000172　11002：05

三字經訓詁不分卷　（宋）王伯厚撰　（清）徐
士業校　（清）王相識　清康熙五年(1666)刻
本　一冊

340000－1838－0000173　10802：02

孟子(字帖書)不分卷　清刻本　一冊

340000 – 1838 – 0000174　11004：06

韻玉定本二十卷　不著撰者　清刻本　七冊　存十四卷(七至二十)

340000 – 1838 – 0000175　20100：15

宋書一百卷　（南朝梁)沈約撰　清乾隆四年(1739)刻本　二冊　存五卷(二十二至二十六)

340000 – 1838 – 0000176　10400：10

附釋音毛詩注疏二十卷　（漢)毛亨傳　（漢)鄭玄箋　（唐)陸德明音義　（唐)孔穎達疏　**毛詩註疏校勘記二十卷**　（清)阮元撰　（清)盧宣旬摘錄　清嘉慶二十年(1815)南昌府學刻重刊宋本十三經註疏附校勘記本　七冊　存二十二卷(附釋音毛詩注疏一至十一、校勘記一至十一)

340000 – 1838 – 0000177　10400：09

毛詩後箋三十卷　（清)胡承珙撰　（清)陳奐補　清光緒七年(1881)蛟川方氏㵦園刻本　十冊　存十六卷(一至十六)

340000 – 1838 – 0000178　10300：07

附釋音尚書註疏二十卷　（唐)孔穎達疏　**校勘記二十卷**　（清)阮元撰　（清)盧宣旬摘錄　清嘉慶二十年(1815)江西南昌府學刻重刊宋本十三註疏附校勘記本　六冊　缺一卷(校勘記二十)

340000 – 1838 – 0000179　10300：06

書經六卷　（宋)蔡沈集傳　清刻本　三冊

340000 – 1838 – 0000180　20101

史記一百三十卷　（漢)司馬遷撰　（南朝宋)裴駰集解　（唐)張守節正義　（唐)司馬貞索隱　（明)黃之寀校　清琴川毛氏汲古閣刻二十四史本　十六冊

340000 – 1838 – 0000181　20100：08

史記一百三十卷　（漢)司馬遷撰　（南朝宋)裴駰集解　（唐)張守節正義　（唐)司馬貞索隱　（明)黃之寀校　（清)陳明卿選定　清康熙二十七年(1688)弘文館刻本　十五冊

340000 – 1838 – 0000182　20100：09

史記一百三十卷　（漢)司馬遷撰　（南朝宋)裴駰集解　（唐)張守節正義　（唐)司馬貞索隱　（明)黃之寀校　（清)陳明卿選定　清刻本　四冊　存十五卷(十五至十六、十九至二十一、二十六至三十五)

340000 – 1838 – 0000183　20100：18

史記一百三十卷　（漢)司馬遷撰　（南朝宋)裴駰集解　（唐)張守節正義　（唐)司馬貞索隱　（明)黃之寀校　（清)陳明卿選定　清光緒三十一年(1905)上海久敬齋石印欽定二十四史本　五冊　存七十卷(一至三十、九十一至一百三十)

340000 – 1838 – 0000184　20100：18 – 01

史記一百三十卷　（漢)司馬遷撰　（南朝宋)裴駰集解　（唐)張守節正義　（唐)司馬貞索隱　（明)黃之寀校　（清)陳明卿選定　清光緒三十一年(1905)上海久敬齋石印本　一冊　存十八卷(一百十三至一百三十)

340000 – 1838 – 0000185　20100：12

史記菁華錄六卷　題(清)苄田氏撰　清光緒八年(1882)刻本　二冊　存二卷(一至二)

340000 – 1838 – 0000186　20100：11

史記菁華錄六卷　題(清)苄田氏撰　清光緒二十二年(1896)石印本　二冊　存二卷(一、三)

340000 – 1838 – 0000187　20100：10

史記菁華錄六卷　題(清)苄田氏撰　清光緒二十二年(1896)石印本　五冊　存五卷(一至二、四至六)

340000 – 1838 – 0000188　20100：13

史記菁華錄六卷　題(清)苄田氏撰　清刻本　二冊　存四卷(一至四)

340000 – 1838 – 0000189　20100：22

前漢書一百卷　（漢)班固撰　（唐)顏師古注　清金陵書局石印本　二冊　存二卷(十九至二十)

340000 – 1838 – 0000190　20100：20

前漢書一百卷 （漢）班固撰 （唐）顏師古注
清光緒三十一年（1905）武林竹簡齋石印本
一冊 存六卷（九十五至一百）

340000－1838－0000191 20102
漢書一百二十卷 （漢）班固撰 （唐）顏師古
注 清同治八年（1869）金陵書局刻本 二十
二冊

340000－1838－0000192 20103
後漢書一百卷 （南朝宋）范曄撰 （唐）李賢
注 **續漢書志三十卷** （晉）司馬彪撰 （南
朝梁）劉昭注補 清同治八年（1869）汲古閣
毛氏刻二十四史本 十八冊

340000－1838－0000193 20100：24
續漢書八志三十卷 （晉）司馬彪著 （南朝
梁）劉昭注補 清石印本 一冊 存九卷
（一、五至六、二十四至二十八、三十）

340000－1838－0000194 20100：23
後漢書一百二十卷 （南朝宋）范曄撰 （唐）
李賢注 （南朝梁）劉昭補并注 清金陵書局
石印二十四史本 九冊 存五十九卷（十一
至三十一、四十六至五十三、五十六至八十
五）

340000－1838－0000195 20100：21
後漢書一百二十卷 （南朝宋）范曄撰 （唐）
李賢注 （南朝梁）劉昭補并注 清光緒三十
一年（1905）武林竹簡齋石印欽定二十四史本
九冊 存一百三卷（一至八、二十六至一百
二十）

340000－1838－0000196 20100：21－01
後漢書一百二十卷 （南朝宋）范曄撰 （唐）
李賢注 （南朝梁）劉昭補并注 清光緒三十
一年（1905）武林竹簡齋石印欽定二十四史本
三冊 存三十二卷（五十八至六十九、八十
一至九十、一百十一至一百二十）

340000－1838－0000197 20100：19
三國志六十五卷 （晉）陳壽撰 （南朝宋）裴
松之注 清光緒三十一年（1905）武林竹簡齋
石印欽定二十四史本 一冊 存十五卷（蜀

志一至十五）

340000－1838－0000198 20104
三國志六十五卷 （晉）陳壽撰 （南朝宋）裴
松之注 清同治九年（1870）汲古閣毛氏刻本
十冊

340000－1838－0000199 20105
晉書一百三十卷附音義三卷 （唐）太宗李世
民撰 （唐）何超音義 清同治十年（1871）金
陵書局刻二十四史本 二十二冊

340000－1838－0000200 20111
北齊書五十卷 （唐）李百藥撰 清同治十三
年（1874）汲古閣毛氏刻二十四史本 四冊

340000－1838－0000201 20100：05
北齊書五十卷 （唐）李百藥撰 （明）毛晉審
定 明崇禎琴川毛氏汲古閣刻十七史本 三
冊 存三十卷（六至十三、二十一至四十二）

340000－1838－0000202 20110
魏書一百十四卷 （北齊）魏收撰 清同治十
一年（1872）金陵書局刻二十四史本 二十
二冊

340000－1838－0000203 20107
南齊書五十九卷 （南朝梁）蕭子顯撰 清同
治十三年（1874）汲古閣毛氏刻二十四史本
八冊

340000－1838－0000204 20108
梁書五十六卷 （唐）姚思廉撰 清同治十三
年（1874）汲古閣毛氏刻二十四史本 六冊

340000－1838－0000205 20114
南史八十卷 （唐）李延壽撰 清同治十一年
（1872）金陵書局刻二十四史本 十二冊

340000－1838－0000206 20106
宋書一百卷 （南朝梁）沈約撰 清同治十一
年（1872）金陵書局仿汲古閣刻本 十六冊

340000－1838－0000207 20100：06
周書五十卷 （唐）令狐德棻撰 （明）毛晉審
定 明崇禎琴川毛氏汲古閣刻十七史本 三
冊 存十八卷（二十七至三十二、三十九至五

十）

340000－1838－0000208　20112

周書五十卷 （唐）令狐德棻撰 （明）毛晉審定　清同治十三年(1874)汲古閣毛氏刻二十四史本　五冊　存三十九卷(一至三十九)

340000－1838－0000209　20109

陳書三十六卷 （唐）姚思廉撰　清同治十一年(1872)金陵書局刻二十四史本　四冊

340000－1838－0000210　20115

北史一百卷 （唐）李延壽撰　清同治十一年(1872)金陵書局刻二十四史本　二十二冊

340000－1838－0000211　20113

隋書八十五卷 （唐）魏徵等修　清同治十年(1871)淮南書局刻二十四史本　十六冊

340000－1838－0000212　20100：07

隋書八十五卷 （唐）魏徵等修 （明）毛晉校　明崇禎八年(1635)琴川毛氏汲古閣刻十七史本　八冊　存四十三卷(一至十九、四十九至五十九、六十六至七十八)

340000－1838－0000213　20117

唐書二百二十五卷 （宋）歐陽修 （宋）宋祁修　清同治十二年(1873)刻二十四史本　四十冊

340000－1838－0000214　20116

舊唐書二百卷 （五代）劉昫等撰　清同治十一年(1872)浙江書局刻二十四史本　四十冊

340000－1838－0000215　20119

五代史七十四卷 （宋）歐陽修撰 （宋）徐無黨注　清同治十一年(1872)湖北崇文書局刻二十四史本　八冊

340000－1838－0000216　20118

舊五代史一百五十卷 （宋）薛居正等撰　清同治十一年(1872)湖北崇文書局刻本　十六冊

340000－1838－0000217　20121：01

遼史一百十五卷附考證 （元）脫脫等修　清同治十二年(1873)江蘇書局刻二十四史本

十四冊

340000－1838－0000218　20120

宋史四百九十六卷目錄三卷 （元）脫脫等撰　清光緒元年(1875)浙江書局刻二十四史本　一百十三冊

340000－1838－0000219　20124

明史三百三十二卷 （清）張廷玉等修　清光緒三年(1877)湖北崇文書局刻二十四史本　七十冊　存三百一卷(一至八十八、一百十九至三百二十、三百二十二至三百三十二)

340000－1838－0000220　20122

金史一百三十五卷 （元）脫脫等撰　清同治十三年(1874)江蘇書局刻本　二十四冊

340000－1838－0000221　20121：02

遼史拾遺二十四卷 （清）厲鶚撰　清光緒元年(1875)南京江蘇書局刻二十四史本　六冊

340000－1838－0000222　20123

元史二百十卷目錄二卷附元史氏族表三卷元史藝文志四卷 （明）宋濂修 **元史氏族表三卷** （清）錢大昕撰 **元史藝文志四卷** （清）錢大昕補　清同治十三年(1874)江蘇書局刻二十四史本　四十八冊

340000－1838－0000223　20200：04

尺木堂綱鑑易知錄九十二卷 （清）周之炯 （清）吳乘權 （清）周之燦輯　清石印本　五冊　存三十卷(一至六、二十九至五十二)

340000－1838－0000224　20200：06

尺木堂綱鑑易知錄九十二卷 （清）周之炯 （清）吳乘權 （清）周之燦輯　清光緒石印本　二冊　存十四卷(一至六、八至十五)

340000－1838－0000225　20200：05

尺木堂綱鑑易知錄九十二卷 （清）周之炯 （清）吳乘權 （清）周之燦輯　清刻本　一冊　存七卷(一至七)

340000－1838－0000226　20200：03

大文堂綱鑑易知錄九十二卷 （清）周之炯 （清）吳乘權 （清）周之燦輯　清大文堂刻本

二十冊　存三十四卷（七至九、二十一至二十九、五十五至五十七、六十至六十一、六十六至六十七、七十八至九十二）

340000－1838－0000227　20200：02

尺木堂綱鑑易知錄九十二卷　（清）周之炯（清）吳乘權　（清）周之燦輯　清刻本　一冊　存二卷（六十九至七十）

340000－1838－0000228　20200：07

綱鑑易知錄九十二卷　（清）周之炯　（清）吳乘權　（清）周之燦輯　清三元堂刻本　三十三冊　存七十一卷（一、十二至十三、十六至二十六、三十一至四十二、四十八至九十二）

340000－1838－0000229　20200：08

富文堂綱鑑易知錄九十二卷　（清）周之炯（清）吳乘權　（清）周之燦輯　清富文堂刻本　十二冊　存二十六卷（二十至二十一、二十七至三十、三十五至三十六、三十九至四十三、四十七至四十八、六十至六十一、六十五至六十七、八十至八十一、八十九至九十二）

340000－1838－0000230　20200：09

明鑑易知錄十五卷　（清）周之炯　（清）吳乘權　（清）周之燦輯　清三元堂刻本　六冊

340000－1838－0000231　10200：07

周易兼義上經乾傳九卷　（三國魏）王弼（晉）韓康伯注　（唐）孔穎達正義　周易音義一卷　（唐）陸德明撰　周易注疏校勘記九卷周易釋文校勘記一卷　（清）阮元撰　（清）盧宣旬摘錄　清嘉慶二十年（1815）江西南昌府學刻重刊宋本十三經注疏附校勘記本　四冊

340000－1838－0000232　10100：03

陳書三十六卷　（唐）姚思廉撰　（明）毛晉審定　明崇禎四年（1631）琴川毛氏汲古閣刻十七史本　四冊　缺一卷（三十六）

340000－1838－0000233　10100：02

梁書五十六卷　（唐）姚思廉撰　（明）毛晉審定　明崇禎六年（1633）琴川毛氏汲古閣刻十七史本　六冊

340000－1838－0000234　10100：01

南齊書五十九卷　（南朝梁）蕭子顯撰　（元）毛晉審定　明崇禎十年（1637）琴川毛氏汲古閣刻十七史本　七冊

340000－1838－0000235　10100：04

魏書一百十四卷　（北齊）魏收撰　（明）毛晉審定　明崇禎九年（1636）琴川毛氏汲古閣刻本　十九冊

340000－1838－0000236　10805：11

女四書二卷四種　（清）王相箋注　（清）鄭漢校梓　清光緒六年（1880）盛德堂刻本　二冊

340000－1838－0000237　20200：01

三字鑑不分卷　（清）余懋勳著　（清）陳超元注釋　清同治九年（1870）刻本　一冊

340000－1838－0000238　20200：16

支那史七卷首一卷　（日本）藤田久道編（日本）增田貢校正　（日本）小溪七郎輯　清光緒上海書局石印本　四冊

340000－1838－0000239　10502：08

儀禮註疏溫故十七卷補錄一卷　（清）章平識清刻本　一冊　存八卷（十一至十七、補錄一卷）

340000－1838－0000240　20200：17

史鑑節要便讀六卷末一卷　（清）鮑東里編輯清文奎堂刻本　二冊

340000－1838－0000241　10502：11

鄉黨圖考十卷　（清）江永著　清嘉慶二十一年（1816）山淵堂刻本　五冊

340000－1838－0000242　20200：17－01

史鑑節要便讀六卷末一卷　（清）鮑東里編輯清文奎堂刻本　一冊　存三卷（四至六）

340000－1838－0000243　20200：15

普通歷代史一卷附歷代帝王總紀一卷　（清）世界公學譯　清光緒二十八年（1902）世界公學石印本　一冊

340000－1838－0000244　10502：09

儀禮章句十七卷　（清）吳廷華章句　（清）張嗣衍等校刊　（清）方苞等參訂　清乾隆二十

153

二年(1757)東壁書莊刻本　四冊

340000－1838－0000245　20200：14

鼎鍥趙田了凡袁先生編纂古本歷史大方綱鑑五十二卷　（明）袁黃撰　清捷記書局石印本　一冊　存五卷（四十八至五十二）

340000－1838－0000246　20200：10－01

重訂王鳳洲先生綱鑑會纂續宋元二十三卷　（明）王世貞纂　（明）陳仁錫訂　（明）呂一經較　清石印本　一冊　存五卷（一至五）

340000－1838－0000247　10600：18

監本附音春秋公羊註疏二十八卷　（漢）何休撰　（清）方體栞　公羊註疏校勘記二十八卷　（清）阮元撰　（清）盧宣旬摘錄　清刻本　一冊　存六卷（四至九）

340000－1838－0000248　10600：17

附釋音春秋左傳註疏六十卷　（晉）杜預注　（唐）孔穎達疏　（唐）陸德明釋文　校勘記六十卷　（清）阮元撰　（清）盧宣旬摘錄　清刻本　十五冊　存九十六卷（附釋音春秋左傳註疏一至七、十二至十四、十六至二十四、二十九至三十一、三十五至六十，校勘記一至七、十二至十四、十六至二十四、二十九至三十一、三十五至六十）

340000－1838－0000249　10502：10

求古錄禮說十六卷　（清）金鶚撰　清道光三十年（1850）木犀香館刻本　八冊

340000－1838－0000250　20200：10

重訂王鳳洲先生綱鑑會纂四十六卷　（明）王世貞纂　（明）陳仁錫訂　（明）呂一經較　清石印本　三冊　存十四卷（七至十二、二十一至二十四、四十三至四十六）

340000－1838－0000251　20200：18

萬國歷史三卷　（清）作新社編　清光緒二十九年（1903）第五版作新社印刷局鉛印本　一冊

340000－1838－0000252　10502：07

儀禮正義四十卷　（漢）鄭玄注　（清）胡培翬學　清刻本　十八冊

340000－1838－0000253　20200：19

廿一史約編八卷首一卷　（清）鄭元慶述　（清）葛敏　（清）韓錫爵　（清）陳昺　（清）徐元禧參訂　（清）鄭惟鞠　（清）徐秋葶編次　（清）陳瞿石鑒定　清刻本　一冊　存一卷（一）

340000－1838－0000254　20500：02

林文忠公政書甲集九卷乙集十七卷丙集十一卷　（清）林則徐撰　清刻本　二冊　存十二卷（乙集四至五、丙集一至十）

340000－1838－0000255　10502：06

儀禮疏五十卷　（唐）賈公彥等撰　儀禮註疏校勘記五十卷　（清）阮元撰　（清）盧宣旬摘錄　清嘉慶二十年（1815）南昌府學刻重刊宋本十三經註疏附校勘記本　八冊

340000－1838－0000256　20500：01

駱文忠公奏稿十卷　（清）駱秉章撰　清刻左文襄公全集本　一冊　存二卷（一至二）

340000－1838－0000257　20600：10

疇人傳五十二卷　（清）阮元撰　（清）羅士琳續補　清光緒二十二年（1896）刻本　一冊　存六卷（四十七至五十二）

340000－1838－0000258　20200：20

綱鑑正史約三十六卷　（明）顧錫疇撰　（明）沈一驥　（元）黃之堯　（明）黃之珪閱　清刻本　一冊　存三卷（二十七至二十九）

340000－1838－0000259　10503：12

附釋音禮記註疏六十三卷　（漢）鄭玄注　（唐）孔穎達疏　（唐）陸德明音義　校勘記六十三卷　（清）阮元撰　（清）盧宣旬摘錄　清嘉慶二十年（1815）南昌府學刻重刊宋本十三經註疏附校勘記本　一冊　存八卷（附釋音禮記註疏四十四至四十七、校勘記四十四至四十七）

340000－1838－0000260　20200：11

御批歷代通鑑輯覽一百二十卷　（清）永城等纂修　清光緒八年（1882）上海書局石印本　六冊　存三十卷（一至十、二十一至三十五、

五十一至五十五）

340000－1838－0000261　20200：21

萬國史綱目八卷　（日本）重野安繹著　清勸學會石印本　三冊　存三卷（二至三、五）

340000－1838－0000262　20600：05－01

孔子編年五卷　（宋）胡仔撰　（清）胡培翬校注　清刻本　一冊

340000－1838－0000263　20300：01

聖武記十四卷　（清）魏源撰　清道光二十二年（1842）刻本　十一冊

340000－1838－0000264　20200：12

御批歷代通鑑輯覽一百二十卷　（清）楊述曾等纂修　清石印本　二冊　存十五卷（七至十四、三十四至四十）

340000－1838－0000265　20600：05

孔子編年五卷　（宋）胡仔撰　（清）胡培翬校注　清刻本　二冊

340000－1838－0000266　20300：02

中東戰紀本末八卷首一卷末一卷　（美國）林樂知著譯　蔡爾康纂輯　清光緒二十二年（1896）鉛印本　六冊

340000－1838－0000267　20200：13

御撰資治通鑑綱目三編二十卷　（清）張廷玉等編　清道光三十年（1850）刻本　四冊

340000－1838－0000268　20600：11

榮哀錄不分卷　（清）□□撰　清刻本　一冊

340000－1838－0000269　20600：09

曾文正公家訓二卷　（清）曾國藩撰　**曾文正公榮哀錄一卷**　（清）黃翼升等撰　清石印本　一冊

340000－1838－0000270　20900：02

讀史方輿紀要一百三十卷　（清）顧祖禹輯著　清光緒二十五年（1899）圖書集成局石印本　二十七冊

340000－1838－0000271　20600：08

曾文正公大事記四卷　（清）王定安編　清石印本　一冊

340000－1838－0000272　20400：04

萬國史記二十卷　（日本）岡本堅輔撰　清石印本　四冊　存十一卷（三至五、八至十、十六至二十）

340000－1838－0000273　20600：07

六十壽言散體文一卷　（清）李鴻章等撰　清刻本　一冊

340000－1838－0000274　20400：02

西京雜記二卷　（漢）劉歆撰　清乾隆五十二年（1787）抱經堂刻本　一冊

340000－1838－0000275　20900：01

方輿全圖總說五卷　（清）顧祖禹輯　清光緒二十五年（1899）上海二林齋石印本　四冊

340000－1838－0000276　20600：06

濂洛關閩六先生傳不分卷　（清）羅惇衍編次　清刻本　一冊

340000－1838－0000277　20900：14

大庚縣志二十六卷首一卷　（清）余光璧著　（清）汪報閏　（清）楊正祥續修　（清）袁翼　（清）周誥　（清）湯邦杰　（清）甘棠協修　（清）譚習篆　（清）周禮纂修　清同治十三年（1874）錢塘陳蔭昌刻本　十六冊

340000－1838－0000278　20900：03

大清一統輿圖三十一卷首一卷　（清）嚴樹森撰　清刻本　一冊　存四卷（一至四）

340000－1838－0000279　20600：04

胡少師年譜二卷　（清）孫培翬輯　（清）孫培系編　（清）孫廷楨校　清刻本　一冊

340000－1838－0000280　20900：04

水經二卷　（漢）桑欽撰　（清）許旭惠校　清光緒崇文書局刻本　二冊

340000－1838－0000281　20600：03

先撥志始二卷　（清）文秉著　（清）蕭國琛校　清同治二年（1863）刻本　二冊

340000－1838－0000282　20900：05

地球韻言四卷　（清）張士瀛撰　清光緒文林堂刻本　一冊　存二卷（一至二）

340000－1838－0000283　20700：07

文獻通考詳節二十四卷　（元）馬端臨著（清）嚴虞惇錄　清乾隆二十九年（1764）嚴氏刻本　二冊　存三卷（十三至十四、十八）

340000－1838－0000284　20900：06

籌款疏河不分卷　（清）王雨金撰　清石印本　一冊

340000－1838－0000285　20900：18

績溪縣村都不分卷　（清）□□撰　清抄本　一冊

340000－1838－0000286　20900：19

績溪縣城市坊村經理風俗不分卷　（清）□□撰　清抄本　一冊

340000－1838－0000287　20400：03

俄史輯譯四卷　（英國）闞裴迪撰　（清）徐景羅譯　清光緒二十四年（1898）上海富強齋刻本　一冊　存二卷（一至二）

340000－1838－0000288　20800：01

御定萬年書不分卷　（清）欽天監編　清刻本　二冊

340000－1838－0000289　20900：07

九成宮東台山池賦不分卷　（唐）王勃撰　清石印本　一冊

340000－1838－0000290　20400：03－01

俄史輯譯四卷　（英國）闞裴迪撰　（清）徐景羅譯　清光緒二十七年（1901）石印本　二冊

340000－1838－0000291　20700：06

困學紀聞注二十卷　（宋）王應麟撰　（清）翁元圻輯　清刻本　一冊　存一卷（六）

340000－1838－0000292　20900：08

蠻書十卷　（唐）樊綽撰　清刻本　一冊

340000－1838－0000293　20700：05

讀史大略六十卷首一卷沙子史略一卷樂府一卷　（清）沙張白著　清光緒二十七年（1901）石印本　一冊　存十三卷（一至十二、首一卷）

340000－1838－0000294　20900：23

胡氏金紫家廟遺據二卷　（清）孫承鑑匯輯　清嘉慶二十四年（1819）刻本　二冊

340000－1838－0000295　20900：09

航海簡法四卷　（英國）那麗撰　（美國）金楷理口譯　（清）王德均筆述　清光緒三十一年（1905）刻本　二冊

340000－1838－0000296　20900：10

日本地理兵要十卷　（清）姚文棟撰　清光緒十年（1884）同文館聚珍本　三冊　存三卷（一、八、十）

340000－1838－0000297　20900：21

黃山山水不分卷　（清）□□錄　清抄本　一冊

340000－1838－0000298　20900：11

防海新論十八卷　（布國）希理哈撰　（英國）傅蘭雅口譯　（清）華蘅芳筆述　清刻本　三冊　存十一卷（一至四、十二至十八）

340000－1838－0000299　20900：20

地理論略不分卷　（清）□□錄　清光緒二十四年（1898）抄本　一冊

340000－1838－0000300　20700：04

王先生十七史蒙求十六卷　（宋）王令撰　清刻本　三冊　存十二卷（五至十六）

340000－1838－0000301　20100：16

通志二百卷附考證三卷　（宋）鄭樵撰　清光緒二十七年（1901）上海圖書集成局遵武英殿聚珍版鉛印本　六十冊

340000－1838－0000302　20100：16－01

通志二百卷附考證三卷　（宋）鄭樵撰　清光緒二十七年（1901）上海圖書集成局遵武英殿聚珍版鉛印本　十六冊　存五十二卷（十六至十八、二十五至三十、六十八至七十七、八十三至八十四、九十四至一百六、一百四十九至一百五十二、一百五十七至一百五十九、一百六十二至一百六十四、一百七十二至一百七十六、一百八十一至一百八十三）

340000－1838－0000303　20100：17

欽定續通志六百四十卷　（清）嵇璜等纂修
清光緒二十七年（1901）上海圖書集成局遵武
英殿聚珍版石印本　五十九冊

340000－1838－0000304　20700：03

經史百家雜鈔二十六卷　（清）曾國藩纂
（清）李鴻章　（清）黃維申　（清）張華理校
　清刻本　三冊　存三卷（九、十六至十七）

340000－1838－0000305　20900：24

登原題詠略三卷首一卷附錄一卷加封全案稿
一卷免徵部禁案稿一卷　（清）汪澤輯　（清）
王聲遠校訂　清光緒二十二年（1896）東作門
敦敍祠刻本　一冊

340000－1838－0000306　20900：26

京都績溪館錄六卷績溪會館圖一卷　不著撰
者　清道光十一年（1831）刻同治增補本
一冊

340000－1838－0000307　20700：02

潛夫論十卷　（漢）王符撰　（清）汪繼培箋
清嘉慶二十四年（1819）蕭山陳氏湖海樓刻湖
海樓叢書本　二冊　存七卷（四至十）

340000－1838－0000308　20700：01

子史精華一百六十卷　（清）允祿　（清）允禮
監修　（清）吳襄等纂修　清刻本　十二冊
存四十八卷（十九至二十三、三十五至三十
七、五十五至五十九、六十七至七十、九十至
九十三、九十八至一百四、一百九至一百十
二、一百三十八至一百四十一、一百四十九至
一百六十）

340000－1838－0000309　20900：25

汪司馬墓案稿二卷　不著撰者　清光緒二十
二年（1896）刻本　三冊

340000－1838－0000310　21000：01

列國政要一百三十三卷首一卷　（清）戴鴻慈
（清）端方輯　清光緒三十三年（1907）石印
本　三十二冊

340000－1838－0000311　20700：01－01

子史精華一百六十卷　（清）允祿　（清）允禮
監修　（清）吳襄等纂修　清刻本　三冊　存

十一卷（六十八至七十一、一百二至一百五、
一百十至一百十二）

340000－1838－0000312　20900：17

[嘉慶]績溪縣志十二卷首一卷　（清）清愷主
修　（清）席存泰纂修　清嘉慶十五年（1810）
刻本　七冊

340000－1838－0000313　20900：16

[嘉慶]績溪縣志十二卷首一卷　（清）清愷主
修　（清）席存泰纂修　清抄本　十冊

340000－1838－0000314　20600：02

兩朝剝復錄六卷首一卷校證六卷　（明）吳應
箕輯　（清）夏燮校證　清同治二年（1863）江
西省寓刻本　四冊

340000－1838－0000315　21100：07

欽定續文獻通考輯要二十六卷　（清）湯壽潛
編輯　清刻本　五冊　存九卷（二至九、十
三）

340000－1838－0000316　21100：07－1

欽定續文獻通考輯要二十六卷　（清）湯壽潛
編輯　清刻本　二冊　存六卷（五至八、十七
至十八）

340000－1838－0000317　21100：08－01

欽定續文獻通考輯要二十六卷　（清）湯壽潛
編輯　清刻本　三冊　存六卷（五至八、二十
五至二十六）

340000－1838－0000318　21100：04－01

杜氏通典二百卷附欽定通典考證　（唐）杜佑
纂　清光緒二十七年（1901）上海圖書集成局
遵武英殿聚珍版石印本　三冊　存三十三卷
（一至十二、四十一至五十二、一百八十五至
一百九十三）

340000－1838－0000319　21100：04

杜氏通典二百卷附欽定通典考證　（唐）杜佑
纂　清光緒二十七年（1901）上海圖書集成局
遵武英殿聚珍版石印本　十六冊

340000－1838－0000320　20600：18

虎山頭周氏正宗家譜不分卷　題（清）馨遠公

撰　清抄本　一冊

340000－1838－0000321　21100：03

欽定續通典一百五十卷　（清）嵇璜等纂修
清光緒二十七年(1901)上海圖書集成局遵武
英殿聚珍版石印本　十二冊

340000－1838－0000322　21100：03－01

欽定續通典一百五十卷　（清）嵇璜等纂修
清光緒二十七年(1901)上海圖書集成局遵武
英殿聚珍版石印本　一冊　存十二卷(一至
十二)

340000－1838－0000323　20600：17

海洞胡豐藝堂昭穆譜不分卷　（清）□□撰
清抄本　二冊

340000－1838－0000324　21100：12

諮議局章程附諭旨附資政院章程不分卷
(清)諮議局編　清光緒三十四年(1908)上海
商務印書館鉛印本　一冊

340000－1838－0000325　21100：13

資治新書十四卷首一卷　（清）李漁輯　（清）
沈心友訂　清康熙聚文堂刻本　八冊

340000－1838－0000326　21100：39

五軍道里表一卷　（清）刑部制訂　清同治十
一年(1872)湖北讞局刻本　一冊

340000－1838－0000327　21100：38

督捕則例附纂二卷　（清）陶駿　（清）陶念霖
增修　清刻本　一冊

340000－1838－0000328　21100：14

資治新書二集二十卷　（清）李漁輯　（明）沈
心友訂　清康熙聚文堂刻本　九冊

340000－1838－0000329　21100：08

欽定續文獻通考輯要二十六卷　（清）湯壽潛
輯　清刻本　三冊　存三卷(五、八、二十)

340000－1838－0000330　21100：31

學部官報不分卷　（清）學部撰　清光緒三十
四年(1908)石印本　一冊

340000－1838－0000331　21100：15

校邠廬抗議三卷　（清）馮桂芬著　清光緒二

十四年(1898)緯文閣石印本　二冊

340000－1838－0000332　21100：06

皇朝文獻通考詳節二十六卷　（清）嵇璜等纂
題(清)平陽主人節錄　清光緒二十七年
(1901)鴻寶齋書局石印本　二冊　存五卷
(一至二、四至六)

340000－1838－0000333　21100：34

策論必讀不分卷　（漢）賈誼撰　清夢選樓刻
本　二冊

340000－1838－0000334　21100：16

十朝東華錄五百二十五卷　王先謙編　清石
印本　五冊　存三十二卷(雍正東華錄九至
十一,乾隆東華錄七十五至八十一,嘉慶東華
錄十二至十七,道光東華錄十一至十五、三十
二至四十二)

340000－1838－0000335　21100：35

牧令書二十三卷　（清）徐棟輯　清刻本　十
三冊　存十七卷(三至六、九至二十一)

340000－1838－0000336　21100：02

皇朝通典一百卷　（清）嵇璜等纂修　清光緒
二十七年(1901)上海圖書集成局遵武英殿聚
珍版鉛印本　十二冊

340000－1838－0000337　21100：17

同治東華續錄一百卷　王先謙編　清石印本
三冊　存十一卷(十一至十七、六十八至七
十一)

340000－1838－0000338　21100：02－01

皇朝通典一百卷　（清）嵇璜等纂修　清光緒
二十七年(1901)上海圖書集成局遵武英殿聚
珍版鉛印本　二冊　存十四卷(十八至二十
六、八十至八十四)

340000－1838－0000339　21100：05

皇朝通志一百二十六卷　（清）嵇璜等纂修
清光緒二十七年(1901)上海圖書集成局遵武
英殿聚珍版鉛印本　十二冊

340000－1838－0000340　21100：05－01

皇朝通志一百二十六卷　（清）嵇璜等纂修

清光緒二十七年(1901)上海圖書集成局遵武英殿聚珍版鉛印本　三冊　存三十二卷(四十八至五十五、八十一至一百四)

340000－1838－0000341　21100∶18

東華續錄二百三十卷　王先謙編　清石印本　一冊　存二卷(十二至十三)

340000－1838－0000342　21100∶36

保甲書四卷　(清)徐棟輯　清道光二十八年(1848)刻本　三冊

340000－1838－0000343　21100∶19

危言四卷　(清)湯震撰　清光緒十六年(1890)石印本　二冊

340000－1838－0000344　21100∶41

日本法規解字不分卷　(清)錢恂　(清)董鴻禕編纂　清光緒三十三年(1907)商務印書館鉛印本　一冊

340000－1838－0000345　21100∶33

兵事學不分卷　不著撰者　清鉛印本　一冊

340000－1838－0000346　21100∶20

大清教育新法令二十六章不分卷　(清)政學社編纂　清宣統二年(1910)會文堂國學扶輪社鉛印本　八冊

340000－1838－0000347　21100∶42

新譯日本法規大全二十五類　(清)劉崇傑等譯校　清光緒三十三年(1907)上海商務印書館鉛印本　六十七冊

340000－1838－0000348　21100∶32

皖省臨時縣議會章程不分卷　(清)諮議局撰　清影印本　一冊

340000－1838－0000349　21100∶21

從政遺規二卷　(清)陳宏謀編輯　清石印本　一冊　存一卷(下)

340000－1838－0000350　21100∶29

清人手抄公牘存稿不分卷　(清)佚名撰　清抄本　一冊

340000－1838－0000351　21100∶22

欽定大清會典一百卷　(清)允祹等總編

(清)文保等纂修　清石印本　一冊　存十八卷(八十三至一百)

340000－1838－0000352　21100∶30

昌言報不分卷　(日本)西狩祝予撰　(清)曾廣銓　(清)潘彥譯　(清)黃致堯編　清光緒二十四年(1898)石印本　一冊

340000－1838－0000353　21100∶46

續溪縣教育會第一次編定章程不分卷　(清)續溪縣教育會撰　清光緒三十三年(1907)鉛印本　一冊

340000－1838－0000354　21100∶23

大清現行刑律三十六卷首一卷　沈家本編　清宣統鉛印本　一冊　存六卷(一至六)

340000－1838－0000355　21100∶25

續富國策四卷　題(清)瑤林館主(陳熾)撰　清光緒二十七年(1901)石印本　一冊

340000－1838－0000356　21100∶46－01

續溪縣教育會第一次編定章程不分卷　(清)續溪縣教育會撰　清光緒三十三年(1907)鉛印本　一冊

340000－1838－0000357　21100∶46－02

續溪縣教育會第一次編定章程不分卷　(清)續溪縣教育會撰　清光緒三十三年(1907)鉛印本　一冊

340000－1838－0000358　21100∶40

欽定學政全書八十六卷首一卷　(清)童璜總纂　清刻本　十八冊

340000－1838－0000359　21100∶26

皇朝經世文四編五十二卷　(清)何良棟輯　清石印本　二冊　存八卷(三十一至三十八)

340000－1838－0000360　21100∶45

奏定城鎮鄉地方自治並選舉章程不分卷　(清)上諭憲政編　(清)查館奏核議　(清)民政部奏　清光緒三十四年(1908)中國圖書公司鉛印本　一冊

340000－1838－0000361　21100∶27

皇朝經世文新編二十一卷　麥仲華輯　清光

緒二十八年(1902)瑤林書館石印本　四冊
存四卷(一、七至八、二十)

340000－1838－0000362　21200：04
淳熙秘閣續法帖十卷　題平等閣主人(狄葆賢)撰　清石印本　一冊　存一卷(九)

340000－1838－0000363　21100：45－01
奏定城鎮鄉地方自治并選舉章程不分卷
(清)上諭憲政編　(清)查館奏核議　(清)民政部奏　清光緒三十四年(1908)中國圖書公司鉛印本　一冊

340000－1838－0000364　21100：28
皇朝經世文新編二十一卷　麥仲華輯　清刻本　四冊　存四卷(一、三、十八至十九)

340000－1838－0000365　21100：49
績溪東山高等官小學堂章程不分卷　(清)績溪東山高等官小學堂撰　清光緒績邑湯乙照齋刻本　一冊

340000－1838－0000366　21100：49－01
績溪東山高等官小學堂章程不分卷　(清)績溪東山高等官小學堂撰　清光緒績邑湯乙照齋刻本　一冊

340000－1838－0000367　21200：03
古文辭類纂七十五卷　(清)姚鼐撰　清問竹軒刻本　一冊　存五卷(四十二至四十六)

340000－1838－0000368　21100：24
學文彙典四卷　(清)鄭文煥輯　(清)傅試參閱　清文奎堂刻本　一冊　存一卷(上)

340000－1838－0000369　21100：50
績溪縣城區第一次儲蓄公會章程不分卷
(清)□□撰　清宣統木活字印本　一冊

340000－1838－0000370　21300：05
經籍訪古志六卷補遺一卷　(日本)澀江全善　(日本)森立之撰　清鉛印本　三冊　存三卷(五至六、補遺一卷)

340000－1838－0000371　21100：47
安徽省績谿縣調查法制報告書不分卷　(清)胡良鑅撰　清末稿本　一冊

340000－1838－0000372　21100：09
文獻通考三百四十八卷欽定通考考證三卷
(元)馬端臨撰　清光緒二十七年(1901)上海圖書集成局遵武英殿聚珍版石印本　四十四冊

340000－1838－0000373　21100：43
有嘉樹軒制藝彙存□□卷　(清)馬樹常等撰　清石印本　一冊　存二卷(三至四)

340000－1838－0000374　21100：09－01
文獻通考三百四十八卷欽定通考考證三卷
(元)馬端臨撰　清光緒二十七年(1901)上海圖書集成局遵武英殿聚珍版石印本　四冊　存三十卷(二十至二十七、一百十三至一百十九、一百三十四至一百四十一、二百五十至二百五十六)

340000－1838－0000375　21400：10
歷代史論十二卷附左傳史論二卷宋史論三卷　(明)張溥等論正　元史論一卷　(明)張溥論正　明史論四卷　(清)谷應泰論正　清刻本　一冊　存四卷(元史論一卷、明史論一至三)

340000－1838－0000376　21300：06
績溪金紫胡氏所著書目二卷　(清)胡培系輯　(清)胡廷楨校　清光緒十年(1884)績溪胡氏世澤樓刻本　一冊

340000－1838－0000377　21300：06－01
績溪金紫胡氏所著書目二卷　(清)胡培系輯　(清)胡廷楨校　清光緒十年(1884)績溪胡氏世澤樓刻本　一冊

340000－1838－0000378　21300：06－02
績溪金紫胡氏所著書目二卷　(清)胡培系輯　(清)胡廷楨校　清光緒十年(1884)績溪胡氏世澤樓刻本　一冊

340000－1838－0000379　21300：06－03
績溪金紫胡氏所著書目二卷　(清)胡培系輯　(清)胡廷楨校　清光緒十年(1884)績溪胡氏世澤樓刻本　一冊

340000－1838－0000380　21300：06－04

績溪金紫胡氏所著書目二卷　（清）胡培系輯
（清）胡廷楨校　清光緒十年（1884）績溪胡
氏世澤樓刻本　一冊

340000－1838－0000381　21300：06－05

績溪金紫胡氏所著書目二卷　（清）胡培系輯
（清）胡廷楨校　清光緒十年（1884）績溪胡
氏世澤樓刻本　一冊

340000－1838－0000382　21300：06－06

績溪金紫胡氏所著書目二卷　（清）胡培系輯
（清）胡廷楨校　清光緒十年（1884）績溪胡
氏世澤樓刻本　一冊

340000－1838－0000383　21300：06－07

績溪金紫胡氏所著書目二卷　（清）胡培系輯
（清）胡廷楨校　清光緒十年（1884）績溪胡
氏世澤樓刻本　一冊

340000－1838－0000384　21300：06－08

績溪金紫胡氏所著書目二卷　（清）胡培系輯
（清）胡廷楨校　清光緒十年（1884）績溪胡
氏世澤樓刻本　一冊

340000－1838－0000385　21300：06－09

績溪金紫胡氏所著書目二卷　（清）胡培系輯
（清）胡廷楨校　清光緒十年（1884）績溪胡
氏世澤樓刻本　一冊

340000－1838－0000386　21300：06－10

績溪金紫胡氏所著書目二卷　（清）胡培系輯
（清）胡廷楨校　清光緒十年（1884）績溪胡
氏世澤樓刻本　一冊

340000－1838－0000387　21300：06－11

績溪金紫胡氏所著書目二卷　（清）胡培系輯
（清）胡廷楨校　清光緒十年（1884）績溪胡
氏世澤樓刻本　一冊

340000－1838－0000388　21300：06－12

績溪金紫胡氏所著書目二卷　（清）胡培系輯
（清）胡廷楨校　清光緒十年（1884）績溪胡
氏世澤樓刻本　一冊

340000－1838－0000389　21300：06－13

績溪金紫胡氏所著書目二卷　（清）胡培系輯

（清）胡廷楨校　清光緒十年（1884）績溪胡
氏世澤樓刻本　一冊

340000－1838－0000390　21300：06－14

績溪金紫胡氏所著書目二卷　（清）胡培系輯
（清）胡廷楨校　清光緒十年（1884）績溪胡
氏世澤樓刻本　一冊

340000－1838－0000391　21300：06－15

績溪金紫胡氏所著書目二卷　（清）胡培系輯
（清）胡廷楨校　清光緒十年（1884）績溪胡
氏世澤樓刻本　一冊

340000－1838－0000392　21300：06－16

績溪金紫胡氏所著書目二卷　（清）胡培系輯
（清）胡廷楨校　清光緒十年（1884）績溪胡
氏世澤樓刻本　一冊

340000－1838－0000393　21300：06－17

績溪金紫胡氏所著書目二卷　（清）胡培系輯
（清）胡廷楨校　清光緒十年（1884）績溪胡
氏世澤樓刻本　一冊

340000－1838－0000394　21300：06－18

績溪金紫胡氏所著書目二卷　（清）胡培系輯
（清）胡廷楨校　清光緒十年（1884）績溪胡
氏世澤樓刻本　一冊

340000－1838－0000395　20600：14

績溪金紫胡氏家譜二十八卷首三卷末三卷
（清）胡秉衡等纂修　清刻本　七冊

340000－1838－0000396　20600：14－01

績溪金紫胡氏家譜二十八卷首三卷末三卷
（清）胡秉衡等纂修　清刻本　三冊　存九卷
（一至三、二十至二十二、二十五至二十七）

340000－1838－0000397　21400：02

百五十名家評註史記一百三十卷　（漢）司馬
遷著　清同治二年（1863）上海文瑞樓石印本
六冊　存二十七卷（十八至二十七、四十至
四十六、一百五至一百十一、一百二十八至一
百三十）

340000－1838－0000398　21100：11

欽定續文獻通考二百五十卷　（清）紀昀總纂

清光緒二十七年（1901）上海圖書集成局遵武英殿聚珍版石印本　三十六冊

340000－1838－0000399　21400：03

百大家評註史記十卷　（明）蘭嵎　（明）朱之蕃彙輯　（明）霍林　（明）湯賓尹校正　清石印本　六冊　存六卷（三至五、七至九）

340000－1838－0000400　21400：05

進稽古錄表不分卷　（宋）司馬光撰　清刻本　一冊

340000－1838－0000401　21100：11－01

欽定續文獻通考二百五十卷　（清）紀昀總纂　清光緒二十七年（1901）上海圖書集成局遵武英殿聚珍版石印本　九冊　存四十九卷（一至十一、六十一至七十九、一百七至一百二十、一百二十六至一百二十九、二百十六）

340000－1838－0000402　21100：11－02

欽定續文獻通考二百五十卷　（清）紀昀總纂　清光緒二十七年（1901）上海圖書集成局遵武英殿聚珍版石印本　一冊　存六卷（一至六）

340000－1838－0000403　30700：18

黃帝內經素問校義一卷　（清）胡澍著　（清）胡良恭　（清）胡良駒錄　清光緒五年（1879）績溪胡氏世澤樓刻本　一冊

340000－1838－0000404　21100：10

皇朝文獻通考三百卷　（清）曹仁虎等纂修　清光緒二十七年（1901）上海圖書集成局遵武英殿聚珍版鉛印本　十冊　存六十卷（一至三十一、三十九至六十七）

340000－1838－0000405　21100：10－01

皇朝文獻通考三百卷　（清）曹仁虎等纂修　清光緒二十七年（1901）上海圖書集成局遵武英殿聚珍版鉛印本　五冊　存三十二卷（一至五、二十六至三十一、三十九至四十三、四十七至六十二）

340000－1838－0000406　21100：10－02

皇朝文獻通考三百卷　（清）曹仁虎等纂修　清鉛印本　二冊　存十一卷（二十六至三十一、三十九至四十三）

340000－1838－0000407　21400：04

讀通鑑論十六卷附宋論　（清）王夫之撰　清鉛印本　三冊　存十二卷（讀通鑑論三至四、十一至十二，宋論八至十五）

340000－1838－0000408　21400：04－1

讀通鑑論十六卷附宋論　（清）王夫之撰　清石印本　三冊　存十二卷（讀通鑑論三至四、七至八，宋論八至十五）

340000－1838－0000409　21400：07

通鑑論三卷　（宋）司馬光撰　（清）伍耀光輯錄　（清）梁武英校訂　（清）區柏年初校　清光緒二十四年（1898）菁華閣刻本　三冊

340000－1838－0000410　21400：06

讀通鑑論三十卷　（清）王夫之撰　清光緒二十七年（1901）簡青書局石印本　一冊　存一卷（一）

340000－1838－0000411　21400：04－02

讀通鑑論十六卷附宋論　（清）王夫之撰　清鉛印本　二冊　存四卷（讀通鑑論一至四）

340000－1838－0000412　30700：36

吳氏醫學述第三種六卷　（清）吳儀洛輯（清）周蘭九　吳有榆　吳有杜校　清刻本　一冊　存一卷（五）

340000－1838－0000413　30700：38

重訂驗方新編十八卷　不著撰者　清鉛印本　一冊　存三卷（十六至十八）

340000－1838－0000414　30700：16

幼科鐵鏡二卷　（清）夏鼎著　清宣統元年（1909）文元書莊石印本　二冊

340000－1838－0000415　30700：12

重刻產科心法二卷複方一卷福幼編不分卷　（清）汪喆纂　（清）朱鳳書等閱　（清）郭照等訂　（清）嚴而泰等校　**福幼編不分卷**　（明）莊一夔著　（清）拜松居士增訂　清同治八年（1869）嚴馨德堂刻本　一冊

340000－1838－0000416　30700：14

保赤良方四卷首一卷　　題(清)寄湘漁父輯
清光緒九年(1883)刻本　　一冊

340000－1838－0000417　30700：15

達生保赤編四卷首一卷　　題(清)寄湘漁父輯
　清光緒十二年(1886)萼溪山館刻本　　一冊

340000－1838－0000418　21100：10－04

皇朝文獻通考三百卷　　(清)曹仁虎等纂修
清鉛印本　　七冊　　存四十五卷(七十二至一
百十六)

340000－1838－0000419　21100：10－03

皇朝文獻通考三百卷　　(清)曹仁虎等纂修
清鉛印本　　九冊　　存五十七卷(六十八至一
百二十四)

340000－1838－0000420　21100：10－06

皇朝文獻通考三百卷　　(清)曹仁虎等纂修
清鉛印本　　二十五冊　　存一百五十四卷(一
百二十五至一百六十四、一百六十七至一百
六十九、一百七十九至一百八十四、一百八十
六至一百九十四、一百九十七至一百九十八、
二百至二百八十五、二百九十三至三百)

340000－1838－0000421　21100：10－05

皇朝文獻通考三百卷　　(清)曹仁虎等纂修
清鉛印本　　九冊　　存五十八卷(一百二十五
至一百四十一、一百四十八至一百五十八、二
百至二百四、二百十七至二百二十九、二百六
十二至二百六十六、二百八十六至二百九十
二)

340000－1838－0000422　21100：10－07

皇朝文獻通考三百卷　　(清)曹仁虎等纂修
清鉛印本　　一冊　　存九卷(一百二十五至一
百三十三)

340000－1838－0000423　21400：09

二十四史論新編三十三卷　　題(清)曲園居士
(俞樾)鑒定　　清石印本　　六冊　　存二十七卷
(七至三十三)

340000－1838－0000424　21400：08

歷代史事論海□□卷　　(清)譚奇等撰　　清石
印本　　十三冊　　存十三卷(三、七至八、十至

十三、十八至十九、二十二、二十四、二十六、
三十)

340000－1838－0000425　30700：11

圖註八十一難經辨真四卷　　(戰國)扁鵲著
(明)張世賢注　　(清)沈鏡校　　清文奎堂刻本
　二冊

340000－1838－0000426　30200：05

小題清華集不分卷　　(清)沈霖溥等撰　　清光
緒三年(1877)學歐室刻本　　四冊

340000－1838－0000427　30200：06

小題清新集不分卷　　(清)沈拱辰選　　清光緒
三年(1877)京都琉璃廠刻本　　二冊

340000－1838－0000428　30700：13－01

達生編二卷　　清道光十七年(1837)刻本
一冊

340000－1838－0000429　30200：07

明夷待訪錄不分卷　　(明)黃宗羲著　　清光緒
二十三年(1897)上海藻文局石印本　　一冊

340000－1838－0000430　30700：13－02

增訂達生編二卷附錄各門良方　　(清)王敬山
等編　　清刻本　　一冊

340000－1838－0000431　30100

經餘必讀續編八卷　　(清)錢樹棠輯　　(清)雷
琳輯　　(清)錢樹立輯　　清嘉慶十二年(1807)
聞人耀齋刻本　　二冊　　存六卷(一至六)

340000－1838－0000432　30700：13

達生編一卷　　(清)汪喆撰　　福幼編一卷遂生
編一卷　　(清)莊一夔著　　清劉炳章刻本
一冊

340000－1838－0000433　30700：10

刪註脈訣規正二卷　　(清)沈鏡刪註　　(清)徐
良臣參補　　清刻本　　二冊

340000－1838－0000434　30200：08

明儒學案節本二十卷師說一卷　　(明)黃宗羲
著　　梁啟超鈔　　清末排印本　　一冊

340000－1838－0000435　21200：05

金石苑總目二卷　　不著撰者　　清刻本　　一冊

340000－1838－0000436　30300

莊子集解八卷　（戰國）莊周撰　王先謙集解
清埽葉山房石印本　一冊　存二卷（五至
六）

340000－1838－0000437　30700：08

增訂本草備要四卷　（清）汪昂著輯　（清）鄭
曾慶訂　（清）汪桓參訂　醫方湯頭歌括一卷
（清）汪昂編　清刻本　二冊　存三卷（二
至三、醫方湯頭歌括一卷）

340000－1838－0000438　30600：01

廣蠶桑說不分卷　（清）沈練輯　清同治二年
（1863）刻本　一冊

340000－1838－0000439　21200：02

石索十二卷首一卷　（清）馮雲鵬　（清）馮雲
鵷輯　清道光元年（1821）紫琅馮氏邃古齋刻
本　五冊　存五卷（一至五）

340000－1838－0000440　30500：01

練兵實紀九卷練兵實紀雜集六卷　（明）戚繼
光撰　清光緒二十一年（1895）上海醉經廎石
印本　二冊　存五卷（練兵實紀一、練兵實紀
雜集一至四）

340000－1838－0000441　30200：01

四書朱子本義匯參四十三卷首四卷　（清）王
步青輯　清乾隆十年（1745）敦復堂刻本　一
冊　存一卷（首一）

340000－1838－0000442　30700：07

雷公炮製藥性解六卷　（明）李中梓編輯
（清）王子接重訂　清刻本　二冊

340000－1838－0000443　21200：01

金索十二卷首一卷　（清）馮雲鵬　（清）馮雲
鵷輯　清道光元年（1821）紫琅馮氏邃古齋刻
本　五冊　存五卷（一至五）

340000－1838－0000444　30700：06

珍珠囊指掌補遺藥性賦四卷　（金）李杲編輯
（清）王晉三重訂　清三讓堂刻本　二冊

340000－1838－0000445　30200：03

孔氏家語十卷　（三國魏）王肅注　清石印本

一冊　存二卷（九至十）

340000－1838－0000446　30600：02

柞蠶簡法不分卷　（清）徐瀾編輯　（清）蔣汝
正校正　清宣統二年（1910）鉛印本　一冊

340000－1838－0000447　30700：05

達生保嬰彙編不分卷　（清）悟元子輯　清光
緒十六年（1890）蘭城同大昌靛行刻本　一冊

340000－1838－0000448　30200：02

文公家禮儀節八卷　（宋）朱熹編　（明）楊慎
輯　明刻本　一冊　存二卷（六至七）

340000－1838－0000449　30700：04

同壽錄四卷　（清）項天瑞輯　清道光十一年
（1831）太谷文會堂衛生艸堂刻本　四冊

340000－1838－0000450　30500：02

練兵實紀雜集六卷　（明）戚繼光撰　清吳之
勷刻本　二冊　存四卷（一至四）

340000－1838－0000451　20600：13

南關□敘堂宗譜十卷　（清）許道宣纂修　清
光緒八年（1882）石印本　九冊

340000－1838－0000452　30700：03

醫方集解六卷　（清）汪昂著輯　清光緒五年
（1879）掃葉山房刻本　五冊　存五卷（一至
四、六）

340000－1838－0000453　30700：28

福幼編一卷　（清）莊在田著　（清）查仲誥校
痘證經驗遂生編一卷　（清）陳其泰校　清
道光二十年（1840）刻本　一冊

340000－1838－0000454　30500：03

孫子十家註十三卷　（清）孫星衍校　清刻本
一冊　存三卷（二至四）

340000－1838－0000455　30800：04

三才甲子三卷　（清）游光鼎選彙　清同治十
三年（1874）有益堂刻本　一冊

340000－1838－0000456　30700：02

補註黃帝內經素問二十四卷　題（唐）啟玄子
（王冰）注　（宋）孫兆重改誤　清刻本　一冊
存四卷（六至九）

340000－1838－0000457　21100：51

通典二百卷　（唐）杜佑纂　清乾隆十二年
（1747）刻本　三十五冊

340000－1838－0000458　30700：27

驗方新編二十四卷　（清）鮑相璈編　清刻本
　二冊　存五卷（五至八、十一）

340000－1838－0000459　30700：26

鼎鍥幼幼集成六卷　（清）陳復正輯訂　（清）
劉勸校正　（清）周宗頤參定　清刻本　五冊

340000－1838－0000460　30700：01

黃帝内經素問註證發微九卷　（明）馬元臺注
　清嘉慶十年（1805）大文堂刻本　一冊　存
　一卷（一）

340000－1838－0000461　31000：02

柞蠶簡法不分卷　（清）蔣汝正校　（清）徐瀾
編輯　清宣統元年（1909）鉛印本　一冊

340000－1838－0000462　30700：25

溫病條辨六卷首一卷　（清）吳瑭著　（清）汪
瑟菴訂　（清）徵以園參　（清）朱武曹點評
清江右醉雲軒刻本　五冊

340000－1838－0000463　30800：03

欽定萬年書不分卷　清刻本　一冊

340000－1838－0000464　30700：09

嵩厓尊生書十五卷　（清）景東旸撰　清刻本
　一冊　存二卷（十至十一）

340000－1838－0000465　31000：01

南方草木狀三卷　（晉）稽含著　竹譜一卷
（晉）戴凱之著　禽經一卷　（晉）張華注　古
今刀劍錄一卷　（南朝梁）陶弘景纂　鼎錄一
卷　（南朝梁）虞荔纂　清光緒二十一年
（1895）藝文書局刻本　一冊

340000－1838－0000466　30700：24

臨證指南醫案十卷　（清）葉桂著　清刻本
六冊　存六卷（四至九）

340000－1838－0000467　30700：33

蔡松汀先生治難產神驗良方不分卷　（清）蔡
松汀撰　清光緒二年（1876）集芳齋刻字店刻

本　一張

340000－1838－0000468　31100：26

遺址述不分卷　（清）程建安撰　清宣統三年
（1911）刻本　一冊

340000－1838－0000469　31100：07

新刊四言雜字不分卷　清刻本　一冊

340000－1838－0000470　31100：33

各處雜貨不分卷　（清）周文煒記　清末抄本
　一冊

340000－1838－0000471　30700：23

舌部形圖不分卷　（清）佚名撰　清抄本
一冊

340000－1838－0000472　31100：07－01

四言雜字不分卷　清刻本　一冊

340000－1838－0000473　31100：07－02

□言雜字類不分卷　（清）周俊明錄　清抄本
　一冊

340000－1838－0000474　30700：22

女科要旨四卷　（清）陳念祖著　（清）蔚古愚
參訂　（清）犀靈石韻注　清大文堂刻本
一冊

340000－1838－0000475　31100：25

華陽十景歌不分卷　（清）馬申東編　清宣統
元年（1909）謄印本　一冊

340000－1838－0000476　31100：25－01

華陽十景歌不分卷　（清）馬申東編　清宣統
元年（1909）謄印本　一冊

340000－1838－0000477　31100：25－02

華陽十景歌不分卷　（清）馬申東編　清宣統
元年（1909）謄印本　一冊

340000－1838－0000478　31100：12

百家姓不分卷　清刻本　一冊

340000－1838－0000479　31100：29

秋水軒尺牘四卷　（清）許思湄著　（清）沈桂
森　（清）許世燾校　清抄本　一冊　存一卷
（一）

340000－1838－0000480　31100：08

撫媳歌不分卷附治瀉痢證奇方　清光緒十二年(1886)蕚溪山館刻本　一冊

340000－1838－0000481　30700：21

醫學實在易八卷　(清)陳念祖著　(清)犀靈石參訂　清南雅堂刻本　三冊　存三卷(一至三)

340000－1838－0000482　31100：14

十三經集字不分卷　(清)李鴻藻輯　清四明耕餘樓傅氏刻本　一冊

340000－1838－0000483　31000：06

秘傳花鏡六卷　(清)陳淏子訂輯　清刻本五冊

340000－1838－0000484　30700：20

張仲景傷寒論原文淺註六卷　(漢)張仲景撰　(清)陳念祖集注　清刻本　一冊　存一卷(六)

340000－1838－0000485　31100：15

二十四詩品不分卷　(清)楊廷芝撰　清光緒五年(1879)唐文運堂刻本　一冊

340000－1838－0000486　31000：05

蔬食編不分卷　(清)萬鈞編　清末刻本一冊

340000－1838－0000487　30700：19

金匱要略淺註十卷　(漢)張仲景撰　(清)陳念祖集注　清道光十七年(1837)南雅堂刻陳修園醫書四十八種本　六冊

340000－1838－0000488　31100：18

敬齋古今註八卷　(元)李冶撰　清刻本　一冊　存五卷(四至八)

340000－1838－0000489　31100：13

中國最新仕商尺牘教科書二卷　(清)周天鵬著　清光緒三十三年(1907)刻本　二冊

340000－1838－0000490　30700：31

景岳全書六十四卷　(明)張介賓著　(清)劉夢熊訂　清掃葉山房刻本　八冊　存十八卷(一至六、十三至十五、二十二至二十五、四十

六至四十九、五十四)

340000－1838－0000491　30700：31－1

景岳全書六十四卷　(明)張介賓著　(清)劉夢熊訂　清刻本　一冊　存四卷(二十二至二十五)

340000－1838－0000492　31100：27

手抄前赤壁賦後赤壁賦千字文不分卷　(清)江思誠書　清抄本　一冊

340000－1838－0000493　31000：03

事物異名錄四十卷　(清)厲荃原輯　(清)關槐增纂　清刻本　一冊　存六卷(三十五至四十)

340000－1838－0000494　31100：44

東山書院課卷不分卷　(清)葛鴻撰　清東山書院葛鴻稿本　一冊

340000－1838－0000495　30800：01

新鐫曆法便覽象吉備要通書大全二十九卷(清)魏鑑彙述　清光緒四年(1878)積慶堂刻本　一冊　存二十卷(一至八、十二至二十三)

340000－1838－0000496　31100：31

各款聯詩不分卷　清抄本　一冊

340000－1838－0000497　31100：03

雜錦群芳□□卷　題(清)南庄居士著　清同治四年(1865)大懋堂刻本　七冊　存九卷(尺牘一、三至五、七,對聯一,銀經一至三)

340000－1838－0000498　31300：17

袁柳庄先生神像全編三卷　(明)袁忠徹撰清道光二十七年(1847)慎德堂刻本　一冊存一卷(上)

340000－1838－0000499　31100：47

通州師範學校職員學生錄不分卷　(清)師範學校編訂　清光緒三十一年(1905)翰墨林書局鉛印本　一冊

340000－1838－0000500　31300：16

陽宅三要四卷　(清)趙廷棟著　(清)王庸弼(清)張含章參著　清刻本　一冊　存二卷

(三至四)

340000－1838－0000501　31300：15

增廣玉匣記通書二卷　（清）朱說霖校　清石印本　一冊

340000－1838－0000502　31100：48

績溪縣教育分會第二年之報告不分卷　（清）績溪縣教育分會撰　清宣統元年（1909）木活字印本　一冊

340000－1838－0000503　31100：49

績溪縣教育會勸學所庚戌年學務報告　（清）績溪縣教育會勸學所撰　清宣統二年（1910）木活字印本　一冊

340000－1838－0000504　31100：01

小搭萃華□□卷　（清）張斯桂等著　清刻本　二冊　存二卷（二至三）

340000－1838－0000505　31100：21

己酉年官商快覽不分卷　（清）上海書業公所編　清宣統元年（1909）上海書業公所石印本　一冊

340000－1838－0000506　31100：02

蕙林軒小題不分卷　（清）魏啟萬　（清）凌師夔編輯　清刻本　三冊

340000－1838－0000507　31300：13

增補星平會海命學全書十卷首一卷　題（清）水中龍編　（清）汪淇訂　清石印本　六冊

340000－1838－0000508　31300：27

奇門遁甲大全三十卷　（明）劉伯溫輯　清石印本　一冊　存六卷（七至十二）

340000－1838－0000509　31300：26

繪圖神相鐵關刀四卷附錄訓戒一則附圖一卷　題（清）雲谷山人撰　清光緒二十二年（1896）上海飛鴻閣石印本　二冊

340000－1838－0000510　31100：06

留茹盦尺牘叢殘四卷　（清）嚴籬士存藥　清刻本　一冊　存一卷（一）

340000－1838－0000511　31300：12

劉伯溫燒餅歌不分卷　（清）何彬年注　清抄本　一冊

340000－1838－0000512　31400：70

大佛頂首楞嚴經正脈疏四十卷　（明）釋真鑑述　（明）釋福登校　清刻本　四冊　存十一卷（四至十四）

340000－1838－0000513　31300：10

論龍結穴不分卷　（□）□□撰　清抄本　一冊

340000－1838－0000514　31100：04

池上草堂筆記三錄六卷　（清）梁恭辰撰　清刻本　一冊　存一卷（五）

340000－1838－0000515　31300：09

新刊合併官板音義評註淵海子平五卷　（宋）徐升編　（明）楊淙增校　清芸生堂刻本　二冊　存三卷（一、四至五）

340000－1838－0000516　31300：24

入地眼全書十卷　題（宋）辜託長靜道和尚著　（清）袁泰開等參訂　（清）萬樹華編次　（清）萬基校　清文奎堂刻本　四冊

340000－1838－0000517　31300：08

鼎鍥上笈鬼谷便讀易課源流大全　（戰國）鬼谷子著　清大文堂刻本　三冊

340000－1838－0000518　31300：23

欽定協紀辨方書三十六卷　（清）允祿總理　（清）張照等總裁　（清）李廷燿等纂修　清乾隆武英殿刻朱墨套印本　九冊　存十二卷（一至三、五、七、十至十三、三十二至三十三、三十六）

340000－1838－0000519　31400：69

經中經又經四卷　（□）□□撰　清光緒二十九年（1903）揚州藏經院刻本　二冊

340000－1838－0000520　31300：07

羅經解定七卷羅經問答一卷　（清）胡國楨撰　（清）徐用霖等校訂　陽宅都天發用全書一卷　（清）瞿天贊撰　清刻本　四冊

340000－1838－0000521　31300：22

催官篇四卷　（宋）賴文俊撰　（清）尹一勺注

宣城市績溪縣圖書館古籍普查登記目錄

清嘉慶二年(1797)笥峰石室刻本　二冊

340000－1838－0000522　31400：23

呂祖全書三十二卷禪宗正指一卷　（清）劉體恕彙輯　（清）劉蔭誠　（清）劉允誠校（清）黃誠恕參訂　清同治七年(1868)湘潭崇善堂刻本　四冊　存九卷(一、十六至二十一、二十九至三十)

340000－1838－0000523　31300：06

卜筮正宗十四卷　（清）王維德輯　（清）王需等參訂　（清）蔡柱等校　清善成堂刻本　四冊　存十卷(一至二、七至十四)

340000－1838－0000524　31300：21

陽宅指南一卷　（清）蔣大鴻著　（清）張重明注　（清）尹一勺發義　清嘉慶十二年(1807)刻本　一冊

340000－1838－0000525　31400：68

淨土聖賢錄十卷　（□）□□撰　清刻本　四冊　存九卷(一至九)

340000－1838－0000526　31400：63

大方廣佛華嚴經疏鈔會本二百二十卷　（唐）釋實叉難陀譯　（唐）釋澄觀撰　清刻本　六冊　存二十二卷(二十六至三十二、五十九至六十二、一百三十九至一百四十六、二百九至二百十一)

340000－1838－0000527　31300：19

乾坤法竅三卷　（清）范宜賓輯評　陰符玄解一卷　（清）范宜賓注釋　清乾隆大文堂刻本　二冊　存二卷(一至二)

340000－1838－0000528　31300：05

新編秘傳堪輿類纂人天共寶□□卷　（清）黃慎仲編次　（清）許捷雲參訂　（秦）樗裡子（漢）張良　（唐）楊筠松　（宋）張子微（元）劉秉忠著　清刻本　一冊

340000－1838－0000529　31400：60

宗鏡錄一百卷　（宋）釋延壽集　清刻本　二冊　存十卷(六至十、三十六至四十)

340000－1838－0000530　31300：18

山洋指迷原本四卷　（明）周景一著　（清）姚兩方等閱　（清）張九儀增注　（清）吳太占校　清道光二十九年(1849)文光堂刻本　三冊

340000－1838－0000531　31400：57

佛教各宗派源流不分卷　題（清）太虛法師講義　清鉛印本　一冊

340000－1838－0000532　31300：04

陰宅集要□□卷　（清）姚廷鑾輯　（清）宏森周等校　清刻本　三冊　存三卷(一、三至四)

340000－1838－0000533　31400：62

大乘止觀法門釋要六卷　（明）釋智旭述　清光緒二十二年(1896)刻本　二冊

340000－1838－0000534　31300：28

陽宅集成八卷　（清）姚廷鑾纂輯　（清）陸榮穟　（清）王汝元參　（清）錢雍琳　（清）顧鳳池校　清乾隆刻本　六冊

340000－1838－0000535　31300：03

鼎鍥上筮鬼谷源流斷易天機大全三卷首一卷　（戰國）鬼谷子著　清刻本　二冊

340000－1838－0000536　31400：67

雲峰蕅益大師選定淨土十要十卷　題（明）蕅益大師選定　清光緒二十年(1894)廣陵藏經禪院刻本　四冊

340000－1838－0000537　31300：02

羅經指南撥霧集三卷　（清）葉泰著　（明）吳天洪校　（清）郭廷彥定　（清）劉宮振參　清文秀堂刻本　三冊

340000－1838－0000538　31400：59

大方廣佛華嚴經疏鈔懸談二十八卷首一卷（唐）釋澄觀述　清刻本　四冊　存十四卷(十一至二十四)

340000－1838－0000539　31400：122

十地經論十二卷　題（印度）世親菩薩造(北魏)菩提流支等譯　清刻本　一冊　存二卷(十一至十二)

340000－1838－0000540　31400：121

八仙赴會單方不分卷　題(清)汝南俊記　清抄本　一冊

340000－1838－0000541　31400：65

淨土聖賢錄續編四卷附種蓮集　題(清)蓮歸居士輯　清刻本　二冊

340000－1838－0000542　30700：30

新刊外科正宗六卷　(清)陳實功纂著　清道光二十二年(1842)刻本　六冊

340000－1838－0000543　31400：120

竈司真經不分卷　(□)□□撰　清龍游知時印書局鉛印本　一冊

340000－1838－0000544　31400：56

文昌帝君陰騭文廣義節錄二卷　(清)周夢顏述　清光緒七年(1881)鉛印本　二冊

340000－1838－0000545　30700：30－01

新刊外科正宗六卷　(清)陳實功纂著　清刻本　一冊　存一卷(三)

340000－1838－0000546　31400：118

中學參同不分卷　(□)□□撰　清光緒合一會鉛印本　一冊

340000－1838－0000547　31400：119

太上感應篇不分卷首一卷　(清)王善降撰清光緒十七年(1891)養德軒刻本　一冊

340000－1838－0000548　30700：29

御纂醫宗金鑑九十卷首一卷　(清)吳謙(清)劉裕鐸總修　清刻本　八冊　存十一卷(七十八至八十、八十三至九十)

340000－1838－0000549　31400：55

龍舒淨土文十卷首一卷末一卷　(宋)王日休撰　清光緒九年(1883)金陵刻經處刻本一冊

340000－1838－0000550　30700：32

本草綱目五十二卷圖三卷　(明)李時珍編輯　清刻本　十二冊　存十九卷(本草綱目一至二、四至七、十七至二十、三十九至四十、四十三至四十八,圖中)

340000－1838－0000551　31400：116

經書不分卷　清鉛印本　一冊

340000－1838－0000552　30700：34

本草萬方鍼線八卷　(清)蔡烈先輯　清刻本　一冊　存二卷(七至八)

340000－1838－0000553　31100：05

家寶二集八卷　(清)石成金譔集　清刻本一冊　存一卷(三)

340000－1838－0000554　31400：114

三聖經靈驗圖註不分卷　(□)□□撰　清蘭谿大觀石印書局石印本　一冊

340000－1838－0000555　31400：111

看破世界不分卷醒心經不分卷多看看不分卷　(清)周祖道輯　清光緒海寧路沈全記刻本一冊

340000－1838－0000556　31500：07－01

新增繪圖萬宝全書續編六卷　(清)陳淏子撰清石印本　二冊

340000－1838－0000557　31500：07

增補萬宝全書二十卷　(清)陳淏子撰　清光緒三十二年(1906)石印本　四冊　存十三卷(一至二、十至二十)

340000－1838－0000558　31100：05－01

家寶二集八卷　(清)石成金訂集　清刻本一冊　存一卷(八)

340000－1838－0000559　31100：05－02

家寶二集八卷　(清)石成金訂集　清刻本一冊　存一卷(七)

340000－1838－0000560　31100：05－03

家寶三集八卷　(清)石成金訂補　清刻本一冊　存一卷(一)

340000－1838－0000561　31100：05－04

家寶三集八卷　(清)石成金訂補　清刻本一冊　存一卷(七)

340000－1838－0000562　31100：05－05

家寶三集八卷　(清)石成金撰集　清刻本一冊　存一卷(六)

340000－1838－0000563　31100：05－06

家寶四集八卷　（清）石成金撰集　清刻本
一冊　存一卷（六）

340000－1838－0000564　31400：112－01

**玉皇上帝洪慈救劫寶經不分卷附萬佛經不分
卷**　清鉛印本　一冊

340000－1838－0000565　31400：112

**玉皇上帝洪慈救劫寶經不分卷附萬佛經不分
卷**　清鉛印本　一冊

340000－1838－0000566　31400：61

佛說觀無量壽佛經疏四卷　（唐）釋善導集記
清光緒二十年（1894）金陵刻經處刻本
二冊

340000－1838－0000567　31500：06

詩學含英十四卷　（清）劉文蔚輯　清大成堂
刻本　三冊　存十卷（一至四、九至十四）

340000－1838－0000568　31400：107

止觀輔行傳宏決不分卷　（唐）釋湛然述
（清）胡樹錄　清同治八年（1869）刻本　一冊

340000－1838－0000569　31400：88

普勸僧俗發菩提心文不分卷　（唐）裴休撰
清刻本　一冊

340000－1838－0000570　31500：05

分韻字彙撮要四卷　（清）溫儀鳳輯　（清）繼
聖端訂　**江湖輯要四卷**　（清）路程規略　清
光緒十九年（1893）刻本　二冊

340000－1838－0000571　31400：105

因果還報真經不分卷　（清）華復元校訂　清
光緒三十年（1904）精一子佩文堂刻本　一冊

340000－1838－0000572　31400：64

御選語錄十九卷　清刻本　三冊　存三卷
（十至十一、十三）

340000－1838－0000573　31500：04

續古文辭類纂三十四卷　王先謙纂　清光緒
十六年（1890）鉛印本　一冊　存二卷（一至
二）

340000－1838－0000574　31500：03

古文辭類纂三十四卷　王先謙纂　清光緒十
六年（1890）鉛印本　一冊　存二卷（一至二）

340000－1838－0000575　31400：79

大寶積經一百二十卷　（唐）釋菩提流志譯
清刻本　一冊　存五卷（二十一至二十五）

340000－1838－0000576　31400：104

大宗地玄文本論略註四卷　（印度）馬鳴菩薩
造　（唐）釋玄奘法師譯　（清）楊文會注　清
光緒三十二年（1906）金陵刻經處刻本　一冊
存二卷（三至四）

340000－1838－0000577　31400：103

一切經音義二十五卷　（唐）釋元應撰　（清）
莊炘　（清）錢坫　（清）孫星衍校正　**補訂新
譯大方廣佛華嚴經義二卷**　（清）釋慧宛撰
清同治八年（1869）刻本　四冊

340000－1838－0000578　31400：80

無量壽經起信論三卷　（清）彭際清編　清乾
隆四十年（1775）刻本　一冊

340000－1838－0000579　31500：02

古文辭類纂七十四卷　（清）姚鼐編　清刻本
一冊　存六卷（五十九至六十四）

340000－1838－0000580　31500：01

典制類林四卷　（清）唐式南編　清刻本
二冊

340000－1838－0000581　31400：81

往生集三卷　（明）釋袾宏輯　清光緒二十四
年（1898）金陵刻經處刻本　一冊

340000－1838－0000582　31400：76

文昌帝君孝經六章　（明）邱仲深原注　（清）
吳雲莊補注　（清）徐□珊旁注　清同治三年
（1864）通州甘朝士刻本　一冊

340000－1838－0000583　31400：77

高僧傳初集十五卷首一卷　（南朝梁）釋慧皎
撰　清光緒十年（1884）金陵刻經處刻本　一
冊　存四卷（四至七）

340000－1838－0000584　40100：16

三蘇文集七十一卷首一卷　（宋）蘇轍著　清

石印本　一冊　存六卷(十五至二十)

340000－1838－0000585　31400：102
觀世音菩薩本行經不分卷　(宋)釋普明編
(明)釋寶峰　(明)釋智公重修　(明)釋文
公傳錄　清古杭昭慶大字經房刻本　一冊

340000－1838－0000586　40100：11
增批古文觀止四卷　(清)吳留村鑒定　(清)
吳乘權　(清)吳大職評注　(清)章祖泰增輯
清光緒三十三年(1907)石印本　二冊

340000－1838－0000587　40100：10
大文堂古文觀止六卷　(清)吳留村鑒定
(清)吳乘權　(清)吳大職手錄　清大文堂刻
本　五冊

340000－1838－0000588　31400：74
佛說四十二章經解一卷　(明)釋智旭等著
佛遺教經解一卷　(明)釋智旭述　八大人覺
經略解一卷　(漢)安世高譯　(明)釋智旭解
　般若菠蘿蜜多心經註解一卷　(唐)釋玄奘
法師譯　清光緒十一年(1885)金陵刻經處刻
本　一冊

340000－1838－0000589　31400：101
地藏菩薩本願經三卷　(唐)釋實叉難陀譯
清光緒八年(1882)杭城慶經房刻本　一冊

340000－1838－0000590　40100：07
五鳳樓古文觀止十二卷　(清)吳留村鑒定
(清)吳乘權　(清)吳大職手錄　清同治十二
年(1873)刻本　五冊

340000－1838－0000591　31400：78
閱藏知津四十四卷總目四卷　(清)釋智旭彙
輯　清刻本　二冊　存八卷(二十六至三十
三)

340000－1838－0000592　31400：90
太上感應篇直講一卷首一卷　清光緒十八年
(1892)蘭谿育嬰堂刻本　一冊

340000－1838－0000593　31400：73
西方要決科註二卷　(唐)釋窺基撰　清刻本
　一冊

340000－1838－0000594　40100：07－01
古文觀止十二卷　(清)吳留村鑒定　(清)吳
乘權　(清)吳大職手錄　清金陵李光明莊刻
本　一冊　存四卷(五至八)

340000－1838－0000595　31400：72
集古今佛道論衡三卷　(唐)釋道宣撰　清刻
本　一冊

340000－1838－0000596　40100：06
五鳳樓古文觀止十二卷　(清)吳留村鑒定
(清)吳乘權　(清)吳大職手錄　清光緒十三
年(1887)刻本　三冊　存六卷(一至二、五至
六、九至十)

340000－1838－0000597　31400：89
太上感應篇直講一卷首一卷　清乾隆四十二
年(1777)有容齋刻本　一冊

340000－1838－0000598　31400：71
省庵法師語錄二卷　(清)彭際清重訂　清光
緒二十六年(1900)揚州藏經院刻本　二冊

340000－1838－0000599　31400：82
諸經日誦集要二卷　(明)釋袾宏訂輯　清光
緒二十四年(1898)金陵刻經處刻本　二冊

340000－1838－0000600　40100：05
古文快筆貫通解三卷　(清)杭永年輯　(清)
陸費錫鑒定　(清)吳自道參校　清令德堂刻
本　三冊

340000－1838－0000601　31400：83
地藏菩薩本願經三卷　(唐)釋實叉難陀譯
清光緒三十年(1904)金陵刻經處刻本　一冊

340000－1838－0000602　31400：87
蒙山施食略解一卷　(清)釋洪基　(清)釋大
慧校　放生儀一卷　(清)釋顯慧校　清光緒
四年(1878)金陵刻經處刻本　一冊

340000－1838－0000603　40100：04
昭明文選集成六十卷首二卷　(南朝梁)蕭統
撰　(清)方廷珪評點　(清)周大有等校　清
傚范軒刻本　十四冊　存二十七卷(十五至
十八、二十一至二十三、三十四至三十七、四

十四至四十五、四十七至六十）

340000－1838－0000604　31400：86

返性圖纂正六卷首一卷末一卷　清光緒二十二年(1896)浙蘭自反齋刻本　六冊

340000－1838－0000605　31400：85

敬信錄二卷　清同治十年(1871)同樂善堂刻本　一冊　存一卷(上)

340000－1838－0000606　40100：02

文選箋證三十二卷　（清）胡紹煐撰　（清）朱右曾等參校　清光緒十三年(1887)績溪胡氏世澤樓石印本　十冊

340000－1838－0000607　31300：20

地理辨正補義五卷　（清）蔣平階補傳　（清）姜垚辨正　（清）尹一勺補義　清嘉慶九年(1804)刻本　一冊　存一卷(一)

340000－1838－0000608　30800：02

新鐫曆法總覽合節象吉備要通書二十九卷　(清)魏鑑撰　清刻本　一冊　存四卷(三至六)

340000－1838－0000609　30800：02－01

新鐫曆法便覽象吉備要通書二十九卷　（清）魏鑑彙述　清刻本　一冊　存一卷(十一)

340000－1838－0000610　30800：02－02

新鐫曆法便覽象吉備要通書二十九卷　（清）魏鑑彙述　清刻本　一冊　存二卷(十二至十三)

340000－1838－0000611　30800：02－04

新鐫曆法便覽象吉備要通書二十九卷　（清）魏鑑彙述　清刻本　一冊　存三卷(十七至十九)

340000－1838－0000612　30800：02－06

新鐫曆法便覽象吉備要通書二十九卷　（清）魏鑑彙述　清刻本　一冊　存四卷(二十一至二十四)

340000－1838－0000613　30800：02－08

新鐫曆法便覽象吉備要通書二十九卷　（清）魏鑑彙述　清刻本　一冊　存一卷(十一)

340000－1838－0000614　30800：02－09

新鐫曆法便覽象吉備要通書二十九卷　（清）魏鑑彙述　清刻本　一冊　存六卷(二十四至二十九)

340000－1838－0000615　30800：02－03

新鐫象吉備要通書二十九卷　（清）魏鑑彙述　清刻本　一冊　存四卷(七至十)

340000－1838－0000616　30800：02－05

新鐫象吉備要通書二十九卷　（清）魏鑑纂輯　清刻本　一冊　存十卷(二十至二十九)

340000－1838－0000617　30800：02－07

新鐫象吉備要通書二十九卷　（清）魏鑑彙述　清刻本　一冊　存五卷(二十五至二十九)

340000－1838－0000618　30800：02－10

新鐫象吉備要通書二十九卷　（清）魏鑑彙述　清刻本　一冊　存二卷(九至十)

340000－1838－0000619　40100：02－01

文選箋證三十二卷　（清）胡紹煐撰　（清）朱右曾等參校　清光緒十三年(1887)績溪胡氏世澤樓石印本　七冊　存二十二卷(一至十一、十七至二十七)

340000－1838－0000620　30900：01

朱柏廬先生治家格言一卷　（清）朱用純撰　(清)張弨書　清光緒三十四年(1908)抄本　一冊

340000－1838－0000621　40100：03

十八家詩鈔二十八卷　（清）曾國藩纂　（清）李鴻章審訂　清同治十三年(1874)傳忠書局刻本　十冊　存十一卷(一至二、九至十、十五至十七、二十二、二十五至二十七)

340000－1838－0000622　31100：22

讀書雜誌十種餘編二卷　（清）王念孫撰　清刻本　十四冊

340000－1838－0000623　40200：01

分類賦學雞跖集三十卷附錄一卷　（清）張維城輯　清道光十二年(1832)刻本　四冊　存十八卷(一至五、十二至十九、二十七至三十，

附錄一卷)

340000－1838－0000624　40100：31

青雲集分韻試帖詳註四卷　（清）楊逢春
（清）蕭應槻輯　（清）沈景福　（清）徐紹會
參　（清）沈品華等注　（清）沈錫慶校正　清
光緒六年(1880)大道堂刻本　一冊　存一卷
(一)

340000－1838－0000625　40100：30

小題鳴鳳□□卷　（清）佚名撰　清同治十一
年(1872)小蓬仙館刻本　三冊　存三卷(一
至二、五)

340000－1838－0000626　40200：02

增補事類統編九十三卷首一卷　（清）黃葆真
增輯　（清）何立中校　清同治十一年(1872)
刻本　四冊　存九卷(一、十三至十六、三十
六至三十八,首一卷)

340000－1838－0000627　40300：12

王陽明集雜鈔不分卷　（清）佚名撰　清抄本
一冊

340000－1838－0000628　40100：27

註釋唐詩三百首不分卷　題（清）蘅塘退士
(孫洙)編　清李光明莊刻本　二冊

340000－1838－0000629　40100：28

註釋唐詩三百首不分卷　題（清）蘅塘退士
(孫洙)編　清大成堂刻本　二冊

340000－1838－0000630　40100：29

註釋唐詩三百首不分卷　題（清）蘅塘退士
(孫洙)編　清大成堂刻本　三冊

340000－1838－0000631　40300：11

斋中讀書不分卷　（清）胡肇昕撰　清光緒二
十五年(1899)刻本　一冊

340000－1838－0000632　40100：26

唐詩三百首註疏六卷　題(清)蘅塘退士編
（清）章燮注　（明）孫孝根校正　（清）范廷
懋　（清）范化龍參訂　清道光十五年(1835)
愛日堂刻本　三冊

340000－1838－0000633　40300：17

宋大家蘇文定公文抄二十卷　（宋）蘇轍撰
(明)茅坤批評　清刻本　二冊　存六卷(三
至八)

340000－1838－0000634　40300：11－01

斋中讀書不分卷　（清）胡肇昕撰　清光緒二
十五年(1899)刻本　一冊

340000－1838－0000635　40300：11－02

斋中讀書不分卷　（清）胡肇昕撰　清光緒二
十五年(1899)刻本　一冊

340000－1838－0000636　40300：26

賓萌集不分卷　（清）俞樾撰　清刻本　一冊

340000－1838－0000637　40300：11－05

斋中讀書不分卷　（清）胡肇昕撰　清光緒二
十五年(1899)刻本　一冊

340000－1838－0000638　40300：11－04

斋中讀書不分卷　（清）胡肇昕撰　清光緒二
十五年(1899)刻本　一冊

340000－1838－0000639　40300：11－03

斋中讀書不分卷　（清）胡肇昕撰　清光緒二
十五年(1899)刻本　一冊

340000－1838－0000640　40300：15

芸香堂詩集二卷　（清）和琳著　清石印本
一冊

340000－1838－0000641　40100：24

搭截新準二卷　（清）趙彥傳輯　（清）戈奎
(清)吳佑會校　清同治十年(1871)京都琉璃
廠刻本　一冊　存一卷(上)

340000－1838－0000642　40300：05－01

胡少師總集六卷首一卷附錄一卷　（宋）胡舜
陟著　（清）孫培軍編輯　清道光十九年
(1839)石印本　一冊

340000－1838－0000643　40300：05

胡少師總集六卷首一卷　（宋）胡舜陟著
(清)孫培軍編輯　清同治二年(1863)孫肇智
刻本　一冊　存三卷(一至三)

340000－1838－0000644　40300：20

忠武誌八卷　（清）張鵬翮輯　清刻本　一冊

存一卷(三)

340000－1838－0000645　40300：28

崇蘭堂詩初十卷　（清）張預撰　清光緒二十年(1894)刻本　一冊　存六卷(一至六)

340000－1838－0000646　40100：25

仁在堂時藝開□□卷　（清）路德輯　（清）董蓮　（清）李建瀛　（清）郭仁山校　清石印本　一冊　存二卷(九至十)

340000－1838－0000647　40100：25－01

仁在堂時藝開□□卷　（清）路德輯　（清）董蓮　（清）李建瀛　（清）郭仁山校　清石印本　一冊　存一卷(十)

340000－1838－0000648　40300：29

梅村集二十卷　（清）吳偉業著　（清）許旭（清）顧湄訂　清刻本　六冊

340000－1838－0000649　40300：06

鵬南詩鈔不分卷　（清）胡銘琦　（清）胡源寧（清）胡霖浹　（清）胡在田　（清）胡嗣運撰　清刻本　一冊

340000－1838－0000650　40100：33

試帖連珠□□卷　（□）□□撰　清石印本　二冊　存二卷(三至四)

340000－1838－0000651　40100：32

金鈴詩二集□□卷　（□）□□撰　清刻本　一冊　存二卷(三至四)

340000－1838－0000652　40300：27

一幅集□□卷　（清）項淳著　（清）汪金鰲（清）劉椿校訂　清乾隆刻本　三冊　存十一卷(四至十四)

340000－1838－0000653　40100：34

八股文選集不分卷　題(清)次青先生書　清抄本　一冊

340000－1838－0000654　40300：21

河海崑崙錄四卷　（清）裴景福著　清宣統元年(1909)鉛印本　四冊

340000－1838－0000655　40100：21

試律青雲集四卷　（清）楊逢春輯　（清）沈品

三　（清）沈品金　（清）沈品華　（清）沈品第注　（清）蕭應樾　（清）沈景福　（清）徐紹會參　清刻本　一冊　存一卷(三)

340000－1838－0000656　40300：10

研六室文鈔十卷補遺一卷　（清）胡培翬撰清光緒四年(1878)績溪胡氏世澤樓刻本四冊

340000－1838－0000657　40300：22

容安小室詩鈔四卷　（清）楊福申著　清宣統三年(1911)同文書館鉛印本　一冊　存二卷(一至二)

340000－1838－0000658　40100：22

詩集不分卷　（清）汝南俊誌　清抄本　一冊

340000－1838－0000659　40100：20

國朝二十四家文鈔六卷　（清）徐斐然輯評（清）閔闔夫參訂　清刻本　一冊　存二卷(四至五)

340000－1838－0000660　40300：10－01

研六室文鈔十卷補遺一卷　（清）胡培翬撰清光緒四年(1878)績溪胡氏世澤樓刻本四冊

340000－1838－0000661　40300：04

山門詩史不分卷　（清）周贇著　清光緒二十四年(1898)刻本　一冊

340000－1838－0000662　40300：03

海峰文集八卷　（清）劉大櫆撰　清刻本　二冊　存四卷(論著、書、序、記)

340000－1838－0000663　40100：19

重編留青新集二十四卷　（清）陳枚輯　清光緒十四年(1888)石印本　五冊　存十二卷(一至二、五至八、十一至十二、十七至二十)

340000－1838－0000664　40300：25

胡文忠公遺集十卷首一卷　（清）胡林翼撰（清）閻敬銘等編輯　（清）嚴樹森鑒定　清刻本　四冊　存六卷(二至七)

340000－1838－0000665　40100：18

寄嶽雲齋試體詩選詳註二卷　（清）張學蘇箋

（清）聶銑敏編　清嘉慶刻本　一冊　存一
卷（一）

340000－1838－0000666　40300：02

汪梅村先生集十二卷外文集一卷　（清）汪士
鐸撰　清光緒七年（1881）刻本　四冊

340000－1838－0000667　50100：09

皇朝經世文編一百二十卷　（清）賀長齡輯
（清）魏源編次　（清）曹堉校勘　清光緒十七
年（1891）邵州經綸書局刻本　八十冊

340000－1838－0000668　50100：01

新安景物約編一卷附補遺一卷　（清）江忠儔
（清）江正心纂　清青雲堂刻本　一冊

340000－1838－0000669　40100：08

憑山閣增定留青全集二十四卷　（清）陳枚簡
輯　（清）李汾雍參訂　清康熙刻本　十六冊

340000－1838－0000670　40300：16

范忠貞公全集四卷首一卷附錄一卷　（清）范
承謨撰　清光緒二十一年（1895）刻本　四冊

340000－1838－0000671　50100：08

女四書四種二卷　（清）王相箋注　（清）鄭漢
校　清光緒六年（1880）盛德堂刻朱墨套印本
一冊　存一卷（上）

340000－1838－0000672　50100：10

皇朝經世文編一百二十卷姓名總目二卷
（清）賀長齡輯　清光緒二十二年（1896）石印
本　六冊　存二十九卷（一至二、八十一至一
百五,姓名總目二卷）

340000－1838－0000673　40300：14

選註六朝唐賦不分卷　（清）馬傳庚撰　清影
印本　二冊

340000－1838－0000674　50100：06

新增願題集四卷　（清）李仲麟輯　清同治四
年（1865）汲綆齋刻本　一冊

340000－1838－0000675　50100：11

皇朝經世文編一百二十卷姓名總目二卷
（清）賀長齡輯　清鉛印本　六冊　存三十三
卷（二十四至二十九、三十五至三十九、六十

二至六十七、八十八至九十三、一百十一至一
百二十）

340000－1838－0000676　50300：09

增補詳註秋水軒尺牘四卷首一卷　（清）許思
湄著　（清）婁世瑞注　題（清）寄鴻軒主人輯
清宣統二年（1910）上海龍文書局石印本
一冊

340000－1838－0000677　50100：12

皇朝經世文編一百二十卷姓名總目二卷
（清）賀長齡輯　清雙峰書屋刻本　一冊　存
一卷（四十八）

340000－1838－0000678　50400：01

韓詩外傳十卷　（漢）韓嬰著　（清）周廷寀校
注　（清）周宗杭參校　清光緒元年（1875）廬
江吳氏望三益齋刻本　四冊

340000－1838－0000679　31300：01

凹凸山人地竅輯要二卷　（清）蔣平階補傳
（清）尹觀瀾補義　（唐）陽益筠著　（清）尹
一勺補義　清居易艸堂抄本　一冊

340000－1838－0000680　50100：15

皇朝經世文新編續集二十一卷　（清）甘韓輯
（清）楊鳳藻校正　清石印本　一冊　存二
卷（十五至十六）

340000－1838－0000681　50100：14

皇朝經世文續編一百二十卷　（清）葛士濬輯
清鉛印本　四冊　存十九卷（四十至四十
四、八十一至九十一、一百三至一百五）

340000－1838－0000682　50100：13

皇朝經世文續編一百二十卷　（清）葛士濬輯
清光緒十四年（1888）刻本　四十冊

340000－1838－0000683　50100：16

**欽定武英殿聚珍版書一百三十八種二千四百
十六卷**　（清）陸錫熊　（清）紀昀總纂
（清）余集等纂修　清浙江刻本　十一冊　存
六種三十一卷（絜齋毛詩經筵講義一至四、甕
牖閒評一至八、農桑輯要一至七、拙軒集一至
六、禹貢指南一至四、漢官舊儀一至二）

340000－1838－0000684　50300：10

新輯尺牘合璧四卷　（清）許思湄著　（清）婁世瑞注　題（清）寄虹軒主人輯　清上海文益書局石印本　一冊

340000－1838－0000685　50300：11

新輯秋水軒四卷附原札一卷附雪鴻軒尺牘一卷　（清）許思湄著　（清）婁世瑞注　題（清）寄虹軒主人輯　清宣統元年（1909）上海同文書局石印本　一冊　存一卷（一）

340000－1838－0000686　50300：08

家庭講話三卷　（清）陸起鯤撰　清光緒二十九年（1903）蘭谿育嬰堂刻本　一冊

340000－1838－0000687　50300：08－01

家庭講話三卷　（清）陸起鯤撰　清光緒二十九年（1903）蘭谿育嬰堂刻本　一冊

340000－1838－0000688　50102：01

欽定古今圖書集成一萬卷　（清）蔣廷錫等輯　清石印本　七十二冊　存五百十九卷（一至四、十至十五、五十二至五十八、八十三至九十、九十七至一百三、一百七十八至一百九十一、一百九十八至二百五十三、二百六十一至二百六十八、二百九十一至二百九十七、三百四至三百十一、三百二十五至三百三十一、三百五十六至三百七十、三百八十六至三百九十一、四百七至四百十三、四百九十九至五百六、五百十五至五百二十一、五百二十八至五百五十五、六百三十六至六百四十三、七百四至七百十二、七百二十至七百三十四、七百四十三至七百五十、七百六十七至七百七十四、八百五十九至八百七十二、八百九十六至九百三、九百二十二至九百二十九、九百四十三至九百七十、一千二十至一千四十二、一千五十至一千六十三、一千七十七至一千八十三、一千一百八十三至一千一百八十八、一千一百九十六至一千二百一、一千二百六十至一千二百七十九、一千二百八十七至一千三百二十七、一千三百九十三至一千四百、一千四百七至一千四百二十一、一千四百二十八至一千四百三十四、一千四百五十三至一千四百六十五、一千四百七十二至一千四百八十

五、一千四百九十三至一千五百十四、一千五百三十一至一千五百四十四）

340000－1838－0000689　50102：01－1

欽定古今圖書集成一萬卷　（清）蔣廷錫等輯　清石印本　二十冊　存一百三十九卷（一至四、十至十五、五十二至五十八、八十三至九十、九十七至一百三、一百七十八至一百九十一、一百九十八至二百五十三、二百六十一至二百六十八、二百九十一至二百九十七、三百四至三百十一、三百二十五至三百三十一、三百五十六至三百六十二）

340000－1838－0000690　50102：01－2

欽定古今圖書集成一萬卷　（清）蔣廷錫等輯　清石印本　二十冊　存一百四十九卷（三百六十二至三百七十、三百八十六至三百九十一、四百七至四百十三、四百九十九至五百六、五百十五至五百二十一、五百二十八至五百五十五、六百三十六至六百四十三、七百四至七百十二、七百二十至七百三十四、七百四十三至七百五十、七百六十七至七百七十四、八百五十九至八百七十二、八百九十六至九百三、九百二十二至九百二十九、九百四十三至九百四十八）

340000－1838－0000691　50103：01

欽定古今圖書集成一萬卷　（清）蔣廷錫等輯　清石印本　七冊　存四十三卷（一百七至一百十二、一百二十六至一百三十一、一百三十八至一百四十四、一百九十二至一百九十八、二百十二至二百十四、二百三十八至二百五十一）

340000－1838－0000692　50103：02

欽定古今圖書集成一萬卷　（清）蔣廷錫等輯　清石印本　八冊　存五十二卷（一百二十七至一百五十八、二百九至二百二十二、二百三十七至二百四十二）

340000－1838－0000693　50102：02

欽定古今圖書集成一萬卷　（清）蔣廷錫等輯　清石印本　二十冊　存一百二十三卷（一至五、七十五至九十三、一百七至一百二十

一、一百三十至一百三十七、一百五十八至一百七十六、一百八十三至二百二、二百二十四至二百五十、三百十一至三百二十)

340000－1838－0000694　50103：03
欽定古今圖書集成一萬卷　（清）蔣廷錫等輯
　　清石印本　四十一冊　存二百七十三卷(一至六、十八至三十六、四十九至五十四、一百六十至一百六十九、一百七十八至一百八十九、二百二十四至二百三十六、二百六十五至二百七十二、二百八十至三百二、三百十七至三百二十三、三百六十七至三百七十三、三百八十一至三百九十四、四百八至四百四十五、四百五十三至四百六十六、四百八十至四百九十二、五百十六至五百二十六、五百三十四至五百三十九、五百四十六至五百五十九、五百八十至五百八十五、六百三十三至六百三十八、六百四十五至六百五十一、六百八十五至六百九十、七百十一至七百十七、七百三十六至七百四十一、七百六十九至七百八十二)

340000－1838－0000695　50102：03－1
欽定古今圖書集成一萬卷　（清）蔣廷錫等輯
　　清石印本　五冊　存二十八卷(十三至十九、五十二至五十八、八十三至八十六、九十二至九十六、一百三至一百七)

340000－1838－0000696　50103：04
欽定古今圖書集成一萬卷　（清）蔣廷錫等輯
　　清石印本　八冊　存四十五卷(七至十八、二十五至三十、七十八至八十八、九十五至九十九、一百六至一百十六)

340000－1838－0000697　50103：05
欽定古今圖書集成一萬卷　（清）蔣廷錫等輯
　　清石印本　七冊　存四十五卷(八至十三、二十至二十五、六十一至七十二、八十三至一百三)

340000－1838－0000698　50103：06
欽定古今圖書集成一萬卷　（清）蔣廷錫等輯
　　清石印本　三十一冊　存一百八十二卷(一百四十五至一百七十四、二百九至二百三十四、二百四十至二百五十三、三百三十五至三百四十、三百四十七至三百五十三、三百七十至三百八十四、三百九十一至三百九十六、四百五至四百二十七、四百四十二至四百四十八、四百五十六至四百六十三、四百八十五至四百九十二、五百至五百七、五百三十三至六百十四、六百二十七至六百三十九)

340000－1838－0000699　50105：02
欽定古今圖書集成一萬卷　（清）蔣廷錫等輯
　　清石印本　十四冊　存八十卷(六至十七、二十四至三十四、七十九至八十四、九十八至一百二十五、一百四十六至一百五十一、一百五十九至一百六十五、一百七十二至一百七十六、一百八十二至一百八十六)

340000－1838－0000700　50104：02
欽定古今圖書集成一萬卷　（清）蔣廷錫等輯
　　清石印本　五冊　存三十二卷(十三至十八、二十四至三十、三十七至四十三、五十五至六十、九十五至一百)

340000－1838－0000701　50104：03
欽定古今圖書集成一萬卷　（清）蔣廷錫等輯
　　清石印本　七冊　存三十八卷(一至十一、四十二至四十六、七十一至七十九、一百三十三至一百四十五)

340000－1838－0000702　50104：04
欽定古今圖書集成一萬卷　（清）蔣廷錫等輯
　　清石印本　七冊　存三十九卷(一至六、二十三至三十二、五十一至五十六、一百二十一至一百三十二、二百六十三至二百六十七)

340000－1838－0000703　50105：01
欽定古今圖書集成一萬卷　（清）蔣廷錫等輯
　　清石印本　四冊　存二十二卷(一至六、一百七至一百十二、二百五十九至二百六十三、二百九十八至三百二)

340000－1838－0000704　50107：03
欽定古今圖書集成一萬卷　（清）蔣廷錫等輯
　　清石印本　七冊　存四十四卷(五十六至六十二、八十一至九十二、一百三至一百九、一百九十五至一百九十九、二百三十六至二

百四十一、二百八十八至二百九十四）

340000－1838－0000705　50105：03
欽定古今圖書集成一萬卷　（清）蔣廷錫等輯
　　清石印本　十三冊　存七十一卷（十八至
三十四、四十至六十五、九十二至九十七、一
百三十六至一百三十九、四百八十八至四百
九十二、四百九十九至五百四、七百九十八至
八百四）

340000－1838－0000706　50104：01
欽定古今圖書集成一萬卷　（清）蔣廷錫等輯
　　清石印本　十七冊　存一百六卷（十一至
十六、二十九至三十三、五十八至六十三、一
百一至一百六、一百十四至一百三十六、一百
五十至一百五十四、一百七十五至一百八十
四、二百十六至二百三十三、二百七十九至二
百九十二、三百二十九至三百三十六、三百五
十至三百五十四）

340000－1838－0000707　50105：04
欽定古今圖書集成一萬卷　（清）蔣廷錫等輯
　　清石印本　十冊　存五十六卷（一百四至
一百八、一百十五至一百四十七、一百七十六
至一百九十三）

340000－1838－0000708　50106：01
欽定古今圖書集成一萬卷　（清）蔣廷錫等輯
　　清石印本　四冊　存二十二卷（七至十一、
三十三至三十七、四十四至四十九、八十六至
九十一）

340000－1838－0000709　50107：01
欽定古今圖書集成一萬卷　（清）蔣廷錫等輯
　　清石印本　十四冊　存八十七卷（四十至
四十四、一百三至一百九、一百三十至一百四
十一、一百五十八至一百六十三、一百七十一
至一百七十九、一百八十五至一百九十、一百
九十七至二百九、二百九十一至三百一、三百
十七至三百二十八、三百七十五至三百八十）

340000－1838－0000710　50106：02
欽定古今圖書集成一萬卷　（清）蔣廷錫等輯
　　清石印本　九冊　存四十四卷（六至十九、
三十至五十四、六十八至七十二）

340000－1838－0000711　50106：03
欽定古今圖書集成一萬卷　（清）蔣廷錫等輯
　　清石印本　十冊　存五十八卷（七至十、二
十二至二十七、三十九至五十、六十八至八十
五、九十三至九十八、一百五至一百十六）

340000－1838－0000712　50107：02
欽定古今圖書集成一萬卷　（清）蔣廷錫等輯
　　清石印本　一冊　存八卷（十二至十九）

340000－1838－0000713　50100：17
欽定古今圖書集成一萬卷　（清）蔣廷錫等輯
　　清鉛印本　六冊　存三十九卷（字學典一
至五、四十八至五十四、七十四至八十，職方
典七十至八十二，山川典六十八至七十四）

340000－1838－0000714　20200：25
烈皇小識八卷　（明）文秉撰　聖安皇帝本紀
二卷　（明）顧炎武撰　清刻本　三冊

340000－1838－0000715　50300：03
續溪胡氏先世遺文輯一卷　（□）□□編　清
抄本　一冊

340000－1838－0000716　20200：22
御批歷代通鑑輯覽一百二十卷　（清）傅恆等
撰　清石印本　十九冊

340000－1838－0000717　20200：23
御批歷代通鑑輯覽一百二十卷　（清）傅恆等
撰　清刻本　四十二冊　存七十八卷（十三
至十四、十九至二十八、四十四至八十一、八
十四至八十五、九十至一百一、一百三至一百
四、一百七至一百八、一百十一至一百二十）

340000－1838－0000718　20900：29
甌江小記不分卷　（清）郭鍾岳著　清光緒四
年(1878)和天倪齋刻本　一冊

340000－1838－0000719　21100：58
各國政藝通考六十卷目錄一卷　（清）王振輯
　　清光緒二十九年(1903)石印本　二十一冊

340000－1838－0000720　21100：56
乙巳年交涉要覽上篇二卷下篇三卷　（清）北
洋洋務局纂輯　清光緒鉛印本　四冊

340000 – 1838 – 0000721　21100：52

省軒考古類編十二卷　（清）柴紹炳纂　（清）
姚廷謙評　（清）汪琬等參　（清）高纘勳等訂
　清雍正四年(1726)澹成堂刻本　六冊

340000 – 1838 – 0000722　21100：57

丙午年交涉要覽上篇一卷中篇三卷下篇四卷
　（清）北洋洋務局纂輯　清光緒鉛印本
五冊

340000 – 1838 – 0000723　21100：53

**大清律例增修統纂集成四十卷督捕則例附纂
二卷**　（清）陶東臯　（清）陶曉質增修　清光
緒九年(1883)刻本　二十四冊

340000 – 1838 – 0000724　31500：08

淵鑑類函四百五十卷目錄四卷　（清）張英等
總裁　（清）徐秉義等分纂　（清）蔡升元等校
勘　（清）沈涵等校錄　清康熙四十九年
(1710)武英殿刻雍正印本　一百四十冊

340000 – 1838 – 0000725　20200：24

資治通鑑註二百九十四卷　（宋）司馬光撰
（元）胡三省注　**通鑑釋文辨誤十二卷**　（元）
胡三省撰　清同治八年(1869)江蘇書局仿元
本刻本　九十七冊

340000 – 1838 – 0000726　40100：42

近利館課分韻詩選□□卷　（清）龍溁　（清）
翁心存　（清）周培蓮輯　清刻本　一冊　存
一卷(一)

340000 – 1838 – 0000727　21100：54

約章成案匯覽甲篇十卷　（清）北洋洋務局纂
輯　清光緒三十一年(1905)上海點石齋石印
本　十冊

340000 – 1838 – 0000728　30300：04

墨子間詁十五卷目錄一卷附錄一卷後語二卷
　（戰國）墨翟撰　（清）孫詒讓訓詁　清光緒
三十三年(1907)上海涵芬樓影印本　八冊

340000 – 1838 – 0000729　21100：55

約章成案匯覽乙篇四十二卷　（清）北洋洋務
局纂輯　清光緒三十一年(1905)上海點石齋
石印本　三十二冊

340000 – 1838 – 0000730　40100：36

原卷不分卷　（清）程宗魯撰　清刻本　一冊

340000 – 1838 – 0000731　40100：37

鄉試硃卷不分卷　（清）章洪鈞撰　清刻本
一冊

340000 – 1838 – 0000732　20600：20

安徽節孝待旌錄六十卷末一卷　（清）裕祿編
　清光緒刻本　二十冊

340000 – 1838 – 0000733　40100：38

江南鄉試硃卷不分卷　（清）韓國鈞撰　清光
緒五年(1879)刻本　一冊

340000 – 1838 – 0000734　40100：40

會試硃卷不分卷　（清）程秉釗撰　清光緒十
六年(1890)刻本　一冊

340000 – 1838 – 0000735　40100：41

朝考卷不分卷　（清）程秉釗撰　清刻朱墨套
印本　一冊

340000 – 1838 – 0000736　20600：21

**安徽節烈表前編十三卷末一卷後編六十卷末
一卷**　（清）吳坤修修　（清）何紹基等纂　清
光緒四年(1878)刻本　二十一冊

340000 – 1838 – 0000737　40100：39

會試硃卷不分卷　（清）馬毓鋆撰　清光緒三
年(1877)姑蘇朱南山刻本　一冊

340000 – 1838 – 0000738　40100：35

子繼公與先曾祖小泉公函存二卷　（清）胡培
系撰　清抄本　二冊

340000 – 1838 – 0000739　21100：59

文廟通考六卷首一卷　（清）牛樹梅撰　清同
治十一年(1872)浙江書局刻本　一冊

340000 – 1838 – 0000740　30300：02

十子全書一百三十一卷　（清）王子興輯　清
光緒二年(1876)浙江書局刻本　三十一冊

340000 – 1838 – 0000741　30800：05

**兼濟堂纂刻梅勿菴先生曆算全書二十九種七
十四卷**　（清）梅文鼎著　（清）魏荔彤輯
（清）梅乾斅　（清）梅士敏　（清）梅士說校

正　（清）楊作枚訂補　清刻本　二十二冊

340000－1838－0000742　31300：29

管窺輯要八十卷　（清）黃鼎纂　清順治九年（1652）刻本　三十六冊

340000－1838－0000743　40300：36

鳴原堂論文二卷　（清）曾國荃訂　清同治十二年（1873）刻本　二冊

340000－1838－0000744　50100：17－1

古棠書屋叢書十九種　（清）孫澍　（清）孫鎮纂輯　清道光鵝溪孫氏古棠書屋刻本　三十冊　存十七種一百四卷（前志一至四，後志一至八，道園集一至三十二、三十六至四十四，古文選一至二，童山詩一至二，水南詩一至二，試律詩一至二，威信公詩一至四，摯鯨堂詩一至九，升菴年譜一，何竹有詩一至二，蜀明詩一至五，蜀破鏡一至三，道園遺集五至八，商邱史學四至十，道園詩集五至八，道園詩遺集五至八）

340000－1838－0000745　40300：35

曾文正公[國藩]年譜十二卷　（清）黎庶昌編　清刻本　一冊　存二卷（三至四）

340000－1838－0000746　40300：34

曾文正公書札二十七卷　（清）曾國藩撰（清）李瀚章輯　清刻本　七冊　存七卷（九至十一、二十六、三十一至三十三）

340000－1838－0000747　40300：32

梅邱晤言不分卷　（明）葛懋學著　（清）葛士韜校　清抄本　一冊

340000－1838－0000748　40300：33

紫竹山房文集二十卷詩集十二卷　（清）陳兆崙著　**年譜一卷**　（清）陳玉繩編　清乾隆刻本　十二冊

340000－1838－0000749　40300：31

笑庵存稿不分卷　（清）鄭溥撰　清光緒二十九年（1903）　一冊

340000－1838－0000750　40300：30

春在堂隨筆十卷　（清）俞樾撰　清刻本　二

冊　存八卷（一至八）

340000－1838－0000751　40300：43

詳註張太史訓子三十篇不分卷　（清）張百川撰　清乾隆五十七年（1792）怡蓮堂刻本　一冊

340000－1838－0000752　10801：06

論語類考二十卷　（明）陳士元著　（清）陳春校　清嘉慶二十四年（1819）蕭山陳氏湖海樓刻湖海樓叢書本　四冊　存十二卷（一至八、十三至十六）

340000－1838－0000753　10802：07

孟子雜記四卷　（明）陳士元著　（清）陳春校　清嘉慶二十四年（1819）蕭山陳氏湖海樓刻湖海樓叢書本　一冊　存二卷（三至四）

340000－1838－0000754　40300：44

曲園課孫草一卷　（清）俞樾撰　清光緒八年（1882）刻本　一冊

340000－1838－0000755　40300：45

目盼齋讀本二卷　（清）徐荊聞　（清）沈少潭編次　清刻本　一冊

340000－1838－0000756　20900：31

會稽三賦不分卷　（宋）王十朋撰　清嘉慶十七年（1812）蕭山陳氏湖海樓刻湖海樓叢書本　一冊

340000－1838－0000757　40300：48

袁文箋正十六卷　（清）袁枚著　（清）石韞玉箋　清同治四年（1865）刻本　八冊

340000－1838－0000758　40300：46

小題正鵠全集三集　（清）李元度編輯　（清）李元吉等校訂　清同治八年（1869）刻本　二冊　存二集（二至三）

340000－1838－0000759　21100：42－01

日本法規大全首一卷二十五類附解字一卷　（清）劉崇傑等譯　清光緒三十三年（1907）商務印書館石印本　八十一冊

340000－1838－0000760　40300：47

睫闇詩鈔十卷　（清）裴景福著　清咸豐四年

(1854)皖省印刷局鉛印本　四冊

340000－1838－0000761　40300：41

曾文正公雜著四卷首一卷　（清）曾國藩撰
（清）李瀚章編次　清同治十三年(1874)傳忠
書局刻本　二冊

340000－1838－0000762　31100：54

尸子二卷存疑一卷　（戰國）尸佼撰　（清）汪
繼培輯　**尹文子一卷**　（戰國）尹文撰　（清）
汪繼培校勘　清嘉慶十七年(1812)蕭山陳氏
湖海樓刻湖海樓叢書本　一冊

340000－1838－0000763　40300：62

欠愁集不分卷　（清）史震林撰　清光緒二十
七年(1901)石印本　一冊

340000－1838－0000764　40300：40

曾文正公批牘六卷　（清）曾國藩撰　（清）李
鴻章編錄　清光緒二年(1876)傳忠書局刻曾
文正公全集本　三冊　存三卷(一至三)

340000－1838－0000765　20600：22

**安徽忠義表前編十三卷末一卷後編六十卷末
一卷**　（清）吳坤修修　（清）何紹基纂　清光
緒四年(1878)刻本　二十六冊

340000－1838－0000766　40300：61

影梅庵憶語不分卷　（清）冒襄著　清石印本
　一冊

340000－1838－0000767　40300：39

求闕齋讀書錄十卷　（清）曾國藩著　（清）王
啟原輯　清光緒二年(1876)傳忠書局刻曾文
正公全集本　二冊　存五卷(三至七)

340000－1838－0000768　40300：59

海鷗小譜不分卷　（清）趙執信著　清石印本
　一冊

340000－1838－0000769　31100：55

卮林十卷補遺一卷　（明）周嬰纂　清嘉慶二
十年(1815)刻本　八冊

340000－1838－0000770　40300：60

寒碧孤吟不分卷　（清）冒襄著　清石印本
　一冊

340000－1838－0000771　40300：58

板橋雜記不分卷　（清）余懷著　清石印本
　一冊

340000－1838－0000772　40300：38

曾文正公文集四卷　（清）曾國藩撰　（清）李
瀚章編　清光緒二年(1876)傳忠書局刻曾文
正公全集本　一冊　存一卷(二)

340000－1838－0000773　31100：56

學林十卷　（宋）王觀國撰　清嘉慶十四年
(1809)蕭山陳氏湖海樓刻湖海樓叢書本
六冊

340000－1838－0000774　40300：37

曾文正公奏稿三十卷　（清）曾國藩撰　（清）
李瀚章編錄　（清）錢應溥等參校　清光緒二
年(1876)傳忠書局刻本　八冊　存十一卷
(八、十一至十六、二十四至二十七)

340000－1838－0000775　40600：16

四大奇書第一種十九卷首一卷　（清）毛宗崗
評　清刻本　一冊　存三卷(五十八至六十)

340000－1838－0000776　40300：78

管注秋水軒尺牘四卷　（清）許思湄著　（清）
婁世瑞注釋　（清）管斯駿補注　清光緒十一
年(1885)上洋江左書林朱墨套印本　四冊

340000－1838－0000777　40600：15

說岳全傳二十卷八十回　（清）錢彩撰　清刻
本　八冊　存八卷(七、十二至十三、十五至
十九)

340000－1838－0000778　30300：05

列子八卷　（晉）張湛注　**列子沖虛至德真經
釋文二卷**　（唐）殷敬順撰　（宋）陳景元補遺
　清嘉慶十八年(1813)蕭山陳氏湖海樓刻湖
海樓叢書本　二冊

340000－1838－0000779　40600：14

原本海公大紅袍傳六十卷六十回　（明）李明
芳撰　清刻本　二冊　存十卷(四十一至四
十四、五十五至六十)

340000－1838－0000780　50000：01

永嘉先生八面鋒十三卷 （宋）陳傅良撰 清嘉慶二十四年(1819)蕭山陳氏湖海樓刻湖海樓叢書本 二冊

340000－1838－0000781 40300：77
增注筆耕齋尺牘提要一卷 （清）管士駿輯 （清）葉鳳池校 清管可壽齋刻朱墨套印本 一冊

340000－1838－0000782 40300：76
有正味齋律賦詳註二卷 （清）吳錫麒著 （清）孫理輯 （清）吳清皋校 （清）胡玉樹編注 清刻本 一冊 存一卷(二)

340000－1838－0000783 40300：73
小倉山房尺牘八卷 （清）袁枚撰 清刻本 一冊 存三卷(四至六)

340000－1838－0000784 40300：75
隨園隨筆二十八卷 （清）袁枚著 （清）邵希曾 （清）賈崧編校 清刻本 三冊 存六卷(一至二、五至六、十一至十二)

340000－1838－0000785 40600：13
敏求軒述記十六卷 （清）陳世箴輯 清刻本 十冊 存十卷(二、五至七、九、十一、十三至十六)

340000－1838－0000786 40300：72
見心集三卷 （清）汪文芳輯 清刻本 一冊 存一卷(中)

340000－1838－0000787 40300：64
魏叔子詩集八卷 （清）魏禧著 （清）魏侃編次 （清）歐陽士杰校 清刻本 三冊

340000－1838－0000788 40300：71
歲寒堂詩話二卷 （宋）張戒撰 清武英殿刻本 一冊

340000－1838－0000789 40300：74
小倉山房詩集三十七卷續補詩集二卷 （清）袁枚撰 清刻本 十四冊

340000－1838－0000790 40600：12
續新齋諧十卷 題（清）隨園(袁枚)編 清刻本 一冊 存三卷(八至十)

340000－1838－0000791 40400：02
麝塵蓮寸集四卷末一卷 （清）汪淵集詞 （清）程淑校注 清刻本 一冊 存三卷(三至四、末一卷)

340000－1838－0000792 40300：69
魏興士文集六卷 （清）魏世杰著 （清）彭躬庵點定 （清）曾止山鑒定 清刻本 一冊

340000－1838－0000793 40300：74－01
小倉山房詩集三十七卷續補詩集二卷 （清）袁枚撰 清刻本 三冊 存八卷(十五至十七、二十五至二十六、三十三至三十五)

340000－1838－0000794 40600：01
四大奇書第一種十九卷首一卷 （清）毛宗崗評 清刻本 一冊 存二卷(六至七)

340000－1838－0000795 40500：01
桃花扇傳奇四卷四十齣首一卷 （清）孔尚任編 清光緒三十三年(1907)蘭雪堂刻本 五冊

340000－1838－0000796 40600：03
刻異說南唐演義全傳十卷一百回 題（清）如蓮居士撰 清刻本 一冊 存一卷(五)

340000－1838－0000797 40300：68
魏敬士文集八卷 （清）魏世儼著 清刻本 四冊

340000－1838－0000798 40600：18
增評加批金玉緣圖說十六卷首一卷 （清）曹雪芹撰 （清）高鶚續撰 題（清）蝶鄉仙史評訂 清鉛印本 一冊 存一卷(七)

340000－1838－0000799 40600：05
增評加批金玉緣圖說十六卷首一卷 （清）曹雪芹撰 （清）高鶚續撰 題（清）蝶鄉仙史評訂 清石印本 一冊 存九卷(一至八、首一)

340000－1838－0000800 40300：81
重刊船山遺書二百八十八卷 （清）王夫之撰 王船山叢書校勘記二卷 （清）劉毓崧撰 清同治四年(1865)湘鄉曾氏金陵節署刻本 八十六冊

340000 – 1838 – 0000801　40300：67

魏昭士文集十卷　（清）魏世效著　（清）勺庭伯點評　清刻本　六冊

340000 – 1838 – 0000802　40600：04

增像全圖東漢演義四卷六十四回　（□）□□編　清石印本　一冊

340000 – 1838 – 0000803　40300：66

魏季子文集十六卷　（清）魏禮著　（清）魏禧等訂　清刻本　十四冊

340000 – 1838 – 0000804　40300：65

魏叔子文集外篇二十二卷　（清）魏禧著（清）魏世傑編次　清刻本　二十三冊

340000 – 1838 – 0000805　40600：02

坐花誌果八卷　（清）汪道鼎述　清刻本　一冊　存四卷（五至八）

340000 – 1838 – 0000806　40700：01

杜詩偶評四卷　（清）沈德潛纂　清賦閒草堂石印本　一冊　存一卷（二）

340000 – 1838 – 0000807　40300：55

疑雲集四卷　（清）王彥泓著　清補拙齋刻本　一冊　存二卷（一至二）

340000 – 1838 – 0000808　20300：03

績溪捐助賓興盤費記不分卷　（清）徐會烜編　清道光八年（1828）刻本　一冊

340000 – 1838 – 0000809　40600：10

今古奇觀四十卷　題（明）抱甕老人輯　清刻本　一冊　存三卷（五至七）

340000 – 1838 – 0000810　60000：01

西學啟蒙十六種八十七卷　（英國）艾約瑟譯　清光緒二十四年（1898）上海圖書集成印書局石印本　十五冊

340000 – 1838 – 0000811　40700：03

隨園詩話補遺十卷　（清）袁枚撰　清刻本　一冊　存五卷（一至五）

340000 – 1838 – 0000812　40300：52

壯悔堂文集十卷　（清）侯方域著　（清）賈開宗等評點　（清）侯必昌等較訂　清鉛印本　一冊　存四卷（四至七）

340000 – 1838 – 0000813　40700：04

隨園詩話十六卷附牘外餘言十卷　（清）袁枚撰　清同治八年（1869）刻本　二冊　存六卷（隨園詩話一至二、十一至十三，牘外餘言一）

340000 – 1838 – 0000814　40300：57

晞髮集十卷　（宋）謝翱撰　清鉛印本　二冊

340000 – 1838 – 0000815　40700：05

隨園詩話十二卷　（清）袁枚撰　清刻本　三冊　存六卷（一至二、七至八、十一至十二）

340000 – 1838 – 0000816　40300：79

曾文正公全集十七種一百八十四卷首一卷（清）曾國藩著　（清）李瀚章編輯　（清）李鴻章校　（清）李宗羲等參校　清道光二十九年至光緒五年（1849 – 1879）傳忠書局刻本一百二十四冊

340000 – 1838 – 0000817　40600：06

精訂綱鑑廿四史通俗衍義二十六卷四十四回（清）呂撫輯　（清）呂維城等校　清石印本　一冊　存四卷（十三至十六）

340000 – 1838 – 0000818　40700：06

隨園詩話十六卷　（清）袁枚著　清刻本　一冊　存二卷（十一至十二）

340000 – 1838 – 0000819　40300：49

夢樓詩集二十四卷　（清）王文治撰　清同文圖書館鉛印本　五冊　存二十卷（五至二十四）

340000 – 1838 – 0000820　40300：50

四憶堂詩集六卷　（清）侯方域著　（清）賈開宗等評點　（清）侯必昌等校訂　清宣統元年（1909）鉛印本　一冊

340000 – 1838 – 0000821　40300：63

魏伯子文集十卷　（清）魏際瑞著　（清）魏禧訂　清刻本　四冊　存六卷（二至七）

340000 – 1838 – 0000822　40300：80

李文忠公全集一百六十五卷首一卷　（清）李鴻章撰　清光緒三十一年（1905）刻本　九十

八冊

340000－1838－0000823　40600：11

聊齋誌異十八卷　（清）蒲松齡著　（清）王士
正評　清刻本　二冊　存二卷（二、十三）

340000－1838－0000824　40300：84

東坡集八十四卷目錄二卷　（宋）蘇軾撰　東
坡年譜一卷　（宋）王宗稷編　宋史東坡先生
本傳一卷　（元）脫脫撰　清道光十二年
（1832）眉州三蘇祠刻本　十六冊　存三十七
卷（一至八、十至十九、二十二至二十四、三十
至三十一、四十六至五十四、七十一至七十
三,目錄二卷）

340000－1838－0000825　40300：85

戴南山文鈔六卷首一卷　（清）戴名世撰　清
宣統二年（1910）上海國學扶輪社鉛印本
三冊

340000－1838－0000826　40300：86

方望溪文鈔六卷首一卷　（清）方苞撰　清宣
統二年（1910）上海國學扶輪社鉛印本　二冊
　存三卷（一、六,首一卷）

340000－1838－0000827　40300：87

槐軒全書一百七十八卷　（清）劉沅輯注　清
刻本　七十二冊

340000－1838－0000828　40300：82

嘉祐集二十卷　（宋）蘇洵著　清道光十二年
（1832）眉州三蘇祠刻三蘇全集本　二冊　存
九卷（五至八、十六至二十）

340000－1838－0000829　40300：83

欒城集四十八卷欒城後集二十四卷欒城第三
集十卷欒城應召集十二卷目錄二卷　（宋）蘇
轍著　（明）王執禮　（明）顧天敘校　清道光
十二年（1832）眉州三蘇祠刻三蘇全集本　五
冊　存二十五卷（欒城集三十九至四十、後集
二至七、三集十卷、應召集一至七）

340000－1838－0000830　60000：02

教育心理學五篇　（日本）高島平三郎著
（清）田吳炤譯述　（清）商務印書館編譯所校
　清光緒三十一年（1905）上海商務印書館鉛

印本　一冊

340000－1838－0000831　40100：43

靈鶼閣叢書六集九十二卷　（清）江標輯　清
光緒二十一年至二十二年（1895－1896）元和
江氏師鄦室湖南使院刻本　二十一冊　存六
十一卷（一集一至二十二、二集一至二十五、
三集一至十四）

340000－1838－0000832　60000：03

京師大學堂講義一百十二卷　（清）京師大學
堂編　清鉛印本　七冊

340000－1838－0000833　40100：45

御選唐宋詩醇四十七卷目錄二卷　（清）高宗
弘曆輯　清刻本　八冊　存十九卷（十三至
二十五、三十二至三十七）

340000－1838－0000834　40300：88

衡齋遺書九卷　（清）汪萊著　清刻本　一冊

340000－1838－0000835　11003：12

字彙十二集三十八卷首一卷末一卷　（明）梅
膺祚音釋　清刻本　五冊　存十三卷（子集
上至下、寅集上至下、卯集上至下、申集上至
下;首一卷）

340000－1838－0000836　30700：37

疔瘡五經辨不分卷附驗方不分卷　（□）□□
編　清光緒三十三年（1907）刻本　一冊

340000－1838－0000837　30700：35

增補痘疹玉髓金鏡錄四卷首一卷　（明）翁仲
仁輯著　（清）陸南暘補遺　（清）陸明暘參補
　（清）仇天一參閱　清石印本　一冊　存二
卷（三至四）

340000－1838－0000838　31300：31

都天寶照三篇附一卷　（□）□□撰　清刻本
　一冊

340000－1838－0000839　20900：32

籌海圖編十三卷　（明）胡宗憲輯議　（明）胡
維極校　（明）胡鳴岡　（明）胡階慶刪訂　明
天啓四年（1624）胡維極刻本　八冊

宣城市郎溪縣圖書館
古籍普查登記目錄

全國古籍普查登記目錄

國家圖書館出版社
National Library of China Publishing House

340000－1837－0000001　0001－0004

漱芳軒合纂禮記體註四卷　（清）范翔參訂
清刻本　四冊

340000－1837－0000002　0005

增補萬寶全書二十卷　（明）陳繼儒撰　（清）
毛煥文補　清咸豐元年(1851)昧經堂刻本
一冊　存九卷(一至九)

340000－1837－0000003　0006

佩文廣韻匯編五卷　（清）李元祺編輯　清同
治十一年(1872)金陵書局刻本　一冊

340000－1837－0000004　0007－0043

**康熙字典十二集三十六卷檢字一卷辨似一卷
等韻一卷補遺一卷備考一卷**　（清）張玉書
(清)陳廷敬總閱　（清)凌紹雯等纂修　清文
光堂刻本　三十七冊

340000－1837－0000005　0044－0068

**康熙字典十二集三十六卷檢字一卷辨似一卷
等韻一卷補遺一卷備考一卷**　（清）張玉書
(清)陳廷敬總閱　（清)凌紹雯等纂修　清刻
本　二十五冊　存二十四卷(子上、丑上、寅
上中下、卯下、辰中下、巳上、午中下、未上中
下、申上中、酉中下、戌上中下、亥上中下）

池州市青陽縣圖書館古籍普查登記目録

全國古籍普查登記目録

國家圖書館出版社
National Library of China Publishing House

340000－1814－0000001　0001

御纂詩義折中二十卷　（清）傅恒等撰　清乾隆二十年(1755)刻本　八冊

340000－1814－0000002　0002

新刊性理集要八卷　（明）詹淮編輯　明嘉靖四十年(1561)李延海刻本　四冊

340000－1814－0000003　0003

才調集補注十卷　（三國吳）韋縠輯　（明）馮默庵　（明）馮鈍吟評閱　清乾隆五十八年(1793)思補堂刻本　十冊

340000－1814－0000004　0004

四書經學考十卷補遺一卷　（明）徐邦佑輯　明崇禎刻本　二冊

340000－1814－0000005　0005

史懷十七卷　（明）鍾惺述　明崇禎刻本　四冊

340000－1814－0000006　0006

大六壬大全十三卷　（清）郭禦青校訂　清康熙四十三年(1704)刻本　十二冊

340000－1814－0000007　0007

易堂問目四卷　（清）吳鼎輯　清乾隆三十七年(1772)刻本　二冊

340000－1814－0000008　0008

周易補義四卷　（清）方芬輯補　清康熙刻本　三冊

340000－1814－0000009　0009

大六壬指南五卷　（明）程翔雲刪定　（明）陳公獻增注　明崇禎刻本　二冊

340000－1814－0000010　0010

楚辭燈四卷　（清）林雲銘論述　清康熙三十六年(1697)刻本　二冊

340000－1814－0000011　0011

御案詩經備旨八卷　（清）鄒聖脉纂輯　清刻本　一冊

340000－1814－0000012　0012

大文堂重訂古文釋義新編八卷　（清）余誠評注　清刻本　二冊

340000－1814－0000013　0013

癸巳存稿十五卷　（清）俞正燮著　清光緒十年(1884)刻本　八冊

340000－1814－0000014　0014

春秋穀梁传十二卷　（晉）范甯集釋　（唐）陸德明音義　清光緒三十二年(1906)星沙文昌書局刻本　四冊

340000－1814－0000015　0015

欽定詩經傳說彙纂二十一卷首二卷詩序二卷　（清）王鴻緒纂　清雍正五年(1727)刻御纂七經本　二十四冊

340000－1814－0000016　0016

宋氏綿津詩鈔八卷　（清）宋犖撰　清乾隆刻本　二冊

340000－1814－0000017　0017

易冒十卷　（清）程良玉著　清康熙四十三年(1704)刻本　四冊

340000－1814－0000018　0019

月令粹編二十一卷首一卷　（清）秦嘉模編　清嘉慶十七年(1812)刻本　四冊

340000－1814－0000019　0020

禮記十卷　（元）陳澔集說　清末南京李光明莊刻本　二十冊

340000－1814－0000020　0021

昭代叢書五十卷　（清）張潮輯　（清）王嗣槐校　清乾隆十八年(1753)刻本　四冊

340000－1814－0000021　0022

心白日齋集六卷　（清）尹耕雲著　清刻本　四冊

340000－1814－0000022　0023

屈宋古音義三卷　（明）陳第輯　清嘉慶刻本　一冊　存二卷(二至三)

340000－1814－0000023　0024

詩毛氏傳疏三十卷　（清）陳奐撰　清末鴻章書局石印本　六冊　缺十一卷(二十至三十)

340000－1814－0000024　0025

詩經八卷　（宋）朱熹集傳　清末李光明莊刻

191

本　六冊

340000－1814－0000025　0026

北齊書五十卷　（隋）李百藥撰　清光緒二十
八年(1902)竢寶齋石印二十四史本　二冊

340000－1814－0000026　0027

易經附音訓十二卷首一卷末一卷　（宋）朱熹
本義　清同治四年(1865)金陵書局刻十三經
讀本本　二冊

340000－1814－0000027　0028

春秋公羊傳十一卷　（漢）何休學　（唐）陸德
明音義　清光緒十二年(1886)刻本　四冊

340000－1814－0000028　0029

香山詩選六卷　（清）曹文植手訂　清光緒十
七年(1891)刻本　二冊

340000－1814－0000029　0030

[光緒]新安志十卷　（宋）羅願撰　清光緒十
四年(1888)黟邑李氏刻本　二冊

340000－1814－0000030　0031

三賢集十二卷　（清）劉靜修等撰　清刻本
十二冊

340000－1814－0000031　0032

澄懷園語四卷　（清）張廷玉撰　清光緒六年
(1880)刻本　三冊

340000－1814－0000032　0033

張子全書十五卷　（清）張載撰　清乾隆四十
九年(1784)刻本　八冊

340000－1814－0000033　0034

書經增訂旁訓四卷　（元）李恕撰　清末李光
明莊刻本　二冊

340000－1814－0000034　0035

滸雲詩鈔八卷　（清）汪梅鼎撰　清嘉慶二十
三年(1818)刻本　二冊

340000－1814－0000035　0036

註釋唐詩三百首不分卷　（清）孫洙編　清末
南京李光明莊刻本　二冊

340000－1814－0000036　0037

春秋增訂旁訓四卷　（宋）胡安國撰　清末李
光明莊刻本　二冊

340000－1814－0000037　0038

陶淵明集八卷首一卷末一卷　（晉）陶潛撰
清光緒五年(1879)刻朱墨套印本　二冊

340000－1814－0000038　0039

紫石泉山房文集十二卷　（清）吳定撰　清光
緒十三年(1887)刻本　四冊

340000－1814－0000039　0040

芳茂山人詩錄十卷附長離閣集一卷　（清）孫
星衍等撰　清嘉慶二十三年(1818)刻本
二冊

340000－1814－0000040　0041

仁學不分卷　（清）譚嗣同著　清末鉛印本
一冊

340000－1814－0000041　0042

飲冰室文集十八卷　梁啓超著　清光緒二十
九年(1903)鉛印本　十八冊

340000－1814－0000042　0043

駢體文鈔三十一卷　（清）李兆洛輯　清光緒
八年(1882)滬上合河康氏家塾刻本　八冊

340000－1814－0000043　0044

古本周易參同契集註二卷　（清）仇兆鰲補
清刻本　三冊

340000－1814－0000044　0045

有恒心齊前集一卷文十一卷詩七卷駢體文六
卷　（清）程鴻詔撰　清同治刻有恒心齊集本
八冊

340000－1814－0000045　0046

家範十卷　（宋）司馬光著　清光緒元年
(1875)刻本　一冊

340000－1814－0000046　0047

篤素堂文集四卷　（清）張英著　清光緒六年
(1880)刻本　一冊

340000－1814－0000047　0048

北史一百卷　（唐）李延壽撰　清光緒二十八
年(1902)竢寶齋石印二十四史本　八冊

340000－1814－0000048　0049

南史八十卷　（唐）李延壽撰　清光緒二十八年(1902)竢寶齋石印二十四史本　六冊

340000－1814－0000049　0050

辽史一百十六卷　（元）脱脱等修　清光緒二十八年(1902)竢寶齋石印二十四史本　三冊

340000－1814－0000050　0051

五代史七十四卷　（宋）歐陽修撰　清光緒二十八年(1902)竢寶齋石印二十四史本　二冊

340000－1814－0000051　0052

金史一百三十五卷　（元）脱脱等修　清光緒二十八年(1902)竢寶齋石印二十四史本　八冊

340000－1814－0000052　0053

元史二百十卷　（明）宋濂等修　清光緒二十八年(1902)竢寶齋石印二十四史本　十四冊

340000－1814－0000053　0054

魏書一百十四卷　（北齊）魏收撰　清光緒二十八年(1902)竢寶齋石印二十四史本　八冊

340000－1814－0000054　0055

南齊書五十九卷　（南朝梁）蕭子顯撰　清光緒二十八年(1902)竢寶齋石印二十四史本　二冊

340000－1814－0000055　0056

梁書五十六卷　（唐）姚思廉撰　清光緒二十八年(1902)竢寶齋石印二十四史本　二冊

340000－1814－0000056　0057

宋書一百卷　（南朝梁）沈約撰　清光緒二十八年(1902)竢寶齋石印二十四史本　六冊

340000－1814－0000057　0058

晉書一百三十卷　（唐）太宗李世民撰　清光緒二十八年(1902)竢寶齋石印二十四史本　八冊

340000－1814－0000058　0060

明史三百三十二卷　（清）張廷玉修　清光緒二十八年(1902)竢寶齋石印二十四史本　二十四冊

340000－1814－0000059　0061

宋史四百九十六卷　（元）脱脱等修　清光緒二十八年(1902)竢寶齋石印二十四史本　三十二冊

340000－1814－0000060　0062

周易二卷附筮義一卷　（宋）朱熹撰　清末李光明莊刻本　二冊

340000－1814－0000061　0063

舊唐書二百卷　（晉）劉昫撰　清光緒二十八年(1902)竢寶齋石印二十四史本　十六冊

340000－1814－0000062　0064

雞澤脞録一卷迎靄筆記二卷　（清）程鴻詔撰　清道光刻本　一冊

340000－1814－0000063　0065

魏志三十卷　（北齊）魏收撰　清光緒石印本　一冊　存二十一卷(一至十二、二十至二十八)

340000－1814－0000064　0066

蜀志十五卷　（晉）陳壽撰　清光緒石印本　一冊

340000－1814－0000065　0067

九華山志十卷　（清）周贇纂修　（清）謝維喈重修　清光緒刻本　九冊

340000－1814－0000066　0068

奇門遁甲秘笈大全二十二卷　（明）劉伯温著　清刻本　四冊

340000－1814－0000067　0069

紫石泉山房詩鈔三卷　（清）吳定著　清光緒十三年(1887)刻本　一冊

340000－1814－0000068　0070

資治通鑑綱目前編二十五卷正編五十九卷續編二十七卷　（明）陳仁錫評閱　清同治三年(1864)刻本　一百十五冊

340000－1814－0000069　0071

南山全集十六卷　（清）宋潛虛著　清光緒十六年(1890)刻本　八冊

340000－1814－0000070　0072

宋元明詩約鈔三百卷首二卷　（清）冷昌言
（清）朱梓編輯　清末南京李光明莊刻本
二冊

340000－1814－0000071　0073

[光緒]青陽縣志十二卷　（清）周贇等纂修

清光緒十八年(1892)刻本　十二冊

340000－1814－0000072　0074

五經算術二卷　（北周）甄鸞撰　（唐）李淳風
注　清乾隆刻本　一冊

古籍普查登記目録

九華山風景區管委會歷史文物館

全國古籍普查登記目録

國家圖書館出版社
National Library of China Publishing House

340000 – 1884 – 0000001　　J1

藏經六千七百七十一卷　（唐）釋玄奘譯　明
萬曆十四年（1586）刻本　六千七百七十冊

340000 – 1884 – 0000002　　J2

大方廣佛華嚴經八十一卷　（唐）釋玄奘譯
明萬曆釋海玉抄本　八十一冊

340000 – 1884 – 0000003　　J3

貝葉真經□□卷　清寫本　七十三葉

340000 – 1884 – 0000004　　J4

貝葉真經□□卷　清寫本　十葉

池州市石臺縣圖書館古籍普查登記目録

全國古籍普查登記目録

國家圖書館出版社
National Library of China Publishing House

340000 – 4805 – 0000001   ST001/1 – 711

二十四史二十四種三千二百四十一卷　（□）

□□編　清光緒十年（1884）同文書局石印本

七百十一冊

201

池州市石臺縣崇實中學古籍普查登記目錄

全國古籍普查登記目錄

國家圖書館出版社
National Library of China Publishing House

340000 – 1858 – 0000001　0005/1 – 3

槐卿遺槀六卷附錄一卷補刊一卷　（清）沈衍慶著　清同治元年（1862）刻光緒補刻本　三冊

340000 – 1858 – 0000002　0006/1 – 3

槐卿政蹟六卷　（清）沈衍慶著　清同治元年（1862）刻本　三冊

340000 – 1858 – 0000003　0008/1 – 7

柳文四十三卷別集二卷　（唐）柳宗元撰　（唐）劉禹錫編　（宋）穆脩訂　（清）楊季鸞校　清同治七年（1868）刻本　七冊　缺七卷（十六至二十二）

340000 – 1858 – 0000004　0010/1 – 5

莊子十卷　（戰國）莊周撰　（晉）郭象注　（唐）陸德明音義　清光緒二年（1876）浙江書局刻二十二子本　五冊　缺一卷（八）

340000 – 1858 – 0000005　0012/1 – 4

欽定續文獻通考詳節二十六卷　（清）嚴虞撰　清光緒二十七年（1901）鴻寶齋石印本　四冊　缺九卷（三至十一）

340000 – 1858 – 0000006　0016/1

經濟大要不分卷　（□）□□撰　清末至民國鉛印本　一冊

340000 – 1858 – 0000007　0017/1

單級教授法不分卷　（□）□□撰　清末至民國鉛印本　一冊

340000 – 1858 – 0000008　0018/1

新撰礦物學教科書不分卷　（□）□□撰　清末至民國鉛印本　一冊

340000 – 1858 – 0000009　0019/1

音樂講義不分卷附錄一卷　（□）□□撰　清末至民國鉛印本　一冊

340000 – 1858 – 0000010　0020/1

教授法不分卷　（□）□□撰　清末至民國鉛印本　一冊

340000 – 1858 – 0000011　0021/1

植物講義不分卷　（□）□□撰　清末至民國鉛印本　一冊

340000 – 1858 – 0000012　0022/1 – 194

正誼堂全書六十八種五百二十五卷首一卷末一卷　（清）張伯行輯　（清）楊浚等總校　（清）鄭開等原校　（清）左宗棠等重校刊　清同治五年（1866）福州正誼書局刻八年至九年（1869 – 1870）續刻光緒十三年（1887）增刻本　一百九十四冊　缺十六卷（楊龜山先生集五至六，胡敬齋先生文集一，文山先生集上，羅整庵先生困知記一至四，近思錄一至四、十一至十四）

340000 – 1858 – 0000013　0003/1

皇朝文獻通考輯要二十六卷　（清）湯壽潛輯　清石印本　一冊　存二卷（十至十一）

340000 – 1858 – 0000014　0004/1

代數通藝錄十六卷　（清）方愷撰　清光緒十六年（1890）刻本　一冊　存五卷（十二至十六）

340000 – 1858 – 0000015　0009/1 – 4

朱子古文六卷　（清）寶旭齋校　清刻本　四冊　缺二卷（二、五）

340000 – 1858 – 0000016　0011/1 – 5

尺木堂綱鑑易知錄九十二卷明鑑易知錄十五卷　（清）周之燦等輯　清光緒十三年（1887）廣百宋齋鉛印本　五冊　存三十五卷（綱鑑易知錄二十七至三十三、四十八至五十四、八十二至九十二，明鑑易知錄一至十）

安慶師範學院圖書館
古籍普查登記目録

全國古籍普查登記目録

國家圖書館出版社
National Library of China Publishing House

全國古籍普查登記目録

340000 – 1853 – 0000001   G0000234

苗氏說文四種四十六卷 （清）苗夔撰   清道
光、咸豐間壽陽祁氏漢磚亭刻本   八冊

340000 – 1853 – 0000002   G0000133

五經類編二十八卷 （清）周世樟撰   清道光
刻本   十二冊

340000 – 1853 – 0000003   G0000572

聖門名字纂詁二卷補遺一卷 （清）潛溪生
（清）洪恩波撰   清光緒二十五年（1899）刻本
二冊

340000 – 1853 – 0000004   G0000131

經典釋文三十卷 （唐）陸德明撰   **經典釋文
序錄考證三十卷** （清）盧文弨輯   清光緒十
五年（1889）湖南書局刻本   十二冊

340000 – 1853 – 0000005   G0000109

春秋三傳十六卷首一卷 （□）□□輯   清同
治三年（1864）浙江撫署刻本   十一冊

340000 – 1853 – 0000006   G0000136

經義述聞三十二卷 （清）王引之撰   清光緒
七年（1881）上海文瑞樓鉛印本   二十冊

340000 – 1853 – 0000007   G0000116

春秋例表不分卷 （清）廖震等編次   清光緒
三十四年（1908）東州刻本   二冊

340000 – 1853 – 0000008   G0000138

經傳釋詞十卷 （清）王引之撰   清道光二十
七年（1847）刻本   一冊

340000 – 1853 – 0000009   G0000137

經義述聞三十二卷 （清）王引之撰   清道光
七年（1827）京師壽藤書屋刻本   二十四冊

340000 – 1853 – 0000010   G0000145

白虎通德論四卷 （漢）班固纂   清光緒元年
（1875）湖北崇文書局刻本   一冊

340000 – 1853 – 0000011   G0000144

經學講義□□卷 （清）□□編   清末安徽高
等學堂鉛印本   四冊

340000 – 1853 – 0000012   G0000007

易經十二卷首一卷末一卷 （宋）朱熹本義

清同治四年（1865）金陵書局刻十三經讀本本
二冊

340000 – 1853 – 0000013   G0000010

郭氏傳家易說十一卷首一卷 （宋）郭雍著
清同治十三年（1874）江西書局刻本   八冊

340000 – 1853 – 0000014   G0000008

周易四卷 （宋）朱熹撰   清光緒二十七年
（1901）刻本   三冊

340000 – 1853 – 0000015   G0000002

周易乾鑿度二卷 （漢）鄭玄注   清乾隆二十
一年（1756）雅雨堂刻本   一冊

340000 – 1853 – 0000016   G0000019

書經六卷首一卷末一卷 （宋）蔡沈集傳   清
末狀元閣刻本   四冊

340000 – 1853 – 0000017   G0000124

孝經質疑一卷 （清）徐紹楨學   清光緒十年
（1884）刻本   一冊

340000 – 1853 – 0000018   G0000040

詩經八卷詩序辨說一卷 （宋）朱熹集傳   清
同治五年（1866）金陵書局刻十三經讀本本
四冊

340000 – 1853 – 0000019   G0000047

三刻黃維章先生詩經嬝嬛體註八卷 （明）黃
文煥輯注   清刻本   四冊

340000 – 1853 – 0000020   G0000038

詩經集傳八卷 （宋）朱熹撰   清光緒二十年
（1894）淮南書局刻本   三冊

340000 – 1853 – 0000021   G0000034

毛詩註疏二十卷 （漢）毛亨傳 （漢）鄭玄箋
（唐）陸德明音義 （唐）孔穎達疏   清同治
十三年（1874）湖南書局刻本   十六冊

340000 – 1853 – 0000022   G0000025

書經備旨八卷 （清）鄒聖脈纂輯 （清）鄒廷
猷編次 （清）鄒景揚等訂   清光緒八年
（1882）刻本   一冊 存一卷（一）

340000 – 1853 – 0000023   G0000021

書六卷 （宋）蔡沈集傳   清光緒十四年

(1888)成文信記刻本　四冊

340000－1853－0000024　G0000045

詩毛氏傳疏三十卷　（清）陳奐撰　清道光二十年至二十七年(1840－1847)陳氏掃葉山莊刻本　二十冊

340000－1853－0000025　G0000041

詩經集傳　（宋）朱熹撰　清末李光明莊刻本　六冊

340000－1853－0000026　G0000073

禮記十卷　（元）陳澔撰　清李光明莊刻本　十冊

340000－1853－0000027　G0000065

儀禮鄭注句讀十七卷附儀禮監本正誤一卷儀禮石本誤字一卷　（漢）鄭玄注　（清）張爾岐句讀　清同治七年(1868)金陵書局刻本　四冊　存十三卷(一至十三)

340000－1853－0000028　G0000169

論語補註三卷　（清）劉開撰　清同治七年(1868)桐城劉氏刻本　一冊

340000－1853－0000029　G0000171

孟子要略集註五卷　（清）孫光庭輯註　清光緒二十九年(1903)雲南官書局刻本　二冊

340000－1853－0000030　G0000157

孟子集註七卷孟子序說一卷　（宋）朱熹撰　清刻朱墨套印本　三冊

340000－1853－0000031　G0000159

孟子集註七卷　（宋）朱熹撰　清李光明莊刻本　三冊

340000－1853－0000032　G0000164

四書釋文十九卷音義辨一卷疑字辨一卷字辨一卷句辨一卷　（清）何焯訂　清光緒十四年(1888)天津文美齋刻本　四冊

340000－1853－0000033　G0000166

新訂四書補註備旨十卷　（清）鄧林著　（清）鄧煜編次　（清）祁文友重校　（清）杜定基增訂　清刻本　六冊

340000－1853－0000034　G0000170

論語補註三卷　（清）劉開撰　清同治七年(1868)桐城劉氏刻本　一冊

340000－1853－0000035　G0000117

東萊博議四卷　（宋）呂祖謙著　增補虛字註釋一卷　（清）張文炳點定　清光緒金陵李光明莊刻本　四冊

340000－1853－0000036　G0000095

讀左傳法不分卷　（清）馬貞榆撰　清末朱印本　一冊

340000－1853－0000037　G0000086

春秋左傳註疏六十卷　（晉）杜預註　（唐）孔穎達疏　（唐）陸德明音義　明崇禎十一年(1638)古虞毛氏汲古閣刻十三經註疏本　十六冊

340000－1853－0000038　G0000097

春秋左傳三十卷　（晉）杜預注　（唐）陸德明音釋　（宋）林堯叟附註　（清）馮李驊集解　清光緒二十二年(1896)淮南書局刻本　十二冊

340000－1853－0000039　G0000096

春秋左傳三十卷　（晉）杜預注　（宋）林堯叟附註　（唐）陸德明音釋　（清）馮李驊集解　清光緒十二年(1886)湖北官書處刻本　十二冊

340000－1853－0000040　G0000091

左傳義法舉要一卷評點二卷　（清）方苞口授　（清）王兆符　（清）程崟傳述　清光緒十九年(1893)金匱廉氏刻本　一冊

340000－1853－0000041　G0000108

欽定春秋傳說彙纂三十八卷首二卷　（清）王掞撰　清康熙六十年(1721)刻本　六冊　存十六卷(五至二十)

340000－1853－0000042　G0000077

大戴禮記十三卷　（漢）戴德撰　清刻本　一冊　存七卷(七至十三)

340000－1853－0000043　G0000216

詩韻合璧五卷　（清）湯文璐撰　虛字韻藪一

卷 （清）潘維城輯 清光緒四年(1878)上海
淞隱閣石印本 二冊

340000－1853－0000044 G0000215
李氏音鑑六卷 （清）李汝珍撰 清同治七年
(1868)寶善堂刻本 四冊

340000－1853－0000045 G0000229
說文段注撰要九卷 （清）馬壽齡述 清光緒
九年(1883)金陵胡氏愚園刻本 四冊

340000－1853－0000046 G0000225
段氏說文注訂八卷 （清）鈕樹玉著 清同治
五年(1866)碧螺山館補刻本 二冊

340000－1853－0000047 G0000193
爾雅三卷 （晉）郭璞注 （清）姚之麟摹繪
清嘉慶六年(1801)刻本 三冊

340000－1853－0000048 G0000249
班馬字類五卷 （宋）婁機撰 清乾隆吳興倪
氏經鉏堂刻本 二冊

340000－1853－0000049 G0000237
文字蒙求四卷 （清）王筠撰 清光緒十三年
(1887)刻本 二冊

340000－1853－0000050 G0000232
說文發疑六卷 （清）張行孚述 清光緒九年
(1883)刻本 三冊

340000－1853－0000051 G0000252
康熙字典十二集三十六卷附備考一卷補遺一
卷 （清）張玉書撰 清光緒三十一年(1905)
上海久敬齋石印本 六冊

340000－1853－0000052 G0000231
說文通檢十四卷首一卷末一卷 （清）黎永椿
編 清光緒二年(1876)崇文書局刻本 三冊

340000－1853－0000053 G0000235
雷刻四種 （清）雷浚撰 清光緒十年(1884)
吳縣雷氏刻本 六冊

340000－1853－0000054 G0000228
說文新附考六卷續一卷 （清）鈕樹玉撰 清
同治十三年(1874)湖北崇文書局刻本 一冊

340000－1853－0000055 G0000220
說文解字注三十二卷汲古閣說文訂一卷
（清）段玉裁注 清同治十一年(1872)崇文書
局刻本 二十四冊

340000－1853－0000056 G0000227
段氏說文注訂八卷 （清）鈕樹玉著 清同治
十三年(1874)湖北崇文書局刻本 二冊

340000－1853－0000057 G0000226
段氏說文注訂八卷 （清）鈕樹玉著 清同治
五年(1866)碧螺山館刻本 二冊

340000－1853－0000058 G0000251
六書通十卷 （清）畢弘述纂訂 清刻本
五冊

340000－1853－0000059 G0000223
說文解字十五卷說文部目分韻一卷六書音均
表五卷 （清）段玉裁注 清同治六年(1867)
蘇州保息局刻本 十六冊

340000－1853－0000060 G0000236
說文解字句讀三十卷補正三十卷 （清）王筠
撰 清同治四年(1865)刻本 十四冊

340000－1853－0000061 G0000219
說文解字義證五十卷 （清）桂馥學 清同治
九年(1870)湖北崇文書局刻本 二十六冊

340000－1853－0000062 G0000260
六書分類十二卷首一卷 （清）傅世垚輯篆
清乾隆五十四年(1789)傅應奎刻本 十三冊

340000－1853－0000063 G0000257
康熙字典十二集三十六卷總目一卷檢字一卷
辨似一卷等韻一卷補遺一卷備考一卷 （清）
張玉書等總閱 （清）凌紹雯等纂修 清光緒
元年(1875)湖北崇文書局刻本 十六冊

340000－1853－0000064 G0000185
維揚正字齋新刻增訂釋義經書便用通考雜字
三卷 （清）徐三省編輯 （清）戴啟達增訂
清嘉慶十七年(1812)刻本 二冊

340000－1853－0000065 G0000187
爾雅三卷 （晉）郭璞注 （唐）陸德明音義

清刻本　三册

340000－1853－0000066　G0000214

古今韻考四卷　（清）李因篤著　清同治十年
（1871）渭南嚴氏刻本　一册

340000－1853－0000067　G0000241

說文解字十五卷　（漢）許慎撰　清初毛氏汲
古閣刻本　八册

340000－1853－0000068　G0000281

史記一百三十卷　（漢）司馬遷撰　（明）陳仁
錫評　明崇禎元年（1628）刻本　二册　存四
卷（一至四）

340000－1853－0000069　G0000279

史記一百三十卷　（漢）司馬遷撰　（南朝宋）
裴駰集解　（唐）司馬貞索隱　（唐）張守節正
義　清光緒八年（1882）武林竹簡齋石印本
八册

340000－1853－0000070　G0000293

史記志疑三十六卷　（清）梁玉繩撰　清刻本
十二册

340000－1853－0000071　G0000283

史記評林一百三十卷　（明）凌稚隆輯　（明）
李光縉增補　明刻本　十册　存八十一卷
（八至十四、十九至四十三、六十八至八十八、
一百三至一百三十）

340000－1853－0000072　G0000327

舊唐書二百卷　（五代）劉昫撰　清光緒三十
三年（1907）上海華商集成圖書公司鉛印本
（卷二十三至二十八爲補配）　三十册

340000－1853－0000073　G0000127

前後二十四孝圖說一卷　（清）施善昌輯　清
光緒十九年（1893）上海仁濟堂石印本　一册

340000－1853－0000074　G0000178

百家姓考略一卷　（清）王相箋註　清光緒二
十二年（1896）桂垣書局刻本　一册

340000－1853－0000075　G0000315

魏書一百十四卷　（北齊）魏收撰　清光緒三
十三年（1907）上海華商集成圖書公司鉛印本
十六册

340000－1853－0000076　G0000316

北齊書五十卷　（唐）李百藥撰　清光緒三十
三年（1907）上海華商集成圖書公司鉛印本
五册　缺七卷（十七至二十三）

340000－1853－0000077　G0000343

明史三百三十二卷　（清）張廷玉等撰　清光
緒三十三年（1907）上海華商集成圖書公司鉛
印本　四十册

340000－1853－0000078　G0000339

金史一百三十五卷　（元）脫脫等修　清光緒
三十三年（1907）上海華商集成圖書公司鉛印
本　十六册

340000－1853－0000079　G0000340

元史二百十卷　（明）宋濂等修　清光緒三十
三年（1907）上海華商集成圖書公司鉛印本
二十四册

340000－1853－0000080　G0000310

梁書五十六卷　（唐）姚思廉撰　清光緒三十
三年（1907）上海華商集成圖書公司鉛印本
四册

340000－1853－0000081　G0000307

南齊書五十九卷　（南朝梁）蕭子顯撰　清光
緒三十三年（1907）上海華商集成圖書公司鉛
印本　六册

340000－1853－0000082　G0000311

陳書三十六卷　（唐）姚思廉撰　清光緒三十
三年（1907）上海華商集成圖書公司鉛印本
四册

340000－1853－0000083　G0000302

晉書一百三十卷音義三卷　（唐）太宗李世民
撰　（唐）何超音義　清光緒三十三年（1907）
上海華商集成圖書公司鉛印本　十六册

340000－1853－0000084　G0000320

南史八十卷　（唐）李延壽撰　清光緒三十三
年（1907）上海華商集成圖書公司鉛印二十四
史本　十二册

340000－1853－0000085　G0000323

北史一百卷　（唐）李延壽撰　清光緒三十三年（1907）上海華商集成圖書公司鉛印二十四史本　十六冊

340000－1853－0000086　G0000390

欽定續通志六百四十卷　（清）嵇璜等纂修　清光緒二十七年（1901）上海圖書集成局鉛印九通本　五十六冊　缺四卷（六百三十七至六百四十）

340000－1853－0000087　G0000616

續碑傳集八十六卷首二卷　繆荃孫纂錄　清宣統二年（1910）江楚編譯書局刻本　二十四冊

340000－1853－0000088　G0000361

御批歷代通鑑輯覽一百二十卷明唐桂二王本末四卷　（清）高宗弘曆撰　清光緒三十一年（1905）上海商務印書館鉛印本　二十四冊

340000－1853－0000089　G0000573

孔子門人考一卷補遺一卷存疑一卷　（清）費崇朱撰　清光緒刻本　一冊

340000－1853－0000090　G0000564

萬國歷史彙編一百卷　（清）江子雲等編　清光緒二十九年（1903）上海官書局石印本　十六冊

340000－1853－0000091　G0000543

津門雜記三卷　（清）張燾輯　清光緒十年（1884）刻本　三冊

340000－1853－0000092　G0000561

海國圖志一百卷　（清）魏源撰　清光緒二年（1876）刻本　二十四冊

340000－1853－0000093　G0000535

廬山志十五卷　（清）毛德琦重訂　清康熙刻乾隆補刻本　十六冊

340000－1853－0000094　G0000541

東林書院志二十二卷　（清）高廷珍等輯　清光緒七年（1881）刻本　八冊

340000－1853－0000095　G0000530

西湖集覽二十六種四十一卷　（清）丁丙輯　清光緒九年（1883）錢唐丁氏刻本　十六冊

340000－1853－0000096　G0000566

萬國史記二十卷　（日本）岡本監輔撰　清光緒二十三年（1897）鉛印本　八冊

340000－1853－0000097　G0000568

萬國通史前編十卷　（英國）李思倫白輯譯　蔡爾康筆述　清光緒二十九年（1903）上海商務印書館刻本　十冊

340000－1853－0000098　G0000587

請纓日記十卷　（清）唐景崧撰　清光緒十九年（1893）臺灣布政使署刻本　六冊

340000－1853－0000099　G0000631

增廣尚友錄統編二十二卷　（清）應祖錫編輯　清光緒二十八年（1902）鴻寶齋石印本　十二冊

340000－1853－0000100　G0000595

開封府君[孫雲錦]年譜二卷　（清）孫孟平輯錄　清光緒二十一年（1895）鉛印本　一冊

340000－1853－0000101　G0000596

先船山公[王夫之]年譜前編一卷後編一卷　（清）王之春輯　清光緒十九年（1893）鄂藩使署刻1974年衡陽市博物館印本　二冊

340000－1853－0000102　G0000654

文獻通考三百四十八卷考證三卷　（元）馬端臨撰　清光緒二十七年（1901）上海圖書集成局鉛印九通本　四十四冊

340000－1853－0000103　G0000647

墨林今話十八卷　（清）蔣寶齡撰　續編一卷　（清）蔣茝生撰　清咸豐二年（1852）刻本　三冊

340000－1853－0000104　G0000642

桐城耆舊傳十二卷　（清）馬其昶撰　清宣統三年（1911）刻本　六冊

340000－1853－0000105　G0000657

欽定續文獻通考二百五十卷　（清）紀昀總纂　（清）嵇璜等總裁　（清）曹仁虎等纂修　清

光緒二十七年（1901）上海圖書集成局鉛印九
通本　三十二冊　缺三十三卷（五至七、一百
十六至一百二十八、一百五十九至一百七十
五）

340000－1853－0000106　G0000760
日本維新慷慨史二卷　（日本）西村三郎編輯
（清）趙必振譯述　清光緒二十八年（1902）
上海廣智書局鉛印本　二冊

340000－1853－0000107　G0000282
史記評林一百三十卷　（明）凌稚隆輯　（明）
李光縉增補　明刻本　十九冊

340000－1853－0000108　G0000298
三國志六十五卷　（晉）陳壽著　清光緒三十
三年（1907）上海華商集成圖書公司鉛印本
八冊

340000－1853－0000109　G0000335
宋史四百九十六卷　（元）脫脫纂　（元）阿魯
圖纂修　清光緒末上海華商集成圖書公司鉛
印本　六十冊

340000－1853－0000110　G0000354
資治通鑑二百九十四卷　（宋）司馬光撰
（元）胡三省音註　清光緒十七年（1891）刻本
九十二冊

340000－1853－0000111　G0000650
國朝畫徵錄三卷續錄二卷　（清）張庚著　清
同治八年（1869）刻本　一冊

340000－1853－0000112　G0000651
通典二百卷　（唐）杜佑纂　清光緒二十七年
（1901）上海圖書集成局鉛印本　十五冊　缺
十三卷（一百二十四至一百三十六）

340000－1853－0000113　G0000667
六通訂誤六卷　（清）席裕福撰　清末上海圖
書集成局鉛印本　一冊

340000－1853－0000114　G0000474
江西通志一百八十卷　（清）劉繹等纂　清光
緒六年至七年（1880－1881）刻本　一百二
十冊

340000－1853－0000115　G0000655
文獻通考三百四十八卷　（元）馬端臨撰　清
光緒二十八年（1902）石印本　二十冊

340000－1853－0000116　G0000676
文獻通考詳節二十四卷　（元）馬端臨著
（清）嚴虞錄　清光緒元年（1875）刻本　十
二冊

340000－1853－0000117　G0000658
皇朝文獻通考三百卷　（清）嵇璜等總裁
（清）曹仁虎等纂修　清光緒二十七年（1901）
上海圖書集成局鉛印九通本　四十八冊　存
五十八卷（一百二十五至一百四十一、一百四
十八至一百五十八、二百至二百四、二百十七
至二百二十九、二百六十二至二百六十六、二
百八十六至二百九十二）

340000－1853－0000118　G0000287
前漢書一百卷　（漢）班固撰　（唐）顏師古注
清光緒上海圖書集成公司鉛印本　二十冊

340000－1853－0000119　G0000509
[嘉慶]涇縣志三十二卷　（清）李德淦
（清）周鶴立修　**[道光]涇縣續志九卷**
（清）阮文藻修　清嘉慶十一年至道光五年
（1806－1825）刻本　十六冊

340000－1853－0000120　G0000261
積古齋鐘鼎彝器款識十卷　（清）阮元編　清
嘉慶九年（1804）刻本　四冊

340000－1853－0000121　G0000262
積古齋鐘鼎彝器款識十卷　（清）阮元編　清
刻本　四冊

340000－1853－0000122　G0000362
御批歷代通鑑輯覽一百二十卷　（清）高宗弘
曆撰　（清）楊述曾等輯　清同治十年（1871）
浙江書局刻本　四十八冊

340000－1853－0000123　G0000379
三藩紀事本末四卷　（清）楊陸榮編　清康熙
五十六年（1717）刻本　一冊

340000－1853－0000124　G0001180

唐語林八卷　（宋）王讜撰　校勘記一卷
（清）錢熙祚撰　清光緒十九年（1893）湖北官
書處刻本　四冊

340000－1853－0000125　G0000466

大清一統輿圖三十一卷　（清）胡林翼撰　清
同治二年（1863）刻本　二冊　存十五卷（南
五卷、北十卷）

340000－1853－0000126　G0000324

隋書八十五卷附考證　（唐）魏徵等撰　清光
緒三十四年（1908）上海華商集成圖書公司鉛
印本　十二冊

340000－1853－0000127　G0000274

石鼓文釋存一卷補注一卷　（清）張燕昌述
清光緒二十八年（1902）石印本　一冊

340000－1853－0000128　G0001174

北夢瑣言二十卷　（宋）孫光憲纂集　清乾隆
刻本　三冊

340000－1853－0000129　G0000288

漢書一百二十卷　（漢）班固撰　（唐）顏師古
注　清光緒十三年（1887）金陵書局刻本　十
五冊　缺二十五卷（二十八至三十二、一百一
至一百二十）

340000－1853－0000130　G0001175

文昌雜錄六卷補遺一卷　（宋）龐元英撰　清
乾隆二十一年（1756）德州盧氏刻雅雨堂藏書
本　二冊

340000－1853－0000131　G0000702

胡文忠公遺集八十六卷首一卷　（清）胡林翼
撰　（清）鄭敦謹　（清）曾國荃編輯　清同治
六年（1867）刻本　三十二冊

340000－1853－0000132　G0000697

彭剛直公奏稿八卷　（清）彭玉麟著　清光緒
十七年（1891）吳下鉛印本　四冊

340000－1853－0000133　G0000681

中俄界約斠注七卷首一卷　（清）錢恂撰　清
光緒二十年（1894）上海醉六堂刻本　二冊

340000－1853－0000134　G0000679

紀元通考十二卷　（清）葉維庚撰　清道光八
年（1828）鍾秀山房刻本　四冊

340000－1853－0000135　G0000742

兩漢金石記二十二卷　（清）翁方綱撰　清乾
隆五十四年（1789）南昌使院刻本　六冊

340000－1853－0000136　G0000786

山東考古錄不分卷　（清）顧炎武著　清光緒
八年（1882）山東書局刻本　九冊

340000－1853－0000137　G0000793

金陵待徵錄十卷　（清）金鰲輯　清光緒二年
（1876）刻本　二冊

340000－1853－0000138　G0000712

曝書雜記三卷　（清）錢泰吉撰　清同治七年
（1868）刻本　一冊

340000－1853－0000139　G0000694

唐陸宣公奏議讀本四卷　（清）汪銘謙編輯
（清）馬傳庚評點　清光緒二十六年（1900）會
稽馬氏石印本　二冊

340000－1853－0000140　G0000788

史記菁華錄六卷　（清）姚祖恩摘錄　清光緒
二十三年（1897）湖南維新局刻本　六冊

340000－1853－0000141　G0000779

十國宮詞一卷　（清）吳省蘭輯　清同治十二
年（1873）淮南書局刻本　一冊

340000－1853－0000142　G0000774

文史通義八卷校讎通義三卷　（清）章學誠著
清道光十三年（1833）刻章氏遺書本　五冊

340000－1853－0000143　G0000789

廿一史約編八卷　（清）鄭元慶述　清刻本
八冊

340000－1853－0000144　G0001097

資治新書初集十四卷首一卷二集二十卷
（清）李漁輯　清光緒二十年（1894）上海圖書
集成印書局鉛印本　十二冊

340000－1853－0000145　G0000373

清史攬要八卷　（日本）增田貢撰　清光緒二
十八年（1902）石印本　四冊

340000 – 1853 – 0000146　　G0002246

明通鑑坿編六卷　（清）夏燮編輯　清刻本
三冊

340000 – 1853 – 0000147　　G0000363

明通鑑九十卷　（清）夏燮編輯　清刻本　四
十五冊　存三十一卷（六十至九十）

340000 – 1853 – 0000148　　G0000291

後漢書一百二十卷　（南朝宋）范曄撰　（唐）
李賢注　清光緒三十三年（1907）上海華商集
成圖書公司鉛印本　十二冊

340000 – 1853 – 0000149　　G0000331

舊五代史一百五十卷目錄二卷　（宋）薛居正
撰　清光緒三十三年（1907）上海華商集成圖
書公司鉛印本　十二冊

340000 – 1853 – 0000150　　G0000369

小腆紀年附考二十卷　（清）徐鼒撰　清光緒
四年（1878）龍威閣刻本　十二冊

340000 – 1853 – 0000151　　G0000412

戰國策三十三卷　（漢）劉向撰　（漢）高誘注
　重刻剡川姚氏本戰國策札記三卷　（清）黃
丕烈撰　清嘉慶八年（1803）刻本　六冊

340000 – 1853 – 0000152　　G0000435

臺灣戰紀二卷　（清）洪棄父纂　清光緒三十
二年（1906）鉛印本　一冊

340000 – 1853 – 0000153　　G0000437

湘軍記二十卷　（清）王定安撰　清光緒十五
年（1889）江南書局刻本　十二冊

340000 – 1853 – 0000154　　G0000294

後漢書九十卷　（南朝宋）劉曄撰　（唐）李賢
注　續漢志三十卷　（晉）司馬彪撰　（南朝
梁）劉昭注補　清光緒十三年（1887）金陵書
局刻本　十六冊

340000 – 1853 – 0000155　　G0000458

太平寰宇記二百卷　（宋）樂史撰　清光緒八
年（1882）金陵書局刻本　五十冊

340000 – 1853 – 0000156　　G000725

方輿全圖總說五卷　（清）顧祖禹輯　清光緒

二十七年（1901）上海圖書集成局石印本　四
冊　存三卷（一、四至五）

340000 – 1853 – 0000157　　G0000462

讀史方輿紀要一百三十卷　（清）顧祖禹輯著
　清光緒二十五年（1899）上海二林齋屬圖書
集成局鉛印本　二十八冊　缺五卷（五至九）

340000 – 1853 – 0000158　　G0000447

拳匪紀事六卷　（日本）佐源篤介　（清）浙西
漚隱輯　清光緒二十七年（1901）鉛印本
六冊

340000 – 1853 – 0000159　　G0000451

明季稗史彙編十六種二十七卷　（清）留雲居
士輯　清都城琉璃廠刻本　十二冊　存二種
十卷（烈皇小識一至八、聖安皇帝本紀一至
二）

340000 – 1853 – 0000160　　G0000463

讀史方輿紀要一百三十卷　（清）顧祖禹輯
清光緒二十七年（1901）圖書集成局鉛印本
二十八冊

340000 – 1853 – 0000161　　G0000459

天下郡國利病書一百二十卷　（清）顧炎武輯
　（清）龍萬育訂　清光緒二十七年（1901）圖
書集成印書局鉛印本　二十八冊

340000 – 1853 – 0000162　　G0000467

補三國疆域志二卷　（清）洪亮吉撰　清光緒
四年（1878）授經堂刻洪北江全集本　一冊

340000 – 1853 – 0000163　　G0000468

東晉疆域志四卷　（清）洪亮吉撰　清光緒四
年（1878）授經堂刻洪北江全集本　二冊

340000 – 1853 – 0000164　　G0000455

水經注四十卷　（北魏）酈道元撰　清光緒三
年（1877）湖北崇文書局刻本　六冊

340000 – 1853 – 0000165　　G0000469

十六國疆域志九卷　（清）洪亮吉學　清光緒
四年（1878）授經堂刻洪北江全集本　四冊

340000 – 1853 – 0000166　　G0000925

淮南子二十一卷淮南鴻烈解二十一卷　（明）

茂坤評　清乾隆五十三年(1788)武進莊逵吉咸寧宮署刻本　五冊

340000－1853－0000167　G0000749

華陽國志十二卷　(晉)常璩撰　清嘉慶十九年(1814)廖氏題襟館刻本　五冊

340000－1853－0000168　G0000876

漢學商兌四卷　(清)方東樹撰　清光緒二十六年(1900)浙江書局刻本　四冊

340000－1853－0000169　G0000878

勸學篇二卷　(清)張之洞撰　清光緒二十四年(1898)中江書院刻漸西村舍彙刊書本　一冊

340000－1853－0000170　G0000871

潛書四卷　(清)唐甄著　(清)王聞遠編　清光緒九年(1883)中江李氏刻本　四冊

340000－1853－0000171　G0000759

東洋史要二卷　(日本)桑原騭藏著　樊炳清譯　清光緒二十五年(1899)東文學社石印本　三冊

340000－1853－0000172　G0000608

五朝名臣言行錄前集十卷後集十四卷續集八卷別集二十六卷外集十七卷　(宋)朱熹纂集　(宋)李衡校正　清同治七年(1868)刻本　十六冊

340000－1853－0000173　G0000618

金陵通傳四十五卷補遺四卷姓名韻編不分卷　(清)陳作霖纂述　(清)陳詒紱葺　清光緒三十年(1904)刻本　十二冊

340000－1853－0000174　G0000653

皇朝通典一百卷　(清)曹仁虎輯　清光緒二十七年(1901)上海圖書集成局鉛印本　十二冊

340000－1853－0000175　G0000864

御纂性理精義十二卷　(清)李光地撰　清刻本　五冊　存十卷(一至八、十一至十二)

340000－1853－0000176　G0000947

管子二十四卷　(唐)房玄齡注　清刻本

六冊

340000－1853－0000177　G0000903

鶡冠子三卷　(宋)陸佃解　(明)王宇等評　(明)朱養和訂　清刻本　三冊

340000－1853－0000178　G0000897

列子沖虛真經八卷　(戰國)列禦寇撰　清光緒南陵徐乃昌刻朱墨套印本　四冊

340000－1853－0000179　G0000955

韓非子二十卷識誤三卷　(戰國)韓非子著　(清)董慎行校　清光緒元年(1875)浙江書局刻本　六冊

340000－1853－0000180　G0000827

說苑二十卷　(漢)劉向著　明刻本　二冊

340000－1853－0000181　G0000177

千字文釋義一卷　(清)汪嘯尹纂輯　清光緒二十二年(1896)桂垣書局刻本　一冊

340000－1853－0000182　G0001012

法苑珠林一百卷　(唐)釋道世撰　清道光七年(1827)燕園蔣氏刻本　二十四冊

340000－1853－0000183　G0000182

訓蒙四字經龍文鞭影初集二卷　(清)李暉吉　(清)徐瓚輯　清刻本　一冊

340000－1853－0000184　G0000183

龍文鞭影二卷二集二卷　(清)楊臣諍增訂　(清)陳士龍編次　清光緒十年(1884)刻本　二冊

340000－1853－0000185　G0000948

讀管子寄言二卷　(清)宋柟著　清光緒十年(1884)木活字印本　二冊

340000－1853－0000186　G0000886

讀老札記三卷補遺一卷　(清)易順鼎撰　清光緒十年(1884)刻本　一冊

340000－1853－0000187　G0000856

小學纂註六卷　(清)高愈撰　清同治八年(1869)江蘇書局刻本　四冊

340000－1853－0000188　G0000953

韓非子二十卷　（戰國）韓非著　清嘉慶二十三年（1818）刻本　六冊

340000－1853－0000189　G0000857

小學纂註六卷朱子年譜一卷　（清）高愈纂註
清同治十一年（1872）浙江書局刻本　二冊

340000－1853－0000190　G0000921

南華經解三十三卷　（清）宣穎著　（清）吳坤修刊　清同治五年（1866）新建吳氏皖城藩署刻半畝園藏書本　四冊

340000－1853－0000191　G0000944

管子二十四卷　（西周）管仲撰　清光緒元年（1875）湖北崇文書局刻本　四冊

340000－1853－0000192　G0000959

韓非子二十卷　（戰國）韓非子著　（清）董慎行校　清光緒元年（1875）浙江書局刻本　四冊　缺二卷（十三至十四）

340000－1853－0000193　G0000914

南華發覆八卷　（清）釋性通注　清文奎堂刻本　四冊

340000－1853－0000194　G0000970

孫子集注十三卷　（春秋）孫武等撰　明嘉靖三十四年（1555）談愷刻本　四冊

340000－1853－0000195　G0001149

夢溪筆談二十六卷補筆談三卷　（宋）沈括撰
清光緒三十二年（1906）番禺陶氏刻本　四冊

340000－1853－0000196　G0001145

容齋隨筆十六卷續筆十六卷三筆十六卷四筆十六卷五筆十卷　（宋）洪邁撰　清光緒二十一年（1895）鉛印本　五冊　缺十六卷（續筆十六卷）

340000－1853－0000197　G0000179

三字經訓詁一卷　（宋）王應麟撰　清光緒二十二年（1896）桂垣書局刻本　一冊

340000－1853－0000198　G0001202

蕉軒隨錄十二卷續錄二卷　（清）方濬師撰
清同治十一年（1872）退一步齋刻光緒十七年

（1891）續刻本　十四冊

340000－1853－0000199　G0000945

管子二十四卷　（唐）房玄齡注　（唐）劉績增注　（明）朱長春通演　（明）朱養和輯訂　明末刻本　六冊

340000－1853－0000200　G0000913

南華經十六卷　（晉）郭象註　（宋）林希逸口義　（宋）劉辰翁點校　（明）王世貞評點（明）陳仁錫批註　明刻四色套印本　六冊

340000－1853－0000201　G0000992

群學肆言十六卷　（英國）斯賓塞爾造論　嚴復翻譯　清光緒二十九年（1903）鉛印本　四冊　存八卷（一至八）

340000－1853－0000202　G0001197

香祖筆記十二卷　（清）王士禛撰　清康熙刻本　四冊

340000－1853－0000203　G0001198

香祖筆記十二卷　（清）王士禛撰　清康熙四十四年（1705）刻本　十二冊

340000－1853－0000204　G0000975

讀史兵略四十六卷　（清）胡林翼纂　清咸豐十一年（1861）武昌節署刻本　十六冊

340000－1853－0000205　G0001099

精選黃眉故事十卷　（明）鄧志謨編　清乾隆七年（1742）刻本　二冊

340000－1853－0000206　G0002131

定香亭筆談四卷　（清）阮元記　（清）吳文溥等錄　清嘉慶五年（1800）刻本　四冊

340000－1853－0000207　G0001212

世說新語六卷　（南朝宋）劉義慶撰　（南朝梁）劉孝標注　明萬曆三十七年（1609）周氏博古堂刻本　六冊

340000－1853－0000208　G0001176

輟耕錄三十卷　（明）陶宗儀撰　明刻本　七冊

340000－1853－0000209　G0001041

蠶桑簡易法一卷　（清）馬丕瑤撰　清光緒刻

本　一冊

340000－1853－0000210　G0000808
孔叢二卷　（漢）孔鮒著　（明）黃之堯閱　明刻本　二冊

340000－1853－0000211　G0000847
朱子原訂近思錄十四卷　（清）江永集注　清同治七年（1868）楚北崇文書局刻本　四冊

340000－1853－0000212　G0001044
佩文齋書畫譜一百卷　（清）孫岳頒纂輯　清康熙刻本　六十四冊

340000－1853－0000213　G0001086
御製數理精蘊上編五卷下編四十卷表八卷（清）聖祖玄燁撰　清光緒八年（1882）刻本　四十冊　缺十六卷（二十五至四十）

340000－1853－0000214　G0000917
莊子十卷　（西周）莊周撰　（晉）郭象注（唐）陸德明音義　清光緒二年（1876）浙江書局刻二十二子本　四冊

340000－1853－0000215　G0000919
莊子集釋十卷　（清）郭慶藩輯　清光緒思賢講舍刻本　八冊

340000－1853－0000216　G0000861
批點大學衍義四十三卷　（宋）真德秀彙輯（明）陳仁錫評閱　清光緒三十一年（1905）河南茹古山房石印本　六冊

340000－1853－0000217　G0000946
管子二十四卷　（唐）房玄齡注　清光緒二年（1876）浙江書局刻本　六冊

340000－1853－0000218　G0000860
大學衍義四十三卷　（宋）真德秀撰　清乾隆二年（1737）蒲城知縣武陵楊鶚刻本　十冊

340000－1853－0000219　G0001460
皇朝經世文編一百二十卷　（清）賀長齡輯（清）魏源編次　清道光七年（1827）刻本　九十六冊　缺十七卷（二十九至三十三、四十六至四十七、五十三至五十六、九十五至九十六、九十八至九十九、一百六至一百七）

340000－1853－0000220　G0000965
二十五子彙函　（清）上海鴻文書局輯　清光緒十九年（1893）上海鴻文書局石印本　十六冊

340000－1853－0000221　G0001121
風俗通義四卷　（漢）應劭著　列仙傳二卷（漢）劉向撰　清刻本　一冊

340000－1853－0000222　G0001146
容齋隨筆十六卷續筆十六卷三筆十六卷四筆十六卷五筆十卷　（宋）洪邁撰　清光緒刻本十四冊　缺四卷（容齋隨筆一至四）

340000－1853－0000223　G0001134
老學庵筆記十卷　（宋）陸游撰　清光緒三年（1877）湖北崇文書局刻本　二冊

340000－1853－0000224　G0001126
顏氏家訓二卷　（北齊）顏之推著　清光緒二十三年（1897）刻本　一冊

340000－1853－0000225　G0001133
困學紀聞二十卷　（宋）王應麟撰　清桐華書塾刻本　六冊

340000－1853－0000226　G0001132
困學紀聞二十卷　（宋）王應麟撰　清同治九年（1870）揚州書局刻本　四冊

340000－1853－0000227　G0001084
九數通考十一卷首一卷末一卷　（清）屈曾發輯　清同治十二年（1873）刻本　六冊

340000－1853－0000228　G0001089
代數通藝錄十六卷　（清）方愷撰　清光緒十六年（1890）刻本　六冊

340000－1853－0000229　G0001192
日知錄三十二卷　（清）顧炎武撰　清康熙刻本　十二冊

340000－1853－0000230　G0001257
閱微草堂筆記二十四卷　（清）紀昀撰　清刻本　十冊

340000－1853－0000231　G0001188
日知錄集釋三十二卷刊誤二卷續刊誤二卷

（清）顧炎武著 （清）黃汝成集釋 清同治八年（1869）廣州述古堂刻本 十六冊

340000－1853－0000232 G0001222

兩般秋雨庵隨筆八卷 （清）梁紹壬撰 清道光十七年（1837）刻本 八冊

340000－1853－0000233 G0001232

香艷小品 沈宗畸輯 清宣統元年（1909）番禺沈氏石印本 一冊 存三種三卷（影梅庵憶語一卷、海鷗小譜一卷、板橋雜記一卷）

340000－1853－0000234 G0001217

香祖筆記十二卷 （清）王士禛著 清宣統二年（1910）上海掃葉山房石印本 四冊

340000－1853－0000235 G0001248

酉陽雜俎二十卷 （唐）段成式撰 清光緒三年（1877）湖北崇文書局刻本 六冊

340000－1853－0000236 G0001187

日知錄集釋三十二卷刊誤二卷續刊誤二卷 （清）顧炎武著 （清）黃汝成集釋 清同治十一年（1872）湖北崇文書局刻本 十六冊

340000－1853－0000237 G0001136

簷曝雜記六卷 （清）趙翼撰 清刻本 一冊

340000－1853－0000238 G0001543

庾開府全集十六卷 （北周）庾信撰 清光緒十六年（1890）廣州經史閣刻本 六冊 存五卷（一至三、十五至十六）

340000－1853－0000239 G0001541

徐孝穆全集六卷 （南朝陳）徐陵撰 （明）吳兆宜箋注 清善化經濟書堂刻本 一冊 存一卷（一）

340000－1853－0000240 G0001533

陸士衡集十卷 （晉）陸機著 明刻本 一冊

340000－1853－0000241 G0001598

李長吉集四卷外一卷 （唐）李賀撰 （明）黃陶菴評本 （清）黎二樵批點 清光緒十八年（1892）羊城刻本 一冊

340000－1853－0000242 G0001590

昌黎先生詩集注十一卷 （唐）韓愈撰 （清）

顧嗣立刪補 清光緒九年（1883）廣州翰墨園三色套印本 四冊

340000－1853－0000243 G0001629

唐陸宣公集二十二卷 （唐）陸贄撰 清刻本 十冊

340000－1853－0000244 G0001619

白香山詩長慶集四十卷目錄一卷 （唐）白居易撰 （清）汪立名編訂 舊唐書本傳一卷白香山年譜一卷 （清）汪立名撰 白香山年譜舊本一卷 （宋）陳振孫撰 清康熙四十一年至四十二年（1702－1703）古歙汪立名一隅草堂刻本 五冊 缺二十五卷（十一至十五、二十一至四十）

340000－1853－0000245 G0001646

李義山詩集三卷 （唐）李商隱撰 （清）朱鶴齡箋註 （清）沈厚塽輯評 清同治九年（1870）廣州倅署刻本 四冊

340000－1853－0000246 G0001627

唐陸宣公集二十二卷 （唐）陸贄撰 清同治五年（1866）善化楊岳斌問竹軒刻本 六冊

340000－1853－0000247 G0001595

昌黎先生詩增注証訛十一卷 （清）顧嗣立刪補 （清）黃鉞增注証訛 （清）黃中民校刊 清咸豐七年（1857）黃中民二客軒刻本 四冊

340000－1853－0000248 G0001579

杜工部草堂詩箋四十卷 （宋）魯訔編次 （宋）蔡夢弼會箋 清末上海文瑞樓石印本 十二冊 存八卷（二十二至二十五、三十至三十三）

340000－1853－0000249 G0001582

杜詩鏡銓二十卷註解二卷 （清）楊倫編輯 清同治十一年（1872）吳氏望三益齋刻本 十冊

340000－1853－0000250 G0000863

西山先生真文忠公文集五十五卷 （宋）真德秀撰 （明）楊鷥重修 （明）丁辛重校 清刻本 二十三冊

340000－1853－0000251　G0001769

劍南詩鈔六卷　（宋）陸游著　（清）楊大鶴選
　清康熙二十四年(1685)刻本　八冊

340000－1853－0000252　G0002053

忠雅堂詩集二十七卷補遺二卷詞集二卷
（清）蔣士銓撰　清嘉慶三年(1798)揚州刻本
　十冊

340000－1853－0000253　G0002054

復初齋文集三十五卷　（清）翁方綱撰　（清）
李彥章校刊　清光緒三年(1877)侯官李彥章
刻本　八冊

340000－1853－0000254　G0001890

王文成公全書三十八卷　（明）王守仁撰　清
同治、光緒間刻本　二十四冊

340000－1853－0000255　G0000181

女兒書輯八種　（清）張承燮輯　清光緒二十
六年(1900)聽雨堂刻本　一冊

340000－1853－0000256　G0000692

兩漢策要十二卷　（宋）陶叔獻編　清光緒十
三年(1887)上海同文書局石印本　八冊

340000－1853－0000257　G0001413

御選唐宋詩醇四十七卷　（清）高宗弘曆輯
清末民國上海九思齋石印本　八冊

340000－1853－0000258　G0001102

重編留青新集二十四卷　（清）馮善長撰
（清）陳枚輯　清光緒十四年(1888)鉛印本
十二冊

340000－1853－0000259　G0001471

經史百家雜鈔二十六卷　（清）曾國藩纂　清
光緒三十二年(1906)上海商務印書館鉛印本
　十二冊

340000－1853－0000260　G0001520

曹集銓評十卷逸文一卷附魏陳思王[曹植]年
譜一卷　（清）丁晏纂　清同治十一年(1872)
刻本　二冊

340000－1853－0000261　G0001475

八家四六文注八卷　（清）許貞幹注　清光緒

十七年(1891)刻本　八冊　存一卷(一)

340000－1853－0000262　G0001467

小學弦歌八卷　（清）李元度輯　清光緒五年
(1879)刻本　四冊

340000－1853－0000263　G0001451

王子安集註二十卷首一卷末一卷　（唐）王勃
撰　（清）蔣清翊注　清光緒九年(1883)吳縣
蔣氏雙唐碑館刻本　六冊

340000－1853－0000264　G0001383

文選集釋二十四卷　（清）朱珔著　清光緒元
年(1875)刻本　十二冊

340000－1853－0000265　G0001504

歷代名人小簡二卷　吳曾祺編纂　清宣統二
年(1910)上海商務印書館鉛印本　二冊

340000－1853－0000266　G0001503

歷代名人書札二卷　吳曾祺編纂　清宣統二
年(1910)上海商務印書館鉛印本　一冊

340000－1853－0000267　G0001898

方正學先生遜志齋集二十四卷補一卷首一卷
　（明）方孝孺撰　（明）張紹謙纂定　（明）
孫熹重刊　清同治十二年(1873)浙江省城刻
本　十六冊

340000－1853－0000268　G0002060

許玉峯先生集三卷附錄一卷　（清）許鼎撰
（清）劉元佐　（清）方宗誠輯　陳松田先生遺
文一卷　（清）陳紀著　（清）許鼎纂抄　清同
治五年(1866)刻本　一冊

340000－1853－0000269　G0001930

敬業堂詩集五十卷　（清）查慎行撰　清康熙
五十八年(1719)刻雍正仁和趙意田增刻本
十二冊

340000－1853－0000270　G0001920

梅村詩集箋注十八卷　（清）吳翌鳳撰　清滄
浪吟榭刻本　八冊

340000－1853－0000271　G0001980

庸庵全集　（清）薛福成撰　清光緒二十三年
(1897)上海醉六堂石印本　十三冊

340000－1853－0000272　G0001935

漁洋山人精華錄箋注十二卷　（清）王士禎撰
（清）金榮箋　清刻本　八冊

340000－1853－0000273　G0002045

揅經室集一集二十四卷二集八卷三集五卷四
集二卷四集詩十一卷續集十一卷再續集六卷
外集五卷　（清）阮元撰　清道光三年（1823）
刻本　二十四冊

340000－1853－0000274　G0001770

劍南詩鈔六卷　（宋）陸游著　（清）楊大鶴選
清康熙二十四年（1685）刻本　八冊

340000－1853－0000275　G0001885

明張文忠公全集四十六卷　（明）張居正撰
附錄二卷　（清）田楨編輯　清光緒二十七年
（1901）紅藤碧樹山館刻本　十六冊

340000－1853－0000276　G0001398

樂府詩集一百卷目錄二卷　（宋）郭茂倩編
清同治十三年（1874）湖北崇文書局刻本　十
六冊

340000－1853－0000277　G0001397

樂府詩集一百卷目錄二卷　（宋）郭茂倩編
清同治十三年（1874）湖北崇文書局刻本　十
六冊

340000－1853－0000278　G0001300

眉綠樓詞八種不分卷　（清）顧文彬撰　清光
緒十年（1884）刻本　四冊

340000－1853－0000279　G0001321

國朝詞綜四十八卷明詞綜十二卷　（清）王昶
纂　清同治四年（1865）刻本　十二冊

340000－1853－0000280　G0001496

三蘇文集四十四卷　（宋）蘇洵等著　清上海
會文學社石印本　八冊

340000－1853－0000281　G0001550

初唐四傑文集二十一卷　（唐）王勃等撰　清
石印本　三冊　存十六卷（六至二十一）

340000－1853－0000282　G0002129

滄浪詩話註三卷　（清）嚴羽撰　清光緒石印

本　一冊

340000－1853－0000283　G0002118

文心雕龍十卷　（南朝梁）劉勰撰　（清）黃叔
琳注　（清）紀昀評　清道光十三年（1833）兩
廣節署朱墨套印本　二冊

340000－1853－0000284　G0002132

文章緣起一卷　（南朝梁）任昉撰　（明）陳懋
仁注　（清）方熊補注　清光緒中刻邵武徐氏
叢書本　一冊

340000－1853－0000285　G0002134

甌北詩話十二卷　（清）趙翼撰　清刻本　二
冊　存六卷（一至六）

340000－1853－0000286　G0002139

詩學指南八卷　（清）顧龍振輯　清乾隆二十
四年（1759）刻本　二冊

340000－1853－0000287　G0002133

楚天樵話二卷　（清）張清標撰　清光緒十八
年（1892）刻本　一冊

340000－1853－0000288　G0002096

吳摯甫文集四卷附鈔深州風土記一卷　（清）
吳汝綸撰　清宣統元年（1909）國學扶輪社石
印本　二冊

340000－1853－0000289　G0002241

桐城吳先生文集四卷　（清）吳汝綸撰　清光
緒三十年（1904）王恩紱等刻本　四冊

340000－1853－0000290　G0002025

曾文正公家書十卷家訓二卷　（清）曾國藩撰
清光緒五年（1879）傳忠書局刻本　十二冊

340000－1853－0000291　G0001589

昌黎先生詩集注十一卷　（唐）韓愈撰　（清）
顧嗣立刪補　清光緒九年（1883）刻本　六冊

340000－1853－0000292　G0001608

習之先生全集錄一卷　（清）儲欣錄　清光緒
八年（1882）江蘇書局刻本　二冊

340000－1853－0000293　G0001583

杜詩鏡銓二十卷附錄一卷　（唐）杜甫撰
（清）楊倫編輯　讀書堂杜工部文集註解二卷

（清）張潮評註　清同治十一年（1872）望三益齋刻本　五冊

340000－1853－0000294　G0001480

夢筆生花三十二卷　（清）繆艮輯　清光緒二十年（1894）上海積山書局石印本　六冊

340000－1853－0000295　G0001456

歷朝詩約選九十三卷　（清）劉大櫆輯　清光緒二十一年至二十三年（1895－1897）文徵閣刻本　二十二冊

340000－1853－0000296　G0001410

詞綜三十六卷　（清）朱彝尊輯　（清）汪森增定　（清）柯崇樸編次　（清）周篔辨譌　清康熙十七年（1678）刻本　十五冊

340000－1853－0000297　G0001915

曝書亭集八十卷附錄一卷　（清）朱彝尊撰　清乾隆刻本　十三冊

340000－1853－0000298　G0001416

全唐詩三十二卷　（清）曹寅纂　清光緒十三年（1887）上海同文書局石印本　三十二冊

340000－1853－0000299　G0001985

欠愁集一卷　（清）史震林撰　清末石印本　一冊

340000－1853－0000300　G0001991

甌北詩鈔二十卷　（清）趙翼撰　清刻本　八冊

340000－1853－0000301　G0001990

甌北詩鈔不分卷　（清）趙翼撰　清刻本　十冊

340000－1853－0000302　G0001780

司馬文正公集八十二卷　（宋）司馬光撰　清乾隆刻本　十六冊　存三十六卷（一至三、十四至四十六）

340000－1853－0000303　G0002083

劉海峰集十九卷　（清）劉大櫆著　清同治十三年（1874）刻本　八冊

340000－1853－0000304　G0002042

讀書雜誌八十二卷餘編二卷　（清）王念孫撰

清同治九年（1870）金陵書局刻本　二十四冊

340000－1853－0000305　G0001827

陸象山先生全集三十六卷　（宋）陸九淵撰　（清）李紱點次　清宣統二年（1910）江左書林鉛印本　八冊

340000－1853－0000306　G0002062

翁山文外十六卷　（清）屈大均撰　清宣統二年（1910）上海國學扶輪社鉛印本　三冊

340000－1853－0000307　G0001773

范文正公集四十八卷　（宋）范仲淹撰　清宣統二年（1910）刻本　十冊

340000－1853－0000308　G0001774

范文正公集四十八卷　（宋）范仲淹撰　清歲寒堂刻本　十六冊

340000－1853－0000309　G0002159

寒碧孤吟一卷　（清）冒襄撰　清宣統元年（1909）番禺沈氏石印香艷小品本　一冊

340000－1853－0000310　G0002077

望溪先生全集三十二卷　（清）方苞著　（清）戴鈞衡校刊　清咸豐元年（1851）戴鈞衡刻本　八冊　存二十卷（望溪先生文集一至十八、望溪先生年譜一至二）

340000－1853－0000311　G0002080

篤素堂文集四卷　（清）張英撰　清同治七年（1868）刻本　一冊

340000－1853－0000312　G0001899

宋文憲公全集八十三卷　（明）宋濂撰　（清）孫鏘校刊　潛溪錄六卷　（清）丁立中輯　清宣統三年至民國五年（1911－1916）四明孫氏成都刻本　二十八冊

340000－1853－0000313　G0001707

東坡和陶合箋四卷　（清）溫汝能纂訂　清宣統二年（1910）上海掃葉山房石印本　一冊

340000－1853－0000314　G0001703

蘇文忠公詩集五十卷目錄二卷　（宋）蘇軾撰　（清）紀昀評點　清同治八年（1869）韞玉山

房朱墨套印本　十二冊

340000－1853－0000315　G0001893

震川先生集三十卷別集十卷　（明）歸有光著
（明）歸莊校勘　（明）歸玠編輯　清光緒六
年(1880)常熟歸氏刻本　十六冊

340000－1853－0000316　G0000142

皇清經解一百九十卷　（清）阮元輯　清光緒
十一年(1885)上海點石齋石印本　二十二冊
缺十五卷（十三至十六、三十九至四十九）

340000－1853－0000317　G0001109

子史精華一百六十卷　（清）允祿等撰　清光
緒十五年(1889)上海蜚英館石印本　六冊
缺一卷（一百六十）

340000－1853－0000318　G0001993

甌北全集　（清）趙翼撰　清乾隆、嘉慶間湛
貽堂刻本　十一冊

340000－1853－0000319　G0001107

佩文韻府一百六卷　（清）張玉書等彙閱
（清）蔡升元等纂修　**韻府拾遺一百六卷**
（清）張廷玉等校勘　（清）汪灝等纂修　清光
緒十八年(1892)上海鴻寶齋石印本　一百九
十一冊

340000－1853－0000320　G0002194

**正誼堂全書六十八種五百二十六卷首一卷末
一卷**　（清）張伯行輯　（清）楊浚重輯　清同
治五年(1866)福州正誼書院刻八年至九年

(1869－1870)續刻本　一百五十冊

340000－1853－0000321　G0002047

施愚山先生全集　（清）施閏章著　（清）施彥
淳　（清）施彥恪錄輯　清康熙四十七年
(1708)刻本　十七冊　存二十八卷（文集一
至二十八）

340000－1853－0000322　G0000428

明季稗史彙編二十七卷　（清）留雲居士輯
清光緒二十二年(1896)上海圖書集成印書局
鉛印本　六冊

340000－1853－0000323　G0002097

桐城吳先生全書　（清）吳汝綸撰　清光緒三
十年(1904)王恩綬等刻本　十七冊　存十六
卷（吳先生傳狀一卷，易說第二卷，尚書故三
卷，桐城吳先生文集四卷、詩集一卷，桐城吳
先生尺牘五卷）

340000－1853－0000324　G0001946

西堂全集五十六卷　（清）尤侗撰　**湘中草六
卷**　（清）湯傳楹撰　清同治刻本　二十四冊

340000－1853－0000325　G0002234

初學記三十卷　（唐）徐堅等纂　明嘉靖十年
(1531)錫山安國桂坡館刻本　十六冊

340000－1853－0000326　G0001106

佩文韻府一百六卷　（清）張玉書等彙閱
（清）蔡升元等纂修　清道光嶺南潘氏海山仙
館刻本　九十二冊

桐城市圖書館
古籍普查登記目録

全國古籍普查登記目録

國家圖書館出版社
National Library of China Publishing House

340000－1806－0000001　善／經／1

御纂周易折中二十二卷首一卷　（清）李光地
等撰　清康熙五十四年（1715）內府刻本
十冊

340000－1806－0000002　善／經／2

田間詩學不分卷　（清）錢澄之撰　清康熙二
十三年（1684）桐城錢氏䃼雉堂刻本　七冊

340000－1806－0000003　善／經／3

田間詩學不分卷　（清）錢澄之撰　清康熙二
十八年（1689）桐城錢氏䃼雉堂刻本　八冊

340000－1806－0000004　善／經／4

欽定詩經傳說匯纂二十一卷首二卷詩序二卷
　（清）王鴻緒等編　清雍正五年（1727）刻本
十六冊　缺四卷（四、十二至十三、二十二）

340000－1806－0000005　善／經／5

大戴禮記十三卷　（北周）盧辯注　（清）朱軾
句讀　清康熙五十七年（1718）自脩齋刻朱文
端公藏書本　一冊

340000－1806－0000006　善／經／6

欽定春秋傳說匯纂三十八卷首二卷　（清）王
掞等撰　清康熙刻本　十八冊

340000－1806－0000007　善／經／7

四書釋地一卷續一卷又續一卷　（清）閻若璩
撰　清康熙三十七年（1698）刻本　二冊

340000－1806－0000008　善／經／8

經典釋文三十卷　（唐）陸德明撰　清康熙十
九年（1680）通志堂刻通志堂經解本　十冊

340000－1806－0000009　善／經／9

**康熙字典十二集三十六卷檢字一卷辨似一卷
等韻一卷備考一卷補遺一卷**　（清）張玉書總
閱　（清）凌紹雯等纂修　清康熙五十五年
（1716）內府刻本　四十冊

340000－1806－0000010　善／經／10

六書分類十二卷首一卷　（清）傅世垚輯　清
乾隆五十四年（1789）聽松閣刻本　十三冊

340000－1806－0000011　善／經／11

大宋重修廣韻五卷　（宋）陳彭年等撰　清康

熙四十三年（1704）張士俊澤存堂刻澤存堂五
種本　三冊

340000－1806－0000012　經／1

經籍纂詁一百六卷首一卷　（清）阮元撰　清
嘉慶十七年（1812）揚州阮元小嫏嬛仙館刻本
五十六冊　存九十四卷（一至十、十二至三
十、三十四下至四十二、四十八至六十一、六
十三下至九十五、九十八至一百六）

340000－1806－0000013　經／2

書經六卷　（宋）蔡沈集解　清光緒二十年
（1894）上海蜚英書局石印五經合纂大成本
三冊

340000－1806－0000014　經／3

春秋十六卷　清光緒二十年（1894）上海蜚英
書局石印五經合纂大成本　四冊

340000－1806－0000015　經／4

周易四卷　清光緒二十年（1894）上海蜚英書
局石印五經合纂大成本　一冊　存一卷（一）

340000－1806－0000016　經／5

禮記集說十卷　（元）陳澔集　清光緒二十年
（1894）上海蜚英書局石印五經合纂大成本
六冊

340000－1806－0000017　經／6

詩經八卷　（宋）朱熹集解　清光緒二十年
（1894）上海蜚英書局石印五經合纂大成本
四冊

340000－1806－0000018　經／13

春秋公羊傳十一卷　（漢）何休解詁　（唐）陸
德明音義　清光緒二十年（1894）湖北官書處
刻本　四冊

340000－1806－0000019　經／14

春秋穀梁傳十二卷　（晉）范寧集解　（唐）陸
德明音義　清光緒十二年（1886）湖北官書處
刻本　四冊

340000－1806－0000020　經／15

重刊宋紹熙公羊傳註十二卷　（漢）何休撰
校記一卷　（清）魏彥撰　清同治二年（1863）

揚州汪氏問禮堂刻十三經讀本本　二冊

340000－1806－0000021　經/16

春秋公羊傳十一卷附音義　（漢）何休解詁
（唐）陸德明音義　清同治十一年(1872)山東
書局刻十三經讀本附校勘記本　四冊

340000－1806－0000022　經/17

春秋公羊傳十一卷附音義　（漢）何休解詁
（唐）陸德明音義　清同治七年(1868)湖北崇
文書局刻本　四冊

340000－1806－0000023　經/20

十三經拾遺十六卷　（清）王朝椇撰　（清）陶
福履輯　清嘉慶五年(1800)刻本　四冊

340000－1806－0000024　經/21

儀禮鄭註句讀十七卷　（漢）鄭玄注　（清）張
爾岐句讀　儀禮監本正誤一卷儀禮石本誤字
一卷　（清）張爾岐撰　清同治七年(1868)金
陵書局刻十三經讀本本　三冊　存十三卷
（一至十三）

340000－1806－0000025　經/22

春秋穀梁傳十二卷　（晉）范寧集解　清同治
七年(1868)金陵書局刻十三經讀本本　二冊

340000－1806－0000026　經/23

儀禮纂錄二卷　（清）李清植纂　清道光十一
年(1831)安溪李維迪刻榕村全書本　二冊

340000－1806－0000027　經/24

書經衷論四卷　（清）張英撰　清光緒二十三
年(1897)桐城張氏刻張文端公全書本　二冊

340000－1806－0000028　經/24/又1

書經衷論四卷　（清）張英撰　清光緒二十三
年(1897)桐城張氏刻張文端公全書本　二冊

340000－1806－0000029　經/24/又2

書經衷論四卷　（清）張英撰　清光緒二十三
年(1897)桐城張氏刻張文端公全書本　二冊

340000－1806－0000030　經/24/又3

書經衷論四卷　（清）張英撰　清光緒二十三
年(1897)桐城張氏刻張文端公全書本　二冊

340000－1806－0000031　經/25

易經衷論二卷　（清）張英撰　清光緒二十三
年(1897)桐城張氏刻張文端公全書本　一冊

340000－1806－0000032　經/25/又1

易經衷論二卷　（清）張英撰　清光緒二十三
年(1897)桐城張氏刻張文端公全書本　一冊

340000－1806－0000033　經/25/又2

易經衷論二卷　（清）張英撰　清光緒二十三
年(1897)桐城張氏刻張文端公全書本　一冊

340000－1806－0000034　經/25/又3

易經衷論二卷　（清）張英撰　清光緒二十三
年(1897)桐城張氏刻張文端公全書本　一冊

340000－1806－0000035　經/26

儀禮鄭註句讀十七卷　（漢）鄭玄注　（清）張
爾岐句讀　儀禮監本正誤一卷儀禮石本誤字
一卷　（清）張爾岐撰　清同治七年(1868)金
陵書局刻十三經讀本本　二冊　存九卷（一
至九）

340000－1806－0000036　經/27

周禮纂訓二十一卷　（清）李鍾倫纂輯　清道
光七年(1827)刻本　五冊　存十七卷（一至
七、十二至二十一）

340000－1806－0000037　經/28

春秋左傳杜林五十卷　（晉）杜預　（宋）林唐
翁注釋　（唐）陸德明音義　（明）孫鑛
（明）韓範　（明）鍾惺評點　清光緒十七年
(1891)南京李光明書莊刻本　十五冊　存四
十七卷（一至四十七）

340000－1806－0000038　經/31

皇朝五經彙解二百七十卷　題(清)抉經心室
主人編　清石印本　十六冊　存一百二十六
卷(一百四十五至二百七十)

340000－1806－0000039　經/32

禮記十卷　（元）陳澔集説　清嘉慶十六年
(1811)揚州十笏堂刻御案五經本　十冊

340000－1806－0000040　經/33

禮記二十卷　（漢）鄭玄注　撫本禮記鄭註考
異二卷　（清）張敦仁撰　清同治九年(1870)

楚北崇文書局刻本　八冊

340000－1806－0000041　經/36
御案詩經備旨八卷　（清）鄒聖脈纂　清光緒
六年(1880)刻本　五冊　缺一卷(八)

340000－1806－0000042　經/37
七經偶記十二卷附周易雜卦反對互圖一卷讀
易義例一卷　（清）汪德鉞撰　清道光十二年
(1832)汪時漣長汀木活字印本　三冊　存十
卷(周易偶記一至二、周官偶記一、春秋偶記
一至二、論語大學偶記一、禮經一、禮記一,附
周易雜卦反對互圖一卷,讀易義例一卷)

340000－1806－0000043　經/39
大戴禮記補注十三卷　（清）孔廣森撰　清同
治十三年(1874)揚州淮南書局刻本　四冊

340000－1806－0000044　經/41
四書朱子大全四十卷　（清）戴名世編　（清）
程逢儀重訂　清康熙刻本　四冊　存八卷
(論語一至四、七至十)

340000－1806－0000045　經/42
六書叚借經徵四卷　（清）朱駿聲紀錄　清道
光十二年(1832)金陵刻本　三冊

340000－1806－0000046　經/44
詩經二十卷　（漢）毛亨傳　（漢）鄭氏箋
(明)金蟠訂　詩譜一卷　（漢）鄭玄撰　清永
懷堂刻本　二冊　缺五卷(十六至二十)

340000－1806－0000047　經/45
群經平議三十五卷　（清）俞樾撰　清同治四
年(1865)刻本　十一冊　缺三卷(二十七至
二十九)

340000－1806－0000048　經/46
十科策略箋釋十卷　（明）劉文安撰　（清）劉
作樑注釋　呆齋公年譜一卷　（清）劉作樑撰
清雍正四年(1726)刻本　五冊　缺一卷
(七)

340000－1806－0000049　經/47
易經本義十二卷首一卷末一卷附音訓　（宋）
朱熹撰　清同治四年(1865)金陵書局刻本

二冊

340000－1806－0000050　經/48
書經精義二卷首一卷末一卷　（清）黃淦纂
清嘉慶九年(1804)刻本　一冊　缺一卷(末
一卷)

340000－1806－0000051　經/51
四書朱子本義彙參　（清）王步青輯　清光緒
十二年(1886)鉛印本　四冊

340000－1806－0000052　經/52
四書朱子本義彙參　（清）王步青輯　清光緒
十二年(1886)鉛印本　四冊

340000－1806－0000053　經/53
四書朱子本義彙參　（清）王步青輯　清光緒
十二年(1886)鉛印本　一冊

340000－1806－0000054　經/54
四書朱子本義彙參　（清）王步青輯　清光緒
十二年(1886)鉛印本　一冊

340000－1806－0000055　經/56
書經六卷　（宋）蔡沈集傳　清刻本　六冊

340000－1806－0000056　經/57
春秋集義十二卷　（清）方宗誠撰　清光緒八
年(1882)桐城方氏刻柏堂遺書本　八冊

340000－1806－0000057　經/58
周易孔義集說二十卷　（清）沈起元撰　清光
緒八年(1882)江蘇書局刻本　五冊　存十二
卷(一至八、十五至十八)

340000－1806－0000058　經/59
春秋繁露十七卷　（漢）董仲舒撰　清光緒三
年(1877)湖北崇文書局刻崇文書局彙刻書本
二冊

340000－1806－0000059　經/60
御纂周易折中二十二卷首一卷　（清）李光地
等撰　清康熙五十四年(1715)內府刻本　十
一冊　存十九卷(三至十九、二十一至二十
二)

340000－1806－0000060　經/61
湛園劄記一卷　（清）姜宸英撰　經義雜記十

卷 （清）藏琳撰　清光緒十三年(1887)上海書局石印皇清經解本　一冊

340000－1806－0000061　經/62

周易述二十一卷　（清）惠棟撰　清光緒十三年(1887)上海書局石印皇清經解本　一冊

340000－1806－0000062　經/64

周禮軍賦說四卷　（清）王鳴盛著　**十駕齋養新錄四卷**　（清）錢大昕著　**潛研堂文集六卷**　（清）錢大昕著　清光緒十三年(1887)上海書局石印皇清經解本　一冊

340000－1806－0000063　經/66

皇清經解一百九十卷首一卷　（清）阮元輯　清光緒十四年(1888)滬上石印本　二十四冊

340000－1806－0000064　經/71

春秋經傳集解三十卷首一卷　（晉）杜預注　（唐）陸德明音釋　（宋）林堯叟附注　（清）馮李驊增訂　（清）陸浩評輯　清道光十二年(1832)華川書屋刻本　十一冊　存二十五卷（二至六、七下至二十六）

340000－1806－0000065　經/72

左傳紀事本末五十三卷　（清）高士奇撰　清刻本　十冊　存四十四卷（五至三十九、四十五至五十三）

340000－1806－0000066　經/74

春秋左傳杜註三十卷首一卷　（清）杜預注　（清）姚培謙學　清刻本　三冊　存十二卷（四至十五）

340000－1806－0000067　經/78

評點春秋綱目左傳句解彙雋六卷　（清）韓菼重訂　清刻本　五冊　缺一卷（二）

340000－1806－0000068　經/79

春秋左傳五十卷　（晉）杜預　（宋）林堯叟註釋　（唐）陸德明音義　（明）孫鑛等評點　清刻本　五冊　存十八卷（三至十四、三十三至三十八）

340000－1806－0000069　經/80

春秋左傳杜註三十卷首一卷　（晉）杜預注

（清）姚培謙學　清刻本　三冊　存九卷（十六至十八、二十五至三十）

340000－1806－0000070　經/81

詩韻合璧五卷　（清）湯文潞編　清咸豐七年(1857)刻本　五冊

340000－1806－0000071　經/89

新定三禮圖二十卷　（宋）聶崇義集注　清末至民國上海同文書局石印本　一冊

340000－1806－0000072　經/99

附釋音春秋左傳註疏六十卷　（晉）杜預注　（唐）孔穎達疏　（唐）陸德明音義　**春秋左傳註疏校勘記六十卷**　（清）阮元撰　（清）盧宣旬摘錄　清光緒十三年(1887)上海脈望仙館石印重刊宋本十三經註疏附校勘記本　六冊

340000－1806－0000073　經/99/又

附釋音春秋左傳註疏六十卷　（晉）杜預注　（唐）孔穎達疏　（唐）陸德明音義　**春秋左傳註疏校勘記六十卷**　（清）阮元撰　（清）盧宣旬摘錄　清光緒十三年(1887)上海脈望仙館石印重刊宋本十三經註疏附校勘記本　六冊

340000－1806－0000074　經/100

論語註疏解經二十卷附校勘記二十卷　（三國魏）何晏集解　（宋）邢昺疏　**孝經註疏九卷附校勘記九卷**　（唐）玄宗李隆基注　（宋）邢昺校　清光緒十三年(1887)上海脈望仙館石印重刊宋本十三經註疏附校勘記本　一冊

340000－1806－0000075　經/101

監本附音春秋公羊註疏二十八卷　（漢）何休學　（唐）徐彥疏　**公羊註疏校勘記二十八卷**　（清）阮元撰　清光緒十三年(1887)上海脈望仙館石印重刊宋本十三經註疏附校勘記本　二冊

340000－1806－0000076　經/102

附釋音毛詩註疏七十卷　（漢）毛亨傳　（漢）鄭玄箋　（唐）陸德明音義　（唐）孔穎達疏　**毛詩註疏校勘記七十卷**　（清）阮元撰　（清）盧宣旬摘錄　清光緒十三年(1887)上海脈望仙館石印重刊宋本十三經註疏附校勘記本

四冊

340000－1806－0000077　經／103

爾雅註疏十卷　（晉）郭璞注　（宋）邢昺校訂
（唐）陸德明音義　**爾雅註疏校勘記十卷**
（清）阮元撰　（清）盧宣旬摘錄　清光緒十三
年(1887)上海脈望仙館石印重刊宋本十三經
註疏附校勘記本　一冊

340000－1806－0000078　經／104

監本附音春秋穀梁註疏二十卷　（晉）范寧集
解　（唐）楊士勳疏　（唐）陸德明音義　**春秋
穀梁註疏校勘記二十卷**　（清）阮元撰　（清）
盧宣旬摘錄　清光緒十三年(1887)上海脈望
仙館石印重刊宋本十三經註疏附校勘記本
一冊

340000－1806－0000079　經／105

周易兼義九卷　（三國魏）王弼　（晉）韓康伯
注　（唐）孔穎達正義　（唐）陸德明音義　**周
易音義十卷**　（唐）陸德明撰　**周易註疏校勘
記九卷**　（清）阮元撰　（清）盧宣旬摘錄　**周
易釋文校勘記一卷**　（清）阮元撰　（清）盧宣
旬摘錄　清光緒十三年(1887)上海脈望仙館
石印重刊宋本十三經註疏附校勘記本　一冊

340000－1806－0000080　經／106

附釋音禮記註疏六十三卷　（漢）鄭玄注
（唐）孔穎達疏　（唐）陸德明音義　**禮記註疏
校勘記六十三卷**　（清）阮元撰　（清）盧宣旬
摘錄　清光緒十三年(1887)上海脈望仙館石
印重刊宋本十三經註疏附校勘記本　六冊

340000－1806－0000081　經／107

附釋音周禮註疏四十二卷　（漢）鄭玄注
（唐）賈公彥疏　（唐）陸德明音義　**周禮註疏
校勘記四十二卷**　（清）阮元撰　（清）盧宣旬
摘錄　清光緒十三年(1887)上海脈望仙館石
印重刊宋本十三經註疏附校勘記本　三冊

340000－1806－0000082　經／108

儀禮註疏五十卷　（漢）鄭玄注　（唐）賈公彥
撰　（唐）陸德明音義　**儀禮註疏校勘記五十
卷**　（清）阮元撰　（清）盧宣旬摘錄　清光緒
十三年(1887)上海脈望仙館石印重刊宋本十

三經註疏附校勘記本　三冊

340000－1806－0000083　經／109

附釋音禮記註疏六十三卷　（漢）鄭玄注
（唐）孔穎達疏　（唐）陸德明音義　**禮記註疏
校勘記六十三卷**　（清）阮元撰　（清）盧宣旬
摘錄　清光緒十三年(1887)上海脈望仙館石
印重刊宋本十三經註疏附校勘記本　六冊
存八十六卷(附釋音禮記註疏六十三卷、禮記
註疏校勘記一至二十三)

340000－1806－0000084　經／112

爾雅註疏十卷　（晉）郭璞注　（宋）邢昺校定
（唐）陸德明音義　**校勘記十卷**　（清）阮元
撰　（清）盧宣旬摘錄　清光緒十三年(1887)
上海脈望仙館石印重刊宋本十三經註疏附校
勘記本　一冊

340000－1806－0000085　經／111

監本附釋音春秋公羊註疏二十八卷　（漢）何
休學　（唐）徐彥疏　（唐）陸德明音義　**公羊
註疏校勘記二十八卷**　（清）阮元撰　（清）盧
宣旬摘錄　清光緒十三年(1887)上海脈望仙
館石印重刊宋本十三經註疏附校勘記本
三冊

340000－1806－0000086　經／113

監本附音春秋穀梁註疏二十卷　（晉）范寧集
解　（唐）楊士勳疏　（唐）陸德明音義　**校勘
記二十卷**　（清）阮元撰　（清）盧宣旬摘錄
清光緒十三年(1887)上海脈望仙館石印重刊
宋本十三經註疏附校勘記本　一冊

340000－1806－0000087　經／114

監本附音儀禮註疏五十卷　（漢）鄭玄注
（唐）賈公彥疏　（唐）陸德明音義　**校勘記五
十卷**　（清）阮元撰　（清）盧宣旬摘錄　清光
緒十三年(1887)上海脈望仙館石印重刊宋本
十三經註疏附校勘記本　二冊　存七十四卷
(監本附音儀禮註疏一至二十四、校勘記五十
卷)

340000－1806－0000088　經／115

附釋音尚書註疏二十卷　（漢）孔安國傳
（唐）孔穎達疏　（唐）陸德明音義　**尚書註疏**

校勘記二十卷　（清）阮元撰　（清）盧宣宣摘錄　清光緒十三年（1887）上海脈望仙館石印重刊宋本十三經註疏附校勘記本　二冊

340000－1806－0000089　經/116

孟子註疏解經十四卷　（漢）趙岐注　（宋）孫奭疏並音義　孟子註疏校勘記十四卷　（清）阮元撰　（清）盧宣旬摘錄　清光緒十三年（1887）上海脈望仙館石印重刊宋本十三經註疏附校勘記本　三冊

340000－1806－0000090　經/117

曲江書屋新訂批註左傳快讀十八卷首一卷（清）李紹崧編　清乾隆四十年（1775）刻本　十四冊　存十六卷（一至三、六至十八）

340000－1806－0000091　經/118

春秋左傳五十卷　（晉）杜預注　（宋）林堯叟釋　（唐）陸德明音義　（明）孫鑛等評點　清光緒南京李光明莊刻本　二冊　存十一卷（五至十、二十三至二十七）

340000－1806－0000092　經/119/又

左傳文法讀本十二卷　劉培極　吳闓生撰　清宣統元年（1909）鉛印本　四冊　存八卷（一至八）

340000－1806－0000093　經/121

左傳舊疏考正八卷　（清）劉文淇撰　清光緒三年（1877）湖北崇文書局刻崇文書局彙刻書本　四冊

340000－1806－0000094　經/123

春秋左傳三十卷首一卷　（晉）杜預注　（宋）林堯叟附注　（唐）陸德明音釋　（清）馮李驊集解　清同治七年（1868）楚北崇文書局刻本　十二冊

340000－1806－0000095　經/124

春秋左傳杜註（春秋左傳杜註補輯）三十卷首一卷　（清）姚培謙撰　清光緒九年（1883）江南書局刻本　九冊　存二十八卷（一至十八、二十二至三十，首一卷）

340000－1806－0000096　經/125

春秋左傳杜註（春秋左傳杜註補輯）三十卷首

一卷　（清）姚培謙撰　清光緒九年（1883）江南書局刻本　八冊

340000－1806－0000097　經/126

春秋左傳五十卷　（晉）杜預　（宋）林堯叟註釋　（唐）陸德明音義　（明）孫鑛等評點　清光緒南京李光明莊刻本　十六冊

340000－1806－0000098　經/127

左傳鈔六卷　（清）高塘集評　清乾隆五十三年（1788）廣郡永邑培元堂楊氏刻高梅亭讀書叢鈔本　八冊

340000－1806－0000099　經/128

毛詩註疏三十卷附考證三十卷　（漢）毛亨傳　（漢）鄭玄箋　（唐）孔穎達疏　（唐）陸德明音義　清同治十年（1871）廣東書局刻十三經註疏附考證本　十四冊

340000－1806－0000100　經/129

附釋音毛詩註疏七十卷　（漢）毛亨傳　（漢）鄭玄箋　（唐）孔穎達疏　（唐）陸德明音義　毛詩註疏校勘記七十卷　（清）阮元撰　（清）盧宣旬摘錄　清嘉慶二十年（1815）南昌府學刻重刊宋本十三經註疏附校勘記本　二十冊

340000－1806－0000101　經/130

監本附音春秋公羊註疏二十八卷　（漢）何休撰　（唐）徐彥疏　（唐）陸德明音義　校勘記二十八卷　（清）阮元撰　（清）盧宣旬摘錄　清嘉慶二十年（1815）南昌府學刻重刊宋本十三經註疏附校勘記本　八冊

340000－1806－0000102　經/131

易經八卷　（宋）程頤傳　清光緒九年（1883）江南書局刻本　三冊

340000－1806－0000103　經/132

毛詩本義十六卷　（宋）歐陽修撰　清道光十四年（1834）釣源歐陽氏刻本　二冊

340000－1806－0000104　經/133

春秋燼餘四卷　（清）李光地撰　（清）李清植編　清道光二年（1822）安溪李維迪刻榕村全書本　三冊

340000－1806－0000105　　經/134

樂經(古樂經傳)五卷　(清)李光地注　清道光九年(1829)安溪李維迪刻榕村全書本　二冊

340000－1806－0000106　　經/135

論語二十卷　(宋)朱熹集注　清刻本　二冊

340000－1806－0000107　　經/136

孟子七卷　(宋)朱熹集注　清刻本　三冊

340000－1806－0000108　　經/137

重校十三經不貳字不分卷　(清)李鴻藻撰　清光緒九年(1883)刻本　一冊

340000－1806－0000109　　經/139

古音類表九卷　(清)傅壽彤撰　清光緒二年(1876)大樑臬署刻本　三冊

340000－1806－0000110　　經/141

春秋傳說薈要十二卷　(清)紀昀等纂　清嘉慶十六年(1811)揚州十笏堂刻本　四冊

340000－1806－0000111　　經/142

四書備考二十八卷　(明)陳仁錫增定　(明)陳禮錫等參訂　明崇禎七年(1634)刻本　八冊　存二十三卷(一至五、九至十六、十九至二十八)

340000－1806－0000112　　經/143

儀禮十七卷　(漢)鄭玄注　清同治九年(1870)楚北崇文書局刻本　二冊

340000－1806－0000113　　經/145

三字經註解備要不分卷　(元)王應麟著　(清)賀興思注解　清刻本　一冊

340000－1806－0000114　　經/147

經傳釋詞十卷　(清)王引之撰　清嘉慶二十四年(1819)刻本　四冊

340000－1806－0000115　　經/148

寄傲山房塾課纂輯易經備旨七卷　(清)鄒聖脈纂輯　(清)猷可庭編次　清光緒三十年(1904)上海文盛文書局石印本　四冊

340000－1806－0000116　　經/149

聖門名字纂詁二卷補遺一卷　(清)洪恩波撰

清光緒二十三年(1897)刻本　二冊

340000－1806－0000117　　經/150

十三經述要六卷　姚永樸撰　清光緒三十四年(1908)安慶高等學堂鉛印本　二冊

340000－1806－0000118　　經/151

春秋繁露十七卷　(漢)董仲舒撰　(明)孫鑛評　清乾隆守醇堂刻本　二冊

340000－1806－0000119　　經/152

漢廣川董子集二卷　(漢)董仲舒撰　清乾隆四十四年(1779)刻春秋繁露本　一冊

340000－1806－0000120　　經/153

附釋音尚書註疏二十卷　(漢)孔穎達疏　(唐)陸德明音義　**尚書註疏校勘記二十卷**　(清)阮元撰　(清)盧宣旬摘錄　清嘉慶二十年(1815)南昌府學刻重刊宋本十三經註疏附校勘記本　六冊

340000－1806－0000121　　經/154

書經六卷　(宋)蔡沈集傳　清光緒三十年(1904)刻本　四冊

340000－1806－0000122　　經/155

孟子雜記四卷　(明)陳士元撰　清嘉慶蕭山陳氏刻湖海樓叢書本　一冊

340000－1806－0000123　　經/156

尚書十三卷附考證　(漢)孔安國傳　(唐)陸德明音義　清乾隆四十八年(1783)武英殿刻仿宋相臺五經附考證本　三冊

340000－1806－0000124　　經/157

書經集傳六卷首一卷末一卷　(宋)蔡沈集傳　清光緒南京李光明莊刻本　四冊

340000－1806－0000125　　經/159

書經體注大全合參六卷　(清)錢希祥參　(清)范翔鑒定　(清)張聖度考訂　清雍正三年(1725)三禮堂刻本　四冊

340000－1806－0000126　　經/160

孟志編略六卷　(清)孫葆田撰　清光緒十六年(1890)刻本　一冊

340000－1806－0000127　　經/161

欽定禮記義疏八十二卷首一卷 （清）高宗弘曆定 （清）鄂爾泰等編 清刻本 八十一冊 存八十一卷(一至三十九、四十一至八十二)

340000－1806－0000128 經/163

監本附音春秋穀梁註疏二十卷 （晉）范寧集解 （唐）楊士勛疏 （唐）陸德明音義 附校勘記二十卷 （清）阮元撰 （清）盧宣旬摘錄 清嘉慶二十年(1815)南昌府學刻重刊宋本十三經註疏附校勘記本 六冊

340000－1806－0000129 經/165

儀禮圖六卷 （清）張惠言撰 清同治九年(1870)楚北崇文書局刻本 二冊 缺二卷(三至四)

340000－1806－0000130 經/166

書傳補義三卷 （清）方宗誠述 清光緒二年(1876)桐城方氏刻柏堂遺書本 一冊

340000－1806－0000131 經/167

詩傳補義三卷 （清）方宗誠述 清光緒二年(1876)桐城方氏刻柏堂遺書本 一冊

340000－1806－0000132 經/168

春秋經傳集解三十卷附考證 （晉）杜預撰 （唐）陸德明音義 春秋年表一卷附考證春秋名號歸一圖二卷附考證 清乾隆四十八年(1783)武英殿刻仿宋相臺五經附考證本 十二冊

340000－1806－0000133 經/169

古易音訓二卷 （宋）呂祖謙撰 （清）宋咸熙輯 傳經表一卷通經表一卷 （清）畢沅撰 清光緒四年(1878)會稽章氏刻式訓堂叢書本 二冊

340000－1806－0000134 經/170

溉亭述古錄二卷 （清）錢塘著 （清）阮元敘錄 清刻本 一冊

340000－1806－0000135 經/171

考工記析疑四卷 （清）方苞解 清刻本 一冊

340000－1806－0000136 經/172

禮記陳氏集說十卷 （元）陳澔撰 清光緒十九年(1893)江南書局刻本 九冊 缺一卷(八)

340000－1806－0000137 經/174

字學舉隅不分卷 （清）龍啟瑞等輯 清同治十三年(1874)刻本 一冊

340000－1806－0000138 經/175

釋穀四卷 （清）劉寶楠撰 清光緒十四年(1888)廣雅書局刻本 二冊

340000－1806－0000139 經/176

重定齊家寶要二卷首一卷末一卷 （清）張文嘉編輯 （清）張廷瑞校閱 清刻本 四冊

340000－1806－0000140 經/179

隸篇十五卷續十五卷再十五卷 （清）翟雲升撰 清道光十八年(1838)東萊翟氏刻本 七冊 存十四卷(隸篇二至十五)

340000－1806－0000141 經/180

涇野先生禮問二卷 （明）呂柟著 （清）李錫齡校刊 清李錫齡刻本 一冊

340000－1806－0000142 經/181

禮記二十卷附考證 （漢）鄭玄注 （唐）陸德明音義 清乾隆四十八年(1783)武英殿刻仿宋相臺五經附考證本 八冊

340000－1806－0000143 經/182

韓詩外傳十卷 （漢）韓嬰撰 清光緒三年(1877)湖北崇文書局刻崇文書局彙刻書本 二冊

340000－1806－0000144 經/183

四聲切韻表一卷 （清）江永撰 清宣統二年(1910)清麓精舍刻西京清麓叢書本 一冊

340000－1806－0000145 經/184

聲調譜說二卷 （清）吳紹溈纂訂 清光緒二十七年(1901)堂邑官廨刻本 一冊

340000－1806－0000146 經/185

欽定書經傳說彙纂二十一卷首二卷書序一卷 （清）王頊齡等編 清雍正八年(1730)內府

刻本　十二冊

340000－1806－0000147　經/186

新增說文韻府羣玉二十卷　（元）陰時夫編輯
（元）陰中夫編註　（明）王元貞校正　明萬
曆十八年(1590)刻本　十六冊

340000－1806－0000148　經/187

禮記十卷　（元）陳澔集說　清刻本　九冊
存九卷(一至六、八至十)

340000－1806－0000149　經/188

禮記十卷　（元）陳澔集說　清刻本　八冊
存八卷(一至三、五、七至十)

340000－1806－0000150　經/189

禹貢錐指二十卷　（清）胡渭撰　清康熙漱六
軒刻本　七冊　存十五卷(一至七、十三至二
十)

340000－1806－0000151　經/190

周易傳義附錄十四卷首一卷　（宋）董楷撰
清康熙十九年(1680)通志堂刻通志堂經解本
九冊　存九卷(一至八、首一卷)

340000－1806－0000152　經/191

毛詩二十卷附考證　（漢）毛亨傳　（漢）鄭玄
箋　（唐）陸德明音義　清乾隆四十八年
(1783)武英殿刻仿宋相臺五經附考證本
六冊

340000－1806－0000153　經/192

說文解字註三十二卷　（清）段玉裁注　說文
通檢十四卷首一卷末一卷　（清）黎永椿編
說文解字注匡謬八卷　（清）黎永椿撰　清宣
統二年(1910)上海江左書林石印本　八冊

340000－1806－0000154　經/193

說文解字三十二卷　（清）段玉裁注　清上海
文寶公司石印本　八冊

340000－1806－0000155　經/194

說文通檢十四卷首一卷末一卷　（清）黎永椿
編　清光緒九年(1883)群玉山房刻本　二冊

340000－1806－0000156　經/195

說文解字三十卷　（漢）許慎撰　（宋）徐鉉校

定　（清）段玉裁注　清嘉慶十三年(1808)刻
本　二十二冊

340000－1806－0000157　經/196

歷代鐘鼎彝器款識法帖二十卷　（宋）薛尚功
撰　清光緒八年(1882)石印本　三冊　存十
五卷(一至五、十一至二十)

340000－1806－0000158　經/199

說文古籀疏證六卷　（清）莊述祖著述　清刻
本　四冊

340000－1806－0000159　經/201

說文通檢十四卷首一卷末一卷　（清）黎永椿
編　清光緒五年(1879)番禺陳氏刻本　十冊

340000－1806－0000160　經/203

榕村韻書五卷榕村字畫辨訛一卷　（清）李光
地著　（清）李維迪校　清道光九年(1829)安
溪李維迪刻榕村全書本　二冊

340000－1806－0000161　經/204

禮記註疏六十三卷　（漢）鄭玄注　（唐）孔穎
達疏　（唐）陸德明音義　附禮記註疏校勘記
六十三卷　（清）阮元撰　（清）盧宣旬摘錄
清刻本　六冊　存三十卷(禮記註疏十一至
十三、十七至二十、二十三至三十、附禮記註
疏校勘記十一至十三、十七至二十、二十三至
三十)

340000－1806－0000162　經/205

字類標韻六卷　（清）華綱輯　（清）王乃棠校
清光緒二年(1876)肆江王氏刻本　一冊

340000－1806－0000163　經/206

夏小正集說四卷　（清）程鴻詔撰　清同治四
年(1865)刻本　二冊

340000－1806－0000164　經/215

韻府拾遺一百六卷　（清）王灝等纂　清刻本
九冊　存九十二卷(一至五十九、七十四至
一百六)

340000－1806－0000165　經/216

新訂四書補註備旨十卷　（明）鄧林著　（清）
杜定基增訂　（清）鄧煜編　（清）祁文友重校

235

清末石印本　八冊

340000 – 1806 – 0000166　經/222

詩經八卷詩序辨説一卷　（宋）朱熹集注　清末南京李光明莊刻本　三冊　存四卷（詩經六至八、詩序辨説一卷）

340000 – 1806 – 0000167　經/223

書六卷　（宋）蔡沈集傳　清刻本　二冊　存二卷（四至五）

340000 – 1806 – 0000168　經/224

禮記十卷　（元）陳澔集説　清刻本　三冊　存三卷（四、六至七）

340000 – 1806 – 0000169　經/225

增補蘇批孟子二卷年譜一卷　（宋）蘇洵撰　（清）趙大浣增補　清朱墨套印本　二冊

340000 – 1806 – 0000170　經/226

論語集註二十卷　（宋）朱熹撰　清刻本　二冊

340000 – 1806 – 0000171　經/227

新訂四書補註附考備旨十卷　（明）鄧林著　（清）鄧煜編次　（清）祁文友校　（清）杜定基增訂　清刻本　二冊　存三卷（上孟一至二、下孟三）

340000 – 1806 – 0000172　經/232

周易通論四卷　（清）李光地撰　清刻本　二冊

340000 – 1806 – 0000173　經/233

周易觀象十二卷　（清）李光地撰　清刻本　三冊　缺四卷（一至四）

340000 – 1806 – 0000174　經/234

周易説翼三卷　（明）呂柟撰　（清）李錫齡校　清光緒十四年（1888）長沙惜陰書局刻惜陰軒叢書本　二冊　存二卷（二至三）

340000 – 1806 – 0000175　經/236

周易四卷附筮儀一卷卦歌一卷圖説一卷　（宋）朱熹本義　清光緒二十二年（1896）刻本　二冊

340000 – 1806 – 0000176　經/238

周易十卷附考證　（三國魏）王弼　（晉）韓康伯注　清光緒二年（1876）江南書局刻仿宋相臺五經附考證本　三冊

340000 – 1806 – 0000177　經/240

周易觀指大旨二卷　（清）李光地撰　清刻本　一冊

340000 – 1806 – 0000178　經/241

離騷經不分卷九歌不分卷參同契不分卷陰符經不分卷　（戰國）屈原撰　（清）李光地注　清道光九年（1829）安溪李維迪刻榕村全書本　一冊

340000 – 1806 – 0000179　經/242

尚書七篇解義二卷　（清）李光地撰　清道光九年（1829）安溪李維迪刻榕村全書本　一冊

340000 – 1806 – 0000180　經/243

古文周易參同契註八卷　（漢）魏伯陽撰　（清）袁仁林注　（清）李孟熙校　清道光二十六年（1846）宏道書院刻惜陰軒叢書本　二冊

340000 – 1806 – 0000181　經/246

寫定尚書不分卷　（清）吳汝綸撰　清光緒十八年（1892）桐城吳氏家塾石印本　一冊

340000 – 1806 – 0000182　經/247

周易程傳八卷　（宋）程頤撰　清同治五年（1866）金陵書局刻本　一冊　存二卷（一至二）

340000 – 1806 – 0000183　經/248

文字蒙求四卷　（清）王筠撰　清道光十八年（1838）刻本　一冊

340000 – 1806 – 0000184　經/249

易釋文一卷　（唐）陸德明撰　**周易集解略例一卷**　（三國魏）王弼撰　（唐）邢璹注　明崇禎虞山毛氏汲古閣刻津逮祕書本　一冊

340000 – 1806 – 0000185　經/250

古本尚書表注二卷　（宋）金履祥撰　清光緒十年（1884）掃葉山房影刻本　二冊

340000 – 1806 – 0000186　經/252

經書字音辨要九卷　（清）楊名颺編　清道光

二十七年(1847)令德堂刻本　一冊　存四卷
(一至四)

340000－1806－0000187　　經/253
書經六卷　（宋）蔡沈集注　清末至民國匯海
書局刻本　六冊

340000－1806－0000188　　經/254
周禮節訓六卷　（清）黃叔琳輯　（清）姚培謙
重訂　清刻本　一冊　存四卷(三至六)

340000－1806－0000189　　經/255
經書源流歌訣一卷三禮儀制歌訣一卷歷代姓
系歌訣一卷　（清）李鍾倫撰　清道光九年
(1829)安溪李維迪刻榕村全書本　一冊

340000－1806－0000190　　經/256
群經平議三十四卷　（清）俞樾撰　清刻本
一冊

340000－1806－0000191　　經/257
四書集注十九卷　（宋）朱熹集注　清光緒南
京李光明莊刻本　一冊　存二卷(大學一、中
庸一)

340000－1806－0000192　　經/258
中庸注一卷　康有爲注　清光緒二十七年
(1901)中國圖書公司鉛印演孔叢書本　一冊

340000－1806－0000193　　經/259
論語補註三卷　（清）劉開撰　清同治十一年
(1872)刻本　一冊

340000－1806－0000194　　經/260
論語集註二十卷　（宋）朱熹集　清刻本　一
冊　存五卷(六至十)

340000－1806－0000195　　經/261
古文周易參同契注八卷　（漢）魏伯陽撰
（清）袁仁林注　清道光二十六年(1846)宏道
書院刻惜陰軒叢書本　四冊

340000－1806－0000196　　經/262
字學舉隅一卷　（清）龍光甸　（清）龍啟瑞輯
清光緒七年(1881)刻本　一冊

340000－1806－0000197　　經/263
禮書初編一卷　（清）江永撰　清末江楚書局

刻本　一冊

340000－1806－0000198　　經/264
詞林正韻三卷發凡一卷　（清）戈載輯　清同
治四年(1865)有景石齋刻詩詞韻輯二種本
一冊

340000－1806－0000199　　經/265
膠西課存一卷　（清）方潛撰　清光緒十五年
(1889)方敦吉濟南刻毋不敬齋全書本　一冊

340000－1806－0000200　　經/266
周易傳義附錄十四卷首一卷　（清）董楷撰
清康熙十九年(1680)通志堂刻通志堂經解本
八冊

340000－1806－0000201　　經/267
中庸輯略二卷　（宋）石𡤗撰　（清）石佩玉重
訂　清刻本　一冊

340000－1806－0000202　　經/268
孝經一卷　（唐）玄宗李隆基注　清同治九年
(1870)揚州書局刻本　一冊

340000－1806－0000203　　經/269
韻補正一卷　（清）顧炎武著　聖安紀事二卷
（清）顧炎武撰　顧氏譜系考一卷　（清）顧
炎武述　清光緒三十二年(1906)吳縣朱氏刻
顧亭林先生遺書本　一冊

340000－1806－0000204　　經/270
左傳杜解補正三卷附九經誤字　（清）顧炎武
撰　清光緒十四年(1888)吳縣朱氏刻顧亭林
先生遺書本　一冊

340000－1806－0000205　　經/271
書傳補商十七卷　（清）戴鈞衡撰　清刻本
五冊　存十五卷(一至十、十三至十七)

340000－1806－0000206　　經/273
增廣字學舉隅四卷　（清）鐵珊輯　（清）凌振
家閱　（清）王寶鏞書　清同治十三年(1874)
蘭州郡署刻本　四冊

340000－1806－0000207　　經/274
五經同異三卷　（清）顧炎武撰　（清）蔣光弼
校　清光緒十一年(1885)吳縣朱氏刻顧亭林

先生遺書本　二冊

340000－1806－0000208　經/275

左傳杜解補正三卷九經誤字一卷　(清)顧炎武撰　(清)朱紀榮校　清光緒十四年(1888)吳縣朱氏刻亭林先生遺書本　一冊

340000－1806－0000209　經/277

漢隸字源五卷碑目一卷　(宋)婁機撰　清光緒三年(1877)歸安姚氏咫進齋刻本　三冊　存三卷(去聲、上聲、上平聲)

340000－1806－0000210　經/279

田間詩學不分卷　(清)錢澄之撰　清康熙二十八年(1689)桐城錢氏斳雄堂刻本　八冊

340000－1806－0000211　經/280

曲江書屋新訂批註左傳快讀十八卷首一卷　(晉)杜預注　(宋)林唐翁　(宋)朱周翰參注　(唐)陸德明音義　(清)馮天閑　(清)陸大瀛批評　(清)李履道等校　(清)李紹崧訂　清光緒二十四年(1898)澹雅書局刻本　十六冊

340000－1806－0000212　善/史/1

前漢書一百卷　(漢)班固撰　(唐)顏師古注　明嘉靖南京國子監刻明清遞修本　二十二冊　存九十四卷(五至十二、十五至一百)

340000－1806－0000213　善/史/2

家園記七卷　(清)方海雲撰　清稿本　六冊　存六卷(一、三至七)

340000－1806－0000214　善/史/3

闕裏文獻考一百卷首一卷末一卷　(清)孔繼汾撰　清乾隆二十七年(1762)刻本　八冊

340000－1806－0000215　善/史/4

讀史論略一卷　(清)杜詔撰　清雍正八年(1730)禦風閣刻本　一冊

340000－1806－0000216　善/史/5

清乾隆朝名臣奏疏不分卷　(清)允禧等撰　清末姚瑩抄本　一冊

340000－1806－0000217　善/史/6

[正德]武功縣志三卷首一卷　(明)康海纂修

(清)孫景烈評注　清乾隆二十六年(1761)長白瑪星阿刻本　一冊

340000－1806－0000218　史/1

重刻剡川姚氏本戰國策劄記三卷　(清)黃丕烈撰　清嘉慶八年(1803)吳門黃氏讀未見書齋刻本　一冊

340000－1806－0000219　史/7

重刻剡川姚氏本戰國策劄記三卷　(清)黃丕烈撰　清嘉慶八年(1803)吳門黃氏讀未見書齋刻本　一冊

340000－1806－0000220　史/9

戰國策(剡川姚氏本戰國策)三十三卷　(漢)高誘注　劄記三卷　(清)黃丕烈撰　清同治八年(1869)湖北崇文書局刻本　四冊

340000－1806－0000221　史/10

戰國策三十三卷　(漢)高誘注　(宋)姚宏校注　劄記三卷　(清)黃丕烈撰　清光緒三年(1877)永康退補齋刻本　四冊

340000－1806－0000222　史/11

重刻剡川姚氏本戰國策劄記三卷　(清)黃丕烈撰　清嘉慶八年(1803)吳門黃氏讀未見書齋刻本　一冊

340000－1806－0000223　史/11/又

重刻剡川姚氏本戰國策劄記三卷　(清)黃丕烈撰　清嘉慶八年(1803)吳門黃氏讀未見書齋刻本　一冊

340000－1806－0000224　史/12

重刻剡川姚氏本戰國策劄記三卷　(清)黃丕烈撰　清嘉慶八年(1803)吳門黃氏讀未見書齋刻本　一冊

340000－1806－0000225　史/16

史記一百三十卷　(漢)司馬遷撰　(南朝宋)裴駰集解　(唐)司馬貞索隱　(唐)張守節正義　清光緒十四年(1888)上海圖書集成印書局鉛印本　十三冊　存一百二十四卷(一至四、十一至一百三十)

340000－1806－0000226　史/17

史記一百三十卷　（漢）司馬遷撰　（南朝宋）裴駰集解　（唐）司馬貞索隱　（唐）張守節正義　清光緒十四年(1888)石印本　十二冊

340000－1806－0000227　史/18

古香齋鑒賞袖珍史記一百三十卷　（漢）司馬遷撰　（南朝宋）裴駰集解　（唐）司馬貞索隱　（唐）張守節正義　清光緒八年(1882)古香齋刻本　十七冊　存九十三卷(一至十六、二十二至二十四、三十至三十一、三十九至七十、八十至一百六、一百十三至一百十六、一百十九至一百二十七)

340000－1806－0000228　史/23

史記一百三十卷　（漢）司馬遷撰　（南朝宋）裴駰集解　（唐）司馬貞索隱　（唐）張守節正義　清乾隆四年(1739)武英殿刻二十四史本　十九冊　存一百六卷(二至十二、十五至二十二、二十七至七十四、八十二至一百二十)

340000－1806－0000229　史/23/又

史記一百三十卷　（漢）司馬遷撰　（南朝宋）裴駰集解　（唐）司馬貞索隱　（唐）張守節正義　清乾隆四年(1739)武英殿刻二十四史本　一冊　存五卷(六至十)

340000－1806－0000230　史/24

前漢書一百卷　（漢）司馬遷撰　（南朝宋）裴駰集解　（唐）司馬貞索隱　（唐）張守節正義　清乾隆四年(1739)武英殿刻二十四史刻本　十二冊　存六十八卷(二至五、八至十七、三十四至三十九、四十四至八十一、一百二十一至一百三十)

340000－1806－0000231　史/26

歸震川評點史記一百三十卷　（漢）司馬遷撰　（明）歸有光評點　**方望溪評點四卷**　（清）方苞評點　清光緒二年至四年(1876－1878)刻本　十八冊　存一百四卷(歸震川評點史記十二至二十四、三十五至一百十六、一百二十四至一百三十,方望溪評點三至四)

340000－1806－0000232　史/28

史記一百三十卷　（漢）司馬遷撰　（南朝宋）裴駰集解　（唐）司馬貞索隱　（唐）張守節正

義　清光緒四年(1878)金陵書局刻本　六冊　存二十三卷(一至八、十七至二十一、二十五至二十八、一百二十五至一百三十)

340000－1806－0000233　史/27

歸震川評點史記一百三十卷　（漢）司馬遷撰　（明）歸有光評點　**方望溪評點四卷**　（清）方苞撰　清光緒二年至四年(1876－1878)刻本　十九冊　存一百十三卷(一至十四、二十二至一百二十)

340000－1806－0000234　史/29

史記一百三十卷　（漢）司馬遷撰　（南朝宋）裴駰集解　（唐）司馬貞索隱　（唐）張守節正義　（明）徐孚遠　（明）陳子龍測義　清文淵堂刻本　二冊　存八卷(一至四、二十一至二十四)

340000－1806－0000235　史/30

史記一百三十卷　（漢）司馬遷撰　（南朝宋）裴駰集解　明崇禎十四年(1641)琴川毛氏汲古閣刻清順治十一年(1654)修十七史本　十三冊　存一百二十四卷(七至一百三十)

340000－1806－0000236　史/31

史記一百三十卷　（漢）司馬遷撰　（南朝宋）裴駰集解　（唐）司馬貞索隱　（唐）張守節正義　（明）陳子龍　（明）徐孚遠測議　明崇禎十三年(1640)學海樓刻本　十九冊　存一百二十四卷(一至一百二十四)

340000－1806－0000237　史/32

史記集解索隱正義合刻本一百三十卷　（漢）司馬遷撰　（南朝宋）裴駰集解　（唐）司馬貞索隱　（唐）張守節正義　清同治五年至九年(1866－1870)金陵書局刻本　二十冊

340000－1806－0000238　史/33

史記集解索隱正義合刻本一百三十卷　（漢）司馬遷撰　（南朝宋）裴駰集解　（唐）司馬貞索隱　（唐）張守節正義　清同治五年至九年(1866－1870)金陵書局刻本　二十冊

340000－1806－0000239　史/34

前漢書一百卷　（漢）班固撰　（唐）顏師古注

清乾隆四年(1739)刻本　二十九冊　存九十一卷(八至十二、十五至一百)

340000－1806－0000240　史/35

前漢書一百二十卷　(漢)班固撰　(唐)顏師古注　清光緒十八年(1892)武林竹簡齋石印本　十二冊　存一百五卷(八至一百十二)

340000－1806－0000241　史/36

前漢書一百二十卷附考證　(漢)班固撰　(漢)班昭續　(唐)顏師古注　清光緒十四年(1888)上海鴻文書局石印本　十冊　存七十五卷(一至八、十六至二十六、三十七至八十、八十九至一百)

340000－1806－0000242　史/37

前漢書一百二十卷附考證　(漢)班固撰　(漢)班昭續　(唐)顏師古注　清光緒十四年(1888)上海圖書集成印書局鉛印本　十九冊　缺六卷(七十二至七十七)

340000－1806－0000243　史/39

前漢書一百二十卷　(漢)班固撰　(漢)班昭續　(唐)顏師古注　清光緒十年(1884)上海同文書局石印本　二十七冊　存八十五卷(一至二十二、二十五至四十六、五十一至五十四、六十四至一百)

340000－1806－0000244　史/41

漢書一百卷　(漢)班固撰　(唐)顏師古注　清同治八年(1869)金陵書局刻本　十六冊

340000－1806－0000245　史/42

漢書一百二十卷　(漢)班固撰　(漢)班昭續　(唐)顏師古注　清同治八年(1869)金陵書局刻本　十五冊　存一百十四卷(一至九十一、九十八至一百二十)

340000－1806－0000246　史/43

後漢書一百卷　(南朝宋)范曄撰　(唐)李賢注　**續漢志三十卷**　(晉)司馬彪撰　(南朝梁)劉昭注補　清同治八年(1869)金陵書局刻本　十六冊

340000－1806－0000247　史/44

後漢書一百卷續漢志三十卷　(南朝宋)范曄

撰　(唐)李賢注　**續漢志三十卷**　(晉)司馬彪撰　(南朝梁)劉昭注補　清光緒十三年(1887)金陵書局刻本　二十冊

340000－1806－0000248　史/45

後漢書一百三十卷附考證　(南朝宋)范曄撰　(唐)李賢注　(晉)司馬彪續纂　(南朝梁)劉昭續注　清光緒十八年(1892)武林竹簡齋石印本　八冊

340000－1806－0000249　史/48

後漢書一百二十卷　(南朝宋)范曄撰　(唐)李賢注　(南朝梁)劉昭補志　清光緒十年(1884)石印本　六冊　存二十一卷(一至六、七十七至八十、九十七至一百、一百十一至一百十七)

340000－1806－0000250　史/49

後漢書一百二十卷　(南朝宋)范曄撰　(唐)李賢注　(南朝梁)劉昭補志　清光緒十四年(1888)石印本　十二冊

340000－1806－0000251　史/53

三國志六十五卷　(晉)陳壽撰　(南朝宋)裴松之注　清光緒十四年(1888)上海圖書集成印書局鉛印本　七冊　存五十七卷(魏志一至三十、吳志一至二十、蜀志九至十五)

340000－1806－0000252　史/56

三國志六十五卷附考證　(晉)陳壽撰　(南朝宋)裴松之注　清同治十年(1871)成都書局刻本　十二冊　存五十七卷(魏志一至二十二、蜀志一至十五、吳志一至二十)

340000－1806－0000253　史/72

唐書二百二十五卷附考證　(宋)歐陽修等撰　清光緒三十四年(1908)上海集成圖書公司鉛印二十四史本　二十五冊　存一百九十九卷(一至七十、七十二至七十三、七十五、八十四至一百四十、一百五十三至二百二十一)

340000－1806－0000254　史/73

五代史七十四卷　(宋)歐陽修撰　(宋)徐無黨注　清光緒三十四年(1908)上海集成圖書公司鉛印二十四史本　六冊

340000－1806－0000255　史/74

舊五代史一百五十卷目錄二卷附考證　（宋）
薛居正等撰　清光緒三十四年(1908)上海集
成圖書公司鉛印二十四史本　八冊　存一百
五卷(八至一百一十二)

340000－1806－0000256　史/75

五代史七十四卷附考證　（宋）歐陽修撰
（宋）徐無黨注　清同治十一年(1872)湖北崇
文書局刻本　六冊

340000－1806－0000257　史/76

五代史七十四卷附考證　（宋）歐陽修撰
（宋）徐無黨注　清光緒二十八年(1902)武林
竹簡齋影印二十四史本　二冊

340000－1806－0000258　史/77

舊五代史一百五十卷目錄二卷附考證　（宋）
薛居正等撰　清光緒二十八年(1902)石印本
五冊　存一百二十六卷(一至七十四、九十
九至一百五十)

340000－1806－0000259　史/78

五代史七十四卷　（宋）歐陽修撰　（宋）徐無
黨注　清同治十一年(1872)湖北崇文書局刻
本　八冊

340000－1806－0000260　史/79

五代史七十四卷附考證　（宋）歐陽修撰
（宋）徐無黨注　清光緒元年(1875)成都書局
刻本　十冊

340000－1806－0000261　史/80

宋史四百九十六卷目錄三卷附考證　（元）脫
脫等修　清光緒三十四年(1908)上海集成圖
書公司鉛印二十四史本　三十三冊　存四百
十四卷(一至二十、二十六至四十七、六十三
至九十四、一百九至一百六十三、一百七十一
至二百一、二百十五至二百十七、二百二十五
至二百二十六、二百三十一至二百三十二、二
百三十五至二百四十一、二百四十九至二百
五十七、二百六十六至四百九十六)

340000－1806－0000262　史/81

宋史四百九十六卷目錄三卷附考證　（元）脫

脫等修　清光緒三十四年(1908)上海集成圖
書公司鉛印二十四史本　六十冊

340000－1806－0000263　史/83

遼史一百十六卷　（元）脫脫等修　清光緒三
十四年(1908)上海集成圖書公司鉛印二十四
史本　七冊　存一百二卷(十三至六十二、六
十五至一百十六)

340000－1806－0000264　史/84

遼史一百十五卷　（元）脫脫等修　清道光四
年(1824)刻本　二十八冊

340000－1806－0000265　史/84－1

遼史語解十卷　（元）脫脫等修　清道光四年
(1824)內府刻遼金元三史語解本　四冊

340000－1806－0000266　史/85

**金史一百三十五卷附考證目錄三卷附欽定金
國語解十二卷**　（元）脫脫等修　清道光四年
(1824)刻本　五十六冊　存一百二十八卷
(一至七十三、九十六至一百三十五,考證目
錄三卷,欽定金國語解十二卷)

340000－1806－0000267　史/85－1

欽定金國語解十二卷　（元）脫脫等修　清道
光四年(1824)內府刻遼金元三史語解本
四冊

340000－1806－0000268　史/87

金史一百三十五卷附欽定金國語解十二卷
（元）脫脫等修　清光緒十四年(1888)上海圖
書集成書局鉛印二十四史本　十三冊　存一
百十三卷(一至十九、二十五至五十、五十九
至一百三、一百十三至一百三十五)

340000－1806－0000269　史/88－1

欽定元史語解二十四卷　清道光四年(1824)
內府刻遼金元三史語解本　五冊

340000－1806－0000270　史/88

元史二百十卷　（明）宋濂等修　清道光四年
(1824)內府刻本　九十一冊　存二百八卷
(一至八十六、八十九至二百十)

340000－1806－0000271　史/90

元史二百十卷附考證目錄二卷 （明）宋濂等修　清光緒三十四年（1908）上海集成圖書公司鉛印二十四史本　十五冊　存一百十七卷（一至七、十七至二十五、四十八至五十八、六十五至九十五、一百十四至一百四十二、一百五十三至一百六十一、一百七十二至一百九十、目錄二卷）

340000－1806－0000272　史/91

明史三百三十二卷目錄四卷 （清）張廷玉等修　清光緒三十四年（1908）上海集成圖書公司鉛印二十四史本　二十一冊　存一百六十六卷（一至十二、三十七至一百二、一百七十三至一百九十七、二百十六至二百二十四、二百二十九至二百三十四、二百四十五至二百八十、三百六至三百十、三百十二至三百十八）

340000－1806－0000273　史/94

御批歷代通鑑輯覽一百二十卷 （清）傅恒等纂修　清光緒三十四年（1908）鉛印本　三十九冊　存一百十八卷（一至六十五、六十八至一百二十）

340000－1806－0000274　史/93

御批歷代通鑑輯覽一百二十卷 （清）傅恒等纂修　清乾隆三十三年（1768）刻本　十九冊　存一百十三卷（一至十四、二十二至一百二十）

340000－1806－0000275　史/95

御批歷代通鑑輯覽一百二十卷 （清）傅恒等纂修　清光緒二十九年（1903）上海商務印書館鉛印本　三十二冊

340000－1806－0000276　史/96

兩朝御批歷代通鑑輯覽一百二十卷 （清）傅恒等纂修　清光緒二十八年（1902）蜀東善成裕記主人刻本　四十四冊　存一百十三卷（一至十九、二十五至三十四、三十七至一百二十）

340000－1806－0000277　史/102

資治通鑑二百九十四卷 （宋）司馬光撰（元）胡三省音注　清光緒二十八年（1902）石印本　十八冊　存一百七十六卷（一至十、二十一至一百、一百九十一至二百七十六）

340000－1806－0000278　史/102/分拆

資治通鑑二百九十四卷 （宋）司馬光撰（元）胡三省音註　**通鑑釋文辯誤十二卷**（元）胡三省撰　清嘉慶二十一年（1816）鄱陽胡氏刻本　十一冊　存九十卷（十七至二十四、五十一至八十四、一百二十八至一百三十六、二百十九至二百二十五、二百六十三至二百九十四）

340000－1806－0000279　史/113

讀史方輿紀要一百三十卷輿圖要覽四卷（清）顧祖禹編輯　清光緒二十五年（1899）新化三味書室刻本　二十六冊　存六十四卷（一至三、八至九、十八至十九、二十五至二十六、三十二至四十五、五十至五十一、六十一至六十五、七十七至九十七、一百至一百十二）

340000－1806－0000280　史/105

御撰資治通鑑綱目三編六卷附唐王本末一卷福王本末一卷桂王本末一卷 （清）張廷玉等撰　清光緒二十七年（1901）上海經藝齋石印本　二冊

340000－1806－0000281　史/103

資治通鑑二百九十四卷 （宋）司馬光撰（元）胡三省音註　**通鑑釋文辯誤十二卷**（元）胡三省撰　清同治八年（1869）江蘇書局刻本　一百冊

340000－1806－0000282　史/110

綱鑑會纂三十九卷 （明）王世貞編　清刻本　二十六冊　存十六卷（二、四至五、十五、十九至二十五）

340000－1806－0000283　史/111

東都事略一百三十卷 （宋）王稱撰　清乾隆六十年（1795）南沙席氏掃葉山房刻宋遼金元別史本　十六冊

340000－1806－0000284　史/107

聖武記十四卷 （清）魏源撰　清光緒二十九

年(1903)蜚英館鉛印本　五冊　存十二卷
（一至八、十一至十四）

340000－1806－0000285　史/109
御批歷代資治通鑑三十九卷　（明）趙田
（明）袁黃編纂　明萬曆三十四年(1606)刻本
　二十四冊　存三十四卷（一至七、十至十
三、十五至二十八、三十至三十八）

340000－1806－0000286　史/112
東都事略一百三十卷　（宋）王稱撰　清刻本
　八冊

340000－1806－0000287　史/115
讀史兵略四十六卷　（清）胡林翼纂　清咸豐
十一年(1861)武昌節署刻本　十四冊　存四
十卷（一至五、九至二十七、三十一至四十六）

340000－1806－0000288　史/116
學宮景仰編八卷　（清）黃見三輯　清同治十
一年(1872)刻本　四冊

340000－1806－0000289　史/117
海國圖志一百卷　（清）魏源重輯　（清）林則
徐譯　清刻本　十六冊　存七十卷（三十一
至一百）

340000－1806－0000290　史/118
史學提要二卷　（宋）黃繼善撰　清刻本
　一冊

340000－1806－0000291　史/119
孔子編年四卷　（清）狄子奇撰　清道光十年
(1830)刻本　一冊

340000－1806－0000292　史/121
洛陽伽藍記五卷　（北魏）楊衒之撰　清光緒
二年(1876)刻本　一冊

340000－1806－0000293　史/123
曾文正公[國藩]年譜十二卷　（清）黎庶昌編
輯　清光緒二年(1876)傳忠書局刻曾文正公
全集本　二冊　存六卷（一至六）

340000－1806－0000294　史/127
邇訓二十卷　（清）方學漸撰　清木活字印本
　一冊　存九卷（六至十四）

340000－1806－0000295　史/130
史通削繁四卷　（清）紀昀撰　清道光十三年
(1833)兩廣節署刻朱墨套印本　四冊

340000－1806－0000296　史/131
廣列女傳二十卷附錄一卷　（清）劉開纂　清
光緒十年(1884)皖城刻本　六冊

340000－1806－0000297　史/132
萬國通史續編十卷　（英國）李思倫白輯譯
（清）曹曾涵纂述　清光緒三十年(1904)上海
廣學會鉛印本　十冊

340000－1806－0000298　史/133
史通削繁四卷　（清）紀昀撰　清光緒刻本
四冊

340000－1806－0000299　史/134
資治通鑑釋文三十卷　（宋）史炤撰　清光緒
五年(1879)歸安陸氏刻十萬卷樓叢書本
五冊

340000－1806－0000300　史/135
太白劍二卷　（清）姚康撰　清光緒二十一年
(1895)桐城姚氏五桂堂刻本　二冊

340000－1806－0000301　史/136
會典簡明錄一卷　（清）張祥河訂　清光緒刻
本　一冊

340000－1806－0000302　史/137
[光緒]黑龍江述略六卷　（清）徐宗亮撰　清
光緒刻本　二冊

340000－1806－0000303　史/137/又1
[光緒]黑龍江述略六卷　（清）徐宗亮撰　清
光緒刻本　二冊

340000－1806－0000304　史/137/又2
[光緒]黑龍江述略六卷　（清）徐宗亮撰　清
光緒刻本　二冊

340000－1806－0000305　史/140
司馬溫公稽古錄二十卷附校勘記一卷　（宋）
司馬光撰　清光緒五年(1879)江蘇書局刻資
治通鑑彙刻本　二冊

340000－1806－0000306　史/142

明季實錄一卷　（清）顧炎武撰　清光緒十四年(1888)吳縣朱氏槐廬家塾刻槐廬叢書本　一冊

340000－1806－0000307　史/144

方輿紀要簡覽三十四卷　（清）顧祖禹撰（清）潘鐸輯錄　清刻本　八冊　存十九卷（十六至三十四）

340000－1806－0000308　史/145－146

靖康傳信錄三卷建炎進退志四卷　（宋）李綱撰　清光緒十年(1884)邵武徐氏刻邵武徐氏叢書本　三冊

340000－1806－0000309　史/149

春秋氏族譜一卷　（清）陳厚耀撰　清光緒二十五年(1899)兩湖書院正學堂刻本　一冊

340000－1806－0000310　史/150

[光緒]黑龍江述略六卷　（清）徐宗亮撰　清光緒刻本　二冊

340000－1806－0000311　史/151

中國歷史戰爭形勢圖說附論二卷　盧彤撰　清宣統二年(1910)武昌同倫學社鉛印本　一冊

340000－1806－0000312　史/152

澤宮序次舉要二卷　（清）洪恩波撰　清光緒十三年(1887)桐城刻本　二冊

340000－1806－0000313　史/153

國朝先正事略六十卷　（清）李元度纂　清同治五年(1866)循陔草堂刻本　二十二冊　存五十八卷（一至十二、十四至二十五、二十七至六十）

340000－1806－0000314　史/154

文獻通考輯要二十四卷　（元）馬端臨撰　清光緒二十五年(1899)上海圖書集成局鉛印本　八冊

340000－1806－0000315　史/155

欽定續通典一百五十卷　（清）嵇璜等纂　清光緒二十七年(1901)上海圖書集成局鉛印本　十六冊

340000－1806－0000316　史/160

欽定續文獻通考二百五十卷　（清）嵇璜等纂　清光緒二十七年(1901)上海圖書集成局鉛印本　三十五冊　存二百四十二卷（一至二百四十二）

340000－1806－0000317　史/161

宋論十五卷　（清）王夫之撰　清刻本　四冊　存十三卷(三至十五)

340000－1806－0000318　史/162

宋論十五卷　（清）王夫之撰　清刻本　三冊　存十二卷(四至十五)

340000－1806－0000319　史/163

續春秋左氏傳博議二卷　（清）王夫之撰　清刻本　一冊

340000－1806－0000320　史/164

讀通鑑論三十卷末一卷　（清）王夫之撰　清同治二年至四年(1863－1865)湘鄉曾氏金陵書局刻船山遺書本　十一冊　存二十五卷（七至三十、末一卷）

340000－1806－0000321　史/167

方輿全圖總說五卷　（清）顧祖禹輯　清光緒二十七年(1901)上海圖書集成局鉛印本　三冊　缺一卷(三)

340000－1806－0000322　史/171

史略八十七卷　（清）朱坤輯　清光緒二十六年(1900)成都培元堂刻本　十六冊

340000－1806－0000323　史/172

欽定續通志六百四十卷　（清）嵇璜等纂　清光緒二十七年(1901)上海圖書集成局鉛印本　五十七冊　存六百十六卷（一至三百六十四、三百八十九至六百四十）

340000－1806－0000324　史/173

文獻通考三百四十八卷附考證三卷　（元）馬端臨撰　清光緒二十七年(1901)上海圖書集成局鉛印本　四十三冊　存三百四十六卷（一至三百四十六）

340000－1806－0000325　史/174

歷代名臣言行錄二十四卷 （清）朱桓編 清
光緒十一年（1885）鉛印本 十二冊

340000－1806－0000326 史/175
歷代名臣言行錄二十四卷 （清）朱桓編 清
光緒二十九年（1903）上海錦章書局石印本
七冊 存二十卷（一至九、十三至十四、十六
至二十四）

340000－1806－0000327 史/176
歷代名臣言行錄二十四卷 （清）朱桓編 清
光緒二十九年（1903）上海吳雲記鉛印本 十
二冊

340000－1806－0000328 史/177
歷代名臣言行錄二十四卷 （清）朱桓編 清
末石印本 八冊 存十六卷（五至六、九至十
八、二十一至二十四）

340000－1806－0000329 史/178
南北史捃華八卷 （清）周嘉猷輯 清同治四
年（1865）鑑止水齋刻本 四冊

340000－1806－0000330 史/179
讀史方輿紀要一百三十卷方輿全圖總說五卷
（清）顧祖禹輯 清光緒二十七年（1901）上
海圖書集成局鉛印本 二十三冊 存一百七
卷（一至四、二十二至五十九、六十六至一百
三十）

340000－1806－0000331 史/180
袁王綱鑑合編三十九卷 （明）袁黃輯 （明）
王世貞編 御撰明紀綱目二十卷 （清）張廷
玉等撰 清光緒三十年（1904）上海商務印書
館鉛印本 十五冊 存五十五卷（袁王綱鑑
合編一至十六、二十一至三十九,御撰明紀綱
目二十卷）

340000－1806－0000332 史/183
天下郡國利病書一百二十卷 （清）顧炎武撰
清光緒二十七年（1901）上海圖書集成局鉛
印本 二十八冊

340000－1806－0000333 史/184
文獻通考輯要二十四卷 （元）馬端臨撰
（清）湯壽潛輯要 欽定續文獻通考輯要二十

六卷 （清）嵇璜等纂 （清）湯壽潛輯要 清
光緒二十五年（1899）圖書集成局鉛印三通考
輯要本 三十冊

340000－1806－0000334 史/185
國朝先正事略六十卷 （清）李元度纂 清同
治八年（1869）循陔草堂刻本 十冊

340000－1806－0000335 史/186
國朝先正事略六十卷 （清）李元度纂 清光
緒二十五年（1899）上海圖書集成印書局鉛印
本 八冊

340000－1806－0000336 史/187
中興名臣事略八卷 朱孔彰撰 清光緒山東
官印書局鉛印本 四冊

340000－1806－0000337 史/190
歷代名臣言行錄二十四卷 （清）朱桓編輯
（清）潘永季校定 清光緒二十六年（1900）湖
南書局刻本 十七冊 存十八卷（一至十二、
十八至二十三）

340000－1806－0000338 史/192
皇朝藩屬輿地叢書六集二十八種 題（清）文
瑞樓主人輯 清光緒二十九年（1903）金匱浦
氏靜寄東軒石印本 二十三冊

340000－1806－0000339 史/193
莫愁湖志六卷首一卷 （清）馬士圖纂修 清
光緒八年（1882）刻本 一冊 存三卷（一至
三）

340000－1806－0000340 史/194
楚史檮杌一卷 （清）汪士漢考校 晉史乘一
卷 （清）汪士漢考校 竹書紀年二卷 （南
朝梁）沈約注 （明）吳琯校 清刻本 一冊

340000－1806－0000341 史/195
大觀亭志二卷 李丙榮編 清宣統三年
（1911）安徽官紙印刷局鉛印本 一冊

340000－1806－0000342 史/196
大觀亭志六卷首一卷末一卷 李國模纂 李
丙榮編 清宣統三年（1911）合肥李氏慎餘堂
木活字印本 四冊

340000－1806－0000343　史/197

康輶紀行十六卷　（清）姚瑩撰　清同治六年
(1867)桐城姚濬昌安福縣署刻中復堂全集本
六冊　存十三卷(一至十一、十五至十六)

340000－1806－0000344　史/198

康輶紀行十六卷　（清）姚瑩撰　清同治六年
(1867)桐城姚濬昌安福縣署刻中復堂全集本
六冊

340000－1806－0000345　史/199

桐彝三卷續二卷　（明）方學漸撰　清光緒九
年(1883)皖垣鉛印本　一冊　存二卷(桐彝
一至二)

340000－1806－0000346　史/201

皖志便覽六卷　（清）李應珏纂修　（清）李筱
軒鑒定　清光緒二十八年(1902)安省鏤雲閣
刻本　四冊

340000－1806－0000347　史/202

拾遺記十卷　（晉）王嘉撰　（南朝梁）蕭綺錄
清康熙七年(1668)新安汪氏重編印祕書廿
一種本　一冊　存四卷(一至四)

340000－1806－0000348　史/203

三墳一卷　（晉）阮咸注　風俗通義四卷
（漢）應劭撰　清康熙七年(1668)新安汪氏重
編印祕書廿一種本　一冊

340000－1806－0000349　史/204

吳越春秋六卷　（漢）趙曄撰　（宋）徐天祐音
注　清康熙七年(1668)新安汪氏重編印祕書
廿一種本　一冊　存三卷(一至三)

340000－1806－0000350　史/206

路史四十五卷　（宋）羅泌纂　（宋）羅蘋注
清同治四年(1865)刻本　十六冊

340000－1806－0000351　史/207

後漢書蒙拾二卷　（清）杭世駿　（清）周嘉猷
審　清刻本　一冊

340000－1806－0000352　史/208

南巡盛典一百二十卷　（清）高晉等纂　清光
緒八年(1882)上海點石齋石印本　八冊

340000－1806－0000353　史/209

春秋世論五卷　（清）王夫之撰　清道光二十
二年(1842)湘潭王氏刻船山遺書本　二冊

340000－1806－0000354　史/212

重訂王鳳洲先生綱鑒會纂四十六卷圖一卷
（明）王世貞纂　（明）陳仁錫訂　（元）呂一
經校　清書林刻本　六冊　存十卷(一至七、
十二至十三、十七)

340000－1806－0000355　史/213

歸震川評點史記一百三十卷　（漢）司馬遷撰
（明）歸有光評點　方望溪評點四卷　（清）
方苞撰　清光緒二年(1876)張裕釗武昌刻本
十冊　存七十三卷(一至七十三)

340000－1806－0000356　史/214

鼎鍥趙田了凡袁先生編纂古本歷史大方綱鑒
補三十九卷首一卷　（明）袁黃編纂　清刻本
五冊　存八卷(十九至二十六)

340000－1806－0000357　史/217

鼎鍥趙田了凡袁先生編纂古本歷史大方綱鑒
補三十九卷首一卷　（明）袁黃編纂　清刻本
五冊　存五卷(十四、十六至十八、二十六)

340000－1806－0000358　史/218

歷代名儒傳八卷　（清）朱軾　（清）蔡世遠撰
（清）李清植纂　清雍正刻本　三冊　存六
卷(一至六)

340000－1806－0000359　史/219

歷代名臣傳三十五卷首一卷　（清）朱軾
（清）蔡世遠訂　（清）張江分纂　清雍正七年
(1729)刻本　三冊　存八卷(一至三、十至十
二、十六至十七)

340000－1806－0000360　史/220

湘軍記二十卷　（清）王定安撰　清光緒十五
年(1889)江南書局刻本　八冊　存十四卷
(六至十七、十九至二十)

340000－1806－0000361　史/222

天聖明道本國語二十一卷　（三國吳）韋昭注
解　校刊明道本韋氏解國語劄記二十一卷
（清）黃丕烈書　國語明道本攷異四卷　（清）

汪遠孫撰　清同治八年（1869）湖北崇文書局刻本　五冊

340000－1806－0000362　史/222－1

天聖明道本國語二十一卷劄記一卷考異四卷
（三國吳）韋昭注解　（清）黃丕烈劄記
（清）汪遠孫考異　清光緒三年（1877）永康胡鳳丹退補齋刻本　五冊

340000－1806－0000363　史/223

金石例十卷　（元）潘昂霄撰　（清）王芑孫評定　清光緒四年（1878）南海馮氏讀有用書齋刻金石三例本　二冊

340000－1806－0000364　史/224

天聖明道本國語二十一卷劄記一卷考異四卷
（三國吳）韋昭注解　（清）黃丕烈劄記
（清）汪遠孫考異　清光緒三年（1877）永康胡鳳丹退補齋刻本　五冊

340000－1806－0000365　史/225

西清古鑒四十卷附錢錄十六卷　（清）梁詩正等編纂　清光緒十四年（1888）上海鴻文書局石印本　二十四冊　存三十六卷（西清古鑒一至十四、十七至十八、二十一至二十六、三十一、三十四至三十九,錢錄十至十六）

340000－1806－0000366　史/230

[乾隆]裕州志六卷　（清）董學禮纂修
（清）宋名立續纂修　清康熙五十五年（1716）刻乾隆五年（1740）增刻本　四冊

340000－1806－0000367　史/235

[淳熙]新安志十卷　（宋）羅願纂修　清光緒十四年（1888）黟縣李氏刻本　四冊

340000－1806－0000368　史/236

白鹿書院志十九卷　（清）毛德琦原訂　（清）周兆蘭重修　清康熙五十七年（1718）刻乾隆至同治遞修本　八冊

340000－1806－0000369　史/237

京口山水志十八卷首一卷末一卷　（清）楊棨撰　清宣統三年（1911）鉛印本　三冊　存十五卷（一至八、十三至十八,末一卷）

340000－1806－0000370　史/238

石鐘山志十六卷　（清）李成謀　（清）丁義方蒐輯　（清）方宗誠　（清）胡傳釗校訂　清光緒九年（1883）聽濤眺雨軒刻本　八冊

340000－1806－0000371　史/239

浮山志十卷　（清）陳焯　（清）方中履著
（清）方豫立　（清）潘江校閱　清同治十二年（1873）刻　六冊

340000－1806－0000372　史/254

[嘉慶]棗強縣志二十卷　（清）任衢蕙修
（清）楊元錫纂　清嘉慶八年（1803）刻本　八冊

340000－1806－0000373　史/254－1

[同治]棗強縣志補正五卷　（清）方宗誠纂修　清同治十三年（1874）刻本　一冊

340000－1806－0000374　史/256

大清律例增修統纂集成四十卷督捕則例二卷　（清）陶駿　（清）陶念霖增修　清光緒八年（1882）刻本　二十四冊

340000－1806－0000375　史/257

竹書紀年統箋十二卷前編一卷雜述一卷
（清）徐文靖撰　**商君書五卷附考一卷**　（戰國）商鞅撰　（清）嚴可均校　清光緒十九年（1893）上海鴻文書局石印二十五子彙函本　一冊

340000－1806－0000376　史/258

金石索十二卷首一卷　（清）馮雲鵬　（清）馮雲鵷輯　清光緒三十二年（1906）上海文新局石印本　二十冊

340000－1806－0000377　史/259

漢書西域傳補註二卷　（清）徐松撰　清光緒六年（1880）會稽章氏刻式訓堂叢書本　二冊

340000－1806－0000378　史/260

癖談六卷　（清）蔡雲撰　清光緒十一年（1885）會稽章氏刻式訓堂叢書本　一冊

340000－1806－0000379　史/261

疑年表一卷太歲超辰表三卷　（清）汪曰楨撰

清光緒十一年(1885)會稽章氏刻式訓堂叢書本　二冊

340000－1806－0000380　史/262

大橫山卷案二卷　(清)潘碧山錄　清抄本　二冊

340000－1806－0000381　史/263

三國會要二十二卷首一卷　楊晨撰　清光緒二十六年(1900)江蘇書局刻本　四冊　存十六卷(一至八、十一至十三、十八至二十二)

340000－1806－0000382　史/264

實政錄七卷　(明)呂坤撰　清同治十一年(1872)浙江書局刻本　六冊

340000－1806－0000383　史/265

志銘廣例二卷　(清)梁玉繩撰　**金石例補二卷**　(清)郭麐撰　清光緒四年(1878)會稽章氏刻式訓堂叢書本　一冊

340000－1806－0000384　史/266

乾道臨安志三卷附劄記一卷　(宋)周淙撰　(清)錢保塘撰劄記　清光緒四年(1878)會稽章氏刻式訓堂叢書本　四冊

340000－1806－0000385　史/267

晉書地理志新補正五卷　(清)畢沅撰　清光緒會稽章氏刻式訓堂叢書本　一冊

340000－1806－0000386　史/268

蠻書十卷　(唐)樊綽撰　清光緒桐廬袁氏漸西村舍刻漸西村舍彙刊本　一冊

340000－1806－0000387　史/269

徐勇烈公[豐玉]行狀一卷　(清)徐宗亮撰　清同治十三年(1874)刻本　一冊

340000－1806－0000388　史/269/又

徐勇烈公[豐玉]行狀一卷　(清)徐宗亮撰　清同治十三年(1874)刻本　一冊

340000－1806－0000389　史/270

金石文字記六卷石經考一卷　(清)顧炎武撰　(清)朱記榮校　清光緒十一年(1885)吳縣朱氏刻顧亭林先生遺書本　三冊

340000－1806－0000390　史/271

營平二州地名記一卷　(清)顧炎武撰　(清)朱記榮校　清光緒十四年(1888)吳縣朱氏槐廬家塾刻槐廬叢書本　一冊

340000－1806－0000391　史/272

昌平山水記二卷京東攷古錄一卷　(清)顧炎武撰　(清)朱記榮校　清光緒十一年(1885)吳縣朱氏刻顧亭林先生遺書本　一冊

340000－1806－0000392　史/273

山東考古錄一卷譎觚十事一卷　(清)顧炎武撰　(清)朱記榮校　清光緒十一年(1885)吳縣朱氏刻顧亭林先生遺書本　一冊

340000－1806－0000393　史/274

求古錄一卷　(清)顧炎武撰　(清)朱記榮校　清光緒十四年(1888)吳縣朱氏槐廬家塾刻槐廬叢書本　一冊

340000－1806－0000394　史/275

亭林先生年譜一卷　(清)吳映奎編　清光緒十四年(1888)青浦席氏掃葉山房彙印亭林先生遺書彙輯本　一冊

340000－1806－0000395　史/277

泉志十五卷　(宋)洪遵撰　清刻本　一冊

340000－1806－0000396　史/278

袁山松後漢書一卷　(晉)袁山松撰　**張璠漢記一卷**　(晉)張璠撰　清光緒八年(1882)太平崔國榜等刻七家後漢書本　一冊

340000－1806－0000397　史/279

拜經樓藏書題跋記五卷附錄一卷　(清)吳壽暘纂　清刻本　三冊

340000－1806－0000398　史/280

烏江項王遺事七卷　(明)張尚儒輯　明嘉靖刻本　一冊　缺一卷(七)

340000－1806－0000399　史/295

桐城耆舊傳十二卷　馬其昶撰　清宣統三年(1911)刻本　六冊

340000－1806－0000400　史/296

四庫全書總目二百卷首一卷　(清)紀昀等纂修　清同治七年(1868)廣東書局刻本　一百

二十册

340000－1806－0000401　史/298

舊聞隨筆四卷　姚永樸撰　清光緒二十一年
(1895)鉛印本　二册

340000－1806－0000402　史/299

澄懷主人(張廷玉)自訂年譜六卷　(清)張廷
玉訂　清光緒刻本　一册　存三卷(四至六)

340000－1806－0000403　史/300

[萬曆]祁門縣志四卷　(清)余士奇纂修　清
抄本　二册

340000－1806－0000404　史/301

三通序一卷　(清)蔣德鈞錄　清光緒十四年
(1888)湘鄉蔣氏求實齋刻求實齋叢書本
一册

340000－1806－0000405　史/306

墓銘舉例四卷　(清)王行纂輯　清刻本
二册

340000－1806－0000406　史/311

蘇米志林三卷　題(宋)蘇軾　(宋)米芾著
(明)毛晉輯　明末綠君亭刻本　三册

340000－1806－0000407　史/312

明季實錄一卷　(清)顧炎武撰　(清)朱記榮
校　清光緒十四年(1888)吳縣朱氏槐廬家塾
刻槐廬叢書本　一册

340000－1806－0000408　史/313

韻補正一卷聖安紀事二卷顧氏譜系考一卷
(清)顧炎武撰　(清)朱記榮校　清光緒十四
年(1888)青浦席氏掃葉山房匯印亭林先生遺
書彙輯本　一册

340000－1806－0000409　史/314

歷代帝王宅京記二十卷　(清)顧炎武撰　清
光緒十四年(1888)吳縣朱氏槐廬家塾刻槐廬
叢書本　四册

340000－1806－0000410　史/318

晏子春秋校勘二卷　(清)黃以周撰　清光緒
二年(1876)刻本　一册

340000－1806－0000411　善/子/1

小學集解六卷　(明)吳訥撰　清康熙三十六
年(1697)三魚堂刻本　二册

340000－1806－0000412　善/子/2

南華經解三十三卷　(清)宣穎著　清康熙六
十年(1721)經國堂刻本　六册

340000－1806－0000413　善/子/3

丹溪心法附餘二十四卷首一卷　(明)方廣撰
明刻本　十册

340000－1806－0000414　子/4

孔子家語八十卷　(明)何孟春注　(清)盧文
弨校補　清同治十二年(1873)經綸堂刻本
四册

340000－1806－0000415　子/5

孔子家語十卷　(三國魏)王肅注　清光緒二
十四年(1898)貴池劉世珩刻本　二册

340000－1806－0000416　子/6

中華古今注三卷　(五代)馬縞撰　清康熙七
年(1668)新安汪氏刻祕書廿一種本　一册

340000－1806－0000417　子/7

山海經十八卷　(晉)郭璞傳　(明)吳琯校
清康熙七年(1668)新安汪氏刻祕書廿一種本
二册

340000－1806－0000418　子/8

近思錄集註十四卷　(宋)朱熹撰　(清)江永
集註　清同治四年(1865)刻本　二册　存十
一卷(四至十四)

340000－1806－0000419　子/10

小學集註六卷　(宋)朱熹撰　(明)陳選集注
清光緒三十三年(1907)學部圖書局石印本
一册　存四卷(一至四)

340000－1806－0000420　子/11

小學集註六卷　(宋)朱熹撰　(明)陳選集注
清光緒二十三年(1897)金陵書局刻本
二册

340000－1806－0000421　子/12

日知錄集釋三十二卷刊誤二卷續刊誤二卷
(清)顧炎武撰　(清)黃汝成集釋　清同治十

一年(1872)湖北崇文書局刻本　七冊　存十六卷(日知錄集釋一、二十二至三十二,刊誤二卷,續刊誤二卷)

340000－1806－0000422　子/13
日知錄集釋三十二卷刊誤二卷續刊誤二卷
(清)顧炎武撰　(清)黃汝成集釋　清同治十一年(1872)湖北崇文書局刻本　十六冊

340000－1806－0000423　子/15
龍文鞭影四卷　(明)蕭良友纂輯　(清)楊臣靜增訂　(清)李恩綬校補　清光緒十一年(1885)南京李光明莊刻本　二冊

340000－1806－0000424　子/16
淮南子二十一卷　(漢)劉安撰　(漢)高誘注　清光緒二十三年(1897)新化三味書屋刻本　八冊

340000－1806－0000425　子/18
校正增廣尚友錄統編二十四卷　題(清)錢湖釣徒編　清光緒十四年(1888)上海鴻章書局石印本　十六冊

340000－1806－0000426　子/19
增廣尚友錄統編二十二卷　應祖錫編輯　清光緒二十八年(1902)鴻寶齋石印本　十二冊

340000－1806－0000427　子/20
校正增廣尚友錄統編二十四卷　題(清)錢湖釣徒編　清光緒十四年(1888)上海鴻章書局石印本　四冊

340000－1806－0000428　子/32
賈誼新書十卷　(漢)賈誼撰　清光緒十九年(1893)鴻文書局石印本　一冊

340000－1806－0000429　子/33
老子道德經解二卷首一卷　(明)釋德清撰　清光緒十二年(1886)金陵刻經處刻本　二冊

340000－1806－0000430　子/34
白虎通疏證十二卷　(清)陳立撰　清光緒元年(1875)淮南書局刻本　四冊

340000－1806－0000431　子/35
大學衍義四十三卷　(宋)真德秀撰　清同治

十三年(1874)金陵書局刻本　八冊

340000－1806－0000432　子/36
大學衍義四十三卷　(宋)真德秀撰　清同治十三年(1874)金陵書局刻本　七冊　存三十七卷(一至三十、三十七至四十三)

340000－1806－0000433　子/37
大學衍義四十三卷　(宋)真德秀撰　清同治十三年(1874)金陵書局刻本　八冊

340000－1806－0000434　子/39
荀子二十卷　(戰國)荀況撰　(唐)楊倞注　清刻本　二十冊

340000－1806－0000435　子/40
荀子二十卷　(戰國)荀況撰　(唐)楊倞注　清光緒二年(1876)浙江書局刻二十二子本　六冊

340000－1806－0000436　子/40/又
荀子二十卷附校勘補遺一卷　(戰國)荀況撰　(唐)楊倞注　(清)盧文弨　(清)謝墉校　清光緒二年(1876)浙江書局刻二十二子本　六冊

340000－1806－0000437　子/41
荀子二十卷　(戰國)荀況撰　(唐)楊倞注　清光緒二年(1876)浙江書局刻二十二子本　四冊　存十五卷(一至三、七至十八)

340000－1806－0000438　子/42
韓非子集解二十卷　(戰國)韓非撰　王先慎集解　清光緒二十二年(1896)刻本　六冊

340000－1806－0000439　子/47
孔子集語十七卷　(清)孫星衍撰　清光緒十九年(1893)鴻文書局石印子書二十二種本　二冊

340000－1806－0000440　子/48
孔子集語十七卷　(清)孫星衍撰　清光緒三年(1877)浙江書局刻二十二子本　三冊　存十三卷(一至九、十四至十七)

340000－1806－0000441　子/49
孔子集語十七卷　(清)孫星衍撰　清光緒三

年(1877)浙江書局刻二十二子本　三冊　存
十三卷(一至五、十至十七)

340000－1806－0000442　子/50

新語二卷　(漢)陸賈撰　**忠經一卷**　(漢)馬
融撰　(漢)鄭玄注　清光緒元年(1875)湖北
崇文書局刻子書百家本　一冊

340000－1806－0000443　子/58

莊屈合詁不分卷　(清)錢澄之撰　清刻本
三冊

340000－1806－0000444　子/59

莊屈合詁不分卷　(清)錢澄之撰　清刻本
五冊

340000－1806－0000445　子/60

莊子十卷　(戰國)莊周撰　(晉)郭象注
(唐)陸德明音義　清光緒二年(1876)浙江書
局刻二十二子本　四冊

340000－1806－0000446　子/61

莊子章義五卷附錄一卷　(清)姚鼐撰　(唐)
陸德明音義　清光緒五年(1879)桐城徐宗亮
刻惜抱軒遺書本　二冊

340000－1806－0000447　子/61/又

莊子章義五卷附錄一卷　(清)姚鼐撰　清光
緒五年(1879)桐城徐宗亮刻惜抱軒遺書本
二冊

340000－1806－0000448　子/62

莊子故八卷　(戰國)莊周撰　馬其昶注　清
光緒三十一年(1905)合肥李氏集虛草堂刻本
四冊

340000－1806－0000449　子/63

莊子十卷　(戰國)莊周撰　(晉)郭象注
(唐)陸德明音義　清光緒二年(1876)浙江書
局刻二十二子本　三冊　存六卷(一至六)

340000－1806－0000450　子/64

莊子十卷　(戰國)莊周撰　(晉)郭象注
(唐)陸德明音義　清光緒二年(1876)浙江書
局刻二十二子本　四冊　存六卷(五至十)

340000－1806－0000451　子/66

南華經解三十三卷　(戰國)莊周撰　(清)方
潛評　清光緒二十二年(1896)桐城方氏刻本
三冊

340000－1806－0000452　子/66/又

南華經解內篇七卷外篇十五卷雜篇十一卷
(戰國)莊周撰　(清)瞿宣穎解　清光緒二十
二年(1896)桐城方氏刻本　三冊

340000－1806－0000453　子/67

莊子集釋十卷　(戰國)莊周撰　(清)郭慶藩
輯　清光緒長沙思賢講舍刻本　八冊

340000－1806－0000454　子/69

墨子十六卷　(戰國)墨翟撰　(清)畢沅校
清光緒二年(1876)浙江書局刻二十二子本
四冊

340000－1806－0000455　子/69/又

墨子十六卷　(戰國)墨翟撰　(清)畢沅校注
清光緒二年(1876)浙江書局刻二十二子本
四冊

340000－1806－0000456　子/70

莊子十卷　(戰國)莊周撰　(清)吳汝綸點勘
清宣統二年(1910)衍星社鉛印桐城吳先生
點勘諸子七種本　一冊　存六卷(一至六)

340000－1806－0000457　子/71

莊子十卷　(戰國)莊周撰　(晉)郭象注　清
刻本　四冊

340000－1806－0000458　子/72

韓非子二十卷識誤三卷　(戰國)韓非撰
(清)顧廣圻識誤　清光緒元年(1875)浙江書
局刻二十二子本　六冊

340000－1806－0000459　子/73

韓非子二十卷　(戰國)韓非撰　(清)吳鼐校
清光緒元年(1875)浙江書局刻二十二子本
四冊　存十五卷(六至二十)

340000－1806－0000460　子/74

老子道德經二卷附音義　(春秋)李耳撰
(三國魏)王弼注　(唐)陸德明音義　清光緒
元年(1875)浙江書局刻二十二子本　一冊

340000－1806－0000461　　子/75

老子道德經二卷附音義 （春秋）李耳撰
（三國魏）王弼注　（唐）陸德明音義　清光緒
元年(1875)浙江書局刻二十二子本　一冊

340000－1806－0000462　　子/75/又

老子道德經二卷附音義 （春秋）李耳撰
（三國魏）王弼注　（唐）陸德明音義　清光緒
元年(1875)浙江書局刻二十二子本　一冊

340000－1806－0000463　　子/78

老子章義二卷 （清）姚鼐撰　清同治九年
(1870)桐城吳氏刻本　一冊

340000－1806－0000464　　子/80

沖虛至德真經八卷 （戰國）列禦寇撰　（晉）
張湛注　（唐）殷敬順釋文　清嘉慶九年
(1804)姑蘇王氏聚文堂刻十子全書本　二冊

340000－1806－0000465　　子/81

道德經評註二卷 題(漢)河上公章句　清嘉
慶九年(1804)姑蘇王氏聚文堂刻十子全書本
　一冊

340000－1806－0000466　　子/83

管子二十四卷 （春秋）管仲撰　（唐）房玄齡
注　（明）劉績補注　清光緒二年(1876)浙江
書局刻二十二子本　五冊

340000－1806－0000467　　子/84

管子二十四卷 （春秋）管仲撰　（唐）房玄齡
注　（明）劉績補注　清光緒二年(1876)浙江
書局刻二十二子本　四冊　存十三卷(一至
二、十三至二十一、二十三至二十四)

340000－1806－0000468　　子/85

管子二十四卷 （春秋）管仲撰　（唐）房玄齡
注　（明）劉績補注　清光緒二年(1876)浙江
書局刻二十二子本　四冊　存十六卷(九至
二十四)

340000－1806－0000469　　子/86

管子二十四卷 （春秋）管仲撰　（唐）房玄齡
注　（明）朱長春參補　清刻本　二冊

340000－1806－0000470　　子/90

抱樸子內篇二十卷外篇五十卷附篇一卷
（晉）葛洪撰　（清）朱記榮校　清光緒十一年
(1885)吳縣朱氏槐廬家塾刻平津館叢書本
六冊

340000－1806－0000471　　子/91

新刻分類評注文武合編百子金丹十卷 （明）
郭偉編　（清）王星聚校訂　（清）郭中吉編次
　清刻本　九冊

340000－1806－0000472　　子/92

諸子評議三十五卷 （清）俞樾撰　清刻本
八冊

340000－1806－0000473　　子/94

諸子考略二卷 姚永樸纂　清光緒三十一年
(1905)靈蕙室倩正誼書局鉛印本　二冊

340000－1806－0000474　　子/97

列子八卷 （戰國）列禦寇撰　（晉）張湛注
（唐）殷敬順釋文　清光緒二十年(1894)新化
三味書局刻本　二冊

340000－1806－0000475　　子/98

困知記二卷 （明）羅欽順撰　清嘉慶四年
(1799)刻本　三冊

340000－1806－0000476　　子/99

文中子中說十卷 （隋）王通撰　（宋）阮逸注
　清光緒二年(1876)浙江書局刻二十二子本
　二冊

340000－1806－0000477　　子/100

孫子十家注十三卷附敘錄一卷遺說一卷
（春秋）孫武撰　（宋）吉天保輯　（清）孫星
衍　（清）吳人驥校　（清）畢以珣撰敘錄
（宋）鄭友賢撰遺說　清刻本　四冊　存九卷
(二至十)

340000－1806－0000478　　子/102

新纂門目五臣音註揚子法言十卷 （漢）揚雄
撰　（晉）李軌　（唐）柳宗元注　（宋）宋咸
（宋）吳祕　（宋）司馬光增注　清嘉慶九年
(1804)姑蘇王氏聚文堂刻十子全書本　二冊

340000－1806－0000479　　子/103

世說新語六卷　（南朝宋）劉義慶撰　（南朝梁）劉孝標注　清光緒三年（1877）湖北崇文書局刻崇文書局彙刻書本　四冊

340000－1806－0000480　子/111

毋不敬齋全書　（清）方潛撰　清光緒十五年（1889）桐城方敦吉濟南刻本　十六冊

340000－1806－0000481　子/125

明儒學案六十二卷　（清）黃宗羲撰　清刻本　二十一冊　存五十四卷（三至三十六、四十二至四十三、四十五至六十二）

340000－1806－0000482　子/126

日知錄三十二卷　（清）顧炎武撰　清乾隆二十四年（1759）刻本　十四冊

340000－1806－0000483　子/127

子史精華一百六十卷　（清）允祿等纂　清刻本　五冊　存一百卷（二十一至四十、六十一至八十、一百一至一百六十）

340000－1806－0000484　子/129

意林五卷　（唐）馬總輯　清內府刻本　一冊

340000－1806－0000485　子/130

困學紀聞二十卷　（元）王應麟撰　（清）閻若璩箋　清同治九年（1870）揚州書局刻本　四冊

340000－1806－0000486　子/131

子史精華一百六十卷　（清）允祿等纂　清雍正五年（1727）武英殿刻本　四十七冊　存一百五十七卷（一至二十一、二十五至一百六十）

340000－1806－0000487　子/132

屈子正音三卷　（清）方績撰　清光緒六年（1880）桐城方氏網舊聞齋刻本　一冊

340000－1806－0000488　子/133

大學衍義四十三卷　（宋）真德秀撰　清光緒二十七年（1901）上海書局石印本　六冊

340000－1806－0000489　子/134

大學衍義四十三卷　（宋）真德秀撰　清光緒二十七年（1901）上海書局石印本　五冊　存三十九卷（一至三十九）

340000－1806－0000490　子/135

小知錄十二卷　（清）陸鳳藻輯　清同治十二年（1873）淮南書局刻本　四冊

340000－1806－0000491　子/136

日知錄集釋三十二卷　（清）顧炎武撰　（清）黃汝成集釋　清刻本　九冊　存二十卷（二至二十一）

340000－1806－0000492　子/137

齊民要術十卷　（北魏）賈思勰撰　清光緒二十二年（1896）中江權署刻本　四冊

340000－1806－0000493　子/138

齊民要術十卷　（北魏）賈思勰撰　清光緒元年（1875）湖北崇文書局刻本　四冊

340000－1806－0000494　子/150

通雅五十二卷首三卷　（清）方以智撰　清光緒六年（1880）桐城方氏刻本　十六冊

340000－1806－0000495　子/159

兼濟堂纂刻梅勿菴先生曆算全書（梅氏叢書）　（清）梅文鼎撰　清咸豐九年（1859）閏妙香室刻本　二十四冊

340000－1806－0000496　子/160

正蒙會稿四卷　（明）劉璣撰　（清）李錫齡校　清光緒十四年（1888）三原李錫齡刻惜陰軒叢書本　四冊

340000－1806－0000497　子/163

事類賦三十卷　（宋）吳淑撰注　（明）畢麟祥校刊　清康熙無錫華氏劍光閣刻本　五冊

340000－1806－0000498　子/164

廣事類賦四十卷　（清）華希閔撰　清康熙無錫華氏劍光閣刻本　二冊　存十一卷（五至十、二十三至二十七）

340000－1806－0000499　子/165

黃帝素問靈樞合纂三卷　（清）汪昂纂　清光緒六年（1880）紫文閣刻本　二冊　缺一卷（中）

340000－1806－0000500　子/166

朱子原訂近思錄十四卷　（宋）朱熹撰　（清）江永集注　清同治七年(1868)楚北崇文書局刻本　二冊　存三卷(一至三)

340000－1806－0000501　子/167

考正資治救劫感應篇暢隱三卷　（清）方植之撰　清光緒元年(1875)刻本　三冊

340000－1806－0000502　子/168

物理學三編十二卷　（日本）飯盛挺造編纂（日本）藤田豐八譯　（日本）丹波敬三　（日本）柴田承桂校補　（清）王季烈重編　清光緒二十六年(1900)江南製造局刻本　十二冊

340000－1806－0000503　子/170

脈經十卷　（晉）王叔和撰　（宋）林億類次　清光緒十九年(1893)景蘇園刻本　二冊

340000－1806－0000504　子/172

農桑輯要七卷　（元）司農司撰　蠶事要略一卷　（清）張行孚撰　清光緒二十一年(1895)桐廬袁氏刻漸西村舍彙刊本　二冊

340000－1806－0000505　子/173

數度衍二十三卷首三卷　（清）方中通撰　清光緒四年(1878)桐城方氏刻本　八冊

340000－1806－0000506　子/175

呻吟語節錄六卷　（明）呂坤撰　（清）王鼎校勘　清嘉慶十四年(1809)王氏刻本　一冊

340000－1806－0000507　子/177

見物五卷　（明）李蘇撰　（清）李錫齡校訂　清光緒十四年(1888)三原李錫齡刻惜陰軒叢書本　二冊

340000－1806－0000508　子/178

神農本草經讀四卷　（清）陳念祖撰　清光緒三十四年(1908)寶慶經元書局刻陳修園廿三種本　一冊

340000－1806－0000509　子/179

訂譌雜錄十卷　（清）胡鳴玉述　清嘉慶十八年(1813)蕭山陳氏湖海樓刻本　一冊

340000－1806－0000510　子/181

菰中隨筆不分卷救文格論一卷　（清）顧炎武撰　清光緒十一年(1885)吳縣朱氏刻顧亭林先生遺書本　一冊

340000－1806－0000511　子/182

人譜類記增訂六卷　（明）劉宗周撰　清光緒三年(1877)湖北崇文書局刻崇文書局彙刻書本　二冊

340000－1806－0000512　子/183

人譜正篇一卷續篇一卷三篇一卷　（明）劉宗周撰　清光緒三年(1877)湖北崇文書局刻崇文書局彙刻書本　一冊

340000－1806－0000513　子/184

居士傳五十六卷　（清）彭紹升撰　清乾隆四十一年(1776)刻本　四冊

340000－1806－0000514　子/185

書敍指南二十卷　（宋）任廣撰　清刻本　四冊

340000－1806－0000515　子/186

二程子外書纂一卷朱子語類四纂五卷　（清）李光地輯　清道光九年(1829)李維迪刻榕村全書本　一冊　存二卷(二程子外書纂一卷、朱子語類四纂一)

340000－1806－0000516　子/187

二程子遺書纂二卷　（清）李光地輯　清道光九年(1829)李維迪刻榕村全書本　二冊

340000－1806－0000517　子/188

河南程氏經說八卷　（宋）程頤撰　河南程氏粹言二卷　（宋）楊時訂定　（宋）張栻編次　清刻本　二冊　存四卷(經說七至八、河南程氏粹言二卷)

340000－1806－0000518　子/189

二程遺書二十五卷附錄一卷外書十二卷（宋）程顥　（宋）程頤撰　清刻本　五冊　存二十八卷(十一至二十五、附錄一卷、外書十二卷)

340000－1806－0000519　子/190

淵鑒齋御纂朱子全書六十六卷　（宋）朱熹撰（清）李光地等編　清康熙刻本　二十九冊

存二十九卷(二至十六、十九、二十一、二十七、二十九至三十、三十二至四十)

340000－1806－0000520　子/191
演算法統宗大全十二卷　（明）程大位編　清刻本　一冊

340000－1806－0000521　子/193
佩文齋書畫譜一百卷　（清）孫嶽頒等纂　清康熙內府刻本　二冊　存四卷(八十四至八十七)

340000－1806－0000522　子/194
佩文齋書畫譜一百卷　（清）孫嶽頒等纂　清康熙內府刻本　十三冊　存十八卷(四十二至四十四、四十七至五十五、五十八至六十三)

340000－1806－0000523　子/195
焦氏易林四卷　（漢）焦贛撰　明崇禎虞山毛氏汲古閣刻津逮祕書本　一冊　存三卷(一至三)

340000－1806－0000524　子/196
簷曝雜記六卷　（清）趙翼撰　清乾隆至嘉慶湛貽堂刻甌北全集本　二冊

340000－1806－0000525　子/197
完白山人印譜不分卷　（清）鄧石如篆刻（清）楊沂孫編　清同治十二年(1873)西泠印社石印本　二冊

340000－1806－0000526　子/198
趙撝叔手刻印存不分卷　（清）趙之謙篆刻清末有正書局石印本　六冊

340000－1806－0000527　子/201
佛果圜悟禪師擊節雪竇顯和尚拈古語要二卷　（宋）圜悟禪師撰　明景泰三年(1452)刻本　二冊

340000－1806－0000528　子/207
靈素集註節要十二卷　（清）陳念祖撰　清刻本　三冊　存十卷(三至十二)

340000－1806－0000529　子/208
銅熨斗齋隨筆八卷　（清）沈濤撰　清刻本二冊

340000－1806－0000530　子/209
竹汀先生日記鈔三卷　（清）錢大昕撰　（清）何元錫編次　**經籍跋文一卷**　（清）陳鱣撰清嘉慶十年(1805)錢塘何氏夢華館刻本一冊

340000－1806－0000531　子/210
曆象本要一卷　（清）李光地撰　清刻本一冊

340000－1806－0000532　子/211
清異錄二卷　（宋）陶穀撰　清光緒刻本　一冊　存一卷(二)

340000－1806－0000533　子/212
志學錄八卷　（清）方宗誠撰　清光緒三年(1877)桐城方氏刻柏堂遺書本　二冊

340000－1806－0000534　子/213
南邨帖考不分卷　（清）程文榮撰　清刻本二冊

340000－1806－0000535　子/215
籌濟編三十二卷首一卷　（清）楊景仁輯　清光緒九年(1883)武昌書局刻本　四冊　存十六卷(一至十六)

340000－1806－0000536　子/216
宣講拾遺六卷卷首一卷　題（清）莊跛仙輯清光緒三十二年(1906)衍慶堂刻本　六冊

340000－1806－0000537　子/217
陣紀四卷　（明）何良臣撰　（明）徐元校　清徐元刻本　二冊

340000－1806－0000538　子/218
太上寶筏圖說八卷　（清）黃正元撰　清光緒十五年(1889)上海仁濟善堂刻本　六冊

340000－1806－0000539　子/219
周子全書四卷　（宋）周敦頤撰　清光緒十三年(1887)刻西京清麓叢書本　一冊

340000－1806－0000540　子/220
大意尊聞三卷　（清）方東樹撰　清同治五年(1866)桐城方氏刻本　一冊

340000－1806－0000541　子/221

漢學商兌四卷附勘誤補義一卷　（清）方東樹
撰　清道光十一年(1831)刻本　五冊

340000－1806－0000542　子/222

澄懷園語四卷　（清）張廷玉撰　清光緒二年
(1876)仁和葛氏刻嘯園叢書本　二冊

340000－1806－0000543　子/222/又

澄懷園語四卷　（清）張廷玉撰　清光緒二年
(1876)仁和葛氏刻嘯園叢書本　二冊

340000－1806－0000544　子/223

類腋五十五卷　（清）姚培謙　（清）張卿雲輯
　清刻本　二冊　存八卷(九至十六)

340000－1806－0000545　子/224

餘墨偶談初集八卷續集八卷　（清）孫橒撰
清光緒二年(1876)雙峯書屋刻本　五冊

340000－1806－0000546　子/225

類腋五十五卷　（清）姚培謙輯　清乾隆七年
(1742)刻本　一冊　存八卷(天部一至八)

340000－1806－0000547　子/226

類腋五十五卷　（清）姚培謙輯　清乾隆七年
(1742)刻本　四冊　存十六卷(地部一至十
六)

340000－1806－0000548　子/227

類腋五十五卷　（清）姚培謙輯　清乾隆七年
(1742)刻本　三冊　存十五卷(人部一至十
五)

340000－1806－0000549　子/228

西溪叢語二卷　（宋）姚寬輯　清光緒五年
(1879)仁和葛氏刻嘯園叢書本　一冊

340000－1806－0000550　子/232

淵鑑類函四百五十卷　（清）張英等纂　清光
緒九年(1883)上海點石齋石印本　四十冊
存二百四十一卷(一至二百四十一)

340000－1806－0000551　子/234

張守一篆字譜　（清）張守一書　清光緒十四
年(1888)刻本　二冊

340000－1806－0000552　子/235

孫子算經三卷　（唐）李淳風等注　清乾隆武
英殿木活字印武英殿聚珍版書本　一冊

340000－1806－0000553　子/236

夏侯陽算經三卷　（隋）夏侯陽撰　清乾隆武
英殿木活字印武英殿聚珍版書本　一冊

340000－1806－0000554　子/237

五經算術二卷　（北周）甄鸞撰　（唐）李淳風
等注　清乾隆武英殿木活字印武英殿聚珍版
書本　一冊

340000－1806－0000555　子/244

曝書雜記二卷　（清）錢泰吉撰　清道光海昌
蔣氏刻別下齋叢書本　二冊

340000－1806－0000556　子/245

對策六卷　（清）陳鱣撰　清刻本　一冊

340000－1806－0000557　子/246

弟子職集解一卷　（清）莊述祖撰　**呂子校補
二卷**　（清）梁玉繩撰　清刻本　一冊

340000－1806－0000558　子/247

書法離鈎十卷　（明）潘之淙撰　（清）李錫齡
校　清光緒十四年(1888)三原李錫齡刻惜陰
軒叢書本　一冊　存四卷(一至四)

340000－1806－0000559　子/249

六如畫譜三卷　（明）唐寅輯　清刻本　一冊

340000－1806－0000560　子/250

新增格古要論十三卷　（明）曹昭撰　（清）李
錫齡校　清光緒十四年(1888)三原李錫齡刻
惜陰軒叢書本　六冊

340000－1806－0000561　子/251

事物紀原十卷　（宋）高承撰　（明）李果訂
清刻本　八冊　存八卷(一至四、六至八、十)

340000－1806－0000562　子/252

元包數總義二卷　（宋）張行成撰　**元包經傳
五卷**　（宋）張行成撰　明崇禎虞山毛氏汲古
閣刻津逮祕書本　一冊

340000－1806－0000563　子/261

折疑論集註二卷　（元）釋子成撰　清光緒三
十四年(1908)揚州藏經院刻本　一冊

340000－1806－0000564　子/262

伊川易傳四卷　(宋)程頤撰　清刻本　四冊

340000－1806－0000565　子/263

伊川易傳六卷　(宋)程頤撰　清鉛印本
二冊

340000－1806－0000566　子/264

竹葉亭雜記八卷　(清)姚元之撰　清光緒十
九年(1893)桐城姚氏刻本　二冊

340000－1806－0000567　子/264/又

竹葉亭雜記八卷　(清)姚元之撰　清光緒十
九年(1893)桐城姚氏刻本　二冊　存四卷
(一至四)

340000－1806－0000568　子/265

歸廬譚往錄二卷　(清)徐宗亮撰　清光緒十
二年(1886)刻本　一冊

340000－1806－0000569　子/265/又

歸廬譚往錄二卷　(清)徐宗亮撰　清光緒十
二年(1886)刻本　一冊

340000－1806－0000570　子/267

顏氏家訓二卷　(清)朱軾評點　清康熙至乾
隆刻朱文端公藏書本　一冊

340000－1806－0000571　子/268

新序十卷　(漢)劉向撰　清光緒元年(1875)
湖北崇文書局刻子書百家本　二冊

340000－1806－0000572　子/269

新書十卷　(漢)賈誼撰　清光緒元年(1875)
湖北崇文書局刻子書百家本　二冊

340000－1806－0000573　子/270

宋四子抄釋二十一卷　(明)呂柟撰　清刻本
八冊

340000－1806－0000574　子/271

紫柏老人集二十九卷　(明)釋真可撰　清刻
本　八冊　存二十四卷(三至十七、二十一至
二十九)

340000－1806－0000575　子/272

表異錄二十卷　(明)王志堅輯　清刻本
二冊

340000－1806－0000576　子/273

榕村語錄三十卷　(清)李光地撰　清乾隆五
十四年(1789)刻本　十冊

340000－1806－0000577　子/276

**聰訓齋語二卷恒產瑣言一卷飯有十二合說一
卷**　(清)張英撰　清光緒六年(1880)桐城張
氏刻桐城兩相國語錄本　一冊

340000－1806－0000578　子/277

欽定佩文韻府一百六卷　(清)張玉書等編
清刻本　四十九冊　存四十八卷(一至十、十
三至五十)

340000－1806－0000579　子/278

策學備纂三十二卷首一卷　(清)蔡啟盛
(清)吳潁炎纂　清光緒十四年(1888)上海點
石齋石印本　四十八冊

340000－1806－0000580　子/279

淵鑑類函四百五十卷目錄四卷　(清)張英等
纂　清光緒十八年(1892)上海同文書局石印
本　十六冊　存一百五十卷(一百三十七至
一百五十、一百八十三至二百二十六、二百四
十八至三百五、三百二十至三百四十九,目錄
四卷)

340000－1806－0000581　子/287

池北偶談二十六卷　(清)王士禛撰　清刻本
八冊

340000－1806－0000582　善/集/1

文選六十卷　(南朝梁)蕭統輯　(唐)李善注
(清)何焯評點　(清)葉樹藩參訂　清乾隆
三十七年(1772)長洲葉氏海錄軒刻朱墨套印
本　十六冊

340000－1806－0000583　善/集/2

梁昭明文選六臣合註六十卷　(南朝梁)蕭統
輯　(唐)李善　(唐)呂延濟　(唐)劉良
(唐)張銑　(唐)呂向　(唐)李周翰注　清
康熙二十五年(1686)虞山毛氏汲古閣刻本
十冊

340000－1806－0000584　善/集/3

古詩歸十五卷　(明)鍾惺　(明)譚元春輯

明萬曆四十五年(1617)刻本　四冊

340000－1806－0000585　善/集/4

漁洋山人古詩選三十二卷 　(清)王士禎輯
清同治五年(1866)金陵書局刻本　九冊

340000－1806－0000586　善/集/5

寒瘦集一卷 　(清)岳端撰　清康熙紅蘭室刻
朱墨套印本　一冊

340000－1806－0000587　善/集/6

唐詩歸三十六卷 　(明)鍾惺　(明)譚元春輯
明刻本　九冊

340000－1806－0000588　善/集/7

御定全唐詩錄一百卷 　(清)徐倬等輯　清康
熙四十五年(1706)揚州詩局刻本　十冊　存
二十八卷(一至三、八至三十二)

340000－1806－0000589　善/集/8

刪定唐詩解二十四卷 　(明)唐汝詢輯　(清)
吳昌祺評　清康熙四十年(1701)誦懿堂刻本
六冊

340000－1806－0000590　善/集/9

唐賢三昧集三卷 　(清)王士禎輯　清乾隆五
十二年(1787)聽雨齋刻本　三冊

340000－1806－0000591　善/集/10

明詩別裁集十二卷 　(清)沈德潛　(清)周準
輯　清乾隆四年(1739)賦琴樓刻本　六冊

340000－1806－0000592　善/集/11

**珂雪集一卷二集一卷十子詩略一卷朝天集一
卷鴻爪集一卷黃山紀遊詩一卷珂雪詞二卷**
(清)曹貞吉撰　**黃山紀遊詞一卷** 　(清)曹霖
撰　清康熙十一年(1672)刻本　一冊

340000－1806－0000593　善/集/12

**朱文公校昌黎先生文集四十卷外集十卷遺文
一卷傳一卷** 　(唐)韓愈撰　(宋)朱熹考異
(宋)王伯大音釋　明萬曆朱崇沐刻本　七冊

340000－1806－0000594　善/集/13

**白香山詩長慶集二十卷後集十七卷別集一卷
補遺二卷** 　(唐)白居易撰　(清)汪立名編
清康熙四十二年(1703)古歙汪氏一隅草堂刻

本　十二冊

340000－1806－0000595　善/集/14

施註蘇詩四十二卷目錄二卷 　(宋)蘇軾撰
(宋)施元之　(宋)顧禧注　(清)邵長蘅
(清)顧嗣立　(清)宋至刪補　(清)馮景補
注　清康熙三十八年(1699)商丘宋犖宛委堂
刻本　十二冊

340000－1806－0000596　善/集/15

羅鄂州小集六卷附錄一卷 　(宋)羅願撰
(清)程哲輯　**羅鄂州遺文一卷** 　(宋)羅頌撰
(清)程哲輯　清康熙五十二年(1713)歙縣
程哲七略書堂刻本　一冊

340000－1806－0000597　善/集/16

朱子文集十六卷 　(宋)朱熹撰　(清)張伯行
編訂　清康熙四十七年(1708)正誼書院刻本
十二冊

340000－1806－0000598　善/集/17

呂東萊先生文集四卷 　(宋)呂祖謙撰　清康
熙五十年(1711)儀封張伯行正誼堂刻道光二
十六年(1846)古歙洪錫謙重修宋四家文集本
二冊

340000－1806－0000599　善/集/18

劍南詩稿八十五卷 　(宋)陸游撰　明末虞山
毛氏汲古閣刻陸放翁全集本　三十八冊　存
八十三卷(一至三十二、三十五至八十五)

340000－1806－0000600　善/集/19

榕村詩選八卷 　(清)李光地撰　清雍正刻本
二冊

340000－1806－0000601　善/集/20

潛虛先生文集十四卷 　(清)戴名世撰　清光
緒十一年(1885)刻本　八冊

340000－1806－0000602　善/集/21

板橋詞鈔一卷小唱一卷家書一卷題畫一卷
(清)鄭燮撰　清乾隆司徒文膏刻本　一冊

340000－1806－0000603　善/集/22

澹餘詩集四卷 　(清)曹申吉撰　清康熙刻乾
隆三十五年(1770)曹益厚重修本　二冊

文選六十卷 （南朝梁）蕭統輯 （唐）李善注
　　考異十卷 （清）胡克家撰 清嘉慶十四年
(1809)鄱陽胡克家刻本 十六冊

340000－1806－0000626 集/74

文選六十卷 （南朝梁）蕭統輯 （唐）李善注
　　考異十卷 （清）胡克家撰 清光緒元年
(1875)撫州饒氏雙峯書屋刻本 十六冊

340000－1806－0000627 集/76

王氏漁洋詩鈔十二卷 （清）王士禛撰 （清）
邵長蘅選 清宣統二年(1910)上海時中書局
石印本 八冊

340000－1806－0000628 集/78

東坡和陶合箋四卷 （清）溫汝能纂訂 清嘉
慶十二年(1807)廳松閣刻本 一冊

340000－1806－0000629 集/82

王臨川全集二十四卷 （宋）王安石撰 清宣
統三年(1911)上海掃葉山房石印本 十二冊

340000－1806－0000630 集/89

海峰先生文十卷補遺一卷 （清）劉大櫆撰
清光緒十四年(1888)桐城吳大有堂木活字印
海峰全集本 六冊

340000－1806－0000631 集/89/又

海峰先生文十卷補遺一卷 （清）劉大櫆撰
清光緒十四年(1888)桐城吳大有堂木活字印
海峰全集本 六冊

340000－1806－0000632 集/90

海峰先生詩八卷 （清）劉大櫆撰 清光緒十
四年(1888)桐城吳大有堂木活字印海峰全集
本 四冊

340000－1806－0000633 集/90/又

海峰先生詩八卷 （清）劉大櫆撰 清光緒十
四年(1888)桐城吳大有堂木活字印海峰全集
本 四冊

340000－1806－0000634 集/91

海峰先生制藝一卷 （清）劉大櫆撰 清光緒
十四年(1888)桐城吳大有堂木活字印海峰全
集本 四冊

340000－1806－0000635 集/92

陳檢討四六集二十卷 （清）陳維崧撰 （清）
程師恭注 清康熙三十二年(1693)有美堂刻
本 六冊

340000－1806－0000636 集/93

歸震川先生全集三十卷別集十卷 （明）歸有
光撰 （清）歸玠編輯 清光緒六年(1880)常
熟歸氏刻本 十六冊

340000－1806－0000637 集/94

方植之全集 （清）方東樹撰 清光緒刻本
二十四冊

340000－1806－0000638 集/106

古文辭類纂七十四卷 （清）姚鼐輯 續古文
辭類纂三十四卷 王先謙輯 清光緒三十三
年(1907)上海商務印書館鉛印本 八冊

340000－1806－0000639 集/107

古文辭類纂七十四卷 （清）姚鼐輯 清光緒
三十三年(1907)上海商務印書館鉛印本
八冊

340000－1806－0000640 集/108

續古文辭類纂三十四卷 王先謙輯 清光緒
三十三年(1907)上海商務印書館鉛印本 三
冊 存二十七卷(八至三十四)

340000－1806－0000641 集/115

國朝六家詩鈔八卷 （清）王阮亭 （清）施愚
山著 （清）鄒小山鑒定 （清）劉執玉輯 清
宣統二年(1910)上海澄衷學堂石印本 五冊
　　存六卷(一至六)

340000－1806－0000642 集/121

文選六十卷 （南朝梁）蕭統撰 （唐）李善注
　　（明）孫鑛評點 清光緒十一年(1885)上海
同文書局石印本 八冊 存四十八卷(一至
十八、二十五至三十六、四十三至六十）

340000－1806－0000643 集/122

重訂分類飲冰室文集全編二十卷 梁啟超著
　　清光緒二十八年(1902)上海廣益書局石印
本 二十冊

340000－1806－0000644　集/129

山谷詩鈔五卷　（宋）黃庭堅撰　（清）姚鼐選編　清光緒刻本　三冊　缺一卷(一)

340000－1806－0000645　集/130

元遺山詩集箋註十四卷附錄一卷補載一卷（金）元好問撰　（清）施國祁箋　清宣統三年(1911)上海掃葉山房石印本　六冊　缺二卷（一、十二）

340000－1806－0000646　集/135

重編留青新集二十四卷　（清）陳枚原輯（清）伊君重編　清光緒十四年(1888)上海宏文閣鉛印本　二冊　存五卷(一至三、六至七)

340000－1806－0000647　集/136

全唐詩三十二卷　（清）曹寅等輯　清光緒十三年(1887)上海同文書局石印本　十八冊

340000－1806－0000648　集/137

皇朝蓄艾文編八十卷　（清）于寶軒編輯　清光緒二十九年(1903)上海官書局鉛印本　三十七冊　存三十九卷(一至二十五、二十七至三十一、三十三至三十六、三十九、七十二至七十五)

340000－1806－0000649　集/138

皇朝經世文編一百二十卷　（清）賀長齡編輯清刻本　二十一冊　存五十六卷(四至三十九、九十六至九十九、一百五至一百二十)

340000－1806－0000650　集/139

皇朝經世文編一百二十卷　（清）賀長齡編輯清光緒十三年(1887)上海點石齋石印本十冊　存九十八卷(一至六十八、八十至八十八、一百至一百二十)

340000－1806－0000651　集/140

皇朝經世文編一百二十卷　（清）賀長齡編輯清刻本　七冊　存五十六卷(二至三、六至十三、十九至二十、二十二、二十八至三十三、三十六至四十四、四十七、四十九至五十、五十三至五十四、五十六至六十、六十四至六十五、六十八、七十六至七十八、八十四、八十

六、九十六至九十九、一百三、一百六至一百七、一百十至一百十一、一百十七)

340000－1806－0000652　集/141

皇朝經世文續編一百二十卷　（清）葛士濬輯清刻本　二十冊　存六十一卷(二至十、十八至二十六、三十四至三十九、四十二至四十六、五十、六十二至六十八、七十至八十三、八十六至九十五)

340000－1806－0000653　集/142

佩文齋詠物詩選四百八十六類　（清）張玉書等彙閱　（清）汪霦等編輯　清康熙內府刻本二十五冊

340000－1806－0000654　集/143

錢牧齋箋註杜詩二十卷　（明）錢謙益箋注清宣統三年(1911)上海時中書局石印本八冊

340000－1806－0000655　集/144

新刊五百家註音辯昌黎先生文集　（唐）韓愈撰　（宋）魏仲舉輯注　清乾隆四十九年(1784)兩儀堂刻本　十六冊

340000－1806－0000656　集/147

歷代名人小簡二卷　吳曾祺編纂　清宣統元年(1909)上海商務印書館鉛印本　二冊

340000－1806－0000657　集/148

李太白文集（李太白文集輯註）三十六卷（唐）李白撰　（清）王琦輯注　清乾隆二十四年(1759)刻本　十二冊

340000－1806－0000658　集/149

朝天集一卷鴻爪集一卷　（清）曹貞吉撰　清刻本　一冊

340000－1806－0000659　集/150

珂雪集一卷珂雪二集一卷　（清）曹貞吉撰（清）王士禛評　清康熙十一年(1672)刻安丘曹氏家集本　二冊

340000－1806－0000660　集/152

望溪先生全集文集十八卷集外文十卷集外文補遺二卷年譜一卷年譜附錄一卷　（清）方苞

撰 （清）戴鈞衡編　清咸豐元年（1851）戴鈞
衡刻二年（1852）增刻本　十四冊

340000－1806－0000661　集/153
　文選六十卷　（南朝梁）蕭統輯　（唐）李善注
（清）何焯評點　清乾隆三十七年（1772）長
洲葉氏海錄軒刻朱墨套印本　十二冊

340000－1806－0000662　集/154
　王選七言詩十五卷　（清）王士禛選　清刻本
四冊

340000－1806－0000663　集/158
　古詩箋三十二卷　（清）王士禛輯　（清）聞人
倓箋　清乾隆三十一年（1766）芑蘭堂刻本
七冊　存三十卷（五言一至十七，七言一至
九、十二至十五）

340000－1806－0000664　集/159
　半巖廬遺集不分卷　（清）邵懿辰撰　清光緒
三十四年（1908）仁和邵氏刻本　二冊

340000－1806－0000665　集/160
　重訂唐詩別裁集二十卷　（清）沈德潛輯　清
乾隆二十八年（1763）教忠堂刻本　八冊

340000－1806－0000666　集/161
　杜詩鏡銓二十卷附錄一卷年譜一卷　（唐）杜
甫撰　（清）楊倫編輯　清乾隆九柏山房刻本
十一冊

340000－1806－0000667　集/162
　楚辭十七卷　（漢）王逸注　清刻本　五冊
缺一卷（一）

340000－1806－0000668　集/163
　古詩箋三十二卷　（清）王士禛輯　（清）聞人
倓箋　清乾隆三十一年（1766）芑蘭堂刻本
四冊

340000－1806－0000669　集/164
　杜少陵全集箋註二十五卷首一卷附編二卷
（唐）杜甫撰　（清）仇兆鰲輯注　清康熙三十
二年（1693）刻本　十三冊　存二十五卷（一
至二十五）

340000－1806－0000670　集/167

重訂古文雅正十四卷　（清）蔡世遠選　（清）
張季長重訂　清乾隆四十二年（1777）石竹山
房刻本　六冊　存十卷（一至六、十一至十
四）

340000－1806－0000671　集/168
　浩然堂詩集六卷　（清）江開撰　清刻本　三
冊　存五卷（一、三至六）

340000－1806－0000672　集/169
　牖景錄六卷　（清）徐璈撰　清道光十六年
（1836）刻本　二冊

340000－1806－0000673　集/171
　渭南文集五十卷　（宋）陸游撰　明末海虞毛
氏汲古閣刻陸放翁全集本　十三冊　存四十
六卷（一至二十四、二十九至五十）

340000－1806－0000674　集/172
　問花亭詩初集八卷　（清）張敏求撰　清同治
木活字印本　三冊

340000－1806－0000675　集/174
　小亭初集六卷　（清）程際雲撰　清同治七年
（1868）刻本　二冊

340000－1806－0000676　集/175
　寸陰叢錄四卷　（清）姚瑩撰　清刻本　一冊

340000－1806－0000677　集/178
　虛直軒文集十卷　（清）姚文然撰　清道光九
年（1829）刻本　四冊

340000－1806－0000678　集/179
　晚學集八卷　（清）桂馥撰　清乾隆五十九年
（1794）刻本　二冊

340000－1806－0000679　集/180
　後甲集（躍雷館日記）二卷　（清）章大來撰
清康熙五十六年（1717）百可堂刻本　一冊

340000－1806－0000680　集/182
　左忠毅公全集（左忠毅公集）二卷　（明）左光
斗撰　清刻本　一冊

340000－1806－0000681　集/184
　楊椒山先生全集原本（楊忠愍公全集）四卷
（明）楊繼盛撰　（清）章鈺訂　（清）毛大可

鑒定　清宣統二年（1910）守政書局印石印本
　二冊

340000－1806－0000682　集/188
三鱸堂遺稿不分卷　（清）楊立雪撰　清咸豐
三年（1853）古越刻本　一冊

340000－1806－0000683　集/191
漢魏六朝女子文選二卷　（清）張維輯　清宣
統三年（1911）海鹽朱氏刻本　三冊

340000－1806－0000684　集/193
海峰詩集十一卷　（清）劉大櫆撰　清同治十
三年（1874）刻本　二冊

340000－1806－0000685　集/194
海峰詩集十一卷　（清）劉大櫆撰　清乾隆醒
園刻本　四冊

340000－1806－0000686　集/195
麻山遺集二卷補編一卷　（清）孫學顏撰　清
南京李光明莊刻本　二冊

340000－1806－0000687　集/195/又
麻山遺集二卷補編一卷　（清）孫學顏撰　清
南京李光明莊刻本　一冊

340000－1806－0000688　集/199
海峰先生詩集十卷　（清）劉大櫆撰　清光緒
二十五年（1899）刻本　二冊

340000－1806－0000689　集/204
晴嵐詩存七卷　（清）張若靄撰　（清）張紹華
編定　清刻本　二冊　存二卷（一至二）

340000－1806－0000690　集/204/又
晴嵐詩存七卷　（清）張若靄撰　（清）張紹華
編定　清刻本　二冊　存一卷（一）

340000－1806－0000691　集/205
散原精舍詩二卷續集三卷　（清）陳三立撰
清宣統二年至民國十一年（1910－1922）上海
商務印書館鉛印本　四冊

340000－1806－0000692　集/206
海峰先生論文偶記一卷惜抱軒語一卷　（清）
劉大櫆撰　清光緒十八年（1892）金匱廉氏刻
本　一冊

340000－1806－0000693　集/207
眵菴訂定譚子詩歸十卷　（明）譚元春撰　明
末嶽歸堂刻本　一冊　存三卷（四至六）

340000－1806－0000694　集/208
春池文鈔十卷　（清）許鯉躍撰　（清）許煌等
校　清道光二十六年（1846）許鴻枚刻本
四冊

340000－1806－0000695　集/209
柏溪詩鈔二卷　（清）張同準撰　清同治七年
（1868）桐城張氏刻本　二冊

340000－1806－0000696　集/210
左忠毅公尺牘不分卷　（明）左光斗撰　清光
緒十八年（1892）張鳴茂刻本　一冊

340000－1806－0000697　集/211
存誠堂詩集二十五卷　（清）張英撰　清光緒
二十三年（1897）桐城張氏刻張文端集本
六冊

340000－1806－0000698　集/211/又
存誠堂詩集二十五卷　（清）張英撰　清光緒
二十三年（1897）桐城張氏刻張文端集本
六冊

340000－1806－0000699　集/212
存誠堂詩集二十五卷　（清）張英撰　清光緒
二十三年（1897）桐城張氏刻張文端集本
六冊

340000－1806－0000700　集/212/又1
存誠堂詩集二十五卷　（清）張英撰　清光緒
二十三年（1897）桐城張氏刻張文端集本
六冊

340000－1806－0000701　集/212/又2
存誠堂詩集二十五卷　（清）張英撰　清光緒
二十三年（1897）桐城張氏刻張文端集本
六冊

340000－1806－0000702　集/215
湛然居士文集十四卷　（元）耶律楚材撰　清
光緒二十一年（1895）桐廬袁氏漸西村舍刻漸
西村舍彙刊本　四冊

340000－1806－0000703　　集/216
存誠堂應制詩五卷　（清）張英撰　清光緒二
十三年(1897)桐城張氏刻張文端集本　二冊

340000－1806－0000704　　集/216/又1
存誠堂應制詩五卷　（清）張英撰　清光緒二
十三年(1897)桐城張氏刻張文端集本　二冊

340000－1806－0000705　　集/216/又2
存誠堂應制詩五卷　（清）張英撰　清光緒二
十三年(1897)桐城張氏刻張文端集本　二冊

340000－1806－0000706　　集/216/又3
存誠堂應制詩五卷　（清）張英撰　清光緒二
十三年(1897)桐城張氏刻張文端集本　二冊

340000－1806－0000707　　集/217
篤素堂文集十六卷　（清）張英撰　清光緒二
十三年(1897)桐城張氏刻張文端集本　六冊
　存十三卷(一至四、八至十六)

340000－1806－0000708　　集/218
篤素堂文集十六卷　（清）張英撰　清光緒二
十三年(1897)桐城張氏刻張文端集本　七冊

340000－1806－0000709　　集/218/又1
篤素堂文集十六卷　（清）張英撰　清光緒二
十三年(1897)桐城張氏刻張文端集本　七冊

340000－1806－0000710　　集/218/又2
篤素堂文集十六卷　（清）張英撰　清光緒二
十三年(1897)桐城張氏刻張文端集本　七冊

340000－1806－0000711　　集/220
周氏詞辨二卷　（清）周濟編　清光緒四年
(1878)刻本　一冊

340000－1806－0000712　　集/221
澄懷園詩選十二卷　（清）張廷玉撰　清光緒
十八年(1892)張紹棠金陵刻本　二冊　存六
卷(一至三、七至九)

340000－1806－0000713　　集/222
澄懷園文存十五卷　（清）張廷玉撰　清光緒
二十三年(1897)桐城張氏刻張文端集本　五
冊　存十卷(二至四、九至十五)

340000－1806－0000714　　集/223

篤素堂詩集七卷　（清）張英撰　清光緒二十
三年(1897)桐城張氏刻張文端集本　二冊
存四卷(一至四)

340000－1806－0000715　　集/223/又
篤素堂詩集七卷　（清）張英撰　清光緒二十
三年(1897)桐城張氏刻張文端集本　一冊
存四卷(一至四)

340000－1806－0000716　　集/223/又1
篤素堂詩集七卷　（清）張英撰　清光緒二十
三年(1897)桐城張氏刻張文端集本　二冊
存四卷(一至四)

340000－1806－0000717　　集/223/又2
篤素堂詩集七卷　（清）張英撰　清光緒二十
三年(1897)桐城張氏刻張文端集本　二冊
存四卷(一至四)

340000－1806－0000718　　集/223/又3
篤素堂詩集七卷　（清）張英撰　清光緒二十
三年(1897)桐城張氏刻張文端集本　二冊
存四卷(一至四)

340000－1806－0000719　　集/224
桐城吳先生尺牘五卷　（清）吳汝綸撰　清刻
本　一冊　存一卷(一)

340000－1806－0000720　　集/227
櫧華館文集六卷　（清）路德撰　清光緒七年
(1881)解梁刻櫧華館全集本　六冊

340000－1806－0000721　　集/228
鄱陽集四卷首一卷末一卷　（宋）洪皓撰　清
同治九年(1870)三瑞堂金陵刻本　一冊

340000－1806－0000722　　集/229
桐山名媛詩鈔十一卷　（清）吳希庸　（清）方
林昌輯　清刻本　二冊

340000－1806－0000723　　集/230
重訂唐詩合解箋註十二卷　（清）王堯衢注
（清）李模　（清）李恒校　清刻本　一冊　存
四卷(一至四)

340000－1806－0000724　　集/231
芥生詩選六卷　（清）朱雅著　清刻本　二冊

340000－1806－0000725　　集/236

重訂唐詩合解箋註十四卷古詩四卷　（清）王
堯衢注　（清）李模　（清）李恒校　清雍正十
年(1732)懷德堂刻本　　五冊

340000－1806－0000726　　集/237

醉山草堂詩集二卷　（清）黃仲騏撰　清光緒
三年(1877)潙寧學署刻本　　二冊

340000－1806－0000727　　集/239

味經山館詩鈔六卷文鈔四卷　（清）戴鈞衡撰
清咸豐三年(1853)刻本　　三冊

340000－1806－0000728　　集/240

續詞選二卷附錄一卷　（清）董毅錄　清道光
十年(1830)陽湖張琦刻宛鄰書屋叢書本
一冊

340000－1806－0000729　　集/241

馬徵君遺集六卷　（清）馬三俊撰　清同治三
年(1864)馬復振刻本　　二冊

340000－1806－0000730　　集/243

包軒遺編三卷　（清）張泰來撰　清光緒十五
年(1889)方敦吉濟南刻毋不敬齋全書本
一冊

340000－1806－0000731　　集/244

蓉川集四卷首一卷　（明）齊之鸞撰　清光緒
二十三年(1897)桐城徐氏刻本　　二冊

340000－1806－0000732　　集/247

庸晦堂詩集二卷　（清）方葆馨撰　（清）姚濬
昌訂　清光緒二十六年(1900)刻本　　一冊

340000－1806－0000733　　集/248

善思齋詩鈔七卷　（清）徐宗亮撰　清光緒桐
城徐氏刻善思齋集本　　一冊

340000－1806－0000734　　集/248/又

善思齋詩鈔七卷　（清）徐宗亮撰　清光緒桐
城徐氏刻善思齋集本　　一冊

340000－1806－0000735　　集/249

善思齋詩續鈔二卷　（清）徐宗亮撰　清光緒
桐城徐氏刻善思齋集本　　一冊

340000－1806－0000736　　集/249/又

善思齋詩續鈔二卷　（清）徐宗亮撰　清光緒
桐城徐氏刻善思齋集本　　一冊

340000－1806－0000737　　集/250

善思齋文鈔九卷　（清）徐宗亮撰　清光緒桐
城徐氏刻善思齋集本　　一冊

340000－1806－0000738　　集/250/又

善思齋文鈔九卷　（清）徐宗亮撰　清光緒桐
城徐氏刻善思齋集本　　一冊

340000－1806－0000739　　集/251

善思齋文續鈔四卷　（清）徐宗亮撰　清光緒
桐城徐氏刻善思齋集本　　一冊

340000－1806－0000740　　集/251/又

善思齋文續鈔四卷　（清）徐宗亮撰　清光緒
桐城徐氏刻善思齋集本　　一冊

340000－1806－0000741　　集/252

白石道人歌曲六卷　（宋）姜夔撰　清宣統二
年(1910)影印本　　一冊

340000－1806－0000742　　集/254

東溟文集六卷外集四卷　（清）姚瑩撰　清同
治六年(1867)姚濬昌安福縣署刻中復堂全集
本　　三冊

340000－1806－0000743　　集/255

東溟文後集十四卷　（清）姚瑩撰　清同治六
年(1867)姚濬昌安福縣署刻中復堂全集本
三冊

340000－1806－0000744　　集/256

東溟奏稿四卷　（清）姚瑩撰　清同治六年
(1867)姚濬昌安福縣署刻中復堂全集本
二冊

340000－1806－0000745　　集/257

紹恭齋詩鈔六卷　（清）楊澄鑒撰　清刻本
二冊

340000－1806－0000746　　集/258

援鶉堂筆記五十卷　（清）姚範撰　清道光十
五年(1835)桐城姚瑩淮南監製官署刻本　　十
二冊

340000－1806－0000747　　集/259

儀衛軒文集十二卷　（清）方東樹撰　清同治
七年（1868）桐城方宗誠刻本　四冊

340000－1806－0000748　集/260

儀衛軒遺書不分卷　（清）方東樹撰　清同治
刻本　一冊

340000－1806－0000749　集/261

考槃集三卷　（清）方東樹撰　清光緒十五年
（1889）刻方植之全集本　一冊

340000－1806－0000750　集/261/又

考槃集三卷　（清）方東樹撰　清光緒十五年
（1889）刻方植之全集本　一冊

340000－1806－0000751　集/264

昭昧詹言十卷續八卷續錄二卷　（清）方東樹
撰　清光緒十七年（1891）刻方植之全集本
六冊

340000－1806－0000752　集/265

昭昧詹言十卷續八卷續錄二卷　（清）方東樹
撰　清光緒十七年（1891）刻方植之全集本
六冊

340000－1806－0000753　集/266

昭昧詹言十卷續八卷續錄二卷　（清）方東樹
撰　清光緒十七年（1891）刻方植之全集本
五冊

340000－1806－0000754　集/267

續昭昧詹言八卷　（清）方東樹撰　清光緒十
七年（1891）刻方植之全集本　二冊

340000－1806－0000755　集/268

戴南山文鈔六卷　（清）戴名世撰　清宣統二
年（1910）上海國學扶輪社鉛印本　三冊

340000－1806－0000756　集/273

戴南山先生文集十六卷　（清）戴名世撰　清
宣統二年（1910）秀野軒木活字印本　八冊

340000－1806－0000757　集/274

惜抱軒今體詩鈔十八卷　（清）姚鼐選　清同
治七年（1868）湘鄉曾氏刻本　一冊　存九卷
（七言詩鈔一至九）

340000－1806－0000758　集/275

五七言今體詩鈔十八卷　（清）姚鼐選　清嘉
慶三年（1798）刻本　一冊

340000－1806－0000759　集/276

惜抱軒今體詩鈔十八卷　（清）姚鼐選　清同
治七年（1868）湘鄉曾氏江寧刻本　一冊　存
九卷（七言詩鈔一至九）

340000－1806－0000760　集/277

惜抱軒詩集十卷　（清）姚鼐撰　清嘉慶三年
（1798）刻本　一冊

340000－1806－0000761　集/283

惜抱軒文集十六卷後集十卷　（清）姚鼐撰
清光緒九年（1883）桐城徐氏刻本　六冊

340000－1806－0000762　集/284

惜抱軒尺牘一卷　（清）姚鼐撰　清同治十二
年（1873）桐城方龍光刻本　一冊

340000－1806－0000763　集/285

惜抱軒詩集十卷　（清）姚鼐撰　清刻本
二冊

340000－1806－0000764　集/286

惜抱先生尺牘補編二卷　（清）姚鼐撰　清光
緒五年（1879）桐城徐宗亮刻惜抱軒遺書本
一冊

340000－1806－0000765　集/287

惜抱軒書錄四卷　（清）姚鼐撰　清光緒五年
（1879）桐城徐宗亮刻惜抱軒遺書本　一冊

340000－1806－0000766　集/289

惜抱軒全集八十五卷　（清）姚鼐撰　清刻本
十七冊

340000－1806－0000767　集/290

海峰文集八卷　（清）劉大櫆撰　清刻本　七
冊　存七卷（二至八）

340000－1806－0000768　集/291

劉海峰文集八卷　（清）劉大櫆撰　清同治十
三年（1874）桐城劉繼邢邱刻本　六冊

340000－1806－0000769　集/292

孟塗文集十卷　（清）劉開撰　清刻本　二冊

340000－1806－0000770　集/293

海峰先生精選八家文鈔一卷　（清）劉大櫆選　（清）曾紀雲校　清光緒二年(1876)桐城劉繼邢邱刻本　一冊

340000－1806－0000771　集/294

方望溪文鈔六卷　（清）方苞撰　清宣統二年(1910)上海國學扶輪社鉛印本　五冊

340000－1806－0000772　集/295

孟塗駢體文二卷　（清）劉開撰　清道光六年(1826)桐城姚氏檗山草堂刻劉孟塗集本　一冊

340000－1806－0000773　集/298

稻花齋詩鈔(拳莊詩鈔)八卷續鈔六卷　（清）方於穀撰　清道光刻桐城方氏詩輯本　八冊

340000－1806－0000774　集/299

古文辭類纂七十四卷　（清）姚鼐輯　清刻本　十四冊　存六十八卷(四至二十、二十四至七十四)

340000－1806－0000775　集/302

稻花齋詩鈔(拳莊詩鈔)八卷續鈔六卷　（清）方於穀撰　清道光刻桐城方氏詩輯本　三冊　存六卷(三至八)

340000－1806－0000776　集/304

古文辭類纂七十五卷　（清）姚鼐輯　**校勘記一卷**　（清）李承淵撰　清光緒二十七年(1901)滁州李氏求要堂刻本　十二冊

340000－1806－0000777　集/304/又

古文辭類纂七十五卷　（清）姚鼐輯　**校勘記一卷**　（清）李承淵撰　清光緒二十七年(1901)滁州李氏求要堂刻本　十二冊

340000－1806－0000778　集/305

古文辭類纂七十四卷　（清）姚鼐輯　清刻本　四冊　存十三卷(一至三、二十一至二十三、二十五至三十一)

340000－1806－0000779　集/306

續古文辭類纂三十四卷　王先謙輯　清光緒八年(1882)長沙王氏虛受堂刻本　六冊　存二十五卷(一至三、九至三十)

340000－1806－0000780　集/307

古文辭類纂七十五卷　（清）姚鼐輯　清道光五年(1825)金陵吳氏刻本　九冊　存六十八卷(一至二十五、三十三至七十五)

340000－1806－0000781　集/308

十八家詩鈔二十八卷　（清）曾國藩輯　清同治十三年(1874)傳忠書局刻曾文正公全集本　二十四冊　存二十七卷(一至二十六、二十八)

340000－1806－0000782　集/309

十八家詩鈔二十八卷　（清）曾國藩輯　清同治十三年(1874)傳忠書局刻曾文正公全集本　二冊　存二卷(十六、十九)

340000－1806－0000783　集/310

杜詩詳註二十五卷附篇二卷　（唐）杜甫撰　（清）仇兆鰲輯注　清刻本　十二冊　存二十四卷(二至二十三、附篇二卷)

340000－1806－0000784　集/311

李文忠公全集六種一百六十五卷首一卷　（清）李鴻章撰　（清）吳汝綸編錄　清光緒三十一年至三十四年(1905－1908)金陵刻本　五十六冊　存九十六卷(奏稿一至七、九、十一至十二、十五至十六、二十五至二十八、三十一至六十二、八十、朋僚函稿一至二十,譯署函稿三至十二、十五至十六、十九至二十、鹽池教堂函稿一,海軍函稿一至四,電稿一至七;首一卷)

340000－1806－0000785　集/312

杜詩鏡銓二十卷　（唐）杜甫撰　（清）楊倫編輯　清同治十一年(1872)望三益齋刻本　九冊

340000－1806－0000786　集/313

杜詩鏡銓二十卷　（唐）杜甫撰　（清）楊倫編輯　清同治十一年(1872)望三益齋刻本　十冊

340000－1806－0000787　集/314

杜工部草堂詩箋四十卷外集一卷補遺十卷傳

序碑銘一卷目錄二卷年譜二卷詩話二卷
(宋)魯訔輯　(宋)蔡夢弼會箋　(宋)黃鶴
集注　清光緒十年(1884)遵義黎庶昌日本東
京使署刻古逸叢書本　一冊　存四卷(年譜
二卷、詩話二卷)

340000－1806－0000788　集/315

杜詩鏡銓二十卷　(唐)杜甫撰　(清)楊倫編
輯　清同治十一年(1872)望三益齋刻本　八
冊　存十四卷(六至十六、十八至二十)

340000－1806－0000789　集/317

杜工部詩集二十卷　(唐)杜甫撰　(清)朱鶴
齡輯注　清康熙刻本　十冊

340000－1806－0000790　集/318

杜詩鏡銓二十卷　(唐)杜甫撰　(清)楊倫編
輯　清同治十一年(1872)望三益齋刻本
九冊

340000－1806－0000791　集/319

唐人萬首絕句選七卷　(宋)洪邁編　(清)王
士禛選　清光緒二十三年(1897)金陵書局刻
本　一冊　存三卷(一至三)

340000－1806－0000792　集/321

杜詩詳注二十卷　(唐)杜甫撰　(清)仇兆鰲
注　清刻本　一冊　存二卷(一至二)

340000－1806－0000793　集/322

杜詩鏡銓二十卷　(唐)杜甫撰　(清)楊倫編
輯　清刻本　一冊　存二卷(一至二)

340000－1806－0000794　集/323

施註蘇詩四十二卷續補遺二卷　(宋)蘇軾撰
(宋)施元之　(宋)顧禧注　(清)邵長蘅
(清)顧嗣立　(清)宋至刪補　(清)馮景
補注　清刻本　八冊　存二十四卷(二十一
至四十二、續補遺二卷)

340000－1806－0000795　集/324

杜工部集二十卷首一卷　(唐)杜甫撰　(清)
盧坤集評　清光緒二年(1876)粵東翰墨園刻
五色套印本　十冊

340000－1806－0000796　集/325

蘇文忠公詩集五十卷目錄二卷　(宋)蘇軾撰
(清)紀昀評點　清刻本　七冊　缺三十九
卷(一至三十八、目錄下)

340000－1806－0000797　集/326

古詩源十四卷　(清)沈德潛輯　清齊月山房
刻本　四冊

340000－1806－0000798　集/327

蘇文忠公詩集五十卷目錄二卷　(宋)蘇軾撰
(清)紀昀評點　清刻本　七冊　存三十一
卷(一至六、十七至四十,目錄下)

340000－1806－0000799　集/328

文選六十卷　(南朝梁)蕭統輯　(唐)李善注
清光緒元年(1875)刻本　十二冊

340000－1806－0000800　集/329

文選六十卷　(南朝梁)蕭統輯　(唐)李善注
清同治八年(1869)金陵書局刻本　九冊
存五十四卷(一至五十四)

340000－1806－0000801　集/330

黃文節公全集(山谷全書)八十六卷首四卷
(宋)黃庭堅撰　清光緒二十年(1894)義寧州
署刻本　二十二冊　存十七卷(一至十三、首
四卷)

340000－1806－0000802　集/331

黃詩全集五十八卷　(宋)黃庭堅撰　(宋)任
淵　(宋)史容　(宋)史季溫注　(清)謝啓
昆輯補　清乾隆五十四年(1789)南康謝氏樹
經堂刻本　十四冊　存五十三卷(山谷詩內
集注三至二十、山谷詩外集注十四卷、山谷詩
別集注二卷、山谷詩外集補四卷、山谷詩別集
補一卷、重刻山谷先生年譜十四卷)

340000－1806－0000803　集/332

山谷內集詩注二十卷外集詩注十七卷別集詩
注二卷　(宋)黃庭堅撰　(宋)任淵　(宋)
史容　(宋)史季溫注　清光緒二十一年
(1895)刻本　十八冊　存三十五卷(山谷內
集詩注五至二十、外集詩注十七卷、別集詩注
二卷)

340000－1806－0000804　集/334

昌黎先生詩集注十一卷　（唐）韓愈撰　（清）顧嗣立刪補　清光緒九年(1883)廣州翰墨園刻三色套印本　四冊

340000－1806－0000805　集/336

昌黎先生集四十卷外集十卷遺文一卷　（唐）韓愈撰　（宋）廖瑩中校正　**朱子校昌黎先生集傳一卷**　（宋）朱熹撰　清同治八年(1869)江蘇書局刻本　五冊　存二十七卷(昌黎先生集五至八、十一至二十一,外集十卷,遺文一卷,朱子校昌黎先生集傳一卷)

340000－1806－0000806　集/337

唐詩別裁集引典備註二十卷　（清）沈德潛選　（清）俞汝昌增注　清道光十八年(1838)白鹿山房刻本　六冊　存十三卷(一至十三)

340000－1806－0000807　集/338

孺廬全集十四卷　（清）萬承蒼撰　清道光三年(1823)桂林李秉綬刻本　六冊

340000－1806－0000808　集/339

五百家註音辯昌黎先生文集四十卷　（唐）韓愈撰　（宋）魏仲舉輯注　清刻本　二冊　存六卷(十至十五)

340000－1806－0000809　集/340

昌黎先生詩集註十一卷　（唐）韓愈撰　（清）顧嗣立刪補　清康熙三十八年(1699)長洲顧氏秀野草堂刻本　一冊　存一卷(一)

340000－1806－0000810　集/341

韓集點勘四卷　（清）陳景雲撰　清同治八年(1869)江蘇書局刻本　一冊

340000－1806－0000811　集/342

昌黎先生詩集註十一卷　（唐）韓愈撰　（清）顧嗣立刪補　清光緒九年(1883)廣州翰墨園刻三色套印本　二冊

340000－1806－0000812　集/343

昌黎先生詩集註十一卷　（唐）韓愈撰　（清）顧嗣立刪補　清光緒九年(1883)廣州翰墨園刻三色套印本　二冊　存六卷(二至七)

340000－1806－0000813　集/344

漁洋山人古詩選三十二卷　（清）王士禛選　清同治七年(1868)湘鄉曾氏刻本　五冊　存二十一卷(五言詩一至十四、七言詩二至五、七言詩歌鈔九至十一)

340000－1806－0000814　集/345

柏堂集後編二十二卷　（清）方宗誠撰　清刻本　二冊　存八卷(四至六、十一至十五)

340000－1806－0000815　集/346

何文貞公遺書三種　（清）何桂珍撰　清光緒十年(1884)六安涂氏求我齋刻本　二冊

340000－1806－0000816　集/347

王臨川全集一百卷目錄二卷　（宋）王安石撰　清光緒九年(1883)聽香館刻本　十五冊　存九十一卷(一至十八、三十至一百,目錄二卷)

340000－1806－0000817　集/348

胡文忠公遺集十卷首一卷　（清）胡林翼撰　（清）閻敬銘　（清）厲雲官　（清）盛康輯　清同治七年(1868)醉六堂刻本　八冊

340000－1806－0000818　集/349

胡文忠公遺集八十六卷首一卷　（清）胡林翼撰　（清）曾國荃　（清）鄭敦輯　（清）胡鳳丹重編　清光緒元年(1875)湖北崇文書局刻本　十三冊　存六十五卷(一至六、二十三至三十三、三十八至四十二、四十五至八十六,首一卷)

340000－1806－0000819　集/350

方孩未先生集（淮南方孩未先生全集）十六卷　（明）方震孺撰　清同治七年(1868)樹德堂刻本　六冊

340000－1806－0000820　集/351

仙屏書屋初集詩錄十六卷　（清）黃爵滋撰　清道光二十七年(1847)涇縣翟金生泥活字印本　一冊　存四卷(九至十二)

340000－1806－0000821　集/352

汪梅村先生集十二卷外集一卷　（清）汪士鐸撰　清光緒七年(1881)刻本　四冊

340000－1806－0000822　集/353

王陽明先生全集二十二卷首一卷目錄二卷年譜二卷　（明）王守仁撰　（清）俞嶙輯　清康熙十二年(1673)餘姚俞嶙刻本　十五冊　存二十一卷(一至十、十三至二十二,年譜上)

340000－1806－0000823　集/354

王陽明先生全集二十二卷首一卷目錄二卷年譜二卷　（明）王守仁撰　清道光六年(1826)柳庭芳刻本　十六冊　存十八卷(二至十、十二至十六,目錄二卷,年譜二卷)

340000－1806－0000824　集/355

詩人玉屑二十卷　（宋）魏慶之編　清古松堂刻本　六冊

340000－1806－0000825　集/356

求闕齋日記類鈔二卷　（清）曾國藩撰　（清）王啓原輯　清光緒二年(1876)傳忠書局刻曾文正公全集本　二冊

340000－1806－0000826　集/357

求闕齋讀書錄十卷　（清）曾國藩撰　清光緒二年(1876)傳忠書局刻曾文正公全集本　六冊

340000－1806－0000827　集/358

曾文正公文集三卷　（清）曾國藩撰　清光緒二年(1876)傳忠書局刻曾文正公全集本　三冊

340000－1806－0000828　集/359

經史百家簡編二卷　（清）曾國藩撰　清光緒十三年(1887)湘鄉蔣氏龍安郡署刻求實齋叢書本　二冊

340000－1806－0000829　集/360

經史百家簡編二卷　（清）曾國藩撰　清光緒十三年(1887)湘鄉蔣氏龍安郡署刻求實齋叢書本　四冊

340000－1806－0000830　集/361

汪子文錄十卷　（清）汪縉撰　清光緒八年(1882)皖垣常郡曲水書局刻汪子遺書本　二冊

340000－1806－0000831　集/362

汪子遺書四卷　（清）汪縉撰　清嘉慶十年(1805)刻本　一冊

340000－1806－0000832　集/363

汪子詩錄四卷　（清）汪縉撰　清嘉慶三年(1798)濟南方昂刻本　一冊

340000－1806－0000833　集/134

重編留青新集二十四卷　（清）陳枚原輯　（清）伊君重編　清光緒十四年(1888)上海宏文閣鉛印本　十冊　存二十卷(三至六、九至二十四)

340000－1806－0000834　集/364

經史百家雜鈔二十六卷　（清）曾國藩撰　清光緒二年(1876)傳忠書局刻曾文正公全集本　二十冊

340000－1806－0000835　集/365

駢體文鈔三十一卷　（清）李兆洛編　清光緒八年(1882)滬上刻本　五冊　存二十一卷(一至二十一)

340000－1806－0000836　集/373

庾開府全集十六卷　（北周）庾信撰　（清）倪璠注釋　清光緒十六年(1890)廣州經史閣刻本　十二冊

340000－1806－0000837　集/374

元遺山詩集箋註十四卷首一卷末一卷　（金）元好問撰　（元）張德輝類次　（清）施國祁箋注　清道光二年(1822)南潯蔣氏瑞松堂刻本　六冊

340000－1806－0000838　集/375

許文正公遺書十二卷首一卷末一卷　（元）許衡撰　清光緒十三年(1887)傳經堂刻西京清麓叢書本　三冊　存七卷(一至五、十二,末一卷)

340000－1806－0000839　集/376

屈翁山詩集八卷詞一卷　（明）屈大均撰　（清）徐肇元選　清桂華樓刻本　四冊　存六卷(三至八)

340000－1806－0000840　　集/376

屈翁山詩集八卷詞一卷　　（明）屈大均撰
（清）徐肇元選　清桂華樓刻本　四冊　存六
卷(三至八)

340000－1806－0000841　　集/377

漁洋山人精華錄箋注十二卷　　（清）王士禛撰
（清）金榮箋注　（清）徐準纂輯　清刻本
四冊　存七卷(三至九)

340000－1806－0000842　　集/378

重刊文信國公全集十七卷首一卷　　（宋）文天
祥撰　清道光二十五年(1845)刻本　十一冊
存十六卷(一至十一、十四至十七,首一卷)

340000－1806－0000843　　集/380

榕村講授三卷　　（清）李光地輯　清刻本　二
冊　存二卷(中至下)

340000－1806－0000844　　集/381

榕村譜錄合考二卷　　（清）李清馥撰　清道光
九年(1829)李維迪刻榕村全書本　二冊

340000－1806－0000845　　集/383

揅經室文集十九卷　　（清）阮元撰　清刻本
八冊

340000－1806－0000846　　集/384

榕村詩選八卷首一卷　　（清）李光地輯　清道
光二年(1822)李維迪刻榕村全書本　一冊
存三卷(六至八)

340000－1806－0000847　　集/385

榕村制義初集一卷二集二卷三集一卷四集一
卷　　（清）李光地撰　清道光九年(1829)李維
迪刻榕村全書本　七冊

340000－1806－0000848　　集/387

榕村全集四十卷續集七卷別集五卷　　（清）李
光地撰　清道光九年(1829)李維迪刻榕村全
書本　十五冊　缺二卷(榕村全集一至二)

340000－1806－0000849　　集/388

宛陵先生文集六十卷　　（宋）梅堯臣撰　清宣
統二年(1910)滬上石印本　六冊　存三十六
卷(一至三十、五十五至六十)

340000－1806－0000850　　集/389

廬陵歐陽文忠公全集一百五十三卷附錄五卷
首一卷　　（宋）歐陽修撰　清嘉慶二十四年
(1819)歐陽衡刻本　十五冊　存一百五十三
卷(一至九十五、一百二至一百五十三,附錄
五卷,首一卷)

340000－1806－0000851　　集/390

元豐類稾(曾南豐先生全集)五十卷首一卷
（宋）曾鞏撰　清光緒十六年(1890)慈利漁浦
書院刻本　九冊　缺四卷(十二至十五)

340000－1806－0000852　　集/391

增訂古文析義合編十六卷　　（清）林雲銘評註
清康熙五十五年(1716)刻本　十六冊

340000－1806－0000853　　集/392

古文析義十六卷　　（清）林雲銘評註　（清）鄭
郟校　清刻本　六冊　存七卷(一至七)

340000－1806－0000854　　集/393

門存詩錄十卷　　（清）陳銳編　清刻本　二冊

340000－1806－0000855　　集/394

吳詩集覽詩二十卷首一卷　　（清）吳偉業撰
（清）靳榮藩纂輯　清道光七年(1827)刻本
十冊　存十卷(一至九、首一卷)

340000－1806－0000856　　集/395

閑齋詩集前編三卷後編四卷　　（清）光聰諧撰
清同治九年(1870)皖城刻本　一冊　存三
卷(閑齋詩集前編三卷)

340000－1806－0000857　　集/117

御選唐宋詩醇四十七卷目錄二卷　　（清）高宗
弘曆輯　清乾隆二十五年(1760)刻本　十一
冊　存十九卷(一至四、七至九、三十六至四
十七)

340000－1806－0000858　　集/398

楊忠愍公全集三卷　　（明）楊繼盛撰　清刻本
二冊　存二卷(二至三)

340000－1806－0000859　　集/399

楊忠愍公集四卷　　（明）楊繼盛撰　清刻本
一冊　存二卷(三至四)

340000－1806－0000860　　集/400

御定全唐詩錄一百卷　（清）徐倬等輯　清康熙四十五年(1706)揚州詩局刻本　十九冊存六十二卷(三十三至七十一、七十五至八十六、九十至一百)

340000－1806－0000861　　集/401

亭林詩集五卷　（清）顧炎武撰　清光緒十一年(1885)吳縣朱紀榮刻顧亭林先生遺書本二冊

340000－1806－0000862　　集/402

亭林餘集一卷　（清）顧炎武撰　清光緒十一年(1885)吳縣朱紀榮刻顧亭林先生遺書本一冊

340000－1806－0000863　　集/403

亭林先生同志贈言一卷　（清）沈岱瞻纂　清光緒十一年(1885)吳縣朱紀榮刻顧亭林先生遺書本　一冊

340000－1806－0000864　　集/404

羅豫章先生集十二卷　（宋）羅從彥撰　清康熙四十五年(1706)刻本　二冊

340000－1806－0000865　　集/405

楊龜山先生集四十二卷　（宋）楊時撰　清康熙刻本　七冊

340000－1806－0000866　　集/407

詩紀一百五十六卷目錄三十六卷　（明）馮惟訥輯　明萬曆吳琯榴堂刻本　二十四冊

340000－1806－0000867　　集/408

田間詩學不分卷　（清）錢澄之撰　清刻本六冊

340000－1806－0000868　　集/410

伊川文集八卷附錄二卷　（宋）程頤撰　清刻本　一冊　存六卷(五至八、附錄二卷)

340000－1806－0000869　　集/411

古文詞略二十四卷　（清）梅曾亮選　清刻本二冊　存十三卷(十二至二十四)

340000－1806－0000870　　集/412

梅村詩集箋註十八卷　（清）吳偉業撰　（清）

吳翌鳳箋注　清嘉慶十九年(1814)嚴榮滄浪吟榭刻本　八冊

340000－1806－0000871　　集/413

鮚埼亭集三十八卷　（清）全祖望撰　清刻本七冊　存二十八卷(二至十六、二十二至三十四)

340000－1806－0000872　　集/414

五言今體詩鈔九卷　（清）姚鼐撰　清同治刻惜抱軒今體詩選本　二冊

340000－1806－0000873　　集/415

唐詩三百首續選二卷　（清）于慶元編　清光緒十三年(1887)湖南共賞書局刻本　一冊

340000－1806－0000874　　集/416

道園學古錄五十卷目錄一卷　（元）虞集撰　清乾隆四十一年(1776)崇仁陳氏刻本　五冊存三十卷(一至十、十八至三十六,目錄一卷)

340000－1806－0000875　　集/417

芥生詩選六卷　（清）朱雅撰　清刻本　一冊存三卷(四至六)

340000－1806－0000876　　集/418

鮚埼亭集外編五十卷　（清）全祖望撰　清刻本　十冊　存四十三卷(四至三十、三十五至五十)

340000－1806－0000877　　集/419

南山全集十六卷　（清）宋潛虛(戴名世)著清刻本　一冊　存二卷(三至四)

340000－1806－0000878　　集/420

明道先生文集五卷　（宋）程顥撰　清刻本一冊

340000－1806－0000879　　集/421

新刻黃鶴樓銘楹聯不分卷　（清）畢沅題　清刻本　一冊

340000－1806－0000880　　集/422

杜工部集(錢箋杜詩)二十卷　（唐）杜甫撰（清）錢謙益箋注　清宣統三年(1911)時中書局石印本　一冊　存二卷(八至九)

340000－1806－0000881　　集/423

離騷注一卷　王樹枏撰　清光緒至民國新城
王氏刻陶廬叢刻本　十二冊

340000－1806－0000882　　集/425

離騷集傳一卷　（宋）錢杲之撰　清光緒三年
（1877）湖北崇文書局刻崇文書局彙刻書本
一冊

340000－1806－0000883　　集/426

震川先生別集十卷　（明）歸有光撰　清康熙
十年至十四年（1671－1675）常熟歸氏刻乾隆
四十八年（1783）歸景灝等重修本　四冊

340000－1806－0000884　　集/427

黃青社先生伐檀集二卷　（宋）黃庶撰　清刻
本　一冊

340000－1806－0000885　　集/428

亭林雜錄六卷　（清）顧炎武撰　清光緒十一
年（1885）吳縣朱紀榮刻顧亭林先生遺書本
二冊

340000－1806－0000886　　集/429

張忠定公遺集四卷　（宋）張詠撰　清刻本
一冊

340000－1806－0000887　　集/430

兩疆勉齋古今體詩存四卷　（清）倪文蔚撰
清光緒十年（1884）桂林節署刻本　一冊　存
二卷（三至四）

340000－1806－0000888　　集/431

文心雕龍十卷　（南朝梁）劉勰撰　清光緒三
年（1877）湖北崇文書局刻崇文書局彙刻書本
二冊

340000－1806－0000889　　集/432

楚辭辯證二卷　（宋）朱熹撰　清光緒三年
（1877）湖北崇文書局刻崇文書局彙刻書本
一冊

340000－1806－0000890　　集/433

楚辭集註八卷　（戰國）屈原著　（宋）朱熹撰
清光緒三年（1877）湖北崇文書局刻崇文書
局彙刻書本　二冊

340000－1806－0000891　　集/434

唐陸宣公翰苑集二十四卷　（唐）陸贄撰　清
咸豐八年（1858）崇仁謝氏刻本　八冊

340000－1806－0000892　　集/435

文心雕龍十卷　（南朝梁）劉勰撰　清刻本
一冊　存五卷（六至十）

340000－1806－0000893　　集/436

唐宋八家文讀本三十卷　（清）沈德潛輯　清
刻本　七冊　存十四卷（十一至十四、十九至
二十、二十三至三十）

340000－1806－0000894　　集/438

陸宣公翰苑集二十四卷　（唐）陸贄撰　（清）
張佩芳注釋　清光緒七年（1881）刻希音堂印
本　八冊

340000－1806－0000895　　集/447

古文辭類纂七十四卷　（清）姚鼐纂　清光緒
三十三年（1907）上海商務印書館鉛印本　一
冊　存一卷（一）

340000－1806－0000896　　集/448

文選六十卷　（南朝梁）蕭統輯　（唐）李善注
清刻本　二冊　存十三卷（十八至二十四、
四十二至四十七）

340000－1806－0000897　　集/450

問花亭詩初集八卷　（清）張敏求撰　清抄本
四冊

340000－1806－0000898　　集/451

阮亭選古詩三十二卷　（清）王士禎撰　清刻
本　三冊

340000－1806－0000899　　集/453

龍眠叢書　（清）光聰諧輯　清桐城光氏刻本
四十八冊

340000－1806－0000900　　集/454

增訂漢魏叢書八十六種　（清）王謨輯　清乾
隆五十六年（1791）金谿王氏刻本　五十七冊

340000－1806－0000901　　集/643

閱微草堂筆記二十四卷　（清）紀昀撰　清刻
本　九冊　存十八卷（七至二十四）

340000－1806－0000902　集/644

紅樓夢一百二十回　（清）曹霑撰　（清）高鶚續　清刻本　二十冊　存一百十回（一至二十五、三十一至三十六、四十二至一百二十）

340000－1806－0000903　集/645

增評補圖石頭記一百二十回　（清）曹霑撰（清）王希廉　（清）姚燮評　清鉛印本　十冊　存七十七回（二十九至四十五、五十三至六十七、七十六至一百二十）

340000－1806－0000904　集/646

繪圖增像第五才子書水滸全傳七十回　（元）施耐庵撰　（清）金聖歎評釋　清石印本　九冊　存六十二回（一至七、十六至七十）

340000－1806－0000905　集/647

聊齋志異十六卷　（清）蒲松齡撰　清刻本　九冊　存九卷（五至七、九、十二至十六）

桐城市博物館
古籍普查登記目錄

全國古籍普查登記目錄

國家圖書館出版社
National Library of China Publishing House

340000－1888－0000001　古籍0022

太乙舟文集八卷觀象居詩鈔二卷　（清）陳用光著　清光緒二十一年（1895）刻本　八冊

340000－1888－0000002　古籍0001

望溪先生全集三十二卷　（清）方苞著　（清）戴鈞衡校刊　清咸豐元年（1851）戴鈞衡刻本　十一冊　存二十卷（望溪先生文集一至十八、望溪先生年譜一至二）

340000－1888－0000003　古籍0009

漢學商兌三卷　（清）方東樹撰　清光緒十七年（1891）刻方植之全集本　四冊

340000－1888－0000004　古籍0013

考槃集三卷　（清）方東樹撰　清光緒十五年（1889）刻方植之全集本　一冊

340000－1888－0000005　古籍0016

半字集二卷　（清）方東樹撰　清光緒十五年（1889）刻方植之全集本　一冊

340000－1888－0000006　古籍0018

大意尊聞三卷　（清）方東樹撰　清光緒十六年（1890）刻方植之全集本　一冊

340000－1888－0000007　古籍0012

考槃集文錄十二卷　（清）方東樹撰　清光緒二十年（1894）刻方植之全集本　八冊

340000－1888－0000008　古籍0017

山天衣聞一卷進修譜一卷未能錄二卷　（清）方東樹撰　清光緒十五年（1889）刻方植之全集本　一冊

340000－1888－0000009　古籍0010

書林揚觶二卷　（清）方東樹撰　清光緒十七年（1891）刻方植之全集本　二冊

340000－1888－0000010　古籍0015

陶詩附考一卷解招魂附一卷跋南雷文定一卷　（清）方東樹撰　清光緒十六年（1890）刻方植之全集本　一冊

340000－1888－0000011　古籍0014

王餘集一卷儀衛軒遺詩二卷　（清）方東樹撰　清光緒十五年（1889）刻方植之全集本　一冊

340000－1888－0000012　古籍0011

向果微言二卷述悁一卷　（清）方東樹撰　清光緒十六年（1890）刻方植之全集本　三冊

340000－1888－0000013　古籍0008

昭昧詹言十卷續八卷續錄二卷　（清）方東樹撰　清光緒十七年（1891）刻方植之全集本　六冊

340000－1888－0000014　古籍0020

鶴鳴集六卷　（清）方績撰　清光緒十五年（1889）刻方植之全集本　一冊

340000－1888－0000015　古籍0019

待廬遺集文一卷詩二卷　（清）方澤撰　清光緒十五年（1889）刻方植之全集本　一冊

340000－1888－0000016　古籍0006

因寄軒文初級十卷二集六卷補遺一卷　（清）管同著　（清）鄧嘉緝校　清光緒五年（1879）刻本　四冊

340000－1888－0000017　古籍0002

劉海峰集十九卷　（清）劉大櫆著　清同治十三年（1874）刻本　八冊

340000－1888－0000018　古籍0007

劉孟塗集四十四卷　（清）劉開著　清道光六年（1826）姚氏檗山草堂刻本　八冊　缺一卷（詩後集八）

340000－1888－0000019　古籍0005

柏梘山房集三十一卷　（清）梅曾亮著　清咸豐六年（1856）刻同治三年（1864）補刻本　八冊

340000－1888－0000020　古籍0003

惜抱軒全集八十八卷　（清）姚鼐著　清同治五年（1866）省心閣刻本　十六冊

340000－1888－0000021　古籍0004

惜抱軒全集八十八卷　（清）姚鼐著　清同治五年（1866）省心閣刻本　十六冊

潜山市圖書館
古籍普查登記目録

全國古籍普查登記目録

國家圖書館出版社
National Library of China Publishing House

340000－1824－0000001　0002

增定課兒鑑署妥註善本五卷　（明）李廷機著
（明）張瑞圖校正　清乾隆刻本　一冊　存
二卷(一至二)

340000－1824－0000002　0005

古文辭類纂七十五卷　（清）姚鼐纂集　清光
緒三十三年(1907)上海商務印書館石印本
三冊　存三十卷(一至十、二十一至四十)

340000－1824－0000003　0013－0016

詩經讀本四卷　（宋）朱熹書　清光緒十七年
(1891)會友堂刻本　四冊

340000－1824－0000004　0044

禮記十卷　（元）陳澔集說　清刻本　一冊
存一卷(四)

340000－1824－0000005　0047－0048

新增四書備旨靈捷解八卷　（清）張素存著
（清）鄒蒼崖輯　清務本堂刻本　二冊　存三
卷(一至三)

340000－1824－0000006　0050

龍文鞭影二卷　（清）楊古度增訂　（明）蕭漢
沖纂輯　（清）來元成音註　清會友堂刻本
二冊　存一卷(下)

340000－1824－0000007　0052

白香山詩長慶集二十卷　（唐）白居易撰　清
康熙徽州一隅草堂刻本　一冊　存五卷(十
六至二十)

340000－1824－0000008　0053

增定課兒鑑署妥註善本五卷　（明）李廷機著
（明）張瑞圖校正　清刻本　一冊　存三卷
(三至五)

340000－1824－0000009　0017

新刊聖蹟圖記一卷　（清）孔憲闌撰　清同治
十三年(1874)石印本　一冊

340000－1824－0000010　0054

公羊穀梁春秋合編附註疏纂十二卷　（漢）何
休學　（晉）范甯集解　（唐）楊士勛疏
（明）朱泰禎纂述　（明）張爕等閱　（明）朱

爾鄴較輯　清刻本　四冊

340000－1824－0000011　0056

紀曉嵐詩註釋四卷　（清）紀昀著　（清）郭斌
評註　清嘉慶六年(1801)刻本　一冊　存一
卷(一)

340000－1824－0000012　0058

安徽袖珍同官錄四卷　（清）藩經歷司校印
清宣統二年(1910)鉛印本　二冊　存二卷
(一、四)

340000－1824－0000013　0104－0113

四書人物類典串珠四十卷　（清）臧志仁編輯
（清）臧銘　（清）臧錕校字　清嘉慶六年
(1801)刻本　十冊

340000－1824－0000014　0145－0158

春秋左傳五十卷　（晉）杜預　（宋）林堯叟注
釋　（唐）陸元朗音譯　清刻本　十四冊

340000－1824－0000015　0165－0174

禮記十卷　（元）陳澔集說　清刻本　十冊

340000－1824－0000016　0175－0176

新訂四書補註備旨十卷　（明）鄧林著　（清）
鄧禹編次　（清）祁文友重校　（清）杜定基增
訂　清刻本　二冊　存四卷(上論一至二、上
孟一至二)

340000－1824－0000017　0182－0183

千金裘二十七卷　（清）蔣義彬纂　清咸豐三
年(1853)天祿閣刻本　二冊

340000－1824－0000018　0184－0185

千金裘二集二十六卷　（清）蔣義彬　（清）徐
元麟纂　清咸豐三年(1853)天祿閣刻本
二冊

340000－1824－0000019　0188

薑園課蒙草初編一卷　（清）陳咸慶　（清）趙
酉彝鑒定　（清）童琮編訂　（清）童鎔評註
清石印本　一冊

340000－1824－0000020　0206

評點春秋左傳綱目句解彙雋六卷　（清）韓葵
重訂　清石印本　一冊　存二卷(五至六)

340000－1824－0000021　0218

東萊博議四卷　（宋）呂祖謙著　（清）馮泰松重刊　清刻本　一冊　存一卷（四）

340000－1824－0000022　0240

舉業淵源一卷　（清）樓溉撰述　（清）黃正學（明）時紹仝校　清刻本　一冊

340000－1824－0000023　0241

達生編二卷增訂大生要旨產後論一卷增訂大生要旨種子論一卷增訂大生要旨保嬰論一卷增訂四德論一卷　（清）亟齋居士撰　清刻本　一冊

340000－1824－0000024　0435

御纂醫宗金鑑□□卷　（清）吳謙總修　清刻本　一冊　存二卷（一、六十二）

340000－1824－0000025　0535－0538

五經合纂大成□□卷　（□）□□撰　清光緒二十五年（1899）上海書局石印本　四冊　存九卷（易經一至二，禮記三、九至十，春秋四至七）

340000－1824－0000026　0549－0560

增訂五經備旨五十五卷　（清）鄒梧岡撰（清）黃淦緯纂　清光緒二十九年（1903）上海鴻寶叄書局重校石印本　十二冊

340000－1824－0000027　0575－0577

禮記體注四卷附淑芳軒合纂禮記體註　（清）范翔參訂　（清）朱光許等校　清刻本　三冊

340000－1824－0000028　0578－0585

禮記十卷　（□）□□著　清刻本　八冊　存八卷（二至四、六至十）

340000－1824－0000029　0616－0617

墨香書屋時文摘豔□□卷　（清）華甫氏評定　清光緒十二年（1886）同文書局重刊刻本　二冊　存二卷（一、四）

340000－1824－0000030　618

定盦續集四卷　（清）龔自珍饌　清鉛印本　一冊

340000－1824－0000031　0621－0628

詩經詮義十二卷首一卷末二卷　（清）汪烜纂　清世德堂刻本　八冊　存八卷（一、四至六、九、十二，末二卷）

340000－1824－0000032　0619

漢書一百二十卷　（漢）班固撰　（唐）顏師古注　清金陵書局刻本　一冊　存五卷（律歷志第一至郊祀志第五）

340000－1824－0000033　0629－0632

五洲圖考不分卷　（清）龔柴撰　清光緒二十四年（1898）上海徐家滙印書館鉛印本　四冊

340000－1824－0000034　0620

後漢書□□卷　（南朝宋）范曄撰　（唐）李賢注　清金陵書局刻本　一冊　存七卷（六十一至六十七）

340000－1824－0000035　0633－0638

天崇合鈔六卷補編一卷　（清）朱松雲編　清光緒十七年（1891）湖南船山書局刻本　六冊

安慶市嶽西縣圖書館古籍普查登記目錄

全國古籍普查登記目錄

國家圖書館出版社
National Library of China Publishing House

歌詩編第二

吳絲蜀桐張高秋空白凝雲頹不流

李憑中國彈箜篌

崑山玉碎鳳凰叫芙蓉泣露香

蘭笑十二門前融冷光二十三絲動紫皇女媧鍊石

補天處石破天驚逗秋雨夢入神山教神嫗老魚跳

波瘦蛟舞吳質不眠倚桂樹露脚斜飛濕寒兔

殘絲曲

垂楊葉老鶯哺兒殘絲欲斷黃蜂歸綠鬢少年金釵

340000－4801－0000001　00836－00839

詞館試律清華集四卷　（清）蔣義彬輯　清道光二十二年(1842)積玉堂刻本　四冊

340000－4801－0000002　00834－00835

[太原]王氏族譜不分卷　（清）□□撰　清宣統元年(1909)四益堂木活字印本　二冊

340000－4801－0000003　00216－00217

尚書離句六卷　（清）劉梅垞鑒定　（清）錢在培輯解　清大道堂藏版刻本　二冊

340000－4801－0000004　00084－00087

慎詒堂四書四卷　（宋）朱熹注　清兩儀堂刻本　四冊

340000－4801－0000005　00096

隨園食單一卷　（清）袁枚輯　清光緒十八年(1892)勤裕堂交著易堂鉛印本　一冊

340000－4801－0000006　00210－00215

寄傲山房塾課纂輯禮記全文倄旨十一卷　(清)鄒聖脉纂輯　（清）鄒廷猷編次　清寄傲山房刻本　六冊　存九卷(一至三、六至十一)

340000－4801－0000007　00672－00673

隨園續同人集不分卷文類四卷　（清）袁枚輯　清光緒十八年(1892)著易堂石印本　二冊

340000－4801－0000008　00266

隨園八十壽言六卷　（清）袁枚輯　清光緒十八年(1892)著易堂石印本　一冊

340000－4801－0000009　00104－00116

字彙十二卷首一卷　（清）梅膺祚音釋　清道光八年(1828)富春堂刻本　十三冊

340000－4801－0000010　00207

續新齊諧十卷　（清）袁枚編　清光緒十八年(1892)著易堂石印本　一冊

340000－4801－0000011　00664－00671

歷代名臣言行錄二十四卷　（清）朱桓編輯　(清)潘永季校定　（清）邱與久重校　清光緒二十八年(1902)上海煥文書局石印本　八冊

340000－4801－0000012　00117－00120

新齊諧二十四卷　（清）袁枚編　清光緒十八年(1892)石印本　四冊

340000－4801－0000013　00097－00100

詩經八卷　（宋）朱熹集傳　清宣統三年(1911)上海章福記石印本　四冊

340000－4801－0000014　00101－00103

外科正宗十二卷　（明)陳實功著　（清）徐大椿評　（清）許楣訂　（清）蔣光焴校　清光緒二十二年(1896)珍藝書局鉛印本　三冊

340000－4801－0000015　00656－00663

御撰資治通鑑綱目三編四十卷　（清）方略館改纂　清石印本　八冊　存八卷(一至三、五至九)

340000－4801－0000016　00152－00169

本草綱目五十二卷圖二卷　（明）李時珍編輯　清刻本　十八冊

340000－4801－0000017　00504－00518

南雅堂醫書全集七十種(存三十四種)　（清）陳念祖集註　清石印本　十五冊

340000－4801－0000018　00208－00209

雪心賦正解四卷　（唐）卜應天著　（清）孟浩注　辯論三十篇一卷　（清）孟浩著　清上海公記書局石印本　二冊

340000－4801－0000019　00196－00202

隨園詩話十六卷　（清）袁枚著　清刻本　七冊

340000－4801－0000020　00184－00195

本草綱目五十二卷圖二卷拾遺十卷本草萬方鍼線八卷　（明)李時珍編輯　（清）吳毓昌校訂　（清）張士瑜　（清）張士珩審定　（清）趙學敏　（清）蔡烈先輯　清上海錦章圖書局石印本　十二冊

340000－4801－0000021　00121－00134

醫學全書十六種八卷　（清）徐靈胎著　清上海六藝書局石印本　十三冊

340000－4801－0000022　00696

王氏族譜□□卷　（□）□□撰　清宣統元年

（1909）木活字印本　一冊

340000－4801－0000023　00026－00029

古文筆法八卷　（清）李扶九編輯　清光緒二十九年（1903）石印本　四冊

340000－4801－0000024　00007－00022

新輯經濟策論初編八卷二編六卷三編六卷（清）俞樾纂　（清）馮一梅校刊　清光緒二十八年（1902）煉石齋書局鉛印本　十六冊

340000－4801－0000025　00022－00026

直省闈墨八卷首一卷　（清）同文書社編輯　清光緒三十年（1904）同文書社鉛印本　五冊　存六卷（一至五、首一卷）

340000－4801－0000026　00030－00044

五經味根錄五種　（清）關蔚煌撰　清光緒同文書局石印本　十五冊

340000－4801－0000027　00174－00179

寄傲山房塾課纂輯春秋恰旨十二卷　（清）鄒聖脉纂輯　清刻本　六冊

340000－4801－0000028　00180－00183

寄傲山房塾課纂輯書經備旨蔡註捷錄七卷（清）鄒聖脉纂輯　清刻本　四冊

340000－4801－0000029　00413

新訂四書補註備旨大學一卷中庸一卷孟子三卷論語四卷　（明）鄧林著　（清）杜定基增訂　清會友堂書局刻本　六冊

340000－4801－0000030　00293－00298

新刊繡像評演濟公傳六卷　（清）郭小亭著　清光緒二十四年（1898）得古歡室石印本　六冊

340000－4801－0000031　00224－00226

御案詩經備旨八卷　（清）鄒聖脉纂輯　（清）鄒廷猷編次　清刻本　三冊　存七卷（二至八）

340000－4801－0000032　00174－1－00175－1

養兵秘訣不分卷　（日本）倉辻明俊著　清光緒二十八年（1902）鉛印本　二冊

340000－4801－0000033　00066－00071

史事新論十二卷　（□）□□撰　清光緒二十八年（1902）石印本　六冊

340000－4801－0000034　00254－00257

御撰資治通鑑綱目三編二十卷　（清）張廷玉等編　清乾隆十一年（1746）刻本　四冊

340000－4801－0000035　00170－00173

漱芳軒合纂禮記體注四卷　（清）范翔參訂（清）吳有文　（清）蔡鴻逵校　清刻本　四冊

340000－4801－0000036　00248－00253

古文觀止十二卷　（清）吳留村鑒定　（清）吳乘權編次　（清）吳大職手錄　清宣統元年（1909）上海書局石印本　六冊

340000－4801－0000037　00520

詩學含英十四卷　（清）劉文蔚輯　清文奎堂刻本　一冊　存六卷（一至六）

340000－4801－0000038　00348－00409

潯陽汪氏族譜□□卷　（清）□□編　清一本堂刻本　六十二冊　存五十五卷（五至二十三、二十五至四十八、五十至五十五、五十七至六十一、六十三）

340000－4801－0000039　00521－00522

詩韻含英四卷　（清）劉文蔚輯　清文奎堂刻本　二冊

340000－4801－0000040　00246－00247

古唐詩合解十二卷　（清）王士禎撰　（清）王堯衢註　（清）李模　（清）李桓校　清雍正十年（1732）務本堂刻本　二冊　存四卷（一至四）

340000－4801－0000041　00453－00470

新選歷代政治史事論海二十卷首一卷　（清）黎光閣主人編輯　清光緒三十一年（1905）上海環地福書局鉛印本　十九冊　存二十卷（一至十九、首一卷）

340000－4801－0000042　00229

元始無量度人上品妙經儀軌不分卷　（□）□□撰　清石印本　一冊

340000－4801－0000043　00299

本草萬方鍼線八卷　（清）蔡烈先輯　清同人堂刻本　三冊

340000－4801－0000044　00238－00239

增訂本草備要六卷醫方集解六卷　（清）汪昂著輯　（清）汪端　（清）汪惟寵校　（清）汪桓糸閱　清乾隆五年（1740）芸生堂刻本二冊

340000－4801－0000045　00495－00502

曲江書屋新訂批註左傳快讀十八卷首一卷（晉）杜預註　（唐）陸元明音義　（清）李紹崧選訂　清乾隆五十二年（1787）令德堂藏板刻本　八冊　存十七卷（一至十六、首一卷）

340000－4801－0000046　00146－00151

點評春秋綱目左傳句解彙雋六卷　（清）韓菼慕重訂　清上海錦章圖書局石印本　六冊

340000－4801－0000047　00485－00494

春秋經傳集解三十卷首一卷　（晉）杜預注清同治十年（1871）愛日堂藏板刻本　十冊

340000－4801－0000048　00643－00649

資治通鑑二百九十四卷　（宋）司馬光撰（元）胡三省音註　清石印本　七冊　存五十六卷（一百十九至一百三十六、一百六十五至一百七十二、二百十二至二百十八、二百三十四至二百四十一、二百四十九至二百五十五、二百七十一至二百七十八）

340000－4801－0000049　00422

書六卷　（宋）蔡沈集傳　清大道堂刻本　一冊　存一卷（一）

340000－4801－0000050　00634－00642

續資治通鑑二百二十卷　（清）畢沅編集　清光緒十四年（1888）上海蜚英館石印本　九冊　存一百二卷（一至十一、二十六至三十八、四十九至九十二、一百三十五至一百四十四、一百八十六至二百九）

340000－4801－0000051　00417－00421

太史張天如詳節春秋綱目句解左傳彙雋□□卷　（明）張溥註解　清刻本　五冊　存五卷（二至六）

340000－4801－0000052　00414－00416

太醫院補遺本草歌訣雷公炮製八卷附藥性詩歌便覽　（明）余應奎補遺　（清）胡載陽校正　清刻本　三冊　存六卷（三至八）

340000－4801－0000053　00426－00436

分類西學課藝三十三卷　（清）王韜編　清光緒石印本　十一冊　存十一卷（一、七至十六）

340000－4801－0000054　00633

卜筮正宗十四卷　（清）王維德輯　（清）王需（清）鍾英參訂　清上海江東書局石印本一冊　存七卷（一至七）

340000－4801－0000055　00413－1

新訂四書補註備旨□□卷　（明）鄧林著（清）杜定基增訂　清宏道堂刻本　一冊　存二卷（大學一、中庸一）

340000－4801－0000056　00437－00440

禮記體注四卷附淑芳軒合纂禮記體註　（清）范翔參訂　清刻本　四冊

340000－4801－0000057　00542－00544

鼎鍥幼幼集成□□卷　（清）陳復正輯訂（清）周宗頤審定　清刻本　三冊　存三卷（四至六）

340000－4801－0000058　00411－00412

龍文鞭影二卷　（明）蕭良有纂輯　（清）楊臣靜增訂　（明）來集之音注　清會友堂刻本二冊

340000－4801－0000059　00799－00802

康熙字典十二集三十六卷總目一卷檢字一卷辨似一卷備考一卷補遺一卷　（清）張玉書等纂　清道光七年（1827）刻本　四冊　存五卷（子集三卷、總目一卷、檢字一卷）

340000－4801－0000060　00626－00627

寄傲山房塾課纂輯御案易經備旨七卷　（清）鄒聖脈纂輯　（清）鄒廷猷編次　（清）鄒景揚等訂　清刻本　二冊　存三卷（二至四）

340000－4801－0000061　00775

慈恩玉歷彙錄□□卷　（□）□□撰　清光緒
　元年(1875)刻本　一冊　存三卷(四至六)

340000－4801－0000062　00558－00589
康熙字典十二集三十六卷備考一卷補遺一卷
字母切韻要發二卷　（清）張玉書等撰　清刻
本　三十二冊　存三十三卷(丑集上至中、寅
集中至下、卯集三卷、辰集三卷、巳集三卷、午
集三卷、未集三卷、申集三卷、酉集三卷、戌集
中、亥集三卷,備考一卷,補遺一卷,字母切韻
要發二卷)

340000－4801－0000063　00541
張百川先生訓子三十篇不分卷　（清）張江撰
　清刻本　一冊

340000－4801－0000064　00519
隨園詩話補遺□□卷　（清）袁枚著　清石印
本　一冊　存三卷(一至三)

340000－4801－0000065　00272
太醫院補遺本草歌訣雷公炮製八卷附藥性詩
歌便覽　（明）余應奎補遺　（清）胡載陽校正
　清乾隆四十一年(1776)金陵堂刻本　一冊
　存一卷(一)

340000－4801－0000066　00448－00449
康熙字典十二集三十六卷總目一卷檢字一卷
辨似一卷備考一卷補遺一卷等韻一卷　（清）
張玉書等纂　清鉛印本　二冊　存六卷(未
集三卷、戌集三卷)

340000－4801－0000067　00732
百家姓不分卷　（□）□□撰　清刻本　一冊

340000－4801－0000068　00770
癸卯恩科直省闈墨十卷　（清）大學堂選　清
光緒三十年(1904)上海書局石印本　一冊
存二卷(一至二)

340000－4801－0000069　00731
江南鄉試硃卷殘葉不分卷　（□）□□撰　清
鉛印本　一冊　存十葉

340000－4801－0000070　00832
幼科錢鏡六卷　（清）夏鼎著　清大文堂刻本

一冊

340000－4801－0000071　00768
普天忠憤全集十四卷首一卷　（清）孔廣德編
　（清）寶璋等分校　（清）鮑文蔚等參校　清
石印本　一冊　存一卷(八)

340000－4801－0000072　00833
鼎鍥幼幼集成六卷　（清）陳復正輯訂　（清）
周宗頤審定　清裕元堂刻本　一冊　存二卷
(一至二)

340000－4801－0000073　00767
藥性歌括不分卷　（清）佚名抄寫　清光緒十
年(1884)抄本　一冊

340000－4801－0000074　00780－00782
重訂驗方新編十八卷　（清）闕氏校繕　清光
緒三十三年(1907)上海鑄記書局石印本　三
冊　存十一卷(一至八、十六至十八)

340000－4801－0000075　00777
仙拈集四卷　（清）李文炳輯　清刻本　一冊

340000－4801－0000076　00753－00754
鼎鍥幼幼集成六卷　（清）周宗頤校訂　清刻
本　二冊　存四卷(三至六)

340000－4801－0000077　00721
孔氏家語□□卷　（三國魏）王肅注　清刻本
　一冊　存五卷(六至十)

340000－4801－0000078　00791－00792
康熙字典十二集三十六卷　（清）張玉書等纂
　清刻本　二冊　存二卷(申集下、亥集上)

340000－4801－0000079　00727－00728
御纂醫宗金鑑九十卷　（清）吳謙編　清刻本
　二冊　存五卷(七十至七十四)

340000－4801－0000080　00749－00751
詩韻集成十卷　（清）余照輯　清漁古山房藏
板刻本　三冊　存七卷(一至七)

340000－4801－0000081　00819
筆花醫鏡四卷　（清）江涵暾著　清石印本
一冊

340000－4801－0000082　00715－00717

里如堂四書□□卷　（宋）朱熹章句　清愛日堂刻本　三冊　存六卷（大學一卷、中庸一卷、孟子四至七）

340000－4801－0000083　00282－00287

御纂醫宗金鑑九十卷首一卷　（清）吳謙（清）劉裕鐸總修　清刻本　六冊　存十二卷（一、五至六、九至十、十四至十六、十八至十九、六十三至六十四）

340000－4801－0000084　00752

二論詳解四卷　（清）劉忠輯　清刻本　一冊存二卷（三至四）

340000－4801－0000085　00714

四書題鏡□□卷　（清）汪鯉翔纂述　清同治十年（1871）刻本　一冊　存二卷（大學一卷、中庸一卷）

340000－4801－0000086　00737

鼎鍥趙田了凡袁先生編纂古本歷史大方綱鑑補四十卷　（明）袁黃編　清刻本　一冊　存一卷（二）

340000－4801－0000087　00709

論語□□卷　（宋）朱熹集註　清刻本　一冊存一卷

340000－4801－0000088　00812

四書字義不分卷　（□）□□撰　清刻本一冊

340000－4801－0000089　00300

寄傲山房塾課纂輯春秋備旨十二卷　（清）鄒聖脈纂輯　（清）鄒可庭編次　（清）鄒景揚等校訂　清芸生堂刻本　一冊

340000－4801－0000090　00410

普濟應驗良方八卷末一卷　（清）德軒氏纂輯清同治九年（1870）青雲堂刻本　一冊

340000－4801－0000091　00774

古文釋義新編□□卷　（清）余自明評註　清刻本　一冊　存二卷（七至八）

340000－4801－0000092　00318

易經十二卷首一卷末一卷　（宋）朱熹本義清刻本　一冊　存三卷（二至四）

340000－4801－0000093　00766

書法字法□□卷　（□）□□撰　清鉛印本一冊　存二卷（二至三）

340000－4801－0000094　00765

四書補註備旨十卷　（明）鄧林著　清刻本一冊　存二卷（孟子二卷）

340000－4801－0000095　00319－00320

溫病條辨六卷首一卷　（清）吳瑭著　（清）汪瑟菴參訂　（清）徵以園參　（清）朱武曹點評清石印本　二冊　存四卷（二、四至六）

340000－4801－0000096　00762

寄傲山房塾課纂輯御案易經備旨七卷　（清）鄒聖脉纂輯　（清）鄒廷猷編次　清刻本　一冊　存三卷（五至七）

340000－4801－0000097　00321

方苞文鈔不分卷（散葉）　（清）方苞著　清抄本　一冊

340000－4801－0000098　00761

四書典故快觀□□卷　（□）□□撰　清刻本一冊　存二卷（一至二）

340000－4801－0000099　00323

初學適用論說精華□□卷　（□）□□撰　清刻本　一冊　存二卷（三至四）

340000－4801－0000100　00764

新訂四書補註備旨下論□□卷　（清）鄧林著清刻本　一冊　存二卷（三至四）

340000－4801－0000101　00763

新訂四書補註備旨下孟□□卷　（清）鄧林著清刻本　一冊　存一卷（四）

340000－4801－0000102　00324

寄傲山房塾課新增幼學故事瓊林四卷首一卷　（明）程登吉撰　（清）鄒聖脈增補　（清）謝梅林　（清）鄒可庭參訂　清文光堂刻本一冊　存二卷（一至二）

340000－4801－0000103　00755－00756

詩經□□卷　（□）□□注　清刻本　二冊
存二卷（三至四）

340000－4801－0000104　00265
痘疹定論四卷　（清）朱純嘏編輯　清寶文堂
刻本　一冊

340000－4801－0000105　00326
太醫院增補醫方捷徑八卷末一卷　（明）羅必
燁參訂　（明）楊能儒梓行　清三味堂刻本
一冊　存三卷（七至八、末一卷）

340000－4801－0000106　00266－1
八銘書鈔二卷　（□）□□撰　清刻本　一冊

340000－4801－0000107　00327
太醫院增補青囊藥性賦直解九卷首一卷末一
卷　（明）羅必燁參訂　（明）楊能儒梓行　清
三味堂刻本　一冊　存三卷（四至六）

340000－4801－0000108　00760
了凡綱鑑補□□卷　（□）□□撰　清刻本
一冊　存一卷（十）

340000－4801－0000109　00807
醫學三字經不分卷　（清）陳念祖撰　清抄本
一冊

340000－4801－0000110　00259
太湖縣賦不分卷　（清）王大樞撰　清抄本
一冊

340000－4801－0000111　00270
萬病回春原本□□卷　（□）□□撰　清刻本
一冊　存一卷（十七）

340000－4801－0000112　00271
石室密錄六卷　（明）陳士鐸著　清大文堂刻
本　一冊　存二卷（一至二）

340000－4801－0000113　00341
醫方集解不分卷　（□）□□撰　清刻本
一冊

340000－4801－0000114　00809－00811
鼎鍥幼幼集成六卷　（清）陳復正輯訂　（清）
劉勸校正　（清）周宗頤參定　清大文堂刻本
三冊　存三卷（一至三）

340000－4801－0000115　00342
重訂古文釋義新編□□卷　余誠評註　清刻
本　一冊　存二卷（三至四）

340000－4801－0000116　00276
初學玉玲瓏不分卷　（□）□□撰　清刻本
一冊

340000－4801－0000117　00316
壽世保元十卷　（明）龔廷賢編　清刻本　一
冊　存一卷（八）

340000－4801－0000118　00826－00827
灄陽太原王氏族譜□□卷首一卷　（清）王桂
林修　清光緒十二年（1886）三槐堂木活字印
本　二冊　存二卷（紙筆一卷、首一卷）

340000－4801－0000119　00340
了凡綱鑑補□□卷　（□）□□撰　清刻本
一冊　存一卷（二十二）

340000－4801－0000120　00277
龍文鞭影初集□□卷　（清）李暉吉輯　（清）
梁溪黃校纂　清光緒二十六年（1900）經元書
局刻本　一冊　存二卷（一至二）

340000－4801－0000121　00338
地球韻言四卷　（清）張士瀛撰　清刻本　一
冊　存二卷（一至二）

340000－4801－0000122　00325
脈狀類編不分卷　（□）□□編錄　清抄本
一冊

340000－4801－0000123　00278
龍文鞭影四卷　（明）蕭良有纂輯　（明）楊臣
靜增訂　（清）李恩綬校補　清刻本　一冊
存二卷（三至四）

安慶市太湖縣圖書館古籍普查登記目録

全國古籍普查登記目録

國家圖書館出版社
National Library of China Publishing House

340000－4804－0000001　　1：0001－1：0039

康熙字典十二集三十六卷總目一卷檢字一卷辦似一卷等韻二卷備考一卷　　（清）張玉書等纂修　　清刻本　　三十九冊

340000－4804－0000002　　1：0040－1：0079

康熙字典十二集三十六卷總目一卷檢字一卷辦似一卷等韻一卷備考一卷補遺一卷　　（清）張玉書等纂修　　清道光七年（1827）刻本　　四十冊

340000－4804－0000003　　1：0080－1：0119

康熙字典十二集三十六卷總目一卷檢字一卷辦似一卷等韻一卷備考一卷補遺一卷　　（清）張玉書等纂修　　清刻本　　四十冊

340000－4804－0000004　　2：0162

姓氏新編二卷　　（清）羅桂森著　　清同治十二年（1873）亦政堂刻本　　一冊

340000－4804－0000005　　1：0126－1：0127

尚書離句六卷　　（清）錢在培輯解　　清光緒二十五年（1899）刻本　　二冊

340000－4804－0000006　　1：0128－1：0139

春秋經傳集解三十卷首一卷　　（晉）杜預撰　（宋）林堯叟附註　（唐）陸德明音釋　（清）馮李驊增訂　**左繡三十卷首一卷**　　（清）馮李驊　（清）陸浩評輯　　清華川書屋刻本　　十二冊

340000－4804－0000007　　1：0140－1：0143

詩經八卷　　（宋）朱熹集傳　　清文奎堂刻本　　四冊

340000－4804－0000008　　1：0148－1：0149

周易四卷卦歌一卷　　（宋）朱熹本義　　清文奎堂刻本　　二冊

340000－4804－0000009　　1：0150－1：0155

評點春秋綱目左傳句解彙雋六卷　　（清）韓菼重訂　　清芸香閣刻本　　六冊

340000－4804－0000010　　2：0039－2：0074

鼎鍥趙田了凡袁先生編纂古本歷史大方綱鑑補三十九卷首一卷　　（宋）劉恕外紀　（宋）金

履祥前編　　（明）袁黃編纂　　（明）余象斗刊行　　清光緒二十九年（1903）益元書局刻本　　三十六冊

340000－4804－0000011　　1：0156－1：0161

新訂四書補註備旨十卷　　（明）鄧林著　　（清）鄧煜編次　　（清）祁文友重校　　（清）杜定基增訂　　清兩儀堂刻本　　六冊

340000－4804－0000012　　2：0075－2：0092

御批增補了凡綱鑑四十卷首一卷　　（明）袁黃編纂　　清光緒三十年（1904）上海同文升記書局鉛印本　　十八冊

340000－4804－0000013　　2：0093－2：0094

御撰資治通鑑綱目三編二十卷　　（清）張廷玉等編　　清光緒三十年（1904）上海同文升記書局鉛印本　　二冊

340000－4804－0000014　　2：0095－2：0104

御批歷代通鑑輯覽一百二十卷　　（清）高宗弘曆撰　　（清）楊述曾等輯　　清光緒二十八年（1902）寶善書局石印本　　十冊

340000－4804－0000015　　4：0001－4：0002

味燈聽葉廬詩草二卷　　（清）李振鈞著　　清光緒十五年（1889）刻本　　二冊

340000－4804－0000016　　2：0105－2：0108

御撰資治通鑑綱目三編二十卷　　（清）張廷玉等輯　　清益元堂刻本　　四冊

340000－4804－0000017　　2：0129－2：0140

增廣尚友錄統編二十二卷　　（清）應祖錫（清）韓卿甫編輯　　清光緒二十八年（1902）鴻寶齋石印本　　十二冊

340000－4804－0000018　　4：0003－4：0014

王臨川全集二十四卷　　（宋）王安石撰　　清宣統三年（1911）掃葉山房石印本　　十二冊

340000－4804－0000019　　4：0015－4：0018

板橋詩鈔三卷詞鈔一卷小唱一卷題畫一卷家書一卷　　（清）鄭燮著　　清宣統元年（1909）湖南益元書局刻本　　四冊

340000－4804－0000020　　4：0019－4：0024

古文析義六卷　（清）林雲銘評注　清刻本
六冊

340000－4804－0000021　4：0025－4：0032

增批直省闈墨不分卷　（清）馮一梅　（清）劉
鯤輯　清光緒三十年（1904）上海書局石印本
八冊

340000－4804－0000022　3：0013－3：0018

管子二十四卷　（唐）房玄齡注　（明）劉績補
清光緒二年（1876）浙江書局刻二十二子本
六冊

340000－4804－0000023　2：0157－2：0161

瀛寰志略續集四卷末一卷補遺一卷　（英國）
慕維廉纂輯　陳俠羣校訂　清光緒二十三年
（1897）新學會堂石印本　六冊

340000－4804－0000024　1：0162－1：0163

龍文鞭影四卷　（明）蕭良有纂輯　（明）楊臣
諍增訂　（清）李恩綬校補　清舊學山房刻本
二冊

340000－4804－0000025　3：0019

新訂崇正闢謬通書十四卷　（清）李奉來編輯
清刻本　一冊　存七卷（八至十四）

340000－4804－0000026　3：0020－3：0022

推拿廣義三卷　（清）熊應雄輯　清末民國上
海錦章圖書局石印本　三冊

340000－4804－0000027　3：0023

圖注八十一難經二卷　（戰國）秦越人著
（明）張世賢圖注　清刻本　一冊

340000－4804－0000028　4：0037－4：0040

古文釋義新編八卷　（清）余誠評註　清嘉慶
十三年（1808）刻本　四冊

安慶市宿松縣圖書館古籍普查登記目錄

全國古籍普查登記目錄

國家圖書館出版社

National Library of China Publishing House

340000－1825－0000001　212.254/3047/1

[道光]宿松縣志二十八卷首一卷　（清）鄔正階　（清）鄭敦亮修　（清）石葆元纂　清道光八年(1828)刻本　十冊

340000－1825－0000002　08604728

二十四史　（清）上海集成圖書公司編　清光緒三十四年(1908)上海集成圖書公司鉛印本　一百四十八冊

340000－1825－0000003　08600860

朱杜溪先生集七卷　（清）朱書撰　清抄本　四冊　存四卷（一至四）

340000－1825－0000004　08604867

康熙字典十二集三十六卷總目一卷檢字一卷辯似一卷等韻一卷備考一卷補遺一卷　（清）張玉書等纂　清道光七年(1827)刻本　四十冊

340000－1825－0000005　08604596

千金裘二十七卷　（清）蔣義彬纂　清刻本　一冊　缺十卷（一至十）

340000－1825－0000006　08604501

癸卯科直墨采真不分卷　（清）京都大學堂評選　清光緒三十年(1904)石印本　一冊

340000－1825－0000007　08604950

龍文鞭影二卷　（明）蕭良有纂輯　（明）楊臣靜增訂　（明）周家謙署簽　清光緒十三年(1887)漁古山房刻本　一冊

340000－1825－0000008　08604489

藥師瑠璃光七佛本願功德經三卷　（唐）釋義淨譯　清刻本　三冊

340000－1825－0000009　08604502

帥文毅公遺集五卷　（清）帥遠燡撰　清光緒二十三年(1897)黃梅縣署刻本　一冊　存三卷（三至五）

340000－1825－0000010　08604610

有正味齋試帖詩注八卷　（清）吳錫麒撰　（清）吳清泉等注　清婺源孫洪琦孫洪瑞刻本　一冊　存一卷（一）

340000－1825－0000011　08604630

御批歷代通鑑輯覽一百二十卷明唐桂二王本末四卷　（清）傅恒撰　清光緒三十年(1904)上海商務印書館鉛印本　二十四冊

340000－1825－0000012　08604638

淵鑑類函四百五十卷　（清）張英等纂　清光緒九年(1883)上海點石齋石印本　八冊

340000－1825－0000013　08603506

芥子園畫傳初集六卷二集九卷三集六卷　（□）□□撰　清光緒石印本　十二冊

340000－1825－0000014　08604473

鐵網珊瑚集課藝不分卷　（□）□□撰　清刻本　一冊

340000－1825－0000015　08604527

明張文忠公文集十一卷詩集六卷　（明）張居正撰　清宣統三年(1911)醉古堂石印本　四冊　存十一卷（明張文忠公文集十一卷）

340000－1825－0000016　08604497

王臨川文集四卷　（宋）王安石撰　清宣統二年(1910)上海會文堂書局石印本　四冊

340000－1825－0000017　08604468

鼎鍥幼幼集成六卷　（清）陳復正輯訂　（清）劉勷校正　（清）周宗頤叅定　（清）周光霽重校　清刻本　一冊　存一卷（五）

340000－1825－0000018　08604470

西堂文集二十四卷詩集三十二卷　（清）尤侗撰　湘中草六卷　（清）湯傳楹撰　清同治刻本　一冊　存二卷（文集一至二）

340000－1825－0000019　08604475

海國圖志一百卷　（清）魏源輯　清末刻本　一冊　存四卷（四十七至五十）

340000－1825－0000020　08604474

思綺堂文集十卷　（清）章藻功撰　清康熙六十一年(1722)刻本　一冊　存一卷（八）

340000－1825－0000021　08604494

明史三百三十二卷　（清）張廷玉等撰　清刻本　一冊　存五卷（一百五十至一百五十四）

340000－1825－0000022　08604984

[道光]宿松縣誌二十八卷首一卷　（清）鄔正階　（清）鄭敦亮修　（清）石葆元纂　清道光八年(1828)刻本　十冊

340000－1825－0000023　08604471

庚辰集五卷　（清）紀昀輯　清刻本　一冊　存一卷（四）

340000－1825－0000024　08604500

詩句題解韻編六卷　（清）陳維屏纂輯　清刻本　一冊　存二卷（五至六）

340000－1825－0000025　08604503

孔子家語十卷　（三國魏）王肅注　清光緒上海啟新書局石印本　一冊　存二卷（一至二）

340000－1825－0000026　08604660

隨園詩話十六卷　（清）袁枚撰　清刻本　一冊　存二卷（十一至十二）

340000－1825－0000027　08600875

救劫真經不分卷　（□）□□撰　清同治三年(1864)楊德鉅等刻本　一冊

340000－1825－0000028　08604484

七家詩選七卷　（清）張熙宇輯評　清末李光明莊朱墨套印本　一冊　存二卷（三至四）

340000－1825－0000029　08604482

西漚試帖八卷　（清）李惺撰　（清）張熙宇輯評　清朱墨套印本　一冊　存三卷（六至八）

340000－1825－0000030　08604541

尺木堂綱鑑易知錄九十二卷　（清）周之炯等輯　清康熙五十年(1711)尺木堂刻本　四十冊

340000－1825－0000031　08604469

浮槎山房詩稿五卷　（清）郭道清撰　清光緒十六年(1890)刻本　一冊　存二卷（四至五）

340000－1825－0000032　08604532

曾文正公家訓二卷　（清）曾國藩撰　清末鉛印本　一冊

340000－1825－0000033　08604598

千金裘二集二十六卷　（清）蔣義彬　（清）徐元麟纂　清道光二十年(1840)刻本　三冊　存十八卷（一至三、九至二十三）

340000－1825－0000034　08604499

海天琴思錄八卷　（清）林昌彝撰　清同治三年(1864)刻本　一冊　存二卷（一至二）

340000－1825－0000035　08604472

莊子解十二卷　（清）吳世尚注　清刻本　一冊　存一卷（十二）

340000－1825－0000036　08604483

望溪先生集外文十卷　（清）方苞撰　（清）戴鈞衡重編　清末民國石印本　二冊　存七卷（一至三、七至十）

340000－1825－0000037　08604488

沈文肅公政書七卷首一卷　（清）沈葆楨撰　清光緒六年(1880)吳門節署木活字印本　二冊　存二卷（一、首一卷）

340000－1825－0000038　08600876

太上感應篇一卷　（□）□□撰　清光緒二十四年(1898)刻本　一冊

340000－1825－0000039　08600872

古文釋義新編八卷　（清）余誠評註　清藻文堂刻本　四冊

安慶市懷寧縣圖書館古籍普查登記目錄

全國古籍普查登記目錄

國家圖書館出版社
National Library of China Publishing House

340000－1822－0000001　202/0032

鼎鍥趙田了凡袁先生編纂古本歷史大方綱鑑
補三十九卷首一卷　（明）袁黃編纂　清宣統
三年(1911)澹雅書局刻本　三十五冊

340000－1822－0000002　203/0026

資治通鑑綱目前編二十五卷正編五十九卷續編
二十二卷末一卷　（宋）朱熹撰　（明）陳仁錫
評閱　清嘉慶十三年(1808)刻本　八十七冊
　　存八十一卷(前編一至五、九至十一、十七至
二十五,正編一至九上、十至十一、十三至十六、
十八至四十八、五十二下至五十九,續編七至十
二、十六至十七、二十二,末一卷)

340000－1822－0000003　110.24/0028

康熙字典十二集三十六卷總目一卷檢字一卷
辯似一卷等韻一卷備考一卷補遺一卷　（清）
張玉書等撰　清道光七年(1827)刻本　四
十冊

340000－1822－0000004　307.2/0021

圖注八十一難經辨真四卷　（戰國）秦越人著
（明）張世賢圖注　（清）沈鏡重校　清刻本
四冊

340000－1822－0000005　401.2/0009

古唐詩合解十二卷古詩四卷　（清）王堯衢注
（清）李模　（清）李桓校　清光緒十九年
(1893)刻本　六冊

340000－1822－0000006　403.7/0020

板橋詩鈔三卷詞鈔一卷小唱一卷題畫一卷家
書一卷　（清）鄭燮著　清宣統元年(1909)湖
南譽元書局刻本　四冊

340000－1822－0000007　307.31/0002

十藥神書註解一卷　（清）葛可久編　（清）陳
念祖注　（清）林壽萱韻　清咸豐七年(1857)
刻本　一冊

340000－1822－0000008　309.212/0012

成親王歸去來兮辭一卷　（清）永瑆書　清光
緒十八年(1892)刻本　一冊

340000－1822－0000009　202/0031

御撰資治通鑑綱目二十卷　（清）張廷玉等撰
清宣統三年(1911)澹雅書局刻本　四冊

340000－1822－0000010　307.30/0017

四言舉要八卷首一卷　（宋）崔嘉彥著　（明）
李言聞刪補　清光緒三十年(1904)寶慶勸學
書舍刻本　二冊

340000－1822－0000011　304.3/0003

大清律例增修統纂集成四十卷　（清）陶東皋
（清）陶曉笢增修　清光緒二十年(1894)鉛
印本　二十二冊

340000－1822－0000012　403.7/0024

音註小倉山房尺牘八卷　（清）袁枚著　（清）
胡光斗箋釋　清光緒四年(1878)刻本　四冊

340000－1822－0000013　401.2/0006

經綸堂重訂古文釋義新編八卷　（清）余誠評
註　清光緒二十二年(1896)學庫山房刻本
四冊

340000－1822－0000014　307.732/0010

洞主仙師白喉治法忌表抉微一卷　（清）耐修
子錄注　清光緒二十四年(1898)江南書局鉛
印本　一冊

340000－1822－0000015　304.1/0025

洗冤錄詳義四卷首一卷　（清）許槤撰　**洗冤
錄摭遺二卷補一卷**　（清）葛元煦輯　清光緒
二十二年(1896)湖北藩署刻本　六冊

340000－1822－0000016　401.2/0008

古詩源十四卷　（清）沈德潛評選　清康熙五
十八年(1719)刻本　四冊

340000－1822－0000017　202/0004

綱鑑會纂三十九卷　（明）王世貞編　清光緒
二十九年(1903)刻本　三十六冊

340000－1822－0000018　307.76/0033

遂生編一卷福幼編一卷廣生編一卷　（清）庄
一夔著　（清）恒敏　（清）海慶訂　清道光二
十五年至二十六年(1845－1846)刻本　一冊

340000－1822－0000019　202/0030

御撰資治通鑑綱目三編二十卷　（清）張廷玉
等撰　清乾隆十一年(1746)刻本　四冊

301

銅陵市圖書館
古籍普查登記目録

全國古籍普查登記目録

國家圖書館出版社
National Library of China Publishing House

全國古籍普查登記目録

340000 – 1821 – 0000001　000044 – 000075

正字通十二集三十六卷首一卷　（清）張自烈
輯　（清）廖文英梓　清康熙刻本　三十二冊

340000 – 1821 – 0000002　000076 – 000091

廿一史四譜五十四卷　（清）沈炳震抄　清同
治十年(1871)武林吳氏清來堂刻本　十六冊

340000 – 1821 – 0000003　000002 – 000006

宋重修廣韻五卷　（宋）陳彭年等修　清康熙
四十五年(1706)揚州使院刻本　四冊

340000 – 1821 – 0000004　000024 – 000043

儀禮正義四十卷　（漢）鄭玄注　（清）胡培翬
學　清木犀香館刻本　二十冊

340000 – 1821 – 0000005　000304、000356 –
000362

韻府拾遺一百六卷　（清）張廷玉等纂　（清）
汪灝等修　清光緒十二年(1886)上海同文書
局石印本　八冊

340000 – 1821 – 0000006　000391 – 000393

三國職官表三卷　（清）洪飴孫撰　清刻本
三冊

340000 – 1821 – 0000007　000395

古今偽書考一卷　（清）姚際恆著　清光緒十
八年(1892)浙江書局刻本　一冊

340000 – 1821 – 0000008　000192 – 000195

爾雅註疏十一卷　（晉）郭璞注　（宋）邢昺疏
清嘉慶七年(1802)刻本　四冊

340000 – 1821 – 0000009　000363 – 000376

**字彙十二卷首一卷末一卷韻法直圖一卷韻法
橫圖一卷**　（清）梅膺祚音釋　清刻本　十
四冊

340000 – 1821 – 0000010　000022 – 000023

小爾雅義證十三卷補遺一卷　（清）胡承珙撰
清道光七年(1827)歙縣胡氏求是堂刻本
二冊

340000 – 1821 – 0000011　000389 – 000390

國朝名人小簡二卷　吳曾祺編　清宣統元年
(1909)商務印書館鉛印本　二冊

340000 – 1821 – 0000012　000196 – 111231

康熙字典十二集三十六卷　（清）張玉書等纂
清刻本　三十六冊

340000 – 1821 – 0000013　000092 – 000191

太平御覽一千卷目錄十五卷　（宋）李昉等纂
清嘉慶十二年至十七年(1807 – 1812)鮑氏
刻本　一百冊

340000 – 1821 – 0000014　000007 – 000018

古香齋鑒賞袖珍初學記三十卷　（唐）徐堅等
撰　清刻本　十二冊

銅陵市樅陽縣圖書館
古籍普查登記目録

全國古籍普查登記目録

國家圖書館出版社
National Library of China Publishing House

340000 – 1823 – 0000001　0013 – 0017

御撰資治通鑑綱目三編二十卷　（清）張廷玉
等編　清大文堂刻本　五冊　存十七卷（四
至二十）

340000 – 1823 – 0000002　0018 – 0019

周禮注疏四十二卷　（漢）鄭玄注　（唐）陸德
明音義　（唐）賈公彥疏　明崇禎元年（1628）
古虞毛氏汲古閣刻十三經注疏本　二冊　存
六卷（二十五至三十）

340000 – 1823 – 0000003　0020 – 0029

慈溪黃氏日抄分類九十七卷古今紀要十九卷
　（宋）黃震撰　明正德十四年（1519）書林龔
氏刻本　十冊　存十八卷（慈溪黃氏日抄分
類六、十五、二十五、三十七至三十八、五十
六、六十至六十一、六十五至六十七、七十八
至八十、八十二至八十四,古今紀要十一）

340000 – 1823 – 0000004　0030

新刊通鑑輯要□□卷　（明）袁黃纂　清刻本
　一冊　存一卷（十三）

340000 – 1823 – 0000005　0031

儀禮注疏十七卷　（漢）鄭玄注　（唐）陸德明
音義　（唐）賈公彥等疏　明崇禎九年（1636）
古虞毛氏汲古閣刻十三經注疏本　一冊　存
一卷（十一）

340000 – 1823 – 0000006　0032 – 0067

**鼎鍥趙田了凡袁先生編纂古本歷史大方綱鑑
補三十九卷首一卷**　（明）袁黃編纂　清宣統
三年（1911）澹雅書局刻本　三十六冊

340000 – 1823 – 0000007　0068 – 0071

御撰資治通鑑綱目三編二十卷　（清）張廷玉
等編　清宣統三年（1911）澹雅書局刻本
四冊

340000 – 1823 – 0000008　0072 – 0111

**新刊趙田了凡袁先生編纂古本歷史大方綱鑑
補三十九卷首一卷**　（明）袁黃編纂　清同治
五年（1866）刻本　四十冊　存三十六卷（一

至八、十至十二、十四至二十六、二十八至三
十九）

340000 – 1823 – 0000009　0112

續廣事類賦三十三卷　（清）王鳳喈撰　清刻
本　一冊　存二卷（八至九）

340000 – 1823 – 0000010　0113 – 0115

資治通鑑綱目五十九卷　（明）陳仁錫評閱
清刻本　三冊　存三卷（十四、五十三至五十
四）

340000 – 1823 – 0000011　0116

漢書一百二十卷　（漢）班固撰　（唐）顏師古
注　清末鉛印本　一冊　存三卷（九十七下
至九十九上）

340000 – 1823 – 0000012　0117

樊山批判十四卷　樊增祥撰　清末石印本
一冊　存二卷（八至九）

340000 – 1823 – 0000013　0118 – 0119

前漢書一百卷　（漢）班固撰　（唐）顏師古注
　清末鉛印本　二冊　存七卷（十六至十七、
四十四至四十八）

340000 – 1823 – 0000014　0120 – 0123

南山全集十四卷補遺三卷　（清）戴名世撰
清末上海文瑞樓石印本　四冊

340000 – 1823 – 0000015　0124 – 0126

讀史方輿紀要一百三十卷　（清）顧祖禹撰
清末石印本　三冊　存十七卷（二十二至二
十九、七十五至八十、九十六至九十八）

340000 – 1823 – 0000016　0127

隨園隨筆二十八卷　（清）袁枚撰　清末石印
本　一冊　存十卷（十九至二十八）

340000 – 1823 – 0000017　0128 – 0129

天下郡國利病書一百二十卷　（清）顧炎武撰
　清末石印本　二冊　存十三卷（四十八至
五十三、六十一至六十七）

馬鞍山市當塗縣圖書館
古籍普查登記目錄

全國古籍普查登記目錄

國家圖書館出版社
National Library of China Publishing House

340000－1820－0000001　0001－0097

重修安徽通志三百五十卷附補遺十卷　（清）沈葆禎等修　（清）何紹基等纂　清光緒四年（1878）刻本　九十七冊　缺七十卷（重修安徽通志二十一至二十三、二十五至三十、四十九至五十二、六十六至六十八、九十至一百六、一百一十二至一百一十三、一百三十七至一百四十、一百五十至一百五十三、一百九十三至一百九十五、二百至二百一、二百二十二至二百三十三、二百六十至二百六十二、二百八十八至二百九十、三百一至三百二,補遺九至十）

340000－1820－0000002　0098－0108

景紫堂全書　（清）夏炘撰　清咸豐、同治間刻同治元年（1862）王光甲等彙印本　十一冊　存八種二十六卷（學禮管釋一至四、述朱質疑八至十二、三綱制服尊尊述義敍三卷、讀詩札記一至二、養疴三編六至八、漢賈誼政事疏考補一卷、明翰林學士當塗陶主敬先生年譜一卷、景紫堂文集一至七）

340000－1820－0000003　0113

寶訓回文不分卷　清光緒三十年（1904）化德堂刻本　一冊

340000－1820－0000004　0118－0126

附釋音禮記注疏六十三卷　（漢）鄭玄注（唐）陸德明音義　（唐）孔穎達疏　**校勘記六十三卷**　（清）阮元撰　（清）盧宣旬摘錄　清嘉慶二十年（1815）南昌府學刻重刊宋本十三經注疏附校勘記本　九冊　存三十四卷（附釋音禮記註疏一至四、七至十九,校勘記一至四、七至十九）

340000－1820－0000005　0114

保嬰活法不分卷　清同治元年（1862）刻本　一冊

340000－1820－0000006　0140－0154

儀禮注疏五十卷　（漢）鄭玄注　（唐）陸德明音義　（唐）賈公彥疏　**校勘記五十卷**　（清）阮元撰　（清）盧宣旬摘錄　清嘉慶二十年（1815）南昌府學刻重刊宋本十三經注疏附校勘記本　十五冊　缺四卷（儀禮注疏十七至十八、校勘記十七至十八）

340000－1820－0000007　0109－0112

詩經集注八卷　（宋）朱熹集傳　清舊學山房刻本　四冊

340000－1820－0000008　0115－0117

景紫堂文集十四卷　（清）夏炘撰　清咸豐五年（1855）刻景紫堂全書本　三冊　缺四卷（八至十一）

340000－1820－0000009　0127－0139

附釋音周禮注疏四十二卷　（漢）鄭玄注（唐）賈公彥疏　**校勘記四十二卷**　（清）阮元撰　（清）盧宣旬摘錄　清嘉慶二十年（1815）南昌府學刻重刊宋本十三經注疏附校勘記本　十三冊　存五十四卷（附釋音周禮注疏十三至三十一、三十五至四十二,校勘記十三至三十一、三十五至四十二）

340000－1820－0000010　0155

揣籥續錄三卷　（清）張作楠訂　（清）江臨泰衍　清嘉慶、道光間金華張氏翠微山房刻翠微山房數學本　一冊　存二卷（中、下）

340000－1820－0000011　0156－0163

周禮注疏四十二卷　（漢）鄭玄注　（唐）陸德明音義　（唐）賈公彥疏　明崇禎元年（1628）古虞毛氏汲古閣刻十三經註疏本　八冊　存二十二卷（一至二十二）

340000－1820－0000012　0164－0165

方田通法補例六卷　（清）張作楠學算　（清）江臨泰補圖　清嘉慶、道光間金華張氏翠微山房刻翠微山房數學本　二冊　存三卷（三至五）

340000－1820－0000013　0166－0167

倉田通法續編三卷八線類編一卷　（清）張作楠學算　（清）俞俊編次　（清）江臨泰補圖　清嘉慶、道光間金華張氏翠微山房刻翠微山房數學本　二冊

340000－1820－0000014　0168－0182、0219

綱鑑會纂三十九卷首一卷　（明）王世貞編

清刻本　十六冊　存十六卷(四至五、八、十二至十四、十八、二十一至二十四、二十七、三十、三十二、三十四、三十八)

340000－1820－0000015　0183－0186

茂林賦鈔不分卷茂林賦鈔二集不分卷　(清)吳學洙編輯　清光緒八年(1882)研香齋刻本　四冊

340000－1820－0000016　0187－0191

校漢書八表八卷　(清)夏燮撰　清光緒十六年(1890)江城公所刻本　五冊　存六卷(三至八)

340000－1820－0000017　0192－0193

綱鑑易知錄九十二卷明鑑易知錄十五卷　(清)吳乘權等輯　清刻本　二冊　存四卷(綱鑑易知錄三至四、明鑑易知錄一至二)

340000－1820－0000018　0194

天元古佛救劫大梵王經一卷　清同治十二年(1873)金陵樂善堂刻本　一冊

340000－1820－0000019　0195－0196

子史精華三十卷　(清)允祿等撰　清光緒九年(1883)上海點石齋石印本　二冊

340000－1820－0000020　0197

雷神真經一卷　清光緒十二年(1886)刻本　一冊

340000－1820－0000021　0198－0203

監版四書十九卷　(宋)朱熹注　清成裕堂刻本　六冊

340000－1820－0000022　0204－0218

測海山房中西算學叢刻初編　題(清)測海山房主人輯　清光緒二十二年(1896)上海璣衡堂石印本　十五冊　存十五種九十六卷(增刪算法統宗一至五,算學筆談一至四、九至十二,衍元要義一卷,弧田問率一卷,弧角拾遺一卷,直積回求一卷,董方立遺書七卷,九數外錄一卷,代數術十卷、首一卷,中西度量權衡表一卷,天元一釋二卷,四元玉鑑細草中、下,談天十八卷、附一卷,躔離引蒙下,疇人傳一至十五、三十三至五十二)

馬鞍山李白研究會古籍普查登記目録

全國古籍普查登記目録

國家圖書館出版社

National Library of China Publishing House

340000－1897－0000001　001

李太白文集三十六卷　（唐）李白撰　（清）王
琦輯注　清乾隆寶笏樓刻二十五年(1760)增
刻本　十八冊　缺三卷(三十一至三十三)

340000－1897－0000002　002

李太白文集三十六卷　（唐）李白撰　（清）王
琦輯注　清聚錦堂刻本　十二冊

安徽工業大學圖書館
古籍普查登記目錄

全國古籍普查登記目錄

國家圖書館出版社
National Library of China Publishing House

340000－4841－0000001　經 1

十三經注疏附校勘記十三種　（清）阮元校勘
（清）盧宣旬摘錄　（清）瑞麟　（清）鄧廷楠重刊　清同治十年(1871)廣東書局刻光緒菊坡精舍印本　一百六十冊

340000－4841－0000002　052075－052077

爾雅三卷　（晉）郭璞注　（唐）陸德明音義
清嘉慶二十二年(1817)刻本　三冊

340000－4841－0000003　052062－052067

爾雅注疏十一卷　（晉）郭璞注　（宋）邢昺疏
清蘇州綠蔭堂刻本　六冊

340000－4841－0000004　052173－052204

漢書補注一百卷　（漢）班固撰　（唐）顏師古注　王先謙補注　清光緒二十六年(1900)長沙王氏刻本　三十二冊

340000－4841－0000005　052141－052172

讀史方輿紀要一百三十卷　（清）顧祖禹撰
（清）彭元瑞校定　清光緒二十五年(1899)慎記書莊石印本　三十二冊

340000－4841－0000006　052071－052074

漢學商兌四卷　（清）方東樹撰　清光緒二十六年(1900)浙江書局刻本　四冊

340000－4841－0000007　052115－052144

唐陸宣公集二十二卷年譜一卷附劄一卷
（唐）陸贄撰　（清）湯亦中校字　清同治五年(1866)善化楊氏問竹軒家塾刻本　六冊

340000－4841－0000008　052085－052080

水心文集二十九卷本傳一卷　（宋）葉適撰
清乾隆二十年(1755)東山書院刻本　十六冊

340000－4841－0000009　052017－052070

南雷文定前集十一卷後集四卷三集三卷四集四卷附錄一卷世譜一卷　（清）黃宗羲撰
（清）馮祖憲校訂　清餘姚黃氏家塾耕餘樓刻本　八冊

340000－4841－0000010　052109－052110

述學內篇三卷外篇一卷補遺一卷別錄一卷
（清）汪中撰　清嘉慶二十年(1815)江都汪喜孫問禮堂初刻初印本　二冊

蕪湖市圖書館古籍普查登記目錄

全國古籍普查登記目錄

國家圖書館出版社

National Library of China Publishing House

340000 – 1803 – 0000001　GJ004001 – GJ004030

唐宋八大家文鈔一百四十四卷　（明）茅坤編
明萬曆七年（1579）茅一桂杭州刻本　三
十冊

340000 – 1803 – 0000002　GJ004031 – GJ004042

樂府詩集一百卷　（宋）郭茂倩編　明崇禎虞
山毛氏汲古閣刻本　十二冊

340000 – 1803 – 0000003　GJ004043 – GJ004100

**御定歷代賦彙一百四十卷外集二十卷逸句二
卷補遺二十二卷**　（清）陳元龍纂輯　清康熙
四十五年（1706）刻本　五十八冊

340000 – 1803 – 0000004　GJ004101 – GJ004112

采菽堂古詩選三十八卷補遺四卷　（清）陳祚
明評選　清康熙四十八年（1709）刻本　十
二冊

340000 – 1803 – 0000005　GJ004113 – GJ004132

唐文萃一百卷　（宋）姚鉉編　清刻本　二
十冊

340000 – 1803 – 0000006　GJ004133 – GJ004156

宋文鑑一百五十卷　（宋）呂祖謙輯　明刻本
二十四冊

340000 – 1803 – 0000007　GJ004157 – GJ004167

中州集十卷樂府一卷首一卷　（金）元好問撰
明末虞山毛氏汲古閣刻本　十一冊

340000 – 1803 – 0000008　GJ004168 – GJ004191

明文授讀六十二卷　（清）黃宗羲輯　清康熙
四十八年（1709）刻本　二十四冊

340000 – 1803 – 0000009　GJ004192 – GJ004211

明詩綜一百卷　（清）朱彝尊輯　清康熙四十
四年（1705）刻本　二十冊

340000 – 1803 – 0000010　GJ004212 – GJ004219

感舊集十六卷　（清）王士禎選　清乾隆十七
年（1752）德州盧見曾雅雨堂刻本　八冊

340000 – 1803 – 0000011　GJ004220 – GJ004223

江左十五子詩選十五卷　（清）宋犖選　清康
熙四十二年（1703）商丘宋犖宛委堂刻本
四冊

340000 – 1803 – 0000012　GJ004224 – GJ004225

楚辭二卷　（戰國）屈原撰　明萬曆十九年
（1591）刻本　二冊

340000 – 1803 – 0000013　GJ004226 – GJ004227

**白石道人詩集二卷詩說一卷歌曲四卷別集一
卷**　（宋）姜夔撰　清乾隆歙縣鮑氏知不足齋
刻姜白石集本　二冊

340000 – 1803 – 0000014　GJ004228 – GJ004231

徐孝穆全集六卷　（南朝陳）徐陵撰　（清）吳
兆宜箋注　清初刻本　四冊

340000 – 1803 – 0000015　GJ004232 – GJ004235

唐駱先生集八卷　（唐）駱賓王撰　明萬曆四
十三年（1615）刻本　四冊

340000 – 1803 – 0000016　GJ004236 – GJ004243

杜工部集二十卷　（唐）杜甫撰　清康熙六年
（1667）泰興季振宜靜思堂刻本　八冊

340000 – 1803 – 0000017　GJ004244 – GJ004247

韋蘇州集十卷拾遺一卷　（唐）韋應物撰　明
凌濛初刻朱墨套印本　四冊

340000 – 1803 – 0000018　GJ004248 – GJ004255

韓文四十卷外集十卷　（唐）韓愈撰　明嘉靖
十六年（1537）南平游居敬刻韓柳文本　八冊

340000 – 1803 – 0000019　GJ004256

韓文一卷　（唐）韓愈撰　（明）郭正域評選
明萬曆四十五年（1617）烏程閔齊伋刻朱墨套
印本　一冊

340000 – 1803 – 0000020　GJ004257 – GJ004268

**白香山詩集二十卷後集十七卷別集一卷補遺
二卷**　（唐）白居易撰　清康熙四十二年
（1703）古歙汪立名一隅草堂刻本　十二冊

340000 – 1803 – 0000021　GJ004269 – GJ004276

元憲集三十六卷　（宋）宋庠撰　清乾隆四十
六年（1781）武英殿木活字印武英殿聚珍版書
本　八冊

340000 – 1803 – 0000022　GJ004277 – GJ004282

蘇學士文集十六卷　（宋）蘇舜欽撰　清康熙
三十八年（1699）震澤徐氏白華書屋刻本

六冊

340000－1803－0000023　GJ004283－GJ004292
公是集五十四卷　（宋）劉敞撰　清乾隆三十九年（1774）武英殿木活字印武英殿聚珍版書本　十冊

340000－1803－0000024　GJ004293－GJ004296
宋大家王文公文鈔十六卷　（宋）王安石撰（明）茅坤批評　明刻唐宋八大家文鈔本　四冊

340000－1803－0000025　GJ004297－GJ004304
王荆公詩箋注五十卷　（宋）王安石撰　（宋）李壁箋注　清乾隆六年（1741）刻本　八冊

340000－1803－0000026　GJ004305－GJ004309
淮海集四十卷後集六卷長短句三卷　（宋）秦觀撰　明萬曆四十六年（1618）仁和李之藻刻本　五冊

340000－1803－0000027　GJ004310－GJ004319
浮溪集三十二卷　（宋）汪藻撰　清乾隆四十六年（1781）武英殿木活字印武英殿聚珍版書本　十冊

340000－1803－0000028　GJ004320－GJ004323
韋齋集十二卷附玉瀾集蜀中草一卷　（宋）朱松撰　清康熙四十九年（1710）海昌朱昌辰刻本　四冊

340000－1803－0000029　GJ004325－GJ004328
姜白石詩詞合集六卷　（宋）姜夔撰　清乾隆八年（1743）江都陸氏水雲漁屋刻本　四冊

340000－1803－0000030　GJ004329－GJ004336
遺山先生文集四十卷附錄一卷　（金）元好問撰　清康熙刻本　八冊

340000－1803－0000031　GJ004337－GJ004346
青邱高季迪先生詩集十八卷　（明）高啟撰清雍正六年（1728）金檀文瑞樓刻本　十冊

340000－1803－0000032　GJ004347－GJ004354
何大復先生集三十八卷　（明）何景明撰　清乾隆十五年（1750）賜策堂刻本　八冊

340000－1803－0000033　GJ004355－GJ004360

王弇州集二十卷　（明）王世貞撰　清康熙二十一年（1682）郧雪書林刻本　六冊

340000－1803－0000034　GJ004361－GJ004376
新刻張太嶽集四十七卷　（明）張居正撰　清刻本　十六冊

340000－1803－0000035　GJ004377－GJ004384
震川先生文集三十卷別集十卷　（明）歸有光撰　明刻本　八冊

340000－1803－0000036　GJ004385－GJ004391
徐文長文集三十卷　（明）徐渭撰　明萬曆刻本　七冊

340000－1803－0000037　GJ004392－GJ004407
吳詩集覽二十卷　（清）吳偉業撰　（清）靳榮藩注　清乾隆四十年（1775）凌雲亭刻本　十六冊

340000－1803－0000038　GJ004408－GJ004411
霜紅龕集十二卷　（清）傅山撰　清乾隆十二年（1747）張氏生生堂刻本　四冊

340000－1803－0000039　GJ004412－GJ004425
施愚山先生學餘堂詩集五十卷　（清）施閏章撰　清康熙四十七年（1708）曹寅棟亭刻本　十四冊

340000－1803－0000040　GJ004426－GJ004437
壯悔堂文集十卷四憶堂詩集六卷　（清）侯方域撰　清康熙刻本　十二冊

340000－1803－0000041　GJ004444－GJ004449
堯峰文鈔五十卷　（清）汪琬撰　清康熙三十二年（1693）刻本　六冊

340000－1803－0000042　GJ004450－GJ004457
二曲集二十六卷　（清）李顒撰　清康熙四十四年（1705）刻本　八冊

340000－1803－0000043　GJ004458－GJ004475
曝書亭集八十卷附錄一卷　（清）朱彝尊撰　清康熙五十三年（1714）曹寅朱稻孫刻本　十八冊

340000－1803－0000044　GJ004476－GJ004511
帶經堂全集九十二卷　（清）王士禎撰　清康

熙五十一年(1712)程哲七略書堂刻本　三十
六冊

340000－1803－0000045　GJ004512－GJ004523
漁洋山人精華錄訓纂十卷附錄十二卷　（清）
王士禛撰　清乾隆惠氏紅豆齋刻本　十二冊

340000－1803－0000046　GJ004524－GJ004535
西陂類稿五十卷　（清）宋犖撰　清康熙五十
年至五十二年(1711－1713)毛扆刻本　十
二冊

340000－1803－0000047　GJ004536－GJ004539
查浦詩鈔　（清）查嗣瑮撰　清康熙六十一年
(1722)刻本　四冊

340000－1803－0000048　GJ004540－GJ004542
馮舍人遺詩六卷　（清）馮廷櫆撰　（清）馮德
培輯　清雍正十一年(1733)德州馮德培刻本
三冊

340000－1803－0000049　GJ004543－GJ004546
懷清堂集二十卷　（清）湯右曾撰　清乾隆七
年(1742)王氏刻本　四冊

340000－1803－0000050　GJ004547－GJ004554
存研樓文集十六卷　（清）儲大文撰　（清）張
耀先等輯　清乾隆九年(1744)存研樓刻本
八冊

340000－1803－0000051　GJ004555－GJ004560
蓮洋集十二卷　（清）吳雯撰　清乾隆十七年
(1752)夢鶴草堂刻本　六冊

340000－1803－0000052　GJ004561－GJ004564
道古堂詩集二十六卷　（清）杭世駿撰　清乾
隆三十二年(1767)刻本　四冊

340000－1803－0000053　GJ004565－GJ004572
道古堂文集四十八卷　（清）杭世駿撰　清乾
隆四十一年(1776)錢塘汪氏振綺堂刻本
八冊

340000－1803－0000054　GJ004573－GJ004576
銅鼓書堂遺稿三十二卷　（清）查禮撰　（清）
查淳輯　清乾隆五十七年(1792)宛平查淳刻
本　四冊

340000－1803－0000055　GJ004577－GJ004580
姜白石詩詞合集六卷　（宋）姜夔撰　清乾隆
八年(1743)江都陸氏水雲漁屋刻本　四冊

340000－1803－0000056　GJ004581－GJ004588
詞律二十卷　（清）萬樹撰　清康熙二十六年
(1687)陽羨萬氏堆絮園刻本　八冊

340000－1803－0000057　GJ004589－GJ004590
金石三例三種　（清）盧見曾編　清乾隆二十
年(1755)德州盧見曾雅雨堂刻本　二冊

340000－1803－0000058　GJ004595－GJ004619
淵鑑齋御纂朱子全書六十六卷　（宋）朱熹撰
清康熙五十三年(1714)武英殿刻本　二十
五冊

340000－1803－0000059　GJ004620－GJ004629
大學衍義四十三卷　（宋）真德秀撰　明崇禎
八年(1635)刻本　十冊

340000－1803－0000060　GJ004630－GJ004658
性理大全書七十卷　（明）胡廣等纂　明萬曆
二十五年(1597)新安吳氏師古齋刻本　二十
九冊

340000－1803－0000061　GJ004659－GJ004663
御纂性理精義十二卷　（清）李光地纂　清康
熙五十六年(1717)內府刻本　五冊

340000－1803－0000062　GJ004664－GJ004668
讀書錄十一卷續錄十二卷　（明）薛瑄撰　明
萬曆七年(1579)刻本　五冊

340000－1803－0000063　GJ004669－GJ004672
莊子南華真經四卷　（戰國）莊周撰　清初刻
朱墨套印本　四冊

340000－1803－0000064　GJ004673－GJ004676
莊子南華真經十卷　（戰國）莊周撰　明萬曆
刻本　四冊

340000－1803－0000065　GJ004677－GJ004686
管子二十四卷　（春秋）管仲撰　明萬曆四十
八年(1620)刻本　十冊

340000－1803－0000066　GJ004687－GJ004696
管子二十四卷　（春秋）管仲撰　明萬曆刻朱

墨套印本　十冊

340000－1803－0000067　GJ004697－GJ004700
管子榷二十四卷　（唐）房玄齡注　明萬曆四十年（1612）安溪張維樞刻本　四冊

340000－1803－0000068　GJ004701－GJ004706
韓非子二十卷　（戰國）韓非撰　明萬曆趙用賢刻管韓合刻本　六冊

340000－1803－0000069　GJ004707－GJ004730
景嶽全書十六種　（明）張介賓撰　清康熙五十年（1711）刻本　二十四冊

340000－1803－0000070　GJ004731－GJ004740
墨池編二十卷　（宋）朱長文纂次　清雍正十一年（1733）吳縣朱氏就閒堂刻本　十冊

340000－1803－0000071　GJ004741－GJ004745
芥子園畫傳五卷　（清）王概等編繪　清耕餘堂刻彩色套印本　五冊

340000－1803－0000072　GJ004746－GJ004777
佩文齋廣群芳譜一百卷目錄二卷　（清）汪灝等編　清康熙四十七年（1708）內府刻本　三十二冊

340000－1803－0000073　GJ004778－GJ004791
容齋隨筆十六卷續筆十六卷三筆十六卷四筆十六卷五筆十卷　（宋）洪邁撰　明崇禎三年（1630）嘉定馬元調刻清康熙三十九年（1700）鄱陽洪璟重修本　十四冊

340000－1803－0000074　GJ004792－GJ004795
賓退錄十卷　（宋）趙與峕撰　清康熙五十七年（1718）刻本　四冊

340000－1803－0000075　GJ004796－GJ004803
居易錄三十四卷　（清）王士禛撰　清康熙刻本　八冊

340000－1803－0000076　GJ004804－GJ004809
香祖筆記十二卷　（清）王士禛撰　清康熙刻本　六冊

340000－1803－0000077　GJ004810－GJ004815
重訂教乘法數十卷　（清）釋超海等校訂　清雍正十三年（1735）刻本　六冊

340000－1803－0000078　GJ004816－GJ004820
新箋決科古今源流至論前集十卷續集十卷別集十卷　（宋）林駉撰　明初刻本　五冊

340000－1803－0000079　GJ004821－GJ004830
淮南鴻烈解二十一卷　（漢）劉安撰　清初刻朱墨套印本　十冊

340000－1803－0000080　GJ004831－GJ004866
雅雨堂叢書十三種　（清）盧見曾編　清乾隆二十一年（1756）德州盧見曾雅雨堂刻本　三十六冊

340000－1803－0000081　GJ004867－GJ004911
微波榭叢書十一種　（清）孔繼涵編　清乾隆曲阜孔氏微波榭刻本　四十五冊

340000－1803－0000082　GJ004912－GJ004943
經訓堂叢書二十一種　（清）畢沅編　清乾隆至嘉慶鎮洋畢氏經訓堂刻本　三十二冊

340000－1803－0000083　GJ004944－GJ004959
貸園叢書初集十二種　（清）周永年編　清益都李文藻等刻乾隆五十四年（1789）歷城周氏竹西書屋彙印本　十六冊

340000－1803－0000084　GJ004960－GJ004965
杭大宗七種叢書　（清）杭世駿撰　清刻彙印本　六冊

340000－1803－0000085　GJ004966－GJ004985
昌黎先生集四十卷外集十卷　（唐）韓愈撰　明東吳徐氏東雅堂刻清初徐氏冠山堂重修本　二十冊

340000－1803－0000086　GJ004986－GJ004992
康對山先生文集十卷附武功縣志三卷　（明）康海撰　（清）孫景烈選　清乾隆二十六年（1761）長白瑪興阿武功縣署刻本　七冊

340000－1803－0000087　GJ004993－GJ004996
呂晚村先生文集八卷　（清）呂留良撰　清初木活字印本　四冊

340000－1803－0000088　GJ008001－GJ008003
吳園周易解九卷　（宋）張根撰　清乾隆三十九年（1774）武英殿木活字印武英殿聚珍版書

本 三冊

340000－1803－0000089　GJ008004－GJ008013
御纂周易折中二十二卷首一卷 （清）李光地纂　清康熙五十四年（1715）武英殿刻本　十冊

340000－1803－0000090　GJ008014－GJ008029
禹貢錐指二十卷圖一卷 （清）胡渭撰　清康熙四十四年（1705）漱六軒刻本　十六冊

340000－1803－0000091　GJ008030－GJ008037
尚書後案三十卷 （清）王鳴盛撰　清乾隆四十五年（1780）禮堂刻本　八冊

340000－1803－0000092　GJ008038－GJ008042
禮說十四卷 （清）惠士奇撰　清康熙吳縣惠氏紅豆齋刻本　五冊

340000－1803－0000093　GJ008043－GJ008072
讀禮通考一百二十卷 （清）徐乾學纂　清康熙三十五年（1696）崑山徐樹穀刻本　三十冊

340000－1803－0000094　GJ008073－GJ008162
五禮通考二百六十二卷總目二卷首四卷 （清）秦蕙田編輯　清乾隆無錫秦蕙田味經窩刻本　九十冊

340000－1803－0000095　GJ008163－GJ008180
春秋大事表五十卷輿圖一卷附錄一卷 （清）顧棟高纂輯　清乾隆十三年（1748）錫山顧氏萬卷樓刻本　十八冊

340000－1803－0000096　GJ008181－GJ008681
通志堂經解一百四十種 （清）納蘭成德輯撰　清康熙十九年（1680）通志堂刻本　五百一冊

340000－1803－0000097　GJ008682－GJ008685
說文解字十五卷 （漢）許慎撰　清初毛氏汲古閣刻本　四冊

340000－1803－0000098　GJ008686－GJ008690
復古編二卷 （宋）張有撰　清乾隆四十六年（1781）安邑葛鳴陽刻本　五冊

340000－1803－0000099　GJ008691－GJ008695
六書正譌五卷 （元）周伯琦編注　明崇禎七

年（1634）海陽胡正言十竹齋刻本　五冊

340000－1803－0000100　GJ008696－GJ008699
六書通十卷 （明）閔齊伋撰　（清）畢宏述篆訂　清康熙五十九年（1720）基聞堂刻本　四冊

340000－1803－0000101　GJ008700－GJ008707
隸辨八卷 （清）顧藹吉撰　清康熙五十七年（1718）古歙項絪玉淵堂刻本　八冊

340000－1803－0000102　GJ008708－GJ008712
助字辨略五卷 （清）劉淇撰　清乾隆四十四年（1779）福源堂刻本　五冊

340000－1803－0000103　GJ008713－GJ008717
廣金石韻府五卷字略一卷 （明）朱雲輯篆（清）林尚葵廣輯　明崇禎九年（1636）蓮庵刻清康熙九年（1670）祥符周亮工大業堂朱墨套印本　五冊

340000－1803－0000104　GJ008718－GJ008722
廣韻五卷 （宋）陳彭年等修　清康熙四十三年（1704）吳郡張氏澤存堂影宋刻澤存堂五種本　五冊

340000－1803－0000105　GJ008723－GJ008738
音學五書五種 （清）顧炎武撰　清康熙六年（1667）山陽張弨符山堂刻本　十六冊

340000－1803－0000106　GJ008739－GJ008758
史記評林一百三十卷 （明）凌稚隆輯　明萬曆五年（1577）烏程凌稚隆刻史漢評林本　二十冊

340000－1803－0000107　GJ008759－GJ008774
通志略五十二卷 （宋）鄭樵撰　明嘉靖二十九年（1550）陳宗夔等刻清乾隆金匱山房印本　十六冊

340000－1803－0000108　GJ008775－GJ008842
漢書評林一百卷 （明）凌稚隆輯　明萬曆十一年（1583）烏程凌稚隆刻史漢評林本　六十八冊

340000－1803－0000109　GJ008843－GJ008848
西魏書二十四卷 （清）謝啟昆撰　清乾隆六

十年（1795）樹經堂刻本　六冊

340000－1803－0000110　GJ008849－GJ008899
資治通鑑綱目五十九卷　（宋）朱熹撰　明成化九年（1473）內府刻本　五十一冊

340000－1803－0000111　GJ008900－GJ008907
資治通鑑綱目發明五十九卷　（宋）尹起莘撰　明成化內府刻本　八冊

340000－1803－0000112　GJ008908－GJ008935
續資治通鑑綱目二十七卷　（明）商輅等撰　明成化十二年（1476）內府刻本　二十八冊

340000－1803－0000113　GJ008936－GJ008975
繹史一百六十卷　（清）馬驌撰　清康熙九年（1670）刻本　四十冊

340000－1803－0000114　GJ008976－GJ008999
十六國春秋一百卷　（北魏）崔鴻撰　清乾隆四十一年（1776）汪氏欣託山房刻本　二十四冊

340000－1803－0000115　GJ009000－GJ009003
新刊古列女傳七卷續一卷　（漢）劉向傳　清道光五年（1825）阮福文選樓影宋刻本　四冊

340000－1803－0000116　GJ009004－GJ009053
御製資治通鑑綱目八十卷　清康熙四十六年（1707）內府刻本　五十冊

340000－1803－0000117　GJ009054－GJ009153
文獻通考三百四十八卷　（元）馬端臨撰　明嘉靖三年（1524）司禮監刻本　一百冊

340000－1803－0000118　GJ009154－GJ009165
日下舊聞四十卷　（清）朱彝尊撰　清雍正朱稻孫六峯閣刻本　十二冊

340000－1803－0000119　GJ009166－GJ009177
水經注四十卷　（漢）桑欽撰　（北魏）酈道元注　清康熙五十四年（1715）古歙項絪群玉書堂刻本　十二冊

340000－1803－0000120　GJ009178－GJ009189
水經注釋四十卷　（清）趙一清撰　清乾隆五十九年（1794）仁和趙氏小山堂刻本　十二冊

340000－1803－0000121　GJ009190－GJ009199
徐霞客遊記十卷外編一卷補編一卷　（明）徐宏祖撰　（清）葉廷甲補編　清乾隆四十一年（1776）江陰徐鎮刻嘉慶十三年（1808）江陰葉廷甲水心齋增刻本　十冊

340000－1803－0000122　GJ009200－GJ009205
金石錄三十卷　（宋）趙明誠撰　清乾隆二十七年（1762）德州盧見曾雅雨堂刻本　六冊

340000－1803－0000123　GJ009206－GJ009217
隸釋二十七卷　（宋）洪适撰　清乾隆四十三年（1778）錢塘汪日秀樓松書屋刻本　十二冊

340000－1803－0000124　GJ010001－GJ010048
說文解字義證五十卷　（清）桂馥撰　清同治九年（1870）崇文書局刻本　四十八冊

340000－1803－0000125　GJ010049－GJ010050
班馬字類二卷　（宋）婁機撰　清揚州馬曰璐叢書樓刻本　二冊

340000－1803－0000126　GJ010051－GJ010056
漢隸字源五卷碑目一卷　（宋）婁機撰　清光緒三年（1877）歸安姚覲元咫進齋刻本　六冊

340000－1803－0000127　GJ010057－GJ010066
味經齋遺書　（清）莊存與撰　清光緒八年（1882）陽湖莊氏寶研堂刻本　十冊

340000－1803－0000128　GJ010067－GJ010070
韻彙五卷　（清）朱彝尊輯　清同治十三年（1874）盛德堂刻本　四冊

340000－1803－0000129　GJ010071－GJ010078
春秋釋例十五卷　（晉）杜預撰　清嘉慶掃葉山房刻本　八冊

340000－1803－0000130　GJ010079－GJ010094
春秋左傳杜林合注五十卷　（晉）杜預　（宋）林堯叟注釋　清嘉慶二十一年（1816）吳郡山淵堂刻本　十六冊

340000－1803－0000131　GJ010095－GJ010102
爾雅郭注義疏二十卷　（清）郝懿行撰　清同治刻本　八冊

340000－1803－0000132　GJ010262－GJ010271

集韻校正不分卷　（清）方成珪撰　清刻本
十冊

340000－1803－0000133　GJ010362－GJ010399
皇朝五經彙解二百七十卷　題（清）抉經心室
主人（朱鏡清）輯　清光緒十四年（1888）鴻文
書局石印本　三十二冊

340000－1803－0000134　GJ010424－GJ010471
經籍纂詁一百十六卷　（清）阮元撰　清嘉慶
揚州阮氏刻本　四十八冊

340000－1803－0000135　GJ010472－GJ010475
娛親雅言六卷　（清）嚴元照撰　清光緒木活
字印本　四冊

340000－1803－0000136　GJ010519－GJ010530
毛詩傳箋通釋三十二卷　（清）馬瑞辰撰　清
光緒十三年（1887）廣雅書局刻本　十二冊

340000－1803－0000137　GJ010531－GJ010533
律易一卷律呂通今圖說二卷　（清）繆闐撰
清同治蕪湖繆氏刻本　三冊

340000－1803－0000138　GJ010534－GJ010541
漢學諧聲二十四卷　（清）戚學標撰　清嘉慶
九年（1804）刻本　八冊

340000－1803－0000139　GJ010542－GJ010543
羣經識小八卷　（清）李惇著　清道光安愚堂
刻本　二冊

340000－1803－0000140　GJ010549－GJ010580
仿宋相臺五經附考證　清光緒二年（1876）江
南書局刻本　三十二冊

340000－1803－0000141　GJ010617
娛萊軒字釋不分卷　（清）章震福撰　清光緒
鉛印本　一冊

340000－1803－0000142　GJ010618－GJ010623
經義雜記三十卷敘錄一卷　（清）臧琳撰　清
嘉慶四年（1799）武進臧氏拜經堂刻本　六冊

340000－1803－0000143　GJ010644－GJ010651
漢魏二十一家易注二十一種　（清）孫堂輯
清嘉慶四年（1799）平湖孫堂映雪草堂刻本
八冊

340000－1803－0000144　GJ010652－GJ010657
周官精義十二卷　（清）連斗山編　清光緒蘇
州掃葉山房刻本　六冊

340000－1803－0000145　GJ010658－GJ010659
唐石經校文十卷　（清）嚴可均校　清光緒八
年（1882）刻本　二冊

340000－1803－0000146　GJ010660－GJ010665
儀禮疏五十卷　（唐）賈公彥等撰　清道光十
年（1830）汪氏藝芸書舍刻本　六冊

340000－1803－0000147　GJ010666－GJ010689
禮記集解六十一卷　（清）孫希旦集解　清咸
豐里安孫氏盤谷草堂刻本　二十四冊

340000－1803－0000148　GJ010695－GJ010704
論語六卷孟子六卷　（宋）朱熹集注　清金陵
李光明莊刻本　十冊

340000－1803－0000149　GJ010705
小爾雅訓纂六卷　（清）宋翔鳳撰　清道光刻
本　一冊

340000－1803－0000150　GJ010706
重訂合聲簡字譜不分卷　勞乃宣撰　清光緒
三十二年（1906）刻本　一冊

340000－1803－0000151　GJ010707－GJ010717
孟子集注本義匯參十四卷　（清）王步青輯
清乾隆十年（1745）敦復堂刻四書朱子本義匯
參本　十一冊

340000－1803－0000152　GJ010729－GJ010732
積古齋鐘鼎彝器款識十卷　（清）阮元藏
（清）朱為弼編　清光緒八年（1882）抱芳閣刻
本　四冊

340000－1803－0000153　GJ010733－GJ010735
國朝漢學師承記八卷　（清）江藩撰　清光緒
十三年（1887）萬卷書室刻本　三冊

340000－1803－0000154　GJ010737－GJ010742
大成易旨四卷　（明）崔師訓撰　清光緒十四
年（1888）刻本　六冊

340000－1803－0000155　GJ010743－GJ010746
大成易旨四卷　（明）崔師訓撰　清光緒十四

年（1888）蓮湖草堂刻本　　四冊

340000－1803－0000156　　GJ010747－GJ010750
說文解字十五卷　（漢）許慎撰　清嘉慶九年（1804）阳湖孫星衍平津館刻本　　四冊

340000－1803－0000157　　GJ010751－GJ010758
苗氏說文四種　（清）苗夔撰　　清道光至咸豐壽陽祁寯藻漢磚亭刻本　　八冊

340000－1803－0000158　　GJ010769－GJ010770
韓詩外傳十卷　（漢）韓嬰撰　清光緒三年（1877）湖北崇文書局刻本　　二冊

340000－1803－0000159　　GJ010772－GJ010783
隸韻十卷碑目一卷考證一卷　（宋）劉球撰
清嘉慶刻本　　十二冊

340000－1803－0000160　　GJ010784－GJ010790
大學章句本義匯參一卷中庸章句本義匯參六卷　（清）王步青輯　清乾隆十年（1745）敦復堂刻四書朱子本義匯參本　　七冊

340000－1803－0000161　　GJ010791－GJ010803
論語集注本義匯參二十卷　（清）王步青輯
清乾隆十年（1745）敦復堂刻四書朱子本義匯參本　　十三冊

340000－1803－0000162　　GJ010808－GJ010813
四書集注　（宋）朱熹集注　清光緒金陵書局刻本　　六冊

340000－1803－0000163　　GJ010814－GJ010823
禮記陳氏集說十卷　（清）陳澔注　清光緒十九年（1893）江南書局刻本　　十冊

340000－1803－0000164　　GJ010827－GJ010828
經韻集字析解二卷　（清）彭良敞注　清道光洙源書院刻本　　二冊

340000－1803－0000165　　GJ010829－GJ010830
古籀拾遺不分卷　（清）孫詒讓撰　清同治刻本　　二冊

340000－1803－0000166　　GJ010837－GJ010852
欽定書經圖說五十卷　（清）孫家鼐等纂　清光緒三十一年（1905）內府石印本　　十六冊

340000－1803－0000167　　GJ010853－GJ010855
爾雅三卷　（晉）郭璞撰　清光緒二十一年（1895）金陵書局刻本　　三冊

340000－1803－0000168　　GJ010856－GJ010859
東萊博議四卷　（宋）呂祖謙撰　（清）張文炳評點　清光緒二十七年（1901）金陵李光明莊刻本　　四冊

340000－1803－0000169　　GJ010860
文字蒙求四卷　（清）王筠撰　清光緒刻本　　一冊

340000－1803－0000170　　GJ010865－GJ010868
段氏說文注訂八卷附說文新附考六卷續考一卷　（清）鈕樹玉著　清同治七年（1868）碧螺山館刻本　　四冊

340000－1803－0000171　　GJ010878－GJ010889
毛詩後箋三十卷　（清）胡承珙撰　清光緒十六年（1890）廣雅書局刻本　　十二冊

340000－1803－0000172　　GJ010910,GJ012588
四書小參不分卷附問答　（明）朱斯行撰　清光緒三年（1877）姑蘇刻經處刻本　　一冊

340000－1803－0000173　　GJ010911
魯史楏二卷　（清）楊兆鋆撰　清光緒二十四年（1898）木活字印本　　一冊

340000－1803－0000174　　GJ010912－GJ010913
春秋繁露十七卷　（漢）董仲舒撰　清光緒八年（1882）淮南書局刻本　　二冊

340000－1803－0000175　　GJ010914－GJ010918
文字蒙求廣義四卷　（清）王筠撰　清光緒二十七年（1901）金陵江楚書局刻本　　五冊

340000－1803－0000176　　GJ010919－GJ010922
詩經集傳八卷　（宋）朱熹集傳　清光緒二十二年（1896）金陵書局刻本　　四冊

340000－1803－0000177　　GJ010923－GJ010926
春秋左傳杜注三十卷　（晉）杜預撰　（清）姚培謙輯　清刻本　　四冊　　存十六卷（十五至三十）

340000－1803－0000178　　GJ010927－GJ010931

說文校議十五卷 （清）姚文田 （清）嚴可均撰 清同治十三年(1874)歸安姚覲元刻本 五冊

340000－1803－0000179 GJ010932－GJ010933
說文聲繫十四卷 （清）姚文田撰 清嘉慶九年(1804)粵東督學使署刻本 二冊

340000－1803－0000180 GJ010934－GJ010935
易經八卷 （宋）程頤撰 清光緒九年(1883)江南書局刻本 二冊

340000－1803－0000181 GJ010936－GJ010937
易經十二卷 （宋）朱熹集錄 清光緒十九年(1893)江南書局刻本 二冊

340000－1803－0000182 GJ010938－GJ010943
周禮六卷 （漢）鄭玄注 清光緒二十年(1894)金陵書局刻本 六冊

340000－1803－0000183 GJ010944－GJ010951
廣雅疏證十卷 （清）王念孫撰 清嘉慶元年(1796)刻本 八冊

340000－1803－0000184 GJ010952－GJ010957
東萊左氏博議二十五卷 （宋）呂祖謙撰 清光緒十四年(1888)雲陽義秀書屋刻本 六冊

340000－1803－0000185 GJ010977－GJ010994
春秋三傳十六卷 （晉）杜預等撰 清嘉慶十年(1805)刻本 十八冊

340000－1803－0000186 GJ010995－GJ010998
續復古編四卷 （元）曹本撰 清光緒十二年(1886)歸安姚覲元咫進齋刻本 四冊

340000－1803－0000187 GJ011003－GJ011026
說文通訓定聲十八卷分部柬韻一卷 （清）朱駿聲撰 清道光三十年(1850)元和朱孔彰刻同治九年(1870)臨嘯閣補刻本 二十四冊

340000－1803－0000188 GJ011047
增注字類標韻不分卷 （清）華綱撰 清石印本 一冊

340000－1803－0000189 GJ011056－GJ011059
詩經八卷 （宋）朱熹集注 清光緒三十四年(1908)影印本 四冊

340000－1803－0000190 GJ011060－GJ011061
東萊博議二卷 （宋）呂祖謙撰 清光緒鉛印本 二冊

340000－1803－0000191 GJ011068－GJ011075
爾雅正義二十卷 （清）邵晉涵撰 清金陵文炳齋刻本 八冊

340000－1803－0000192 GJ011076－GJ011081
禮記十三卷 （漢）鄭玄注 清刻本 六冊

340000－1803－0000193 GJ011082－GJ011083
群經宮室圖二卷 （清）焦循撰 清刻本 二冊

340000－1803－0000194 GJ011084－GJ011085
古韻標準四卷 （清）江永編 清乾隆六十年(1795)刻本 二冊

340000－1803－0000195 GJ011086－GJ011095
隸篇十五卷 （清）翟雲升輯 清道光十八年(1838)刻本 十冊

340000－1803－0000196 GJ011096－GJ011107
春秋左傳三十卷 （晉）杜預注 清光緒十二年(1886)刻本 十二冊

340000－1803－0000197 GJ011108－GJ011115
說文繫傳四十卷 （宋）徐鍇撰 清道光刻本 八冊

340000－1803－0000198 GJ011116－GJ011127
經典釋文三十卷 （唐）陸德明撰 清同治八年(1869)刻本 十二冊

340000－1803－0000199 GJ011128－GJ011131
御製律呂正義上編二卷下編二卷續編一卷 清乾隆刻本 四冊

340000－1803－0000200 GJ011132－GJ011137
左傳事緯十二卷 （清）馬驌補撰 清乾隆四十九年(1784)刻本 六冊

340000－1803－0000201 GJ011138－GJ011147
四書全解不分卷 （清）鄧葦夫撰 清康熙四十三年(1704)刻本 十冊

340000－1803－0000202 GJ011148－GJ011170

經韻樓集十二卷　（清）段玉裁撰　清道光元年(1821)刻本　二十三冊

340000－1803－0000203　GJ011171－GJ011194
揅經室集　（清）阮元撰　清道光三年(1823)刻本　二十四冊

340000－1803－0000204　GJ011211－GJ011218
說文解字斠詮十四卷　（清）錢坫撰　清嘉慶十二年(1807)刻本　八冊

340000－1803－0000205　GJ011219－GJ011578
皇清經解一百七十一種　（清）阮元輯　清道光九年(1829)廣東學海堂刻本　三百六十冊

340000－1803－0000206　GJ011579－GJ011898
皇清經解續編二百七種　王先謙輯　清光緒十四年(1888)南菁書院刻本　三百二十冊

340000－1803－0000207　GJ012404－GJ012432
雕菰樓焦氏遺書十種　（清）焦循撰　清光緒江都焦氏刻本　四十冊

340000－1803－0000208　GJ012433－GJ012552
十三經注疏　清嘉慶刻本　一百二十冊

340000－1803－0000209　GJ012553－GJ012554
孝經　清光緒刻本　一冊

340000－1803－0000210　GJ012567－GJ012570
書經六卷　（宋）蔡沈集傳　清光緒刻本　四冊

340000－1803－0000211　GJ012571－GJ012574
儀禮鄭注句讀不分卷　（清）鄭玄注　清同治七年(1868)刻本　四冊

340000－1803－0000212　GJ012575－GJ012580
康熙字典十二集　（清）張玉書等纂　清光緒石印本　六冊

340000－1803－0000213　GJ012581－GJ012583
唐石經校文不分卷　（清）嚴可均撰　清嘉慶刻本　三冊

340000－1803－0000214　GJ012584－GJ012585
春秋穀梁傳十二卷　（清）范寧集解　清光緒刻本　二冊

340000－1803－0000215　GJ020001－GJ020816
重刊二十四史　清咸豐元年(1851)新會陳焯之刻本　八百四十六冊

340000－1803－0000216　GJ020847－GJ020866
前漢書一百卷　（漢）班固撰　清光緒十四年(1888)鉛印本　二十冊

340000－1803－0000217　GJ020867－GJ020874
三國志六十五卷　（晉）陳壽撰　清光緒十四年(1888)鉛印本　八冊

340000－1803－0000218　GJ020875－GJ020884
續後漢書四十二卷音義四卷　（宋）蕭常撰　清道光二十一年(1841)郁松年刻宜稼堂叢書本　十冊

340000－1803－0000219　GJ020905－GJ020906
續漢志三十卷　（晉）司馬彪撰　（南朝梁）劉昭注　清同治八年(1869)金陵書局刻光緒五年(1879)湖北書局彙印二十四史本　二冊

340000－1803－0000220　GJ020907－GJ020914
三國志六十五卷　（晉）陳壽撰　清光緒十三年(1887)刻本　八冊

340000－1803－0000221　GJ020915－GJ020930
漢書七十卷　（漢）班固撰　清光緒刻本　十六冊

340000－1803－0000222　GJ020931－GJ020944
後漢書八十卷　（南朝宋）范曄撰　清光緒刻本　十四冊

340000－1803－0000223　GJ020945－GJ020973
漢書七十卷　（漢）班固撰　清光緒刻本　二十九冊

340000－1803－0000224　GJ020974－GJ020993
晉書一百三十卷　（唐）太宗李世民撰　音義三卷　（唐）何超撰　清同治十年(1871)金陵書局刻光緒五年(1879)湖北書局彙印二十四史本　二十冊

340000－1803－0000225　GJ020994－GJ021003
晉略不分卷　（清）周濟撰　清道光二十三年(1843)刻本　十冊

340000－1803－0000226　GJ021004－GJ021015

南史八十卷　（唐）李延壽撰　清同治十一年（1872）金陵書局刻光緒五年（1879）湖北書局彙印二十四史本　十二冊

340000－1803－0000227　GJ021016－GJ021035

北史一百卷　（唐）李延壽撰　清同治十一年（1872）金陵書局刻光緒五年（1879）湖北書局彙印二十四史本　二十冊

340000－1803－0000228　GJ021036－GJ021047

隋書八十五卷　（唐）魏徵等撰　**考異**　（清）薛壽等撰　清同治十一年（1872）金陵書局刻光緒五年（1879）湖北書局彙印二十四史本　十二冊

340000－1803－0000229　GJ021048－GJ021067

魏書一百十四卷　（北齊）魏收撰　清同治十一年（1872）金陵書局刻光緒五年（1879）湖北書局彙印二十四史本　二十冊

340000－1803－0000230　GJ021068－GJ021107

唐書二百二十五卷　（宋）歐陽修等撰　清同治十二年（1873）浙江書局刻光緒五年（1879）湖北書局彙印二十四史本　四十冊

340000－1803－0000231　GJ021140－GJ021179

舊唐書二百卷　（五代）劉昫等撰　清同治十一年（1872）浙江書局刻光緒五年（1879）湖北書局彙印二十四史本　四十冊

340000－1803－0000232　GJ021180－GJ021203

十七史商榷一百卷　（清）王鳴盛撰　清乾隆五十二年（1787）刻本　二十四冊

340000－1803－0000233　GJ021204－GJ021219

二十一史四譜五十四卷　（清）沈炳震撰　清刻本　十六冊

340000－1803－0000234　GJ021220－GJ021223

周書五十卷　（唐）令狐德棻等撰　清同治十三年（1874）金陵書局刻光緒五年（1879）湖北書局彙印二十四史本　四冊

340000－1803－0000235　GJ021224－GJ021229

南齊書五十九卷　（南朝梁）蕭子顯撰　清同治十三年（1874）金陵書局刻光緒五年（1879）湖北書局彙印二十四史本　六冊

340000－1803－0000236　GJ021230－GJ021233

北齊書五十卷　（唐）李百藥撰　清同治十三年（1874）金陵書局刻光緒五年（1879）湖北書局彙印二十四史本　四冊

340000－1803－0000237　GJ021234－GJ021239

梁書五十六卷　（唐）姚思廉撰　清同治十三年（1874）金陵書局刻光緒五年（1879）湖北書局彙印二十四史本　六冊

340000－1803－0000238　GJ021240－GJ021243

陳書三十六卷　（唐）姚思廉撰　清同治十一年（1872）金陵書局刻光緒五年（1879）湖北書局彙印二十四史本　四冊

340000－1803－0000239　GJ021244－GJ021251

五代史七十四卷　（宋）歐陽修撰　（宋）徐無黨注　清同治十一年（1872）湖北崇文書局刻光緒五年（1879）湖北書局彙印二十四史本　八冊

340000－1803－0000240　GJ021252－GJ021267

舊五代史一百五十卷附考證　（宋）薛居正等撰　清同治十一年（1872）湖北崇文書局刻光緒五年（1879）湖北書局彙印二十四史本　十六冊

340000－1803－0000241　GJ021268－GJ021291

宋史紀事本末一百九卷　（明）馮琦編　（明）陳邦瞻增訂　（明）張溥論正　清光緒二十五年（1899）上海慎記書莊石印歷朝紀事本末本　二十四冊

340000－1803－0000242　GJ021292－GJ021311

明史紀事本末八十卷　（清）谷應泰編輯　清光緒二十五年（1899）上海慎記書莊石印歷朝紀事本末本　二十冊

340000－1803－0000243　GJ021341－GJ021376

太平寰宇記二百卷　（宋）樂史撰　清光緒八年（1882）金陵書局刻本　三十六冊　存一百九十七卷（一至一百九十七）

340000－1803－0000244　GJ021573－GJ021578

中西紀事二十四卷　題（清）江上蹇叟撰　清同治四年（1865）刻本　六冊

340000－1803－0000245　GJ021594－GJ021693

宋史四百九十六卷　（元）脫脫等撰　清光緒元年（1875）浙江書局刻五年（1879）湖北書局彙印二十四史本　一百冊

340000－1803－0000246　GJ021694－GJ021709

綱鑑易知錄不分卷　（清）吳乘權等輯　清光緒二十七年（1901）刻本　十六冊

340000－1803－0000247　GJ021710－GJ021725

宋書一百卷　（南朝梁）沈約撰　清同治十一年（1872）金陵書局刻光緒五年（1879）湖北書局彙印二十四史本　十六冊

340000－1803－0000248　GJ021726－GJ021737

遼史一百十五卷附考證　（元）脫脫等撰　清同治十二年（1873）江蘇書局刻光緒五年（1879）湖北書局彙印二十四史本　十二冊

340000－1803－0000249　GJ021738－GJ021757

金史一百三十五卷附考証　（元）脫脫等撰　清同治十三年（1874）江蘇書局刻光緒五年（1879）湖北書局彙印二十四史本　二十冊

340000－1803－0000250　GJ021758－GJ021797

元史二百十卷附考證　（明）宋濂等撰　清同治十三年（1874）江蘇書局刻光緒五年（1879）湖北書局彙印二十四史本　四十冊

340000－1803－0000251　GJ021798－GJ021817

明紀六十卷　（清）陳鶴撰　清同治十年（1871）江蘇書局刻本　二十冊

340000－1803－0000252　GJ021818－GJ021897

明史三百三十二卷　（清）張廷玉等撰　清光緒三年（1877）湖北崇文書局刻五年（1879）湖北書局彙印二十四史本　八十冊

340000－1803－0000253　GJ021898－GJ021935

明書一百七十一卷　（清）傅維鱗撰　清刻本　三十八冊

340000－1803－0000254　GJ022213－GJ022232

史記一百三十卷　（漢）司馬遷撰　（南朝宋）裴駰集解　**索隱二卷**　（唐）司馬貞撰　清光緒四年（1878）汲古閣刻本　二十冊

340000－1803－0000255　GJ022233－GJ022248

史記一百三十卷　（漢）司馬遷撰　（南朝宋）裴駰集解　**索隱二卷**　（唐）司馬貞撰　清光緒四年（1878）汲古閣刻本　十六冊

340000－1803－0000256　GJ022249－GJ022252

大唐西域記十二卷　（唐）釋玄奘譯　（唐）釋辯機撰　清宣統元年（1909）刻本　四冊

340000－1803－0000257　GJ022265－GJ022270

國語校注本三種　（清）汪遠孫校注　清道光二十六年（1846）錢塘汪氏振綺堂刻本　六冊

340000－1803－0000258　GJ022271－GJ022282

左傳紀事本末五十三卷　（清）高士奇撰　清同治十三年（1874）江西書局刻紀事本末五種本　十二冊

340000－1803－0000259　GJ022411－GJ022418

東都事略一百三十卷　（宋）王偁撰　清光緒九年（1883）淮南書局刻本　八冊

340000－1803－0000260　GJ022419－GJ022442

續碑傳集八十六卷　繆荃孫撰　清宣統二年（1910）江楚編譯局刻本　二十四冊

340000－1803－0000261　GJ022456－GJ022461

桐城耆舊傳十二卷　馬其昶撰　清宣統三年（1911）刻本　六冊

340000－1803－0000262　GJ022477－GJ022500

國朝先正事略六十卷　（清）李元度纂　清同治五年（1866）循陔草堂刻本　二十四冊

340000－1803－0000263　GJ022521－GJ022580

碑傳集一百六十卷首二卷末二卷　（清）錢儀吉纂輯　清光緒十九年（1893）江蘇書局刻本　六十冊

340000－1803－0000264　GJ022597－GJ022628

皇朝通典一百卷　（清）嵇璜等纂　清光緒元年（1875）學海堂刻本　三十二冊

340000－1803－0000265　GJ022632－GJ022635

蒙古遊牧記十六卷 （清）張穆撰 清同治六
年(1867)刻本 四冊

340000－1803－0000266 GJ022636－GJ022645
疇人傳四十六卷 （清）阮元撰 清道光二十
二年(1842)刻本 十冊

340000－1803－0000267 GJ022658－GJ022662
文史通義八卷校讎通義三卷 （清）章學誠撰
清道光刻本 五冊

340000－1803－0000268 GJ022663－GJ022676
野獲編三十卷 （明）沈德符撰 清道光七年
(1827)錢塘姚氏扶荔山房刻本 十四冊

340000－1803－0000269 GJ022702－GJ022706
邦交公法新論五卷 （荷蘭）佛揩孫撰 （英
國）傅蘭雅 （清）程瞻洛譯 清光緒二十七
年(1901)刻本 五冊

340000－1803－0000270 GJ022723－GJ022728
人壽金鑑二十二卷 （清）程得齡輯 清嘉慶
二十五年(1820)刻本 六冊

340000－1803－0000271 GJ022885－GJ022984
欽定四庫全書總目二百卷 （清）紀昀等撰
清同治七年(1868)刻本 一百冊

340000－1803－0000272 GJ023003－GJ023102
資治通鑑二百九十四卷 （宋）司馬光撰 清
嘉慶二十一年(1816)刻本 一百冊

340000－1803－0000273 GJ023103－GJ023172
續資治通鑑二百二十卷 （清）畢沅撰 清嘉
慶六年(1801)刻本 七十冊

340000－1803－0000274 GJ023173－GJ023176
西漢年紀三十卷 （宋）王益之撰 清嘉慶刻
本 四冊

340000－1803－0000275 GJ023177－GJ023184
兩漢金石記二十二卷 （清）翁方綱撰 清乾
隆刻本 八冊

340000－1803－0000276 GJ023185－GJ023196
皇朝中外一統輿圖三十一卷首一卷 （清）嚴
樹森等編繪 清同治二年(1863)湖北撫署刻
本 十二冊

340000－1803－0000277 GJ023197－GJ023200
史通削繁四卷 （唐）劉知幾撰 （清）紀昀削
繁 清道光十三年(1833)刻本 四冊

340000－1803－0000278 GJ023207－GJ023210
後漢書補注二十四卷 （清）惠棟撰 清嘉慶
九年(1804)德裕堂刻本 四冊

340000－1803－0000279 GJ023211－GJ023218
綏寇紀略十二卷 （清）吳偉業撰 清嘉慶刻
本 八冊

340000－1803－0000280 GJ023219－GJ023230
唐鑑二十四卷 （宋）范祖禹撰 清刻本 十
二冊

340000－1803－0000281 GJ023239－GJ023246
昭德先生郡齋讀書志二十卷首一卷 （宋）晁
公武撰 （清）姚應績重編 清光緒六年
(1880)會稽章氏刻本 八冊

340000－1803－0000282 GJ023247－GJ023250
兩罍軒彝器圖釋十二卷 （清）吳雲撰 清同
治十二年(1873)刻本 四冊

340000－1803－0000283 GJ023251－GJ023260
海道圖說十五卷 （英國）金約翰輯 （英國）
傅蘭雅口譯 （清）王德均筆述 清光緒江南
機器製造總局刻本 十冊

340000－1803－0000284 GJ023261－GJ023340
通鑑紀事本末二百三十九卷 （宋）袁樞撰
清同治十二年(1873)江西書局刻紀事本末五
種本 八十冊

340000－1803－0000285 GJ023365－GJ023368
路史節讀十卷 （宋）羅泌撰 （清）廖文錦節
訂 清光緒二十七年(1901)刻本 四冊

340000－1803－0000286 GJ023389－GJ023422
皇朝詞林典故六十四卷 （清）朱珪等編 清
光緒十三年(1887)刻本 三十四冊

340000－1803－0000287 GJ023431
高士傳三卷 （晉）皇甫謐撰 清光緒刻本
一冊

340000－1803－0000288 GJ023432

許承堯清理皖路報告書不分卷　許承堯撰
清油印本　一冊

340000－1803－0000289　GJ023433－GJ023435
所知錄三卷　（清）錢澄之撰　清道光刻本
三冊

340000－1803－0000290　GJ023456－GJ023463
吾學錄初編二十四卷　（清）吳榮光撰　清道
光刻本　八冊

340000－1803－0000291　GJ023466－GJ023481
善本書室藏書志四十卷附錄一卷　（清）丁丙
輯　清光緒二十七年（1901）錢塘丁氏刻本
十六冊

340000－1803－0000292　GJ023482－GJ023483
書目答問四卷　（清）張之洞撰　清光緒刻本
二冊

340000－1803－0000293　GJ023484－GJ023493
天祿琳琅書目十卷　（清）于敏中等編　清光
緒刻本　十冊

340000－1803－0000294　GJ023494－GJ023513
綱鑑正史約三十六卷　（明）顧錫疇撰　（清）
陳宏謀增訂　清同治八年（1869）浙江書局刻
本　二十冊

340000－1803－0000295　GJ023514－GJ023523
四庫簡明目錄標注二十卷附錄一卷　（清）邵
懿辰撰　清宣統三年（1911）刻本　十冊

340000－1803－0000296　GJ023533－GJ023534
皇朝謚法考五卷　（清）鮑康輯　清同治刻本
二冊

340000－1803－0000297　GJ023550－GJ023553
嘯亭雜錄十卷續錄三卷　題（清）汲修主人
（昭槤）撰　清宣統元年（1909）中國圖書公司
鉛印本　四冊

340000－1803－0000298　GJ023603－GJ023673
十朝東華錄一百卷　王先謙編　清光緒石印
本　七十一冊

340000－1803－0000299　GJ023698－GJ023701
鑄史騈言十二卷　（清）孫玉田撰　清光緒二

年（1876）鎮海鄭氏刻本　四冊

340000－1803－0000300　GJ023735－GJ023774
通典二百卷　（唐）杜佑撰　清同治十年
（1871）刻本　四十冊

340000－1803－0000301　GJ023775－GJ023814
欽定續通典一百五十卷　（清）嵇璜等纂　清
光緒元年（1875）廣東學海堂刻本　四十冊

340000－1803－0000302　GJ023815－GJ023878
金石萃編一百六十卷　（清）王昶編　清嘉慶
十年（1805）青浦王昶經訓堂刻本　六十四冊

340000－1803－0000303　GJ023879－GJ023883
小蓬萊閣金石文字不分卷　（清）黃易輯　清
道光刻本　五冊

340000－1803－0000304　GJ023884－GJ023891
金石文鈔八卷　（清）趙紹祖輯　清嘉慶元年
（1796）刻本　八冊

340000－1803－0000305　GJ023898－GJ023901
寰宇訪碑錄十二卷　（清）孫星衍等撰　清嘉
慶刻本　四冊

340000－1803－0000306　GJ023902－GJ023907
續山東考古錄三十二卷首一卷　（清）葉圭綬
撰　清咸豐元年（1851）滄州葉圭綬蝸角尖廬
刻本　六冊

340000－1803－0000307　GJ023908－GJ023911
古列女傳八卷　（漢）劉向撰　明崇禎刻本
四冊

340000－1803－0000308　GJ023912－GJ023915
雲谷雜記四卷首一卷末一卷　（宋）張淏撰
清乾隆三十五年（1770）武英殿木活字印武英
殿聚珍版書本　四冊

340000－1803－0000309　GJ023916－GJ023919
荀子二十卷　（戰國）荀況撰　（唐）楊倞注
清乾隆五十一年（1786）嘉善謝埔安雅堂刻本
四冊

340000－1803－0000310　GJ023946－GJ023957
西湖集覽二十六種　丁丙輯　清光緒六年
（1880）刻本　十二冊

340000－1803－0000311　GJ023958－GJ023961

清儀閣金石題識四卷　（清）張廷濟撰　（清）陳其榮輯　清光緒二十年(1894)石埭徐士愷觀自得齋刻觀自得齋叢書本　四冊

340000－1803－0000312　GJ023991

張之洞奏稿不分卷　（清）張之洞撰　清刻本　一冊

340000－1803－0000313　GJ023994－GJ023999

廣列女傳二十卷　（清）劉開撰　清光緒刻本　六冊

340000－1803－0000314　GJ024012－GJ024017

水道提綱二十八卷　（清）齊召南編錄　清乾隆刻本　六冊

340000－1803－0000315　GJ024018－GJ024041

古香齋鑑賞袖珍春明夢餘錄七十卷　（清）孫承澤撰　清光緒九年(1883)刻本　二十四冊

340000－1803－0000316　GJ024042－GJ024091

全上古三代秦漢三國六朝文七百四十六卷　（清）嚴可均校輯　丁福保句讀　清光緒二十年(1894)刻本　五十冊　存一百六卷(一至一百六)

340000－1803－0000317　GJ024134－GJ024149

金石索十二卷首一卷　（清）馮雲鵬　（清）馮雲鵷撰　清道光元年(1821)刻本　十六冊

340000－1803－0000318　GJ024238－GJ024337

[道光]安徽通志二百六十卷　（清）陶澍等修　（清）李振庸等纂　清道光刻本　一百冊

340000－1803－0000319　GJ024338－GJ024453

[光緒]重修安徽通志三百五十卷補遺十卷　（清）吳坤修等修　（清）何紹基等纂　清光緒刻本　一百十六冊

340000－1803－0000320　GJ024454－GJ024573

[光緒]重修安徽通志三百五十卷補遺十卷　（清）吳坤修等修　（清）何紹基等纂　清光緒刻本　一百二十冊

340000－1803－0000321　GJ024620－GJ024623

鼎湖山志八卷首一卷　（清）丁易等撰　清刻本　四冊

340000－1803－0000322　GJ024624－GJ024627

攝山志八卷首一卷　（清）陳毅撰　清乾隆刻本　四冊

340000－1803－0000323　GJ024628－GJ024632

元豐九域志十卷　（宋）王存撰　清乾隆桐鄉馮集梧刻本　五冊

340000－1803－0000324　GJ024702－GJ024716

廬山志十五卷　（清）毛德琦纂　清宣統二年(1910)刻本　十五冊

340000－1803－0000325　GJ024729－GJ024732

新斠注地里志十六卷　（清）錢坫撰　清嘉慶刻本　四冊

340000－1803－0000326　GJ024745－GJ024750

隋書地理志考證九卷　楊守敬撰　清光緒刻本　六冊

340000－1803－0000327　GJ024769－GJ024778

元和郡縣圖志四十卷　（唐）李吉甫撰　（清）孫星衍輯　清刻本　十冊

340000－1803－0000328　GJ030001－GJ030100

太平御覽一千卷目錄十五卷　（宋）李昉等纂　清南海李氏刻光緒十八年(1892)廣東學海堂印本　一百冊　存一百五十四卷(一至一百五十四)

340000－1803－0000329　GJ030113－GJ030114

揚子法言十三卷音義一卷　（漢）揚雄撰　清嘉慶二十三年(1818)江都秦氏石研齋刻本　二冊

340000－1803－0000330　GJ030115－GJ030119

癸巳類稿十五卷　（清）俞正燮撰　清道光刻本　五冊

340000－1803－0000331　GJ030120－GJ030129

逸子書七種　（清）孫馮翼輯　清嘉慶刻問經堂叢書本　十冊

340000－1803－0000332　GJ030138－GJ030169

湖海樓叢書十二種　（清）陳春輯　清嘉慶二十四年(1819)蕭山陳氏湖海樓刻本　三十

二冊

340000－1803－0000333　GJ030281－GJ030283
鹽鐵論十卷　（漢）桓寬撰　清嘉慶刻本
三冊

340000－1803－0000334　GJ030284－GJ030289
宋氏過庭錄十六卷　（清）宋翔鳳撰　清刻本
六冊

340000－1803－0000335　GJ030302－GJ030333
宋元學案一百卷首一卷　（清）黃宗羲原本
（清）黃百家纂輯　（清）全祖望次訂　清道光
刻本　三十二冊

340000－1803－0000336　GJ030334－GJ030421
嶺南遺書　（清）伍元薇　（清）伍崇曜輯　清
道光刻本　八十八冊

340000－1803－0000337　GJ030422－GJ030445
九子全書十卷　清嘉慶刻本　二十四冊

340000－1803－0000338　GJ030742－GJ030743
國朝畫徵錄三卷　（清）張庚撰　清乾隆四年
（1739）墨林齋刻本　二冊

340000－1803－0000339　GJ030744－GJ030749
鐵網珊瑚二十卷　（明）都穆撰並輯　清乾隆
二十三年（1758）吳郡都氏光霽山房刻本
六冊

340000－1803－0000340　GJ030750
鶡冠子解三卷　（宋）陸佃解　清乾隆三十八
年（1773）武英殿木活字印武英殿聚珍版書本
一冊

340000－1803－0000341　GJ030751
中說十卷　（隋）王通撰　（宋）阮逸注　清光
緒影刻本　一冊

340000－1803－0000342　GJ030752－GJ030755
因樹屋書影十卷　（清）周亮工撰　清雍正三
年（1725）祥符周氏懷德堂刻本　四冊

340000－1803－0000343　GJ030756－GJ030759
敬齋古今黈八卷　（元）李冶撰　清乾隆武英
殿木活字印武英殿聚珍版書本　四冊

340000－1803－0000344　GJ030770
唐柳誠懸金剛經　（唐）柳公權書　清拓本
一冊

340000－1803－0000345　GJ030771－GJ030772
天演論二卷　（英國）赫胥黎撰　嚴復譯　清
末刻本　二冊

340000－1803－0000346　GJ030773－GJ030776
易林四卷　（漢）焦延壽撰　清嘉慶十年
（1805）刻本　四冊

340000－1803－0000347　GJ030777－GJ030800
劉子全書　（明）劉宗周撰　清道光刻本　二
十四冊

340000－1803－0000348　GJ030805－GJ030814
黃帝內經十二卷　清光緒刻本　十冊

340000－1803－0000349　GJ030815－GJ030830
日知錄集釋三十二卷　（清）顧炎武撰　（清）
黃汝成集釋　清刻本　十六冊

340000－1803－0000350　GJ030831－GJ030838
墨子閒詁十五卷　（戰國）墨翟撰　（清）孫詒
讓詁　清宣統二年（1910）木活字印本　八冊

340000－1803－0000351　GJ030851－GJ030854
平平言四卷　（清）方大湜撰　清光緒刻本
四冊

340000－1803－0000352　GJ030861
志學會約一卷困學錄一卷　（清）湯斌撰　清
光緒刻本　一冊

340000－1803－0000353　GJ030866－GJ030871
癸巳存稿十五卷　（清）俞正燮撰　清光緒十
年（1884）刻本　六冊

340000－1803－0000354　GJ030872－GJ030873
老子道德經解二卷　（明）釋德清撰　清光緒
十二年（1886）刻本　二冊

340000－1803－0000355　GJ030874－GJ030875
莊子內篇注四卷　（明）釋德清注　清光緒刻
本　二冊

340000－1803－0000356　GJ030876－GJ030878

八銘堂塾鈔初集四卷二集四卷　（清）吳懋政
編　清光緒刻本　三冊

340000－1803－0000357　GJ030879

了凡四訓不分卷　（明）袁黃撰　清光緒刻本
　一冊

340000－1803－0000358　GJ030880

開禧德安守城錄不分卷　（宋）王致遠撰　清
末孫氏刻本　一冊

340000－1803－0000359　GJ030885－GJ030886

竹葉亭雜記八卷　（清）姚元之撰　清光緒刻
本　二冊

340000－1803－0000360　GJ030887－GJ030890

劄迻十二卷　（清）孫詒讓撰　清光緒二十年
（1894）刻本　四冊

340000－1803－0000361　GJ030891－GJ030894

劄迻十二卷　（清）孫詒讓撰　清光緒二十年
（1894）刻本　四冊

340000－1803－0000362　GJ030998－GJ031001

日知薈說四卷　清乾隆元年（1736）刻本
四冊

340000－1803－0000363　GJ031002－GJ031004

楚辭後語八卷附覽二卷　（宋）朱熹輯　明末
刻本　三冊

340000－1803－0000364　GJ031005

封氏聞見記十卷　（唐）封演撰　清乾隆二十
一年（1756）刻本　一冊

340000－1803－0000365　GJ031006－GJ031010

濂洛關閩書四種　（清）張伯行集解　清康熙
四十八年（1709）刻本　五冊

340000－1803－0000366　GJ031011－GJ031012

意林五卷　（唐）馬總編　清光緒三年（1877）
刻本　二冊

340000－1803－0000367　GJ031014

松崖筆記三卷　（清）惠棟撰　清道光二年
（1822）刻本　一冊

340000－1803－0000368　GJ031015－GJ031016

家語疏證六卷　（清）孫志祖撰　清嘉慶刻本
　二冊

340000－1803－0000369　GJ031017－GJ031256

粵雅堂叢書　（清）伍崇曜輯　清刻本　二百
四十冊

340000－1803－0000370　GJ031257－GJ031376

大般若波羅蜜多經六百卷　（唐）釋玄奘譯
清刻本　一百二十冊

340000－1803－0000371　GJ031377－GJ031380

高僧傳初集十五卷　（南朝梁）釋慧皎撰　清
光緒十年（1884）刻本　四冊

340000－1803－0000372　GJ031381－GJ031388

高僧傳三集三十卷　（宋）釋贊寧等撰　清光
緒十三年（1887）刻本　八冊

340000－1803－0000373　GJ031389－GJ031392

佛說陀羅尼集經十三卷　（唐）釋阿地瞿多譯
　清刻本　四冊

340000－1803－0000374　GJ031399－GJ031402

勝鬘經寶窟十五卷　（隋）釋吉藏撰　清刻本
　四冊

340000－1803－0000375　GJ031403－GJ031432

大方廣佛新華嚴經合論一百二十卷　（唐）釋
實叉難陀譯　（唐）李通玄造論　清同治十一
年（1872）刻本　三十冊

340000－1803－0000376　GJ031433－GJ031452

成唯識論六十卷（成唯識論述記六十卷）
（唐）釋窺基撰　清刻本　二十冊

340000－1803－0000377　GJ031453－GJ031467

大方廣佛華嚴經六十四卷　（唐）釋實叉難陀
譯　清刻本　十五冊　存六十卷（五至六十
四）

340000－1803－0000378　GJ031468－GJ031491

大寶積經一百二十卷　（唐）釋菩提流志譯
清刻本　二十四冊

340000－1803－0000379　GJ031492－GJ031505

御選語錄十九卷　（清）世宗胤禛選　清刻本
　十四冊

340000－1803－0000380　GJ031506－GJ031519

大佛頂首楞嚴經正脈疏四十卷　（明）釋真鑒述　清光緒二十二年(1896)刻本　十四冊

340000－1803－0000381　GJ031520－GJ031524

大佛頂首楞嚴經十卷　（唐）釋般剌密諦譯　清刻本　五冊

340000－1803－0000382　GJ031526－GJ031529

方廣大莊嚴經十二卷　（唐）釋地婆訶羅譯　清光緒三十一年(1905)刻本　四冊

340000－1803－0000383　GJ031530－GJ031541

大方廣佛華嚴經著述集要不分卷　（唐）釋澄觀撰　清光緒二十二年(1896)刻本　十二冊

340000－1803－0000384　GJ031542－GJ031551

華嚴普賢行願品四十卷　（唐）釋般若譯　清刻大清三藏聖教本　十冊

340000－1803－0000385　GJ031552－GJ031557

楞嚴經會解二十卷　（唐）釋般剌密諦譯　清刻本　六冊

340000－1803－0000386　GJ031558－GJ031581

明儒學案六十二卷　（清）黃宗羲撰　清刻本　二十四冊

340000－1803－0000387　GJ031582

大佛頂首楞嚴經會解二卷　（唐）釋般剌密諦譯　清刻本　一冊

340000－1803－0000388　GJ031583－GJ031588

楞嚴經懸鏡十卷補遺一卷　（明）釋德清撰　清光緒二十年(1894)刻本　六冊

340000－1803－0000389　GJ031589－GJ031597

楞嚴經文句十卷　（唐）釋般剌密諦譯　清刻本　九冊

340000－1803－0000390　GJ031598－GJ031607

廣弘明集四十卷　（唐）釋道宣撰　清刻本　十冊

340000－1803－0000391　GJ031608－GJ031613

出曜經二十卷　（唐）三藏竺佛譯　清刻本　六冊

340000－1803－0000392　GJ031614

大方等大集賢護經五卷　（隋）釋闍那崛多等譯　清刻本　一冊

340000－1803－0000393　GJ031618

三劫三千佛名經三卷　（南朝宋）釋姜良耶舍譯　清刻本　一冊

340000－1803－0000394　GJ031619－GJ031638

摩訶止觀輔行傳弘決四十卷　（唐）釋湛然撰　清刻本　二十冊

340000－1803－0000395　GJ031639－GJ031643

梵網經合注七卷　（後秦）釋鳩摩羅什譯　清刻本　五冊

340000－1803－0000396　GJ031644－GJ031653

閱藏知津四十四卷總目四卷　（明）釋智旭編　清刻本　十冊

340000－1803－0000397　GJ031654－GJ031665

困學紀聞注二十卷　（宋）王應麟撰　（清）翁元圻輯注　清刻本　十二冊

340000－1803－0000398　GJ031670－GJ031679

唯識心要十卷　（明）釋智旭編　清刻本　十冊

340000－1803－0000399　GJ031680－GJ031683

阿毗達磨法蘊足論十卷　（唐）釋玄奘譯　清宣統二年(1910)刻本　四冊

340000－1803－0000400　GJ031684－GJ031687

天台四教儀集注十卷　（元）釋蒙潤撰　清光緒三十四年(1908)刻本　四冊

340000－1803－0000401　GJ031688－GJ031699

雜阿含經五十卷　（南朝宋）釋求那跋陀羅譯　清鉛印本　十二冊

340000－1803－0000402　GJ031800－GJ031898

粵雅堂叢書續集　（清）伍崇曜輯　清咸豐刻本　九十九冊

340000－1803－0000403　GJ031899－GJ032007

子書百家一百一種　（三國魏）王肅等撰　（清）崇文書局輯　清光緒元年(1875)湖北崇文書局刻本　一百九冊

340000－1803－0000404　GJ032009－GJ032012

佛說無量壽經二卷　（三國魏）釋康僧鎧譯
清同治十三年(1874)刻本　四冊

340000－1803－0000405　GJ032013－GJ032014

大方廣圓覺修多羅了義經直解二卷　（唐）釋
佛陀多羅譯　（明）釋德清解　清光緒十年
(1884)刻本　二冊

340000－1803－0000406　GJ032015－GJ032016

法界安立圖三卷　（明）釋仁潮集錄　清刻本
二冊

340000－1803－0000407　GJ032017

華嚴原人論不分卷　（唐）釋宗密撰　清刻本
一冊

340000－1803－0000408　GJ032019－GJ032020

大佛頂首楞嚴經玄義四卷　（明）釋傳燈述
清光緒十四年(1888)刻本　二冊

340000－1803－0000409　GJ032021－GJ032023

大佛頂首楞嚴經十卷　（唐）釋般剌密諦譯
清刻本　三冊

340000－1803－0000410　GJ032025－GJ032034

水月齋指月錄三十二卷　（明）瞿汝稷撰　清
刻本　十冊

340000－1803－0000411　GJ032037

童蒙止觀二卷六妙法門一卷　（隋）釋智顗撰
清刻本　一冊

340000－1803－0000412　GJ032038

慈心寶鑑四卷　題　（清）誦芬樓主人(沈培
本)輯　清刻本　一冊

340000－1803－0000413　GJ032039

維摩詰所說經三卷　（後秦）釋鳩摩羅什譯
清刻本　一冊

340000－1803－0000414　GJ032040

持世經四卷　（後秦）釋鳩摩羅什譯　清刻本
一冊

340000－1803－0000415　GJ032041

佛說海龍王經四卷　（晉）釋竺法護譯　清鉛
印本　一冊

340000－1803－0000416　GJ032042

兜率龜鏡集三卷　（清）釋弘贊輯　清鉛印本
一冊

340000－1803－0000417　GJ032043

大方便方廣經不分卷　（南朝宋）釋求那跋陀
羅譯　清刻本　一冊

340000－1803－0000418　GJ032044

唯心訣不分卷　（清）釋智覺撰　清末刻本
一冊

340000－1803－0000419　GJ032047

金屑一撮不分卷　清刻本　一冊

340000－1803－0000420　GJ032048

目連問戒經二卷　清光緒二年(1876)刻本
一冊

340000－1803－0000421　GJ032050－GJ032052

立世阿毗曇論十卷　（南朝陳）釋真諦譯　清
鉛印本　一冊

340000－1803－0000422　GJ032055

永嘉真覺大師證道歌注不分卷　（元）釋法惠
注　（元）釋德弘編　清光緒刻本　一冊

340000－1803－0000423　GJ032056

佛為母說法經三卷　（晉）釋竺法護譯　清刻
本　一冊

340000－1803－0000424　GJ032057

文殊師利菩薩及諸仙宿曜經二卷　（宋）釋不
空譯　清光緒二十一年(1895)刻本　一冊

340000－1803－0000425　GJ032058

普賢行願品不分卷　（唐）釋三藏般若譯　清
刻本　一冊

340000－1803－0000426　GJ032059

請觀音經疏不分卷　（隋）釋智者大師說　清
刻本　一冊

340000－1803－0000427　GJ032060

大乘三聚懺悔經不分卷　（隋）釋闍那崛多等
譯　清刻本　一冊

340000－1803－0000428　GJ032061－GJ032062

343

本事經七卷 （唐）釋玄奘譯 清宣統二年
（1910）鉛印本 二冊

340000－1803－0000429 GJ032063－GJ032064
佛說大方等大集菩薩念佛三昧經十卷 （隋）
釋達摩笈多譯 清宣統元年（1909）刻本
二冊

340000－1803－0000430 GJ032065－GJ032070
佛說長阿含經二十二卷 （後秦）釋佛陀耶舍
（晉）釋竺佛念譯 清光緒十三年（1887）刻
本 六冊

340000－1803－0000431 GJ032071
玉皇心印妙經真解不分卷 （清）覺真子注
清同治九年（1870）刻本 一冊

340000－1803－0000432 GJ032072
大乘起信論不分卷 （南朝梁）釋真諦譯 清
刻本 一冊

340000－1803－0000433 GJ032073
大乘法界無差別論疏二卷 （唐）釋法藏撰
清光緒二十一年（1895）刻本 一冊

340000－1803－0000434 GJ032074
菩提資糧論六卷 （隋）釋達摩笈多譯 清宣
統三年（1911）刻本 一冊

340000－1803－0000435 GJ032075
佛說造像量度經不分卷 （清）工布查布譯
清刻本 一冊

340000－1803－0000436 GJ032076
大乘起信論直解二卷 （明）釋德清撰 清光
緒十六年（1890）刻本 一冊

340000－1803－0000437 GJ032081－GJ032082
高僧傳四集六卷 （明）釋如惺說 清光緒刻
本 二冊

340000－1803－0000438 GJ032086－GJ032087
成唯識論十卷 （唐）釋玄奘譯 清光緒二十
二年（1896）刻本 二冊

340000－1803－0000439 GJ032088－GJ032092
觀楞伽阿跋多羅寶經記十六卷 （南朝宋）釋
求那跋陀羅譯 清光緒刻本 五冊

340000－1803－0000440 GJ032093－GJ032096
宣講摘要三卷 （清）劉翺撰 清刻本 四冊

340000－1803－0000441 GJ032103－GJ032104
佛本行經七卷 （宋）釋寶雲譯 清末刻本
二冊

340000－1803－0000442 GJ032106
西歸直指五卷 （清）周安士撰 清末刻本
一冊

340000－1803－0000443 GJ032108
佛說觀彌勒菩薩上生兜率陀天經不分卷
（南朝宋）釋沮渠京聲譯 清光緒三年（1877）
刻本 一冊

340000－1803－0000444 GJ032109
佛說藥師如來本願經不分卷 （隋）釋達摩笈
多譯 清宣統元年（1909）刻本 一冊

340000－1803－0000445 GJ032110
瓔珞經二卷 （後秦）釋竺佛念譯 清刻本
一冊

340000－1803－0000446 GJ032111
金剛般若波羅蜜經論三卷 （隋）釋達摩笈多
譯 清刻本 一冊

340000－1803－0000447 GJ032112
沙彌十戒威儀錄要不分卷 （明）釋智旭輯
清光緒十九年（1893）刻本 一冊

340000－1803－0000448 GJ032113
坐禪三昧法門經二卷 （後秦）釋鳩摩羅什譯
清刻本 一冊

340000－1803－0000449 GJ032114
法句經二卷 （三國吳）釋維祇難等譯 清光
緒十四年（1888）刻本 一冊

340000－1803－0000450 GJ032115
諸法本無經三卷 （隋）釋闍那崛多等譯 清
宣統元年（1909）刻本 一冊

340000－1803－0000451 GJ032116
佛說胞胎經二卷 （晉）釋竺法護譯 清宣統
元年（1909）刻本 一冊

340000 – 1803 – 0000452　GJ032117

金光明經四卷　（北涼）釋曇無讖譯　清同治
十年（1871）刻本　一冊

340000 – 1803 – 0000453　GJ032118

大乘造像功德經不分卷　（唐）釋提曇般若等
譯　清同治十一年（1872）刻本　一冊

340000 – 1803 – 0000454　GJ032119

坐禪三昧法門經二卷　（後秦）釋鳩摩羅什譯
清刻本　一冊

340000 – 1803 – 0000455　GJ032120

般舟三昧經三卷　（漢）釋支婁迦讖譯　清末
刻本　一冊

340000 – 1803 – 0000456　GJ032122

佛說大孔雀呪王經三卷　（唐）釋義淨譯　清
宣統元年（1909）刻本　一冊

340000 – 1803 – 0000457　GJ032123

諸法無行經二卷　（後秦）釋鳩摩羅什譯　清
宣統元年（1909）刻本　一冊

340000 – 1803 – 0000458　GJ032124

大方廣三戒經三卷　（北涼）釋曇無讖譯　清
宣統元年（1909）刻本　一冊

340000 – 1803 – 0000459　GJ032125

寶女所問經四卷　（晉）釋竺法護譯　清宣統
元年（1909）刻本　一冊

340000 – 1803 – 0000460　GJ032126

集神州塔寺三寶感通錄四卷　（唐）釋道宣撰
清宣統元年（1909）刻本　一冊

340000 – 1803 – 0000461　GJ032129 – GJ032131

大慈恩寺三藏法師傳十卷　（唐）釋慧立本
（唐）釋彥悰籤　清刻本　三冊

340000 – 1803 – 0000462　GJ032132 – GJ032134

相宗八要解上八卷　（唐）釋玄奘譯　（明）釋
明昱集解　清光緒二十八年（1902）刻本
三冊

340000 – 1803 – 0000463　GJ032135 – GJ032137

傳戒正範四卷　（清）釋讀體撰　清刻本
三冊

340000 – 1803 – 0000464　GJ032138 – GJ032141

等不等觀雜錄八卷　（清）楊文會撰　清光緒
刻本　四冊

340000 – 1803 – 0000465　GJ032142 – GJ032143

大方便佛報恩經七卷　（漢）□□譯　清刻本
二冊

340000 – 1803 – 0000466　GJ032156 – GJ032159

列子八卷　（戰國）列禦寇撰　（唐）盧重元解
清嘉慶九年（1804）江都秦氏石研齋刻本
四冊

340000 – 1803 – 0000467　GJ032160 – GJ032164

東塾讀書記十二卷又三卷　（清）陳澧撰　清
光緒刻本　五冊

340000 – 1803 – 0000468　GJ032165 – GJ032170

札樸十卷　（清）桂馥撰　清光緒九年（1883）
長洲蔣氏心矩齋刻本　六冊

340000 – 1803 – 0000469　GJ032171 – GJ032194

史姓韻編六十四卷　（清）汪輝祖輯　清同治
刻本　二十四冊

340000 – 1803 – 0000470　GJ032195

玉堂薈記十卷　（清）楊士聰撰　清道光刻本
一冊

340000 – 1803 – 0000471　GJ032196 – GJ032199

小學六卷　（清）高愈纂注　清光緒刻本
四冊

340000 – 1803 – 0000472　GJ032200 – GJ032207

名學不分卷　（英國）穆勒約翰著　嚴復譯
清光緒刻本　八冊

340000 – 1803 – 0000473　GJ032208 – GJ032215

名學不分卷　（英國）穆勒約翰著　嚴復譯
清光緒刻本　八冊

340000 – 1803 – 0000474　GJ032216 – GJ032219

老子翼八卷首一卷　（明）焦竑輯　清光緒刻
本　四冊

340000 – 1803 – 0000475　GJ032220 – GJ032222

大學衍義輯要六卷　（宋）真德秀撰　（清）陳
宏謀纂　清宣統鉛印本　三冊

340000－1803－0000476　GJ032223－GJ032231
大學衍義補輯要十二卷　（明）邱濬撰　（清）陳宏謀纂　清宣統元年（1909）鉛印本　九冊

340000－1803－0000477　GJ032232－GJ032235
弘明集十四卷　（南朝梁）釋僧祐撰　清刻本　四冊

340000－1803－0000478　GJ032236－GJ032239
楞伽會譯四卷　（南朝宋）釋求那跋陀羅譯　清刻本　四冊

340000－1803－0000479　GJ032244－GJ032245
金光明經八卷　（隋）釋寶貴　（隋）釋志德合入　清刻本　二冊

340000－1803－0000480　GJ032246－GJ032247
唯識開蒙問答二卷　（元）釋雲峰集　清刻本　二冊

340000－1803－0000481　GJ032248－GJ032251
顯揚聖教論二十卷　（唐）釋玄奘撰　清宣統元年（1909）刻　四冊

340000－1803－0000482　GJ032252－GJ032253
選佛譜六卷　（明）釋智旭撰　清光緒十七年（1891）刻本　二冊

340000－1803－0000483　GJ032256－GJ032257
中觀釋論十卷　（宋）釋惟淨等譯　清光緒三十四年（1908）刻本　二冊

340000－1803－0000484　GJ032258－GJ032259
因明入正理論疏八卷　（唐）釋窺基撰　清光緒二十二年（1896）刻本　二冊

340000－1803－0000485　GJ032267
尊上七佛五蘊經不分卷　（晉）釋竺法護譯　清刻本　一冊

340000－1803－0000486　GJ032268
佛說普達王經不分卷　清刻本　一冊

340000－1803－0000487　GJ032269
佛說大乘同性經二卷　（北周）釋闍那耶舍（北周）釋僧安譯　清刻本　一冊

340000－1803－0000488　GJ032270

340000－1803－0000488
太子須大拏經不分卷　（後秦）釋聖堅譯　清刻本　一冊

340000－1803－0000489　GJ032271
文殊金剛論二卷　（北魏）釋菩提留支譯　清刻本　一冊

340000－1803－0000490　GJ032272
文殊師利現寶藏經二卷　（晉）釋竺法護譯　清宣統元年（1909）鉛印本　一冊

340000－1803－0000491　GJ032273
大方廣寶篋經二卷　（南朝宋）釋求那跋陀羅譯　清宣統元年（1909）鉛印本　一冊

340000－1803－0000492　GJ032274
離垢施女經不分卷　（晉）釋竺法護譯　清宣統元年（1909）鉛印本　一冊

340000－1803－0000493　GJ032275
入楞伽心玄義不分卷　（唐）釋法藏撰　清光緒十八年（1892）刻本　一冊

340000－1803－0000494　GJ032277
顯密圓通成佛心要集二卷　（遼）釋道殿集　清刻本　一冊

340000－1803－0000495　GJ032278
六祖大師法寶壇經不分卷　（清）釋法海錄　清刻本　一冊

340000－1803－0000496　GJ032279
梵網戒本科經二卷　（清）釋法藏疏　清刻本　一冊

340000－1803－0000497　GJ032282
盂蘭盆經不分卷　（晉）釋竺法護譯　清刻本　一冊

340000－1803－0000498　GJ032284
準提陀羅尼經不分卷　（唐）釋金剛智譯　清刻本　一冊

340000－1803－0000499　GJ032285
楞伽要旨四卷　清刻本　一冊

340000－1803－0000500　GJ032286
三論玄義二卷　（隋）釋吉藏撰　清刻本

一冊

340000－1803－0000501　GJ032287
神咒經四卷　清刻本　一冊

340000－1803－0000502　GJ032288
轉女身經不分卷　（南朝宋）釋曇摩密多第四
譯　清刻本　一冊

340000－1803－0000503　GJ032289
百寶須真天子經不分卷　（漢）釋支婁迦讖譯
清刻本　一冊

340000－1803－0000504　GJ032290
大方廣菩薩神咒經不分卷　（唐）釋寶思惟譯
清刻本　一冊

340000－1803－0000505　GJ032293
大乘密嚴經三卷　（唐）釋不空譯　清光緒二
十三年(1897)刻本　一冊

340000－1803－0000506　GJ032294
大乘止觀法門四卷　（南朝陳）釋慧思撰　清
刻本　一冊

340000－1803－0000507　GJ032296－GJ032298
陰騭文廣義三卷　（清）周夢顏述　清刻本
三冊

340000－1803－0000508　GJ032299－GJ032300
萬善先資四卷　（清）周思仁撰　清刻本
二冊

340000－1803－0000509　GJ032301－GJ032304
正法華經十卷　（晉）釋竺法護譯　清刻本
四冊

340000－1803－0000510　GJ032305－GJ032306
大乘理趣大波羅密多經十卷　（唐）釋般若譯
清刻本　二冊

340000－1803－0000511　GJ032307－GJ032308
大佛頂如來密因修證了義諸菩薩萬行首楞嚴
經十卷　（唐）釋般剌密諦譯　清刻本　二冊

340000－1803－0000512　GJ032309－GJ032310
賢首五教儀六卷　（清）釋灌頂撰　清刻本
二冊

340000－1803－0000513　GJ032311－GJ032313
悲華經十卷　（北涼）釋曇無讖譯　清光緒四
年(1878)刻本　三冊

340000－1803－0000514　GJ032314－GJ032316
十住毗婆沙論十五卷　（後秦）釋鳩摩羅什譯
清刻本　三冊

340000－1803－0000515　GJ032317－GJ032319
大慈恩寺三藏法師傳十卷　（唐）釋慧立本
（唐）釋彥悰籤　清宣統元年(1909)刻本
三冊

340000－1803－0000516　GJ032320－GJ032327
幾何原本十五卷　（希臘）歐幾里得撰　（意
大利）利瑪竇口譯　（明）徐光啟筆受　（英
國）偉烈亞力續譯　（清）李善蘭續筆　清刻
本　八冊

340000－1803－0000517　GJ032348－GJ032349
陰符經發隱一卷道德經發隱一卷沖虛經發隱
一卷南華經發隱一卷　（清）楊文會注　清光
緒三十年(1904)刻本　二冊

340000－1803－0000518　GJ032350－GJ032354
圓覺經略疏之鈔二十五卷　（唐）釋宗密撰
清刻本　五冊

340000－1803－0000519　GJ033267－GJ033282
涇川叢書　（清）趙紹祖　（清）趙繩祖輯　清
刻本　十六冊

340000－1803－0000520　GJ033287
輶軒語不分卷　（清）張之洞撰　清光緒刻本
一冊

340000－1803－0000521　GJ033290－GJ033293
詩品印譜四卷　翁壽虞篆刻　清宣統元年
(1909)鈐印本　四冊

340000－1803－0000522　GJ033299－GJ033314
四書典林三十卷古人典林十二卷　（清）江永
編　清刻本　十六冊

340000－1803－0000523　GJ033331－GJ033344
七修類稿五十一卷　（明）郎瑛撰　清乾隆刻
本　十四冊

340000－1803－0000524　GJ033345－GJ033370

大乘義章二十卷　（隋）釋慧遠撰　清刻本
二十六冊

340000－1803－0000525　GJ033566

鬼谷子三卷　（戰國）鬼谷子撰　（南朝梁）陶
宏景注　清嘉慶十年（1805）刻本　一冊

340000－1803－0000526　GJ033572

蠡測卮言一卷　題（清）汨羅釣徒（張自牧）撰
（清）王錫祺輯　清光緒十七年（1891）上海
著易堂排印小方壺齋輿地叢鈔十二帙本
一冊

340000－1803－0000527　GJ033646－GJ033647

藤陰雜記十二卷　（清）戴璐撰　清光緒三年
（1877）刻本　二冊

340000－1803－0000528　GJ033648－GJ033653

讀書叢錄二十四卷　（清）洪頤煊撰　清道光
二年（1822）刻本　六冊

340000－1803－0000529　GJ033660－GJ033691

劍南詩稿八十五卷　（宋）陸游撰　明末虞山
毛氏汲古閣刻本　三十二冊

340000－1803－0000530　GJ033692－GJ033697

香樹齋詩集十八卷　（清）錢陳群撰　清乾隆
十六年（1751）刻本　六冊

340000－1803－0000531　GJ033698－GJ033701

李衛公文集二十卷　（唐）李德裕撰　清刻本
四冊

340000－1803－0000532　GJ033734－GJ033739

復堂類集四種　（清）譚獻撰　清光緒刻本
六冊

340000－1803－0000533　GJ034026－GJ034041

昌邑黃先生醫書八種　（清）黃元御撰　清咸
豐十年（1860）長沙徐樹銘燮龢精舍刻本　十
六冊

340000－1803－0000534　GJ034042－GJ034053

備急千金要方三十卷考異一卷　（唐）孫思邈
撰　（宋）林億等校　（日本）奈須信德等考異
　清光緒四年（1878）長洲黃學熙石印本　十

二冊

340000－1803－0000535　GJ034054－GJ034061

千金翼方三十卷　（唐）孫思邈撰　（宋）林億
等校正　清光緒四年（1878）長洲黃學熙石印
本　八冊

340000－1803－0000536　GJ034145－GJ034156

中西匯通醫書五種　（清）唐宗海輯撰　清光
緒三十四年（1908）千頃堂書局石印本　十
二冊

340000－1803－0000537　GJ034200－GJ034201

研經言三卷　（清）莫文泉撰　清同治刻本
二冊

340000－1803－0000538　GJ034202

骨格圖說不分卷　（清）劉廷楨繪並撰　清光
緒刻本　一冊

340000－1803－0000539　GJ034203

白喉條辨不分卷　（清）陳葆善撰　清宣統元
年（1909）刻本　一冊

340000－1803－0000540　GJ034205－GJ034210

醫方集解六卷　（清）汪昂撰　清光緒鉛印本
六冊

340000－1803－0000541　GJ034211－GJ034218

增補萬病回春原本八卷　（明）龔廷賢撰　清
刻本　八冊

340000－1803－0000542　GJ034219－GJ034222

本草備要不分卷　（清）汪昂撰　清刻本
四冊

340000－1803－0000543　GJ034343－GJ034346

孔子家語十卷　（三國魏）王肅注　清光緒刻
本　四冊

340000－1803－0000544　GJ040001－GJ040041

洪北江全集　（清）洪亮吉撰　清嘉慶刻本
四十一冊

340000－1803－0000545　GJ0400085－GJ0400086

茶山集八卷　（宋）曾幾撰　清乾隆四十一年
（1776）武英殿木活字印武英殿聚珍版書本
二冊

340000－1803－0000546　GJ040042－GJ040043

顏魯公文集十五卷補遺一卷　(唐)顏真卿撰
清嘉慶刻本　二冊

340000－1803－0000547　GJ040080－GJ040083

古歡堂集二十二卷　(清)田雯撰　清初刻本
四冊　存十三卷(一至十三)

340000－1803－0000548　GJ040084

姑溪題跋二卷　(宋)李之儀撰　明末虞山毛
氏汲古閣刻本　一冊

340000－1803－0000549　GJ040125

歌詩編四卷　(唐)李賀撰　清刻朱印本
一冊

340000－1803－0000550　GJ040134－GJ040157

蘇文忠公詩編注集成四十六卷　(宋)蘇軾撰
(清)王文誥輯　清刻本　二十四冊　存十
一卷(一至十一)

340000－1803－0000551　GJ040158－GJ040159

雪山集十六卷　(宋)王質撰　清乾隆四十年
(1775)武英殿木活字印武英殿聚珍版書本
二冊

340000－1803－0000552　GJ040165－GJ040166

重刊校正笠澤叢書四卷　(唐)陸龜蒙撰　清
初刻本　二冊

340000－1803－0000553　GJ040167－GJ040169

蒿菴集三卷　(清)張爾岐撰　清乾隆三十八
年(1773)刻本　三冊

340000－1803－0000554　GJ040232－GJ040233

東萊先生古文關鍵二卷　(宋)呂祖謙編　清
康熙冠山堂刻本　二冊

340000－1803－0000555　GJ040294－GJ040303

顨軒孔氏所著書七種六十卷　(清)孔廣森撰
清嘉慶刻本　十冊

340000－1803－0000556　GJ040328－GJ040335

梅村家藏稿五十八卷　(清)吳偉業撰　清宣
統刻本　八冊

340000－1803－0000557　GJ040564－GJ040575

文恭集四十卷　(宋)胡宿撰　清乾隆四十年

(1775)刻本　十二冊

340000－1803－0000558　GJ040576－GJ040581

汲古閣刻元人詩五種十八卷　(明)毛晉輯
明崇禎虞山毛氏汲古閣刻本　六冊

340000－1803－0000559　GJ040582－GJ040597

柯山集五十卷　(宋)張耒撰　清乾隆三十九
年(1774)刻本　十六冊

340000－1803－0000560　GJ040662－GJ040669

南澗甲乙稿二十二卷　(宋)韓元吉撰　清乾
隆刻本　八冊

340000－1803－0000561　GJ040690－GJ040705

宋名臣言行錄七十五卷　(宋)朱熹輯　清道
光刻本　十二冊

340000－1803－0000562　GJ042143－GJ042144

鳴原堂論文二卷　(清)曾國藩撰　(清)曾國
荃審訂　清光緒四年(1878)刻本　二冊

340000－1803－0000563　GJ042173－GJ042188

王臨川全集一百卷目錄二卷　(宋)王安石撰
清光緒九年(1883)刻本　十六冊

340000－1803－0000564　GJ042189－GJ042198

清容外集不分卷　(清)蔣士銓撰　清刻本
十冊

340000－1803－0000565　GJ042199－GJ042202

蘇詩查注補正四卷　(清)沈欽韓撰　清光緒
刻本　四冊

340000－1803－0000566　GJ042203－GJ042208

有正味齋駢體文二十四卷　(清)吳錫祺撰
(清)王廣業箋　清嘉慶九年(1804)刻本
六冊

340000－1803－0000567　GJ042209－GJ042232

文選六十卷　(南朝梁)蕭統輯　(唐)李善注
清同治八年(1869)刻本　二十四冊

340000－1803－0000568　GJ042233－GJ042240

敬孚類稿十六卷　(清)蕭穆撰　清光緒刻本
八冊

340000－1803－0000569　GJ042241－GJ042242

惜抱先生尺牘八卷　（清）姚鼐撰　清宣統元年(1909)小萬柳堂刻本　二冊

340000－1803－0000570　GJ042243－GJ042244
惜抱先生尺牘八卷　（清）姚鼐撰　清宣統元年(1909)小萬柳堂刻本　二冊

340000－1803－0000571　GJ042247－GJ042254
琴隱園詩集三十六卷詞集四卷　（清）湯貽汾撰　清同治刻本　八冊

340000－1803－0000572　GJ042255－GJ042266
杜詩鏡銓二十卷附杜文注解二卷　（唐）杜甫撰　（清）楊倫注　清同治十一年(1872)刻本　十二冊

340000－1803－0000573　GJ042267－GJ042274
鄉詩摭譚正集十卷續集十卷首一卷　（清）楊希閔撰　清宣統刻本　八冊

340000－1803－0000574　GJ042275－GJ042278
桐城吳先生文集四卷　（清）吳汝綸撰　清光緒刻本　四冊

340000－1803－0000575　GJ042279－GJ042281
尚書故三卷　（清）吳汝綸撰　清光緒刻本　三冊

340000－1803－0000576　GJ042282－GJ042283
從遊集二卷　（清）陳瑚輯　清末刻本　二冊

340000－1803－0000577　GJ042284－GJ042285
雲間三子新詩合稿九卷　（明）陳子龍等撰　（明）夏完淳編錄　清末刻本　二冊

340000－1803－0000578　GJ042286－GJ042287
惜抱軒今體詩選不分卷　（清）姚鼐撰　清同治五年(1866)刻本　二冊

340000－1803－0000579　GJ042288－GJ042299
笥河詩集二十卷　（清）朱筠撰　清刻本　十二冊

340000－1803－0000580　GJ042334－GJ042339
古文觀止十二卷　（清）吳乘權　（清）吳大職輯　清乾隆九思堂刻本　六冊

340000－1803－0000581　GJ042340－GJ042356

湖海文傳七十五卷　（清）王昶編　清道光刻本　十七冊

340000－1803－0000582　GJ042357－GJ042372
安吳四種三十六卷　（清）包世臣撰　清光緒十四年(1888)刻本　十六冊

340000－1803－0000583　GJ042373－GJ042377
紫石泉山房詩文集二十卷　（清）吳定撰　清光緒十三年(1887)刻本　五冊

340000－1803－0000584　GJ042378－GJ042381
楹聯錄存三卷　（清）俞樾錄　清末刻本　四冊

340000－1803－0000585　GJ042382－GJ042383
錢南園先生遺集五卷　（清）錢灃撰　清同治十一年(1872)刻本　二冊

340000－1803－0000586　GJ042384－GJ042393
儀衛軒文集十二卷附外集一卷附錄一卷　（清）方東樹撰　清同治七年(1868)刻本　十冊

340000－1803－0000587　GJ042394－GJ042395
林和靖詩集四卷　（宋）林逋撰　清刻本　二冊

340000－1803－0000588　GJ042400－GJ042401
悔生文集八卷　（清）王灼撰　清刻本　二冊

340000－1803－0000589　GJ042402－GJ042403
蒙川遺稿四卷　（宋）劉黻撰　清同治刻本　二冊

340000－1803－0000590　GJ042404
竹軒雜著六卷　（宋）林季仲撰　清同治刻本　一冊

340000－1803－0000591　GJ042405－GJ042414
艮齋先生薛常州浪語集三十五卷　（宋）薛季宣撰　清同治刻本　十冊

340000－1803－0000592　GJ042415－GJ042424
止齋先生文集五十二卷　（宋）陳傅良撰　清同治刻本　十冊

340000－1803－0000593　GJ042430

汪容甫先生詩集六卷附一卷　（清）汪中撰
清光緒八年（1882）刻本　一冊

340000－1803－0000594　GJ042435

松溪集不分卷　（清）汪梧鳳撰　清同治刻本
一冊

340000－1803－0000595　GJ042437

劉左史文集四卷　（宋）劉安節撰　清同治刻
二劉文集本　一冊

340000－1803－0000596　GJ042438

劉給諫文集五卷　（宋）劉安上撰　清同治刻
二劉文集本　一冊

340000－1803－0000597　GJ042439－GJ042442

水心先生別集十六卷　（宋）葉適撰　清同治
刻本　四冊

340000－1803－0000598　GJ042443－GJ042446

橫塘集二十卷　（宋）許景衡撰　清同治刻本
四冊

340000－1803－0000599　GJ042447－GJ042458

水心先生文集二十九卷　（宋）葉適撰　清同
治刻本　十二冊

340000－1803－0000600　GJ042459－GJ042466

潛虛先生文集十四卷　（清）戴名世撰　清光
緒刻本　八冊

340000－1803－0000601　GJ042467－GJ042468

程侍郎遺集初編十卷　（清）程恩澤撰　清道
光刻本　二冊

340000－1803－0000602　GJ042479－GJ042490

續古文辭類纂二十八卷　（清）黎庶昌編　清
光緒鉛印本　十二冊

340000－1803－0000603　GJ042501－GJ042504

樊南文集詳注八卷　（唐）李商隱撰　（清）馮
浩編訂　清刻本　四冊

340000－1803－0000604　GJ042505－GJ042508

徐星伯先生著書三種　（清）徐松撰　清道光
刻本　四冊

340000－1803－0000605　GJ042509－GJ042512

邵亭遺文八卷　（清）莫友芝撰　清光緒刻本
四冊

340000－1803－0000606　GJ042513－GJ042517

蔡中郎集十卷外紀一卷外集四卷末一卷
（漢）蔡邕撰　清光緒十六年（1890）番禺陶氏
愛廬刻本　五冊

340000－1803－0000607　GJ042519－GJ042521

曾惠敏公奏疏六卷　（清）曾紀澤撰　清光緒
十九年（1893）江南機器製造總局鉛印曾惠敏
公遺集本　三冊

340000－1803－0000608　GJ042522

曾惠敏公日記二卷　（清）曾紀澤撰　清光緒
十九年（1893）江南機器製造總局鉛印曾惠敏
公遺集本　一冊

340000－1803－0000609　GJ042523－GJ042524

曾惠敏公文集五卷　（清）曾紀澤撰　清光緒
十九年（1893）江南機器製造總局鉛印曾惠敏
公遺集本　二冊

340000－1803－0000610　GJ042525－GJ042526

曾惠敏公詩集不分卷　（清）曾紀澤撰　清光
緒十九年（1893）江南機器製造總局鉛印曾惠
敏公遺集本　二冊

340000－1803－0000611　GJ042527－GJ042534

胡澹庵先生文集三十二卷　（宋）胡銓撰　清
道光刻本　八冊　存二十九卷（一至二十九）

340000－1803－0000612　GJ042535－GJ042542

復初齋文集三十五卷　（清）翁方綱撰　清道
光刻本　八冊

340000－1803－0000613　GJ042543－GJ042552

重刊校正唐荊川先生文集十二卷外集三卷補
遺五卷　（明）唐順之撰　清光緒三十年
（1904）江南書局刻本　十冊

340000－1803－0000614　GJ042553－GJ042562

曾南豐先生文集五十卷　（宋）曾鞏撰　清光
緒刻本　十冊

340000－1803－0000615　GJ042571－GJ042578

湛園未定稿六卷　（清）姜宸英撰　清末刻本

八冊

340000－1803－0000616　GJ042579－GJ042590

曝書亭集八十卷　（清）朱彝尊撰　清康熙五十三年(1714)刻本　十二冊

340000－1803－0000617　GJ042592－GJ042593

鄱陽集四卷　（宋）洪晧撰　清同治刻本　二冊

340000－1803－0000618　GJ042599－GJ042604

鑒止水齋集二十卷　（清）許宗彥撰　清刻本　六冊

340000－1803－0000619　GJ042605－GJ042606

陶淵明集八卷　（晉）陶淵明撰　清光緒刻本　二冊

340000－1803－0000620　GJ042607－GJ042608

溫飛卿詩集七卷別集一卷外詩一卷　（唐）溫庭筠撰　（清）曾益注　（清）顧予咸補注　清康熙刻本　二冊

340000－1803－0000621　GJ042615－GJ042630

文選六十卷　（南朝梁）蕭統輯　（唐）李善注　清乾隆三十七年(1772)刻本　十六冊

340000－1803－0000622　GJ042633－GJ042640

滄溟先生集三十卷　（明）李攀龍撰　清道光刻本　八冊

340000－1803－0000623　GJ042641－GJ042652

古文辭類纂七十五卷　（清）姚鼐輯　清光緒刻本　十二冊

340000－1803－0000624　GJ042653－GJ042660

歸震川先生全集三十卷別集十卷　（明）歸有光撰　清刻本　八冊

340000－1803－0000625　GJ042661－GJ042662

吳學士詩集五卷　（清）吳藚撰　清光緒刻本　二冊

340000－1803－0000626　GJ042663－GJ042664

龍壁山房文集五卷　（清）王拯撰　清光緒九年(1883)善化向氏刻本　二冊

340000－1803－0000627　GJ042665－GJ042666

述學內篇三卷外篇一卷別錄一卷補遺一卷　（清）汪中撰　清同治刻本　二冊

340000－1803－0000628　GJ042667－GJ042668

濂亭遺文五卷遺詩二卷　（清）張裕釗撰　清光緒刻本　二冊

340000－1803－0000629　GJ042669－GJ042670

茗柯文編四編五卷　（清）張惠言撰　清光緒刻本　二冊

340000－1803－0000630　GJ042675－GJ042678

湛然居士文集十四卷　（元）耶律楚材撰　清光緒二十一年(1895)桐廬袁昶刻漸西村舍叢刻本　四冊

340000－1803－0000631　GJ042679－GJ042682

元明詩選四卷　（清）蔡振中撰　清嘉慶秋舫齋刻本　四冊

340000－1803－0000632　GJ042689－GJ042694

文定集二十四卷　（宋）汪應辰撰　**拾遺一卷**　（清）陸心源輯目　清光緒十三年(1887)江西書局刻武英殿聚珍版書本　六冊

340000－1803－0000633　GJ042695－GJ042698

平齋文集三十二卷　（宋）洪咨夔撰　清同治十一年(1872)刻本　四冊

340000－1803－0000634　GJ042699－GJ042701

吳歙小草十卷　（明）婁堅撰　清康熙二十八年(1689)嘉定陸氏刻嘉定四先生集本　三冊　存七卷(一至七)

340000－1803－0000635　GJ042704－GJ042707

玉谿生詩詳註三卷　（唐）李商隱撰　（清）馮浩編　清乾隆四十五年(1780)刻本　四冊

340000－1803－0000636　GJ042708－GJ042709

方壺先生集四卷　（宋）汪莘撰　清雍正九年(1731)刻本　二冊

340000－1803－0000637　GJ042710－GJ042711

學易集八卷　（宋）劉跂撰　清乾隆刻本　二冊

340000－1803－0000638　GJ042714－GJ042733

王文成公全集　（明）王守仁撰　清道光刻本

二十册

340000 – 1803 – 0000639　GJ042734

一鐙精舍甲部稿五卷　（清）何秋濤撰　清光
緒五年（1879）淮南書局刻本　一册

340000 – 1803 – 0000640　GJ042735

胡澹庵先生文集三十二卷　（宋）胡銓撰　清
乾隆二十二年（1757）刻本　一册　存二卷
（一至二）

340000 – 1803 – 0000641　GJ042737

王右丞集四卷　（唐）王維撰　清退補齋刻本
　一册

340000 – 1803 – 0000642　GJ042738 – GJ042743

白沙子全集六卷　（明）陳獻章撰　清康熙四
十九年（1710）刻本　六册

340000 – 1803 – 0000643　GJ042744 – GJ042747

李長吉歌詩四卷　（唐）李賀撰　清光緒四年
（1878）刻本　四册

340000 – 1803 – 0000644　GJ042748 – GJ042749

庚子銷夏記八卷　（清）孫承澤撰　清乾隆二
十二年（1757）刻本　二册

340000 – 1803 – 0000645　GJ042750 – GJ042755

倭文端公遺書十一卷　（清）倭仁撰　清光緒
二十年（1894）刻本　六册

340000 – 1803 – 0000646　GJ042758 – GJ042759

兩當軒詩鈔十四卷附悔存詞鈔二卷　（清）黄
景仁撰　清刻本　二册

340000 – 1803 – 0000647　GJ042760 – GJ042763

蘇老泉先生全集二十卷　（宋）蘇洵撰　清康
熙刻本　四册

340000 – 1803 – 0000648　GJ042786 – GJ042791

海峰先生文十卷詩六卷　（清）劉大櫆撰
（清）徐宗亮編校　清同治十三年（1874）刻本
　六册

340000 – 1803 – 0000649　GJ042795 – GJ042800

吳學士詩集四卷　（清）吳鼐撰　清光緒刻本
　六册

340000 – 1803 – 0000650　GJ042801 – GJ042808

帶經堂詩話三十卷　（清）王士禎撰　（清）張
宗枏編　清同治刻本　八册

340000 – 1803 – 0000651　GJ042830

孫可之文集二卷　（唐）孫樵撰　清宣統二年
（1910）守政書局木活字印本　一册

340000 – 1803 – 0000652　GJ042858 – GJ042863

國朝駢體正宗評本十二卷　（清）曾燠選
（清）姚燮評　清光緒刻朱墨套印本　六册

340000 – 1803 – 0000653　GJ042869 – GJ042872

音注小倉山房尺牘八卷　（清）袁枚撰　清光
緒四年（1878）刻本　四册

340000 – 1803 – 0000654　GJ042879 – GJ042888

紀文達公集詩十六卷文十六卷　（清）紀昀撰
　清嘉慶十七年（1812）刻本　十册

340000 – 1803 – 0000655　GJ043353 – GJ043452

全上古三代秦漢三國六朝文七百四十六卷
（清）嚴可均輯　清光緒二十年（1894）黄岡黄
氏刻本　一百册

340000 – 1803 – 0000656　GJ043485 – GJ043534

柏堂遺書八種　（清）方宗誠撰　清光緒十五
年（1889）桐城方氏志學堂刻本　五十册

340000 – 1803 – 0000657　GJ043535 – GJ043536

海峰先生詩集十卷　（清）劉大櫆撰　清乾隆
刻本　二册

340000 – 1803 – 0000658　GJ043537 – GJ043538

半巖廬遺集不分卷　（清）邵懿辰撰　清光緒
刻本　二册

340000 – 1803 – 0000659　GJ043539 – GJ043562

劍南詩稿八十五卷　（宋）陸游撰　明末虞山
毛氏汲古閣刻本　二十四册

340000 – 1803 – 0000660　GJ043563 – GJ043586

文選六十卷考異十卷　（南朝梁）蕭統輯
（唐）李善注　（清）胡克家考異　清嘉慶十四
年（1809）鄱陽胡克家刻本　二十四册

340000 – 1803 – 0000661　GJ043593 – GJ043604

笠翁偶集六卷詩集三卷餘集一卷別集二卷

（清）李漁撰　清雍正八年（1730）刻本　十二冊

340000 - 1803 - 0000662　GJ043605 - GJ043616

宛陵先生集六十卷　（宋）梅堯臣撰　清道光刻本　十二冊

340000 - 1803 - 0000663　GJ043617 - GJ043622

張燕公集二十五卷　（唐）張說撰　清乾隆武英殿木活字印武英殿聚珍版書本　六冊

340000 - 1803 - 0000664　GJ043637 - GJ043638

青埵山人詩集十卷　（清）洪飴孫撰　（清）謝章鋌刪訂　清光緒刻本　二冊

340000 - 1803 - 0000665　GJ043642 - GJ043643

因寄軒文初集十卷　（清）管同撰　清光緒刻本　二冊

340000 - 1803 - 0000666　GJ043644

澹園文集二卷　（清）虞景璜撰　清宣統刻本　一冊

340000 - 1803 - 0000667　GJ043648

微尚齋文集不分卷　（清）馮志沂撰　清同治十三年（1874）管城李翰華淮上刻本　一冊

340000 - 1803 - 0000668　GJ043692 - GJ043707

湖海詩傳四十六卷　（清）王昶編　清刻本　十六冊

340000 - 1803 - 0000669　GJ043708 - GJ043711

藍山詩集六卷　（明）藍仁撰　清道光刻本　四冊

340000 - 1803 - 0000670　GJ043716 - GJ043717

虛白亭詩鈔二卷　（清）虛白亭（淳穎）撰　清刻本　二冊

340000 - 1803 - 0000671　GJ043727 - GJ043730

巢經巢詩集九卷　（清）鄭珍撰　清咸豐四年（1854）刻本　四冊

340000 - 1803 - 0000672　GJ043731 - GJ043732

金源紀事詩八卷　（清）湯運泰撰　清同治刻本　二冊

340000 - 1803 - 0000673　GJ043733 - GJ043737

徐州二遺民集十卷　（清）閻爾梅　（清）萬壽祺撰　（清）桂中行輯　清光緒十九年（1893）臨川桂中行刻本　五冊

340000 - 1803 - 0000674　GJ043739

離憂集二卷　（清）陳瑚輯　清宣統三年至民國八年（1911 - 1919）昆山趙詒琛刻峭帆樓叢書本　一冊

340000 - 1803 - 0000675　GJ043752 - GJ043756

昭昧詹言十卷　（清）方東樹撰　清光緒刻本　五冊

340000 - 1803 - 0000676　GJ043757 - GJ043760

續昭昧詹言八卷　（清）方東樹撰　清光緒刻本　四冊

340000 - 1803 - 0000677　GJ043761 - GJ043762

昭昧詹續錄二卷　（清）方東樹撰　清光緒刻本　二冊

340000 - 1803 - 0000678　GJ043763 - GJ043766

補讀書齋遺稿十卷　（清）沈維鐈撰　清光緒六年（1880）刻本　四冊

340000 - 1803 - 0000679　GJ043767

龔安節公野古集三卷　（明）龔詡撰　清光緒刻本　一冊

340000 - 1803 - 0000680　GJ043804 - GJ043809

劉禮部集十二卷　（清）劉逢祿撰　清道光十年（1830）刻本　六冊

340000 - 1803 - 0000681　GJ043810 - GJ043823

望溪先生全集三十二卷　（清）方苞撰　清咸豐刻本　十四冊

340000 - 1803 - 0000682　GJ043824 - GJ043831

王右丞集箋注二十八卷首一卷末一卷　（唐）王維撰　（清）趙殿成箋注　清乾隆刻本　八冊

340000 - 1803 - 0000683　GJ043832 - GJ043847

盤洲文集八十卷拾遺一卷　（宋）洪适撰　附錄一卷洪文惠公年譜　清道光二十九年（1849）涇縣洪氏刻本　十六冊

340000 - 1803 - 0000684　GJ043855 - GJ043864

巢經巢集九卷　（清）鄭珍撰　清同治五年（1866）刻本　十冊

340000－1803－0000685　GJ043865

潘黃門集不分卷　（晉）潘嶽撰　清光緒十八年（1892）刻本　一冊

340000－1803－0000686　GJ043866－GJ043877

鮚埼亭集十卷　（清）全祖望撰　清刻本　十二冊

340000－1803－0000687　GJ043878－GJ043893

鮚埼亭集外編五十卷　（清）全祖望撰　（清）董秉純編　清刻本　十六冊

340000－1803－0000688　GJ043894－GJ043903

杜工部集二十卷　（唐）杜甫撰　清同治刻本　十冊

340000－1803－0000689　GJ043904－GJ043905

宋岳忠武王集八卷　（宋）岳飛撰　清同治刻本　二冊

340000－1803－0000690　GJ043906－GJ043911

徐騎省集三十卷　（宋）徐鉉撰　清光緒刻本　六冊

340000－1803－0000691　GJ043912－GJ043919

劉孟塗集四十四卷　（清）劉開撰　清道光六年（1826）姚柬之檗山草堂刻本　八冊

340000－1803－0000692　GJ043920－GJ043925

鰻飣亭集三十二卷　（清）祁寯藻撰　清咸豐刻本　六冊　存十二卷（一至十二）

340000－1803－0000693　GJ043926－GJ043931

柏梘山房集三十一卷　（清）梅曾亮撰　清咸豐刻本　六冊

340000－1803－0000694　GJ043932－GJ043939

小倉山房文集三十一卷　（清）袁枚撰　清乾隆五十八年（1793）刻本　八冊

340000－1803－0000695　GJ043940－GJ043949

明文在一百卷　（清）薛熙編　清光緒十五年（1889）江蘇書局刻本　十冊

340000－1803－0000696　GJ043950－GJ043965

崇百藥齋文集二十卷續集四卷三集十二卷　（清）陸繼輅撰　清光緒四年（1878）興國州署刻本　十六冊

340000－1803－0000697　GJ043966－GJ043977

宋詩紀事一百卷　（清）厲鶚　（清）馬曰琯輯　清乾隆十一年（1746）錢塘厲氏樊榭山房刻本　十二冊

340000－1803－0000698　GJ043978－GJ043981

國朝駢體正宗十二卷　（清）曾燠輯　清嘉慶刻本　四冊

340000－1803－0000699　GJ043982－GJ043989

知足齋詩集二十卷　（清）朱珪撰　清嘉慶刻本　八冊

340000－1803－0000700　GJ043990－GJ044005

拙盦叢稿九種　（清）朱一新撰　清光緒二十二年（1896）順德龍氏葆真堂刻本　十六冊

340000－1803－0000701　GJ044006－GJ044009

昌黎先生詩集註十一卷　（唐）韓愈撰　（清）朱彝尊　（清）何焯評　（清）顧嗣立刪補　清道光膺德堂刻朱墨套印本　四冊

340000－1803－0000702　GJ044012

絕妙好詞箋七卷　（宋）周密輯　（清）查為仁　（清）厲鶚箋　清刻本　一冊　存二卷（一至二）

340000－1803－0000703　GJ044013

曾樂軒稿不分卷　（宋）張維撰　清乾隆刻本　一冊

340000－1803－0000704　GJ044014－GJ044019

奎光書院賦鈔六卷　（清）秦伯虞撰　清刻本　六冊

340000－1803－0000705　GJ044020－GJ044027

二程全書　（宋）程顥　（宋）程頤撰　（宋）朱熹輯　清光緒刻本　八冊　存二十五卷（一至二十五）

340000－1803－0000706　GJ044028－GJ044043

吳詩集覽二十卷　（清）吳偉業撰　（清）靳榮藩注　清乾隆四十年（1775）凌雲亭刻本　十

六冊

340000－1803－0000707　GJ044044－GJ044047

月齋文集八卷詩集四卷　（清）張穆撰　清咸豐八年（1858）刻本　四冊

340000－1803－0000708　GJ044049－GJ044072

兩浙輶軒錄四十卷　（清）阮元訂　清嘉慶刻本　二十四冊

340000－1803－0000709　GJ044077－GJ044078

青溪舊屋文集十一卷　（清）劉文淇撰　清光緒九年（1883）刻本　二冊

340000－1803－0000710　GJ044079－GJ044080

遊道堂集四卷　（清）朱彬撰　清同治七年（1868）刻本　二冊

340000－1803－0000711　GJ044081－GJ044084

石臼前集九卷　（明）邢昉撰　清康熙刻本　四冊

340000－1803－0000712　GJ044085－GJ044086

石臼後集七卷　（明）邢昉撰　清康熙刻本　二冊

340000－1803－0000713　GJ044093－GJ044094

羅昭諫集八卷　（唐）羅隱撰　清康熙九年（1670）渤海張瓚刻道光四年（1824）平江吳墉補刻本　二冊

340000－1803－0000714　GJ044095

顏光祿集一卷　（南朝宋）顏延之撰　清光緒十八年（1892）長沙謝氏翰墨山房刻漢魏六朝百三名家集本　一冊

340000－1803－0000715　GJ044096

陶彭澤集一卷　（晉）陶淵明撰　清光緒十八年（1892）長沙謝氏翰墨山房刻漢魏六朝百三名家集本　一冊

340000－1803－0000716　GJ044097

袁陽源集一卷　（南朝宋）袁淑撰　清光緒十八年（1892）長沙謝氏翰墨山房刻漢魏六朝百三名家集本　一冊

340000－1803－0000717　GJ044098

嵇中散集一卷　（三國魏）嵇康撰　清光緒十

八年（1892）長沙謝氏翰墨山房刻漢魏六朝百三名家集本　一冊

340000－1803－0000718　GJ044099

王司空集一卷　（北周）王褒撰　清光緒十八年（1892）長沙謝氏翰墨山房刻漢魏六朝百三名家集本　一冊

340000－1803－0000719　GJ044100

成公子安集一卷　（晉）成公綏撰　清光緒十八年（1892）長沙謝氏翰墨山房刻漢魏六朝百三名家集本　一冊

340000－1803－0000720　GJ044101

盧武陽集一卷　（隋）盧思道撰　清光緒十八年（1892）長沙謝氏翰墨山房刻漢魏六朝百三名家集本　一冊

340000－1803－0000721　GJ044102

王大令集一卷　（晉）王獻之撰　清光緒十八年（1892）長沙謝氏翰墨山房刻漢魏六朝百三名家集本　一冊

340000－1803－0000722　GJ044104－GJ044107

巢經巢遺文五卷　（清）鄭珍撰　清光緒十九年（1893）刻本　四冊

340000－1803－0000723　GJ044108－GJ044111

洞簫樓詩紀二十六卷　（清）宋翔鳳撰　清道光刻本　四冊

340000－1803－0000724　GJ044116

屈子正音三卷　（戰國）屈原撰　（清）方績正音　清光緒六年（1880）刻本　一冊

340000－1803－0000725　GJ044223－GJ044322

李文忠公全集六種一百六十五卷首一卷　（清）李鴻章撰　清光緒三十四年（1908）刻本　一百冊

340000－1803－0000726　GJ044323－GJ044360

明詩紀事三十卷　（清）陳田輯　清宣統三年（1911）刻本　三十八冊

340000－1803－0000727　GJ044361－GJ044377

中復堂全集十三種九十卷　（清）姚瑩撰　清刻本　十七冊

340000－1803－0000728　GJ044394

顧華陽集三卷　（唐）顧況撰　清咸豐刻本
一冊　存二卷(上至中)

340000－1803－0000729　GJ044395－GJ044396

悔生詩鈔六卷　（清）王灼撰　清刻本　二冊

340000－1803－0000730　GJ044399－GJ044404

太乙舟文集八卷　（清）陳用光撰　清道光刻
本　六冊

340000－1803－0000731　GJ044409

桃源洞天志不分卷　（清）釋蘭巖纂　清刻本
一冊

340000－1803－0000732　GJ044412－GJ044415

揚州畫舫錄十八卷　（清）李斗撰　清乾隆刻
本　四冊

340000－1803－0000733　GJ044422－GJ044425

傳經堂詩鈔十二卷　（清）韋謙恒撰　清刻本
四冊

無爲市圖書館
古籍普查登記目録

全國古籍普查登記目録

國家圖書館出版社
National Library of China Publishing House

340000－1808－0000001　204498－204569

續資治通鑑二百二十卷　（清）畢沅編　清刻本　七十二冊

340000－1808－0000002　100044－100057

周易詮義十四卷首一卷　（清）汪烜撰　清同治十二年（1873）安徽敷文書局刻本　十四冊　缺一卷（五）

340000－1808－0000003　100001－100006

求志居全集　（清）陳世鎔撰　清同治四年（1865）刻本　六冊　存八種二十四卷（求志居書經說四卷、求志居詩經說六卷、求志居禮說三卷、求志居春秋說四卷、大學俟一卷、中庸俟二卷、論語俟三卷、孟子俟一卷）

340000－1808－0000004　100009－100014

味義根齋全書　（清）譚澐著　清光緒三年至六年（1877－1880）刻本　六冊　存五種十八卷（禹貢章句四卷、附圖說一卷，春秋日月考四卷，孟子辨證二卷，國語釋地三卷，古今冬至表四卷）

340000－1808－0000005　100015－100019

桐城吳先生全書　（清）吳汝綸撰　（清）吳闓生編　清光緒三十年（1904）王恩紱等刻本　五冊　存二種五卷（易說二卷、尚書故三卷）

340000－1808－0000006　100060－100071

御纂周易折中二十二卷首一卷　（清）李光地等撰　清康熙五十四年（1715）內府刻御纂七經本　十二冊

340000－1808－0000007　100094－100095

參兩通極六卷首一卷　（明）范守己著　清光緒十五年（1889）刻本　二冊

340000－1808－0000008　100072－100087

御纂周易折中二十二卷首一卷　（清）李光地纂修　清康熙五十四年（1715）刻本　十六冊

340000－1808－0000009　100007－100008

求志居全集　（清）陳世鎔撰　清同治四年（1865）刻本　二冊　存三種九卷（大學俟一卷、中庸俟上下、詩經說六卷）

340000－1808－0000010　100096－100099

翁山易外七十一卷　（清）屈大均撰　（清）屈明洪等編　清刻本　四冊　存三十二卷（一至三十二）

340000－1808－0000011　100106－100107

周易四卷筮儀一卷周易本義卦歌一卷圖說一卷　（宋）朱熹撰　清刻本　二冊

340000－1808－0000012　100088－100093

御纂周易折中二十二卷首一卷　（清）李光地等撰　清刻御纂七經本　六冊

340000－1808－0000013　100102－100103

周易四卷　（宋）朱熹撰　清李光明莊刻本　二冊

340000－1808－0000014　100110－100113

寄傲山房塾課纂輯御案易經備旨七卷周易本義圖一卷　（清）鄒聖脈纂輯　（清）鄒廷猷編次　（清）鄒景揚等訂　清刻本　四冊

340000－1808－0000015　100104－100105

周易四卷　（宋）朱熹撰　清同治十三年（1874）湖南書局刻本　二冊

340000－1808－0000016　100106－100107

周易四卷　（宋）朱熹撰　清刻本　二冊

340000－1808－0000017　100108－100109

周易四卷　（宋）朱熹撰　清光緒十九年（1893）刻本　二冊

340000－1808－0000018　100130

尚書大傳四卷考異一卷補遺一卷續補遺一卷　（漢）伏勝撰　（漢）鄭玄注　清光緒三年（1877）湖北崇文書局刻本　一冊

340000－1808－0000019　100114－100119

寄傲山房塾課纂輯御案易經備旨七卷周易本義圖一卷　（清）鄒聖脈纂輯　（清）鄒廷猷編次　（清）鄒景揚等訂　清光緒十七年（1891）刻本　六冊

340000－1808－0000020　100131

書經六卷　（宋）蔡沈集傳　清刻本　一冊　存二卷（二至三）

340000－1808－0000021　100132－100134

書經六卷　（宋）蔡沈集傳　清刻本　三冊

340000－1808－0000022　100140－100143

書經六卷首一卷　（宋）蔡沈集傳　清同治十三年(1874)湖南書局刻本　四冊

340000－1808－0000023　100144－100146

書經六卷　（宋）蔡沈集注　清刻本　三冊　缺一卷(四)

340000－1808－0000024　100135－100136

書經六卷首一卷末一卷　（宋）蔡沈集傳　清李光明莊刻本　二冊　缺二卷(六、末一卷)

340000－1808－0000025　100151－100152

寄傲山房塾課纂輯書經備旨蔡註捷錄七卷（清）鄒聖脈纂輯　（清）鄒廷猷編次　（清）鄒景揚等訂　清刻本　二冊　存三卷(一、六至七)

340000－1808－0000026　100147－100150

書經六卷　（宋）蔡沈集注　清舊學山房刻本　四冊

340000－1808－0000027　100153－10060

欽定書經傳說彙纂二十一卷首一卷　（清）王頊齡等撰　清刻本　八冊

340000－1808－0000028　100137－100139

書經六卷首一卷末一卷　（宋）蔡沈集傳　清同治十三年(1874)湖南書局刻本　三冊

340000－1808－0000029　100207－100208

尚書離句六卷　（清）錢在培輯解　清李光明莊刻本　二冊

340000－1808－0000030　100179－100180

洪範五行傳三卷　（漢）劉向撰　（清）陳壽祺輯　清刻本　二冊

340000－1808－0000031　100224－100226

詩八卷　（宋）朱熹集傳　清李光明莊刻本　三冊　存三卷(四至六)

340000－1808－0000032　100209－100210

尚書離句六卷　（清）錢在培輯解　清李光明莊刻本　二冊

340000－1808－0000033　100211－100212

尚書離句六卷　（清）錢在培輯解　清李光明莊刻本　二冊

340000－1808－0000034　100181－100182

尚書大傳五卷　（漢）伏勝撰　清道光十年(1830)刻本　二冊

340000－1808－0000035　100058－100059

易經八卷　（宋）程頤傳　清刻本　二冊　存二卷(二、四)

340000－1808－0000036　100213－100214

尚書離句六卷　（清）錢在培輯解　清李光明莊刻本　二冊

340000－1808－0000037　100161－100178

欽定書經傳說彙纂二十一卷首二卷書序一卷　（清）王頊齡撰　清刻御纂七經本　十八冊　存十八卷(四至二十一)

340000－1808－0000038　100196－100199

寄傲山房塾課纂輯書經備旨蔡註捷錄七卷（清）鄒聖脈纂輯　（清）鄒廷猷編次　（清）鄒景揚等訂　清刻本　四冊

340000－1808－0000039　100215－100220

書經注十二卷　（宋）金履祥撰　（清）陸心源校　清光緒五年(1879)歸安陸氏刻十萬卷樓本　六冊

340000－1808－0000040　100200

書傳補義三卷　（清）方宗誠撰　清光緒二年(1876)刻柏堂遺書本　一冊

340000－1808－0000041　100183－100195

日講書經解義十三卷　（清）庫勒納等輯　清康熙十九年(1680)刻本　十三冊

340000－1808－0000042　100221

禹貢易解不分卷　（清）鄭大邦輯　清道光二十六年(1846)木活字印本　一冊

340000－1808－0000043　100229

詩經八卷　（宋）朱熹集傳　清李光明莊刻本　一冊　存一卷(五)

340000－1808－0000044　100201－100206

書傳補商十七卷　（清）戴鈞衡撰　清刻本
六冊

340000－1808－0000045　100230－100233
詩經八卷　（宋）朱熹集傳　清光緒三十四年
(1908)石印本　四冊

340000－1808－0000046　100222－100223
詩八卷　（宋）朱熹集傳　清兩儀堂刻本　二
冊　缺三卷(三至五)

340000－1808－0000047　100234－100237
詩經八卷　（宋）朱熹集傳　清刻本　四冊

340000－1808－0000048　100238－100239
韓詩外傳十卷　（漢）韓嬰著　清刻本　二冊

340000－1808－0000049　100227－100228
詩經八卷　（宋）朱熹集傳　清李光明莊刻本
二冊　存三卷(四至六)

340000－1808－0000050　100240－100241
韓詩外傳十卷　（漢）韓嬰著　清光緒三年
(1877)湖北崇文書局刻本　二冊

340000－1808－0000051　100244－100247
詩經四卷　（宋）朱熹集傳　清綠蔭堂刻本
四冊

340000－1808－0000052　100286－100295
詩傳大全二十卷　（明）胡廣等撰　清刻本
十冊

340000－1808－0000053　100266－100285
欽定詩經傳說彙纂二十一卷首二卷　（清）王
鴻緒等撰　清道光十八年(1838)刻本　二
十冊

340000－1808－0000054　100296
毛詩名物圖說九卷　（清）徐鼎輯　清乾隆三
十六年(1771)刻本　一冊

340000－1808－0000055　100297
詩傳補義三卷　（清）方宗誠撰　清光緒二年
(1876)桐城方氏刻柏堂遺書本　一冊

340000－1808－0000056　100298
詩傳孔氏傳一卷詩說一卷　（漢）申培著　清

光緒二十年(1894)刻本　一冊

340000－1808－0000057　100354－100357
毛詩二十卷　（漢）鄭玄箋　清末鉛印本
四冊

340000－1808－0000058　100248－100265
欽定詩經傳說彙纂二十一卷首二卷　（清）王鴻
緒等撰　清雍正內府刻御纂七經本　十八冊

340000－1808－0000059　100350－100353
詩經精義集抄四卷　（清）梁中孚輯　（清）汪
汝式參訂　清刻本　四冊

340000－1808－0000060　100321－100349
毛詩註疏二十卷　（漢）毛亨傳　（漢）鄭玄箋
（唐）陸德明音義　（唐）孔穎達疏　明崇禎
三年(1630)毛氏汲古閣刻十三經註疏本　二
十九冊

340000－1808－0000061　100299
詩經古譜二卷　（清）袁嘉谷編　清光緒三十
四年(1908)學部圖書局石印本　一冊

340000－1808－0000062　100362－100367
周官精義十二卷　（清）連斗山編　清乾隆四
十一年(1776)刻本　六冊

340000－1808－0000063　100358－100361
周官精義十二卷　（清）連斗山編　清乾隆四
十一年(1776)刻本　四冊

340000－1808－0000064　100300－100320
附釋音毛詩注疏七十卷　（漢）毛亨傳　（漢）
鄭玄箋　（唐）陸德明音義　（唐）孔穎達疏
毛詩注疏校勘記七十卷　（清）阮元撰　（清）
盧宣句摘錄　清嘉慶二十年(1815)江西南昌
府學刻重刊宋本十三經註疏附校勘記本　二
十一冊　缺四卷(附釋音毛詩注疏九至十、毛
詩注疏校勘記九至十)

340000－1808－0000065　100373－100394
欽定周官義疏四十八卷首一卷　（清）允祿等
撰　清刻本　二十二冊　存四十一卷(一至
二十一、三十至四十八,首一卷)

340000－1808－0000066　100368－100372

欽定周官義疏四十八卷首一卷　（清）允祿等
　撰　清刻御纂七經本　五冊　存八卷（二十
　二至二十九）

340000－1808－0000067　100407－100408
十一經初學讀本　（清）萬廷蘭校刊　清刻本
　二冊　存一種十七卷（一至十七）

340000－1808－0000068　100401－100406
周禮六卷　（漢）鄭玄注　（唐）陸德明音義
　清同治十三年（1874）湖南書局刻本　六冊

340000－1808－0000069　100395－100400
周禮精華六卷　（清）陳龍標編輯　清咸豐十
　年（1860）漁古山房刻本　六冊

340000－1808－0000070　100415－100462
欽定儀禮義疏四十八卷首二卷　（清）允祿等
　撰　清刻御纂七經本　四十八冊　缺一卷
　（二十八）

340000－1808－0000071　100463－100494
欽定儀禮義疏四十八卷首二卷　（清）允祿等
　撰　清刻本　三十二冊

340000－1808－0000072　100413－100414
檀氏儀禮韻言塾課藏本二卷首一卷　（清）檀
　萃纂　清光緒六年（1880）合肥李三桂堂刻本
　二冊

340000－1808－0000073　100409－100412
六禮或問十二卷首一卷末一卷　（清）汪紱著
　清光緒二十一年（1895）刻汪雙池先生叢書
　本　四冊

340000－1808－0000074　100500－100509
禮記十卷　（元）陳澔集說　清同治十三年
　（1874）湖南書局刻本　十冊

340000－1808－0000075　100495
儀禮節略十七卷圖三卷　（清）朱軾撰　清刻
　朱文端公藏書本　一冊　存一卷（十七）

340000－1808－0000076　100510－100519
禮記十卷　（元）陳澔集說　清同治十三年
　（1874）湖南書局刻本　十冊

340000－1808－0000077　100530－100539

禮記十卷　（元）陳澔集說　清李光明莊刻本
　十冊

340000－1808－0000078　100540－545
禮記□□卷　（□）□□□撰　清刻本　六冊
　存六卷（二至四、七至九）

340000－1808－0000079　100496－100499
儀禮十七卷　（漢）鄭玄注　（清）張爾岐句讀
　　儀禮監本正誤一卷唐石經正誤一卷　（清）
　張爾岐撰　清同治十三年（1874）湖南書局刻
　本　四冊

340000－1808－0000080　100546
禮記十卷　（元）陳澔集說　清李光明莊刻本
　一冊　存一卷（七）

340000－1808－0000081　100520－100529
禮記十卷　（元）陳澔集說　清舊學山房刻本
　十冊

340000－1808－0000082　100599－100679
欽定禮記義疏八十二卷首一卷　（清）允祿等
　撰　清刻御纂七經本　八十一冊　缺二卷
　（三、三十五）

340000－1808－0000083　100548－100557
禮記十卷　（元）陳澔集說　清刻本　十冊

340000－1808－0000084　100547
禮記十卷　（元）陳澔集說　清刻本　一冊
　存一卷（二）

340000－1808－0000085　100558
禮記集說補義一卷　（清）方宗誠撰　清光緒
　四年（1878）桐城方氏刻柏堂遺書本　一冊

340000－1808－0000086　100677－100705
欽定禮記義疏八十二卷首一卷　（清）允祿等
　撰　清刻御纂七經本　二十九冊　缺七卷
　（一至四、七十五至七十七）

340000－1808－0000087　100733－100742
全本禮記體註大全合參十卷　（清）范紫登定
　(清)徐旦參定　（清）徐瑄補輯　清刻本　十冊

340000－1808－0000088　100559－100598
欽定禮記義疏八十二卷首一卷　（清）允祿等

撰　清刻本　四十冊

340000－1808－0000089　100712－100719
寄傲山房塾課纂輯禮記全文備旨十一卷　（清）
鄒聖脈纂輯　（清）鄒廷猷編次　清刻本　八冊

340000－1808－0000090　100709－100711
寄傲山房塾課纂輯禮記全文備旨十一卷
（清）鄒聖脈纂輯　（清）鄒廷猷編次　清刻本
三冊

340000－1808－0000091　100743－100750
禮記二十卷考異一卷　（清）鄭玄注　清同治
九年(1870)刻本　八冊

340000－1808－0000092　100717
寄傲山房塾課纂輯禮記全文備旨十一卷
（清）鄒聖脈纂輯　（清）鄒廷猷編次　清刻本
一冊　存二卷(八至九)

340000－1808－0000093　100753－100784
讀禮通考一百二十卷　（清）徐乾學撰　清光
緒七年(1881)江蘇書局刻本　三十二冊

340000－1808－0000094　100751－100752
大戴禮記十三卷　（漢）戴德著　清刻本
二冊

340000－1808－0000095　100718－100725
寄傲山房塾課纂輯禮記全文備旨十一卷　（清）
鄒聖脈纂輯　（清）鄒廷猷編次　清刻本　八冊

340000－1808－0000096　100785－100884
五禮通考二百六十二卷首一卷　（清）秦蕙田
撰　清光緒六年(1880)刻本　一百冊

340000－1808－0000097　100885－100896
春秋左傳十五卷　（明）孫鑛批點　明萬曆四
十四年(1616)吳興閔氏刻朱墨套印本　十二冊

340000－1808－0000098　100897－100898
春秋左傳分類賦四卷　（清）夏大觀編撰
（清）夏大鼎箋注　清乾隆三十七年(1772)寶
華樓刻本　二冊

340000－1808－0000099　100899
說左約箋二卷　（清）馮李驊編撰　（清）夏大
觀箋注　清刻本　一冊

340000－1808－0000100　100897
左傳史論二卷　（清）高士奇論正　清刻本
一冊

340000－1808－0000101　100901－100916
春秋經傳集解三十卷首一卷　（晉）杜預撰
（唐）陸德明音釋　（宋）林堯叟附注　（清）
馮李驊增訂　**左繡三十卷首一卷**　（清）馮李
驊　（清）陸浩評輯　清書業堂刻本　十六冊

340000－1808－0000102　100920－100921
評點春秋左傳綱目句解彙雋六卷　（清）韓菼
訂　清刻本　二冊　存二卷(五至六)

340000－1808－0000103　101113－101136
欽定春秋傳說匯纂三十八卷首二卷　（清）王
掞纂修　清內府刻御纂七經本　二十四冊

340000－1808－0000104　100918－100919
評點春秋綱目左傳句解彙雋六卷　（清）韓菼
重訂　清刻本　二冊

340000－1808－0000105　100938－100947
春秋左傳杜注三十卷首一卷　（清）姚培謙學
清同治十三年(1874)湖南書局刻本　十冊

340000－1808－0000106　100948－100959
春秋左傳杜注三十卷首一卷　（清）姚培謙學
清光緒九年(1883)湖南書局刻本　十二冊

340000－1808－0000107　100928－100937
春秋左傳杜注三十卷首一卷　（清）姚培謙學
清刻本　十冊

340000－1808－0000108　100917
左傳評苑八卷　（明）孫鑛批選　（明）鍾惺注
明刻朱墨套印本　一冊　存二卷(一至二)

340000－1808－0000109　100922－925
批點春秋左傳綱目句解彙雋六卷　（清）韓菼重
訂　清李光明莊刻本　四冊　存四卷(二至五)

340000－1808－0000110　100926
批點春秋左傳綱目句解彙雋六卷　（清）韓菼
重訂　清刻本　一冊　存一卷(五)

340000－1808－0000111　100960－100970
春秋左傳五十卷　（晉）杜預　（宋）林堯叟注

釋　（唐）陸德明音義　（明）鍾惺等評點　清
刻本　十一冊　存三十八卷(一至三十三、三
十八至三十九、四十八至五十)

340000－1808－0000112　100927
批點春秋左傳綱目句解彙雋六卷　（清）韓菼
重訂　清刻本　一冊　存一卷(六)

340000－1808－0000113　100979－100994
春秋左傳五十卷　（晉）杜預　（宋）林堯叟註
釋　（唐）陸德明音義　（明）鍾惺等評點　清
李光明莊刻本　十六冊

340000－1808－0000114　100995－101005
春秋左傳五十卷　（晉）杜預　（宋）林堯叟註
釋　（唐）陸德明音義　（明）鍾惺等評點　清
刻本　十一冊　存四十六卷(五至五十)

340000－1808－0000115　100971－100978
春秋左傳五十卷　（晉）杜預　（宋）林堯叟註
釋　（唐）陸德明音義　（明）鍾惺　（明）韓
范評閱　清文會堂刻本　八冊

340000－1808－0000116　101006－101017
春秋經傳集解三十卷首一卷　（晉）杜預撰
(宋)林堯叟附註　（唐）陸德明音釋　（清）馮
李驊增訂　**左繡三十卷首一卷**　（清）馮李驊
（清)陸浩評輯　清華川書屋刻本　十二冊

340000－1808－0000117　101027－101028
曲江書屋新訂批註左傳快讀十八卷首一卷
(晉)杜預註　（唐）陸德明音義　清末石印本
一冊　存三卷(九至十一)

340000－1808－0000118　101026
曲江書屋新訂批註左傳快讀十八卷　（晉）杜
預註　（唐）陸德明音義　（宋）林堯叟
(宋)朱申參註　（清）馮李驊　（清）陸浩批
評　（清)李紹楬選訂　清曲江書屋刻本　一
冊　存一卷(八)

340000－1808－0000119　101018－101023
曲江書屋新訂批註左傳快讀十八卷　（晉）杜
預註　（唐）陸德明音義　（宋）林堯叟
(宋)朱申參註　（清）馮李驊　（清）陸浩批
評　（清)李紹楬選訂　清曲江書屋刻本　六

冊　存七卷(二至三、七至九、十一、十三)

340000－1808－0000120　101029－101032
東萊博議四卷首一卷　（宋）呂祖謙撰　（清）
馮泰松校刊　**增補虛字註釋一卷**　（清）馮泰
松點定　清光緒二十四年(1898)上海書局石
印本　四冊

340000－1808－0000121　101024
曲江書屋新訂批註左傳快讀十八卷　（晉）杜
預注　（唐）陸德明音義　清刻本　一冊　存
一卷(十四)

340000－1808－0000122　525924－525985
曾文正公全集　（清）曾國藩著　清同治至光
緒傳忠書局刻本　六十二冊　存七種七十五卷
(十八家詩鈔二十八卷,經史百家雜鈔一至二
十一、二十三、二十五至二十六,經史百家簡編
二卷,鳴原堂論文二卷,孟子要略五卷,曾文正
公大事記四卷,年譜一至八、十一至十二)

340000－1808－0000123　101055－101058
春秋穀梁傳十二卷　（晉）范寧集解　清李光
明莊刻本　四冊

340000－1808－0000124　101043－101044
十一經初學讀本　（清）萬廷蘭校刊　清南昌
萬氏刻本　二冊

340000－1808－0000125　101059－101062
春秋穀梁傳十二卷校刊記一卷　（晉）范寧集
解　（唐）陸德明音義　清光緒十七年(1891)
湖南思賢書局刻本　四冊

340000－1808－0000126　101039－101042
東萊博議四卷　（宋）呂祖謙著　**增補虛字註
釋一卷**　（清）馮泰松點定　清光緒二十八年
(1902)廣善堂刻本　四冊

340000－1808－0000127　101049－101054
春秋公羊傳十一卷校刊記一卷　（漢）何休學
　（唐)陸德明音義　清光緒十七年(1891)湖
南思賢書局刻本　六冊

340000－1808－0000128　101045－101048
春秋公羊經傳解詁十二卷校刊記一卷　（漢）
何休學　（唐)陸德明音義　清李光明莊刻本

四冊

340000－1808－0000129　101077－101078
春秋繁露十七卷　（漢）董仲舒撰　清刻本
二冊

340000－1808－0000130　101075－101076
春秋繁露十七卷　（漢）董仲舒撰　清光緒三
年(1877)湖北崇文書局刻本　二冊

340000－1808－0000131　101033－101036
東萊博議四卷首一卷　（宋）呂祖謙撰　**增補**
虛字註釋一卷　（清）馮泰松點定　清光緒二
十四年(1898)上海書局石印本　四冊

340000－1808－0000132　101083－101087
欽定春秋傳說彙纂三十八卷首二卷　（清）王
掞等撰　清刻本　五冊　存十卷(二十五至
三十四)

340000－1808－0000133　101037－101038
東萊博議四卷增補虛字註釋一卷　（宋）呂祖
謙著　（清）朱書批點　**增補虛字註釋一卷**
（清）張文炳點定　清光緒二十八年(1902)廣
善堂刻本　二冊　存二卷(二至三)

340000－1808－0000134　101079－101081
春秋說略十二卷春秋比二卷　（清）郝懿行撰
清刻本　三冊　存十二卷(春秋說略十二
卷)

340000－1808－0000135　101088－101111
欽定春秋傳說彙纂三十八卷首二卷　（清）王
掞纂　清刻本　二十四冊

340000－1808－0000136　101063－101074
春秋歸義十二卷　（明）賀仲軾著　（清）張緒
彦　（清）范印心評　清道光八年(1828)刻本
十二冊

340000－1808－0000137　101082
春秋比二卷　（清）郝懿行輯　清道光七年
(1827)刻郝氏遺書本　一冊

340000－1808－0000138　101140－101155
春秋比事參義十六卷　（清）桂含章輯　清光
緒八年(1882)石埭務本堂桂氏刻本　十六冊

340000－1808－0000139　101136－101139
春秋三十卷　（宋）胡安國傳　**春秋列國圖說**
一卷　（宋）蘇軾撰　**春秋傳綱領一卷**　（□）
□□撰　**春秋諸國興廢說一卷**　（□）□□撰
春秋提要一卷　（□）□□撰　明刻本　四
冊　缺一卷(三十)

340000－1808－0000140　101166－101177
春秋經傳集解三十卷　（晉）杜預註　清同治
八年(1869)楚北崇文書局刻本　十二冊

340000－1808－0000141　101159
春秋備旨十二卷　（清）鄒聖脈纂輯　（清）鄒
可庭編次　清刻本　一冊　存二卷(一至二)

340000－1808－0000142　101160－101161
春秋增訂旁訓四卷　（□）□□撰　清李光明
莊刻本　二冊

340000－1808－0000143　101196－101199
春秋體註大全合參四卷　（清）周熾纂輯　**春**
秋經傳參訂讀本四卷　（宋）胡安國傳　清刻
本　四冊

340000－1808－0000144　101200－101204
寄傲山房塾課纂輯春秋備旨十二卷　（清）鄒
聖脈纂輯　（清）鄒可庭編次　清刻本　五冊
缺二卷(三至四)

340000－1808－0000145　101156－101158
重訂七種古文選　（清）儲欣選　清金閶書業
堂刊本　三冊　存二種十六卷(左傳選十四
卷、公穀選二卷)

340000－1808－0000146　101178－101187
春秋經傳集解三十卷　（晉）杜預註　清刻本
十冊

340000－1808－0000147　101205－101212
寄傲山房塾課纂輯春秋備旨十二卷　（清）鄒
聖脈纂輯　（清）鄒可庭編次　清刻本　八冊

340000－1808－0000148　101162－101165
公羊穀梁春秋合編附註疏纂十二卷　（漢）何
休學　（晉）范甯集解　（唐）楊士勛疏
(明)朱泰禎纂述　（明）張燮等閱　（明）朱

爾鄴較輯　清乾隆五十八年（1793）刻本
四冊

340000－1808－0000149　101213－101214
孝行錄一卷　（清）呂晉昭輯　清道光二十四
年（1844）萊香堂刻本　二冊

340000－1808－0000150　101215
孝行錄不分卷　（清）濮文暹等修　清刻本
一冊

340000－1808－0000151　101216
孝經一卷　（唐）玄宗李隆基註　清同治七年
（1868）金陵書局刻十三經讀本本　一冊

340000－1808－0000152　101188－101195
春秋釋例十五卷　（晉）杜預撰　清光緒二十
五年（1899）傅氏集文堂刻本　八冊

340000－1808－0000153　101225
大學古本詁略一卷　（清）李兆元註　清刻本
一冊

340000－1808－0000154　101217
孝經一卷校刊記一卷　（唐）玄宗李隆基注
（唐）陸德明音義　清光緒三年（1877）退補齋
刻本　一冊

340000－1808－0000155　101228
論語十卷　（宋）朱熹集注　清李光明莊刻本
一冊　存五卷（六至十）

340000－1808－0000156　101229－101230
論語十卷　（宋）朱熹集注　清李光明莊刻本
二冊

340000－1808－0000157　101218
孝經一卷　（清）陳選集注　清宣統三年
（1911）汕頭鼎新書局石印本　一冊

340000－1808－0000158　101255
孟子七卷　（宋）朱熹集注　清兩儀堂刻本
一冊　存二卷（六至七）

340000－1808－0000159　101244－101247
增訂二論詳解四卷　（清）劉忠輯　清光緒二
十五年（1899）舊學山房刻本　四冊

340000－1808－0000160　101239
論語十卷　（宋）朱熹集注　清李光明莊刻本
一冊　存五卷（六至十）

340000－1808－0000161　101251
孟子要略五卷　（宋）朱熹集注　清同治十三
年（1874）傅忠書局刻本　一冊

340000－1808－0000162　101231
宋若昭女論語一卷　（唐）宋若昭撰　（清）王
相箋註　清光緒六年（1880）李光明莊刻女四
書本　一冊

340000－1808－0000163　101219
孝經易知一卷　（清）耿介輯注　（清）湯斌參
閱　（清）馬世英考訂　清同治十一年（1872）
邗江王氏刻本　一冊

340000－1808－0000164　101252－101253
增補蘇批孟子二卷年譜一卷　（宋）蘇洵著
（清）趙大浣增補　清同治十二年（1873）刻朱
墨套印本　二冊

340000－1808－0000165　101220
孝經易知一卷　（清）耿介輯注　（清）湯斌參
閱　（清）馬世英考訂　清同治十一年（1872）
邗江王氏刻本　一冊

340000－1808－0000166　101240
二論詳解四卷　（清）劉忠輯　清刻本　一冊
存一卷（三）

340000－1808－0000167　101241
二論詳解四卷　（清）劉忠輯　清大道堂刻本
一冊　存二卷（三至四）

340000－1808－0000168　101221－101224
孝經詳說六卷　（清）冉覲祖輯撰　清宣統二
年（1910）刻本　四冊

340000－1808－0000169　101242
增訂二論詳解四卷　（清）劉忠輯　清李光明
莊刻本　一冊　存一卷（一）

340000－1808－0000170　101254
增補蘇批孟子二卷年譜一卷　（宋）蘇洵著
（清）趙大浣補　清同治十二年（1873）刻朱墨

套印本　一册

340000－1808－0000171　101248

二論詳解四卷　（清）劉忠輯　清上海文盛書局石印本　一册　存一卷(二)

340000－1808－0000172　101249

增訂二論引端詳解四卷　（清）劉忠輯　清上海鑄記書局石印本　一册　存一卷(一)

340000－1808－0000173　101263－101264

孟子七卷　（宋）朱熹集注　清舊學山房刻本　二册　存五卷(一至五)

340000－1808－0000174　101265－101267

孟子七卷　（宋）朱熹集注　清李光明莊刻本　三册

340000－1808－0000175　101250

增訂二論詳解四卷　（清）劉忠輯　清上海鑄記書局石印本　一册　存二卷(一至二)

340000－1808－0000176　101281－101282

四書摭餘說七卷　（清）曹之升輯　清嘉慶三年(1798)蕭山曹氏家塾刻本　二册

340000－1808－0000177　101243

增訂二論詳解四卷　（清）劉忠輯　清李光明莊刻本　一册　存一卷(一)

340000－1808－0000178　101285－101292

集虛齋四書口義十卷　（清）方楘如著　（清）于光華編　清刻本　八册

340000－1808－0000179　101322－101345

四書朱子本義匯參四十三卷首四卷　（清）王步青輯　清刻本　二十四册　缺一卷(中庸首一卷)

340000－1808－0000180　101312－101321

四書原解□□卷　（清）華玉文評輯　清刻本　十册　存三十六卷(論語朱註原解一至二十、孟子朱註原解一至十四、中庸朱註原解一至二)

340000－1808－0000181　101304－101307

四書釋地一卷續一卷又續一卷三續一卷孟子生卒年月考一卷　（清）閻若璩撰　清乾隆五

十二年(1787)東浯王氏聽雨齋刻本　四册

340000－1808－0000182　101268－101274

孟子七卷　（宋）朱熹集注　清李光明莊刻本　七册

340000－1808－0000183　101283－101284

四書記聞二卷　（清）管同著　清光緒十七年(1891)江寧翁氏心清平軒刻本　二册

340000－1808－0000184　101275－101276

孟子七卷　（宋）朱熹集注　清刻本　二册　存五卷(一至五)

340000－1808－0000185　101293－101296

四書左國彙纂四卷　（清）高其名　（清）鄭師成纂　清刻本　四册

340000－1808－0000186　101308－101311

四書釋地一卷續一卷又續一卷三續一卷孟子生卒年月考一卷　（清）閻若璩撰　清乾隆五十二年(1787)王氏眷西堂刻本　四册

340000－1808－0000187　101297－101299

四書反身錄八卷首一卷　（清）李顒撰　清咸豐湘陰奎樓蔣氏小嬭嬛山館刻本　三册

340000－1808－0000188　101277－101279

孟子七卷　（宋）朱熹集注　清上海商務印書館鉛印本　三册

340000－1808－0000189　101300－101301

學庸補釋新編二卷考辨一卷　（清）張承華補釋　清同治三年(1864)刻本　二册

340000－1808－0000190　101360－101377

四書字詁七十八卷　（清）段諤廷撰　（清）黃本驥編　清道光二十九年(1849)刻本　十八册

340000－1808－0000191　101280

孟子七卷　（宋）朱熹集注　清刻朱墨套印本　一册　存三卷(一至三)

340000－1808－0000192　101346

四書集註十九卷　（宋）朱熹撰　清李光明莊刻本　一册　存二卷(大學一卷、中庸一卷)

340000 – 1808 – 0000193　　101302

學庸補釋新編不分卷　（清）張承華補釋　清
同治三年（1864）朱茂齋刻本　一冊

340000 – 1808 – 0000194　　101378 – 101383

文淵堂四書體注合講十九卷圖考一卷　（清）
翁復編　（清）詹文煥忝定　清文淵堂刻本
六冊

340000 – 1808 – 0000195　　101303

學庸補釋新編二卷考辨一卷　（清）張承華補
釋　清同治三年（1864）刻本　一冊　存一卷
（中庸補釋新編一卷）

340000 – 1808 – 0000196　　101348 – 101353

四書集註十九卷　（宋）朱熹撰　清刻本
六冊

340000 – 1808 – 0000197　　101416 – 101428

四書讀十九卷　（清）李嵩侖撰　清嘉慶十四
年（1809）刻本　十三冊

340000 – 1808 – 0000198　　101400

四書集註十九卷　（宋）朱熹撰　清李光明莊
刻本　一冊　存二卷（大學一卷、中庸一卷）

340000 – 1808 – 0000199　　101384 – 101399

日講四書解義二十六卷　（清）陳廷敬等撰
清康熙十六年（1677）刻本　十六冊

340000 – 1808 – 0000200　　101401

四書集註□□卷　（宋）朱熹章句　清刻本
一冊　存二卷（大學一卷、中庸一卷）

340000 – 1808 – 0000201　　101354 – 101359

四書典林三十卷　（清）江永編　清嘉慶十八
年（1813）刻本　六冊

340000 – 1808 – 0000202　　101347

新訂四書補註備旨十卷　（明）鄧林著　（清）
鄧煜編　清李光明莊刻本　一冊　存一卷
（四）

340000 – 1808 – 0000203　　101451 – 101460

通介堂經說三十七卷　（清）徐灝撰　清咸豐
四年（1854）刻學壽堂叢書本　十冊

340000 – 1808 – 0000204　　101434 – 101449

四書味根錄三十七卷首二卷　（清）金灃輯
清道光十七年（1837）青雲樓刻本　十六冊

340000 – 1808 – 0000205　　101450

四書味根錄□□卷　（清）金灃輯　清光緒二
十九年（1903）上海鴻寶齋石印本　一冊　存
四卷（大學一卷、中庸三卷）

340000 – 1808 – 0000206　　101402

四書典林三十卷　（清）江永編　清刻本　一
冊　存三卷（十二至十四）

340000 – 1808 – 0000207　　101430 – 101433

松陽講義十二卷　（清）陸隴其撰　（清）侯銓
等編次　清刻本　四冊

340000 – 1808 – 0000208　　100729 – 100732

漱芳軒合纂禮記體註四卷　（清）范翔輯　清
文成堂刻本　四冊

340000 – 1808 – 0000209　　101461

王氏經說六卷　（清）王紹蘭撰　清刻本
一冊

340000 – 1808 – 0000210　　101403 – 101404

四書補考二卷　（清）鳳韶著　清嘉慶十三年
（1808）刻本　二冊

340000 – 1808 – 0000211　　101429

四書述十九卷　（清）陳詵著　清清遠堂刻本
一冊　存二卷（大學一卷、中庸一卷）

340000 – 1808 – 0000212　　101462 – 101463

御纂七經綱領一卷　（清）□□撰　清江楚書
局刻本　二冊

340000 – 1808 – 0000213　　101464 – 101477

重訂七經精義　（清）黃淦纂　（清）丁澍等參
訂　清嘉慶十三年（1808）刻本　十四冊

340000 – 1808 – 0000214　　101519 – 101538

皇朝五經彙解二百七十卷　題（清）訣經心室
主人撰　清光緒十九年（1893）石印本　二
十冊

340000 – 1808 – 0000215　　101480 – 101487

稽古日鈔八卷　（清）彭芝庭鑒定　（清）張方
湛等輯　清乾隆二十九年（1764）秋曉山房刻

本　八册

340000－1808－0000216　101478

經鈔不分卷　（清）艮思氏撰　清光緒二十七年（1901）鉛印本　一册

340000－1808－0000217　205550－205560

考信錄三十六卷　（清）崔述補考　清嘉慶、道光間刻崔東壁遺書本　十一册

340000－1808－0000218　101488－101490

四經精華四種　（清）薛嘉穎撰　清道光十二年（1832）刻本　十一册　存十七卷（易經精華六卷、首一卷、末一卷，詩經精華二卷，書經精華六卷、禹貢圖一卷）

340000－1808－0000219　101479

經典釋文序錄一卷　（唐）陸德明撰　清江楚書局刻本　一册

340000－1808－0000220　101539－101541

五經異義疏證三卷　（漢）許慎撰　（漢）鄭玄校　（清）陳壽祺疏證　清嘉慶十八年（1813）王捷南刻左海全集本　三册

340000－1808－0000221　101545

經言拾遺十四卷　（清）徐文靖學　（清）毛大鵬訂　清刻本　一册　存九卷（六至十四）

340000－1808－0000222　101499－101518

五經合纂大成五種四十四卷　題（清）同文書局主人輯　清光緒十一年（1885）石印本　二十册

340000－1808－0000223　101542－101544

左海經辨二卷　（清）陳嘉祺撰　清道光三年（1823）三山陳氏刻本　三册

340000－1808－0000224　101407－101408

新訂四書補註備旨十卷　（明）鄧林著　（清）鄧煜編次　清兩宜堂刻本　二册　存三卷（孟子一至二、四）

340000－1808－0000225　101546－101547

經傳釋詞十卷　（清）王引之撰　清道光二十七年（1847）刻本　二册

340000－1808－0000226　101548－101907

皇清經解一千四百八首一卷　（清）顧炎武等撰　清道光九年（1829）學海堂刻咸豐十年（1860）補刻本　三百六十册

340000－1808－0000227　101409

四書集註十九卷　（宋）朱熹集注　清舊學山房刻本　一册　存二卷（大學一卷、中庸一卷）

340000－1808－0000228　101908－101931

皇清經解一百九十卷　（清）阮元等著　清光緒十一年（1885）上海點石齋石印本　二十四册

340000－1808－0000229　101410－101415

新訂四書補註備旨十卷　（明）鄧林著　（清）杜定基訂　（清）鄧煜編　（清）祁文友校勘　清光緒七年（1881）刻本　六册

340000－1808－0000230　101932－101955

皇清經解一百九十卷　（清）阮元輯　清光緒十一年（1885）上海點石齋石印本　二十四册

340000－1808－0000231　102162－102181

小學考五十卷　（清）謝啟昆錄　清光緒十四年（1888）浙江書局刻本　二十册

340000－1808－0000232　102145－102155

宋本十三經注疏附校勘記四百十六卷　（清）阮元校勘　清光緒十三年（1887）脈望仙館石印本　十一册　存一百七十六卷（周易正義十卷，附釋音尚書注疏二十卷、附校勘記一卷，周禮注疏四十二卷、附校勘記一卷，儀禮注疏五十卷，附釋音儀禮注疏二十七至六十三，附釋音春秋左傳注疏十六至三十）

340000－1808－0000233　102156－102157

明本排字九經直音二卷　（□）□□撰　清光緒七年（1881）歸安陸氏刻十萬卷樓叢書本　二册

340000－1808－0000234　102117－102144

重刊宋本十三經註疏附校勘記　（清）阮元撰　（清）盧宣旬摘錄　清光緒十三年（1887）上海脈望仙館石印本　二十八册　存九種三百六卷（附釋音尚書註疏附校勘記二十卷、附釋

音周禮註疏附校勘記四十二卷、監本附釋音春秋公羊傳註疏附校勘記二十八卷、孟子註疏解經附校勘記十四卷、附釋單禮記註疏附校勘記六十三卷、論語註疏解經附校勘記二十卷、孝經註疏附校勘記九卷、附釋音春秋左傳註疏附校勘記六十卷、儀禮註疏附校勘記五十卷）

340000－1808－0000235　102189
說文通檢十四卷首一卷末一卷　（清）黎永椿編　清光緒三十四年(1908)暮烁上海文盛書局石印本　一冊

340000－1808－0000236　102191－102206
說文解字注三十卷六書音均表二卷　（清）段玉裁注　說文部目分韻一卷　（清）陳煥編　清同治七年(1868)刻本　十六冊

340000－1808－0000237　102190
說文解字注匡謬八卷　（清）徐承慶撰　清光緒三十四年(1908)上海文盛書局石印本　一冊

340000－1808－0000238　102158－102161
十三經音略十二卷附錄二卷　（清）周春撰　清嘉慶刻周松靄先生遺書本　四冊

340000－1808－0000239　102182－102185
小學鉤沈續編八卷　（清）顧震福撰　（清）陳寶森參校　清光緒十八年(1892)刻本　四冊

340000－1808－0000240　101957－102116
重刊宋本十三經註疏附校勘記三百六十五卷　（清）阮元撰　（清）盧宣旬摘錄　清光緒十八年(1892)務本書局刻本　一百六十冊

340000－1808－0000241　102186
臨文便覽四卷　（清）張仰山編　清同治十三年(1874)松竹齋刻本　一冊

340000－1808－0000242　102187－102188
段氏說文注訂八卷　（清）鈕樹玉著　清道光四年(1824)刻本　二冊

340000－1808－0000243　102207－102235
說文通訓定聲十八卷　（清）朱駿聲撰　（清）

朱鏡蓉參訂　說雅一卷古今韻準一卷分部檢韻一卷行述一卷補遺一卷　朱孔彰編　清刻本　二十九冊

340000－1808－0000244　102236－102238
說文新坿攷六卷　（清）鄭珍記　清刻本　三冊

340000－1808－0000245　102255－102270
說文解字三十二卷　（清）段玉裁注　清同治六年(1867)蘇州保息局刻本　十六冊

340000－1808－0000246　102246
說文通檢十四卷首一卷末一卷　（清）黎永椿編　清光緒十四年(1888)上海蜚英館石印本　一冊

340000－1808－0000247　102239－102245
說文解字三十二卷　（清）段玉裁注　清光緒十四年(1888)上海裴英館石印本　七冊

340000－1808－0000248　102271－102305
康熙字典十二集三十六卷檢字一卷辨似一卷補遺一卷等韻一卷備考一卷　（清）張玉書等纂　清道光七年(1827)刻本　三十五冊　缺三卷(丑集上、寅集上、酉集下)

340000－1808－0000249　102254
說文通檢十四卷首一卷末一卷　（清）黎永椿編　清末石印本　一冊

340000－1808－0000250　102306－102311
康熙字典十二集三十六卷檢字一卷辨似一卷等韻一卷備考一卷補遺一卷　（清）張玉書等纂　清光緒十九年(1893)上海復和書局石印本　六冊　缺三卷(檢字一卷、辨似一卷、等韻一卷)

340000－1808－0000251　102247－102253
說文解字三十二卷　（清）段玉裁注　清上海文寶公司石印本　七冊

340000－1808－0000252　102324－102355
康熙字典十二集三十六卷檢字一卷辨似一卷補遺一卷等韻二卷備考一卷　（清）張玉書等纂　清道光七年(1827)刻本　三十二冊

340000－1808－0000253　102312－102323

康熙字典十二集三十六卷檢字一卷辨似一卷
等韻一卷備考一卷補遺一卷　（清）張玉書等
纂　清光緒十六年(1890)上海鴻寶書局石印
本　十二冊　存三十六卷(康熙字典十二集
三十六卷)

340000－1808－0000254　102382－102420

康熙字典十二集三十六卷總目一卷檢字一卷
辨似一卷等韻一卷備考一卷補遺一卷　（清）
張玉書等纂　清道光七年(1827)刻本　三十
九冊　缺一卷(子集上)

340000－1808－0000255　102421－102427

康熙字典十二集三十六卷檢字一卷辨似一卷
補遺一卷等韻二卷備考一卷　（清）張玉書等
纂　清刻本　七冊　存七卷(子集上、丑集
上、卯集中、未集中下、申集上中)

340000－1808－0000256　102428－102432

康熙字典十二集三十六卷總目一卷檢字一卷
辨似一卷等韻一卷備考一卷補遺一卷　（清）
張玉書等纂　清道光七年(1827)刻本　五冊
存五卷(寅集中、卯集中、午集下、申集上、
亥集下)

340000－1808－0000257　102356－102381

康熙字典十二集三十六卷總目一卷檢字一卷
辨似一卷等韻一卷備考一卷補遺一卷　（清）
張玉書等纂　清道光七年(1827)刻本　二十
六冊

340000－1808－0000258　102433－102472

康熙字典十二集三十六卷檢字一卷辨似一卷
備考一卷補遺一卷等韻一卷　（清）張玉書等
纂　清康熙刻本　四十冊

340000－1808－0000259　102488－102489

養蒙針度四卷　（清）潘子聲撰　清李光明莊
刻本　二冊

340000－1808－0000260　102473

康熙字典十二集三十六卷　（清）張玉書等纂
清刻本　一冊　存一卷(寅集下)

340000－1808－0000261　102474

康熙字典十二集三十六卷檢字一卷辨似一卷
等韻一卷備考一卷補遺一卷　（清）張玉書等
纂　清刻本　一冊　存一卷(等韻一卷)

340000－1808－0000262　102523

佩文詩韻五卷　（□）□□撰　清同治九年
(1870)刻本　一冊

340000－1808－0000263　102496

說文管見三卷　（清）胡秉虔撰　清刻本
一冊

340000－1808－0000264　102497－102498

說文楬原二卷　（清）張行孚撰　清光緒十一
年(1885)維揚識川居刻本　二冊

340000－1808－0000265　102490－102495

說文外編十五卷補遺一卷　（清）雷浚撰　清
光緒二年(1876)刻本　六冊

340000－1808－0000266　102524

詩韻全璧五卷　（□）□□撰　清末石印本
一冊　存一卷(二)

340000－1808－0000267　102499

字學舉隅一卷　（清）黃虎癡輯　（清）龍啟瑞
編　清刻本　一冊

340000－1808－0000268　102475－102479

六書通十卷　（清）閔齊伋著　（清）畢宏述篆
訂　清乾隆六十年(1795)刻本　五冊

340000－1808－0000269　102501－102502

龍文鞭影四卷　（明）蕭良有纂輯　（明）楊臣
靜增訂　（清）李恩綬校補　清光緒十一年
(1885)李光明莊刻本　二冊　存二卷(一、
三)

340000－1808－0000270　102525－102540

音學五書三十八卷　（清）顧炎武撰　清光緒
十一年(1885)湘陰郭氏岵瞻堂刻本　十六冊

340000－1808－0000271　102500

字學舉隅一卷　（清）龍啟瑞編　清刻本
一冊

340000－1808－0000272　101956

匡謬正俗八卷　（唐）顏師古撰　清乾隆二十

一年（1756）德州盧氏刻雅雨堂藏書本　一冊

340000－1808－0000273　102551－102566

經義述聞三十二卷　（清）王引之撰　清光緒
七年（1881）上海文瑞樓鉛印本　十六冊

340000－1808－0000274　102515

亨集二卷　（□）□□撰　清光緒二十年
（1894）刻本　一冊

340000－1808－0000275　102519

千字文釋義□□卷　（清）汪嘯尹纂輯　（清）
孫謙益參注　清刻本　一冊　存一卷（三）

340000－1808－0000276　102516

註釋繪圖六千字文一卷　（清）宋鶴齡增補
清光緒三十二年（1906）上海順成書局石印本
　一冊

340000－1808－0000277　102520－102521

文字蒙求四卷　（清）王筠撰　清光緒十三年
（1887）刻後知不足齋叢書本　二冊

340000－1808－0000278　102503－102504

龍文鞭影四卷　（明）蕭良有纂輯　（明）楊臣
諍增訂　（清）李恩綬校補　清李光明莊刻本
　二冊　存二卷（二、四）

340000－1808－0000279　102522

六書音均表五卷　（清）段玉裁記　清乾隆刻
本　一冊

340000－1808－0000280　102541

音韻正訛四卷　（清）孫耀輯　（清）吳思本訂
　清同治十一年（1872）富文堂刻本　一冊

340000－1808－0000281　102517－102518

改良繪圖注釋字文不分卷　清末上海鴻章書
局石印本　二冊

340000－1808－0000282　102480－102487

隸辨八卷　（清）顧藹吉撰　清乾隆八年
（1743）黃晟刻本　八冊

340000－1808－0000283　102505－102508

龍文鞭影四卷　（明）蕭良有纂輯　（明）楊臣
諍增訂　（清）李恩綬校補　清光緒十一年
（1885）李光明莊刻本　四冊

340000－1808－0000284　102542－102545

詩韻集成十卷　（清）余照輯　詞林典腋一卷
　（□）□□撰　清光緒三年（1877）上海三元
堂銅活字印本　四冊　缺二卷（九至十）

340000－1808－0000285　102573－102575

爾雅三卷　（晉）郭璞注　（唐）陸德明音義
清同治十三年（1874）湖南書局刻本　三冊

340000－1808－0000286　102546－102548

詩韻集成十卷　（清）余照輯　清光緒五年
（1879）兩宜堂刻本　三冊　缺三卷（八至十）

340000－1808－0000287　102578－910257

爾雅直音二卷　（清）孫侃輯　清光緒二十一
年（1895）刻本　二冊

340000－1808－0000288　102576－102577

爾雅三卷　（晉）郭璞注　（唐）陸德明音釋
清光緒三年（1877）永康胡氏退補齋刻本　二
冊　存二卷（上、中）

340000－1808－0000289　102509－102510

龍文鞭影四卷　（明）蕭良有纂輯　（明）楊臣
諍增訂　（清）李恩綬校補　清舊學山房刻本
　二冊

340000－1808－0000290　102549

詩韻五卷　（□）□□撰　清末石印本　一冊
　存一卷（三）

340000－1808－0000291　102582－102583

爾雅直音二卷　（清）孫侃輯　清嘉慶五年
（1800）致和堂刻本　二冊

340000－1808－0000292　102550

鄉音正訛一卷　（清）張汝南集　清光緒十二
年（1886）刻本　一冊

340000－1808－0000293　102586－102595

爾雅郭注義疏二十卷　（清）郝懿行撰　清光
緒十年（1884）榮縣蜀南閣刻本　十冊

340000－1808－0000294　102596－102603

駢雅訓纂十六卷首一卷　（明）朱謀㙔撰
（清）魏茂林訓纂　清光緒七年（1881）成都瀹
雅齋刻本　八冊

340000－1808－0000295　102584－102585

爾雅蒙求二卷　（清）李拔式撰　清末李光明莊刻本　二冊

340000－1808－0000296　102580－102581

爾雅直音二卷　（清）孫偁輯　清光緒十八年（1892）上海簡玉山房刻本　二冊

340000－1808－0000297　102614－102677

經籍籑詁一百六卷首一卷　（清）阮元撰　清嘉慶揚州阮氏琅嬛仙館刻本　六十四冊

340000－1808－0000298　102690－102693

一切經音義二十五卷附二卷　（唐）釋元應撰　**補訂新譯大方廣佛華嚴經音義二卷**　（清）釋慧宛撰　清同治八年（1869）武林張氏寶晉齋刻本　四冊

340000－1808－0000299　102604－102613

五雅全書　（明）郎奎金編　清嘉慶九年（1804）刻本　十冊

340000－1808－0000300　102694－102711

群經字詁七十二卷附檢字一卷　（清）段諤廷撰　（清）黃本驥編訂　清道光刻本　十八冊

340000－1808－0000301　102511－102512

龍文鞭影二卷　（明）蕭良有纂輯　（明）楊臣諍增訂　（清）李恩綬校補　清光緒十年（1884）刻本　二冊

340000－1808－0000302　202723－202737

史記一百三十卷　（漢）司馬遷著　（南朝宋）裴駰集解　清光緒十年（1884）上海同文書局石印二十四史本　十五冊　存五十五卷（一至三十九、一百四至一百十五、一百二十七至一百三十）

340000－1808－0000303　202713－202722

李氏五種二十七卷　（清）李兆洛輯　清同治九年（1870）合肥李氏刻本　十冊

340000－1808－0000304　101405

說文逸字二卷坿錄一卷　（清）鄭珍記　清咸豐八年（1858）刻本　一冊

340000－1808－0000305　102678－102689

經籍籑詁一百六卷首一卷　（清）阮元纂輯　清光緒十四年（1888）上海鴻寶齋石印本　十二冊

340000－1808－0000306　101406

字說一卷　（清）吳大澂撰　清光緒十九年（1893）思賢講舍刻本　一冊

340000－1808－0000307　202767－202798

前漢書一百二十卷　（漢）班固撰　（唐）顏師古注　清光緒十年（1884）上海同文書局石印二十四史本　三十二冊

340000－1808－0000308　202738－202766

史記一百三十卷首一卷　（漢）司馬遷著　（南朝宋）裴駰集解　明崇禎刻本　二十九冊

340000－1808－0000309　202799－202826

後漢書一百二十卷　（南朝宋）范曄撰　（唐）李賢注　清光緒十年（1884）上海同文書局石印二十四史本　二十八冊

340000－1808－0000310　102513

龍文鞭影二卷　（明）蕭良有纂輯　（明）楊臣諍增訂　（清）李恩綬校補　清大盛堂刻本　一冊　存一卷（上）

340000－1808－0000311　102841－102870

晉書一百三十卷　（唐）太宗李世民撰　**音義三卷**　（唐）何超撰　明萬曆二十四年（1596）刻二十一史本（卷一至九抄配）　三十冊

340000－1808－0000312　202827－202840

三國志六十五卷　（晉）陳壽撰　（南朝宋）裴松之註　清光緒十年（1884）上海同文書局石印二十四史本　十四冊

340000－1808－0000313　202872－202901

晉書一百三十卷　（唐）太宗李世民撰　**音義三卷**　（唐）何超纂　清光緒十年（1884）上海同文書局石印二十四史本　三十冊

340000－1808－0000314　202871

晉書音義三卷　（唐）何超撰　明萬曆二十四年（1596）刻本　一冊

340000－1808－0000315　202939－202946

北齊書五十卷 （唐）李百藥撰 清光緒十年
(1884)上海同文書局石印二十四史本 八冊

340000－1808－0000316 202902－202921

魏書一百十四卷 （北齊）魏收撰 清光緒十
年(1884)上海同文書局石印二十四史本 二
十冊 存九十一卷(一至六十四、七十至七十
九、九十八至一百十四)

340000－1808－0000317 202958－202965

周書五十卷 （唐）令狐德棻等撰 清光緒十
年(1884)上海同文書局石印二十四史本
八冊

340000－1808－0000318 202966－202989

隋書八十五卷 （唐）魏徵撰 清光緒十年
(1884)上海同文書局石印二十四史本 二十
四冊

340000－1808－0000319 202990－203009

南史八十卷 （唐）李延壽撰 清光緒十年
(1884)上海同文書局石印二十四史本 二
十冊

340000－1808－0000320 203148－203157

五代史七十四卷 （宋）歐陽修撰 （宋）徐無
黨註 清光緒十年(1884)上海同文書局石印
二十四史本 十冊

340000－1808－0000321 203010－203032

北史一百卷 （唐）李延壽撰 清光緒十年
(1884)上海同文書局石印二十四史本 二十
三冊 存九十三卷(一至五十六、六十四至一
百)

340000－1808－0000322 202947－202954

遼史拾遺二十四卷 （清）厲鶚撰 清光緒元
年(1875)江蘇書局刻五年(1879)湖北書局彙
印二十四史本 八冊

340000－1808－0000323 202922－202938

魏書一百十四卷 （北齊）魏收撰 清光緒十
年(1884)上海同文書局石印二十四史本 十
七冊 存七十三卷(一至十二、十九至五十
九、九十五至一百十四)

340000－1808－0000324 203033－203080

舊唐書二百卷 （五代）劉昫撰 清光緒十年
(1884)上海同文書局影印二十四史本 四十
八冊

340000－1808－0000325 203125－203147

舊五代史一百五十卷 （宋）薛居正撰 清光
緒十年(1884)上海同文書局石印二十四史本
二十三冊 存一百四十六卷(一至三、八至
一百五十)

340000－1808－0000326 102514

龍文鞭影四卷 （明）蕭良有纂輯 （明）楊臣
靜增訂 （清）李恩綬校補 清宣統三年
(1911)兩宜堂刻本 一冊 存二卷(一至二)

340000－1808－0000327 202955－202956

遼史拾遺補五卷 （清）楊復吉輯 清光緒三
年(1877)南京江蘇書局刻廣雅書局叢書本
二冊

340000－1808－0000328 203250－203257

遼史一百十六卷 （元）脫脫等修 清光緒十
年(1884)上海同文書局石印二十四史本
八冊

340000－1808－0000329 203158－203249

宋史四百九十六卷 （元）脫脫等修 清光緒
十年(1884)上海同文書局石印二十四史本
九十二冊 存四百五十四卷(一至三百五十
九、三百六十六至三百七十、三百七十五至三
百七十九、三百八十四至三百九十二、三百九
十八至四百十二、四百十七至四百三十八、四
百四十六至四百六十、四百六十六至四百七
十七、四百八十五至四百九十六)

340000－1808－0000330 203081－203124

唐書二百二十五卷釋音二十五卷 （宋）歐陽
修撰 清光緒十年(1884)上海同文書局石印
二十四史本 四十四冊 存二百十三卷(三
至四十五、五十至一百十九、一百二十六至二
百二十五)

340000－1808－0000331 203258－203281

金史一百三十五卷 （元）脫脫等修 清光緒

十年(1884)上海同文書局石印二十四史本
二十四冊

340000－1808－0000332　202957
欽定金史語解十二卷　（□）□□撰　清光緒
四年(1878)江蘇書局刻遼金元三史語解本
一冊　存七卷(一至七)

340000－1808－0000333　203282－203328、
205243
元史二百十卷　（明）宋濂等修　清光緒十年
(1884)上海同文書局石印二十四史本　四十
八冊　存二百卷(一至九、二十至二百十)

340000－1808－0000334　203441－203464
史記一百三十卷　（漢）司馬遷著　（南朝宋）
裴駰集解　清刻本　二十四冊

340000－1808－0000335　203329－203440
明史三百三十二卷目錄四卷　（清）張廷玉等
纂修　清光緒十年(1884)上海同文書局石印
本　一百十二冊

340000－1808－0000336　203465－203484
三國志六十五卷附考證　（晉）陳壽撰　（南
朝宋）裴松之注　清同治十年(1871)成都書
局刻四史本　二十冊

340000－1808－0000337　203485－203500
舊五代史一百五十卷附考證　（宋）薛居正等
撰　清同治十一年(1872)湖北崇文書局刻光
緒五年(1879)湖北書局彙印二十四史本　十
六冊

340000－1808－0000338　203501－203508
五代史七十四卷　（宋）歐陽修撰　（宋）徐無
黨注　清同治十一年(1872)湖北崇文書局刻
光緒五年(1879)湖北書局彙印二十四史本
八冊

340000－1808－0000339　203517－203532
前漢書一百二十卷　（漢）班固撰　（唐）顏師
古注　清同治八年(1869)金陵書局刻二十四
史本　十六冊

340000－1808－0000340　203509－203516

五代史七十四卷　（宋）歐陽修撰　（宋）徐無
黨注　清同治十一年(1872)湖北崇文書局刻
光緒五年(1879)湖北書局彙印二十四史本
八冊

340000－1808－0000341　203533－203548
漢書一百卷　（漢）班固撰　（唐）顏師古注
清同治八年(1869)金陵書局刻光緒五年
(1879)湖北書局彙印二十四史本　十六冊

340000－1808－0000342　203573－203581
前漢書一百二十卷　（漢）班固撰　（唐）顏師
古注　清光緒十三年(1887)金陵書局刻二十
四史本　九冊　存五十二卷(一至二十五、二
十八至五十四)

340000－1808－0000343　203549－203572
漢書一百卷　（漢）班固撰　（唐）顏師古注
清同治八年(1869)金陵書局刻光緒五年
(1879)湖北書局彙印二十四史本(卷一至五
抄配)　二十四冊

340000－1808－0000344　203582－203597
前漢書一百二十卷　（漢）班固撰　（唐）顏師
古注　清同治十二年(1873)嶺東使署刻本
十六冊

340000－1808－0000345　203654－203669
後漢書一百卷　（南朝宋）范曄撰　（唐）李賢
注　**續漢書志三十卷**　（晉）司馬彪撰　（南
朝梁）劉昭注　清同治八年(1869)金陵書局
刻光緒五年(1879)湖北書局彙印二十四史本
十六冊

340000－1808－0000346　203598－203613
後漢書一百卷　（南朝宋）范曄撰　（唐）李賢
注　**續漢書志三十卷**　（晉）司馬彪續　（南
朝梁）劉昭注補　清同治十二年(1873)嶺東
使署刻本　十六冊

340000－1808－0000347　203670－203685
隋書八十五卷　（唐）魏徵撰　清同治十年
(1871)淮南書局刻二十四史本　十六冊

340000－1808－0000348　203614－203637
後漢書一百卷　（南朝宋）范曄撰　（唐）李賢

注　續漢志三十卷　（晉）司馬彪撰　（南朝梁）劉昭註　明崇禎十六年（1643）琴川毛氏汲古閣刻清順治十三年（1656）補輯十七史本　二十四冊

340000－1808－0000349　203712－203716

史記一百三十卷附考證　（漢）司馬遷著（南朝宋）裴駰集解　清同治十一年（1872）成都書局刻四史本　五冊　存十四卷（一至十二、十五至十六）

340000－1808－0000350　203638－203653

後漢書一百卷　（南朝宋）范曄撰　（唐）李賢注　續漢書志三十卷　（晉）司馬彪撰　（南朝梁）劉昭注補　清同治八年（1869）金陵書局刻光緒五年（1879）湖北書局彙印二十四史本　十六冊

340000－1808－0000351　203726－203728

史記一百三十卷　（漢）司馬遷著　（南朝宋）裴駰集解　清光緒二十九年（1903）上海點石齋石印本　三冊　存一百八卷（一至十七、四十至一百三十）

340000－1808－0000352　203729－203731

宋書一百卷　（南朝梁）沈約撰　清光緒十年（1884）上海同文書局影印二十四史本　三冊　存十三卷（帝紀一至十、志十一至十三）

340000－1808－0000353　203736－203747

史記一百三十卷　（漢）司馬遷著　（南朝宋）裴駰集解　清光緒十四年（1888）上海蜚英館石印本　十二冊

340000－1808－0000354　203717－203725

史記一百三十卷　（漢）司馬遷著　（南朝宋）裴駰集解　清光緒四年（1878）金陵書局據汲古閣本刻二十四史本　九冊　存五十七卷（一至五、十五至二十八、四十一至四十七、五十七至八十七）

340000－1808－0000355　203732－203735

南齊書五十九卷　（南朝梁）蕭子顯撰　清末石印本　四冊　存三十一卷（二十二至五十二）

340000－1808－0000356　203686－203707

舊唐書二百卷　（後晉）劉昫等撰　清刻本二十二冊　存一百九卷（九十二至二百）

340000－1808－0000357　203748－203755

三國志六十五卷　（晉）陳壽撰　（南朝宋）裴松之註　清光緒十四年（1888）上海蜚英館石印本　八冊

340000－1808－0000358　203708－203711

舊唐書逸文十二卷　（清）岑建功輯　清同治十一年（1872）定遠方氏刻本　四冊

340000－1808－0000359　203786－203801

舊唐書二百卷　（後晉）劉昫等撰　清光緒二十八年（1902）武林竹簡齋石印二十四史本　十六冊

340000－1808－0000360　203756－203763

前漢書一百二十卷　（漢）班固撰　（唐）顏師古注　清光緒二十八年（1902）武林竹閑齋石印二十四史本　八冊

340000－1808－0000361　203764－203769

後漢書一百三十卷　（南朝宋）范曄撰　（南朝梁）劉昭補　（唐）李賢注　清光緒二十八年（1902）武林竹簡齋石印二十四史本　六冊　存九十六卷（一至九十六）

340000－1808－0000362　203770－203777

晉書一百三十卷　（唐）太宗李世民撰　（唐）房玄齡等纂　（唐）李淳風等考訂　清光緒二十八年（1902）武林竹簡齋石印二十四史本八冊

340000－1808－0000363　102712

聖門名字纂詁二卷　（清）潛谿生　（清）洪恩波撰　清光緒二十三年（1897）刻本　一冊存一卷（上）

340000－1808－0000364　203918－203951

元史二百十卷　（明）宋濂等撰　清光緒十年（1884）上海同文書局石印二十四史本　三十四冊　存一百四十九卷（一至五、十至三十五、四十二至六十四、六十九至七十二、九十三至一百一、一百六至一百二十四、一百二十

九至一百三十二、一百三十七至一百六十七、一百七十三至二百）

340000－1808－0000365　203818－203823
舊五代史一百五十卷　（宋）薛居正等撰　清光緒二十八年(1902)武林竹簡齋石印二十四史本　六冊

340000－1808－0000366　203952－203975
明史三百三十二卷　（清）張廷玉等纂修　清光緒二十八年(1902)武林竹簡齋石印二十四史本　二十四冊

340000－1808－0000367　203824－203917
宋史四百九十六卷　（元）脫脫等撰　清光緒十年(1884)上海同文書局石印二十四史本　九十四冊　存二百七十八卷（十二至一百九十八、二百三至二百三十五、二百三十九至二百九十六）

340000－1808－0000368　203976－203991
明史三百三十二卷　（明）張廷玉等纂修　清光緒十年(1884)上海同文書局石印二十四史本　十六冊　存四十三卷（八十六至一百一、一百七十八至二百四）

340000－1808－0000369　203802－203817
唐書二百二十五卷　（宋）歐陽修等撰　**釋音二十五卷**　（宋）董衝撰　清光緒二十八年(1902)武林竹簡齋石印二十四史本　十六冊

340000－1808－0000370　203992－204001
隋書八十五卷　（唐）魏徵撰　清光緒二十九年(1903)五洲同文書局石印本　十冊　存二十六卷（一至二、七至二十四、二十八至三十三）

340000－1808－0000371　203778－203785
魏書一百十四卷　（北齊）魏收撰　（清）陳浩等纂修　清光緒二十八年(1902)武林竹簡齋石印二十四史本　八冊

340000－1808－0000372　204038－204047
宋史翼四十卷　（清）陸心源輯　清光緒三十二年(1906)刻本　十冊

340000－1808－0000373　204021－204023
史記一百三十卷　（漢）司馬遷著　（南朝宋）裴駰集解　清末石印本　三冊　存四十八卷（三十一至六十、一百十三至一百三十）

340000－1808－0000374　204025－204026
通鑑注辯正二卷元史氏族表三卷　（清）錢大昕撰　清乾隆五十七年(1792)潛研堂刻本　二冊

340000－1808－0000375　204066－204069
大文堂綱鑑易知錄九十二卷　（清）吳乘權等輯　清刻本　四冊　存八卷（三至四、四十一至四十二、五十七至五十八、六十五至六十六）

340000－1808－0000376　204024
史記一百三十卷　（漢）司馬遷著　（南朝宋）裴駰集解　清光緒十四年(1888)上海圖書集成印書局鉛印二十四史本　一冊　存八卷（一百二十三至一百三十）

340000－1808－0000377　204027
汲冢周書十卷　（晉）孔晁注　清刻本　一冊

340000－1808－0000378　204028－204035
東都事略一百三十卷　（宋）王稱撰　清光緒九年(1883)淮南書局刻本　八冊

340000－1808－0000379　204048－204054
宋元資治通鑑六十四卷　（明）王宗沐編（明）路進校輯　明崇禎二年(1629)序金閶大歡堂刻資治通鑑大全本　七冊　存四十二卷（一至十七、四十至六十四）

340000－1808－0000380　204055－204065
宋元通鑑一百五十七卷　（明）薛應旂撰（明）陳仁錫評閱　明刻本　十一冊　存八十一卷（一至二、十一至十五、二十至九十三）

340000－1808－0000381　204036
元史藝文志四卷　（清）錢大昕補　清刻本　一冊

340000－1808－0000382　204037
元朝秘史十五卷　（清）李文田注　清末石印

本　一冊　存三卷(一至三)

340000－1808－0000383　204071－204134

御批歷代通鑑輯覽一百十六卷明唐桂二王本末四卷　（清）傅恆等編　清光緒二十年(1894)湖南澹雅書局刻本　六十四冊

340000－1808－0000384　204070

尺木堂綱鑑易知錄九十二卷　（清）吳乘權等輯　清刻本　一冊　存二卷(一至二)

340000－1808－0000385　204135－204163

續資治通鑑綱目二十七卷　（明）商輅等撰（明）陳仁錫評閱　清刻本　二十九冊

340000－1808－0000386　204675－204693

御批歷代通鑑輯覽一百二十卷　（清）楊述曾等編　清光緒三十年(1904)上海商務印書館鉛印本　十九冊　存六十五卷(一至五、十一至十五、五十一至九十、九十六至一百、一百六至一百十、一百十六至一百二十)

340000－1808－0000387　204261－204268

資治通鑑二百九十四卷　（宋）司馬光撰　清光緒二十六年(1900)圖書集成書局鉛印本八冊　存五十六卷(二百三十九至二百九十四)

340000－1808－0000388　204383－204390

資治通鑑綱目前編二十五卷　（宋）金履祥撰　清刻本　八冊

340000－1808－0000389　204164－204260

資治通鑑二百九十四卷附釋文辨誤十二卷（宋）司馬光編集　（元）胡三省音注　清同治八年(1869)江蘇書局重修鄱陽胡氏刻本　九十七冊　存三百三卷(一至一百四十七、一百五十一至二百九十四,釋文辨誤十二卷)

340000－1808－0000390　204273－204278

資治通鑑綱目前編二十五卷　（宋）金履祥著（明）陳仁錫評閱　清同治三年(1864)刻本　六冊　缺四卷(二十二至二十五)

340000－1808－0000391　204473－204475

御撰資治通鑑綱目三編二十卷　（清）張廷玉

編　清刻本　三冊　存十五卷(六至二十)

340000－1808－0000392　204269－204272

續資治通鑑二百二十卷　（清）畢沅編集　清光緒二十六年(1900)圖書集成書局鉛印本四冊　存三十七卷(一至三十七)

340000－1808－0000393　204391－204472

資治通鑑綱目五十九卷　（宋）朱熹撰　（明）陳仁錫評閱　**資治通鑑綱目續編二十七卷末一卷**　（明）商輅撰　（明）陳仁錫評閱　清嘉慶九年(1804)姑蘇聚文堂刻本　八十二冊存五十九卷(資治通鑑綱目一至四十六、四十八至五十九,資治通鑑綱目續編末一卷)

340000－1808－0000394　204476－204479

御撰資治通鑑綱目三編二十卷　（清）張廷玉編　清大文堂刻本　四冊

340000－1808－0000395　204311－204382

資治通鑑綱目五十九卷　（宋）朱熹撰　清同治三年(1864)刻本　七十二冊

340000－1808－0000396　204279－204309

續資治通鑑綱目二十七卷　（明）朱熹撰（明）陳仁錫評閱　清同治三年(1864)漁古山房刻本　三十一冊

340000－1808－0000397　204480－204483

御撰資治通鑑綱目三編二十卷　（清）張廷玉編　清刻本　四冊

340000－1808－0000398　204484－204485

御撰資治通鑑綱目三編二十卷　（清）張廷玉編　清刻本　二冊

340000－1808－0000399　204570－204596

續資治通鑑綱目二十七卷　（宋）朱熹撰（明）陳仁錫評閱　清姑蘇聚文堂刻本　二十七冊　存二十六卷(一至二十二、二十四至二十七)

340000－1808－0000400　204486－204497

御撰資治通鑑綱目三編四十卷　（清）朱珪等纂修　清同治十一年(1872)江西書局刻本十二冊

340000－1808－0000401　204597－204650

御批歷代通鑑輯覽一百二十卷　（清）傅恆等編撰　清刻本　五十四冊　缺十六卷（十四至十五、五十三至五十七、六十五至六十八、八十四至八十六、九十四至九十五）

340000－1808－0000402　204711－204726

續資治通鑑長編拾補六十卷　（清）秦緗業輯　清光緒九年(1883)浙江書局刻本　十六冊

340000－1808－0000403　204310

資治通鑑綱目續編二十七卷末一卷　（明）陳仁錫評閱　清刻本　一冊　存一卷(末一卷)

340000－1808－0000404　204651－204674

御批歷代通鑑輯覽一百二十卷　（清）傅恆等編纂　清光緒二十四年(1898)上洋圖書集成局鉛印本　二十四冊

340000－1808－0000405　204727－204734

資治通鑑外紀十卷目錄五卷　（宋）劉恕編集（清）胡克家注補　清同治十年(1871)江蘇書局刻資治通鑑彙刻本　八冊　缺二卷(目錄四至五)

340000－1808－0000406　204735－204754

綱鑑正史約三十六卷　（明）顧錫疇輯　（清）陳宏謀增訂　清同治八年(1869)浙江書局刻本　二十冊

340000－1808－0000407　204694－204701

御批歷代通鑑輯覽一百二十卷　（清）高宗弘曆撰　（清）楊樹曾輯　清刻本　八冊　存十六卷(三至四、十一至十二、三十一至三十六、三十九至四十、四十九至五十、一百十三至一百十四)

340000－1808－0000408　204755－204794

綱鑑會纂三十九卷首一卷甲子紀元一卷　（明）王世貞編　（清）陳宏謀輯　清刻本　四十冊

340000－1808－0000409　204854－204861

御批歷代通鑑綱目輯覽選合編十二卷首一卷　（清）張羅澄纂　清光緒二十八年(1902)夢孔山房石印本　八冊

340000－1808－0000410　204845－204849

重訂王鳳洲先生綱鑑會纂四十六卷　（明）王世貞纂　清光緒二十五年(1899)上海富文書局石印本　五冊

340000－1808－0000411　204795－204834

綱鑑會纂三十九卷首一卷甲子紀元一卷　（明）王世貞編　（清）陳宏謀輯　清乾隆大文堂刻本　四十冊

340000－1808－0000412　204912－204915

東萊先生音註唐鑑二十四卷　（宋）范祖禹撰　（宋）呂祖謙注　清同治十三年(1874)刻本　四冊

340000－1808－0000413　204852

綱目續議二卷　（清）胡爾梅著　清同治十年(1871)刻本　一冊

340000－1808－0000414　204850

重訂王鳳洲先生綱鑑會纂續宋元二十三卷　（明）王世貞纂　清末石印本　一冊　存十卷(一至十)

340000－1808－0000415　204851

綱目議二卷　（清）朱直撰　清同治十年(1871)刻本　一冊

340000－1808－0000416　204862－204876

錢陞園考訂資治通鑑綱目全書五十九卷　(清)錢選考訂　清光緒八年(1882)惜物軒刻本　十五冊　存十四卷(一至五、九、二十至二十一、二十四至二十九)

340000－1808－0000417　204853

御撰資治通鑑綱目三編二十卷　（清）張廷玉編　清刻本　一冊　存五卷(十至十四)

340000－1808－0000418　204877－204886

尺木堂綱鑑易知錄九十二卷　清末鉛印本　十冊　缺三十一卷(十三至二十四、二十六至三十二、四十至四十五、八十一至八十六)

340000－1808－0000419　204934－204937

歐羅巴通史四卷　（日本）箕作元　（日本）峰岸米造纂　（清）徐有成等譯　清光緒二十

年（1900）東亞譯書會刻本　四冊

340000－1808－0000420　204835

綱鑑會纂三十九卷　（明）王世貞編　明刻本
　一冊　存二卷（三十八至三十九）

340000－1808－0000421　204897－204906

御批歷代通鑑輯覽一百二十卷　（清）傅恆撰
　清光緒二十八年（1902）萬寶書局石印本
　十冊　存五十九卷（一至六、四十五至五十、
　五十六至七十一、七十八至八十八、九十五至
　一百六、一百十三至一百二十）

340000－1808－0000422　204916－204925

欽定明鑑二十四卷首一卷　（清）托津等總裁
　清同治九年（1870）湖北崇文書局刻本
　十冊

340000－1808－0000423　204938

西洋歷史講義不分卷　清末鉛印本　一冊

340000－1808－0000424　204926－204933

明通鑑目錄二十卷　清刻本　八冊

340000－1808－0000425　204836－204844

綱鑑會纂三十九卷　（明）王世貞編　清刻本
　九冊　存十七卷（九至二十四、三十九）

340000－1808－0000426　205125－205136

左傳紀事本末五十三卷　（清）高士奇撰　清
　同治十二年（1873）江西書局刻紀事本末五種
　本　十二冊

340000－1808－0000427　204939－205018

通鑑紀事本末二百三十九卷　（宋）袁樞編輯
　（明）張溥論正　清同治十二年（1873）江西
　書局刻紀事本末五種本　八十冊

340000－1808－0000428　204887－204893

尺木堂綱鑑易知錄九十二卷　（清）吳乘權等
　輯　清末鉛印本　七冊　存四十七卷（五至
　十一、十九至二十五、四十至五十三、六十至
　六十六、八十一至九十二）

340000－1808－0000429　204907

御批歷代通鑑輯覽一百二十卷　（清）傅恆撰
　清末石印本　一冊　存七卷（二十一至二

十七）

340000－1808－0000430　205172－205181

遼史紀事本末四十卷首一卷金史紀事本末五
十二卷首一卷　（清）李有棠編纂　清光緒十
九年（1893）同文書局石印本　十冊

340000－1808－0000431　205019－205024

豫軍紀略十二卷　（清）尹耕雲纂　清同治十
一年（1872）刻本　六冊

340000－1808－0000432　205025－205028

聖武記十四卷　（清）魏源撰　清刻本　四冊
　存六卷（九至十四）

340000－1808－0000433　205029－205040

湘軍記二十卷　（清）王定安撰　清光緒十五
年（1889）江南書局刻本　十二冊

340000－1808－0000434　205041－205049

聖武記十四卷　（清）魏源撰　清刻本　九冊
　存十一卷（四至十四）

340000－1808－0000435　205050－205053

淮軍平捻記十二卷　（清）周世澄撰　清刻本
　四冊

340000－1808－0000436　205054－205057

中西紀事二十四卷首一卷　（清）夏燮撰　清
木活字印本　四冊　缺五卷（一至三、二十
四，首一卷）

340000－1808－0000437　205058－205063

聖武記十四卷　（清）魏源撰　清末石印本
六冊

340000－1808－0000438　205064－205072

聖武記十四卷補遺一卷　（清）魏源撰　清末
石印本　九冊

340000－1808－0000439　205073－205120

繹史一百六十卷世系圖一卷年表一卷　（清）
馬驌撰　清光緒十五年（1889）金匱浦氏刻本
四十八冊

340000－1808－0000440　205121－205124

湘軍志十六卷　王闓運撰　清刻本　四冊

340000 - 1808 - 0000441　205137 - 205156

宋史紀事本末一百九卷　（明）馮琦編　（明）陳邦瞻增訂　清同治十三年（1874）江西書局刻紀事本末五種本　二十冊

340000 - 1808 - 0000442　205304

明季南北遺聞四卷　（清）鄒漪輯　清光緒三十四年（1908）上海國學社鉛印本　一冊

340000 - 1808 - 0000443　204894

尺木堂明鑑易知錄十五卷　（清）吳乘權等輯　清末鉛印本　一冊　存六卷（一至六）

340000 - 1808 - 0000444　205329 - 205352

朔方備乘六十八卷首十二卷　（清）何秋濤撰　清刻本　二十四冊

340000 - 1808 - 0000445　205353

楚史檮杌一卷晉史乘一卷　（清）汪士漢考校　**續齊諧記一卷**　（南朝梁）吳均撰　清刻本　一冊

340000 - 1808 - 0000446　204895 - 204896

尺木堂明鑑易知錄十五卷　（清）吳乘權等輯　清末鉛印本　二冊

340000 - 1808 - 0000447　205157

皇朝武功紀盛四卷　（清）趙翼撰　清刻本　一冊　存二卷（三至四）

340000 - 1808 - 0000448　205354 - 205357

四裔編年表四卷　（美國）林樂知　（清）嚴良勳譯　（清）李鳳苞彙編　清光緒二十三年（1897）石印本　四冊

340000 - 1808 - 0000449　205368 - 205373

史記菁華錄六卷　（清）姚苧田摘錄　清光緒二十三年（1897）湖南維新局刻本　六冊

340000 - 1808 - 0000450　205305 - 205316

明季南略十八卷　（清）計六奇編輯　清都城琉璃廠平松居士木活字印本　十二冊

340000 - 1808 - 0000451　205158

臺灣鄭氏始末六卷　（清）沈雲撰　清道光十八年（1838）刻本　一冊

340000 - 1808 - 0000452　205394 - 205416

十七史商榷一百卷　（清）王鳴盛撰　清刻本　二十三冊

340000 - 1808 - 0000453　205386 - 205389

史通削繁四卷　（清）紀昀撰　（清）浦起龍注刪　清光緒元年（1875）湖北崇文書局刻本　四冊

340000 - 1808 - 0000454　205217 - 205228

明季北略二十四卷　（清）計六奇編輯　清都城琉璃廠半松居木活字印本　十二冊

340000 - 1808 - 0000455　205417 - 205420

歸方評點史記合筆六卷　（清）王拯撰　清光緒元年（1875）錦城節署刊本　四冊

340000 - 1808 - 0000456　205159 - 205163

綏寇紀略十二卷補遺三卷　（清）吳偉業撰　清刻本　五冊

340000 - 1808 - 0000457　205390 - 205393

史通削繁四卷　（清）紀昀撰　（清）浦起龍注刪　清光緒八年（1882）善化章氏刻本　四冊

340000 - 1808 - 0000458　205374 - 205377

史記菁華錄六卷　（清）姚苧田摘錄　清光緒十八年（1892）煥文書局石印本　四冊　存四卷（一、三至五）

340000 - 1808 - 0000459　205358

金陵歷代建置表一卷　（清）傅春官纂　清光緒二十三年（1897）晦齋刻本　一冊

340000 - 1808 - 0000460　205359

金陵歷代建置表一卷　（清）傅春官纂　清光緒二十三年（1897）晦齋刻本　一冊

340000 - 1808 - 0000461　205519 - 205538

二十二史考異一百卷　（清）錢大昕學　清乾隆四十五年（1780）潛研堂錢氏刻潛研堂全書本　二十冊　存七十七卷（史記五卷、漢書四卷、後漢書三卷、續漢書二卷、三國志三卷、晉書五卷、宋書二卷、南齊書一卷、梁書一卷、陳書一卷、魏書三卷、北齊書一卷、周書一卷、隨書二卷、南史三卷、北史三卷、唐書十六卷、舊唐書四卷、五代史六卷、宋史一至十一）

340000－1808－0000462　205445

讀三國志書後一卷讀明史雜著一卷　（清）李祖陶撰　清刻本　一冊

340000－1808－0000463　205378

戰國策選四卷　（清）儲欣評　清乾隆四十九年（1784）刻本　一冊

340000－1808－0000464　205360

國語選四卷　（清）儲欣評　（清）儲芝述　清乾隆四十九年（1784）刻本　一冊

340000－1808－0000465　205379－205380

左國腴詞八卷　（明）凌迪知輯　清光緒十一年（1885）刻本　二冊

340000－1808－0000466　205446－205453

東萊先生左氏博議二十五卷　（宋）呂祖謙撰　清道光十九年（1839）錢塘瞿氏清吟閣刻本　八冊

340000－1808－0000467　205164－205171

綏寇紀略十二卷補遺三卷　（清）吳偉業撰　清照曠閣刻本　八冊

340000－1808－0000468　205495－205518

讀通鑑論三十卷末一卷　（清）王夫之撰　清光緒二十四年（1898）娜嬛閣刻本　二十四冊

340000－1808－0000469　205421－205436

史論正鵠初集四卷二集四卷三集八卷　（清）王樹敏評點　清光緒二十七年（1901）上海久敬齋石印本　十六冊

340000－1808－0000470　204908－204911

資治通鑑釋文三十卷　（宋）史炤撰　清光緒五年（1879）吳興陸氏刻十萬卷樓叢書本　四冊

340000－1808－0000471　205361－205362

史記選六卷　（清）儲欣評　（清）儲芝述　清乾隆四十九年（1784）刻本　二冊

340000－1808－0000472　205454－205455

讀書鏡二卷　（明）陳繼儒著　清道光三十年（1850）山陰胡學醇刻本　二冊

340000－1808－0000473　205381－205385

史記菁華錄六卷　（清）姚苧田輯　清末石印本　五冊　存五卷（二至六）

340000－1808－0000474　205456－205459

史案二十卷首一卷　（清）吳裕垂撰　清光緒六年（1880）刻本　四冊

340000－1808－0000475　205182－205185

元史紀事本末二十七卷　（明）陳邦瞻編輯　（明）張溥論正　清同治十三年（1874）江西書局刻紀事本末五種本　四冊

340000－1808－0000476　205487－205494

讀通鑑論十卷宋論五卷　（清）王夫之撰　清光緒二十六年（1900）山西書業昌書莊石印本　八冊

340000－1808－0000477　205460－205461

讀史論略二卷　（清）杜詔著　清桂林九經堂刻本　二冊

340000－1808－0000478　205467－205470

宋論十五卷　（清）王夫之撰　清同治四年（1865）湘鄉曾氏金陵節署刻船山遺書本　四冊

340000－1808－0000479　205437－205444

史論正鵠初集四卷二集四卷　（清）王樹敏評點　清光緒二十七年（1901）上海久敬齋石印本　八冊

340000－1808－0000480　205186－205205

明史紀事本末八十卷　（清）谷應泰編輯　清同治十三年（1874）江西書局刻紀事本末五種本　二十冊

340000－1808－0000481　205462－205466

歷代史論十二卷　（明）張溥著　清文餘堂刻本　五冊

340000－1808－0000482　205471－205472

宋史論三卷　（明）張溥論正　清刻本　二冊

340000－1808－0000483　205363

西漢文選四卷　（清）儲欣評　清乾隆四十五年（1780）刻本　一冊

340000－1808－0000484　205473－205474

元史論一卷　（明）張溥論正　**明史論五卷**
（清）谷應泰論正　清刻本　二冊

340000－1808－0000485　205206－205209
國語二十一卷　（明）陳仁錫　（明）鍾惺評
清刻本　四冊

340000－1808－0000486　205262
海東逸史十八卷　（清）翁洲老民撰　清邵武
徐氏刻本　一冊

340000－1808－0000487　205294－205296
西南紀事十二卷東南紀事十二卷　（清）邵廷
采撰　清邵武徐氏刻本　三冊　缺五卷（東
南紀事一至五）

340000－1808－0000488　205475－205483
歷代史論十二卷附左傳史論二卷宋史論三卷
元史論一卷明史論四卷　（明）張溥等論正
清雙如堂刻本　九冊

340000－1808－0000489　205297
金陵省難紀略不分卷　（清）張汝南述　清光
緒十六年（1890）上海著易堂書局鉛印本
一冊

340000－1808－0000490　205364－205367
南北史捃華八卷　（清）周嘉猷輯　清光緒二
年（1876）永康胡氏退補齋刻本　四冊

340000－1808－0000491　205484－205486
史論五種十一卷　（清）李祖淘撰　清同治十
年（1871）刻本　三冊

340000－1808－0000492　205210－205211
史鑑節要便讀六卷　（清）鮑東里編輯　清李
光明莊刻本　二冊

340000－1808－0000493　205277
繹史𦊿諡考八卷　（清）李瑤輯　清刻本
一冊

340000－1808－0000494　205302－205303
張陸二先生批評戰國策抄四卷　（明）阮宗孔
刪註　明萬曆刻本　二冊

340000－1808－0000495　205298－205301
戰國策十二卷　（漢）劉向編　（明）閔齊伋注

明萬曆四十八年（1620）刻三色套印本　四
冊　存五卷（一至五）

340000－1808－0000496　205263－205268
明季稗史彙編二十七卷　（清）應喜臣著　清
光緒二十二年（1896）上海圖書集成局鉛印本
六冊

340000－1808－0000497　205214
史鑑節要便讀六卷　（清）鮑東里編輯　清光
緒二十七年（1901）兩儀堂刻本　一冊　存三
卷（一至三）

340000－1808－0000498　205292－205293
吳中平寇記八卷　（清）錢勖撰　清同治四年
（1865）刻本　二冊

340000－1808－0000499　205568－205607
宋元學案一百卷首一卷　（清）黃宗羲撰
（清）黃百家纂輯　（清）全祖望修定　（清）
王梓材等校訂　清光緒五年（1879）長沙刻本
四十冊

340000－1808－0000500　205278－205291
潛庵先生擬明史稿二十卷　（清）湯斌撰
（清）田蘭芳評　清刻本　十四冊

340000－1808－0000501　205212－205213
史鑑節要便讀六卷　（清）鮑東里編輯　清同
治十三年（1874）江蘇書局刻本　四冊

340000－1808－0000502　205608－205609
洛學編五卷　（清）湯斌輯　清刻本　二冊

340000－1808－0000503　205215－205216
增定課兒鑑畧妥註善本五卷　（明）李廷機著
清乾隆十三年（1748）舊學山房刻本　二冊

340000－1808－0000504　205610－205613
安危注四卷　（明）吳甡論輯　清刻本　四冊

340000－1808－0000505　205269－205271
國語二十一卷　（三國吳）韋昭解　**校刊明道**
本韋氏解國語札記一卷　（清）黃丕烈撰　清
嘉慶五年（1800）吳門黃氏讀未見書齋刻士禮
居黃氏叢書本　三冊

340000－1808－0000506　205217－205218

滄雅局增定課讀鑑畧妥註善本五卷　（明）李廷機著　清光緒二十九年（1903）詠梅閣刻本　二冊

340000－1808－0000507　205539

諸史拾遺五卷　（清）錢大昕撰　清嘉慶十二年（1807）稻香吟館刻本　一冊

340000－1808－0000508　205563

明宮詞一卷　（清）程嗣章著　清掃葉山房石印本　一冊

340000－1808－0000509　205614－205621

道齊正軌二十卷　（清）鄒鳴鶴纂述　（清）蘇源生編校　清道光三十年（1850）刻本　八冊

340000－1808－0000510　205219－205230

中興別記六十一卷　（清）李濱撰　清宣統二年（1910）鉛印本　十二冊

340000－1808－0000511　205561

王先生十七史蒙求十六卷　（宋）王令撰　清道光二十八年（1848）刻本　一冊

340000－1808－0000512　205628－205635

全明忠義別傳三十二卷首一卷　（清）汪有典纂述　（清）汪良箕校訂　清同治六年（1867）茸雲山館刻本　八冊

340000－1808－0000513　205622－205627

古品節錄六卷　（清）松筠著　清宣統二年（1910）守政書局刻本　六冊

340000－1808－0000514　205636－205641

安危注四卷　（明）吳甡輯　清刻本（卷一抄配）　六冊

340000－1808－0000515　205272－205276

戰國策三十三卷　（漢）高誘注　重刻剡川姚氏本戰國策札記三卷　（清）黃丕烈撰　（清）黃玉堂校字　清嘉慶八年（1803）吳縣黃氏刻士禮居黃氏叢書本　五冊

340000－1808－0000516　205562

李氏蒙求補註十六卷　（清）金三俊輯　清刻本　一冊

340000－1808－0000517　205564－205567

文史通義內篇五卷外篇三卷　（清）章學誠著　清道光十二年至十三年（1832－1833）刻本　四冊

340000－1808－0000518　205231－205242

國語二十一卷札記一卷　（三國吳）韋昭撰　戰國策三十二卷札記三卷　（漢）高誘注　清光緒二十一年（1895）刻本　十二冊

340000－1808－0000519　205642－205648

江表忠略二十卷　（清）陳澹然撰　清光緒二十六年（1900）長沙刻本　七冊

340000－1808－0000520　205540－205549

廿二史劄記三十六卷附補遺　（清）趙翼著　清嘉慶刻本　十冊

340000－1808－0000521　205649－205672

國朝先正事略六十卷　（清）李元度纂　清同治五年（1866）循陔草堂刻本　二十四冊

340000－1808－0000522　205245－205248

戰國策三十三卷　（漢）高誘注　清乾隆二十一年（1756）德州盧氏刻雅雨堂叢書本　四冊

340000－1808－0000523　205673－205696

國朝先正事略六十卷　（清）李元度纂　清同治五年（1866）循陔草堂刻本　二十四冊　缺一卷（十二）

340000－1808－0000524　205714－205719

國朝先正事略六十卷　（清）李元度纂　清刻本（卷一抄配）　六冊　存十一卷（一至十一）

340000－1808－0000525　205744－205747

國朝先正事略六十卷　（清）李元度纂　清光緒二十五年（1899）上海圖書集成局鉛印本　四冊　存十九卷（一至十四、二十一至二十五）

340000－1808－0000526　205249

六合紀事四卷　（清）周長森撰　清同治十一年（1872）贛郡刻光緒重印本　一冊

340000－1808－0000527　205697－205713

國朝先正事略六十卷　（清）李元度纂　清刻本　十七冊　存四十九卷（十二至六十）

340000－1808－0000528　205250－205261

中興別記六十一卷　（清）李濱撰　清宣統二年（1910）鉛印本　十二冊

340000－1808－0000529　205801－205806

鄂國金佗粹編二十八卷　（宋）岳珂編　清光緒九年（1883）浙江書局刻本　六冊

340000－1808－0000530　205807－205812

鄂國金佗續編三十卷　（宋）岳珂編　清光緒九年（1883）浙江書局刻本　六冊

340000－1808－0000531　205754－205761

國朝先正事略六十卷　（清）李元度纂　清光緒二十八年（1902）上海點石齋石印本　八冊

340000－1808－0000532　205813－205818

三續尚友錄三十二卷　題（清）婁東退思主人編輯　清光緒二十八年（1902）滬北中西書會石印本　六冊

340000－1808－0000533　205762－205763

國朝先正事略續編三十卷　朱孔彰撰　清光緒二十八年（1902）上海書局石印本　二冊　存四卷（一至四）

340000－1808－0000534　205819

百家姓考略二卷　（清）王相纂　清乾隆徐士業刻本　一冊

340000－1808－0000535　205820

百家姓考略一卷　（清）王相纂　清乾隆徐士業刻重刻徐氏三種本　一冊

340000－1808－0000536　205764－205771

清朝先正事略六十卷　（清）李元度纂　清末上海鴻章書局石印本　八冊　存二十二卷（一至十、十三至二十一、二十四至二十六）

340000－1808－0000537　205796

高士傳三卷　（晉）皇甫謐著　清末鉛印本　一冊

340000－1808－0000538　205772－205795

國朝先正事略六十卷　（清）李元度纂　清刻本　二十四冊

340000－1808－0000539　205797－205800

江西忠義錄十二卷　（清）何應祺纂　清刻本　四冊

340000－1808－0000540　205933－205936

曾文正公事略四卷首一卷　（清）王定安撰　清光緒元年（1875）都門刻本　四冊

340000－1808－0000541　205921－205932

東坡事類二十二卷　（清）梁廷枏纂　清刻本　十二冊

340000－1808－0000542　205821

思舊錄一卷　（清）黃宗羲著　清五桂樓刻本　一冊

340000－1808－0000543　205832－205835

忠義紀聞錄三十卷　（清）陳繼聰著　清刻本　四冊　存十八卷（十三至三十）

340000－1808－0000544　205886－205887

漁洋感舊集小傳四卷補遺一卷　（清）盧見曾撰　清光緒四年（1878）淞隱閣鉛印本　二冊

340000－1808－0000545　205911

闡幽集一卷　（清）張履祥等撰　清光緒刻本　一冊

340000－1808－0000546　205937

乞人武訓興學始末記不分卷　（清）陳代卿撰　清宣統元年（1909）石印本　一冊

340000－1808－0000547　205959－205960

岑襄勤公年譜十卷　（清）趙藩所編輯　清光緒二十五年（1899）刻本　二冊

340000－1808－0000548　205822－205831

歷代節義名臣錄十卷　（清）陳炳纂　清光緒十二年（1886）金陵刻本　十冊

340000－1808－0000549　205888－205891

疇人傳四十六卷　（清）阮元撰　清光緒二十二年（1896）石印本　四冊

340000－1808－0000550　205938－205939

任學士功績錄不分卷　（清）方策彙錄　清光緒二十一年（1895）刻本　二冊

340000－1808－0000551　205748－205751

中興名臣事略八卷　朱孔彰撰　清光緒二十五年(1899)上海圖書集成局鉛印本　四冊

340000－1808－0000552　205961

吳竹如先生[廷棟]年譜一卷　(清)方宗誠纂輯　清光緒十一年(1885)刻本　一冊

340000－1808－0000553　205892

疇人傳五十二卷　(清)羅士琳續補　清光緒二十二年(1896)上洋紹文書局石印本　一冊　存六卷(四十七至五十二)

340000－1808－0000554　205912－205913

逆臣傳四卷　(清)國史館編　清都城琉璃廠半松居士刻本　二冊

340000－1808－0000555　205836－205837

貳臣傳十二卷　(清)國史館纂　清刻本　二冊　存四卷(九至十二)

340000－1808－0000556　205962－205965

曾文正公[國藩]年譜十二卷　(清)李翰章審定　(清)黎庶昌編輯　清光緒二年(1876)傳忠書局刻本　四冊

340000－1808－0000557　205893

疇人傳三編七卷　(清)諸可寶纂錄　清光緒二十二年(1896)上洋紹文書局石印本　一冊

340000－1808－0000558　205902－205010

廣列女傳二十卷　(清)劉開纂　清光緒十年(1884)皖城刻本　六冊

340000－1808－0000559　205838－205849

學案小識十四卷首一卷末一卷　(清)唐鑒撰　清光緒十年(1884)刻本　十二冊

340000－1808－0000560　205752

國朝先正事略補編二卷　(清)李元度輯　清光緒十一年(1885)敦懷書屋刻本　一冊　存一卷(一)

340000－1808－0000561　205908

高士傳三卷　(晉)皇甫謐著　清光緒三年(1877)湖北崇文書局刻本　一冊

340000－1808－0000562　205894－205901

廣列女傳二十卷　(清)劉開纂　清光緒十年(1884)皖城刻本　八冊

340000－1808－0000563　205985

清芬錄二卷　(清)陳文騄輯　清刻本　一冊　存一卷(一)

340000－1808－0000564　205753

國朝先正事略補編二卷　(清)李元度輯　清刻本　一冊　存一卷(一)

340000－1808－0000565　205720－205743

國朝先正事略六十卷　(清)李元度纂　清同治五年(1866)循陔草堂刻本　二十四冊

340000－1808－0000566　205850－205881

明儒學案六十二卷　(清)黃宗羲著　清光緒十四年(1888)刻本　二十二冊

340000－1808－0000567　205909－205910

黃文貞公忠節紀略四卷首一卷　(清)柯自遂輯　(清)劉瑞芬重編　清光緒元年(1875)皖上刻本　二冊

340000－1808－0000568　205986－205987

逆臣傳四卷　(清)國史館纂　清刻本　二冊

340000－1808－0000569　205915

褒忠錄摘鈔不分卷　(清)王芑孫等撰　清刻本　一冊

340000－1808－0000570　205980

湯文正公[斌]年譜定本一卷　(清)方苞訂　(清)楊椿輯　清道光十九年(1839)刻本　一冊

340000－1808－0000571　205983

黃鉞年譜一卷　(清)黃富民編　清咸豐九年(1859)蕪湖訥氏廣東南海縣□署刻本　一冊

340000－1808－0000572　205916－205917

龍府君六十行狀一卷　(清)龍璋撰　茶陵舉人譚椿祥妻龍氏殉夫事狀一卷　王闓運撰　清光緒刻本　二冊

340000－1808－0000573　205946

陳文肅公年譜一卷　(清)陳嚴祖等輯　(清)陳興祖校　清光緒十六年(1890)素園刻本　一冊

340000－1808－0000574　206060－206071

五朝名臣言行錄七十五卷　（宋）朱熹纂集
清道光二十二年（1842）丹徒包氏刻本　十
二册

340000－1808－0000575　205947

余孝惠先生［治］年譜一卷　（清）吳師澄編
清光緒元年（1875）刻本　一册

340000－1808－0000576　205984

魏鄭公諫續錄二卷　（清）翟思忠撰　清刻本
一册

340000－1808－0000577　205882

國朝宋學淵源記二卷附記一卷　（清）江藩輯
清光緒二十二年（1896）長沙周大文堂刻本
一册

340000－1808－0000578　205918

顯考可亭府君行述一卷　（清）朱必堦撰　清
乾隆元年（1736）刻本　一册

340000－1808－0000579　205988－205999

出使美日秘崔日記十六卷　（清）崔國因撰
清光緒二十年（1894）上海著易堂鉛印小方壺
齋輿地叢鈔再補編本　十二册

340000－1808－0000580　205966

甌北先生［趙翼］年譜一卷　（清）姚鼐等撰
清光緒三年（1877）滇南唐氏刻本　一册

340000－1808－0000581　205919－205920

**雷塘庵主弟子記八卷附專祠錄事實一卷浙江
專祠錄一卷鄉賢錄一卷鄉賢錄事實一卷**
（清）張鑑錄　（清）阮福續編　清光緒刻本
二册

340000－1808－0000582　205981

太常公［夏昶］年譜不分卷　（清）錢泰吉輯
清光緒三十年（1904）刻本　一册

340000－1808－0000583　205950－205957

左文襄公［宗棠］年譜十卷　（清）羅正鈞纂
清光緒二十三年（1897）湘陰左氏刻本　八册
存八卷（一至八）

340000－1808－0000584　206042－206059

宋朱晦庵先生名臣言行錄五種七十五卷
（宋）朱熹纂集　明刻本　十八册

340000－1808－0000585　206023－206024

己丑恩科十八省正副榜同年全錄不分卷　清
光緒十五年（1889）刻本　二册

340000－1808－0000586　205967

頤壽老人年譜二卷　（清）錢寶琛著　清刻本
一册　存一卷（上）

340000－1808－0000587　205883－205885

國朝漢學師承記八卷經師經義目錄一卷
（清）江藩纂　清光緒長沙周大文堂刻本
三册

340000－1808－0000588　205958

屏守齋所編年譜五種五卷　（清）錢大昕編
清嘉慶刻本　一册

340000－1808－0000589　205948－205949

小酉腴山館主人自著年譜二卷　（清）吳大廷
著　清光緒五年（1879）刻本　二册

340000－1808－0000590　205982

洪北江先生［亮吉］年譜一卷　（清）呂培等編
清光緒三年（1877）刻本　一册

340000－1808－0000591　206025－206028

中州同官錄四卷　（清）□□編　清光緒三十
二年（1906）刻本　四册

340000－1808－0000592　205968－205975

華盛頓傳八卷　（清）黎汝謙　（清）蔡國昭譯
清光緒十二年（1886）鉛印本　八册

340000－1808－0000593　206029－206032

大清搢紳全書四卷　（清）榮祿堂編　清光緒
二十八年（1902）刻本　四册

340000－1808－0000594　206013

清芬錄二卷　（清）陳文騄輯　清光緒十六年
（1890）刻本　一册　存一卷（二）

340000－1808－0000595　206000－206002

英軺日記十二卷　（清）載振撰　清光緒二十
九年（1903）鉛印本　三册　存九卷（四至十
二）

340000－1808－0000596　206014－206015

古權錄八卷　（清）王士禛撰　（清）朱從延校
　　清康熙三十九年（1700）刻本　二冊

340000－1808－0000597　205976

華盛頓傳八卷　（清）黎汝謙　（清）蔡國昭譯
　　清光緒鉛刻本　一冊　存一卷（一）

340000－1808－0000598　206033

大清中樞備覽一卷　（清）榮寶齋編　清光緒
二十九年（1903）刻本　一冊

340000－1808－0000599　206003－206004

扈從東巡日錄二卷附錄一卷　（清）高士奇撰
　　清刻本　二冊

340000－1808－0000600　206141－203180

通典二百卷　（唐）杜佑纂　清咸豐九年
（1859）崇仁謝氏刻三通本　四十冊

340000－1808－0000601　205977

宋文憲公［廉］年譜二卷　（清）朱興悌
（清）戴殿江纂　清嘉慶十三年（1808）張凌雲
堂刻　一冊

340000－1808－0000602　206005－206008

熙朝人鑒八卷首二卷　（清）丁明經輯　清光
緒二十三年（1897）大興王重光刻本　四冊

340000－1808－0000603　206181－206216

通典二百卷　（唐）杜佑纂　清咸豐九年
（1859）崇仁謝氏刻三通本　三十六冊

340000－1808－0000604　205978－205979

雙池先生年譜四卷　（清）余龍光編　清光緒
二十二年（1896）刻汪雙池先生叢書本　二冊

340000－1808－0000605　206073－206079

漢名臣傳三十二卷　（清）國史館輯　清刻本
　　七冊　存七卷（二十六至三十二）

340000－1808－0000606　206115－206125

沈文肅公政書七卷首一卷　（清）沈葆楨撰
　　清刻本　十一冊　存七卷（沈文肅公政書七
卷）

340000－1808－0000607　206009－206012

熙朝人鑒八卷首二卷　（清）張之萬輯　清光

緒二十三年（1897）大興王重光刻本　四冊

340000－1808－0000608　206034－206041

歷代名臣言行錄二十四卷　（清）朱桓編輯
　　清光緒二十一年（1895）上海宏文閣石印本
八冊

340000－1808－0000609　206217－206226

皇朝文獻通考輯要二十六卷　（清）張羅澄輯
　　清末石印本　十冊

340000－1808－0000610　206126－206136

沈文肅公政書七卷首一卷　（清）沈葆楨撰
　　清光緒刻本　十一冊

340000－1808－0000611　206227－206233

欽定續文獻通考輯要二十六卷　（清）張羅澄
編輯　清末石印本　七冊　存二十四卷（三
至二十六）

340000－1808－0000612　206080－206083

學宮景仰編八卷首一卷　（清）黃見三輯　清
同治十年（1871）刻本　四冊

340000－1808－0000613　206137－206138

沈文肅公政書七卷首一卷　（清）沈葆楨撰
　　清光緒刻本　二冊　存三卷（一、七，首一卷）

340000－1808－0000614　206234－206253

欽定大清會典一百卷　（清）允裪等總裁　清
刻本　二十冊　存九十五卷（一至七十二、七
十五至九十七）

340000－1808－0000615　206017－206018

鶴徵錄八卷首一卷　（清）李集輯　（清）李富
孫　（清）李遇孫續輯　清嘉慶二年（1797）刻
本　二冊

340000－1808－0000616　206139－206140

三通序不分卷　（清）康綸筠輯　清刻本
二冊

340000－1808－0000617　206019－206022

鶴徵後錄十二卷首一卷　（清）李富孫輯　清
嘉慶十六年（1811）刻本　四冊

340000－1808－0000618　206084

東越儒林後傳一卷東越文苑後傳一卷　（清）

陳壽祺撰　清嘉慶、道光間陳紹墉補刻左海全集本　一冊

340000－1808－0000619　206016

江南闈墨不分卷　（清）曹清泉等撰　清光緒二十八年（1902）圖書集成局鉛印本　一冊

340000－1808－0000620　206072

六如居士外集六卷　（清）唐仲冕編　（清）魏標校　清刻本　一冊

340000－1808－0000621　206254－206293

欽定續通典一百五十卷　（清）嵇璜等纂　清光緒十二年（1886）浙江書局刻九通本　四十冊

340000－1808－0000622　308038－308041

皇朝經世文新編二十一卷　麥仲華輯　清末石印本　四冊　存四卷（一中下、四、五上、十八上）

340000－1808－0000623　308014－308037

皇朝經世文編一百二十卷　（清）賀長齡撰　清光緒二十二年（1896）掃葉山房鉛印本　二十四冊

340000－1808－0000624　206085

吳門畫舫續錄三卷　（清）箇中生編　清嘉慶刻本　一冊

340000－1808－0000625　207989

日本皇室典範義解不分卷　（日本）伊藤博文纂　（清）沈紘譯　清光緒二十七年（1901）金粟齋鉛印本　一冊

340000－1808－0000626　208042－208044

保甲書四卷　（清）徐棟輯　清道光二十八年（1848）刻本　三冊　存三卷（一至三）

340000－1808－0000627　206294－206448

通志二百卷　（宋）鄭樵撰　清咸豐九年（1859）崇仁謝氏刻三通本　一百五十五冊　存一百九十一卷（四至六十九、七十六至二百）

340000－1808－0000628　208006－208013

南巡盛典一百二十卷　（清）高晉撰　清光緒

八年（1882）上海點石齋石印本　八冊

340000－1808－0000629　208045－208047

光緒會計表四卷　（清）劉嶽雲撰　清末石印本　三冊　缺一卷（一）

340000－1808－0000630　206086－206087

青樓小名錄八卷　（清）趙慶楨輯　清宣統二年（1910）上海國學扶輪社鉛印本　二冊　存四卷（五至八）

340000－1808－0000631　208051－208062

欽定五軍道里表十八卷　（清）常泰纂　清鉛印本　十二冊

340000－1808－0000632　208048

中國商務志一卷　（日本）織田一撰　（清）蔣簋方譯　清光緒二十八年（1902）廣智書局鉛印本　一冊

340000－1808－0000633　208089－208094

宋朝事實二十卷　（宋）李攸撰　清刻武英殿聚珍版叢書本　六冊

340000－1808－0000634　208063－208064

祥刑要覽四卷　（明）吳訥編纂　清道光十四年（1834）粵東撫署刻本　二冊

340000－1808－0000635　207981－207988

吾學錄初編二十四卷　（清）吳榮光述　（清）黃本驥編次　清道光二十九年（1849）刻本八冊

340000－1808－0000636　208101

佐治藥言一卷　（清）汪輝祖纂　清光緒三十四年（1908）河南官紙刷印所印石印本　一冊

340000－1808－0000637　208049

雲路指南不分卷　（清）何廷謙編輯　清同治十年（1871）刻本　一冊

340000－1808－0000638　206449－568

通志二百卷　（宋）鄭樵撰　清咸豐九年（1859）崇仁謝氏刻本　一百二十冊

340000－1808－0000639　208133－208134

陶甓公牘十二卷　（清）劉汝驥撰　清宣統三年（1911）安徽印書局鉛印本　二冊　存十一

卷（一至十一）

340000 - 1808 - 0000640　208065

督捕則例表二卷　清刻本　一冊

340000 - 1808 - 0000641　206769 - 206888

文獻通考三百四十八卷　（元）馬端臨著　清咸豐九年（1859）崇仁謝氏刻三通本　一百二十冊

340000 - 1808 - 0000642　208050

萬國通志第五編萬國商業志二卷　（清）陳子祥編譯　清光緒二十九年（1903）上海廣智書局鉛印本　一冊

340000 - 1808 - 0000643　208102 - 208119

皇朝掌故彙編內編六十卷　（清）宋文蔚纂　清光緒求實書社鉛印本　十八冊　存二十五卷（一至二十五）

340000 - 1808 - 0000644　207990 - 208005

學政全書八十六卷首一卷　（清）童璜等纂修　清嘉慶十五年（1810）刻本　十六冊

340000 - 1808 - 0000645　206569 - 206768

欽定續通志六百四十卷　（清）嵇璜等總裁　清光緒浙江書局刻九通本　二百冊

340000 - 1808 - 0000646　208066 - 208070

律表三十五卷首一卷　（清）曾恆德編　清光緒二年（1876）刻本　五冊

340000 - 1808 - 0000647　208120 - 208123

卞制軍政書四卷　（清）卞寶第撰　清刻本四冊

340000 - 1808 - 0000648　208135

李忠武公書牘二卷　（清）李續賓撰　清光緒十七年（1891）甌江巡署刻本　一冊　存一卷（上）

340000 - 1808 - 0000649　206889 - 206984

文獻通考三百四十八卷　（元）馬端臨著　清咸豐九年（1859）崇仁謝氏刻三通本　九十六冊

340000 - 1808 - 0000650　208071

日本帝國憲法義解一卷　（日本）伊藤博文纂

（清）沈紘譯　清光緒二十七年（1901）鉛印本　一冊

340000 - 1808 - 0000651　208136

萬國官制志三卷　（清）馮斯欒編著　清光緒二十八年（1902）上海廣智書局鉛印本　一冊

340000 - 1808 - 0000652　208159

讀律心得三卷蜀僚問答二卷　（清）劉衡纂輯　清光緒三十四年（1908）河南官紙刷印所石印本　一冊　存二卷（讀律心得一、蜀僚問答一）

340000 - 1808 - 0000653　206895 - 207104

欽定續文獻通考二百五十卷　（清）嵇璜等總裁　清光緒浙江書局刻九通本　一百二十冊

340000 - 1808 - 0000654　208160

在官法戒錄四卷　（清）陳宏謀編輯　清乾隆八年（1743）南昌李安民刻五種遺規本　一冊

340000 - 1808 - 0000655　208072

美國憲法不分卷　（清）章宗元譯　清光緒二十八年（1902）上海文明書局鉛印本　一冊

340000 - 1808 - 0000656　208162

茝政摘要二卷　（清）陸隴其輯　清光緒八年（1882）津河廣仁堂刻本　一冊

340000 - 1808 - 0000657　208095 - 208100

石渠餘紀六卷　（清）王慶雲撰　清刻本六冊

340000 - 1808 - 0000658　207105 - 207124

通志略五十二卷　（宋）鄭樵著　明嘉靖二十九年（1550）刻乾隆後印本　二十冊

340000 - 1808 - 0000659　208161

在官法戒錄四卷　（清）陳宏謀編輯　（清）葛正笏　（清）張鳳孫訂　清刻本　一冊　存二卷（三至四）

340000 - 1808 - 0000660　208073

刪除律例不分卷　（清）伍廷芳等撰　清光緒三十一年（1905）鉛印本　一冊

340000 - 1808 - 0000661　208124 - 208132

合肥李勤恪公政書十卷首一卷　（清）李瀚章

撰　(清)李經畬等編　清末石印本　九冊
缺一卷(二)

340000－1808－0000662　208163
學治臆說一卷　(清)汪輝祖纂　清刻本
一冊

340000－1808－0000663　208137－208140
平平言四卷　(清)方大湜著　清光緒三十三
年(1907)鉛印本　四冊

340000－1808－0000664　208268－208271
包孝肅公奏議十卷　(宋)包拯撰　清同治三
年(1864)李瀚章省心閣刻本　四冊

340000－1808－0000665　208141
平平言四卷　(清)方大湜著　清末石印本
一冊　存一卷(四)

340000－1808－0000666　208142－208158
牧令書二十三卷　(清)徐棟輯　清咸豐刻本
十七冊　存二十二卷(二至二十三)

340000－1808－0000667　208164－208195
世宗憲皇帝諭旨一百五十九卷　(清)廖壽豐
模刻　清浙江書局刻本　三十二冊

340000－1808－0000668　207125－207140
通典二百卷　(唐)杜佑纂　清光緒二十七年
(1901)上海圖書集成局鉛印九通本　十六冊

340000－1808－0000669　208333－208335
李勇毅公奏議八卷　(清)李續宜撰　清咸豐
刻本　三冊

340000－1808－0000670　208272
潛菴先生疏稿一卷　(清)湯斌撰　清初刻本
一冊

340000－1808－0000671　207141－207156
欽定續通典一百五十卷　(清)嵇璜等總裁
清光緒二十七年(1901)上海圖書集成局鉛印
九通本　十六冊

340000－1808－0000672　208336－208339
許竹篔先生出使函稿十四卷　(清)許竹篔撰
清末鉛印本　四冊

340000－1808－0000673　208196－208267
**大清高宗法天隆運至誠先覺體元立極敷文奮
武孝慈神聖純皇帝聖訓三百卷**　(清)高宗弘
曆撰　清末鉛印本　七十二冊

340000－1808－0000674　208273－208284
桂州夏文愍公奏議二十一卷補遺一卷　(明)
夏言撰　清刻本　十二冊

340000－1808－0000675　207157－207216
通志二百卷　(宋)鄭樵撰　清光緒二十七年
(1901)上海圖書集成局鉛印九通本　六十冊
缺一卷(一百五十九)

340000－1808－0000676　208308－208311
趙恭毅公剩稿八卷　(清)趙侗敦編　清光緒
十八年(1892)浙江書局刻本　四冊

340000－1808－0000677　207217－207275
欽定續通志六百四十卷　(清)嵇璜等總裁
清光緒十七年(1891)鉛印九通本　五十九冊
存六百三十卷(十一至六百四十)

340000－1808－0000678　208340－208342
註陸宣公奏議十五卷　(唐)陸贄撰　(宋)郎
曄注　清光緒四年(1878)刻十萬卷樓叢書本
三冊

340000－1808－0000679　208369－208372
彭剛直公奏稿八卷　(清)彭玉麟著　清光緒
十七年(1891)鉛印本　四冊

340000－1808－0000680　208344－－208353
林文忠公政書三十七卷林文忠公事略一卷
(清)林則徐撰　清刻林文忠公遺集本　十冊

340000－1808－0000681　208312－208315
張文毅公奏稿八卷　(清)張芾撰　清同治刻
本　四冊

340000－1808－0000682　207276－207319
文獻通考三百四十八卷考證三卷　(元)馬端
臨著　清光緒二十七年(1901)上海圖書集成
局鉛印九通本　四十四冊

340000－1808－0000683　208354－208361
曾文正公奏議十卷首一卷末一卷　(清)曾國

藩撰　清同治十二年(1873)蘇郡刻本　八冊

340000－1808－0000684　208316－208321
同治中興京外奏議約編八卷　(清)陳弢輯
清光緒元年(1875)刻本　六冊　存七卷(一、
三至八)

340000－1808－0000685　208373－208380
月令粹編二十一卷圖說一卷　(清)秦嘉謨編
　清同治元年(1862)刻本　八冊

340000－1808－0000686　208343
潛菴先生疏稿一卷　(清)湯斌撰　清抄本
一冊

340000－1808－0000687　208285－208301
歷代名臣奏議選三十卷　(清)趙承恩輯　清
刻趙氏藏書本　十七冊　存二十二卷(三國
名臣奏議選一卷,隋名臣奏議選一卷,唐名臣
奏議選三卷,五代名臣奏議選一卷,宋名臣奏
議選一至三、五至六,遼名臣奏議選一卷,金
名臣奏議選一卷,元名臣奏議選一卷,明名臣
奏議選八卷)

340000－1808－0000688　207320－207351
欽定續文獻通考二百五十卷　(清)嵇璜等總
裁　清光緒二十七年(1901)上海圖書集成局
鉛印九通本　三十二冊　存二百三十卷(二
十一至二百五十)

340000－1808－0000689　208362－208363
曾文正公奏議補編四卷　(清)曾國藩撰
(清)薛福成編次　清同治十三年(1874)蘇郡
刻本　二冊

340000－1808－0000690　207352－207363
皇朝通典一百卷　(清)嵇璜等總裁　清光緒
二十七年(1901)上海圖書集成局鉛印九通本
　十二冊

340000－1808－0000691　208322
李忠武公奏疏一卷　(清)李續賓撰　清光緒
十七年(1891)甌江巡署刻本　一冊

340000－1808－0000692　208323－208332
劉中丞奏議二十卷　(清)劉蓉撰　清光緒十

一年(1885)思賢講舍刻本　十冊

340000－1808－0000693　208302－208307
四此堂稿十卷　(清)魏際瑞著　清刻本
六冊

340000－1808－0000694　208364－208368
曾文正公奏疏文鈔合刊六卷首一卷末一卷
(清)曾國藩撰　(清)薛福成編　清同治十一
年(1872)刻本　五冊　存六卷(一至五、首一
卷)

340000－1808－0000695　207364－207375
皇朝通志一百二十六卷　(清)嵇璜等總裁
清光緒二十七年(1901)上海圖書集成局鉛印
九通本　十二冊

340000－1808－0000696　208381－208388
歲時廣記四十卷首一卷末一卷　(宋)陳元靚
編　清刻本　八冊　缺一卷(六)

340000－1808－0000697　208466－208497
咸淳臨安志八十卷　(宋)潛說友纂　清道光
十年(1830)錢塘汪氏振綺堂刻本　三十二冊

340000－1808－0000698　207376－207423
皇朝文獻通考三百卷　(清)嵇璜等總裁　清
光緒二十七年(1901)上海圖書集成局鉛印九
通本　四十八冊

340000－1808－0000699　207426－207455
三通考輯要七十六卷　(清)湯壽潛編輯　清
光緒二十五年(1899)圖書集成局鉛印本　三
十冊

340000－1808－0000700　208389
圖史提綱三卷　(清)胡宣慶纂編　清同治九
年(1870)刻本　一冊

340000－1808－0000701　208533
[同治]武功縣志三卷首一卷　(明)康海撰
(清)孫景烈評注　(清)瑪星阿參訂　清同治
十二年(1873)湖北崇文書局刻本　一冊

340000－1808－0000702　208456－208461
讀史方輿紀要十卷　(清)顧祖禹著　(清)黃
冕摘鈔　清刻本　六冊

340000－1808－0000703　208390－208391

十六國疆域志十六卷　（清）洪亮吉撰　清嘉慶三年(1798)刻北江全集本　二冊　存四卷（一至四）

340000－1808－0000704　207424－207425

皇朝三通序三卷　清光緒二十七年(1901)木活字印本　二冊

340000－1808－0000705　208662－208665

三國郡縣表八卷　（清）吳增僅撰　清光緒二十二年(1896)木活字印本　四冊

340000－1808－0000706　208392－208423

讀史方輿紀要一百三十卷方輿全圖總說五卷　（清）顧祖禹輯著　清光緒二十七年(1901)圖書集成局鉛印本　三十二冊

340000－1808－0000707　207456－207459

文獻通考輯要二十四卷　（清）張羅澄編輯　清末石印本　四冊　存十五卷（十至二十四）

340000－1808－0000708　208462

讀史方輿紀要十卷　（清）顧祖禹著　清刻本　一冊　存一卷(九)

340000－1808－0000709　208444－208455

廣輿記二十四卷圖一卷提要一卷　（清）蔡方炳增輯　清刻本　十二冊

340000－1808－0000710　207460－207471

文獻通考詳節二十四卷　（元）馬端臨著　清末鉛印本　十二冊

340000－1808－0000711　208666－208667

[光緒]日照縣志十二卷首一卷　（清）陳懋撰　清光緒十二年(1886)刻本　二冊

340000－1808－0000712　208498－208517

陳州府志三十卷首一卷　（清）崔應階纂修　清光緒十九年(1893)刻本　二十冊

340000－1808－0000713　207472－207477

皇朝通典輯要二十六卷　（清）蔣麟振輯　清末石印本　六冊

340000－1808－0000714　208518－208535

衛藏通志十六卷首一卷　（清）和琳撰　校字

記一卷　（清）袁昶撰　清光緒二十二年(1896)漸西村舍刻漸西村舍彙刊本　八冊

340000－1808－0000715　208463

皇朝輿地圖一卷紀元編三卷末一卷　（清）六承如編　清光緒二十四年(1898)石印本　一冊

340000－1808－0000716　208566－208613

續修廬州府志一百卷首一卷末一卷　（清）黃雲等撰　清光緒十一年(1885)刻本　四十八冊

340000－1808－0000717　208688－208689

臨江府瑞筠山慧力禪寺志二卷　（清）沙門徧浹自之氏纂輯　（清）照乾法綱氏編次　（清）鄒篤生訂正　清康熙二十年(1681)刻本　二冊

340000－1808－0000718　208546－208565

[光緒]祥符縣誌二十四卷首一卷　（清）沈傳義等修　清光緒二十四年(1898)刻本　二十

340000－1808－0000719　208464－208465

廣陵通典十卷　（清）汪中撰　清同治八年(1869)揚州書局刻本　二冊

340000－1808－0000720　207478－207513

欽定大清會典一百卷首一卷　（清）昆崗等修　清末石印本　三十六冊

340000－1808－0000721　208668－208677

[嘉慶]無為州志三十六卷首一卷　（清）顧浩等修　（清）吳元慶纂　清嘉慶八年(1803)刻本　十冊

340000－1808－0000722　207514－207587

欽定大清會典圖二百七十卷首一卷　（清）昆崗等總裁　清末石印本　七十四冊

340000－1808－0000723　208424－208425

地球韻言四卷　（清）張士瀛撰　清光緒二十七年(1901)李光明莊刻本　二冊

340000－1808－0000724　208526－208532

[乾隆]登封縣誌三十二卷　（清）洪亮吉纂

（清）陸繼尊纂　清乾隆五十二年（1787）刻本
七冊　存二十九卷（一至二十九）

340000－1808－0000725　208614－208661
續修廬州府志一百卷首一卷末一卷　（清）黃
雲等撰　清光緒十一年（1885）刻本　四十
八冊

340000－1808－0000726　207588－207971
欽定大清會典事例一千二百二十卷目錄八卷
（清）李鴻章等修　清末石印本　三百八十
四冊

340000－1808－0000727　208723－208724
皖志便覽六卷　（清）李應珏著　清光緒二十
八年（1902）刻本　二冊

340000－1808－0000728　208727－208738
李氏五種合刊　（清）李兆洛輯　清光緒十四
年（1888）掃葉山房刻本　十二冊　存四種二
十六卷（歷代地理志韻編今釋二十卷、皇朝輿
地韻編二卷、歷代地理沿革圖一卷、歷代紀元
編三卷）

340000－1808－0000729　207972－207979
欽定大清會典一百卷　（清）允祹等總裁　清
光緒十九年（1893）上海圖書集成印書局石印
本　八冊

340000－1808－0000730　207980
欽定大清會典一百卷　（清）允祹等總裁　清
末鉛印本　一冊　存十卷（六十三至七十二）

340000－1808－0000731　208725－208726
豫乘識小錄二卷　（清）朱雲錦撰　清同治十
二年（1873）多文齋刻本　二冊

340000－1808－0000732　208678－208687
[嘉慶]無為州志三十六卷首一卷　（清）顧浩
等修　（清）吳元慶纂　清嘉慶十八年（1813）
刻本　十冊

340000－1808－0000733　205940－205945
合肥相國七十賜壽圖附壽言一卷　（清）盛宣
懷　（清）楊宗濂輯　清光緒十八年（1892）石
印本　六冊

340000－1808－0000734　208758－208761
壬癸志稿二十八卷　（清）錢寶琛輯　（清）葉
裕仁等參校　清光緒六年（1880）刻本　四冊

340000－1808－0000735　208757
嶺表錄異三卷　（唐）劉恂撰　（清）陸錫熊等
校　清乾隆刻武英殿聚珍版書本　一冊

340000－1808－0000736　208762－208764
考古錄十卷　（清）孫璧文撰　清光緒刻本
三冊　存六卷（二至三、七至十）

340000－1808－0000737　208739－208744
三省邊防備覽十四卷　（清）嚴如熤輯　清刻
本　六冊

340000－1808－0000738　208837－208845
海道圖說十五卷附長江圖說一卷　（英國）金
約翰輯　（美國）金楷理口譯　（清）王德均筆
述　清刻本　九冊　存十四卷（三至十五、長
江圖說一卷）

340000－1808－0000739　208745－208750
三省邊防備覽十四卷　（清）嚴如熤輯　清光
緒八年（1882）漵浦嚴氏家刻本　六冊

340000－1808－0000740　208765－208779
日下舊聞四十二卷　（清）朱彝尊撰　清刻本
十五冊　存三十三卷（四至二十九、三十三
至三十九）

340000－1808－0000741　208870
地輿圖考一卷亞細亞洲圖考四卷　（清）龔柴
撰　清光緒九年（1883）鉛印本　二冊

340000－1808－0000742　208534－208545
歷陽典祿三十四卷補六卷　（清）陳廷貴纂輯
清同治六年（1867）刻光緒十二年（1886）後
印本　十二冊

340000－1808－0000743　208690－208693
雲臺新志十一卷首一卷　（清）謝元淮等撰
清道光十六年（1836）刻本　四冊

340000－1808－0000744　208790－208795
山東運河備覽十二卷　（清）陸耀纂　清同治
十年（1871）刻本　六冊

340000－1808－0000745　208780－208789

畿輔河道叢書八種十四卷　（清）吳邦慶輯
清道光四年(1824)益津吳氏刻畿輔河道水利
叢書本　十冊

340000－1808－0000746　208751－208756

苗防備覽二十二卷　（清）嚴如熤撰　清道光
二十三年(1843)刻本　六冊

340000－1808－0000747　208796

今水經一卷表一卷　（清）黃宗羲撰　清光緒
二十年(1894)湖南章經濟堂刻本　一冊

340000－1808－0000748　208798－208805

徐霞客遊記十卷外編一卷補編一卷　（清）徐
宏祖著　（清）李寄輯　（清）季夢良編　清光
緒三十四年(1908)集成圖書公司鉛印本
八冊

340000－1808－0000749　208871

安徽全省輿地圖說三卷　（清）□□抄　清光
緒抄本　一冊

340000－1808－0000750　208703－208722

西湖志四十八卷　（清）傅王露等修　清光緒
四年(1878)浙江書局刻本　二十冊

340000－1808－0000751　208806－208815

徐霞客遊記十卷　（清）徐宏祖著　（清）李寄輯
（清）季夢良編　清刻本(卷一抄配)　十冊

340000－1808－0000752　208872－208883

金石索十二卷首一卷　（清）馮雲鵷　（清）馮
雲鵬輯　清道光三年(1823)刻本　十二冊

340000－1808－0000753　208797

水經注圖一卷附錄一卷　（清）汪士鐸撰　清
咸豐十一年(1861)刻本　一冊

340000－1808－0000754　208694－208700

焦山志二十六卷首一卷　（清）吳雲輯　清同
治十三年(1874)刻京口三山志本　七冊　缺
三卷(二至四)

340000－1808－0000755　208935－208936

石墨鐫華八卷　（明）趙崡著　清乾隆刻知不
足齋叢書本　二冊

340000－1808－0000756　208816

萍蓬類稿四卷　（清）陳克劭撰　清光緒十九
年(1893)刻本　一冊

340000－1808－0000757　508941

校讎通義三卷　（清）章學誠著　清道光十三
年(1833)章華紱刻章氏遺書本　一冊

340000－1808－0000758　208817－208818

傅相遊歷各國日記二卷　（清）桃溪漁隱
（清）惺新盦主輯　清光緒二十三年(1897)石
印本　二冊

340000－1808－0000759　208856－208869

江西全省輿圖十四卷　（清）朱兆麟校印　清
道光十六年(1836)石印本　十四冊

340000－1808－0000760　208937－208940

寰宇訪碑錄十二卷　（清）孫星衍　（清）邢澍
撰　清光緒九年(1883)刻本　四冊

340000－1808－0000761　208819－208822

萬國近政考略十六卷　（清）鄒弢編輯　清光
緒二十四年(1898)慎記書莊石印本　四冊

340000－1808－0000762　208942－208991

經義考三百卷　（清）朱彝尊撰　目錄二卷
（清）盧見曾編　清光緒二十三年(1897)浙江
書局刻本　五十冊　缺三卷(二百八十六、二
百九十九至三百)

340000－1808－0000763　208701－208702

焦山續志八卷　（清）陳任旸輯　清光緒三十
一年(1905)刻京口三山志本　二冊

340000－1808－0000764　208900－208901

獨笑齋金石攷略四卷首一卷　鄭業斅撰　清
光緒十三年(1887)刻本　二冊

340000－1808－0000765　208823－208830

泰西新史攬要二十四卷　（英國）馬懇西撰
（英國）李提摩太譯　蔡爾康述　清光緒美華
書館鉛印本　八冊

340000－1808－0000766　208992－209015

經義考三百卷　（清）朱彝尊撰　經義考總目
錄二卷　（清）盧見曾編　清乾隆刻本　二十

四冊　缺三卷(二百八十六、二百九十九至三百)

340000－1808－0000767　209036－209051
欽定四庫全書簡明目錄二十卷首一卷　（清）紀昀等總纂　清光緒二年(1876)京都琉璃廠刻本　十六冊

340000－1808－0000768　208908－208913
金石錄三十卷　（宋）趙明誠編著　清乾隆二十七年(1762)德州盧見曾雅雨堂刻本　六冊

340000－1808－0000769　209066－209067
書目答問不分卷　（清）張之洞撰　清光緒元年(1875)刻本　二冊

340000－1808－0000770　208847
萬國地理志一卷　（日本）中村五六編纂（日本）頓野廣太郎修訂　（清）周起鳳譯述　清光緒二十八年(1902)上海廣智書局鉛印本　一冊

340000－1808－0000771　209068－209069
書目答問不分卷　（清）張之洞撰　清光緒元年(1875)刻本　二冊

340000－1808－0000772　208831－208836
普法戰紀二十卷　（清）王韜輯　（清）張宗良口譯　清光緒二十一年(1895)鉛印本　六冊　存十二卷(一至八、十三至十四、十九至二十)

340000－1808－0000773　209016－209035
欽定四庫全書總目提要二百卷首一卷　（清）紀昀等纂　四庫未收書目提要五卷　（清）阮元撰　清光緒十四年(1888)上海漱六山莊石印本　二十冊

340000－1808－0000774　209052
四庫未收書目提要五卷　（清）阮元撰　清光緒四年(1878)上海淞昌閣鉛印本　一冊

340000－1808－0000775　209076
古今偽書考一卷　（清）姚際恆著　清蘇州文學山房木活字印本　一冊

340000－1808－0000776　209077

古今偽書考一卷　（清）姚際恆著　清光緒十五年(1889)長沙經濟書堂刻本　一冊

340000－1808－0000777　208851
印度國志不分卷　（清）學部編譯圖書局編纂　清光緒三十三年(1907)學部編譯圖書局鉛印本　一冊

340000－1808－0000778　209075
蜀抱軒文雜鈔一卷　（清）吳蔭培撰　清末鉛印本　一冊

340000－1808－0000779　209071－209072
士禮居藏書題跋記六卷　（清）黃丕烈撰　（清）潘祖蔭輯　清光緒八年(1882)石印本　二冊

340000－1808－0000780　309206－309210
荀子二十卷校刊補遺一卷　（戰國）荀況撰　（唐）楊倞注　清光緒二十三年(1897)新化三昧書室刻本　五冊

340000－1808－0000781　208846
七編萬國地理志一卷　（日本）中村五六編纂（日本）頓野廣太郎修訂　（清）周起鳳譯述　清光緒二十八年(1902)上海廣智書局鉛印本　一冊

340000－1808－0000782　209053－209056
欽定四庫全書簡明目錄二十卷　（清）紀昀等撰　清光緒十四年(1888)上海漱六山莊石印本　四冊

340000－1808－0000783　209070
知聖道齋讀書跋尾二卷　（清）彭元瑞撰　清刻本　一冊

340000－1808－0000784　208902－208907
金石錄三十卷　（宋）趙明誠編著　清乾隆二十七年(1762)德州盧見曾雅雨堂刻本　六冊

340000－1808－0000785　208914－208917
積古齋鐘鼎彝器款識十卷　（清）阮元編　清嘉慶九年(1804)刻本　四冊

340000－1808－0000786　208852
亞細亞洲志一卷亞細亞洲新志一卷　（清）學

部編譯圖書局編纂　清光緒三十四年(1908)
學部編譯圖書局鉛印本　一冊

340000－1808－0000787　209073
欽定四庫全書總目提要四部類敘一卷　（清）
江標輯　清光緒二十一年(1895)元和江氏刻
靈鶼閣叢書本　一冊

340000－1808－0000788　208853
亞細亞洲志一卷亞細亞洲新志一卷　（清）學
部編譯圖書局編纂　清光緒三十四年(1908)
學部編譯圖書局鉛印本　一冊

340000－1808－0000789　208918－208919
潛研堂金石文字目錄八卷　（清）錢大昕撰
清嘉慶十年(1805)嘉定瞿中溶刻潛研堂全書
本　二冊

340000－1808－0000790　309211
荀子補註二卷　（清）郝懿行撰　清刻本
一冊

340000－1808－0000791　209074
讀讀書錄二卷　（清）汪紱著　清刻本　一冊
　　　存一卷(下)

340000－1808－0000792　208920－208928
金石文字辨異十二卷　（清）邢澍撰　清光緒
十九年(1893)貴池劉氏刻聚學軒叢書本
九冊

340000－1808－0000793　206095－206104
[安徽無為]周氏宗譜十一卷　（清）周美琛纂
修　清光緒二十七年(1901)崇本堂木活字印
本　十冊　存十卷(一至十)

340000－1808－0000794　208854
阿富汗土耳其斯坦志一卷阿富汗斯坦志一卷
阿富汗斯坦新志一卷土耳基司丹志一卷東土
耳基司丹志一卷　（清）學部編譯圖書局編纂
　清光緒三十三年(1907)學部編譯圖書局鉛
印本　一冊

340000－1808－0000795　209057
經籍舉要一卷附錄一卷　（清）龍啟瑞撰
（清）袁昶增訂　清光緒十九年(1893)中江講

院刻本　一冊

340000－1808－0000796　206091－206094
[濡須]王氏宗譜四卷　（清）王順發撰　清道
光二十六年(1846)刻本　四冊

340000－1808－0000797　208855
俾路芝志一卷馬留土股志一卷紐吉尼亞島志
一卷西里伯島志一卷西里伯島新志一卷
（清）學部編譯圖書局編纂　清光緒三十三年
(1907)學部編譯圖書局鉛印本　一冊

340000－1808－0000798　206105－206110
[安徽肥東]肥東店埠袁氏重修宗譜六卷
（清）袁亨泰等纂修　清宣統二年(1910)世德
堂木活字印本　六冊

340000－1808－0000799　206111－206114
[濡須]季氏宗譜四卷　（清）季光海等識　清
刻本　四冊

340000－1808－0000800　208929
潛研堂金石文跋尾六卷　（清）錢大昕撰　清
刻本　一冊

340000－1808－0000801　209058－209065
直齋書錄解題二十二卷　（宋）陳振孫撰　清
乾隆中武英殿木活字印武英殿聚珍版書本
八冊

340000－1808－0000802　309078－309083
汪龍莊先生遺書十五卷　（清）汪輝祖纂　清
刻本　六冊

340000－1808－0000803　309241－309242
人譜一卷人譜類記二卷　（明）劉宗周撰　清
光緒二十五年(1899)木活字印本　二冊

340000－1808－0000804　309104－309119
二程全書六十五卷附錄三卷　（宋）程顥
（宋）程頤撰　（宋）朱熹輯　清光緒三十四年
(1908)澹雅局刻本　十六冊

340000－1808－0000805　309212－309215
小學集註六卷忠經一卷孝經一卷　（宋）朱熹
纂注　清光緒三十二年(1906)鴻寶齋石印本
　　　四冊

340000 – 1808 – 0000806　208930

潛研堂金石文跋尾續六卷　（清）錢大昕撰
清刻潛研堂全書本　一冊

340000 – 1808 – 0000807　309246 – 309247

曾子家語六卷　（清）曾國荃審定　（清）王定
安編輯　清光緒十六年(1890)刻本　二冊

340000 – 1808 – 0000808　309216 – 309217

小學集註六卷　（宋）朱熹撰　（明）陳選注
清同治六年(1867)金陵書局刻本　二冊

340000 – 1808 – 0000809　208931 – 208932

潛研堂金石文跋尾續七卷　（清）錢大昕撰
清嘉慶刻本　二冊

340000 – 1808 – 0000810　309248 – 309251

潛書二卷　（清）唐甄著　（清）王聞遠編　清
光緒九年(1883)中江李氏刻本　四冊

340000 – 1808 – 0000811　309190

揚子法言一卷　（漢）揚雄撰　**申鑒五卷**
(漢)荀悅著　清光緒二十年(1894)湖南藝文
書局刻本　一冊

340000 – 1808 – 0000812　208933

潛研堂金石文跋尾續六卷　（清）錢大昕撰
清刻本　一冊

340000 – 1808 – 0000813　309120 – 309135

二十五子彙函　（清）上海鴻文書局輯　清光
緒十九年(1893)上海鴻文書局石印本　十
六冊

340000 – 1808 – 0000814　309252 – 309255

張子正蒙注九卷　（清）王夫之撰　清同治四
年(1865)湘鄉曾氏刻船山遺書本　四冊

340000 – 1808 – 0000815　309218 – 309220

小學集解六卷輯說一卷　（明）張伯行輯注
清同治六年(1867)楚北崇文書局刻本　三冊

340000 – 1808 – 0000816　208934

粵西得碑記一卷　（清）楊翰撰　清光緒二年
(1876)北平楊翰涪上息園刻息柯居士全集本
一冊

340000 – 1808 – 0000817　309221 – 309225

小學集解六卷輯說一卷　（清）張伯行撰　清
光緒八年(1882)湖南書局刻本　五冊

340000 – 1808 – 0000818　309240

呂子節錄四卷　（清）呂坤著　（清）陳宏謀評
輯　清道光十年(1830)舊有江村刻本　一冊

340000 – 1808 – 0000819　309084 – 309103

二程全書六十五卷附錄三卷　（宋）程顥
(宋)程頤撰　（宋）朱熹輯　清呂氏寶誥堂刻
本　二十冊

340000 – 1808 – 0000820　309228

明夷待訪錄一卷　（清）黃宗羲撰　清刻黃梨
洲先生遺書本　一冊

340000 – 1808 – 0000821　309233 – 309236

呂子節錄四卷補遺二卷　（清）呂坤撰　（清）
陳宏謀評輯　清刻本　四冊

340000 – 1808 – 0000822　309243

變法平議一卷　張謇撰　清光緒鉛印本
一冊

340000 – 1808 – 0000823　309229 – 309232

正學編八卷　（清）潘世恩輯　（清）曾璋疏解
清同治六年(1867)刻本　四冊

340000 – 1808 – 0000824　309298 – 309299

大學衍義輯要六卷　（清）陳宏謀纂　清刻培
遠堂全集本　二冊

340000 – 1808 – 0000825　309237 – 309239

讀書錄十一卷續錄十二卷　（明）薛瑄撰　清
刻本　三冊　存十九卷(讀書錄五至十一、續
錄十二卷)

340000 – 1808 – 0000826　309244 – 309245

危言四卷　（清）湯震撰　清光緒二十一年
(1895)石印本　二冊

340000 – 1808 – 0000827　309191

揚子法言一卷　（漢）揚雄撰　**方言十三卷**
(漢)揚雄撰　（晉）郭璞解　清光緒元年
(1875)湖北崇文書局刻子書百家本　一冊

340000 – 1808 – 0000828　309309 – 309312

御纂性理精義十二卷　（清）李光地撰　清刻

本 四冊 存十卷(一至八、十一至十二)

340000－1808－0000829 305244、306088－306090

愷園四種八卷 （清）龔禮著 清咸豐五年(1855)刻本 四冊

340000－1808－0000830 309306－309307

御纂性理精義十二卷 （清）李光地等纂修 （宋）朱熹注 清刻本 二冊

340000－1808－0000831 309193

監本五臣音注楊子法言十卷 （漢）楊雄撰 （晉）李軌 （唐）柳宗元注 清刻本 一冊 存五卷(六至十)

340000－1808－0000832 309192

新纂門目五臣音注揚子法言十卷 （漢）楊雄撰 （晉）李軌 （唐）柳宗元注 （宋）宋咸等添注 清嘉慶九年(1804)寶慶經綸堂刻本 一冊 存五卷(一至五)

340000－1808－0000833 309226－309227

洝濱蔡先生語錄二十卷 （明）蔡靉撰 清刻本 二冊

340000－1808－0000834 309136－309175

淵鑒齋御纂朱子全書六十六卷 （清）李光地等編 清江西書局刻本 四十冊

340000－1808－0000835 309176－309185

朱子遺書二刻三十二卷 （宋）朱熹撰 清刻本 十冊

340000－1808－0000836 309308

新刊性理大全八卷 （宋）周濂溪撰 （宋）朱熹注 清乾隆三十四年(1769)三多齋刻本 一冊

340000－1808－0000837 309256－309279

大學衍義補一百六十卷首一卷 （明）丘濬撰 （明）陳仁錫評閱 明刻本 二十四冊

340000－1808－0000838 209300－209305

大學衍義補輯要十二卷首一卷 （明）邱濬撰 （清）陳宏謀纂 清刻本 六冊

340000－1808－0000839 309313

上蔡謝先生語錄三卷 （宋）謝良佐撰 清刻本 一冊

340000－1808－0000840 309314－309323

五種遺規十五卷 （清）陳宏謀編輯 清光緒二十一年(1895)浙江書局刊本 十冊

340000－1808－0000841 309362－309365

孔子家語十卷 （三國魏）王肅註 清李光明莊刻本 四冊

340000－1808－0000842 309280－309285

大學衍義四十三卷 （宋）真德秀彙輯 （明）陳仁錫評閱 明刻本 六冊

340000－1808－0000843 309194－309195

新書十卷 （漢）賈誼撰 清光緒二十三年(1897)新化三味書局刻本 二冊

340000－1808－0000844 309366－309367

孔子家語十卷 （三國魏）王肅註 清乾隆刻本 二冊

340000－1808－0000845 309186－309189

朱子原訂近思錄十四卷 （清）江永集注 清同治三年(1864)望三益齋刻本 四冊

340000－1808－0000846 309286－309297

大學衍義四十三卷 （宋）真德秀彙輯 清刻本 十二冊

340000－1808－0000847 309324

傳家寶訓□□卷 （清）石璨著 清刻本 二冊 存五卷(三至五、九至十)

340000－1808－0000848 309420

太上感應篇一卷 （清）惠棟箋注 清末石印本 一冊

340000－1808－0000849 309344－309351

五種遺規 （清）陳宏謀編輯 清光緒十七年(1891)開封府知府海豐吳重憙刻本 八冊 存四種十四卷(教女遺規三卷,訓俗遺規四卷、補編二卷,養正遺規二卷、補編一卷,從政遺規二卷)

340000－1808－0000850 309196－309197

中說十卷 （宋）阮逸註 清嘉慶九年(1804)

刻本　二冊

340000－1808－0000851　309421
太上感應篇一卷　（清）惠棟箋註　清末石印
本　一冊

340000－1808－0000852　309325－309328
寄傲山房塾課新增幼學故事瓊林四卷首一卷
　（清）程允升撰　（清）鄒聖脈增補　（清）
謝梅林　（清）鄒可庭參訂　清兩儀堂刻本
二冊

340000－1808－0000853　309368
學廬自鏡語一卷補勤幼學錄一卷　（清）陳錦
撰　清光緒五年(1879)橘蔭軒刻橘蔭軒全集
本　一冊

340000－1808－0000854　309422
太上感應篇一卷　（清）惠棟箋注　清末石印
本　一冊

340000－1808－0000855　309198－309199
文中子中說十卷　（宋）阮逸註　清光緒二十
三年(1897)新化三味書局刻本　二冊

340000－1808－0000856　309441－309448
莊子南華真經十卷　（戰國）莊周撰　（晉）郭
象注　清光緒十一年(1885)傳忠書局刻本
八冊

340000－1808－0000857　309423
太上感應篇一卷　（清）惠棟箋注　清末石印
本　一冊

340000－1808－0000858　309329－309340
五種遺規十七卷　（清）陳宏謀編輯　清光緒
五年(1879)江西書局刻本　十二冊

340000－1808－0000859　309369－309380
中庸衍義十七卷　（明）夏良勝撰　清同治十
年(1871)刻本　十二冊

340000－1808－0000860　309424－309437
呂祖全書三十二卷禪宗正指三卷　（清）劉體
恕輯　清道光三十年(1850)刻本　十四冊
存二十四卷(一、三、十四至三十二,禪宗正指
三卷)

340000－1808－0000861　309343
二十四弟合刊　（清）蕭培元著　（清）李錫彤
繪圖　清同治八年(1869)刻本　一冊

340000－1808－0000862　309449－309452
南華真經解三卷　（清）宣穎著　（清）王暉吉
較　清刻本　四冊

340000－1808－0000863　309352
增注女四書□□卷　（清）王相箋注　（清）鄭
漢校梓　清光緒二十二年(1896)刻本　一冊
存一卷(上)

340000－1808－0000864　309381
儀衛軒遺書一卷　（清）方東樹著　（清）方宗
誠編輯　清刻本　一冊

340000－1808－0000865　309341－309342
家範十卷　（宋）司馬光著　（清）朱軾注　清
光緒二十三年(1897)刻本　二冊

340000－1808－0000866　309835－309848
御纂醫宗金鑑外科十六卷　（清）吳謙輯　清
刻本　十四冊

340000－1808－0000867　309200－309205
荀子二十卷附校勘補遺一卷　（唐）楊倞注
清刻本　六冊

340000－1808－0000868　309382－309383
大意尊聞三卷儀衛軒遺書二卷　（清）方東樹
著　清同治五年(1866)刻本　二冊

340000－1808－0000869　309783－309789
南雅堂醫書全集二十一種　（清）陳念祖著
清光緒十八年(1892)上海圖書集成印書局鉛
印本　七冊　存七種二十五卷(存神農本草
經讀四卷、醫學三字經四卷、時方妙用四卷、
時方歌括二卷、景嶽新方砭四卷、女科要旨四
卷、醫學實在易一至三)

340000－1808－0000870　309353
課子隨筆節鈔六卷　（清）張又渠輯　清刻本
一冊　存二卷(三至四)

340000－1808－0000871　309849－309857
醫抄類編二十四卷　（清）翁藻編輯　清光緒

二十一年（1895）刻本　三冊　存二卷（一至二）

340000－1808－0000872　309411－309415
南華真經十卷　（晉）郭象注　（唐）陸德明音釋　清嘉慶九年（1804）刻本　五冊

340000－1808－0000873　309384
讀讀書錄二卷　（清）汪紱著　清光緒二十一年（1895）刻本　一冊　存一卷（上）

340000－1808－0000874　309398－309400
文子三卷　（西周）辛鈃著　（明）潘三槐評　清刻本　三冊

340000－1808－0000875　309459－309462
陰隲文像注四卷　（清）趙如升輯　清刻本　四冊

340000－1808－0000876　309719－309744
御纂醫宗金鑑內科七十四卷外科十六卷　（清）吳謙撰　清刻本　二十六冊　存六十三卷（一至六十三）

340000－1808－0000877　309453－309458
南華經解不分卷　（清）宣穎著　（清）王暉吉較　清刻本　六冊

340000－1808－0000878　309354
課子隨筆續編一卷　（清）徐桐輯　清光緒十四年（1888）刻本　一冊

340000－1808－0000879　208426－208443
方輿紀要簡覽三十四卷　（清）顧祖禹撰　清光緒二十八年（1902）經元書室刻本　十八冊

340000－1808－0000880　309385
輶軒語一卷　（清）張之洞著　清光緒三年（1877）刻本　一冊

340000－1808－0000881　209386
輶軒語一卷　（清）張之洞著　清光緒三年（1877）刻本　一冊

340000－1808－0000882　309355
恩餘堂策問存課二卷　（清）彭元瑞撰　清嘉慶四年（1799）刻本　一冊

340000－1808－0000883　309387
輶軒語一卷　（清）張之洞著　清光緒三年（1877）刻本　一冊

340000－1808－0000884　309790－309793
臨證指南醫案八卷　（清）葉桂著　清光緒三十二年（1906）上海龍文書局石印本　四冊

340000－1808－0000885　309388
儒門法語一卷　（清）彭定求編　（清）湯金釗輯要　清道光三十年（1850）四川都署存悍書屋刻本　一冊

340000－1808－0000886　209495－209534
海國圖志一百卷首一卷　（清）魏源撰　清光緒六年（1880）邵陽急當務齋刻本　四十冊

340000－1808－0000887　309794－309803
臨證指南醫案十卷　（清）葉桂著　清同治三年（1864）刻本　十冊

340000－1808－0000888　309356
勸學篇二卷　（清）張之洞撰　清光緒二十四年（1898）刻漸西村舍彙刊本　一冊

340000－1808－0000889　309679－30718
御纂醫宗金鑑十五種　（清）吳謙撰　清刻本　四十冊

340000－1808－0000890　309389
儒門法語輯要一卷　（清）彭定求著　（清）湯金釗輯要　清光緒七年（1881）長洲彭祖賢刻本　一冊

340000－1808－0000891　309401
陰符經一卷　（□）□□撰　**洄溪道情一卷**（清）徐靈胎著　清道光四年（1824）刻本　一冊

340000－1808－0000892　309804－309805
種福堂續選臨證指南四卷　（清）葉桂著　清刻本　二冊

340000－1808－0000893　309390－309397
繹志十九卷　（清）胡承諾撰　清同治十一年（1872）浙江書局刻本　八冊

340000－1808－0000894　309806－309824

陳修園醫書四十八種 （清）陳念祖著　清光緒三十四年（1908）上海文盛堂書局石印本十九冊　存四十三種一百二十二卷（神農本草經讀四卷，醫學三字經四卷，時方妙用四卷，時方歌括二卷，景岳新方砭四卷，女科要旨四卷，醫學實在易八卷，醫學從衆錄八卷，金匱要略淺註十卷，金匱方歌括六卷，張仲景傷寒論原文淺註六卷，長沙方歌括六卷、首一卷，靈素提要淺註十二卷，傷寒醫訣串解六卷，傷寒真方歌括六卷，十藥神書註解一卷，急救奇痧方一卷，經驗百病內外一卷，霍亂論二卷，咽喉脈證通論一卷，白喉治法訣微一卷，急救候疹要法一卷，喉痧正的一卷，太乙神針方一卷，救迷良方一卷，福幼編一卷，春溫三字訣一卷，痢症三字訣一卷，養生鏡一卷，瘧疾論三卷，增廣大生要旨一卷，增廣保嬰要旨一卷，王洪緒先生外科證治全生一卷，引痘略一卷，濕熱條辨一卷，醫家心法一卷，易氏醫按一卷，醫壘元戎一卷，局方發揮一卷，醫經溯洄集一卷，海藏斑論萃英一卷，醫案三十一條一卷，脈訣一卷）

340000－1808－0000895　309357－309361

孔氏家語十卷 （三國魏）王肅注　清末上海啟新書局石印本　五冊

340000－1808－0000896　309440

老子道德經一卷音義一卷 （春秋）李耳撰（晉）王弼注　清光緒二十三年（1897）文瑞樓鉛印本　一冊

340000－1808－0000897　309438、309439

道德真經注四卷 （元）吳澄注　清嘉慶八年（1803）刻本　二冊

340000－1808－0000898　309745－309782

薛氏醫按二十四種 （清）薛巳撰　（清）吳琯輯　清刻本　三十八冊

340000－1808－0000899　208884－208899

金石全例十種四十七卷 （清）朱記榮輯　清光緒十八年（1892）吳縣朱氏彙印本　十六冊

340000－1808－0000900　209463－209494

海國圖志一百卷 （清）魏源撰　清光緒六年

（1880）邵陽急當務齋刻本　三十二冊

340000－1808－0000901　309410

道德經評注二卷 （漢）河上公章句　（明）歸有光批閱　（明）文震孟訂正　清嘉慶九年（1804）寶慶經綸堂刻十字全書本　一冊

340000－1808－0000902　309416－309419

抱樸子內篇四卷外篇四卷 （晉）葛洪撰　清光緒元年（1875）湖北崇文書局刻子書百家本　四冊

340000－1808－0000903　309591－309596

孫子敘錄一卷十家注十三卷遺說一卷 （清）畢以珣撰　清光緒二十三年（1897）新化三味書局刻本　六冊

340000－1808－0000904　309827－309834

較正醫林狀元壽世保元十卷 （明）龔廷賢編　清同治八年（1869）文明堂刻本　八冊　存八卷（一至四、七至十）

340000－1808－0000905　309668－309669

隨園食單一卷 （清）袁枚撰　清乾隆五十七年（1792）刻本　二冊

340000－1808－0000906　309880－309881

圖註八十一難經辨真四卷 （戰國）秦越人著（明）張世賢圖註　（明）沈鏡重校　清刻本二冊

340000－1808－0000907　309597－309598

諸葛忠武侯兵法二卷首一卷 （清）張澍編輯　清刻本　二冊

340000－1808－0000908　309825－309826

御纂醫宗金鑑九十卷 清末石印本　二冊存八卷（三至十）

340000－1808－0000909　309871－309877

景岳全書六十四卷 （明）張介賓著　（清）黃廷瑋　（清）潘梧訂　清刻本　七冊　存二十一卷（七至八、十三至十五、二十二至二十九、三十八至三十九、五十八至六十三）

340000－1808－0000910　309879

難經經釋二卷 （戰國）扁鵲著　（清）徐大椿

釋　清刻本　一冊

340000－1808－0000911　309852－309869

景岳全書六十四卷　（明）張介賓著　清康熙刻本　十八冊　存四十三卷(一至七、二十五至三十三、三十五至四十二、四十六至六十四)

340000－1808－0000912　309547－309552

權制八卷　（清）陳澹然述　清光緒二十六年(1900)刻本　六冊

340000－1808－0000913　309907

金匱要略淺註補正九卷　（漢）張仲景撰　(清)陳念祖注　(清)唐宗海補　清末石印本　一冊　存三卷(一至三)

340000－1808－0000914　309882

神農本草經百種錄一卷傷寒論類方一卷　(清)徐大椿編輯　清刻本　一冊

340000－1808－0000915　309535－309546

洋防輯要二十四卷　（清）嚴如熤輯　清刻本　十二冊

340000－1808－0000916　309670－309677

蠶桑萃編十五首一卷　（清）衛傑編　清光緒二十六年(1900)浙江書局刻本　八冊

340000－1808－0000917　309927－309928

刪注脈訣規正二卷　（清）沈鏡刪註　清康熙三十二年(1693)善成堂刻本　二冊

340000－1808－0000918　309402－309404

諸葛忠武侯行兵遁甲金函玉鏡海底眼六卷　(三國蜀)諸葛亮撰　清木活字印本　三冊

340000－1808－0000919　309678

御纂醫宗金鑑□□卷首一卷　（清）吳謙等撰　清文光堂刻本　一冊　存二卷(一、首一卷)

340000－1808－0000920　309929

圖註脈訣辨真四卷　（晉）王叔和撰　（明）張世賢注　清刻本　一冊　存二卷(三至四)

340000－1808－0000921　309883－309886

醫貫砭二卷蘭臺軌範八卷　（清）徐大椿撰

清刻本　四冊

340000－1808－0000922　309569－309580

讀史兵略十二卷　（清）胡林翼纂　清光緒二十五年(1899)上海紹先書局石印本　十二冊

340000－1808－0000923　309870

景岳全書六十四卷　（明）張介賓撰　清刻本　一冊　存三卷(三十二至三十四)

340000－1808－0000924　309553－309568

讀史兵略四十六卷　（清）胡林翼纂　清咸豐十一年(1861)武昌節署刻本　十六冊

340000－1808－0000925　309930

刪註脈訣規正二卷　（清）沈鏡刪注　清刻本　一冊

340000－1808－0000926　309908

傷寒舌鑑一卷　（清）張登彙纂　（清）邵之鵬校　清康熙七年(1668)刻本　一冊

340000－1808－0000927　309932－309941

針灸大成十卷　（明）楊繼洲編著　清刻本　十冊

340000－1808－0000928　309405－309406

列子八卷　（晉）張湛註　（唐）殷敬順釋文　清光緒二十三年(1897)新化三味書局刻本　二冊

340000－1808－0000929　309887－309888

洄溪醫案一卷　（清）徐大椿撰　（清）王士雄編　清咸豐七年(1857)海昌蔣氏衍芬草堂刻本　二冊

340000－1808－0000930　309878

圖註八十一難經辨真四卷　（戰國）秦越人著　（明）張世賢圖註　（明）沈鏡重校　清聚盛堂刻本　一冊

340000－1808－0000931　309931

刪註脈訣規正二卷　（清）沈鏡刪注　清刻本　一冊　存一卷(下)

340000－1808－0000932　309909－309914

傷寒論三註十六卷　（漢）張仲景撰　（清）方有執等注　（清）劉宏璧刪補　**傷寒醫方歌訣**

一卷 （清）劉宏璧撰 清雍正元年（1723）六
經堂刻本 六冊

340000－1808－0000933 309889
醫學源流論二卷 （清）徐大椿著 清刻本
一冊

340000－1808－0000934 309407－309408
沖虛至德真經八卷 （晉）張湛註 （唐）殷敬
順釋文 清嘉慶九年（1804）刻本 二冊

340000－1808－0000935 309971－309986
唐王燾先生外臺秘要方四十卷 （唐）王燾撰
（明）陸錫明校閱 （明）程衍道訂梓 清光
緒二十四年（1898）上海圖書集成印書局石印
本 十六冊

340000－1808－0000936 309920－309921
傷寒懸解十四卷首一卷末一卷傷寒說意十卷
首一卷 （清）黃元御著 清光緒二十年
（1894）上海圖書集成印書局鉛印本 二冊

340000－1808－0000937 309916
傷寒說意十卷首一卷 （清）黃元御著 清咸
豐十年（1860）長沙鑾穌精舍刻黃氏醫書八種
本 一冊

340000－1808－0000938 310006－310007
史載之方二卷 （宋）史堪撰 清光緒二年
（1876）吳興陸氏刻十萬卷樓叢書本 二冊

340000－1808－0000939 309409
道德經二卷 （清）徐大椿注 清刻本 一冊

340000－1808－0000940 310005
神授急救異痧奇方一卷 （清）□□撰 清光
緒十年（1884）刻本 一冊

340000－1808－0000941 309922
傷寒醫訣串解六卷傷寒真方歌括六卷 （清）
陳念祖著 清光緒十八年（1892）上海圖書集
成印書局鉛印本 一冊

340000－1808－0000942 309581－309590
戊笈談兵十卷首一卷 （清）汪紱錄 清光緒
二十年（1894）刻本 十冊 存九卷（一至五
下、六下至九）

340000－1808－0000943 310008
長沙方歌括六卷首一卷 （清）陳念祖著
（清）陳蔚擬注 清光緒十八年（1892）上海圖
書集成印書局鉛印本 一冊

340000－1808－0000944 309987－309996
驗方新編十六卷末一卷 （清）鮑相璈編輯
清光緒五年（1879）刻本 十冊

340000－1808－0000945 309599
易筋經二卷附圖 （隋）達摩祖師著 （唐）釋
般刺密諦議義 清咸豐八年（1858）刻本
一冊

340000－1808－0000946 309923－309924
金匱要略淺註十卷 （漢）張仲景撰 （清）陳
念祖集注 清光緒十八年（1892）上海圖書集
成印書局鉛印本 二冊

340000－1808－0000947 310009
金匱方歌括六卷 （清）陳念祖著 清光緒十
八年（1892）上海圖書集成印書局鉛印本
一冊

340000－1808－0000948 309925－309926
張仲景傷寒論原文淺註六卷 （清）陳念祖集
注 清光緒十八年（1892）上海圖書集成印書
局鉛印本 二冊

340000－1808－0000949 309915
傷寒六書六卷 （明）陶華述 （明）吳勉學校
清初步月樓刻本 一冊 存二卷（一至二）

340000－1808－0000950 309900－309901
素問靈樞類纂約註三卷 （清）汪昂纂輯 清
同治六年（1867）刻本 二冊

340000－1808－0000951 309997－310001
集驗良方六卷 （清）梁文科輯 清刻本 五
冊 存五卷（二至六）

340000－1808－0000952 309607－309612
韓非子集解二十卷首一卷 （清）王先慎撰
清光緒二十二年（1896）刻本 六冊

340000－1808－0000953 310002
治瘰癧屢驗奇方一卷 （清）倪涵初著 清龍

文齋刻本　一冊

340000－1808－0000954　310010

種子金丹不分卷　（清）徐士珩編輯　清刻本
　一冊

340000－1808－0000955　309942

小兒推拿秘旨三卷　（清）龔雲林撰　清五雲
堂刻本　一冊

340000－1808－0000956　310003－310004

痧脹玉衡書三卷後卷一卷　（清）郭志邃撰
清康熙十四年(1675)刻本　二冊

340000－1808－0000957　310012

醫方捷徑一卷藥性賦一卷　（明）羅必煒校正
　清書林鄭喬林刻本　一冊

340000－1808－0000958　309917－309919

再重訂傷寒集註十卷附錄五卷　舒詔著　清
刻本　二冊　存十卷(三至十、附錄一至二)

340000－1808－0000959　309902

醫學心悟六卷　（清）程國彭著　清刻本　一
冊　存三卷(四至六)

340000－1808－0000960　309600－309606

韓非子二十卷識誤三卷　（戰國）韓非撰　清
光緒二十三年(1897)新化三味書局刻本
七冊

340000－1808－0000961　310011

醫方捷徑不分卷　（明）羅必煒校正　清書林
鄭喬林刻本　一冊

340000－1808－0000962　309943－309946

釐正按摩要術四卷　（清）張振鋆纂輯　清光
緒十五年(1889)刻本　四冊

340000－1808－0000963　310077－310078

醫宗必讀十卷　（明）李中梓著　清刻本　二
冊　存四卷(二至五)

340000－1808－0000964　310027－310029

鼎鍥幼幼集成六卷　（清）陳復正輯　清愛日
堂刻本　三冊　缺一卷(四)

340000－1808－0000965　309947－309950

本草備要八卷　（清）汪昂撰　清光緒二十年
(1894)寶善書局刻本　四冊

340000－1808－0000966　309903

海藏老人陰證略例一卷　（元）王好古撰　清
光緒五年(1879)歸安陸氏刻十萬卷樓叢書本
　一冊

340000－1808－0000967　309623－309627

韓非子二十卷　（戰國）韓非撰　清嘉慶九年
(1804)刻本　五冊

340000－1808－0000968　309964－309967

增廣驗方新編十六卷　（清）鮑相璈編輯
（清）鮑相擎校　清刻本　四冊　存十五卷
(一至十一、十三至十六)

340000－1808－0000969　309951－309952

本草綱目五十二卷首一卷圖三卷　（明）李時
珍撰　清光緒十一年(1885)合肥張氏味古齋
刻本　二冊　存四卷(首一卷、圖三卷)

340000－1808－0000970　310013－310014

明吳又可先生溫疫論醫門普度二卷　（明）吳
又可著　清道光十二年(1832)刻本　二冊

340000－1808－0000971　309613

刪定管子不分卷　（清）方苞刪定　清刻本
一冊

340000－1808－0000972　310050－310053

喉科杓指四卷附集驗良方　（清）包永泰著
清道光三年(1823)刻本　四冊

340000－1808－0000973　309968－309969

增補醫貫奇方□□卷　（明）陰有瀾編　清張
起鵬刻本　二冊　存一卷(一)

340000－1808－0000974　309614－309622

管子評註二十四卷　（唐）房玄齡注釋　（唐）
劉績增注　（唐）朱養和輯訂　清嘉慶九年
(1804)刻本　九冊

340000－1808－0000975　310015－310016

痢疾論四卷　（清）孔毓禮著輯　清刻本　二
冊　存二卷(二至三)

340000－1808－0000976　309970

新鐫窮鄉便方一卷　（清）張賓宇梓　清毓秀齋張賓宇刻本　一冊

340000－1808－0000977　309634－309643
管子評註二十四卷　（唐）房玄齡注釋　（唐）劉績增注　（唐）朱養和輯訂　清嘉慶九年（1804）刻本　十冊

340000－1808－0000978　310079－310082
注解傷寒論十卷　（漢）張仲景述　（晉）王叔和撰次　（金）成無己注解　**傷寒明理論四卷**　（金）成無己撰　清步月樓刻本　四冊

340000－1808－0000979　310030－310032
鼎鍥幼幼集成六卷　（清）陳復正輯訂　（清）劉勷校正　（清）周宗頤參定　清刻本　三冊

340000－1808－0000980　309904－309905
醫門法律六卷　（清）喻昌著　清末上海錦章圖書局石印本　二冊

340000－1808－0000981　310017－310018
男科二卷女科補遺一卷　（清）傅山著　清光緒九年（1883）江都郭鍾岳刻本　二冊

340000－1808－0000982　310033
驚風辨證必讀書不分卷　（清）莊一夔著　清光緒二十七年（1901）上元江氏刻本　一冊

340000－1808－0000983　309953
本草衍義二十卷　（宋）寇宗奭編撰　清光緒三年（1877）刻本　一冊

340000－1808－0000984　309628－309633
管子二十四卷　（唐）房玄齡注　清光緒二十三年（1897）新化三味書局刻本　六冊

340000－1808－0000985　309644－309667
欽定授時通考七十八卷　（清）鄂爾泰等撰　清江西書局刻本　二十四冊

340000－1808－0000986　309906
時病論八卷　（清）雷豐著　清光緒三十四年（1908）石印本　一冊　存三卷（一至三）

340000－1808－0000987　309954－309955
珍珠囊指掌補遺藥性賦一卷　（金）李杲編輯　清刻本　二冊

340000－1808－0000988　310034
痘證慈航一卷補遺一卷　（明）鷗陽調律撰　（清）郭士珩編輯　清同治四年（1865）資陽刻本　一冊

340000－1808－0000989　310019
婦嬰至寶七卷　（清）亟齋居士編　（清）三農老人考訂　（清）徐忼江原刊　（清）拜松居士增訂　清光緒二年（1876）藻春堂刻本　一冊

340000－1808－0000990　309890－309891
靈素提要淺注十二卷　（清）陳念祖集注　清光緒十八年（1892）上海圖書集成局鉛印本　二冊

340000－1808－0000991　310121－310128
池北偶談二十六卷　（清）王士禛著　清康熙四十年（1701）刻王漁洋遺書本　八冊

340000－1808－0000992　310035
種痘新書十二卷　（清）張琰編輯　清刻本　一冊　存一卷（十二）

340000－1808－0000993　309956
珍珠囊指掌補遺藥性賦四卷　（金）李杲編輯　清末上海鑄記書局石印本　一冊

340000－1808－0000994　310140－310145
十駕齋養新錄二十卷餘錄三卷　（清）錢大昕撰　清刻本　六冊

340000－1808－0000995　310147－310149
定香亭筆談四卷　（清）阮元記　（清）吳文溥錄　清嘉慶五年（1800）浙江書局刻本　三冊　存三卷（一至三）

340000－1808－0000996　309957
雷公炮製藥性解六卷　（清）李中梓編輯　清刻本　一冊

340000－1808－0000997　310146
鶡冠子評註三卷　（春秋）鶡冠子撰　（宋）陸佃解　（明）王宇評　清嘉慶九年（1804）刻本　一冊

340000－1808－0000998　310036－310038
瘡瘍經驗全書十三卷　（宋）竇默撰　清康熙

五十六年(1717)浩然樓刻本 三冊

340000－1808－0000999 309958

本草從新十八卷 （清）吳儀洛輯 清刻本
一冊 存一卷（四）

340000－1808－0001000 310020－310021

女科二卷 （清）傅山著 清光緒二年(1876)
刻本 二冊

340000－1808－0001001 310083－310084

悅心集四卷 （清）世宗胤禛輯 清末鉛印本
二冊

340000－1808－0001002 309959

珍珠囊指掌補遺藥性賦四卷 （金）李杲編輯
清刻本 一冊

340000－1808－0001003 310039－310040

外科症治全生集四卷 （清）王維德纂輯 清
刻本 二冊

340000－1808－0001004 310085

廣成子一卷 （宋）蘇軾解 **鬻子一卷** （西
周）鬻熊 （唐）尉珪解 清末石印本 一冊

340000－1808－0001005 310102－310106

淮南鴻烈解二十一卷 （漢）劉安著 （漢）高
誘注 清光緒二十年(1894)藝文書局刻本
五冊

340000－1808－0001006 310022

產後編三卷隨緣便錄一卷 （清）傅山著 清
刻本 一冊 存三卷（產後編中至上、隨緣便
錄一卷）

340000－1808－0001007 310023

鬻嬰提要說一卷 （清）張振鋆纂輯 清光緒
十五年(1889)刻本 一冊

340000－1808－0001008 309960

十藥神書註解一卷 （元）葛可久撰 （清）陳
念祖註 **急救異痧奇方一卷** （清）覺得因道
人輯 **霍亂論二卷** （清）王士雄述 清光緒
十八年(1892)上海圖書集成印書局石印本
一冊

340000－1808－0001009 310086

牟子一卷 （漢）牟融撰 **古今注三卷** （晉）
崔豹撰 清光緒元年(1875)湖北崇文書局刻
子書百家本 一冊

340000－1808－0001010 310024－310025

活幼心法九卷 （清）聶尚恆著 清文富堂刻
本 二冊

340000－1808－0001011 310107－310113

淮南子箋釋二十一卷敘目一卷 （漢）劉安撰
（漢）高誘注 清嘉慶九年(1804)刻本
七冊

340000－1808－0001012 309961－309962

濟世良方四卷 （清）□□撰 清光緒刻本
二冊

340000－1808－0001013 310087

文昌雜錄六卷補遺一卷 （宋）龐元英撰 清
乾隆二十一年(1756)德州盧氏刻雅雨堂叢書
本 一冊

340000－1808－0001014 310026

幼科銕鏡六卷 （清）夏鼎撰 清聚盛堂刻本
一冊

340000－1808－0001015 310061－310076

東垣十書二十卷 （明）□□輯 （明）王肯堂
訂正 清文奎堂刻本 十六冊

340000－1808－0001016 309963

濟世養生集一卷便宜經驗集一卷 （清）毛世
洪輯 清刻本 一冊

340000－1808－0001017 310088－310095

癸巳存稿十五卷 （清）俞正燮撰 清光緒十
年(1884)刻本 八冊

340000－1808－0001018 310054－310057

醫學心悟五卷附外科十法一卷 （清）程國彭
著 清書粟軒刻本 四冊 存五卷（醫學心
悟五卷）

340000－1808－0001019 310096－310101

淮南子二十一卷 （漢）高誘註 清光緒二十
三年(1897)新化三味書局刻本 六冊

340000－1808－0001020 310129－310135

校訂困學紀聞集證二十卷　（宋）王應麟撰　清刻本　七冊　存十八卷（三至二十）

340000－1808－0001021　310047－310049

傅氏眼科審視瑤函六卷首一卷　（明）傅仁宇纂輯　清三益堂刻本　三冊　存四卷（一、四、六，首一卷）

340000－1808－0001022　310150－310153

東塾讀書記二十五卷　（清）陳澧撰　清刻本　四冊　缺十卷（十三至十四、十七至二十、二十二至二十五）

340000－1808－0001023　310058－310060

刻醫無閭子醫貫六卷　（明）趙獻可纂著　明末書林張起鵬刻本　三冊　存四卷（二至三、五至六）

340000－1808－0001024　310136－310139

呂氏春秋二十六卷　（漢）高誘註　（清）畢沅輯校　清乾隆五十三年（1788）刻本　四冊

340000－1808－0001025　310114－310119

呂氏春秋二十六卷　（秦）呂不韋撰　（漢）高誘注　清光緒二十三年（1897）新化三味書局刻本　六冊

340000－1808－0001026　309892

圖註八十一難經辨真四卷　（戰國）扁鵲著　（明）張世賢圖注　清愛日堂刻本　一冊　存二卷（一至二）

340000－1808－0001027　310227－310241

日知錄集釋三十二卷刊誤二卷續刊誤二卷　（清）顧炎武撰　（清）黃汝成集釋　清光緒三年（1877）刻本　十五冊　存三十二卷（日知錄集釋三十二卷）

340000－1808－0001028　310277－310292

敏求軒述記十六卷　（清）陳世箴輯　清道光二十八年（1848）刻本　十六冊

340000－1808－0001029　310041－310046

御纂醫宗金鑑外科心法要訣十六卷　（清）吳謙　（清）鄂爾泰纂修　清三讓堂刻本　六冊

340000－1808－0001030　310120

封氏聞見記十卷　（唐）封演撰　清乾隆二十一年（1756）德州盧氏刻雅雨堂藏書本　一冊

340000－1808－0001031　310293－310294

述學六卷　（清）汪中撰　清同治八年（1869）揚州書局刻本　二冊

340000－1808－0001032　310332－310334

求己錄三卷　（清）盧涇遯士編　清光緒二十四年（1898）東河節署刻本　三冊

340000－1808－0001033　310329－310330

點勘記二卷省堂筆記一卷　（清）歐陽泉撰　清光緒四年（1878）江蘇書局刻本　二冊

340000－1808－0001034　310295－310298

群學肄言十六卷　（英國）斯賓塞爾造論　嚴復翻譯　清光緒二十九年（1903）上海文明編譯書局鉛印本　四冊

340000－1808－0001035　309893

圖註八十一難經二卷　（戰國）扁鵲著　（明）張世賢圖注　清刻本　一冊　存一卷（上）

340000－1808－0001036　310212－310226

日知錄集釋三十二卷　（清）顧炎武著　（清）黃汝成集釋　清光緒三年（1877）刻本　十五冊

340000－1808－0001037　310335－310338

夢園叢說十六卷　（清）方濬頤撰　清光緒元年（1875）刻本　四冊

340000－1808－0001038　310242

日知錄刊誤二卷續刊誤二卷　（清）黃汝成撰　清光緒三年（1877）刻本　一冊

340000－1808－0001039　310331

艮齋雜說十卷　（清）尤侗纂　清康熙中刻西堂全集本　一冊　存三卷（四至六）

340000－1808－0001040　310243

日知錄刊誤二卷續刊誤二卷　（清）黃汝成撰　清光緒三年（1877）刻本　一冊

340000－1808－0001041　309894－309899

醫門法律六卷　（清）喻昌注　清刻本　六冊　缺一卷（一）

340000－1808－0001042　310339－310342

郎潛紀聞十四卷　（清）陳康祺著　清光緒十
年(1884)琴川刻本　四冊

340000－1808－0001043　310299

嶺雲軒瑣記四卷　（清）李威輯錄　清同治五
年(1866)刻本　一冊　存二卷(一至二)

340000－1808－0001044　310244－310251

呂新吾先生實政錄七卷　（明）呂坤著　清光
緒二十九年(1903)聚文齋刻本　八冊

340000－1808－0001045　310343－310346

燕下鄉脞錄十六卷　（清）陳康祺著　清光緒
十一年(1885)暨陽刻本　四冊

340000－1808－0001046　310300

顏氏家訓二卷　（北齊）顏之推撰　清光緒元
年(1875)湖北崇文書局刻子書百家本　一冊

340000－1808－0001047　310305

困學紀聞注二十卷　（宋）王應麟撰　清刻本
　一冊　存一卷(十四)

340000－1808－0001048　310394－310401

兩般秋雨盦隨筆八卷　（清）梁紹壬纂　清崇
儒堂刻本　八冊

340000－1808－0001049　310347－310350

壬癸藏札記十二卷　（清）陳康祺著　清光緒
十一年(1885)吳下刻本　四冊

340000－1808－0001050　310402－310405

兩般秋雨盦隨筆八卷　（清）梁紹壬纂　清大
文堂刻本　四冊

340000－1808－0001051　310301

古南餘話五卷　（清）舒白香手稿　（清）黃慎
言輯　清嘉慶十八年(1813)蓮根詩社刻天香
全集本　一冊

340000－1808－0001052　310252－310267

困學紀聞注二十卷　（宋）王應麟撰　（清）翁
元圻輯　清咸豐元年(1851)小嫏嬛山館刻本
　十六冊

340000－1808－0001053　310357－310376

評論出像水滸傳二十卷　（元）施耐庵撰

（清）金人瑞評　清順治刻本　二十冊

340000－1808－0001054　310268－310272

校訂困學紀聞三箋二十卷　（宋）王應麟撰
（清）何焯等箋　清嘉慶九年(1804)刻本
五冊

340000－1808－0001055　310352－353

瑣事閒錄續編二卷　（清）張畇撰　清咸豐刻
本　二冊

340000－1808－0001056　310302－303

知新膚語四卷　（明）范守己著　（清）姚勳重
校　清光緒十五年(1889)洧上崇信堂姚勳刻
本　二冊

340000－1808－0001057　310273－10274

顏氏家訓二卷　（北齊）顏之推著　清光緒二
十三年(1897)刻本　二冊

340000－1808－0001058　310306－310309

省身集要四卷　（明）胡宗洵輯　清抄本
四冊

340000－1808－0001059　310455－310467

東周列國全志二十三卷　（清）蔡昇評點　清
刻本　十三冊　存十八卷(二至十五、二十至
二十三)

340000－1808－0001060　310406－310444

太平廣記五百卷目錄十卷　（宋）李昉撰　清
道光二十六年(1846)刻本　三十九冊　缺十
四卷(三百十九至三百三十二)

340000－1808－0001061　310275－310276

顏氏家訓七卷考證一卷　（北齊）顏之推撰
清湘西經濟書堂刻本　二冊

340000－1808－0001062　310154－310156

兩山墨談十八卷　（明）陳霆著　清道光二十
六年(1846)宏道書院刻惜陰軒叢書本　三冊

340000－1808－0001063　310351

此宜閣增訂金批西廂四卷首一卷末一卷
（清）金人瑞評　清朱墨套印本　一冊　存一
卷(末一卷)

340000－1808－0001064　310468－310483

品花寶鑑六十回　（清）陳森撰　清刻本　十六冊

340000－1808－0001065　310157－310158

萍海墨雨四卷　（清）李匡濟輯　清光緒二年（1876）維揚徐祝三刻本　二冊

340000－1808－0001066　310497

子書百家　（清）崇文書局輯　清光緒元年（1875）湖北崇文書局刻本　一冊　存六卷（燕丹子一至三、玉泉子一、金華子叢編一至二）

340000－1808－0001067　310546－310547

清異錄二卷　（宋）陶穀撰　清同治十二年（1873）刻本　二冊

340000－1808－0001068　310445－310447

餘墨偶談八卷　（清）孫橒編　清刻本　三冊　存六卷（三至八）

340000－1808－0001069　310171－310172

寱言二卷　陳澹然著　清刻本　二冊

340000－1808－0001070　310448－310450

餘墨偶談續集六卷　（清）孫橒編　清刻本　三冊

340000－1808－0001071　310355－310356

瑣事閒錄二卷　（清）張畇著　清刻本　二冊

340000－1808－0001072　310159－310170

寄園寄所寄十二卷　（清）趙吉士輯　清刻本　十二冊

340000－1808－0001073　310498－310499

癸辛雜識別集二卷續集二卷　（宋）周密輯　（明）毛晉訂　清汲古閣刻本　二冊

340000－1808－0001074　310451－310454

餘墨偶談八卷　（清）孫橒編　清同治十年（1871）羊城刻本　四冊

340000－1808－0001075　411667－411672

劉文烈公全集十二卷　（明）劉理順著　清光緒元年（1875）刻本　六冊

340000－1808－0001076　310500－310501

江湖異人傳圖詠四卷　（清）孫靜庵撰　清末石印本　二冊

340000－1808－0001077　310173－310187

玉定金科例誅輯要十卷特宥輯要十卷例賞輯要十卷　南天都劫司　桂宮武昌侯輯　清進修堂刻本　十五冊　存二十二卷（玉定金科例誅輯要一、三至六，特宥輯要三至十，例賞輯要一至五、七至十）

340000－1808－0001078　310548

搜神記八卷　（晉）干寶撰　清刻本　一冊

340000－1808－0001079　310310

實政錄□□卷　（明）呂坤撰　清刻本　一冊　存五卷（明職、民務、鄉甲約、風憲約、獄政）

340000－1808－0001080　310549

山海經圖□□卷　（晉）郭璞傳　清末石印本　一冊　存二卷（三至四）

340000－1808－0001081　310516－310531

聊齋志異新評十六卷　（清）蒲松齡著　（清）王士正評　（清）但明倫新評　清道光二十二年（1842）朱墨套印本　十六冊

340000－1808－0001082　310354

蒿庵閒話二卷　（清）張爾岐撰　清刻本　一冊

340000－1808－0001083　310484－310496

增評補像全圖金玉緣一百二十回　（清）曹霑撰　（清）明齋主人總評　清光緒三十四年（1908）求不負齋石印本　十三冊　存九十六回（九至三十二、四十一至八十、八十九至一百二十）

340000－1808－0001084　310188－310211

讀書雜志八十二卷餘編二卷　（清）王念孫撰　清刻本　二十四冊

340000－1808－0001085　310550－310551

燕山外史註釋二卷　（清）陳球著　（清）若駿子輯注　清末上海鑄記書局石印本　二冊

340000－1808－0001086　310311－310314

香祖筆記十二卷　（清）王士禎撰　清刻本

四册

340000－1808－0001087　310320－310328
管城碩記三十卷　（清）徐文靖著　清刻本
九册

340000－1808－0001088　310377－310380
涑水記聞十六卷補遺一卷　（宋）司馬光撰
清光緒三年(1877)湖北崇文書局刻本　四册

340000－1808－0001089　310502－310515
紅樓夢一百二十卷一百二十回　（清）曹雪芹
撰　（清）王希廉評述　清刻本　十四册

340000－1808－0001090　310532－310545、
310777－310794
新刻玉釧緣全傳三十二卷　題(清)西湖居士
撰　清道光二十二年(1842)大文堂刻本　三
十二册

340000－1808－0001091　310598－310607
灤陽消夏錄十二卷　（清）紀昀撰　清道光二
十七年(1847)刻本　十册

340000－1808－0001092　310381－310382
北夢瑣言二十卷　（宋）孫光憲纂　清乾隆二
十一年（1756）德州盧氏刻雅雨堂藏書本
二册

340000－1808－0001093　310315－310319
香祖筆記十二卷　（清）王士禛撰　清刻本
四册

340000－1808－0001094　310588－310597
閱微草堂筆記二十四卷　（清）紀昀撰　清道
光十三年(1833)羊城刻本　十册

340000－1808－0001095　310578－310584
情史類略二十四卷　（明）馮夢龍纂　明刻本
七册　存九卷(二、四至十、十三)

340000－1808－0001096　310613－310619
古經天象考十二卷圖說一卷　（清）雷學淇撰
清刻本　七册　缺一卷(一)

340000－1808－0001097　310383－310387
世說新語補二十卷　（南朝宋）劉義慶撰　清
乾隆二十七年(1762)刻本　五册

340000－1808－0001098　310388－310393
世說新語三卷佚文一卷攷證一卷校勘小識一
卷補一卷引用書目一卷　（南朝宋）劉義慶撰
（南朝梁）劉孝標注　清光緒十七年(1891)
思賢講舍刻本　六册

340000－1808－0001099　310608
遯齋偶筆二卷　（清）徐崑著　清刻本　一册
存一卷（下）

340000－1808－0001100　310620
範天圖說一卷北極高度表一卷　（清）劉其暉
撰　清刻本　一册

340000－1808－0001101　310585－310587
籜廊璅記九卷　（清）王守毅撰　清咸豐四年
(1854)晉文齋刻本　三册　缺三卷(三至五)

340000－1808－0001102　310624
筆算便覽五卷　（清）紀大畢等編次　清光緒
二十二年(1896)上海著易堂石印本　一册

340000－1808－0001103　310735－310740
大佛頂如來密因修證了義諸菩薩萬行首楞嚴
經十卷玄義二卷　（唐）天竺沙門般剌密諦譯
經　（明）釋智旭文句　（明）釋道昉訂　清刻
本　六册

340000－1808－0001104　310552
詳註聊齋志異圖詠十六卷　（清）蒲松齡著
(清)呂湛恩注　清末錦章圖書局石印本　一
册　存二卷(三至四)

340000－1808－0001105　310741
最上一乘慧命經一卷　（清）柳華陽撰註　清
古雲安雲笠鄧徽績刻本　一册

340000－1808－0001106　310553
詳註聊齋志異圖詠十六卷　（清）蒲松齡著
(清)呂湛恩注　清末石印本　一册　存二卷
(十三至十四)

340000－1808－0001107　310625－310630
代數術二十五卷首一卷　（英國）華里司輯
(英國)傅蘭雅口譯　（清）華衡芳筆述　清光
緒刻本　六册

340000－1808－0001108　310554－310559

聊齋志異新評十六卷　（清）蒲松齡著　（清）
王士正評　（清）呂湛恩注　清末上海江左書
林石印本　六冊　缺五卷（七至九、十三至十
四）

340000－1808－0001109　310609－310610

尾蔗叢談四卷奇字名十二卷　（清）李調元撰
　清乾隆刻本　二冊

340000－1808－0001110　310742－310745

雲棲法彙存四種□□卷　（明）釋袾宏撰　清
刻本　一冊　存四卷（雲棲法師遺稿三、山房
雜錄二、竹窗二筆一卷、竹窗三筆一卷）

340000－1808－0001111　310631－310636

微積溯源八卷　（英國）華里司輯　（英國）傅
蘭雅口譯　（清）華衡芳筆述　清刻本　六冊

340000－1808－0001112　310611－310612

三統術衍三卷三統術鈐一卷　（清）錢大昕撰
　清刻本　二冊

340000－1808－0001113　310560－310563

酉陽雜俎二十卷　（唐）段成式撰　清光緒三
年（1877）湖北崇文書局刻本　四冊

340000－1808－0001114　310637－310638

新編算學啟蒙三卷總括一卷識誤一卷後記一
卷　（元）朱世傑編撰　清刻本　二冊

340000－1808－0001115　411218－411273

淮海集十七卷後集二卷詞一卷補遺一卷續補
遺一卷　（宋）秦觀撰　清道光十七年（1837）
刻本　六冊

340000－1808－0001116　310564－310565

酉陽雜俎續集十卷　（唐）段成式撰　清光緒
三年（1877）湖北崇文書局刻本　二冊

340000－1808－0001117　310746－310749

妙法蓮華經七卷　（後秦）釋鳩摩羅什譯　清
光緒二十五年（1899）刻本　四冊

340000－1808－0001118　310770

大乘起信論纂注二卷　（南朝梁）釋真諦譯
（明）釋真界纂注　清光緒十一年（1885）刻本

一冊

340000－1808－0001119　310760－310769

指月錄三十二卷　（明）瞿汝稷集　清同治七
年（1868）皖城撫署刻半畝園藏書本　十冊

340000－1808－0001120　310622－310623

新纂簡捷易明算法四卷　（清）沈士桂纂輯
清刻本　二冊

340000－1808－0001121　310728

格言聯璧不分卷　（清）金纓撰　清同治四年
（1865）刻本　一冊

340000－1808－0001122　310757

金剛經如說五卷附心經注說一卷　題（清）希
如居士撰　清道光二十一年（1841）刻本
一冊

340000－1808－0001123　310639

學算筆談十二卷　（清）華蘅芳學　清光緒二
十二年（1896）上海文瑞樓石印行素軒算稿本
　一冊

340000－1808－0001124　310771－310772

華陽金仙證論二十卷　（清）柳華陽撰　清光
緒刻本　二冊

340000－1808－0001125　310758－310759

維摩詰所說經注十卷　（後秦）釋鳩摩羅什譯
　（後秦）釋僧肇註　清乾隆三十七年（1772）
刻本　二冊

340000－1808－0001126　310664－310671

平陽全書十五卷　（清）葉泰輯　清刻本
八冊

340000－1808－0001127　310773

天仙正理直論增注二卷　（明）伍守陽撰　清
宣統二年（1910）刻伍柳仙宗本　一冊　存一
卷（一）

340000－1808－0001128　310640－310642

算學□□卷　（清）賈步緯校述　清光緒江南
製造局鉛印本　三冊　存三卷（五至七）

340000－1808－0001129　410812－410817

諸葛忠武侯故事五卷諸葛忠武侯兵法六卷火

攻心法□□卷首一卷 （清）張澍纂輯 清同治元年(1862)聚珍齋木活字印本 六冊 存十卷(諸葛忠武侯故事五卷、諸葛忠武侯兵法三至六、火攻心法首一卷)

340000－1808－0001130 310672

卜筮正宗十四卷 （清）王維德著 清光緒二十二年(1896)上海書局石印本 一冊 存三卷(一至三)

340000－1808－0001131 310717－310718

篆刻針度八卷 （清）陳克恕述 清抄本 二冊

340000－1808－0001132 310673－310675

卜筮正宗十四卷 （清）王維德輯 清英德堂刻本 三冊 缺三卷(十二至十四)

340000－1808－0001133 310774

仙佛合宗一卷 （明）伍守陽撰 （清）鄧徽績刊 清光緒二十三年(1897)善成堂刻本 一冊

340000－1808－0001134 410806－410811

楚辭集注八卷 （宋）朱熹集注 清聽雨齋刻朱墨套印本 六冊

340000－1808－0001135 410795－410799

楚辭十七卷 （漢）劉向集 （漢）王逸章句 清光緒九年(1883)長沙書唐山館刻本 五冊 存十二卷(一至十、十六至十七)

340000－1808－0001136 310775

陰騭文圖證一卷 （清）費丹旭繪圖 （清）許光清集證 清道光二十四年(1844)海昌蔣氏別下齋刻本 一冊

340000－1808－0001137 310643－310655

山法全書十九卷首二卷 （清）葉泰輯 （清）黃堦注 清嘉慶十八年(1813)刻本 十三冊

340000－1808－0001138 410818－410819

玉臺新詠十卷 （南朝陳）徐陵撰 清南陵徐乃昌刻本 二冊

340000－1808－0001139 310776

陰騭文圖證一卷 （清）費丹旭繪圖 （清）許

光清集證 清道光二十四年(1844)海昌蔣氏別下齋刻本 一冊

340000－1808－0001140 310676－310680

新訂崇正闢謬通書十四卷 （清）李奉來編輯 清文富堂刻本 五冊

340000－1808－0001141 310656

理氣三訣四卷 （清）葉泰著 （清）周敏求參 （清）黃堦訂 （清）沈同文校 清嘉慶十八年(1813)刻本 一冊 存二卷(一至二)

340000－1808－0001142 310566－310577

情史類略二十四卷 （明）馮夢龍評輯 清道光二十八年(1848)三讓堂刻本 十二冊

340000－1808－0001143 310720－310725

居易堂圍棋新譜六卷首一卷 （清）沈賦彙選 清刻本 六冊

340000－1808－0001144 410880－410883

昌黎先生詩增注證訛十一卷 （清）顧嗣立刪補 （清）黃鉞增注 清咸豐七年(1857)刻本 四冊

340000－1808－0001145 310729－310734

大佛頂如來密因修證了義諸菩薩萬行首楞嚴經通議十卷懸鏡一卷略科一卷補遺一卷 （明）釋德清述 清刻本 六冊

340000－1808－0001146 310657－310659

地理六經註六卷 （清）葉泰著 清刻本 三冊

340000－1808－0001147 310681－310683

新訂崇正闢謬通書十四卷 （清）李奉來編輯 清刻本 三冊 存七卷(八至十四)

340000－1808－0001148 310660

增廣玉匣記通書六卷 （清）朱說霖校 清末上海鑄記書局石印本 一冊 存三卷(一至三)

340000－1808－0001149 310708

摘錄書法通文便解不分卷 （清）許鳳鴦著 清同治刻本 一冊

340000－1808－0001150 310684

新訂崇正闢謬通書十四卷 （清）李奉來編輯
清刻本 一冊 存三卷（一至三）

340000－1808－0001151 410876－410877
陶靖節先生詩四卷 （晉）陶潛撰 （宋）湯漢
注 清光緒會稽章氏刻本 二冊

340000－1808－0001152 310689
枕經堂金石書畫題跋三卷 （清）方朔撰 清
同治三年（1864）刻本 一冊

340000－1808－0001153 310685－310686
羅經指南撥霧集三卷 （清）葉泰著 清同文
堂刻本 二冊

340000－1808－0001154 310690－310695
江邨銷夏錄三卷 （清）高士奇輯 清末鉛印
本 六冊

340000－1808－0001155 310661－310663
地理精微集六卷 （清）盛檢討著 （清）陳景
新重編 清光緒二十四年（1898）刻本 三冊
缺一卷（二）

340000－1808－0001156 310709
楷書字法一卷草書字法一卷附正字千文
（清）丁康等撰 清刻本 一冊

340000－1808－0001157 310696－310707
清河書畫舫十二卷 （明）張丑造 清乾隆池
北草堂刻本 十二冊

340000－1808－0001158 410878－410879
陶淵明文集十卷 （晉）陶潛撰 清同治刻本
二冊

340000－1808－0001159 310710
淳化閣釋文十卷 （清）徐朝弼集釋 清嘉慶
十七年（1812）刻本 一冊

340000－1808－0001160 310711－310714
淳化秘閣法帖考正十二卷 （清）王澍詳定
清乾隆刻本 四冊

340000－1808－0001161 410864－410875
庚子山集十六卷 （北周）庾信撰 （清）倪璠
注 清光緒二十年（1894）儒雅堂刻本 十
二冊

340000－1808－0001162 310687
地理五訣八卷 （清）趙廷棟著 清末石印本
一冊

340000－1808－0001163 310688
地理五訣八卷 （清）趙廷棟著 清末石印本
一冊

340000－1808－0001164 410849－410856
玉臺新詠十卷 （南朝陳）徐陵編 （清）吳兆
宜注 （清）程琰補 清乾隆三十九年（1774）
稻香樓刻本 八冊

340000－1808－0001165 410820－410821
陶淵明集八卷首一卷末一卷 （晉）陶潛撰
清末三色套印本 二冊

340000－1808－0001166 310715
賜硯齋題畫偶錄一卷 （清）戴熙著 清光緒
三年（1877）刻本 一冊

340000－1808－0001167 410897－410902
唐陸宣公集二十二卷 （唐）陸贄撰 清同治
五年（1866）楊氏問竹軒家塾刻本 六冊

340000－1808－0001168 410896
唐詩三百首注釋不分卷 （清）孫洙編 清李
光明莊刻本 一冊

340000－1808－0001169 310716
六如居士畫譜三卷 （明）唐寅輯 （清）唐仲
冕訂 清嘉慶六年（1801）刻本 一冊

340000－1808－0001170 310621
高厚蒙求 （清）徐朝俊撰 清同治五年
（1866）雲間徐氏刻本 一冊 存六卷（三集
日晷圖法一卷、星月測時圖表一卷、自鳴鐘錶
圖說一卷、四集天地圖儀一卷、揆日正方圖表
二卷）

340000－1808－0001171 410952－410957
王子安集註二十卷首一卷末一卷 （唐）王勃
撰 （清）蔣清翊註 清光緒九年（1883）吳縣
蔣氏雙唐碑館刻本 六冊

340000－1808－0001172 310719
兼山堂弈譜不分卷 （清）徐星友輯 清光緒

六年(1880)刻本　一冊

340000－1808－0001173　410884－410895

杜工部集二十卷　（唐）杜甫撰　清刻本（卷二十抄配）　十二冊

340000－1808－0001174　410903－410908

唐陸宣公集二十二卷　（唐）陸贄撰　清同治五年(1866)楊氏問竹軒家塾刻本　六冊

340000－1808－0001175　310726

臨池一助集聯四卷　題（清）繡谷花隱居士輯　清光緒二十二年(1896)味經堂刻本　一冊

340000－1808－0001176　410960－410963

元氏長慶集六十卷補遺六卷附錄一卷　（唐）元稹撰　（明）馬元調校　明萬曆三十二年(1604)刻元白長慶集本　四冊

340000－1808－0001177　310727

臨池一助集聯四卷　（清）花隱居士選輯　清光緒二十八年(1902)大啟堂刻本　一冊　存三卷(一至三)

340000－1808－0001178　410966－410969

李長吉昌谷集句解定本四卷　（唐）李賀撰（清）姚佺箋閱　清刻本　四冊

340000－1808－0001179　410970－410971

岑嘉州集八卷　（唐）岑參撰　清光緒十年(1884)上海同文書局石印本　二冊

340000－1808－0001180　410964－410965

李長吉集四卷外卷一卷　（唐）李賀撰　（明）黎簡批點　（明）黃淳耀評　清光緒十八年(1892)朱墨套印本　二冊

340000－1808－0001181　410958－410959

李義山詩集三卷　（唐）李商隱撰　（清）朱鶴齡箋注　（清）沈厚壃輯評　清同治三色套印本　二冊　存二卷(中、下)

340000－1808－0001182　410972－410973

高常侍集十卷　（唐）高適撰　清光緒十年(1884)上海同文書局石印唐人集本　二冊

340000－1808－0001183　410974－410975

孟浩然集四卷　（唐）孟浩然撰　清光緒十年

(1884)上海同文書局石印唐人集本　二冊

340000－1808－0001184　410928－410931

樊川詩集四卷外集一卷別集一卷　（唐）杜牧撰　（清）馮集梧注　清光緒刻本　四冊

340000－1808－0001185　410857－410863、411226

庾子山全集十六卷　（北周）庾信撰　（清）吳兆宜箋注　清康熙、雍正間刻漢魏諸名家集本　八冊

340000－1808－0001186　410936－410951

重刊五百家注音辯昌黎先生文集四十卷（唐）韓愈撰　清乾隆間刻本　十六冊

340000－1808－0001187　410976

唐女郎魚玄機詩一卷　（唐）魚玄機撰　清光緒三十一年(1905)刻本　一冊

340000－1808－0001188　410910

長江集十卷閬仙詩附集一卷　（唐）賈島著清光緒定州王氏刻畿輔叢書本　一冊

340000－1808－0001189　410932－410935

樊川詩集四卷外集一卷別集一卷　（唐）杜牧撰　（清）馮集梧注　清刻本　四冊

340000－1808－0001190　411005－411016

杜詩詳注三十一卷首一卷　（清）仇兆鰲輯注清刻本　十二冊

340000－1808－0001191　410911－410914

李長吉歌詩四卷首一卷　（唐）李賀撰　（清）王琦彙解　清光緒四年(1878)宏達堂刻本四冊

340000－1808－0001192　410977－410978

王摩詰集六卷　（唐）王維撰　清光緒十年(1884)上海同文書局石印本　二冊

340000－1808－0001193　410915－410921

杜工部集二十卷　（唐）杜甫撰　（清）錢謙益箋注　清宣統三年(1911)時中書局石印本七冊

340000－1808－0001194　411017－411028

重刊五百家註音辯昌黎先生文集四十卷

（唐）韓愈撰　（唐）劉昫注　清兩儀堂刻本
十二冊

340000－1808－0001195　411033－411053
李忠定集九十卷　（宋）李綱撰　清光緒二十
九年（1903）湖南愛日堂刻本　二十一冊

340000－1808－0001196　410922－410923
樊川詩集四卷　（唐）杜牧撰　（清）馮集梧注
清刻本　二冊　存二卷（一至二）

340000－1808－0001197　410979－410982
劉隨州詩集十一卷　（唐）劉長卿撰　清光緒
五年（1879）定州王氏謙德堂刻畿輔叢書本
四冊

340000－1808－0001198　410924－410927
樊川詩集四卷　（清）杜牧撰　（清）馮集梧注
清嘉慶德裕堂刻本　四冊

340000－1808－0001199　411084－411090
東坡集八十四卷目錄二卷　（宋）蘇軾撰　清
刻本　七冊　存十二卷（十四、二十四、三十
七至三十八、五十七至五十八、七十一至七十
二、七十九至八十一，目錄一）

340000－1808－0001200　411054－411073
宋李忠定奏議六十九卷首一卷附錄九卷年譜
一卷李忠定擬撰文字七卷　（宋）李綱撰　清
光緒二十九年（1903）湖南愛日堂刻本　二
十冊

340000－1808－0001201　411029－411032
李義山文集十卷　（唐）李商隱撰　（清）徐樹
穀箋　（清）徐炯注　清康熙四十七年（1708）
昆山徐氏花黛草堂刻本　四冊

340000－1808－0001202　410983－410984
孫可之文集二卷　（唐）孫樵撰　清宣統二年
（1910）守政書局木活字印本　二冊

340000－1808－0001203　411098－411127
歐陽文忠公全集一百五十三卷首一卷附錄五
卷　（宋）歐陽修撰　清光緒十九年（1893）澹
雅書局刻本　三十冊　存一百二十五卷（一
至一百二十五）

340000－1808－0001204　411095
文山別集二卷　（宋）文天祥撰　清宣統二年
（1910）東雅社鉛印本　一冊

340000－1808－0001205　410985－410988
顏魯公文集十五卷　（唐）顏真卿著　清宣統
二年（1910）守政書局木活字印本　四冊

340000－1808－0001206　410995－411004
白香山詩集二十卷後集十七卷別集一卷補遺
二卷　（唐）白居易撰　（清）汪立名編　白文
公年譜一卷　（宋）陳振孫編　白香山年譜一
卷　（清）汪立名編　清康熙四十二年（1703）
汪氏一隅草堂刻本　十冊

340000－1808－0001207　411091－411092
老學庵筆記十卷　（宋）陸遊撰　清光緒三年
（1877）湖北崇文書局刻本　二冊

340000－1808－0001208　411222－411224
宋大家蘇文公文抄十卷　（宋）蘇洵撰　（明）
茅坤批評　明末刻八大家文鈔本　三冊

340000－1808－0001209　411074－411083
施註蘇詩四十二卷總目二卷　（宋）蘇軾撰
（清）施元之等註　（清）顧嗣立等刪補　蘇詩
續補遺二卷續補遺總目一卷　（宋）蘇軾撰
（清）馮景補註　王註正譌一卷　（清）邵長蘅
纂　註蘇例言一卷　（清）邵長蘅纂　東坡先
生年譜一卷　（宋）王宗稷編　（清）邵長蘅重
訂　東坡先生墓志銘一卷　（宋）蘇轍撰　宋
史本傳一卷　（元）脫脫撰　清康熙三十八年
（1699）商丘宋犖刻本　十冊

340000－1808－0001210　411096－411097
宗忠簡公集七卷　（宋）宗澤撰　辨訛考異一
卷　（清）胡丹鳳撰　清同治八年（1869）永康
胡氏退補齋刻金華叢書本　二冊

340000－1808－0001211　410989－410990
唐皮日休文藪十卷　（唐）皮日休撰　清光緒
二十一年（1895）合肥李氏蘭雪堂刻本　二冊

340000－1808－0001212　411093－411094
諸葛忠武侯文集六卷　（三國蜀）諸葛亮撰
清刻本　二冊　存一卷（一）

340000－1808－0001213　411128－411137

范文正公全集四十八卷　（宋）范仲淹撰　清
歲寒堂刻本　十冊

340000－1808－0001214　410991－410992

唐皮日休文藪十卷　（唐）皮日休撰　清光緒
二十一年(1895)合肥李氏蘭雪堂刻本　二冊

340000－1808－0001215　411156－411205

**周益國文忠公集一百八十二卷附錄五卷首一
卷**　（宋）周必大撰　清廬陵歐陽棨刻本　五
十冊　存一百七十四卷(省齊文藁二十二至
二十四、二十八至四十、平園續藁四十卷,省
齊別藁十卷,詞科舊藁三卷,披垣類藁七卷,
玉堂類藁二十卷,政府應制藁一卷,歷官表奏
一至六,奏義十二卷,奉詔錄七卷,承明集十
卷,親征錄一卷,飛龍錄一卷,歸廬陵日記一
卷,閒居錄一卷,游山錄三,奏事錄一卷,南歸
魯一卷,思陵錄二卷,玉堂雜記三卷,二老堂
詩話二卷,二老雜志五卷,玉蕊辯證一卷,近
體樂府一卷,書藁十五卷;附錄五卷;首一卷)

340000－1808－0001216　410993

徐鼎臣詩集四卷附三徐事實一卷　（宋）徐鉉
撰　（清）袁寧珍輯　清刻本　一冊

340000－1808－0001217　411138、411337－
411354

宋大家蘇文忠公文抄二十八卷　（明）茅坤批
評　（宋）蘇軾撰　清刻本　十冊

340000－1808－0001218　411151－411155

蘇文忠公詩集五十卷目錄二卷　（宋）蘇軾撰
　（清）紀昀評點　清同治八年(1869)韞玉山
房朱墨套印本　五冊　存二十卷(一至十、十
六至二十五)

340000－1808－0001219　411206－411215

宋大家歐陽文忠公文抄三十二卷　（宋）蘇軾
撰　（明）茅坤評　明崇禎刻八大家文鈔本
十冊

340000－1808－0001220　410994

孟東野集十卷附一卷　（唐）孟郊撰　清宣統
二年(1910)上海著易堂石印五唐人集本　一
冊　存四卷(一至四)

340000－1808－0001221　411231－411236

盤州文集八十卷首一卷末一卷　（宋）洪適撰
　清道光二十八年(1848)涇縣藤溪洪氏刻本
六冊　存四十四卷(一至七、十五至四十
四、七十四至八十)

340000－1808－0001222　411139－411150

蘇文忠公詩集五十卷目錄二卷　（宋）蘇軾撰
　（清）紀昀評點　清同治八年(1869)韞玉山
房朱墨套印本　十二冊

340000－1808－0001223　411237

嘉祐集二十卷　（宋）蘇洵著　清道光十二年
(1832)眉州三蘇祠刻三蘇全集本　一冊　存
四卷(一至四)

340000－1808－0001224　411238－411249

**欒城集四十八卷後集二十四卷三集十卷應詔
集十二卷**　（宋）蘇轍著　（明）王執禮
（明）顧天敍校　清道光十二年(1832)眉州三
蘇祠刻三蘇全集本　十二冊　存四十二卷
(欒城集七至十、二十一至二十四、二十八、三
十、三十九至四十一、四十五至四十八,後集
一至三、二十至二十四,三集十卷,應詔集六
至十二)

340000－1808－0001225　411321－411336

王臨川全集一百卷目錄二卷　（宋）王安石撰
宋史本傳一卷　（元）脫脫撰　清光緒九年
(1883)聽香館刻本　十六冊

340000－1808－0001226　411254－411255

恥堂存稿八卷　（宋）高斯得撰　清乾隆刻武
英殿聚珍版書本　二冊

340000－1808－0001227　411346－411348

宋大家曾文定公文抄十卷　（宋）曾鞏撰
（明）茅坤批評　清刻八大家文鈔本　三冊

340000－1808－0001228　411374－411383

廬陵宋丞相信國公文忠烈先生全集十六卷
（宋）文天祥撰　清雍正三年(1725)刻本
十冊

340000－1808－0001229　411225

楊文節公文集四十二卷 （宋）楊萬里撰　清刻本　一冊　存三卷（一至三）

340000－1808－0001230　411250－411253

羅豫章先生集十二卷首一卷末一卷 （宋）羅叢彥著　清光緒九年（1883）木活字印趙氏藏書本　四冊

340000－1808－0001231　411317－411320

岳忠武王文集八卷首一卷末一卷 （清）何渭鑒定　（清）楊景素　（清）黃邦寧纂修　清乾隆刻本　四冊

340000－1808－0001232　411256－411261

東坡詩鈔十八卷 （宋）蘇軾撰　清康熙六十年（1721）華亭姚廷謙遂安堂刻唐宋八家詩本　六冊

340000－1808－0001233　411384－411389

劍南詩鈔不分卷 （宋）陸游著　清康熙二十四年（1685）刻本　六冊

340000－1808－0001234　411289－411292

宋黃文節公文集十二卷首一卷 （宋）黃庶（宋）黃庭堅撰　清刻本　四冊

340000－1808－0001235　411349－411356

水心先生文集二十九卷補遺一卷 （宋）葉適撰　清光緒八年（1882）瑞安孫氏詒善祠塾刻永嘉叢書本　八冊

340000－1808－0001236　411227－411230

楊文節公詩集四十二卷 （宋）楊萬里撰　清刻本　四冊　存十四卷（十六至二十、二十七至三十二、四十至四十二）

340000－1808－0001237　411279－411288

韓魏王安陽集五十卷家傳十卷別錄三卷附錄一卷 （宋）韓琦撰　（清）黃邦寧修　清乾隆三十五年（1770）刻本　十冊

340000－1808－0001238　410800－410805

楚辭十七卷 （漢）劉向集　（漢）王逸章句　清光緒九年（1883）書堂山館刻本　六冊

340000－1808－0001239　411357－411360

水心先生別集十六卷 （宋）葉適撰　清同治九年（1870）瑞安孫氏刻永嘉叢書本　四冊

340000－1808－0001240　411262－411267

徐騎省集三十卷札記一卷補遺一卷 （宋）徐鉉撰　清光緒十七年（1891）李氏刻本　六冊

340000－1808－0001241　411216－411221

宋大家王文公文抄十六卷 （宋）王安石撰（明）茅坤批評　明刻八大家文鈔本　六冊

340000－1808－0001242　411268－411273

淮海集十七卷後集二卷詞一卷補遺一卷附纂一卷 （宋）秦觀撰　清道光十七年（1837）刻本　六冊

340000－1808－0001243　411361

浩然齋雅談三卷 （宋）周密撰　清乾隆四十年（1775）刻武英殿聚珍版書本　一冊

340000－1808－0001244　411293－411316

黃詩全集五十八卷 （宋）黃庭堅撰　（宋）黃子耕編　清光緒二年（1876）刻本　二十四冊

340000－1808－0001245　411362－411365

文恭集四十卷 （宋）胡宿撰　清乾隆四十年（1775）刻武英殿聚珍版書本　四冊　存二十二卷（一至四、二十三至四十）

340000－1808－0001246　411274－411275

林和靖詩集四卷拾遺一卷 （宋）林逋撰　清宣統二年（1910）文瑞樓石印本　二冊

340000－1808－0001247　411390－411395

宋大家蘇文定公文抄二十卷 （宋）蘇轍撰（明）茅坤批評　明刻八大家文鈔本（卷一至三抄配）　六冊

340000－1808－0001248　411413

白石道人詩集二卷集外詩一卷附錄一卷 （宋）姜夔著　清刻本　一冊

340000－1808－0001249　411396－411402

陸象山先生全集三十六卷 （宋）陸九淵撰　清宣統二年（1910）江左書林鉛印本　七冊

340000－1808－0001250　411276

林和靖詩集四卷拾遺一卷 （宋）林逋撰　清

末石印本　一冊　存二卷(三至四)

340000－1808－0001251　410822－410833

文選六十卷　(南朝梁)蕭統輯　(唐)李善注
清乾隆三十三年(1768)雲林周氏光霽堂刻
本　十二冊

340000－1808－0001252　411424－411425

林和靖詩集四卷附拾遺一卷　(宋)林逋撰
清同治十二年(1873)長洲朱氏刻本　二冊

340000－1808－0001253　411403－411412

歐陽文忠公全集一百五十三卷附錄五卷
(宋)歐陽修撰　清刻本　十冊　存三十三卷
(一百二十六至一百五十三、附錄五卷)

340000－1808－0001254　411426－411427

山谷詩鈔五卷　(宋)黃庭堅著　(清)姚鼐選
本　清光緒八年(1882)刻　二冊

340000－1808－0001255　411482－411485

和靖尹先生文集十卷附錄一卷　(宋)伊焞撰
明嘉靖九年(1530)洪珠刻本　四冊

340000－1808－0001256　410834－410848

文選六十卷　(南朝梁)蕭統輯　(唐)李善注
清乾隆海錄軒刻朱墨套印本　十五冊　存
五十六卷(一至十八、二十三至六十)

340000－1808－0001257　411436

斜川集六卷　(宋)蘇過著　清道光七年
(1827)刻本　一冊　存二卷(一至二)

340000－1808－0001258　411428－411431

河南先生文集二十七卷附錄一卷　(宋)尹洙
著　清宣統二年(1910)守政書局木活字印四
部叢刊本　四冊

340000－1808－0001259　411277－411278

東萊先生古文關鍵二卷　(宋)呂祖謙評
(宋)蔡文子注　(清)徐樹屏考異　清乾隆十
八年(1753)浙西顧氏讀畫齋刻本　二冊

340000－1808－0001260　411366－411369

後山詩十二卷　(宋)陳師道撰　(宋)任淵注
清乾隆武英殿聚珍版書本　四冊

340000－1808－0001261　441002

唐大家韓文公文抄十六卷　(唐)韓愈撰　明
末刻本　六冊

340000－1808－0001262　411370－411373

涑水記聞十六卷　(宋)司馬光撰　清乾隆武
英殿聚珍版書本　四冊

340000－1808－0001263　411432－411435

鐵函心史二卷　(宋)鄭思肖撰　清光緒二十
年(1894)種竹書屋刻本　四冊

340000－1808－0001264　411414－411423

楊龜山先生集四十二卷首一卷　(宋)楊時著
清光緒五年(1879)道南祠玉華山館刻本
十冊

340000－1808－0001265　411437－411438

游定夫先生集六卷首一卷末一卷　(宋)遊酢
撰　清同治六年(1867)和州官舍刻本　二冊

340000－1808－0001266　411439－411469

東坡先生全集七十五卷　(宋)蘇軾撰　**東坡
先生年譜一卷**　(宋)王宗稷編　**宋史本傳**
(元)脫脫撰　**東坡先生墓志銘**　(宋)蘇轍撰
明末刻本　三十一冊

340000－1808－0001267　411470－411481

箋釋梅亭先生四六標準四十卷　(宋)李劉著
(明)孫雲翼箋　清刻本　十二冊

340000－1808－0001268　411486－411489

六一居士文集錄五卷外集錄二卷　(宋)歐陽
修撰　清末石印本　四冊　存五卷(六一居
士文集錄三至五、外集錄二卷)

340000－1808－0001269　411628－411635

何大復先生集三十八卷附錄一卷　(明)何景
明撰　清宣統元年(1909)厚生印書館石印本
八冊

340000－1808－0001270　411490－411495

元遺山詩集箋注十四卷首一卷卷末一卷
(金)元好問撰　(元)張德輝類次　(清)施
國祁箋注　清道光二年(1822)南潯瑞松堂蔣
氏刻本　六冊

340000－1808－0001271　411496－411498

元遺山詩集箋注十四卷附錄一卷補載一卷
(金)元好問撰　(清)施國祁箋　清宣統三年
(1911)掃葉山房石印本　三冊　存六卷(二至七)

340000－1808－0001272　410909
拙軒集六卷　(金)王寂撰　清乾隆四十一年
(1776)刻武英殿聚珍版書本　一冊

340000－1808－0001273　411499－411506
許文正公遺書十二卷首一卷末一卷　(元)許
衡撰　清乾隆五十五年(1790)刻本　八冊

340000－1808－0001274　411507－411508
倪雲林先生清閟閣詩集五卷　(元)倪瓚撰
(明)蹇曦編　清光緒木活字印本　二冊

340000－1808－0001275　411509－411512
湛然居士文集十四卷　(元)耶律楚材撰　清
光緒二十一年(1895)刻漸西村舍彙刊本
四冊

340000－1808－0001276　411513
梅道人遺墨一卷　(元)吳鎮撰　(清)葛元煦
訂　清光緒二年(1876)仁和葛氏嘯園刻嘯園
叢書本　一冊

340000－1808－0001277　411514－411515
金淵集六卷　(元)仇遠撰　清乾隆四十年
(1775)武英殿聚珍版書本　二冊

340000－1808－0001278　411516－411517
金淵集六卷　(元)仇遠撰　清刻武英殿聚珍
版書本　二冊

340000－1808－0001279　411518－411529
震川先生集三十卷別集十卷　(明)歸有光著
(清)歸玠編輯　清光緒元年(1875)常熟歸
氏刻本　十二冊

340000－1808－0001280　411530－411541
震川先生集三十卷別集十卷　(明)歸有光撰
(清)歸玠編輯　清光緒元年(1875)常塾歸
氏刻本　十二冊

340000－1808－0001281　411554－411557
兩谿文集二十四卷　(明)劉球著　清宣統二

年(1910)守政書局木活字印本　四冊

340000－1808－0001282　411542－411545
空同詩鈔十六卷附錄一卷　(明)李夢陽撰
(清)桑調元編　清道光二十九年(1849)誦芬
堂刻本　八冊

340000－1808－0001283　411546－411553
空同詩鈔十六卷　(明)李夢陽撰　清道光二
十九年(1849)刻本　八冊

340000－1808－0001284　411558－411581
王文成公全書三十八卷　(明)王守仁撰　清
刻本　二十四冊

340000－1808－0001285　411582－411597
王陽明先生全集十六卷目錄二卷　(明)王守
仁　(明)李贄撰　清道光文德刻本　十六冊

340000－1808－0001286　411598－411617
**懷麓堂全集詩稿二十卷文稿三十卷詩後稿十
卷文後稿三十卷雜記十卷**　(明)李東陽撰
清嘉慶八年(1803)刻本　二十冊

340000－1808－0001287　411618－411621
馬文莊公文集選十五卷附錄一卷　(明)馬自
強撰　清同治九年(1870)敦倫堂刻本　四冊

340000－1808－0001288　411624－411627
金忠節公文集八卷　(明)金聲撰　清道光七
年(1827)刻本　四冊

340000－1808－0001289　411622－411623
缶鳴集十二卷　(明)高啟撰　清介石堂刻本
二冊

340000－1808－0001290　411636－411637
陳臥子先生安雅堂稿十八卷　(明)陳子龍撰
清宣統元年(1909)上海時中書局鉛印本
二冊　存五卷(一至二、十一至十三)

340000－1808－0001291　411638
讀書錄十一卷　(明)薛瑄撰　清乾隆十一年
(1746)刻本　一冊　存四卷(一至四)

340000－1808－0001292　411639－411644
何大復先生集三十八卷附錄一卷　(明)何景
明撰　清乾隆十五年(1750)刻本　八冊

340000－1808－0001293　411645－411654

重刻天傭子全集十卷首一卷末一卷　（明）艾
南英撰　清光緒刻本　十冊

340000－1808－0001294　411655－411666

文清公薛先生文集二十四卷　（明）薛瑄著
（明）張鼎輯　明萬曆四十二年（1614）刻本
十二冊

340000－1808－0001295　411673

寸碧堂詩集二卷外集一卷　（明）汪膺撰　清
刻本　一冊

340000－1808－0001296　411674－411677

國朝十家四六文鈔十卷　王先謙編　清光緒
十五年（1889）長沙王氏刻本　四冊

340000－1808－0001297　411678－411685

何大復先生集三十八卷　（明）何景明撰　清
咸豐二年（1852）刻本　八冊

340000－1808－0001298　411686－411695

訥谿先生詩錄九卷　（明）周怡著　清末木活
字印本　十冊

340000－1808－0001299　411696－411715

漁洋山人精華錄訓纂十卷　（清）王士禎撰
清乾隆惠氏紅豆齋刻本　二十冊

340000－1808－0001300　411716－411717

漁洋詩續集十六卷　（清）王士禎著　清光緒
刻本　二冊　存八卷（一至四、九至十二）

340000－1808－0001301　411718－411721

知退齋稿七卷補刊一卷　（清）張瑛撰　清光
緒二十四年（1898）刻本　四冊

340000－1808－0001302　411722－411729

漁洋山人精華錄訓纂十卷附箋註辯訛一卷
（清）王士禎撰　清光緒十七年（1891）會稽徐
氏述史樓刻本　八冊

340000－1808－0001303　411730－411733

倭文端公遺書八卷首一卷末一卷續刊三卷
（清）倭仁輯　清光緒元年（1875）六安求我齋
刻本　四冊

340000－1808－0001304　411734－411739

□齋文集八卷詩集四卷　（清）張穆撰　清刻
本　六冊

340000－1808－0001305　411748－411755

漁洋山人精華錄訓纂十卷　（清）惠棟撰　清
刻本　八冊　存十一卷（漁洋山人精華錄訓
纂七至十、漁洋山人自撰年譜卷一卷、金氏精
華錄箋注辯訛一卷、漁洋山人精華錄訓纂補
一至五）

340000－1808－0001306　411756－411759

篤實堂文集八卷　（清）呂永輝著　清光緒三
十二年（1906）刻本　四冊

340000－1808－0001307　411740－411747

嶧桐文集十卷詩集十卷　（清）劉城著　清光
緒十九年（1893）刻本　八冊

340000－1808－0001308　411762

石蓮集一卷　（清）董懷新撰　清刻本　一冊

340000－1808－0001309　411761

和驂鸞集二卷附歸舟雜詠一卷　（清）龔鉽撰
清刻本　一冊

340000－1808－0001310　411791－411793

兩當軒詩鈔十四卷　（清）黃景仁撰　清刻本
三冊　存十二卷（三至十四）

340000－1808－0001311　411787－411790

潛菴先生遺稿五卷　（清）湯斌著　清康熙刻
本　四冊

340000－1808－0001312　411763

獨行堂詩存二卷　（清）朱瑋撰　清刻本
一冊

340000－1808－0001313　411812

陳文肅公遺集二卷　（清）陳文騄輯　清光緒
十六年（1890）刻本　一冊

340000－1808－0001314　411760

榮甫先生遺詩五卷　（清）汪中撰　清末正誼
書局鉛印本　一冊

340000－1808－0001315　411773－411776

林嚴文鈔四卷　（清）林紓　（清）嚴複撰　清
宣統元年（1909）國學扶輪社鉛印本　四冊

340000－1808－0001316　411777－411778

蕭亭詩選六卷　（清）張實居撰　（清）王士禛
批點　清康熙刻本　二冊

340000－1808－0001317　411764－411766

補學軒文集駢體四卷　（清）鄭獻甫著　清刻
本　三冊　存三卷（二至四）

340000－1808－0001318　411813－411828

綠漪草堂文集三十卷首一卷別集二卷外集二
卷詩集二十卷研華館詞三卷　（清）羅汝懷撰
清光緒九年（1883）刻本　十六冊

340000－1808－0001319　411779－411786

賦鈔箋略十五卷　（清）雷琳　（清）張杏濱箋
清刻本　八冊

340000－1808－0001320　411767－411768

補學軒文集續駢體四卷　（清）鄭獻甫撰　清
同治十一年（1872）刻本　二冊　存二卷（一
至二）

340000－1808－0001321　411794－411806

陶園文集八卷詩集二十四卷　（清）張九鉞撰
清刻本　十三冊

340000－1808－0001322　411769－411772

補學軒文集續刻駢體文四卷　（清）鄭獻甫撰
清同治十一年（1872）刻本　四冊

340000－1808－0001323　411807－411810

太乙舟文集八卷　（清）陳用光著　清刻本
四冊

340000－1808－0001324　411837

竹南精舍駢儷文稿一卷　（清）朱泰脩撰　清
同治刻本　一冊

340000－1808－0001325　411829－411836

梁任公文集一卷續編一卷二編一卷三編一卷
四編一卷　梁啟超撰　清末鉛印本　八冊

340000－1808－0001326　411811

丙寅集一卷　（清）張朝墉撰　清末鉛印本
一冊

340000－1808－0001327　411861－411864

漁洋山人詩集四卷　（清）王士禛撰　清康熙

八年（1669）吳郡沂詠堂刻本　四冊

340000－1808－0001328　411838－411845

湘綺樓詩集十四卷箋啟八卷　王闓運撰　清
光緒刻本　八冊　缺四卷（詩集一至四）

340000－1808－0001329　411850－411856

函雅堂集七卷　（清）王詠霓撰　清刻本
七冊

340000－1808－0001330　411849

盋山詩錄二卷　（清）顧雲撰　清刻本　一冊

340000－1808－0001331　411846－411848

盋山文錄卷八卷　（清）顧雲撰　清光緒十五
年（1889）刻本　三冊

340000－1808－0001332　411857－411859

虛白室詩鈔十四卷　（清）方昌翰撰　清同治
十三年（1874）刻本　三冊

340000－1808－0001333　411920－411921

遜學齋詩鈔十卷　（清）孫衣言撰　清同治三
年（1864）刻本　二冊

340000－1808－0001334　411860

惜抱先生尺牘八卷　（清）姚鼐撰　清刻本
一冊　存二卷（五至六）

340000－1808－0001335　411922－411925

遜學齋詩鈔十卷　（清）孫衣言撰　清同治十
二年（1873）刻本　四冊

340000－1808－0001336　411918－411919

張蒼水集二卷　（明）張煌言撰　清末鉛印本
二冊

340000－1808－0001337　411867－411868

樂餘靜廉齋詩稿初集一卷二集一卷　（清）顧
復初著　清同治六年（1867）刻本　二冊

340000－1808－0001338　411873

韻香閣詩集一卷　（清）孔祥淑撰　清光緒十
二年（1886）刻本　一冊

340000－1808－0001339　411874

顧鳳翔遺集一卷　（清）顧騤著　清光緒三十
二年（1906）刻本　一冊

340000－1808－0001340　411875

絮香吟館小草一卷　（清）齡文撰　清光緒十二年（1886）刻本　一冊

340000－1808－0001341　411876

海藏樓詩一卷　（清）鄭獻脀著　清光緒三十二年（1906）鉛印本　一冊

340000－1808－0001342　411877－411900

柏堂集前編十四卷次編十三卷續編二十二卷後編二十二卷外編十二卷餘編八卷補存三卷附存五卷　（清）方宗誠撰　清光緒六年至十二年（1880－1886）刻本　二十四冊

340000－1808－0001343　411905－411910

新喻梁石門先生集六卷　（明）梁寅撰　清光緒十五年（1889）刻本　六冊

340000－1808－0001344　411911

雲棲大師山房雜錄二卷　（明）釋德清撰　清刻本　一冊　存一卷（一）

340000－1808－0001345　411869－411872

陶堂志微錄五卷遺文三卷　（清）高心夔編　清光緒八年（1882）刻本　四冊

340000－1808－0001346　411912－411917

樓山堂集二十七卷　（明）吳應箕著　清宣統二年（1910）鉛印本　六冊

340000－1808－0001347　411934－411941

明大司馬盧公集十二卷首一卷　（明）盧象昇著　清光緒元年（1875）刻本　八冊

340000－1808－0001348　411901－411904

六如居士全集七卷補遺一卷　（明）唐寅著　清嘉慶六年（1801）刻本　四冊

340000－1808－0001349　411926－411933

明大司馬盧公奏議十二卷　（清）盧象升撰　清刻本　八冊

340000－1808－0001350　411950－411953

李文清公遺書八卷　（清）李棠階撰　清光緒八年（1882）河北分守道署刻本　四冊

340000－1808－0001351　411954－411955

鄭板橋全集六卷　（清）鄭燮著　清末影印本二冊

340000－1808－0001352　411961

攷槃集文錄十二卷　（清）方東樹撰　清光緒二十年（1894）刻本　一冊　存一卷（一）

340000－1808－0001353　411960

崇蘭堂詩初存十卷　（清）張預撰　清光緒二十年（1894）刻本　一冊　存六卷（一至六）

340000－1808－0001354　411956－411959

海天琴思錄八卷　（清）林昌彝輯　清同治三年（1864）刻本　四冊

340000－1808－0001355　411942－411949

明大司馬盧公集十二卷　（明）盧象昇著　清光緒元年（1875）刻本　八冊

340000－1808－0001356　411962－411973

漁洋山人精華錄箋註十二卷　（清）金榮林注　清刻本　十二冊

340000－1808－0001357　411975

虛白山房詩集四卷　（清）朱鳳毛撰　清光緒刻本　一冊

340000－1808－0001358　411974

一簾花影樓試律詩一卷律賦一卷　（清）朱鳳毛撰　清光緒十五年（1889）刻本　一冊

340000－1808－0001359　412015－412030

天岳山館文鈔四十卷　（清）李元度著　清光緒六年（1880）刻本　十六冊

340000－1808－0001360　411978－411980

潛庄文鈔不分卷　（清）卜起元撰　清咸豐刻本　一冊

340000－1808－0001361　411985－411988

惜抱軒文集十六卷後集十卷　（清）姚鼐撰　清光緒九年（1883）刻本　四冊

340000－1808－0001362　411981

玉井山館文續二卷　（清）許宗衡著　清同治九年（1870）刻本　一冊

340000－1808－0001363　411993

虛白山房駢體文二卷　（清）朱鳳毛撰　清光

緒十五年（1889）刻本　一冊

340000－1808－0001364　411989－411992
江忠烈公遺集二卷附錄一卷　（清）江忠源等撰　清同治三年（1864）刻本　四冊

340000－1808－0001365　411994
愼宜軒文五卷　（清）姚永概著　清光緒三十四年（1908）鉛印本　一冊

340000－1808－0001366　411995－411996
恩餘堂輯稿四卷　（清）彭元瑞撰　（清）彭邦疇編　清道光七年（1827）刻本　二冊

340000－1808－0001367　411982－411984
玉井山館文續五卷　（清）許宗衡著　清同治四年（1865）刻本　三冊

340000－1808－0001368　411976－411977
悔餘菴樂府四卷　（清）何栻撰　清同治四年（1865）鳩江刻本　二冊

340000－1808－0001369　412005－412014
駢體文鈔三十一卷　（清）李兆洛編　清同治六年（1867）刻本　十冊

340000－1808－0001370　411997－4112004
船山詩草二十卷　（清）張問陶撰　清同治十三年（1874）刻本　八冊

340000－1808－0001371　412047
蠶尾後集二卷　（清）王士禎撰　清康熙刻本　一冊

340000－1808－0001372　412035－412046
潛研堂文集五十卷　（清）錢大昕撰　清嘉慶十一年（1806）刻本　十二冊

340000－1808－0001373　412070
歸田集不分卷　（清）沈德潛撰　清乾隆刻本　一冊

340000－1808－0001374　412082
館課賦稿一卷　（清）吳延鉁著　清道光十一年（1831）刻本　一冊

340000－1808－0001375　412048
環青閣詩稿四卷　（清）王韞徽撰　清刻本

一冊

340000－1808－0001376　412071－412072
俞俞齋文槀六卷　（清）史念祖撰　清刻本　二冊　存二卷（二至三）

340000－1808－0001377　412049
翠岩室詩鈔二卷　（清）韓弼元撰　清咸豐刻本　一冊

340000－1808－0001378　412031－412034
左文襄公文集八卷詩集一卷聯語一卷藝學說帖一卷　（清）左宗棠著　清光緒十八年（1892）廣益書局石印本　四冊

340000－1808－0001379　412050
含清堂詩存十卷　（清）徐光第著　清同治刻本　一冊　存二卷（七至八）

340000－1808－0001380　412073－412074
晚翠軒詩鈔八卷　（清）戴淳著　清嘉慶刻本　二冊

340000－1808－0001381　412058
陋軒詩續二卷　（清）吳嘉紀撰　清刻本　一冊

340000－1808－0001382　412083
覺生賦鈔一卷　（清）鮑桂星著　清同治八年（1869）刻本　一冊

340000－1808－0001383　412051
金臺游草□□卷　（清）楊恩壽著　清光緒刻本　一冊　存一卷（一）

340000－1808－0001384　412084
扉青詩鈔八卷　（清）呂永輝撰　清刻本　一冊　存四卷（五至八）

340000－1808－0001385　412075
疏蘭僊館詩續集四卷　（清）朱錫綬著　清刻本　一冊

340000－1808－0001386　412052
王子壽甲乙編四卷　（清）王柏心著　清刻本　一冊

340000－1808－0001387　412053

無盡藏齋詩集文集十九卷　章炳麟著　清刻本　一冊　存四卷(詩集一至二、文集一至二)

340000－1808－0001388　412076
瑤花夢影錄一卷　(清)王詒壽著　清同治十二年(1873)刻本　一冊

340000－1808－0001389　412059
退學齋詩集一卷知困書屋詩稿一卷半圓詩稿一卷西征詩集一卷　(清)朱次民撰　清刻本　一冊

340000－1808－0001390　412085－412090
柏梘山房文集十六卷文集續一卷駢體文二卷詩集十卷詩續集二卷　(清)梅曾亮著　清光緒二十七年(1901)刻本　六冊

340000－1808－0001391　412054
文木山房集四卷　(清)吳敬梓撰　清刻本　一冊　存一卷(詞一卷)

340000－1808－0001392　412077
嘯古堂詩集八卷　(清)蔣敦復著　清同治刻本　一冊　存四卷(五至八)

340000－1808－0001393　412060
扉青詩抄八卷　(清)呂永輝撰　清同治十年(1871)刻本　一冊　存四卷(一至四)

340000－1808－0001394　412055
浩山詩補鈔一卷　(清)歐陽述纂　清刻本　一冊

340000－1808－0001395　412061－412064
錢牧齋文鈔不分卷　(清)錢謙益撰　清宣統元年(1909)國學扶輪社鉛印本　四冊

340000－1808－0001396　412056
陋軒詩□□卷　(清)吳嘉紀著　清刻本　一冊　存二卷(一至二)

340000－1808－0001397　412078－412081
蘿藦亭札記八卷　(清)喬松年輯　清刻本　四冊

340000－1808－0001398　412057
陋軒詩續二卷　吳嘉紀撰　清刻本　一冊

340000－1808－0001399　412065－412068
蘿藦亭遺詩四卷　(清)喬松年撰　清光緒七年(1881)刻本　四冊

340000－1808－0001400　412104－412105
靜觀書屋詩集七卷　(清)章鶴齡著　清同治十三年(1874)刻本　二冊

340000－1808－0001401　412069
顯志堂稿十二卷　(清)馮桂芬撰　清刻本　一冊　存二卷(三至四)

340000－1808－0001402　412106－412107
敦艮吉齋詩存二卷　(清)徐子苓撰　清光緒刻本　二冊

340000－1808－0001403　412108－412111
定齋先生猶存集八卷　(清)陳定齋撰　清道光十六年(1836)陳氏刻本　四冊

340000－1808－0001404　412100
丁戊筆記二卷　(清)陳宗起著　清刻本　一冊

340000－1808－0001405　412091－412092
竹庵詩鈔四卷　(清)吳名鳳撰　清道光十五年(1835)刻本　二冊

340000－1808－0001406　412093－412095
三恥齋初稿十四卷　(清)吳坤修著　清同治四年(1865)鳩江戎幄刻本　三冊

340000－1808－0001407　412112－412117
寒香館文鈔八卷詩鈔四卷墓志銘一卷鄉賢錄一卷　(清)賀熙齡著　清道光刻本　六冊

340000－1808－0001408　412124
讀選樓詩稿十卷　(清)王采蘋撰　清光緒二十年(1894)刻本　一冊　存四卷(一至四)

340000－1808－0001409　412135－412136
張文襄公詩集四卷　(清)張之洞著　清宣統二年(1910)鉛印本　二冊

340000－1808－0001410　412137－412138
碉東詩鈔十卷　(清)歐陽輅著　清光緒九年(1883)刻本　二冊

340000－1808－0001411　412125

萬善花室詩集四卷　（清）方彥聞撰　清刻本
一冊

340000－1808－0001412　412118

偶更堂文集二卷　（清）徐作肅著　清刻本
一冊　存一卷（下）

340000－1808－0001413　412139

景詹閣遺文一卷　（清）姚譜撰　清刻本
一冊

340000－1808－0001414　412140

廣經室文鈔一卷　清刻本　一冊

340000－1808－0001415　412126－412127

也居山房詩集十卷　（清）魏承枳撰　清同治
九年（1870）刻本　二冊

340000－1808－0001416　412119

文信國公集二十卷　（宋）文天祥撰　清刻本
一冊　存一卷（二十）

340000－1808－0001417　412141

劉葆真太史遺稿二卷　（清）劉葆真撰　清宣
統二年（1910）刻本　一冊

340000－1808－0001418　412101－412102

師蘊齋詩集六卷　（清）黃宗彥著　清光緒刻
本　二冊

340000－1808－0001419　412120－412121

海峰先生詩集十卷　（清）劉大櫆著　清刻本
二冊

340000－1808－0001420　412142

錫山書屋詩鈔六卷　（清）談恩誥編　清光緒
十七年（1891）刻本　一冊

340000－1808－0001421　412128－412130

裴文達公詩集十二卷　（清）裴白修撰　清嘉
慶七年（1802）刻本　四冊

340000－1808－0001422　412143

思闓山館詩存二卷　（清）魏炳蔚撰　清光緒
二十年（1894）刻本　一冊　存一卷（一）

340000－1808－0001423　412103

瓊州雜事詩一卷　（清）程秉釗著　清光緒十
三年（1887）刻本　一冊

340000－1808－0001424　412122－412123

讀選樓詩稿十卷　（清）王采蘋著　清光緒二
十年（1894）刻本　二冊

340000－1808－0001425　412144－412146

小酉腴山館詩集八卷　（清）吳大廷撰　清光
緒五年（1879）刻本　三冊

340000－1808－0001426　412131－412134

玉磐山房詩十卷　（清）劉大觀撰　清刻本
四冊

340000－1808－0001427　412150－412151

雲左山房詩鈔八卷　（清）林則徐撰　清光緒
二年（1876）刻本　二冊

340000－1808－0001428　412154－412157

越縵堂駢體文四卷散體文一卷　（清）李慈銘
著　（清）曾之撰　清光緒二十三年（1897）刻
本　四冊

340000－1808－0001429　412147－412149

小酉腴山館文集十二卷　（清）吳大廷撰　清
光緒五年（1879）刻本　三冊

340000－1808－0001430　412179

味無味齋駢文二卷　（清）董兆熊撰　清同治
十三年（1874）刻本　一冊

340000－1808－0001431　412152－412153

醉白堂文集四卷續集一卷　（清）謝良琦著
清光緒十九年（1893）臨桂王鵬運刻本　二冊

340000－1808－0001432　412180

朱強甫集三卷　（清）朱克柔撰　清光緒三十
二年（1906）武昌心不滅齋刻本　一冊

340000－1808－0001433　412170－412176

虛受堂文集十五卷詩存十五卷　王先謙撰
清光緒二十八年（1902）刻本　七冊

340000－1808－0001434　412181－412200

正誼堂文集四十卷　（清）張伯行著　清光緒
二年（1876）刻本　二十冊

340000－1808－0001435　412205－412206

校經堂初集四卷　（清）曹鴻勛輯　清光緒十一年（1885）刻本　二冊

340000－1808－0001436　412158－412165

有正味齋駢文箋注十六卷　（清）吳錫麟著（清）葉聯芬箋　清光緒十七年（1891）羊城文寶閣刻本　八冊

340000－1808－0001437　412096－412097

復堂日記六卷　（清）譚獻著　清光緒十三年（1887）刻本　二冊

340000－1808－0001438　412207

湘綺樓詩三卷　王闓運著　清光緒三十三年（1907）刻本　一冊

340000－1808－0001439　412166－412169

博約堂文鈔十卷　（清）楊琪光撰　清光緒武陵楊氏刻本　四冊

340000－1808－0001440　412177－412178

林文忠公全集國史本傳一卷滇軺紀程一卷荷戈紀程一卷畿輔水利議一卷　（清）林則徐著　清光緒三年（1877）刻本　二冊

340000－1808－0001441　412098

吳徵君蓮洋詩鈔一卷　（清）吳雯著　清刻本　一冊

340000－1808－0001442　412093－412095

三恥齋初稿十四卷　（清）吳坤修撰　清同治四年（1865）刻本　三冊

340000－1808－0001443　412201

有恆心齋駢體文六卷　（清）程鴻詔撰　清刻本　一冊　存三卷（四至六）

340000－1808－0001444　412099

吳徵君蓮洋詩鈔一卷　（清）吳雯著　清刻本　一冊

340000－1808－0001445　412208－412215

南山集十三卷　（清）戴名世著　清末鉛印本　八冊

340000－1808－0001446　412202－4

戴南山文鈔六卷　（清）戴名世撰　清宣統二

年（1910）上海國學扶輪社鉛印本　三冊

340000－1808－0001447　412232－412237

顯志堂稿十卷　（清）馮桂芬著　清光緒二年（1876）刻本　六冊

340000－1808－0001448　412216－412217

倚晴樓詩集十二卷　（清）黃燮清著　清咸豐七年（1857）刻本　二冊

340000－1808－0001449　412251－412252

眞氣集三卷焦桐集三卷　（清）何栻著　清刻本　二冊

340000－1808－0001450　412256－412262

通甫類稿四卷續編二卷詩存四卷詩存之餘二卷　（清）魯一同撰　清咸豐九年（1859）刻本　七冊

340000－1808－0001451　412238－412241

汪梅村先生集十二卷　（清）汪士鐸著　清光緒七年（1881）刻本　四冊

340000－1808－0001452　412253

餘辛集三卷　（清）何栻著　清刻本　一冊

340000－1808－0001453　412242－412246

古微堂內集三卷外集八卷　（清）魏源著　清宣統元年（1909）國學扶輪社鉛印本　五冊　存九卷（內集一至二、外集二至八）

340000－1808－0001454　412263－412270

壹齋集四十卷　（清）黃鉞撰　清咸豐九年（1859）蕪湖許氏刻本　八冊

340000－1808－0001455　412254－412255

衲蘇集二卷　（清）何栻著　清同治元年（1862）刻本　二冊

340000－1808－0001456　412218

倚晴樓詩續集四卷　（清）黃燮清著　清同治九年（1870）刻本　一冊

340000－1808－0001457　412271

壹齋集賦記詩錄賦一卷畫品一卷畫友錄記一卷泛槳錄二卷蕭湯二老遺詩合編一卷　（清）黃鉞撰　清咸豐刻本　一冊

340000 – 1808 – 0001458　412273

古微堂外集七卷　（清）魏源著　清末鉛印本
　　一冊　存一卷(一)

340000 – 1808 – 0001459　412247 – 412250

大雲山房文稿初集四卷　（清）惲敬撰　清刻
本　四冊

340000 – 1808 – 0001460　412272

奏御集二卷　（清）黃鉞撰　清刻本　一冊

340000 – 1808 – 0001461　412274 – 412277

古微堂內集三卷外集七卷　（清）魏源著　清
光緒四年(1878)淮南書局刻本　四冊

340000 – 1808 – 0001462　412288 – 412293

小袁山房詩集二十四卷　（清）袁壽齡著　清
刻本　六冊

340000 – 1808 – 0001463　412278 – 412287

常惺惺齋文集十卷　（清）錢世瑞著　清咸豐
元年(1851)刻本　十冊

340000 – 1808 – 0001464　412294 – 412299

瓶城山館詩鈔十六卷　（清）周劼撰　清刻本
六冊　存十二卷(一至十二)

340000 – 1808 – 0001465　412219

復堂詩三卷詞二卷文一卷　（清）譚獻著　清
咸豐九年(1859)刻本　一冊

340000 – 1808 – 0001466　412300 – 412301

江風集五卷　（清）何栻著　清刻本　六冊

340000 – 1808 – 0001467　412315 – 412317

惜抱軒文集十六卷後集十卷　（清）姚鼐著
清光緒十九年(1893)刻本　三冊　存十九卷
(文集一至六、十四至十六,後集十卷)

340000 – 1808 – 0001468　412220 – 412223

拜梅書屋詩鈔十卷　（清）周煥坼著　清光緒
十九年(1893)刻本　四冊

340000 – 1808 – 0001469　412318

惜抱軒文集十六卷後集十卷　（清）姚鼐著
清光緒十九年(1893)刻本　一冊　存六卷
(文集一至六)

340000 – 1808 – 0001470　412306 – 412310

癸巳類稿十五卷　（清）俞正燮撰　清道光十
三年(1833)求日益齋刻本　五冊

340000 – 1808 – 0001471　412323

榠華館駢體文一卷　（清）路德撰　清刻本
一冊

340000 – 1808 – 0001472　412324 – 412327

邁堂文略四卷　（清）李祖陶撰　清同治刻本
四冊　存三卷(二至四)

340000 – 1808 – 0001473　412311

順所齋詩四卷　（清）張雲錦著　清光緒三十
三年(1907)刻本　一冊

340000 – 1808 – 0001474　412224 – 412231

有正味齋駢文十六卷　（清）吳熙麒著　（清）
葉聯芬纂　清同治七年(1868)刻本　八冊

340000 – 1808 – 0001475　412319 – 412320

來雲閣詩稿二卷　（清）金亞匏撰　清光緒十
八年(1892)刻本　二冊

340000 – 1808 – 0001476　412328 – 412331

樗壽山房輯稿六卷　（清）史致儼著　清光緒
十二年(1886)刻本　四冊

340000 – 1808 – 0001477　412321 – 412322

榠華館詩集四卷　（清）路德著　清刻本
二冊

340000 – 1808 – 0001478　412312 – 412313

聊齋先生文集二卷　（清）蒲松齡著　清宣統
元年(1909)國學扶輪社鉛印本　二冊

340000 – 1808 – 0001479　412314

顯志堂文鈔一卷　（清）馮譽驥著　清宣統三
年(1911)同文書館鉛印本　一冊

340000 – 1808 – 0001480　412338

篹喜堂詩稿一卷　（清）陳壽祺著　清刻本
一冊

340000 – 1808 – 0001481　412332 – 412337

榠華館全集十二卷　（清）路德著　清光緒七
年(1881)解梁刻本　六冊　存六卷(文集一
至六)

340000－1808－0001482　412339－412340

寸草軒詩存四卷　（清）徐盛持著　清光緒十九年(1893)東河督署刻本　二冊

340000－1808－0001483　412355

菊存樓詩鈔十一卷補遺一卷附卷一卷　（清）李振塈撰　清宣統元年(1909)鉛印本　一冊

340000－1808－0001484　412418－412419

姚正父文集□□卷　（清）姚承輿著　清刻本　二冊　存五卷(一至五)

340000－1808－0001485　412456

塞垣集六卷　（清）王定安著　清宣統三年(1911)京師書局鉛印本　一冊

340000－1808－0001486　412341－412342

擔峰詩四卷　（清）孫洤著　清刻本　二冊　存二卷(一至二)

340000－1808－0001487　412347

未灰齋文外集一卷　（清）徐鼒著　清刻本　一冊

340000－1808－0001488　412343－412346

湘綺樓詩八卷　王闓運著　清光緒二十六年(1900)東洲講舍刻本　四冊

340000－1808－0001489　412348－412351

靈洲山人詩錄六卷　（清）徐灝撰　清同治三年(1864)刻本　四冊

340000－1808－0001490　412361

蕉窗詩鈔二十八卷　（清）齊學裘著　清刻本　一冊　存五卷(十六至二十)

340000－1808－0001491　412360

江上萬峰樓詩鈔四卷　（清）何元撰　清刻本　一冊

340000－1808－0001492　412368－412369

醒心集不分卷　（清）陳法著　清嘉慶十七年(1812)刻本　二冊

340000－1808－0001493　412352－412353

南岡草堂詩選二卷　（清）秦際唐著　清刻本　二冊

340000－1808－0001494　412362

蛻盦詩集四卷　（清）董玉書著　清末鉛印本　一冊

340000－1808－0001495　412363

誦芬堂文稿二卷　（清）郭儀霄著　清刻本　一冊

340000－1808－0001496　412370－412371

內心齋詩稿十一卷　（清）陳法撰　清道光九年(1829)刻本　二冊

340000－1808－0001497　412354

蓉湖草堂存稿一卷　（清）陳滋著　清光緒三年(1877)刻本　一冊

340000－1808－0001498　412420－412421

東塾集六卷　（清）陳澧撰　清光緒十八年(1892)刻本　二冊　缺二卷(五至六)

340000－1808－0001499　412364－412365

誦芬堂詩鈔十卷　（清）郭儀霄著　清刻本　二冊

340000－1808－0001500　412372－412375

十三峰書屋文稿八卷　（清）李榕撰　清光緒二十五年(1899)袖海山房石印本　四冊

340000－1808－0001501　412366

誦芬堂詩鈔二集六卷　（清）郭儀霄著　清刻本　一冊

340000－1808－0001502　412376－412377

翠岩室詩鈔四卷　（清）韓弼元著　清刻本　二冊

340000－1808－0001503　412367

誦芬堂詩鈔三集六卷　（清）郭儀霄著　清刻本　一冊

340000－1808－0001504　412383－412384

白香亭詩三卷　（清）鄧輔綸著　清光緒十九年(1893)東河督署刻本　二冊

340000－1808－0001505　412422

桐城吳先生詩集一卷　（清）吳汝綸著　清光緒三十年(1904)吳氏家刻桐城吳先生全書本　一冊

340000－1808－0001506　412389－412390

挈經室詩錄五卷　（清）阮元撰　清道光刻本
　　二冊

340000－1808－0001507　412378－412381

冷吟仙館詩稿八卷　（清）左錫嘉著　清光緒
十七年(1891)刻本　四冊

340000－1808－0001508　412391

周濱集一卷　（清）朱寯瀛著　清鉛印本
　　一冊

340000－1808－0001509　412385

湘中草六卷　（清）湯傳楹撰　清刻本　一冊
　　存三卷(四至六)

340000－1808－0001510　412394

飲杜詩集一卷　（清）張問彤著　清道光刻本
　　一冊

340000－1808－0001511　412392

孟塗前集十卷　（清）劉開著　清道光六年
(1826)姚氏劈山草堂刻本　一冊　存五卷
（一至五）

340000－1808－0001512　412423－412426

萬綠草堂詩集二十卷　（清）管繩萊著　清光
緒十二年(1886)經北書屋刻本　四冊

340000－1808－0001513　412386－412387

筠錄山房詩草四卷　（清）湯建中撰　清光緒
十九年(1893)刻本　二冊

340000－1808－0001514　412395

飲杜文集一卷　（清）張問彤著　清道光刻本
　　一冊

340000－1808－0001515　412388

甘莊恪公全集十六卷　（清）甘汝來著　清刻
本　一冊　存五卷(十二至十六)

340000－1808－0001516　412356

桐華舸詩抄八卷　（清）鮑瑞駿撰　清刻本
一冊　存二卷(七至八)

340000－1808－0001517　412393

孟塗前集十卷　（清）劉開著　清道光刻本
一冊　存五卷(六至十)

340000－1808－0001518　412396－412397

讀雪齋詩集四卷　（清）孫文川著　清同治刻
本　二冊

340000－1808－0001519　412439－412440

巢經巢詩鈔九卷　（清）鄭珍著　清刻本　二
冊　存六卷(一至六)

340000－1808－0001520　412438

和蘇詩二卷和婆觥詩一卷　（清）龔鉽撰　清
刻本　一冊

340000－1808－0001521　412357

桐華舸詩續鈔八卷　（清）鮑瑞駿撰　清光緒
二年(1876)刻本　一冊　存二卷(一至二)

340000－1808－0001522　412398－412406

樊榭山房集十卷續十卷文集八卷集外詩三卷
集外詞四卷　（清）厲鶚著　清光緒十年
(1884)刻本　九冊

340000－1808－0001523　412427－412434

養一齋文集二十卷　（清）李兆洛著　清光緒
四年(1878)刻本　八冊

340000－1808－0001524　412441

眉洲室帖體詩二卷　（清）李恩綬著　清刻本
　　一冊　存一卷(下)

340000－1808－0001525　412407－412413

儀衛軒文集十二卷詩集五卷外集一卷年譜一
卷　（清）方東樹撰　清同治七年(1868)刻本
　　七冊

340000－1808－0001526　412442－43

斯馨堂詩集二卷　（清）劉暐澤著　清光緒五
年(1879)刻本　二冊

340000－1808－0001527　412435

李養一先生詩集四卷賦一卷　（清）李兆洛著
　　清刻本　一冊　缺二卷(一至二)

340000－1808－0001528　412414－412417

適龕詩集十四卷　（清）彭湘撰　清光緒元年
(1875)刻本　四冊

340000－1808－0001529　412444－412449

介亭全集二十九卷　（清）江瀍源著　清嘉慶

十三年(1808)刻本　六冊

340000－1808－0001530　412457－412460

敬亭集十卷　（清）姜埰著　清光緒十五年(1889)山東書局刻本　四冊

340000－1808－0001531　412507

讀書延年堂補存文鈔一卷　（清）熊少牧著　清光緒三年(1877)洞泉艸堂刻本　一冊

340000－1808－0001532　412461－412468

求志居集三十六卷　（清）陳世鎔著　清道光二十五年(1845)刻本　八冊

340000－1808－0001533　412450－412455

介亭全集　（清）江濬源著　清嘉慶十三年(1808)刻本　六冊

340000－1808－0001534　412508－412511

潛穎文四卷潛穎詩十卷　（清）何維棣著　清刻本　四冊

340000－1808－0001535　412469－412471

未灰齋文集八卷　（清）徐鼒撰　清末鉛印本　三冊

340000－1808－0001536　412472－412475

潛菴先生全集五卷　（清）湯斌撰　清同治十年(1871)繡谷麗澤書屋刻本　四冊

340000－1808－0001537　412476

樵山集一卷　（清）潘譽恩撰　清光緒十九年(1893)瓶守堂刊本　一冊

340000－1808－0001538　412477－412479

悔餘菴文稿九卷　（清）何栻編　清同治四年(1865)鳩江刻本　三冊

340000－1808－0001539　412480－412481

悔餘菴樂府四卷　（清）何栻著　清同治四年(1865)鳩江刻本　二冊

340000－1808－0001540　412497－412499

培遠堂手札節存三卷　（清）陳宏謀撰　清同治三年(1864)刻本　三冊

340000－1808－0001541　412500－412502

培遠堂手札節存三卷　（清）陳宏謀著　清光

緒元年(1875)浙江官書局朱墨套印本　三冊

340000－1808－0001542　412482－412491

石笥山房文集六卷補遺一卷詩集十卷補遺二卷續補遺二卷　（清）胡天游著　清咸豐二年(1852)刻本　十冊

340000－1808－0001543　412503－412506

柈湖文集十二卷　（清）吳敏樹著　清光緒十九年(1893)思賢講舍刻本　四冊

340000－1808－0001544　412512－412517

鑑止水齋集二十卷　（清）許宗彥撰　清刻本　六冊

340000－1808－0001545　412518－412524

定盦文集三卷續集四卷補二卷別集一卷　（清）龔自珍撰　清同治七年(1868)刻本　七冊

340000－1808－0001546　412544－412546

虛白室文鈔四卷　（清）方昌翰撰　清光緒刻本　三冊

340000－1808－0001547　412492－412493

霽山先生集五卷　（宋）林景熙撰　清嘉慶十五年(1810)長塘鮑氏刻知不足齋叢書本　二冊

340000－1808－0001548　412547－412550

儀顧堂集二十卷　（清）陸心源撰　清光緒二十四年(1898)刻本　四冊

340000－1808－0001549　412537－412543

劉孟涂集四十四卷　（清）劉開著　清道光六年(1826)姚氏檗山草堂刻本　七冊　存三十八卷(前集一至五,後集一至七、九至二十二,文集一至十,駢體文一至二)

340000－1808－0001550　412551

匪莪堂文集五卷　（清）劉巖著　清光緒二年(1876)刻本　一冊

340000－1808－0001551　412494

玉笥山房要集四卷　（清）顧延綸著　清光緒十二年(1886)刻本　一冊

340000－1808－0001552　412525－412534

尚絅堂詩集五十二卷文集二卷詞集二卷
（清）劉嗣綰撰　清道光六年(1826)刻本
十冊

340000－1808－0001553　412556－412557

薛荔山莊詩稿五卷　（清）成瑞著　清刻本
二冊

340000－1808－0001554　412558－412565

江上小蓬萊吟舫詩存十卷　（清）葉坤厚撰
清光緒九年(1883)陝西藩署刻本　八冊　存
八卷（一至七、十）

340000－1808－0001555　412495－412496

芸香閣詩集二卷　（清）常儦著　清刻本
二冊

340000－1808－0001556　412605－412607

小謨觴館詩集六卷文集四卷　（清）彭兆蓀著
清刻本　三冊

340000－1808－0001557　412575

自怡詩鈔三卷　（清）徐予良著　清光緒五年
(1879)刻本　一冊

340000－1808－0001558　412566

鈍翁前後類稿五卷　（清）汪琬撰　清康熙刻
本　一冊

340000－1808－0001559　412576－412577

敦夙好齋詩初編十二卷　（清）葉名澧著　清
咸豐三年(1853)刻本　二冊

340000－1808－0001560　412578

胡大川先生幻想詩一卷　（清）胡作舟著　清
宣統二年(1910)文成堂書莊石印本　一冊

340000－1808－0001561　412567

劉孟塗集四十四卷　（清）劉開撰　清道光六
年(1826)姚氏檗山草堂刻本　一冊　存二卷
（駢體文一至二）

340000－1808－0001562　412608－412609

懺摩錄一卷小謨觴館附錄四卷　（清）彭兆蓀
著　清光緒二十四年至二十五年(1898－
1899)刻本　二冊　存四卷（懺摩錄一卷、小
謨觴館附錄一至三）

340000－1808－0001563　412568－412572

劉孟塗集四十四卷　（清）劉開撰　清道光六
年(1826)姚氏檗山草堂刻本　五冊　存三十
二卷（孟塗前集一至十、孟塗後集一至二十
二）

340000－1808－0001564　412573－412574

孟塗文集十卷　（清）劉開撰　清刻本　二冊

340000－1808－0001565　412610－412611

小謨觴館文續集注二卷　（清）彭兆蓀著
（清）孫元培注　清光緒二十三年(1897)東倉
書庫刻本　二冊

340000－1808－0001566　412579

畫溪詩集不分卷　（清）徐崑著　清光緒六年
(1880)濟上刻本　一冊

340000－1808－0001567　412612－412613

小謨觴館文集注四卷　（清）彭兆蓀著　（清）
孫元培注　清光緒二十二年(1896)刻本　二
冊　缺一卷（三）

340000－1808－0001568　412635－412638

擬山園選集八十二卷　（清）王鐸著　清刻本
四冊　存十四卷（五言律一至十二、五言古
六至七）

340000－1808－0001569　412580－412594

蘇盦文錄二卷駢文錄五卷詩錄八卷詞錄一卷
（清）楊葆光著　清刻本　十五冊　缺一卷
（詞錄一卷）

340000－1808－0001570　412641－412656

吳詩集覽二十卷補注二十卷談藪一卷　（清）
靳榮藩撰并輯　清刻本　十六冊

340000－1808－0001571　526024－526025

四憶堂詩集六卷　（清）侯方域著　（清）賈開
宗　（清）徐作肅選注　清刻本　二冊

340000－1808－0001572　412614－412629

西堂全集六十一卷　（清）尤侗撰　清刻本
十六冊

340000－1808－0001573　412677－－412680

滄溟先生集十四卷　（清）李攀龍撰　清光緒

二十一年(1895)長沙張氏湘雨樓刻本　四冊

340000－1808－0001574　412657－412672
吳詩集覽二十卷　（清）吳偉業撰　（清）靳榮藩輯　清乾隆四十年(1775)刻本　十六冊

340000－1808－0001575　412639－412647
二曲全集二十六卷續抄五卷　（清）李顒著　清刻本　九冊

340000－1808－0001576　412630－412631
西堂雜組一集八卷二集八卷　（清）尤侗撰　清康熙刻西堂全集本　二冊　存四卷(一集三至四、二集五至六)

340000－1808－0001577　412673－412676
霱春堂集十四卷　（清）吳樹萱撰　清刻本　四冊

340000－1808－0001578　412595－412604
芳茂山人文集十三卷詩錄十卷　（清）孫星衍撰　清光緒十一年(1885)刻本　十冊

340000－1808－0001579　412632
六朝麗指一卷　（清）孫德謙撰　清同治二年(1863)刻本　一冊

340000－1808－0001580　412633－412634
澤雅堂詩集六卷　（清）施補華撰　清刻本　二冊

340000－1808－0001581　412752－412757
樊山集二十四卷　樊增祥著　清光緒十九年(1893)渭南縣署刻本　六冊

340000－1808－0001582　412723－412728
二知軒詩鈔十四卷　（清）方濬頤撰　清刻本　六冊

340000－1808－0001583　412358－412359
蟻廬詩鈔十卷　（清）王蔭槐著　清光緒七年(1881)刻本　二冊

340000－1808－0001584　412729－412734
二知軒詩續鈔十六卷　（清）方濬頤撰　清刻本　六冊

340000－1808－0001585　412772－412773

340000－1808－0001585
留荪盦尺牘叢殘四卷　（清）嚴籀撰　清咸豐六年(1856)刻本　二冊

340000－1808－0001586　412758
孟塗先生遺詩二卷　（清）劉開著　清光緒十五年(1889)桐城劉氏刻本　一冊

340000－1808－0001587　412735－412743
南村草堂文鈔二十卷　（清）鄧顯鶴撰　清刻本　八冊

340000－1808－0001588　412774－412781
船山詩草二十卷　（清）張問陶撰　清道光元年(1821)刻本　八冊

340000－1808－0001589　412744－412751
南邨草堂詩鈔二十四卷　（清）鄧顯鶴撰　清刻本　八冊

340000－1808－0001590　412759
二思堂詩文全集□□卷　（清）枼世倬著　清刻本　一冊　存二卷(文集一至二)

340000－1808－0001591　412535－412536
蟻廬詩鈔八卷　（清）王蔭槐著　清金陵劉炳章刻本　二冊

340000－1808－0001592　412782－412783
錢南園先生遺集五卷　（清）錢灃撰　清光緒十九年(1893)浙江書局刻本　二冊

340000－1808－0001593　412681－412704
有正味齋全集七十一卷　（清）吳錫麒撰　清嘉慶刻本　二十四冊

340000－1808－0001594　412791－412802
湘綺樓全集三十卷　王闓運撰　清宣統二年(1910)上海國學扶輪社刻本　十二冊

340000－1808－0001595　412760－412765
弢園文錄外編十卷　（清）王韜撰　清光緒二十三年(1897)時務學社刻本　六冊

340000－1808－0001596　412803－412806
庚辰集五卷　（清）紀昀編　清刻本　四冊

340000－1808－0001597　412784－412789
忠雅堂詩集二十七卷補遺二卷詞集二卷

（清）蔣士銓撰　清道光二十三年（1843）刻本
六冊

340000－1808－0001598　412807－412830
西堂全集　（清）尤侗撰　清刻本　二十四冊
存六十八卷（西堂雜組一集八卷、文集一至
二十四、詩集一至三十六）

340000－1808－0001599　412854－412869
**笠翁文集四卷詩集餘集一卷別集二卷偶集六
卷**　（清）李漁著　清刻本　十六冊

340000－1808－0001600　425265－425266
寄菴詩鈔續十卷　（清）劉大紳撰　清嘉慶刻
本　二冊　缺二卷（六至七）

340000－1808－0001601　412790
食古研齋集蘇詩二卷　（清）陳瑞琳撰　清刻
本　一冊

340000－1808－0001602　412845
悔翁筆記六卷　（清）汪士鐸著　清合肥張氏
味古齋刻本　一冊

340000－1808－0001603　412846－412847
悔翁詩鈔十五卷補遺一卷　（清）汪士鐸著
清合肥張氏味古齋刻本　二冊

340000－1808－0001604　413443－413448
**卯須集前集八卷續集六卷又續集六卷女士詩
錄一卷**　（清）吳翌鳳輯　清嘉慶十九年
（1814）刻本　六冊

340000－1808－0001605　412705－412722
**有正味齋詩集十六卷續集八卷詞八卷續集二
卷外集五卷駢體文二十四卷續集八卷**　（清）
吳錫麒撰　清刻本　十八冊

340000－1808－0001606　412831－412844
西堂全集五十四卷　（清）尤侗編　清刻本
（西堂雜組一集卷一抄配）　十四冊

340000－1808－0001607　412906－412909
玉磐山房文集四卷　（清）劉松嵐撰　清刻本
四冊

340000－1808－0001608　412848－412853
妙吉祥室詩鈔十三卷附錄二卷　（清）朱葵之

著　清刻本　六冊

340000－1808－0001609　412910－412913
嘉樹山房集二十卷外集二卷　（清）張士元著
清嘉慶二十四年（1819）刻本　四冊

340000－1808－0001610　412931
惜抱軒時文不分卷　（清）姚鼐撰　清光緒二
年（1876）桐城刻本　一冊

340000－1808－0001611　412914
嘉樹山房續集二卷　（清）張士元著　清道光
六年（1826）刻本　一冊

340000－1808－0001612　412915
蛾述集十六卷　（清）陳庭學撰　清嘉慶刻本
一冊　存四卷（一至四）

340000－1808－0001613　412938－412941
敦艮吉齋文存四卷　（清）徐子苓撰　清光緒
十二年（1886）刻本　四冊

340000－1808－0001614　412916
悔存詞鈔二卷兩當軒詩鈔十六卷　（清）黃景
仁著　清刻本　一冊　存四卷（悔存詞鈔二
卷、兩當軒詩鈔一至二）

340000－1808－0001615　412917－412923
養晦堂文集十卷詩集二卷思辨錄疑義一卷
（清）劉蓉著　清光緒三年（1877）思賢講舍刊
本　七冊

340000－1808－0001616　412932－412937
桐城吳先生尺牘五卷補遺一卷諭兒書一卷
吳闓生編次　清光緒二十九年（1903）刻本
六冊

340000－1808－0001617　412942－412943
敦艮吉齋詩存二卷　（清）徐子苓著　清刻本
二冊

340000－1808－0001618　412944－412945
樊樹山房集十卷　（清）厲鶚撰　清刻本　二
冊　存八卷（一至八）

340000－1808－0001619　412924－412925
復盦類稿八卷　（清）曹允源撰　清刻本
二冊

340000－1808－0001620　412953－412956

歸愚文鈔二十卷　（清）沈德潛撰　清刻本
四冊

340000－1808－0001621　412946－412947

樊榭山房續集八卷　（清）厲鶚著　清刻本
二冊

340000－1808－0001622　412957

歸愚文鈔餘集八卷　（清）沈德潛撰　清刻本
一冊　存六卷（一至六）

340000－1808－0001623　412948－412952

歸愚詩鈔二十卷餘集七卷　（清）沈德潛撰
清乾隆十六年（1751）刻本　五冊

340000－1808－0001624　412891－412894

桐城吳先生文集四卷　（清）吳汝綸著　清光
緒三十年（1904）刻桐城吳先生全集本　四冊

340000－1808－0001625　412966－412973

道榮堂文集六卷首一卷　（清）陳鵬年著　清
乾隆二十七年（1762）刻本　八冊

340000－1808－0001626　412958－412959

矢音集四卷黃山游草一卷台山游草一卷南巡
詩一卷八秩壽詩一卷九十壽序一卷九秩壽詩
一卷年譜一卷說詩晬語二卷浙江通省志圖說
一卷　（清）沈德潛撰　清刻本　二冊

340000－1808－0001627　412960－412965

漁洋山人精華錄箋注十二卷　（清）王士禎撰
（清）金榮箋注　（清）徐準纂輯　清刻本
六冊

340000－1808－0001628　412895－412900

梅麓詩鈔十八卷　（清）齊彥槐著　清刻本
六冊

340000－1808－0001629　412974－412978

滄洲近詩十卷　（清）陳鵬年著　清刻本
五冊

340000－1808－0001630　412901－412904

蕉窗詩鈔二十八卷　（清）齊學裘著　清刻本
四冊　存十五卷（一至十五）

340000－1808－0001631　412989－412990

知恥齋文集二卷　（清）謝振定著　清刻本
二冊

340000－1808－0001632　412905

尺牘五卷補遺一卷諭兒書一卷　（清）吳汝綸
著　清刻本　一冊　存四卷（尺牘四至五、補
遺一卷、諭兒書一卷）

340000－1808－0001633　412991－412993

知恥齋詩集二卷　（清）謝振定著　清刻本
三冊

340000－1808－0001634　412979－412980

四一居士文鈔六卷　（清）汪德鉞著　清木活
字印本　二冊　存四卷（一至二、五至六）

340000－1808－0001635　412981－412988

曹集銓評十卷　（清）丁晏纂　清刻本　八冊

340000－1808－0001636　412994

仙舫詩存五卷　（清）嚴正基著　清刻本
一冊

340000－1808－0001637　412995－412996

端居室集十二卷　（清）王蔚宗著　清嘉慶二
十年（1815）宣城刻本　二冊　存十卷（一至
十）

340000－1808－0001638　413029

黃漳浦集五十卷首一卷　（明）黃道周撰
（清）莊起儔輯　清刻本　一冊　存二卷（二
十六至二十七）

340000－1808－0001639　413034－413040

漁洋山人精華錄箋注十二卷　（清）金榮箋注
（清）徐準纂輯　清刻本　七冊　存九卷
（一至九）

340000－1808－0001640　412997－413000

復堂類集文四卷詩九卷詞二卷金石跋三卷日
記六卷文餘三卷　（清）譚獻撰　清光緒五年
（1879）刻本　四冊

340000－1808－0001641　413030

耐庵詩存三卷　（清）賀長齡著　清咸豐十一
年（1861）刻本　一冊

340000－1808－0001642　413058－413063

雙梧山館文鈔二十四卷 （清）鄧瑤著　清咸豐十年(1860)南邨艸堂刻本　六冊

340000－1808－0001643　413031－413033

耐庵文存六卷 （清）賀長齡著　清咸豐十一年(1861)刻本　三冊

340000－1808－0001644　413001－413006

潛研堂詩集十卷續集十卷 （清）錢大昕撰　清刻本　六冊

340000－1808－0001645　413041－413044

冬心先生集四卷 （清）金農著　清宣統二年(1910)刻本　四冊

340000－1808－0001646　413064－413069

越縵堂集十卷 （清）李慈銘著　清光緒十六年(1890)刻本　六冊

340000－1808－0001647　413076－413087

養知書屋文集二十八卷 （清）郭嵩燾著　清光緒十八年(1892)刻本　十二冊

340000－1808－0001648　413007－413012

託素齋文集六卷 （清）黎士弘撰　清刻本　六冊

340000－1808－0001649　413013－413016

託素齋文集六卷 （清）黎士弘撰　清刻本　四冊

340000－1808－0001650　413045－413050

海峰文集八卷 （清）劉大櫆編　清同治十三年(1874)劉繼重邢邱刻本　六冊

340000－1808－0001651　413017－413028

漁洋山人精華錄箋注十二卷 （清）金榮箋　清刻本　十二冊

340000－1808－0001652　413070－413071

馬徵君遺集六卷 （清）馬三俊著　清同治三年(1864)刻本　二冊

340000－1808－0001653　413051－413056

海峰文集八卷 （清）劉大櫆著　清同治十三年(1874)劉繼重邢邱刻本　六冊

340000－1808－0001654　413088－413091

養知書屋詩集十五卷 （清）郭嵩燾撰　清光緒十八年(1892)刻本　四冊

340000－1808－0001655　413072－413075

好雲樓初集六卷 （清）李聯琇著　清刻本　四冊　存五卷(二至六)

340000－1808－0001656　413057

山左集一卷 （清）□□著　清刻本　一冊

340000－1808－0001657　413097－413098

印心石屋詩鈔初集三卷二集三卷 （清）陶澍著　清刻本　二冊

340000－1808－0001658　413092

雲溪樂府二卷 （清）趙懷玉撰　清光緒十二年(1886)江陰金氏栞於梧州刻本　一冊

340000－1808－0001659　413105－－413108

堅白齋集詩存三卷駢文存一卷雜稿存四卷 （清）龍汝霖著　清刻本　四冊

340000－1808－0001660　413093－413095

柏梘山房文集十六卷 （清）梅曾亮撰　清咸豐六年(1856)刻本　三冊

340000－1808－0001661　413109－413116

頻羅庵遺集十六卷 （清）梁同書著　清刻本　八冊

340000－1808－0001662　413099－413104

綠野齋前後合集六卷 （清）劉鴻翔著　清道光二十四年(1844)閩省宋鐘鳴刻本　六冊

340000－1808－0001663　413096

退盫詩集二卷 （清）何福海撰　清末南洋印刷官廠鉛印本　一冊

340000－1808－0001664　413148－413158

紀文達公文集十六卷詩集十二卷 （清）紀昀著　清道光三十年(1850)刻本　十一冊

340000－1808－0001665　413169－413170

剩存詩草二卷 （清）劉權之撰　清刻本　二冊

340000－1808－0001666　413117－413124

心鐵石齋存稿四十卷年譜一卷聯句詩一卷

（清）宋鳴琦著　清道光十二年(1832)刻本
八冊

340000－1808－0001667　413171－413172

進呈集二卷　（清）劉權之撰　清光緒五年
(1879)刻本　一冊

340000－1808－0001668　413180－413181

沈端恪公遺書二卷　（清）沈近思撰　清刻本
二冊

340000－1808－0001669　413159

壬癸編三卷　（清）王柏心著　清刻本　一冊

340000－1808－0001670　413160－413164

嶺南集七卷　（清）羅含章撰　清刻本　五冊

340000－1808－0001671　413173

小滄洲詩草一卷　（清）朱澇撰　清刻本
一冊

340000－1808－0001672　413165－413168

吳詩集覽二十卷　（清）靳榮藩輯　清刻本
四冊　存四卷(十一至十四)

340000－1808－0001673　413182

西崑山居殘草一卷　（清）王星誠著　清同治
十年(1871)河陽官舍刻本　一冊

340000－1808－0001674　413174

編錄堂文鈔三卷　（清）黃之紀撰　清刻本
一冊

340000－1808－0001675　413175

遐憩山房詩四卷痛飲詞一卷　（清）楊希閔撰
清同治元年(1862)福州刻本　一冊

340000－1808－0001676　413193－413215

胡文忠公遺集八十六卷　（清）胡林翼著
（清）鄭敦謹編　清刻本(卷四十四抄配)　二
十三冊　存六十三卷(一、四、十一至二十八、
四十四至八十六)

340000－1808－0001677　413178－413179

劉海峰詩集十一卷　（清）劉大櫆撰　清同治
十三年(1874)劉繼重邢邱刻本　二冊

340000－1808－0001678　413125－413132

澄懷園文存十五卷　（清）張廷玉撰　清光緒
十七年(1891)張紹文雲間官舍刻本　八冊

340000－1808－0001679　413435－413442

胡文忠公遺集十卷首一卷　（清）胡林翼撰
（清）閻敬銘等編　清光緒八年(1882)刻本
八冊

340000－1808－0001680　413216－413225

小倉山房詩集三十六卷補遺二卷　（清）袁枚
著　清刻本　十冊

340000－1808－0001681　413176－413177

劉海峰詩集十一卷　（清）劉大櫆撰　清同治
十三年(1874)劉繼重邢邱刻本　二冊

340000－1808－0001682　413190－413192

胡文忠公遺集八十六卷　（清）胡林翼著
（清）鄭敦謹　（清）曾國荃編　清刻本　三冊
存八卷(三十八至四十、四十六至五十)

340000－1808－0001683　413226－413237

小倉山房文集三十五卷　（清）袁枚撰　清刻
本(卷十抄配)　十二冊

340000－1808－0001684　413135－413146

甌北集五十三卷　（清）趙翼撰　清刻本
一冊

340000－1808－0001685　413183－413187

貫華堂選批唐才子詩甲集七言律八卷　（清）
金聖歎書　清刻本　五冊　缺一卷(六)

340000－1808－0001686　413238－413249

望溪先生全集文集十八卷集外文十卷集外文
補遺二卷年譜二卷　（清）方苞著　清刻本
十二冊

340000－1808－0001687　413147

琴語堂雜體文續一卷　（清）李肇增撰　清同
治三年(1864)刻本　一冊

340000－1808－0001688　413313－413318

東洲艸堂詩鈔二十七卷　（清）何紹基著　清
同治六年(1867)長沙無園刻本　六冊

340000－1808－0001689　413297－413298

北戍草一卷　（清）張光藻撰　清光緒二十三

年（1897）广德張光裕堂刻本　二冊

340000－1808－0001690　413262－413267

望溪先生全集正集十八卷集外文十卷集外文補遺二卷年譜二卷　（清）方苞著　（清）戴鈞衡編　清刻本　六冊　存十五卷（正集一至七、十七至十八,集外文二至四、六,集外文補遺二卷）

340000－1808－0001691　413299

徵息齋遺詩二卷補遺一卷　（清）潘慎生撰　清光緒十三年（1887）杭州刻本　一冊

340000－1808－0001692　413269－413284

望溪先生全集　（清）方苞撰　（清）蘇惇元輯　清刻本　十六冊

340000－1808－0001693　413300

桐鳳集二卷　（清）曾彥撰　清光緒十五年（1889）蘇州書局刻本　一冊

340000－1808－0001694　413188－413189

杜詩偶評四卷　（清）沈德潛纂　清刻本　二冊

340000－1808－0001695　413319－413321

安般簃集詩續十卷于湖小集六卷　（清）袁昶著　清光緒十六年（1890）刻本　三冊　存八卷（安般簃集詩續甲乙丙壬癸、于湖小集一至三）

340000－1808－0001696　413301－413304

藏谷山房文存二卷詩集十四卷　（清）龔塈撰　清光緒二十一年（1895）湘西也安樂窩刻本　四冊

340000－1808－0001697　413285－413296

望溪先生全集　（清）方苞撰　清刻本　十二冊

340000－1808－0001698　413322

積風閣詩鈔一卷味無味齋詩鈔一卷　（清）朱丹木著　清光緒六年（1880）刻本　一冊

340000－1808－0001699　412766－412771

樊榭山房集詩集十卷續集十卷文集八卷　（清）厲鶚撰　清光緒七年（1881）領南述軒刻本　六冊

340000－1808－0001700　413305－413306

懷白軒詩鈔八卷駢體一卷文鈔二卷賦鈔一卷　（清）陸初望撰　清刻本　二冊　存九卷（詩鈔四至八、駢體一卷、文鈔二卷、賦鈔一卷）

340000－1808－0001701　413323－413326

補學軒詩集八卷　（清）鄭獻甫著　清刻本　四冊

340000－1808－0001702　413250－413261

小倉山房文集三十五卷續餘文集三十五卷尺牘十卷　（清）袁枚著　清刻本　十二冊　存三十五卷（文集四至五、九至二十六,續餘文集二十九至三十一、三十四至三十五,尺續十卷）

340000－1808－0001703　413307－413308

廣雅堂詩集不分卷　（清）張之洞撰　清刻本　二冊

340000－1808－0001704　413375－413376

養志居文稿彙存二卷　（清）陳宗起著　清刻本　二冊

340000－1808－0001705　413377

兩疆勉齋古今體詩存四卷　（清）倪文蔚著　清光緒九年（1883）桂林節署刻本　一冊

340000－1808－0001706　413309－413312

雙白燕堂文集二卷外集八卷　（清）陸耀遹撰　清光緒四年（1878）興國州署刻本　四冊

340000－1808－0001707　413353－413356

飲冰室癸卯文集四卷　梁啟超著　清光緒二十九年（1903）刻本　三冊

340000－1808－0001708　413357－413362

虛直堂文集二十四卷　（清）劉榛著　（清）田蘭芳選　清刻本　六冊

340000－1808－0001709　413378－413379

含青閣詩草三卷　（清）屈蕙纕撰　清刻本　二冊

340000－1808－0001710　412705－412722

有正味齋詩集十六卷續集八卷詞集八卷詞續集二卷外集詞二卷外集續二卷外集五卷駢文二十四卷駢文續集八卷　（清）吳錫麒撰　清刻本（卷十三抄配）　十八冊

340000－1808－0001711　413363

怡志堂文初編六卷　（清）朱琦撰　清同治三年至四年（1864－1865）京師刻本　一冊

340000－1808－0001712　413417－413424

存壽堂文藁四卷補遺一卷詩藁十四卷續編四卷　（清）錢寶琛撰　清同治九年至光緒七年（1870－1881）刻本　八冊

340000－1808－0001713　413133－413134

冬心草堂詩選二卷　（清）李恩綬著　清宣統二年（1910）安徽官紙印刷局鉛印本　二冊

340000－1808－0001714　413333－413337

湘綺樓全集三十卷　王闓運撰　清光緒三十三年（1907）墨莊劉氏長沙刻本　五冊　存六卷（文集一至三、六至八）

340000－1808－0001715　413380－413382

曾文正公文集三卷　（清）曾國藩著　（清）李瀚章編次　清光緒二年（1876）傳忠書局刻本　三冊

340000－1808－0001716　413327－413332

壯悔堂文集十卷遺稿一卷　（清）侯方域著　清刻本　六冊

340000－1808－0001717　413383－413386

曾文正公文集四卷　（清）曾國藩著　（清）李瀚章編　清同治十三年（1874）傳忠書局刻本　四冊

340000－1808－0001718　413425－413428

因寄軒文初集十卷二集六卷補遺一卷　（清）管同著　清光緒五年（1879）刻本　四冊

340000－1808－0001719　413338－413341

小東山草堂駢體文鈔十卷　（清）張泰青撰　清刻本　四冊

340000－1808－0001720　413429－413430

花隝聯吟四卷　（清）唐仲冕撰　清刻本

二冊

340000－1808－0001721　413387

曾文正公詩集四卷　（清）曾國藩撰　清光緒二年（1876）傳忠書局刻本　一冊　存三卷（一至三）

340000－1808－0001722　413364－413365

茗柯文初編一卷二編二卷三編一卷四編一卷　（清）張惠言撰　清光緒七年（1881）刻本　二冊

340000－1808－0001723　413342－413345

曾惠敏公全集十七卷　（清）曾紀澤撰　清光緒二十年（1894）上海石印本　四冊

340000－1808－0001724　413388－413389

曾文正公詩集四卷　（清）曾國藩撰　清同治十三年（1874）傳忠書局刻本　二冊

340000－1808－0001725　413431－413434

固菴自定草四卷養初子筆記一卷人天清籟一卷　（清）舒紹基撰　清宣統元年（1909）鉛印本　四冊

340000－1808－0001726　413366－413374

甌北詩鈔二十卷　（清）趙翼著　清刻本　九冊

340000－1808－0001727　413390

曾文正公雜著鈔一卷　（清）曾國藩著　（清）蔣德鈞編　清光緒十五年（1889）湘鄉蔣德鈞求實齋刻本　一冊

340000－1808－0001728　413399－413406

泊鷗山房集三十四卷　（清）陶元藻撰　清刻本　八冊

340000－1808－0001729　413391－413392

求闕齋文鈔不分卷　（清）曾國藩著　清同治十一年（1872）刻本　二冊

340000－1808－0001730　413346－413347

謝家山人集六卷　（清）唐鎣撰　清光緒十年（1884）刻本　二冊

340000－1808－0001731　413407－413410

思誠堂集文六卷詩二卷　（清）張鏞著　清刻

本　四冊

340000－1808－0001732　413352

小倉山房詩集三十七卷　（清）袁枚撰　清刻本　一冊　存三卷(二十四至二十六)

340000－1808－0001733　412870－412871

城北集八卷　（清）高士奇撰　清康熙刻本　二冊

340000－1808－0001734　413348

小雅樓遺文二卷　（清）鄧方著　清光緒刻本　一冊

340000－1808－0001735　413349－413351

小雅樓詩集八卷　（清）鄧方著　清光緒刻本　三冊　存七卷(二至八)

340000－1808－0001736　412872－412874

清吟堂集九卷　（清）高士奇撰　清康熙刻本　三冊

340000－1808－0001737　412875－412878

歸田集十四卷　（清）高士奇撰　清康熙刻本　四冊

340000－1808－0001738　413393

枕經堂文鈔二卷　（清）方朔著　清同治刻本　一冊

340000－1808－0001739　413394

枕經堂文鈔二卷　（清）方朔著　清同治刻本　一冊

340000－1808－0001740　413411

詒燁集五卷　（清）許振褘輯　清光緒十八年(1892)刻本　一冊

340000－1808－0001741　412879

吟雲仙館詩稿一卷　（清）曾詠撰　清光緒十七年(1891)定襄官署刻本　一冊

340000－1808－0001742　412880

所園詩存二卷　（清）魯武茂撰　清光緒十三年(1887)刻本　一冊

340000－1808－0001743　413412

肯哉詩稿一卷肯哉別集一卷得情偶記一卷

（清）吳堂伯著　清刻本　一冊

340000－1808－0001744　413395－413398

拙修集十卷　（清）吳廷棟撰　清同治十年(1871)六安求我齋刻本　四冊

340000－1808－0001745　413413－413414

存素堂詩稿十三卷　（清）錢寶琛編　清同治七年(1868)刻本　二冊

340000－1808－0001746　413449－413452

隋葦集十卷續集一卷　（清）高士奇著　清刻本　三冊

340000－1808－0001747　413415－413416

存素堂文集四卷補遺一卷　（清）錢寶琛著　清刻本　二冊

340000－1808－0001748　412883－412885

陳檢討詩鈔十卷　（清）陳維崧撰　清刻本　三冊

340000－1808－0001749　413453－413454

獨旦集八卷　（清）高士奇撰　清康熙刻本　二冊

340000－1808－0001750　412881－412882

陳檢討詩鈔十卷　（清）陳維崧撰　清刻本　二冊　存四卷(一至四)

340000－1808－0001751　413460－413463

陳檢討集二十卷　（清）陳維崧撰　清刻本　四冊

340000－1808－0001752　413455－413456

經進文槀六卷　（清）高士奇撰　清康熙刻本　二冊

340000－1808－0001753　412886

抱潤軒文集十卷　（清）馬其昶撰　清宣統元年(1909)安徽官紙印刷局石印本　一冊

340000－1808－0001754　413457－413459

苑西集十二卷　（清）高士奇撰　清康熙刻本　三冊

340000－1808－0001755　412887

困學錄一卷　（清）湯斌撰　清刻本　一冊

340000 – 1808 – 0001756　413464 – 413467
陳檢討集二十卷　（清）陳維崧撰　清刻本
四冊

340000 – 1808 – 0001757　413478 – 413480
歐可雜著六卷　（清）龔鉽著　清刻本　三冊
存四卷（一至三、六）

340000 – 1808 – 0001758　412888
潛庵先生疏稿一卷嵩談錄一卷　（清）湯斌撰
清刻本　二冊

340000 – 1808 – 0001759　413468 – 413471
陳檢討集二十卷　（清）陳維崧撰　清刻本
四冊

340000 – 1808 – 0001760　412890
潛庵文正公家書不分卷　（清）湯斌撰　清乾
隆刻本　一冊

340000 – 1808 – 0001761　413472 – 413477
陳檢討集二十卷　（清）陳維崧撰　清刻本
六冊

340000 – 1808 – 0001762　413481 – 413482
嘯古堂文集八卷　（清）蔣敦復著　清同治十
年（1871）上海道署刻本　二冊

340000 – 1808 – 0001763　413483 – 413484
斯馨堂古文初集二卷　（清）劉芳玖著　清光
緒五年（1879）刻本　二冊

340000 – 1808 – 0001764　413559 – 413562
敦拙堂詩集十三卷　（清）陳奉茲撰　清刻本
四冊

340000 – 1808 – 0001765　413498
夢園文集十二卷　（清）劉曾騄撰　清光緒十
七年（1891）刻本　一冊　存六卷（一至六）

340000 – 1808 – 0001766　413485
東觀存稿一卷　（清）陳壽祺著　清刻本
一冊

340000 – 1808 – 0001767　413499 – 413500
漆室吟八卷　（清）王柏心撰　清刻本　二冊

340000 – 1808 – 0001768　413570

聞妙香室詩十二卷　（清）李宗昉著　清刻本
一冊　存三卷（一至三）

340000 – 1808 – 0001769　413501 – 413502
漆室吟八卷　（清）王柏心撰　清刻本　二冊
存五卷（一至五）

340000 – 1808 – 0001770　413503
覆瓿餘草二卷　（清）彭玉雯撰　清同治八年
（1869）刻本　一冊

340000 – 1808 – 0001771　413486
恩光集三卷　（清）陳浩著　清乾隆刻本
一冊

340000 – 1808 – 0001772　413563 – 413569
性理吟一卷後性理吟一卷續論語詩一卷艮齋
倦稾詩集十一卷文集十五卷　（清）尤侗輯
清刻本　七冊

340000 – 1808 – 0001773　413504
振素盦詩鈔九卷　（清）蔣士超撰　清宣統元
年（1909）鉛印本　一冊

340000 – 1808 – 0001774　413505
春草園詩存一卷　（清）喻文鑾撰　清刻本
一冊

340000 – 1808 – 0001775　413487
春草堂四六一卷詞集二卷　（清）謝堃著　清
道光十年（1830）刻本　一冊

340000 – 1808 – 0001776　413571
聞妙香室文四卷　（清）李宗昉著　清刻本
一冊

340000 – 1808 – 0001777　413506
雙谿紀行詩集不分卷　（清）許夢麒撰　清刻
本　一冊

340000 – 1808 – 0001778　413507 – 413510
綿津山人詩集二十七卷　（清）宋犖撰　清康
熙刻本　四冊

340000 – 1808 – 0001779　413572 – 413573
柏溪詩鈔二卷　（清）張同準著　清光緒十六
年（1890）刻本　二冊

340000 – 1808 – 0001780　413488 – 413495

善卷堂四六十卷　（清）陸繁弨撰　（清）吳自高注　清乾隆三十五年（1770）亦園刻本　八冊

340000 – 1808 – 0001781　413574

天根詩錄不分卷　（清）何家琪著　清光緒三十二年（1906）奉化舒氏雪甌草堂刻本　一冊

340000 – 1808 – 0001782　413511 – 413515

聰山集八卷附年譜一卷　（清）申涵光撰　清刻本　五冊

340000 – 1808 – 0001783　413516

曝書亭集八十卷附錄一卷　（清）朱彝尊撰　清刻本　一冊　存六卷（四十一至四十六）

340000 – 1808 – 0001784　413517

曝書亭集八十卷附錄一卷　（清）朱彝尊撰　清刻本　一冊　存七卷（三十一至三十七）

340000 – 1808 – 0001785　413520

屏山麐至集屏山甕集一卷　（清）許田撰　清刻本　一冊

340000 – 1808 – 0001786　413575

退學齋詩彙一卷知困書屋詩彙一卷半圜詩彙一卷西征詩彙一卷　（清）朱在勤著　清刻本　一冊

340000 – 1808 – 0001787　413521 – 413532

卷施閣文甲集十卷乙集八卷詩二十卷續一卷　（清）洪亮吉撰　清光緒三年（1877）刻本　十二冊

340000 – 1808 – 0001788　413518

南山集補遺三卷　（清）戴名世撰　清光緒木活字印本　一冊

340000 – 1808 – 0001789　413536

亭林文集六卷詩集五卷　（清）顧炎武著　清刻本　一冊　存三卷（文集六、詩集一至二）

340000 – 1808 – 0001790　413519

抱潤軒文集十卷　（清）馬其昶撰　清宣統元年（1909）安徽官紙印刷局石印本　一冊

340000 – 1808 – 0001791　413537

三魚堂文集十二卷　（清）陸隴其撰　清刻本　一冊　存二卷（九至十）

340000 – 1808 – 0001792　413533

憫忠草一卷　（清）嚴正基撰　清同治四年（1865）刻本　一冊

340000 – 1808 – 0001793　413534

楚中文筆二卷　（清）阮元撰　清刻本　一冊

340000 – 1808 – 0001794　413538 – 413545

思綺堂文集十卷　（清）章藻功撰　清刻本　八冊　存八卷（二、四至十）

340000 – 1808 – 0001795　413546 – 413549

復莊駢儷文榷二編八卷　（明）姚燮著　清咸豐六年（1856）大梅山館姚氏刻本　四冊

340000 – 1808 – 0001796　413535

恪靖侯盾鼻餘瀋一卷　（清）左宗棠著　清光緒十三年（1887）刻本　一冊

340000 – 1808 – 0001797　413550

賜綺堂集二十八卷　（清）詹應甲撰　清刻本　一冊　存四卷（二十五至二十八）

340000 – 1808 – 0001798　413803 – 413804

遼文存六卷附錄二卷　繆荃孫輯　清光緒二十二年（1896）刻本　二冊

340000 – 1808 – 0001799　413551

願學堂詩集二卷　（清）蔣魯傳撰　清刻本　一冊

340000 – 1808 – 0001800　413805

蝶仙小史一卷　（清）延清輯　清光緒二十三年（1897）鉛印本　一冊

340000 – 1808 – 0001801　413552

綠伽楠館詩稿不分卷　（清）馮譽驥撰　清宣統三年（1911）同文書館鉛印本　一冊

340000 – 1808 – 0001802　413806 – 413809

金文雅十六卷　（清）莊仲方編　清光緒十七年（1891）江蘇書局刻本　四冊

340000 – 1808 – 0001803　413553 – 413558

忠雅堂文集十二卷　（清）蔣士銓撰　清道光

二十三年(1843)刻本　六冊

340000－1808－0001804　413810－413819

明文在一百卷　(清)薛熙纂　(清)何潔輯
清光緒十五年(1889)江蘇書局刻本　十冊

340000－1808－0001805　413989－414079

漢魏六朝百三名家集一百十三卷　(明)張溥
輯　清光緒十八年(1892)刻本　九十一冊

340000－1808－0001806　413869－413988

漢魏六朝百三名家集　(明)張溥輯　清光緒
十八年(1892)善化章經濟堂刻本　一百二
十冊

340000－1808－0001807　413820

熊學士文錄一卷亭林文錄二卷　(清)熊伯龍
(清)顧炎武著　清刻本　一冊

340000－1808－0001808　413576－413584

毛翰林集不分卷　(清)毛奇齡撰　清刻本
九冊

340000－1808－0001809　413585－413597

**崇百藥齋文集二十卷續集四卷三集十二卷文
羲舍札記三卷五真閣吟藁一卷**　(清)陸繼輅
撰　清光緒四年(1878)興國州署刻本　十
三冊

340000－1808－0001810　414980－415008

國朝文錄七十卷續集□□卷　(清)蘇天爵輯
清刻本(紀文達文錄二卷抄配)　二十九冊
存八十五卷(紀文達文錄二卷、石莊先生文
錄三卷、南雷文錄三卷、壯悔堂文錄二卷、恥
躬堂文錄二卷、四照堂文錄二卷、潛庵先生遺
稿文錄二卷、愚山先生文錄二卷、午亭文錄三
卷、張文貞公文錄二卷、鄭靜庵先生文錄一
卷、帶經堂集文錄二卷、榕村全集文錄二卷、
西陂類藁文錄一卷、湛園未定藁文錄三卷、居
業齋文錄一卷、邵青門文錄三卷、朱文端公文
錄二卷、孫文定公文錄二卷、鮚埼亭集文錄二
至四、紫竹山房文集三卷、鹿洲文錄三卷、白
鶴堂文錄一卷、南莊類稿文錄二卷、海峰先生
文錄二卷、潛研堂文錄二卷、惜抱軒先生文選
二卷、清獻堂文錄二、忠雅堂文錄二卷、二林

居文錄二卷、厚岡文集三卷、陶士升先生莨江
文錄一卷、劉寄庵文錄二卷、知恥齋文錄一
卷、惕園初藁二卷、養一齋文錄一卷、鑑止水
齋文錄一卷、雀硯齋文錄一卷、雕菰集文錄二
卷、崇百藥文錄一卷、學福齋文錄二卷、左海
文錄二卷、存吾文集錄二卷、邃雅堂文錄一
卷)

340000－1808－0001811　413598－413613

午亭文編五十卷　(清)陳廷敬撰　(清)官林
佶候輯　清康熙四十七年(1708)林佶刻乾隆
四十三年(1778)印本　十六冊

340000－1808－0001812　413635－413642

校訂定盦全集十卷附錄年譜一卷　(清)龔自
珍撰　(清)黃守恆著　清宣統元年(1909)時
中書局鉛印本　八冊

340000－1808－0001813　413614－413618

邃雅堂集十卷　(清)姚文田撰　清道光元年
(1821)江陰學使者署刻本　五冊

340000－1808－0001814　413619－413622

玉芝堂文集六卷　(清)邵齊燾撰　清刻本
四冊　存四卷(三至六)

340000－1808－0001815　413821－413840

國朝文錄續編　(清)李祖陶輯　清同治七年
(1868)刻本　二十冊　存四十種五十三卷
(姚端恪公文錄二卷、變雅堂文錄一卷、白茅
堂文錄二卷、砥齋文錄一卷、聰山文錄一卷、
改亭集文錄引三卷、魏伯子文錄一卷、河東文
錄引一卷、榆溪文錄一卷、庸書文錄一卷、白
石山房文錄一卷、三魚堂文錄引一卷、蒼峴山
人文錄一卷、澹園文錄二卷、百尺梧桐閣文
錄引一卷、飴山文錄一卷、海厓先生文錄引一
卷、可儀堂文錄一卷、趙忠毅公文錄二卷、
白田草堂文錄一卷、梅莊文錄一卷、四知堂文
錄引二卷、孺廬先生文錄一卷、雙桂堂文錄引
二卷、松泉文錄一、集虛齋文錄一卷、歸愚文
錄引一卷、果堂文錄一卷、培遠堂文錄一卷、
香國集文錄一卷、小倉山房文錄引二卷、尊聞
居士文錄二卷、業桂堂文錄一卷、梅崖文錄二
卷、切問齋文錄引二卷、經韻樓集文錄二卷、

445

更生齋文錄一卷、頤綵堂文錄引一卷、輴山堂文錄一卷、竹香齋文錄一卷）

340000－1808－0001816　413623

濂亭文集八卷　（清）張裕釗撰　清光緒八年（1882）刻本　一冊　存四卷（一至四）

340000－1808－0001817　413624－413626

扁善齋文存三卷　（清）鄧嘉緝撰　清光緒二十七年（1901）刻本　三冊

340000－1808－0001818　413646－413667

獨秀山房四書文一卷續編一卷　（清）江濬源著　清同治十三年（1874）刻介亭全集本　二冊

340000－1808－0001819　413644－413645

曾文正公文集三卷　（清）曾國藩著　清宣統三年（1911）掃葉山房石印曾文正公全集本　二冊　存二卷（一、三）

340000－1808－0001820　413627

扁善齋詩存二卷　（清）鄧嘉緝撰　清光緒二十七年（1901）刻本　一冊

340000－1808－0001821　413648

讀經心解四卷　（清）沈楳著　清光緒十一年（1885）刻本　一冊

340000－1808－0001822　413649

蜀抱軒文雜鈔一卷　（清）吳蔭培撰　清宣統三年（1911）鉛印本　一冊

340000－1808－0001823　413651－413658

全謝山文鈔十六卷　（清）全祖望著　清宣統二年（1910）國學扶輪社鉛印本　八冊

340000－1808－0001824　413650

抱山集選一卷古體集選一卷　（清）王士禧撰　（清）王士禛批點　清刻本　一冊

340000－1808－0001825　413659－413662

有正味齋駢體文二十四卷　（清）吳錫麟著　（清）王廣業箋　（清）葉聯芬注　清光緒十五年（1889）上海蜚英館石印本　四冊

340000－1808－0001826　413628

鮚埼亭集三十八卷　（清）全祖望撰　清刻本

一冊　存三卷（二十至二十二）

340000－1808－0001827　413680

春綠草堂詩集六卷　（清）謝裔宗著　清光緒十二年（1886）刻本　一冊

340000－1808－0001828　413629

崇百藥齋三集十二卷　（清）陸繼輅撰　清刻本　一冊　存三卷（五至七）

340000－1808－0001829　413663

雜著拾遺不分卷　（清）王靜涵撰　清光緒十四年（1888）蛟川官署刻本　一冊

340000－1808－0001830　413630

息柯白箋五卷　（清）楊瀚撰　清同治十二年（1873）羊城九曜山房刻本　一冊

340000－1808－0001831　413664

養性軒雜著拾遺一卷　（清）王靜涵撰　清光緒十四年（1888）刻本　一冊

340000－1808－0001832　413666

養性軒燹餘小草二卷　（清）王靜涵撰　清光緒十四年（1888）刻本　一冊

340000－1808－0001833　413631

庸盦海外文編四卷　（清）薛福成撰　清末石印本　一冊　存二卷（三至四）

340000－1808－0001834　413666

養性軒燹餘小草二卷　（清）王靜涵著　清光緒十四年（1888）刻本　一冊

340000－1808－0001835　413681

困學軒小草一卷　（清）劉秉鈞著　清木活字印本　一冊

340000－1808－0001836　413665

養性軒燹餘小草二卷　（清）王靜涵著　清光緒十四年（1888）刻本　一冊

340000－1808－0001837　413632

大潛山房詩鈔一卷　（清）劉銘傳撰　清同治七年（1868）刻本　一冊

340000－1808－0001838　413683

匏古堂詩草不分卷　（清）萬璽圖撰　清抄本

一冊

340000 – 1808 – 0001839　413684

劉孟塗駢體文一卷　（清）劉開撰　清抄本
一冊

340000 – 1808 – 0001840　413496

讀晉書絕句二卷　（清）張霑著　清光緒十一
年(1885)蝶園刻本　一冊

340000 – 1808 – 0001841　413682

匏古堂詩鈔□□卷　（清）萬璽圖著　清抄本
一冊　存一卷(四)

340000 – 1808 – 0001842　413820

國朝文錄八十二卷　（清）李祖陶編　清刻本
一冊　存三卷(熊學士文集錄一卷、亭林文
錄二卷)

340000 – 1808 – 0001843　413685

乘槎小草一卷　（清）胡效騫撰　清光緒三十
二年(1906)木活字印本　一冊

340000 – 1808 – 0001844　413497

欸乃書屋詩集二卷　（清）張笨山著　清光緒
二十一年(1895)蝶園刻本　一冊

340000 – 1808 – 0001845　413686 – 413693

胡文忠公遺集八十六卷　（清）胡林翼撰　清
光緒二十七年(1901)上海圖書集成印書局鉛
印本　八冊

340000 – 1808 – 0001846　413697

金陵雜述一卷　（清）何紹基著　清末影印本
一冊

340000 – 1808 – 0001847　413667

退補樓外紀　（清）王承煦輯　清光緒二十一
年(1895)鉛印本　一冊

340000 – 1808 – 0001848　413668

退補樓雜著一卷　（清）王承煦著　清光緒二
十一年(1895)鉛印本　一冊

340000 – 1808 – 0001849　413694

懶讀居士遺稿七卷　（清）季步騙撰　清刻本
一冊　存四卷(四至七)

340000 – 1808 – 0001850　413841 – 413868

國朝文錄續編六十五卷　（清）李祖陶輯　清
同治七年(1868)刻本　二十八冊

340000 – 1808 – 0001851　413669

退補樓試帖後集一卷　（清）王承煦著　清光
緒二十一年(1895)鉛印本　一冊

340000 – 1808 – 0001852　413695

眺秋樓詩八卷　（清）高峴亭撰　清刻本　一
冊　存序

340000 – 1808 – 0001853　413670

退補樓試帖後集一卷　（清）王承煦著　清光
緒二十一年(1895)鉛印本　一冊

340000 – 1808 – 0001854　413709 – 413728

金元明八大家文選八種五十三卷　（清）李祖
陶輯　清道光二十五年(1845)刻本　二十冊

340000 – 1808 – 0001855　413671

退補樓課試拾遺一卷　（清）王承煦著　清光
緒二十一年(1895)鉛印本　一冊

340000 – 1808 – 0001856　413696

重訂少岳賦草四卷　（清）夏思沺撰　清咸豐
元年(1851)文富堂刻本　一冊　存二卷(一
至二)

340000 – 1808 – 0001857　413672

退補樓續吟草一卷　（清）王承煦著　漱石亭
賸稿一卷　（清）王駒著　清光緒二十一年
(1895)鉛印本　一冊

340000 – 1808 – 0001858　413673

退補樓續吟草一卷　（清）王承煦著　漱石亭
賸稿一卷　（清）王駒著　清光緒二十一年
(1895)鉛印本　一冊

340000 – 1808 – 0001859　413674 – 413676

退補樓偶吟草三卷　（清）王承煦著　清光緒
二十一年(1895)鉛印本　三冊

340000 – 1808 – 0001860　413677 – 413679

退補樓偶吟草三卷　（清）王承煦著　清光緒
二十一年(1895)鉛印本　三冊

340000 – 1808 – 0001861　413783 – 413789

續古文辭類纂三十四卷　王先謙輯　清光緒
八年(1882)刻本　七冊　存二十九卷(一至
二十二、二十八至三十四)

340000－1808－0001862　413740－413755
古文辭類纂七十四卷　(清)姚鼐纂　清光緒
二十年(1894)湖南書局刻本　十六冊

340000－1808－0001863　413790－413794
續古文辭類纂三十四卷　王先謙輯　清光緒
八年(1882)刻本　五冊　存二十卷(七至二
十六)

340000－1808－0001864　413729－413739
古文辭類纂七十四卷　(清)姚鼐纂　清光緒
二十年(1894)湖南書局刻本　十一冊　存五
十五卷(四至十二、十六至三十一、四十五至
七十四)

340000－1808－0001865　414890－414893
文粹補遺二十六卷　(清)郭麐纂　清光緒十
六年(1890)杭州許氏榆園刻本　四冊

340000－1808－0001866　413795－413802
續古文辭類纂三十四卷　王先謙纂　清光緒
八年(1882)王氏刻本　八冊

340000－1808－0001867　413759－413774
古文辭類纂七十四卷　(清)姚鼐纂　清光緒
十九年(1893)思賢講舍刻本　十六冊　存七
十卷(一至七十)

340000－1808－0001868　413756－413758
古文辭類纂七十四卷　(清)姚鼐纂　清光緒
刻本　三冊　存十五卷(四至十二、六十九至
七十四)

340000－1808－0001869　413775－413782
續古文辭類纂三十四卷　王先謙纂　清光緒
八年(1882)王氏刻本　八冊　缺五卷(十六
至二十)

340000－1808－0001870　414944－414953
瀛奎律髓刊誤四十九卷　(清)方回原選
(清)紀昀批點　清侯官李光垣刻本　十冊

340000－1808－0001871　414894－414897

宛鄰書屋古詩錄十二卷　(清)張琦編　清京
都琉璃廠中間路南文德齋史鴻德鐫刻本
四冊

340000－1808－0001872　414898
有正味齋賦稿一卷　(清)吳錫麒撰　蘭脩館
賦稿一卷　(清)景其濬輯　清咸豐三年
(1853)誦芬堂藏板刻本　一冊

340000－1808－0001873　414918－414919
宋元明詩約鈔三百首不分卷　(清)朱梓
(清)冷昌言輯　清道光二十一年(1841)刻本
二冊

340000－1808－0001874　414899－414910
文選補遺四十卷　(元)陳仁子輯　清道光二
十五年(1845)刻本　十二冊

340000－1808－0001875　414920
宋元明詩約鈔三百首不分卷　(清)朱梓
(清)冷昌言輯　清刻本　一冊

340000－1808－0001876　414921－414922
宋元明詩約鈔三百首不分卷　(清)朱梓
(清)冷昌言輯　清道光二十一年(1841)刻本
二冊

340000－1808－0001877　414911－414912
謝疊山先生文章軌範七卷　(宋)謝枋得編
清三色套印本　二冊

340000－1808－0001878　414913
詩品一卷　(唐)司空圖撰　畫品一卷　(清)
黃左田撰　書品一卷　(清)楊召林撰　清光
緒五年(1879)刻本　一冊

340000－1808－0001879　414914－414915
賦鈔□□卷　(清)□□輯　清刻本　二冊
存三卷(二至四)

340000－1808－0001880　414964－414979
古文辭類纂七十五卷　(清)姚鼐纂　清光緒
二十七年(1901)滁州李氏求要堂刻本　十
二冊

340000－1808－0001881　414923
陳太僕批選八家文抄□□卷　(清)陳兆崙輯

清光緒二十六年(1900)天津文美齋石印本
一冊　存二卷(韓文選二卷)

340000－1808－0001882　415009－415015
王阮亭古詩選三十二卷　(清)王士禎選　清
刻本　七冊　存二十七卷(五言詩六至十七、
七言詩一至十五)

340000－1808－0001883　414916－414917
文心雕龍十卷　(南朝梁)劉勰撰　清光緒三
年(1877)湖北崇文書局刻本　二冊

340000－1808－0001884　414954－414963
御選唐宋詩醇四十七卷　(清)高宗弘曆編
清光緒七年(1881)刻本　十冊　存二十三卷
(一至二十三)

340000－1808－0001885　414924－414943
御選唐宋詩醇四十七卷　(清)高宗弘曆編
清光緒七年(1881)江蘇書局刻本　二十冊

340000－1808－0001886　415018－415037
御定全唐詩錄一百卷　(清)徐倬撰　清康熙
四十五年(1706)刻本　二十冊

340000－1808－0001887　415038－415061
宋文鑑一百五十卷　(宋)呂祖謙編　清光緒
十二年(1886)江蘇書局刻本　二十四冊

340000－1808－0001888　415016－415017
**惜抱軒今體詩選五言今體詩鈔九卷七言今體
詩九卷**　(清)姚鼐選編　清同治五年(1866)
金陵書局刻本　二冊

340000－1808－0001889　415062－415081
文粹一百卷　(清)姚鉉纂　**文粹補遺二十六
卷**　(清)郭麐纂　清光緒十六年(1890)杭州
徐氏榆園刻本　二十冊

340000－1808－0001890　415082－415101
文粹一百卷　(清)姚鉉纂　**文粹補遺二十六
卷**　(清)郭麐輯　清光緒十六年(1890)杭州
徐氏榆園刻本　二十冊

340000－1808－0001891　414976－414979
明詩別裁集十二卷　(清)沈德潛　(清)周準
輯　清乾隆刻本　四冊

340000－1808－0001892　414080－414095
唐文粹一百卷　(清)姚鉉纂　清光緒九年
(1883)江蘇書局刻本　十六冊

340000－1808－0001893　414100－414132
唐宋十大家全集錄五十二卷　(清)儲欣撰
清康熙四十四年(1705)刻本　三十三冊

340000－1808－0001894　414096－414099
敬孚類稿十六卷　(清)蕭穆撰　清光緒三十
二年(1906)刻本　四冊

340000－1808－0001895　414234－414239
唐詩別裁集十卷　(清)朱德潛　(清)陳培脈
選　清康熙五十六年(1717)碧梧書屋刻本
六冊

340000－1808－0001896　414256－414267
斯文精萃不分卷　(清)尹繼善輯　清乾隆二
十九年(1764)京都三槐堂書鋪刻本　十二冊

340000－1808－0001897　414268－414279
斯文精萃不分卷　(清)尹繼善輯　清乾隆二
十九年(1764)京都三槐堂書鋪刻本　十二冊

340000－1808－0001898　414280－414295
國朝文錄八十二卷　(清)姚春木輯　清光緒
二十六年(1900)掃葉山房石印本　十六冊

340000－1808－0001899　414240－414255
欽定國朝詩別裁集三十二卷　(清)沈德潛纂
評　清乾隆刻本　十六冊

340000－1808－0001900　414133－414143
國朝文匯甲前集二十卷　(清)上海國學扶輪
社輯　清宣統元年(1909)上海國學扶輪社石
印本　十一冊

340000－1808－0001901　414324－414326
江左三大家詩鈔九卷　(清)顧有孝　(清)趙
澐輯　清刻本　三冊

340000－1808－0001902　414316－414323
分類賦學雞跖集三十卷附錄一卷　(清)張維
城輯　清光緒八年(1882)上海淞隱閣鉛印本
八冊

340000－1808－0001903　414296－414307

續古文辭類纂二十八卷　王先謙輯　清光緒
二十一年(1895)金陵狀元閣刻本　十二冊

340000－1808－0001904　414308－414315

分類賦學雞跖集三十卷附錄一卷　(清)張維
城輯　清同治四年(1865)刻本　八冊

340000－1808－0001905　414144－414173

國朝文匯甲集六十卷　(清)上海國學扶輪社
輯　清宣統元年(1909)上海國學扶輪社石印
本　三十冊

340000－1808－0001906　414327－414330

雲谷雜記四卷　(宋)張淏撰　明刻本　四冊

340000－1808－0001907　414174－414208

國朝文匯乙集七十卷　(清)上海國學扶輪社
輯　清宣統元年(1909)上海國學扶輪社石印
本　三十五冊

340000－1808－0001908　414354－414365

欽定國朝詩別裁集三十二卷　(清)沈德潛撰
清乾隆刻本　十二冊

340000－1808－0001909　414366－414375

元文類七十卷目錄三卷　(元)蘇天爵輯　清
光緒十五年(1889)江蘇書局刻本　十冊

340000－1808－0001910　414376－414427

列朝詩集乾集二卷甲集前編十一卷甲集二十
二卷乙集八卷丙集十六卷丁集十六卷閏集六
卷　(清)錢牧齋輯　清宣統二年(1910)鉛印
本　五十二冊　存六十五卷(乾集二卷,甲集
前編十一卷,甲集一至十二,乙集一至四、八,
丙集一至八、十一至十六,丁集一至八、十至
十六,閏集六卷)

340000－1808－0001911　414209－414223

國朝文匯丙集三十卷　(清)上海國學扶輪社
輯　清宣統元年(1909)石印本　十五冊

340000－1808－0001912　414452－414459

漁洋山人古詩選五言詩十七卷七言詩歌行鈔
十五卷　(清)王世禎選　清同治五年(1866)
金陵書局刻本　八冊

340000－1808－0001913　414331

明人詩鈔續集三卷　(清)朱琰編　清乾隆刻
本　一冊

340000－1808－0001914　414428－414451

古文眉詮七十九卷　(清)浦起龍編　清光緒
二十四年(1898)嶺南良產書屋刻本　二十
四冊

340000－1808－0001915　414224－414233

國朝文匯丁集二十卷　(清)上海國學扶輪社
輯　清宣統元年(1909)上海國學扶輪社石印
本　十冊

340000－1808－0001916　414487－414491

古文詞略二十四卷　(清)梅曾亮輯　清同治
六年(1867)合肥李氏刻本　五冊

340000－1808－0001917　414460－414467

漁洋山人古詩選五言詩十七卷七言詩歌行鈔
十五卷　(清)王世禎選　清同治五年(1866)
金陵書局刻本　八冊

340000－1808－0001918　414332－414333

經史百家簡編二卷　(清)曾國藩纂　清光緒
十三年(1887)蔣氏求實齋刻本　二冊

340000－1808－0001919　414468－414475

漁洋山人古詩選五言詩十七卷七言詩歌行鈔
十五卷　(清)王世禎選　清同治五年(1866)
金陵書局刻本　八冊

340000－1808－0001920　414476

漁洋山人古詩選五言詩十七卷　(清)王世禎
選　清同治五年(1866)金陵書局刻本　一冊
存五卷(五言詩五卷)

340000－1808－0001921　414492

五言今體詩鈔九卷　(清)姚鼐編　清刻本
一冊　存五卷(一至五)

340000－1808－0001922　414334－414339

續古文苑二十卷　(清)孫星衍撰　清光緒九
年(1883)江蘇書局刻本　六冊

340000－1808－0001923　414493－414495

惜抱軒今體詩鈔十八卷　(清)姚鼐著　清同
治五年(1866)金陵書局刻本　三冊

340000－1808－0001924　414477－414486

漁洋山人古詩選五言詩十七卷七言詩歌行鈔
十五卷五七言今體詩鈔九卷五言今體詩鈔九
卷七言今體詩鈔九卷　（清）王世禎選　清同
治五年(1866)金陵書局刻本　十冊

340000－1808－0001925　414496－414497

七十家賦鈔六卷　（清）張惠言編　清刻本
二冊　存三卷(一、五至六)

340000－1808－0001926　414340－414351

文選六十卷　（南朝梁）蕭統輯　清康熙二十
五年(1686)刻本　十二冊

340000－1808－0001927　414806－414837

國朝文錄八十二卷　（清）姚椿輯　清咸豐元
年(1851)終南山館刻本　三十二冊

340000－1808－0001928　414352－414353

古文苑 九卷　（宋）章樵注　清光緒五年
(1879)刻本　二冊

340000－1808－0001929　414509

古文輯注　（清）朱良玉編　清刻本　一冊
存二卷(七至八)

340000－1808－0001930　414741－414752

文選六十卷　（南朝梁）蕭統選　（唐）李善注
（清）何焯評點　（清）葉樹藩參訂　清光緒
十三年(1887)湖北書局刻本　十二冊

340000－1808－0001931　414510－414517

古文輯注八卷　（清）朱良玉編　清兩儀堂刻
本　八冊

340000－1808－0001932　414498－414499

宋元明詩約鈔三百首二卷　（清）朱梓　（清）
冷言昌輯　清末李光明莊刻本　二冊

340000－1808－0001933　414518－414519

古文輯注八卷　（清）朱良玉編　清刻本　二
冊　存四卷(一至四)

340000－1808－0001934　414726－414727

精選八家文鈔八卷　（清）劉大櫆輯　清光緒
二年(1876)刻本　二冊　存六卷(韓愈文一
卷、柳宗元文一卷、歐陽修文一卷、曾鞏文一

卷、王安石文一卷、蘇軾文一卷)

340000－1808－0001935　415102－415104

明三十家詩選初集八卷　（清）汪瑞輯　清刻
本　三冊　存六卷(三至八)

340000－1808－0001936　415119－415178

皇朝經世文編一百二十卷總目二卷　（清）賀
長齡輯　清道光七年(1827)刻本　六十冊
存六十二卷(一至十七、五十至六十一、八十
八至一百二十)

340000－1808－0001937　414520－414522

玉谿生詩詳註三卷　（唐）李商隱撰　（清）馮
浩編　清刻本　三冊

340000－1808－0001938　414797－414801

詞賦偶錄五卷　（清）□□撰　清抄本　五冊

340000－1808－0001939　414105－414107

明三十家詩選二集八卷　（清）汪端輯　清刻
本　三冊　存六卷(一至六)

340000－1808－0001940　415108－415118

皇朝經世文編一百二十卷　（清）賀長齡輯
（清）魏源編　清道光七年(1827)刻本　十一
冊　存十五卷(七至八、二十三、二十七至二
十八、三十、三十七至三十八、四十、五十一至
五十二、六十九、八十五、一百九至一百十)

340000－1808－0001941　414501－414508

文選六十卷　（南朝梁）蕭統撰　清宣統三年
(1911)石印本　八冊　存三十三卷(一至三
十三)

340000－1808－0001942　414500

亢藝堂集三卷　（清）孫廷璋著　清同治十一
年(1872)滂喜齋刻滂喜齋叢書越三子集本
一冊

340000－1808－0001943　414802－05

國朝詩萃初集十卷二集十四卷　（清）潘瑛
（清）高岑輯　清抄本　四冊　存四卷(初集
一至三、二集四)

340000－1808－0001944　414728

亢藝堂集三卷　（清）孫延璋著　清同治十一

年(1872)滂喜齋刻滂喜齋叢書越三子集本
一冊　存二卷(一至二)

340000－1808－0001945　414770－414774
杜詩集說二十卷末一卷　(唐)杜甫撰　(清)
江浩然輯　清刻本　五冊　存四卷(一至四)

340000－1808－0001946　414535－414554
御選唐宋文醇五十八卷　(清)高宗弘曆編
清光緒三年(1877)刻本　二十冊

340000－1808－0001947　414523
欽定話治四書文不分卷　(清)方苞撰　清刻
本　一冊

340000－1808－0001948　414729
陳比部遺集三卷　(清)陳壽祺撰　清同治十
一年(1872)刻滂喜齋叢書越三子集本　一冊

340000－1808－0001949　414625－414627
古文觀止十二卷　(清)吳興祚鑒定　(清)吳
乘權　(清)吳大職手錄　清李光明莊刻本
三冊　存六卷(三至四、七至十)

340000－1808－0001950　415179－415184
古文觀止十二卷　(清)吳楚材　(清)吳調侯
輯　清刻本　六冊

340000－1808－0001951　414602－414612
重訂唐詩別裁集二十卷宋詩別裁集八卷元詩
別裁集八卷補遺一卷明詩別裁集十二卷
(清)沈德潛撰　清刻本　十一冊　存三十一
卷(唐詩別裁集十九至二十,宋詩別裁集八
卷,元詩別裁集八卷,補遺一卷,明詩別裁集
十二卷)

340000－1808－0001952　414524
欽定隆萬四書文不分卷　(清)方苞撰　清刻
本　一冊

340000－1808－0001953　414613－414624
御選唐宋文醇五十八卷　(清)高宗弘曆輯
清光緒十年(1884)刻本　十二冊　存四十二
卷(一至五、二十二至五十八)

340000－1808－0001954　414525－414532
欽定本朝四書文不分卷　(清)方苞輯　清刻

本　八冊

340000－1808－0001955　414730
漁洋唐詩選不分卷　(清)王士禛編　清刻本
一冊

340000－1808－0001956　414592－414595
唐宋八大家類選十四卷　(清)儲欣評述　清
乾隆四十九年(1784)刻本　四冊

340000－1808－0001957　414731
才調集選三卷　(明)王士禛編　清康熙刻本
一冊

340000－1808－0001958　414533－414534
欽定化治四書文六卷　(明)方苞選評　清光
緒十五年(1889)刻本　二冊

340000－1808－0001959　414732－414733
淡園文集一卷　(清)馬征麐撰　清光緒馬氏
思古書堂刻本　二冊

340000－1808－0001960　414596－414601
賦鈔箋略十五卷　(清)雷琳　(清)張杏濱箋
清嘉慶二十二年(1817)刻本　六冊

340000－1808－0001961　414838－414857
湖海文傳七十五卷　(清)王昶輯　清道光十
七年(1837)刻本　二十冊

340000－1808－0001962　414882－414889
明三十家詩選初級八卷二級八卷　(清)汪瑞
輯　清同治十二年(1873)刻本　八冊

340000－1808－0001963　414734
明人詩鈔續集十四卷　(清)朱琰編　清乾隆
刻本　一冊　存四卷(八至十一)

340000－1808－0001964　414880－414881
唐人萬首絕句選七卷　(宋)洪邁輯　(清)王
士禛選　清同治刻本　二冊

340000－1808－0001965　414858－414873
湖海文傳七十五卷　(清)王昶輯　清道光十
七年(1837)刻本　十六冊

340000－1808－0001966　414753－414762、
415500－415501

東坡先生詩集注三十二卷 （宋）蘇軾著
（宋）王十朋纂 清刻本 十二冊

340000－1808－0001967 415388－415403
湖海詩傳四十六卷 （清）王昶輯 清刻本
十六冊

340000－1808－0001968 414874－414879
徐孝穆全集六卷 （南朝陳）徐陵撰 （清）吳
兆宜箋注 清刻本 六冊

340000－1808－0001969 414735－414736
唐詩韶音箋註六卷 （清）沈廷芳錄 清乾隆
二十四年（1759）刻本 二冊

340000－1808－0001970 414763
唐律賦鈔一卷 （清）□□輯 清刻本 一冊

340000－1808－0001971 414775－414790
南宋文範七十卷外編四卷 （清）莊仲方編
清光緒十四年（1888）江蘇書局刻本 十六冊

340000－1808－0001972 414566－414567
五言今體詩鈔九卷七言今體詩鈔九卷 （清）
姚鼐編 清同治五年（1866）金陵書局刻本
二冊

340000－1808－0001973 414568－414569
五言今體詩鈔九卷七言今體詩鈔九卷 （清）
姚鼐編 清同治五年（1866）金陵書局刻本
二冊

340000－1808－0001974 414628－414630
八家四六文八卷 （清）吳鼒輯 清刻本
三冊

340000－1808－0001975 414791－414796
國朝二十四家文鈔二十四卷 （清）徐斐然輯
清刻本 六冊

340000－1808－0001976 414737－414740
宋四名家詩不分卷 （清）周之鱗 （清）柴升
選 清刻本 四冊

340000－1808－0001977 414560－414565
乾坤正氣集二十卷 （清）顧沅輯 清同治六
年（1867）新建吳氏皖江臬署刻半畝園藏書本
六冊

340000－1808－0001978 414764－414769
初唐四傑集三十七卷 （清）項家達輯 清同
治十二年（1873）蘉雅居鄒氏刻本 六冊

340000－1808－0001979 414570－414591
山曉閣選古文全集三十二卷 （清）孫琮輯
清康熙二十年（1681）刻本 二十二冊 存三
十卷（一至六、八、十至三十二）

340000－1808－0001980 414631－414634
御選唐宋文醇五十八卷 （清）高宗弘曆輯
清刻本 四冊 存十六卷（六至二十一）

340000－1808－0001981 414555－414559
古文詞略二十四卷 （清）梅曾亮輯 清同治
六年（1867）刻本 五冊

340000－1808－0001982 414635－414647
唐宋八家文讀本三十卷 （清）沈德潛評點
清刻本 十三冊

340000－1808－0001983 415454－415475
明詩綜一百卷 （清）朱彝尊錄 清刻本 二
十二冊 缺九卷（十七至二十三、九十三至九
十四）

340000－1808－0001984 414672－414677
駢體文鈔三十一卷 （清）李兆洛輯 清道光
合河康氏家塾刻本 六冊

340000－1808－0001985 414703－414712
漢魏六朝名家集□□卷 丁福保輯 清末掃
葉山房鉛印本 十冊 存六十卷（曹子建集
六至十、陸士龍集一至十、陶淵明集一至八、
首一卷、末一卷、顏延年集一至四、梁武帝集
一至四、沈休文集一至九、江文通集一至八、
任彥昇集一至八、陳後主集一至二）

340000－1808－0001986 414670－414671
古文筆法百篇二十卷 （清）李扶九編 清末
天寶書局石印本 二冊

340000－1808－0001987 415185－415204
宋詩鈔初集二十卷 （清）吳孟舉等選 清刻
本 二十冊

340000－1808－0001988 414648－414661

御選唐宋詩醇四十七卷　（清）梁詩正等編
清刻本　十四冊

340000－1808－0001989　414678
論策合鈔簡編一卷　（清）孫葆田輯　清刻本
　一冊

340000－1808－0001990　414662－414669
古文雅正十四卷　（清）蔡世遠選評　清刻本
　八冊

340000－1808－0001991　414713－414719
古文雅正十四卷　（清）蔡世遠選評　清刻本
　七冊　缺二卷(三至四)

340000－1808－0001992　415205－415208
國朝六家詩抄八卷　（清）劉執玉輯　清乾隆
三十二年(1767)刻本　四冊

340000－1808－0001993　414720
六朝文絜四卷　（清）許槤評選　清光緒三年
(1877)朱墨套印本　一冊

340000－1808－0001994　415354－415365
普天忠憤全集十四卷　（清）孔廣德編　清光
緒二十一年(1895)刻本　十二冊

340000－1808－0001995　414679－414682
增批古文觀止十二卷　（清）吳乘權　（清）吳
大職手錄　清末石印本　四冊　存八卷(五
至十二)

340000－1808－0001996　415382－415387
八家四六文不分卷　（清）袁枚等撰　清刻本
　六冊

340000－1808－0001997　414721
繪像正文千家詩二卷繡像二十四孝圖說一卷
　（清）□□編　清金陵李光明莊刻本　一冊

340000－1808－0001998　414683－414688
古文觀止十二卷　（清）吳乘權　（清）吳大職
手錄　清刻本　六冊

340000－1808－0001999　414722
繪像正文千家詩二卷繡像二十四孝圖說一卷
　（清）□□編　清大啟堂刻本　一冊

340000－1808－0002000　415442－415445
元詩選六卷補遺一卷　（清）顧奎光選輯　清
乾隆刻本　四冊

340000－1808－0002001　414689－414694
古文觀止約選十二卷　（清）吳楚材　（清）吳
大職輯　清咸豐元年(1851)刻本　六冊

340000－1808－0002002　415306－415317
皇朝經世文續新編三十卷　（清）儲桂山輯
清光緒二十八年(1902)義記書局石印本　十
二冊

340000－1808－0002003　414723
新刻續千家詩二卷　（清）□□著　清刻本
　一冊

340000－1808－0002004　415446－415453
昭代詩針十六卷　（清）吳元桂輯　清乾隆刻
本　八冊

340000－1808－0002005　414724－414725
賦則四卷　（清）鮑桂星評選　清刻本　一冊

340000－1808－0002006　415528－415543
周氏清芬詩集二十四卷文集十四卷　（清）周
岐撰　清光緒十九年(1893)刻本　十六冊

340000－1808－0002007　415234－415245
宋四六選二十四卷　（清）曹振鏞撰　清刻本
　十二冊

340000－1808－0002008　415476－415482
宋四六選二十四卷　（清）曹振鏞撰　清宣統
二年(1910)南通州翰墨林書局鉛印本　七冊
存十四卷(一、九至十、十四至二十四)

340000－1808－0002009　415209－415218
切問齋文鈔三十卷　（清）陸耀輯　清道光二
年(1822)刻本　十冊

340000－1808－0002010　415416－415419
國朝駢體正宗十二卷　（清）曾燠輯　清嘉慶
十一年(1806)刻本　四冊

340000－1808－0002011　415219－415228
切問齋文鈔三十卷　（清）陸耀輯　清道光四
年(1824)刻本　十冊

340000－1808－0002012　415318－415329

皇朝經世文四編五十二卷　（清）何良棟輯
清光緒二十八年（1902）上海書局石印本　十
二冊

340000－1808－0002013　415420－415425

國朝駢體正宗十二卷　（清）曾燠輯　清刻本
六冊

340000－1808－0002014　415484－415499

國朝金陵文鈔十六卷　（清）陳作霖輯　清光
緒二十三年（1897）刻本　十六冊

340000－1808－0002015　415330－415345

皇朝經世文新編二十一卷　麦仲華輯　清光
緒二十八年（1902）上海書局石印本　十六冊

340000－1808－0002016　415404－415415

易堂九子文鈔　（清）彭玉雯輯　清道光十七
年（1837）刻本　十二冊

340000－1808－0002017　415229－415230

金詩選四卷　（清）顧奎光選輯　清刻本
二冊

340000－1808－0002018　415346－415353

皇朝經世文新編二十一卷　麦仲華輯　清光
緒二十七年（1901）上海日新社石印本　八冊
存十一卷（一上、二至三、九至十上、十一至
十二、十五、十六上中、二十下、二十一）

340000－1808－0002019　415483

夢綠詩存一卷　（清）盧陽僧野蠶撰　**迂菴詩
存一卷迂菴文存一卷迂菴語存一卷殘存一卷**
（清）釋明慧撰　清道光九年（1829）刻本
一冊

340000－1808－0002020　415231－415233

宋詩鈔初集七卷　（清）吳孟舉　（清）吳自牧
選　清康熙十年（1671）州錢吳氏鑑古堂刻本
三冊

340000－1808－0002021　415502－415503

金陵惜陰書舍賦鈔四卷　（清）陳兆熙輯　清
同治十二年（1873）文星閣吳耀年家刻本
二冊

340000－1808－0002022　415426－415437

重編留青新集二十卷　（清）□□著　清光緒
三十四年（1908）上海廣益書局鉛印本　十
二冊

340000－1808－0002023　415246－415269

皇朝經世文編一百二十卷　（清）賀長齡輯
清光緒二十八年（1902）上海久敬齋石印本
二十四冊

340000－1808－0002024　415504－415515

國朝中州名賢集十卷首一卷末一卷　（清）黃
舒昺編　清刻本　十二冊

340000－1808－0002025　415548

合肥三家詩錄十卷　（清）譚獻選　清光緒十
二年（1886）安慶刻本　一冊

340000－1808－0002026　415438

憑山閣增輯留青新集三十卷　（清）陳枚選
（清）陳德裕增輯　清刻本　一冊　存一卷
（二十七）

340000－1808－0002027　415270－415289

皇朝經世文編一百二十卷　（清）葛士濬輯
清光緒二十二年（1896）寶善書局石印本　二
十冊

340000－1808－0002028　415516－415517

石梁賦鈔一卷　（明）吳棠編　清光緒元年
（1875）刻本　二冊

340000－1808－0002029　415439－415440

強聒書社策論新選二卷　（清）強聒書社輯
清光緒二十八年（1902）上海廣智書局鉛印本
二冊

340000－1808－0002030　415549

滁泗賦存一卷　（清）□□輯　清刻本　一冊

340000－1808－0002031　415441

元詩選六卷　（清）顧奎光輯　清刻本　一冊
存三卷（一至三）

340000－1808－0002032　415518

皖江三家詩鈔三卷　（清）汪之順等撰　清刻
本　一冊

340000－1808－0002033　415550－415553

陸氏傳家集四卷　（清）陸乃普輯　清同治十一年（1872）義經堂刻本　四冊

340000－1808－0002034　415290－415305

皇朝經世文三編八十卷　（清）陳忠倚輯　清光緒二十八年（1902）上海書局石印本　十六冊

340000－1808－0002035　415653

袖中書二卷　（清）俞樾編　清同治十年（1871）刻本　一冊

340000－1808－0002036　415554

常氏遺草四卷　（清）常景森編　清刻本　一冊

340000－1808－0002037　415519

皖江三家詩鈔三卷　（明）汪之順等撰　清道光二十五年（1845）刻本　一冊

340000－1808－0002038　415629－415630

漸源唱和集四卷　（清）王六潭編　清刻本　二冊

340000－1808－0002039　415654－415656

新體標識新式詳註分類適軒尺牘八卷　（清）徐菊生著　（清）孫震咸輯　清末碧梧山莊石印本　三冊　存三卷（二至四）

340000－1808－0002040　415631－415632

端綺集二十八卷　（清）黃奭撰　清道光刻清頌堂叢書本　二冊

340000－1808－0002041　415520－415527

渝水詩觀三十二卷　（清）黃之晉輯　清道光二十九年（1849）刻本　八冊

340000－1808－0002042　415633－415636

於湖題襟集詩六卷文三卷　（清）袁昶輯　清刻本　四冊

340000－1808－0002043　415657－415662

文章指南五卷　（明）歸有光編　清光緒二年（1876）皖江節署刻本　六冊

340000－1808－0002044　415555

寄春吟一卷　（清）劉汝薈撰　澧蘭集一卷

（清）劉嗣富撰　清光緒三年（1877）刻本　一冊

340000－1808－0002045　415663－415667

文章指南五卷　（明）歸有光編　清光緒二年（1876）皖江節署刻本　五冊

340000－1808－0002046　415556

寄春吟一卷　（清）劉汝薈撰　澧蘭初稿一卷　（清）劉嗣富撰　清光緒三年（1877）刻本　一冊

340000－1808－0002047　415596－415603

三蘇文集三十四卷　（宋）蘇洵等著　清宣統元年（1909）上海會文學社石印本　八冊

340000－1808－0002048　415668－415670

唐人應試賦選八卷　（清）劉文蔚　（清）姚亢宗輯　清乾隆二十五年（1760）刻本　三冊　存六卷（一至二、五至八）

340000－1808－0002049　415604－415609

蔡氏九儒書九卷首一卷　（明）蔡有鵾輯　清同治七年（1868）刻本　六冊

340000－1808－0002050　415612－415627

杜詩集說二十卷末一卷　（唐）杜甫撰　（清）江浩然纂輯　清刻本　十六冊　存十五卷（五至六、八至二十）

340000－1808－0002051　415628

東山草堂詩集不分卷　（清）謝裔宗著　清光緒二十五年（1899）木活字印本　一冊

340000－1808－0002052　415637－415644

御選唐宋詩醇四十七卷　（清）高宗弘曆撰　清末上海九思齋石印本　八冊

340000－1808－0002053　415737－415738

試律大成□□卷　（清）□□輯　清光緒十五年（1889）上海秀文書局石印本　二冊　存一卷（九）

340000－1808－0002054　415749

就正篇二卷　（清）蔣鳴奎撰　清同治十一年（1872）刻本　一冊

340000－1808－0002055　415610

同根草四卷 （清）屈蕙纕 （清）屈茝纕撰
清光緒二十九年（1903）刻本 二冊

340000－1808－0002056 415557
師竹軒詩集五卷 （清）劉樹堂著 韻香閣詩
草一卷 （清）孔祥淑撰 清光緒刻本 一冊

340000－1808－0002057 415645
濟上鴻泥圖題冊一卷 題（清）冶山居士著
清宣統二年（1910）刻本 一冊

340000－1808－0002058 415558－415561
講筵四世詩鈔十卷 （清）張英撰 清光緒十
八年（1892）刻本 四冊

340000－1808－0002059 415729－415736
梅村詩集箋注十八卷 （清）吳翌鳳撰 清刻
本 八冊

340000－1808－0002060 415611
四水子遺著一卷 （清）錢友泗撰 邠農偶吟
稿一卷 （清）錢炳森撰 清同治十一年
（1872）刻本 一冊

340000－1808－0002061 415646
仕隐圖題詞不分卷 （清）范志熙輯 清刻本
一冊

340000－1808－0002062 415647
朗照秋痕一卷 （清）李濱等編 清宣統鉛印
本 一冊

340000－1808－0002063 415739－415748
御選唐宋詩醇四十七卷 （清）高宗弘曆輯
清刻本 十冊 存二十四卷（二十四至四十
七）

340000－1808－0002064 415366－415371
國朝駢體正宗評本十二卷 （清）曾賓谷輯
（清）姚燮評 清光緒十年（1884）朱墨二色套
印本 六冊

340000－1808－0002065 415562
華泉先生集選四卷 （明）邊貢著 （清）王士
禎選 清康熙刻本 一冊

340000－1808－0002066 415563
春雲集六卷 （清）嵩祿等撰 清刻本 一冊

340000－1808－0002067 415648
朗照秋痕一卷 （清）李濱等編 清宣統元年
（1909）鉛印本 一冊

340000－1808－0002068 415372－415381
分類補注李太白詩二十五卷 （唐）李白撰
（宋）楊齋賢集注 （元）蕭士贇補 明萬曆許
自昌刻清印本 十冊

340000－1808－0002069 415649
朗照秋痕一卷 （清）李濱等編 清宣統元年
（1909）鉛印本 一冊

340000－1808－0002070 415650
朗照秋痕一卷 （清）李濱等編 清宣統元年
（1909）鉛印本 一冊

340000－1808－0002071 415651
朗照秋痕一卷 （清）李濱等編 清宣統元年
（1909）鉛印本 一冊

340000－1808－0002072 415782－415801
欽定國朝詩別裁集三十二卷 （清）沈德潛纂
評 清刻本 二十冊

340000－1808－0002073 415860－415861
唐詩三百首註疏六卷 （清）蘅塘退士編
（清）章燮注 清刻本 二冊 存四卷（一至
二、五至六）

340000－1808－0002074 415652
朗照秋痕一卷 （清）李濱等輯 清宣統元年
（1909）鉛印本 一冊

340000－1808－0002075 415713－415716
昌黎先生詩集注十一卷 （唐）韓愈撰 （清）
顧嗣立刪補 清道光十六年（1836）應德堂重
刻康熙顧氏野艸堂朱墨套印本 四冊

340000－1808－0002076 415822－415827
中晚唐詩叩彈集十二卷續集三卷 （清）杜詔
（清）杜庭珠集 清同治十二年（1873）刻本
六冊

340000－1808－0002077 415862－415867
才調集補註十卷 （三國吳）韋縠輯 （清）殷
元勳箋註 （清）宋邦綏補註 清乾隆五十八

年(1793)思補堂刻本　　六冊

340000－1808－0002078　415828－415835

而菴說唐詩二十二卷　（清）徐增撰　清康熙
五年(1666)九誥堂刻富春堂後印本　八冊

340000－1808－0002079　415709－415712

唐大家柳柳州文抄十二卷　（唐）柳宗元撰
（明）茅坤批評　清刻本　四冊

340000－1808－0002080　415896－415901

唐大家韓文公文抄十六卷　（唐）韓愈撰
（明）茅坤批評　清刻本　六冊

340000－1808－0002081　415717－415728

李太白文集三十二卷　（唐）李白撰　（清）王
琦輯　清刻本　十二冊

340000－1808－0002082　415868－415871

南宋雜事詩七卷　（清）沈嘉轍編　清同治刻
本　四冊

340000－1808－0002083　415693－415708

李太白文集三十六卷　（唐）李白撰　（清）王
琦輯　清刻本　十六冊

340000－1808－0002084　415902－415907

**貫華堂選批唐才子詩甲集七言律七卷尺牘一
卷**　（清）金聖歎編　清鉛印本　六冊

340000－1808－0002085　415671－415674

檀默齋先生試策箋註四卷　（清）檀萃著
（清）曾力行箋註　清光緒二年(1876)刻本
四冊

340000－1808－0002086　415908－415910

甌北詩話十二卷　（清）趙翼著　清刻本　三
冊　存八卷(五至十二)

340000－1808－0002087　415675－415687

格致課藝彙編□□卷　（清）王韜編　清光緒
二十三年(1897)上海書局石印本　十三冊
存十三卷(一至十三)

340000－1808－0002088　415872－415875

硃批七家詩選箋注七卷　（清）張熙宇評選
（清）張昶注釋　清朱墨套印本　四冊

340000－1808－0002089　415911－415913

重訂李義山詩集箋注三卷　（清）朱鶴齡撰
（清）程夢星刪補　清刻本　三冊

340000－1808－0002090　415934－415943

集千家註杜工部詩集二十卷文集二卷　（唐）
杜甫著　（明）許自昌校　明末許自昌校刻本
十冊

340000－1808－0002091　415688

塾言一卷　陳澹然著　清光緒二十八年
(1902)金陵宜春閣印書處刻本　一冊

340000－1808－0002092　416032

隨園詩話十六卷　（清）袁枚著　清宣統元年
(1909)上海鑄記書局石印本　一冊　存五卷
(一至五)

340000－1808－0002093　415944－415951

兩儀堂重訂古文釋義新編八卷　（清）余誠評
注　清兩儀堂刻本　八冊

340000－1808－0002094　415914－415917

溫飛卿詩集七卷別集一卷集外詩一卷　（唐）
溫庭筠撰　（明）曾益原注　清宣統二年
(1910)影印本　四冊

340000－1808－0002095　415689－415692

經心書院集四卷　（清）左紹佐著　清光緒十
四年(1888)湖北官書處刻本　四冊

340000－1808－0002096　415564－415567

文心雕龍十卷　（南朝梁）劉勰撰　清光緒二
十一年(1895)學庫山房刻本　四冊

340000－1808－0002097　415973

漁洋杜詩話不分卷　（清）翁方綱撰　清乾隆
三十二年(1767)石洲草堂刻本　一冊

340000－1808－0002098　416033－416034

隨園詩話十六卷補遺十卷　（清）袁枚著　清
宣統元年(1909)石印本　二冊　存八卷(詩
話一至四、補遺一至四)

340000－1808－0002099　415974

合刻註釋張子房解學士千家詩講讀一卷
（清）湯海若輯　清大啟堂刻本　一冊

340000－1808－0002100　415568－415569

文心雕龍輯注十卷　（南朝梁）劉勰撰　（清）黃叔琳輯注　清乾隆養素堂刻本　二冊

340000－1808－0002101　416006－416013

説詩樂趣類編二十卷　（清）伍涵芬輯　清康熙四十年(1701)刻本　八冊

340000－1808－0002102　416035－416037

隨園詩話十六卷　（清）袁枚著　清宣統元年(1909)上海鑄記書局石印本　三冊

340000－1808－0002103　415570－415585

文選集評十五卷首一卷末一卷　（清）于光華編　清乾隆三十七年(1772)刻本　十六冊

340000－1808－0002104　415965

新鐫五言千家詩箋注二卷增補重訂千家詩注解二卷　（清）王相選注　清李光明莊刻本　一冊

340000－1808－0002105　415918

敦園詩談八卷　（清）許丙椿著　清同治五年(1866)皖之薇垣刻本　一冊

340000－1808－0002106　416021－416024

貫華堂選批唐才子詩七言律八卷　（清）金人瑞批　清宣統三年(1911)蘇州振新書社石印本　四冊　存四卷(一至四)

340000－1808－0002107　415966

司空詩品註釋一卷　（唐）司空圖撰　清同治九年(1870)寶文書局刻本　一冊

340000－1808－0002108　415919

敦園詩談續編二卷　（清）許丙椿著　清刻本　一冊

340000－1808－0002109　415987－415992

古唐詩合解十二卷古詩合解四卷　（清）王堯衢注　清李光明莊刻本　六冊

340000－1808－0002110　415975－415984

帶經堂詩話三十卷首一卷　（清）王士禎撰　清同治十二年(1873)廣州藏修堂刻本　十冊

340000－1808－0002111　415802－415821

蘇文忠詩合註五十卷首一卷目錄一卷　（宋）蘇軾撰　（清）馮應榴輯訂　清乾隆四十七年(1782)刻本　二十冊

340000－1808－0002112　416038－416041

重訂古文釋義新編八卷　（清）余誠注　清末石印本　四冊

340000－1808－0002113　415967－415972

彙纂詩法度鍼十卷　（清）徐文弼編輯　清乾隆四十二年(1777)天德堂刻本　六冊

340000－1808－0002114　415985－415986

明詩別裁集十二卷　（清）沈德潛　（清）周準輯　清乾隆刻本　二冊　存六卷(一至三、七至九)

340000－1808－0002115　415993－415995

古唐詩合解十二卷　（清）王堯衢注　清刻本　三冊　存八卷(五至十二)

340000－1808－0002116　415920

峴傭説詩不分卷　（□）□□撰　清光緒十三年(1887)刻本　一冊

340000－1808－0002117　415876－415895

蘇文忠詩合註五十卷首一卷目錄一卷　（宋）蘇軾撰　（清）馮應榴輯訂　清同治刻本　二十冊

340000－1808－0002118　415952－415963

杜詩鏡銓二十卷　（唐）杜甫撰　（清）楊倫輯　清乾隆五十七年(1792)九柏山房刻本　十二冊

340000－1808－0002119　415921

漁洋詩話三卷　（清）王貽撰　清乾隆刻本　一冊

340000－1808－0002120　416025－416031

有正味齋駢體文二十四卷　（清）吳錫麒著　（清）王廣業箋　清刻本　七冊　存二十一卷(四至二十四)

340000－1808－0002121　415996－415999

古唐詩合解十二卷古詩四卷　（清）王堯衢注　清李光明莊刻本　四冊　存十一卷(古唐詩一至二、五至九,古詩四卷)

340000－1808－0002122　415922－415933

古詩箋三十二卷　（清）王士禛輯　清乾隆刻本　十二冊

340000－1808－0002123　416017－416020

藝苑名言八卷　（清）蔣瀾纂　清乾隆四十一年（1776）刻本　四冊

340000－1808－0002124　416016

漁洋詩話二卷　（清）王士禛著　清宣統元年（1909）掃葉山房石印本　一冊

340000－1808－0002125　415836－415859

蘇文忠詩合註五十卷首一卷目錄一卷　（宋）蘇軾撰　（清）馮應榴輯訂　清同治刻本　二十四冊

340000－1808－0002126　416042－416049

邃懷堂文集箋注十六卷　（清）袁翼著　（清）朱舲箋　清咸豐八年（1858）古唐朱氏古懽齋刻本　八冊

340000－1808－0002127　416014－416015

學詩法程四卷　（清）王祖源輯　清光緒九年（1883）石印本　二冊

340000－1808－0002128　416000－416002

古唐詩合解十二卷古詩四卷　（清）王堯衢註　清刻本　三冊

340000－1808－0002129　416003－416004

古唐詩合解十二卷　（清）王堯衢註　清刻本　二冊　存六卷（一至三、十至十二）

340000－1808－0002130　415586－415593

八家四六文註八卷　（清）孫星衍著　（清）許貞幹注　清光緒十八年（1892）上海圖書集成印書局鉛印本　八冊

340000－1808－0002131　416050－416057

賦學正鵠十卷　（清）李元度編　清刻本　八冊

340000－1808－0002132　416005

古唐詩合解十二卷　（清）王堯衢注　清刻本　一冊　存四卷（九至十二）

340000－1808－0002133　415595

注釋唐詩三百首不分卷　題（清）蘅塘退士編　清刻本　一冊

340000－1808－0002134　416400－416403

清真集二卷集外詞一卷　（宋）周邦彥著　清光緒臨桂王鵬運四印齋刻本　四冊

340000－1808－0002135　416349

雪中人一卷　（清）蔣士銓撰　清刻紅雪樓九種曲（一名清容外集）本　一冊

340000－1808－0002136　415594

古唐詩合解十二卷　（清）王堯衢注　清光緒二十八年（1902）新化三維書局刻本　一冊　存二卷（一至二）

340000－1808－0002137　416058－416063

四大奇書第一種六十卷一百二十回　（清）金聖嘆批　（清）毛宗崗評　清光緒三十三年（1907）譜雅書局刊本　六冊　存十五卷（一至二、十七至十九、二十三至二十五、三十八至四十一、四十五、四十七至四十八）

340000－1808－0002138　415750－415781

乾坤正氣集選鈔九十七卷　（戰國）屈原著　清光緒十三年（1887）刻本　三十二冊

340000－1808－0002139　416064－416082

四大奇書第一種六十卷　（清）金聖嘆著　清光緒三十三年（1907）譜雅書局刊本　十九冊　存四十八卷（一至六、十至五十一）

340000－1808－0002140　416350－416351

香祖樓二卷　（清）蔣士銓撰　清刻本　二冊

340000－1808－0002141　416136－416141

河東先生文集六卷　（唐）柳宗元撰　清宣統二年（1910）石印本　六冊

340000－1808－0002142　416404

遺園詩餘一卷　（清）王尚辰著　清木活字印本　一冊

340000－1808－0002143　416352

四弦秋一卷一片石一卷　（清）蔣士銓撰　清刻本　一冊

340000－1808－0002144　416353－416361

藏園九種曲十三卷 （清）蔣士銓撰 清乾隆刻本 九冊 存十卷(桂林霜上下、第二碑一卷、四絃秋一卷、香祖樓上下、雪中人一卷、臨川夢上下、冬青樹一卷)

340000－1808－0002145 416378

日湖漁唱一卷 （宋）陳允平撰 清刻本 一冊

340000－1808－0002146 416362

筑嘯詞二卷 （清）阮光撰 清刻本 一冊

340000－1808－0002147 416363

陶園詩餘二卷 （清）張九鉞著 清刻本 一冊

340000－1808－0002148 416083－416088

繡像三國演義續編西晉四卷東晉八卷 （清）陳氏尺蠖齋評釋 清光緒三十四年(1908)上海文宜書局石印本 六冊

340000－1808－0002149 416364

餐花室詩餘二卷 （清）嚴錫康著 清刻本 一冊

340000－1808－0002150 416379

景石齋詞略一卷 （清）姚詩雅著 清光緒七年(1881)刻本 一冊

340000－1808－0002151 416089－416098

里㠭十卷 （清）許奉恩撰 清光緒五年(1879)刻本 十冊

340000－1808－0002152 416099－416113

四大奇書第一種六十卷 （清）金聖嘆著 清刻本 十五冊 存四十六卷(二至十四、十八至二十九、三十三至四十一、四十五至五十三、五十八至六十)

340000－1808－0002153 416365－416367

有正味齋詞集八卷有正味齋續集二卷有正味齋外集二卷 （清）吳錫麒著 清刻本 三冊 存十一卷(詞集八卷、續集二卷、外集一)

340000－1808－0002154 416477

曲阿詞綜四卷 （清）劉會恩輯 清刻本 一冊 存二卷(一至二)

340000－1808－0002155 416368

有正味齋詞集八卷 （清）吳錫麒撰 清刻本 一冊 存四卷(一至四)

340000－1808－0002156 416380

微波詞一卷 （清）錢枚著 清光緒十五年(1889)許氏榆園刻本 一冊

340000－1808－0002157 416465－416476、416478－416489

詞綜三十八卷明詞綜十二卷國朝詞綜四十八卷二集八卷 （清）朱彝尊 （清）王昶纂 清光緒二十八年(1902)金匱浦氏刻本 二十四冊

340000－1808－0002158 416369

樊榭山房集十卷 （清）厲鶚著 清乾隆刻本 一冊 存二卷(九至十)

340000－1808－0002159 416142－416151

白香山詩長慶集二十卷後集十七卷別集一卷補遺二卷 （唐）白居易撰 白文公年譜一卷 （宋）陳振孫編 白香山年譜一卷 （清）汪立名撰 清康熙四十二年(1703)一隅草堂刻本 十冊

340000－1808－0002160 416381－416384

陳檢討詞鈔十二卷 （清）陳維崧撰 清康熙刻本 四冊

340000－1808－0002161 416370

天籟集二卷摭遺一卷 （元）白樸著 清刻本 一冊

340000－1808－0002162 116157－116168

四書 （□）□□輯 清末石印本 十二冊 存九卷(大學一卷、中庸一卷、上論一卷、下論一卷、梁惠二卷、公孫下、離婁下、萬章上)

340000－1808－0002163 416371

娛老詞一卷 （清）孫衣言著 清光緒二十年(1894)冶山竹居石印本 一冊

340000－1808－0002164 416544－416547

增像第六才子書四卷 （清）金聖嘆評 清光緒十三年(1887)石印本 四冊

340000－1808－0002165　416372

娛老詞不分卷　（清）孫衣言著　清光緒二十年(1894)冶山竹居石印本　一冊

340000－1808－0002166　416576－416584

詞律二十卷　（清）萬紅友論次　（清）吳留村鑒定　清光緒十六年(1890)倪釗抄本　九冊　存十八卷(一至十三、十六至二十)

340000－1808－0002167　416309－416312

類編草堂詩餘四卷續編二卷　（明）顧從敬編　清康熙刻本　四冊

340000－1808－0002168　416385

石湖詞一卷　（宋）范成大撰　和石湖詞一卷　（宋）陳三聘撰　清味菜廬木活字印本　一冊

340000－1808－0002169　416373

煮石山房詞鈔一卷　（清）江臨泰撰　清道光十九年(1839)刻本　一冊

340000－1808－0002170　416548－416553

雲林別墅繪像妥註第六才子書六卷首一卷　（清）鄒聖脉注　清刻本　六冊

340000－1808－0002171　416388－416391

拜石山房詞鈔四卷　（清）顧翰撰　清刻本　四冊

340000－1808－0002172　416386

吳梅村詞一卷　（清）吳偉業撰　清光緒十六年(1890)湖北官書處刻本　一冊

340000－1808－0002173　416554

第一才子書六十卷　（清）金聖嘆著　清刻本　一冊　存五卷(五十至五十四)

340000－1808－0002174　316257－316262

新鐫校正詳注分類百子金丹全書十卷　（明）郭偉選注　清光緒二十九年(1903)石印本　六冊

340000－1808－0002175　416374

悔翁詩餘五卷　（清）汪士鐸著　清光緒九年(1883)合肥張氏味古齋刻本　一冊

340000－1808－0002176　416405－416412

詞綜三十八卷　（清）朱彝尊輯　清刻本　八冊

340000－1808－0002177　416392

倚晴樓詩餘四卷　（清）黃燮清著　清同治六年(1867)黃鶴樓刻本　一冊

340000－1808－0002178　416122－416125

後山詩十二卷　（宋）陳師道撰　清刻本　四冊

340000－1808－0002179　416393

小石帆生詞二卷　（清）趙福雲著　清咸豐十年(1860)刻本　一冊

340000－1808－0002180　416126－416127

朱淑真斷腸詩集十卷新增斷腸詞一卷　（宋）朱淑真撰　（宋）鄭元佐注　清抄本　二冊

340000－1808－0002181　416375

紅豆簾琴意一卷　（清）陳克劬著　清光緒十三年(1887)刻本　一冊

340000－1808－0002182　416376

味棃集不分卷　（清）王鵬運著　清光緒二十一年(1895)刻本　一冊

340000－1808－0002183　416128－416129

恥堂存稿八卷　（宋）高斯得撰　清乾隆木活字印武英殿聚珍版書本　二冊

340000－1808－0002184　116169

新訂四書補註備旨十卷　（明）鄧林著　清刻本　一冊　存一卷(三)

340000－1808－0002185　416394－416395

二家詞鈔五卷　（清）李慈銘　樊增祥撰　清光緒二十八年(1902)刻本　二冊

340000－1808－0002186　416377

百末詞六卷　（清）尤侗著　清末石印本　一冊　存三卷(一至三)

340000－1808－0002187　416322

江南試帖二卷　（□）□□撰　清李光明莊刻本　一冊

340000－1808－0002188　416114－416119

陳臥子先生安雅堂稿十五卷　（明）陳子龍撰
清宣統元年（1909）時中書局鉛印本　六冊

340000－1808－0002189　416444－416453
國朝詞綜四十八卷二集八卷　（清）王昶輯
清同治四年（1865）刻本　十冊

340000－1808－0002190　416323－416324
有正味齋律賦詳註二卷　（清）吳錫麒著　清
道光十年（1830）刻本　二冊

340000－1808－0002191　416434－416443
國朝詞綜四十八卷二集八卷　（清）王昶輯
清同治四年（1865）刻本　十冊

340000－1808－0002192　416396－416397
百末詞六卷　（清）尤侗撰　清刻本　二冊

340000－1808－0002193　416130－416135
東坡詩鈔十八卷　（宋）蘇軾撰　清康熙六十
年（1721）華亭姚廷謙遂安堂刻唐宋八家詩本
六冊

340000－1808－0002194　416325－416327
七家詩合註□□卷　（清）陳沆著　清刻本
三冊　存三卷（二至三、六）

340000－1808－0002195　416120－416121
寇忠愍公詩集三卷　（宋）寇準著　清宣統三
年（1911）石印本　二冊

340000－1808－0002196　416454－416464
國朝詞綜四十八卷二集八卷　（清）王昶輯
清刻本　十一冊　缺三卷（國朝詞綜一至三）

340000－1808－0002197　216184－216189
平定粵匪紀略十八卷附記四卷　（清）杜文瀾
纂修　清光緒申報館鉛印本　六冊

340000－1808－0002198　416313
冷吟仙館詩餘一卷　（清）左錫嘉撰　清刻本
一冊

340000－1808－0002199　416328
童子問路四卷　（清）鄭之琼輯　清光緒十五
年（1889）兩儀堂刻本　一冊　存二卷（一至
二）

340000－1808－0002200　416398
雲左山房詩餘一卷詞附錄一卷　（清）林則徐
著　清刻本　一冊

340000－1808－0002201　416413－416420
詞綜三十八卷　（清）朱彝尊纂　清同治四年
（1865）刻本　八冊

340000－1808－0002202　416421－416430
詞綜三十八卷　（清）朱彝尊纂　清刻本
十冊

340000－1808－0002203　416195－416213
四大奇書第一種六十卷　（清）金聖嘆著　清
刻本　十九冊　存四十九卷（一至四十九）

340000－1808－0002204　416314－416315
芬陀利室詞集五卷　蔣敦復著　（清）王韜編
清光緒十一年（1885）長洲王韜淞隱廬刻本
二冊

340000－1808－0002205　416329－416332
藝苑叢話十六卷　（清）陳琰輯　清宣統三年
（1911）上海六藝書局石印本　四冊

340000－1808－0002206　416616－416617
明詞綜十二卷　（清）王昶纂　清同治四年
（1865）刻本　二冊

340000－1808－0002207　416399
養一詩餘一卷　（清）李兆洛撰　東洲草堂詩
餘一卷　（清）何紹基撰　清刻本　一冊

340000－1808－0002208　416614－416615
明詞綜十二卷　（清）王昶纂　清刻本　二冊

340000－1808－0002209　316266－316268
筆算數學三卷　（清）鄒立文翻譯　清光緒二
十四年（1898）鉛印本　三冊

340000－1808－0002210　416333
名媛韻事五卷　（清）鵲華館主人編　清道光
十三年（1833）瓶花閣刻本　一冊

340000－1808－0002211　416490－416491
明詞綜十二卷　（清）王昶纂　清刻本　二冊

340000－1808－0002212　416431－416433

明詞綜十二卷　（清）王昶纂　清刻本　三冊

340000－1808－0002213　416334

嶰陽詩說八卷　題（清）鵲華館主人編　清道光十三年(1833)刻本　一冊

340000－1808－0002214　416596－416607

碧聲吟館叢書十三卷　（清）許善長撰　清光緒三年(1877)刻本　十二冊

340000－1808－0002215　416339－416340

篋中詞六卷　（清）譚獻纂　清光緒八年(1882)刻本　二冊

340000－1808－0002216　416335－416336

匡山業話五卷　題（清）鵲華館主人編　清道光十一年(1831)刻本　二冊

340000－1808－0002217　416316

藤香館詞一卷　（清）薛時雨撰　清同治五年(1866)刻本　一冊

340000－1808－0002218　416341

詞選二卷　（清）張惠言錄　清光緒四年(1878)刻本　一冊

340000－1808－0002219　416317

二家詞鈔五卷　樊增祥著　清刻本　一冊　存三卷(三至五)

340000－1808－0002220　416337－616338

歷下偶談五卷續編□□卷　題（清）鵲華館主人編　清道光十一年(1831)刻本　二冊　存五卷(歷下偶談五卷)

340000－1808－0002221　216193－216194

顧回瀾先生史論不分卷　（清）顧回瀾著　清末抄本　二冊

340000－1808－0002222　316234－316243

郎潛紀聞初筆七卷二筆八卷三筆六卷　（清）陳康祺撰　清宣統二年(1910)掃葉山房石印本　十冊

340000－1808－0002223　416342

續詞選二卷附錄一卷　（清）董毅錄　清光緒四年(1878)鄂渚刻本　一冊

340000－1808－0002224　416318－416321

曝書亭集詞註七卷　（清）李富孫纂　清刻本　四冊

340000－1808－0002225　316214－316233

皇朝經世文編一百二十卷　（清）賀長齡輯　清同治十二年(1873)鉛印本　二十冊　存九十九卷(一至十四、二十四至四十九、五十三至八十九、九十九至一百二十)

340000－1808－0002226　416522－416532

詞律二十卷　（清）萬樹論次　清堆絮園刻本　十一冊

340000－1808－0002227　416498－416513

小檀欒室彙刻閨秀詞十集　徐乃昌輯　清光緒二十一年至二十二年(1895－1896)南陵徐氏刻本　十六冊　存八集(一至八)

340000－1808－0002228　316246－316251

鼎鍥幼幼集成六卷　（清）陳復正撰　清宣統三年(1911)上海會文堂石印本　六冊

340000－1808－0002229　416301－416304

有正味齋試帖詳註六卷　（清）吳錫麒著　清道光十年(1830)刻本　四冊

340000－1808－0002230　416589

一片石一卷　（清）蔣士銓填詞　（清）吳承緒正譜　清刻本　一冊

340000－1808－0002231　416297

古文析義六卷　（清）林雲銘評注　清刻本　一冊　存二卷(五至六)

340000－1808－0002232　416291－416296

樊南文集補編十二卷附錄一卷　（唐）李商隱撰　（清）錢振倫箋　（清）錢振常注　清同治五年(1866)望三益齋刻本　六冊

340000－1808－0002233　216152

左傳史論二卷　（清）高士奇論正　清刻本　一冊

340000－1808－0002234　416590－416591

空谷香傳奇二卷　（清）蔣士銓撰　清乾隆紅雪樓刻紅雪樓九種曲本　二冊

340000 – 1808 – 0002235　416518 – 416521

宋元名家詞十五種十七卷　（清）江標輯　清光緒二十一年（1895）湖南思賢書局刻本　四冊

340000 – 1808 – 0002236　416288

唐人試帖四卷唐七律選四卷　（清）毛奇齡論定　清刻本　一冊

340000 – 1808 – 0002237　216153 – 216154

宋史論三卷　（明）張溥撰　清刻本　二冊

340000 – 1808 – 0002238　416592

冬青樹一卷　（清）蔣士銓撰　清乾隆紅雪樓刻紅雪樓九種曲本　一冊

340000 – 1808 – 0002239　416305 – 416308

七家試帖輯註彙鈔七卷　（清）王植桂輯　清同治九年（1870）京師琉璃廠刻本　四冊

340000 – 1808 – 0002240　416275 – 416284

檉華館試帖彙鈔輯註十卷　（清）路德輯　清同治六年（1867）敦仁堂刻本　十冊

340000 – 1808 – 0002241　416593

第二碑一卷（一名後一片石）　（清）蔣士銓撰　清乾隆紅雪樓刻紅雪樓九種曲本　一冊

340000 – 1808 – 0002242　416289

經論堂重訂古文釋義新編八卷　（清）余誠評註　清刻本　一冊　存二卷（七至八）

340000 – 1808 – 0002243　216155 – 216156

元史論一卷　（明）張溥論　**明史論四卷**（清）谷應泰論證　清刻本　二冊

340000 – 1808 – 0002244　416285 – 416286

國朝試律匯海續選五卷　（清）黃爵滋編　清刻本　二冊

340000 – 1808 – 0002245　416287

國朝試律匯海續選前集五卷　（清）黃爵滋編　清刻本　一冊　存一卷（一）

340000 – 1808 – 0002246　416608 – 416612

倚晴樓七種曲　（清）黃燮清著　清光緒刻本　五冊　存十卷（茂陵絃二卷、脊令原二卷、桃谿雪二卷、鴛鴦鏡一卷、凌波影一卷、居帝女花二卷）

340000 – 1808 – 0002247　416290

八家四六文注八卷首一卷　（清）孫星衍著　清光緒十七年（1891）刻本　一冊　存二卷（一、首一卷）

340000 – 1808 – 0002248　416594

臨川夢二卷　（清）蔣士銓撰　清乾隆紅雪樓刻紅雪樓九種曲本　一冊

340000 – 1808 – 0002249　416555 – 416563

玉獅堂十種曲　（清）陳燒撰　清光緒刻本　九冊　缺一種一卷（同亭宴傳奇一卷）

340000 – 1808 – 0002250　416595

鳳飛樓傳奇二卷　（清）李文瀚撰　清刻本　一冊　存一卷（下）

340000 – 1808 – 0002251　316271

新語二卷　（漢）陸賈撰　**新序十卷說苑二十卷**　（漢）劉向撰　清光緒二十四年（1898）上海鴻文書局石印本　一冊

340000 – 1808 – 0002252　416343

詞選附錄一卷　（清）張惠言錄　清光緒四年（1878）刻本　一冊

340000 – 1808 – 0002253　316245

玄圃山宛苑洞靈□秘錄神書不分卷　（清）章佩敬輯　清抄本　一冊

340000 – 1808 – 0002254　316272

明夷待訪錄一卷　（清）黃宗羲著　清光緒北洋官報局鉛印本　一冊

340000 – 1808 – 0002255　416344

立山詞一卷　（清）張琦撰　**茗柯詞一卷**（清）張惠言填　清刻本　一冊

340000 – 1808 – 0002256　416535 – 416540

詞律二十卷　（清）萬樹撰　清刻本　六冊　存十二卷（三至四、七至十六）

340000 – 1808 – 0002257　416387

弟一生修梅花館詞□□卷　況周儀著　清光緒十八年（1892）刻本　一冊　存四卷（新鶯

詞一卷、玉梅詞一卷、錦錢詞一卷、存悔詞一卷）

340000－1808－0002258　416298－416300
劉海峰稿不分卷　（清）劉海峰撰　清光緒元年（1875）邢邱刻本　三冊

340000－1808－0002259　416496
詞選二卷附錄一卷　（清）張惠言錄　清同治六年（1867）刻本　一冊

340000－1808－0002260　416345－416348
國朝金陵詞鈔八卷　（清）陳伯雨編　清光緒二十八年（1902）刻本　一冊

340000－1808－0002261　316252－316253
醫學從眾錄八卷　（清）陳念祖著　清光緒十八年（1892）上海圖書集成印書局鉛印本　二冊

340000－1808－0002262　416514
小檀欒室彙刻閨秀詞十集　徐乃昌編　清光緒二十一年至二十二年（1895－1896）南陵徐氏刻本　一冊　存四卷（琴清閣詞一卷、生香館詞一卷、苣香詞一卷、衍波詞一卷）

340000－1808－0002263　416497
續詞選二卷　（清）董毅錄　清同治六年（1867）刻本　一冊

340000－1808－0002264　416613
居官鑑二卷　（清）黃燮清著　清光緒八年（1882）刻本　一冊

340000－1808－0002265　416588
桂林霜二卷　（清）蔣士銓填詞　清刻本　一冊

340000－1808－0002266　416515
閨秀詞三卷　（清）江岑等撰　清末民國秋道人補鈔本　一冊

340000－1808－0002267　316269－316270
諧鐸十二卷　（清）沈起鳳著　清光緒十五年（1889）上海廣百宋齋鉛印本　二冊

340000－1808－0002268　416492
今詞綜二卷夢玉詞一卷　（清）陳寅編　清鉛

印趣園叢刻本　一冊

340000－1808－0002269　316254
燕山外史註釋二卷　（清）陳球著　清宣統元年（1909）上海鑄記書局石印本　一冊

340000－1808－0002270　416493
歷代詞腴二卷附眠鷗集遺詞一卷　（清）黃承勳輯　清光緒十一年（1885）刻本　一冊

340000－1808－0002271　416585
觀音濟度本願真經二卷　（□）□□撰　清刻本　一冊　存一卷（下）

340000－1808－0002272　316255－316256
燕山外史註釋二卷　（清）陳球著　清宣統元年（1909）上海鑄記書局石印本　二冊

340000－1808－0002273　416534
洋橋詩餘一卷　（清）鄒世琦著　人天清籟集一卷　（清）舒紹基著　梁淑人挽詞一卷（清）陳遠謨著　清末鉛印本　一冊

340000－1808－0002274　316265
中華古今注三卷　（五代）馬縞集　清刻本　一冊

340000－1808－0002275　416586
繡像說唱大破孟州□□卷　（□）□□撰　清末石印本　一冊　存四卷（三至六）

340000－1808－0002276　316244
愚園楹聯一卷續編一卷附舊有名句楹聯一卷　（清）胡光國輯　清刻本　一冊

340000－1808－0002277　416533
柳湖詞一卷汴游冰玉稿附編一卷　朱寯瀛撰　萬善花室詞彙一卷　（清）方履籛撰　清宣統元年（1909）刻本　一冊

340000－1808－0002278　416494－416495
侯鯖詞五種　（清）吳唐林輯　清光緒十一年（1885）杭州刻本　二冊

340000－1808－0002279　316263
白喉辨症三卷　（清）黃維翰等著　清光緒十八年（1892）刻本　一冊

340000－1808－0002280　416587

此宜閣增訂金批西廂四卷首一卷末一卷
（清）金聖歎批　清朱墨套印本　一冊　存一卷（末一卷）

340000－1808－0002281　416516－416517

宋七家詞選七卷　（清）戈載輯　清光緒十一年（1885）刻本　二冊　存五卷（一至五）

340000－1808－0002282　416564

詞品六卷拾遺一卷　（明）楊慎撰　清刻本　一冊

340000－1808－0002283　416565

蓮子居詞話四卷　（清）吳衡照輯　清同治九年（1870）退補齋刻本　一冊

340000－1808－0002284　416541－416543

詞律拾遺八卷　（清）徐本立纂　清同治十二年（1873）吳下刻本　三冊　缺二卷（七至八）

340000－1808－0002285　216170－216181

增評加批歷史綱鑑補三十九卷首一卷　（宋）司馬光通鑑　（宋）朱熹綱目　（明）王世貞（明）袁黃編　清光緒二十八年（1902）上海富強齋石印本　十二冊　存三十三卷（五至十、十四至三十九，首一卷）

340000－1808－0002286　316264

興替寶鑑二十卷　（清）夏敬渠著　清末石印本　一冊　存一卷（一）

340000－1808－0002287　216190

劫灰錄一卷　（清）馮甦撰　鄧實校錄　清光緒三十四年（1908）上海國學保存會鉛印國粹叢書本　一冊

340000－1808－0002288　216191－216192

洪稚存先生評史十八卷　（清）洪亮吉著　清光緒三十一年（1905）石印本　二冊

340000－1808－0002289　616618－616620

精選各國政治考四卷　（清）張之洞鑒定　清末刻本　三冊　存三卷（二至四）

340000－1808－0002290　516656－516674

欽定古今圖書集成一萬卷目錄四十卷　（清）蔣廷錫等輯　清鉛印本　十九冊　存一百三卷（歷象歷法五十一至五十四，歷象庶徵二十三至二十七、三十八至四十三、一百四至一百十一，博物神異一百二十五至一百二十九，博物禽蟲五十四至六十六，經濟實貨三十四至四十九、五十二至五十七，經濟戎政一至六，經濟詳刑一百二至一百十六、一百二十七至一百三十一、一百六十至一百六十五、一百七十二至一百七十五，經濟考工五十至五十三）

340000－1808－0002291　616629－616643

續西學大成十八編七十八種　（清）孫家鼐編　清光緒二十三年（1897）上海飛鴻閣書林石印本　十五冊　存十九種（算學、測繪學、天學、地學、史學、政學、西學大成、兵學、農學、文學、格致學、化學、礦學、重學、汽學、電學、光學、聲學、工程學）

340000－1808－0002292　616574

政治學二卷　（日）那特硜講述　（清）王慕陶　（清）戢翼翬譯　清光緒二十八年（1902）上海商務印書館鉛印本　一冊　存一卷（上）

340000－1808－0002293　616683－616695

時務分類興國策八卷　（清）李鳳儀編輯　清光緒二十三年（1897）石印本　十三冊　缺二卷（一上、二上）

340000－1808－0002294　616703

圓錐曲線說三卷　（英國）艾約瑟口譯　（清）李善蘭筆述　清同治刻本　一冊

340000－1808－0002295　616698－616702

重學二十卷　（英國）艾約瑟口譯　（清）李善蘭筆述　清同治五年（1866）刻本　五冊

340000－1808－0002296　616575

歐美政體通覽五卷　（日）上野貞吉著　清光緒二十八年（1902）上海商務印書館鉛印本　一冊

340000－1808－0002297　616677－616682

電學十卷首一卷　（英國）瑙挨德著　（英國）傅蘭雅口譯　（清）徐建寅筆述　清光緒刻本　六冊

340000－1808－0002298　616621－616628

原富五卷　（英國）斯密亞丹著　嚴復譯　清光緒二十八年（1902）南洋公學譯書院印本　八冊

340000－1808－0002299　616675－616676

農藝化學五編不分卷　□□輯　清抄本　二冊

340000－1808－0002300　517262－521560

欽定古今圖書集成一萬卷目錄四十卷考證二十四卷　（清）陳夢雷原輯　（清）蔣廷錫重輯　清末石印本　四千二百九十九冊　存八千五百五十四卷（乾象典一至十六、二十三至三十、三十三至六十四、六十九至七十、七十三至七十四、七十七至一百，歲功典一至四、十七至五十六、七十七至一百十六，曆法典一至四十八、五十九至六十、六十五至一百三十四，庶徵典一至十六、三十三至六十八、八十九至一百八十八、坤輿典一至六十六、六十九至八十、一百一至一百二十八、一百三十一至一百四十，職方典一至三十二、四十九至一百七十六、一百八十三至一百八十四、一百九十一至二百四十四、二百六十五至五百二十四、五百六十七至六百二十四、六百六十一至六百六十二、六百六十五至八百八十四、九百五至九百四十四、九百六十五至一千二十五、一千四十五至一千八十四、一千一百五至一千一百六十四、一千一百六十七至一千一百八十、一千二百五至一千二百四十四、一千二百六十五至一千三百四十四、一千三百六十五至一千四百四、一千四百九十至一千五百四十四，山川典一至六十、八十一至二百八十、三百一至三百二十，邊裔典一至三十二、四十五至四十六、四十九至一百二十六、一百二十九至一百四十，皇極典一至一百二十、一百四十一至三百，宮闈典一至十六、四十九至八十二、一百三至一百四十，官常典一至二百二十、二百四十一至二百四十八、二百五十一至五百、五百二十一至六百六十、六百八十一至八百，家範典一至一百十六，交誼典一至一百，氏族典一至二百二十、二百四十一至三百四十、三百六十一至四百四十、四百六十一至六百四十、人事典一至九十四、九十七至九十八、一百三至一百十二、閨媛典一至八十、九十七至一百二十、一百四十一至三百二十八、三百四十五至三百六十，藝術典一至一百六十、一百六十九至二百四十、二百六十一至二百八十、三百二十一至三百四十、三百六十一至五百六十、五百八十一至六百四十、六百六十一至七百四十四、七百六十五至七百六十六、七百六十九至八百二十四，神異典一至四十、六十一至一百二十、一百四十一至二百、二百二十一至二百四十、二百六十一至二百八十、三百一至三百二十，禽蟲典二十一至六十、八十一至一百九十二，草木典二十一至二百、二百二十一至三百二十，經籍典一至一百、一百二十一至四百六十八、四百八十九至五百，學行典一至三十二、四十九至二百、二百二十一至三百，文學典一至二百二十，字學典一至一百二十，選舉典一至三十二、四十九至六十四、八十一至一百三十六，銓衡典二十一至一百二十，食貨典一至四十、六十一至八十、一百一至三百六十，禮儀典一至八十、一百一至二百八十、三百一至三百四十八，樂律典一至八十、九十七至一百三十六，戎政典一至十六、四十九至六十六、八十一至一百四十、一百六十一至三百，祥刑典一至一百八、一百二十七至一百三十、一百三十三至一百八十，考工典一至二百五十二，考證一至二十四）

340000－1808－0002301　616696

哲學要領前編一卷　（日本）井上圓了著　羅伯雅譯　清光緒二十八年（1902）上海廣智書局鉛印本　一冊

340000－1808－0002302　516704－517261

欽定古今圖書集成一萬卷目錄四十卷　（清）陳夢雷原輯　（清）蔣廷錫重輯　清鉛印本　五百五十八冊　存三千三百四十一卷（乾象典十一至二十七、二十九至三十二、四十五至五十、六十五至七十四，歲功典一至七十九、八十六至一百九，曆法典一至一百四十，庶徵典一至四十三、五十至五十五、六十一至一百五十五、一百六十二至一百七十七，坤輿典十七至二十一、三十八至六十九、八十至一百三、一百九至一百二十五,職方典二十九至三十三、一百四至一百九、一百七十至一百七十七、五百七十七至五百八十二、一千四百七至一千四百四十六、一千四百八十六至一千四百九十二,山川典二十三至二十七、四十六至五十一、八十一至八十六、一百十四至一百二十九、一百三十八至一百五十七、一百七十一至一百八十二、一百九十六至二百二、二百五十八至二百八十三、二百九十至三百二十,邊裔典二十至二十三、三十至四十六、七十一至七十六、一百三十五至一百四十,皇極典五十六至六十二、六十九至一百六,宮闈典六十九至八十八、九十六至一百九、一百二十三至一百三十三,官常典一至七十一、七十八至八十三、九十至一百一、一百三十五至一百四十八、一百五十六至一百九十五、二百六十五至三百十六、三百二十四至三百四十六、四百三十九至四百八十五、五百四十至五百四十五、五百六十至五百六十五、五百七十三至五百八十五、五百九十三至六百二十五、六百六十六至六百七十二、七百十一至七百七十七、七百八十三至七百八十六、七百九十六至八百,家範典一至六、十三至三十、四十四至九十九,交誼典一至七、十四至三十七、四十三至六十,氏族典五十八至六十三、八十三至一百一、一百八至一百二十、一百二十六至一百三十七、一百九十五至二百八、二百十五至二百三十四、二百四十至二百八十、三百十一至三百四十六、三百五十四至四百十一、四百十九至四百四十八、五百八至五百十五、五百二十五至六百四十,人事典十二至二十六、三十三至五十一、六十九至七十三、八十九至一百十二,閨媛典七十六至八十、一百八十三至一百九十五、二百五十至二百五十六、三百三十九至三百七十六,藝術典一至十七、二百七十五至三百四、三百十一至三百三十三、三百七十六至三百八十五、三百九十一至三百九十六、八百五至八百二十四,神異典一至二十二、二十八至三十三、三十五至三十八、四十四至四十八、五十四至五十九,禽蟲典一至一百

九十二,草木典十九至二十三、二百七至二百十九,經籍典一百三十六至一百四十一、一百五十一至一百五十七、一百七十一至一百八十、一百八十六至一百九十一、一百九十八至二百三、二百十一至四百六、四百二十三至四百七十四、四百八十一至五百,學行典七至三十四、四十至五十五、六十三至一百八十三、一百九十至二百三十五、二百四十二至二百四十七、二百五十四至三百,文學典一百十八至一百二十三、一百四十三至一百五十五,食貨典二百二十二至二百三十三,禮儀典三百至三百四十八,樂律典一至九、十六至五十四、六十至八十六、九十三至一百二十八,戎政典一至十一、三十三至三十八、五十一至九十六、一百三至一百二十、二百五十一至二百五十五、二百六十三至二百八十六、二百九十五至三百,祥刑典七至四十六、五十七至一百一、一百七至一百二十六、一百三十九至一百八十,考工典一至十七、二十二至一百五十七、一百七十五至一百八十、一百八十八至一百九十八、二百三十二至二百三十九)

340000 - 1808 - 0002303　616697

哲學要領後編十二卷　（日本）井上園了著羅伯雅譯　清光緒二十八年(1902)上海廣智書局鉛印本　一冊

340000 - 1808 - 0002304　616644 - 616655

西學大成十八編七十八種　王西清輯　清光緒二十一年(1895)印本　十二冊

340000 - 1808 - 0002305　621565 - 621567

數學啟蒙四卷　（英國）偉烈亞力著　清光緒二十二年(1896)上海仰古齋書莊鉛印本　三冊　缺一卷(三)

340000 - 1808 - 0002306　621561 - 621564

兩湖算學課程□□卷　（清）□□輯　清光緒二十四年(1898)石印本　四冊　存三卷(算學二卷、附一卷)

340000 - 1808 - 0002307　615544 - 615547

西法算學入門二卷量法須知一卷　（英國）偉烈亞力著　清光緒二十二年(1896)上海石印

本　四冊

340000－1808－0002308　621568－621571

學算筆談十二卷　（清）華蘅芳撰　清光緒二
十二年(1896)上海文瑞樓印本　四冊

340000－1808－0002309　621572－621577

代數通藝錄十六卷　（清）方愷撰　清光緒二
十四年(1898)石印本　六冊

340000－1808－0002310　523512－523514

小四書□□卷　（宋）程若庸等撰　清恆德堂
刻本　三冊　存四卷(二至五)

340000－1808－0002311　523405－523414

尚友錄二十二卷　（清）廖用賢編纂　清刻本
十冊

340000－1808－0002312　621578－621579

代數通藝錄十六卷札記二卷　（清）方愷撰
清光緒二十七年(1901)上海六藝書局石印本
二冊　存二卷(札記二卷)

340000－1808－0002313　523354－523361

事類統編三十三卷　（清）王鳳喈撰　清嘉慶
三年(1798)刻本　八冊　存二十卷(十四至
三十三)

340000－1808－0002314　523403－523404

山堂肆考二百四十卷　（明）彭大翼撰　清刻
本　二冊　存十卷(二十一至二十五、三十三
至三十七)

340000－1808－0002315　523363－523402

五廣全集□□卷　（清）華希閔等著　清同治
十年(1871)刻本　四十冊　存一百四十六卷
(一至一百四十六)

340000－1808－0002316　523347－523350

重訂廣事類賦四十卷　（清）華希閔著　清道
光二十三年(1843)刻本　四冊

340000－1808－0002317　523337－523339

廣廣事類賦三十二卷　（清）吳世旃撰　清刻
本　三冊

340000－1808－0002318　523362

天地人三才略不分卷　（清）□□撰　清光緒

八年(1882)琳瑯書屋刻本　一冊

340000－1808－0002319　523351－523353

重訂事類賦三十卷　（宋）吳淑撰註　清刻本
三冊

340000－1808－0002320　523340－523341

事類賦補遺十四卷　（清）張均編撰　清刻本
二冊

340000－1808－0002321　523177－523336

古香齋新刻袖珍淵鑑類函四百五十卷　（清）
張英　（清）王士禎編　清同治、光緒間南海
孔氏刻本　一百六十冊

340000－1808－0002322　523476－523479

鑄史駢言十二卷　（清）孫玉田編定　清光緒
二年(1876)刻本　四冊

340000－1808－0002323　523493－523500

小瑯嬛山館彙刊類書十二種　清咸豐元年
(1851)刻本　八冊

340000－1808－0002324　523480－523485

古事比五十二卷　（清）方中德輯　清光緒十
三年(1887)上海文盛堂石印本　六冊

340000－1808－0002325　523486－523491

古事比五十二卷　（清）方中德輯　清光緒十
八年(1892)上海點石齋石印本　六冊

340000－1808－0002326　523342－523346

續廣事類賦三十三卷　（清）王鳳喈撰注　清
刻本　五冊　缺三卷(十六至十七、二十)

340000－1808－0002327　523492

增補萬寶全書二十卷　（明）陳繼儒纂輯　清
同治十年(1871)刻本　一冊　存三卷(一至
三)

340000－1808－0002328　523501－523503

詩學含英十四卷　（清）劉文蔚輯　清刻本
三冊　存十一卷(一至十一)

340000－1808－0002329　523504－523507

省軒考古類編六卷　（清）柴紹炳選　清道光
五年(1825)刻本　四冊

340000－1808－0002330　523508－523511

省軒考古類編十二卷　（清）柴紹炳纂　清刻本　四冊

340000－1808－0002331　523431－523432

增補事類統編九十三卷　（清）黃葆真增輯　清末石印本　一冊　存十六卷（四十三至五十、五十九至六十六）

340000－1808－0002332　523436－523475

子史精華一百六十卷　（清）允祿撰　清刻本　四十冊

340000－1808－0002333　523634－523649

子史精華一百六十卷　（清）允祿撰　清光緒十五年（1889）上海蜚英館石印本　十六冊

340000－1808－0002334　523433－523435

格致精華錄四卷　（清）江標編次　清光緒二十二年（1896）石印本　三冊

340000－1808－0002335　523430

重訂詩料詳註四卷　（清）秦照　（清）郭一經輯　（清）陳風增釋　清刻本　一冊　存二卷（一至二）

340000－1808－0002336　523415－523421

新纂氏族箋釋八卷　（清）熊峻運著　清刻本　七冊　缺一卷（四）

340000－1808－0002337　523540－523635

玉海二百卷　（宋）王應麟撰　元刻明正德、嘉靖、萬曆、崇禎補刻清康熙二十六年（1687）吉水李振裕補刻印本　九十六冊

340000－1808－0002338　523515－523517

周易鄭康成注一卷通鑑答問五卷　（宋）王應麟撰　清刻本　三冊

340000－1808－0002339　523650

楚騷綺語六卷　（明）張之象輯　清光緒六年（1880）八杉齋刻本　一冊　存三卷（一至三）

340000－1808－0002340　523518－523519

六經天文編二卷　（宋）王應麟撰　清刻本　二冊

340000－1808－0002341　523651－523658

文選錦字錄二十一卷　（明）凌廸知輯　清光緒十一年（1885）五融經館刻本　八冊

340000－1808－0002342　523518－523519

六經天文編二卷　（宋）王應麟撰　清刻本　二冊

340000－1808－0002343　523525

姓氏急就篇二卷　（宋）王應麟撰　清刻本　一冊

340000－1808－0002344　523520－523524

小學紺珠十卷　（宋）王應麟撰　明萬曆刻清康熙、乾隆遞修本　五冊

340000－1808－0002345　523526－523527

急就篇四卷　（唐）顏師古注　（宋）王應麟補注　清刻本　二冊

340000－1808－0002346　523528－523529

漢藝文志攷證十卷　（宋）王應麟撰　清刻本　二冊

340000－1808－0002347　523530－523531

漢制攷四卷踐阼篇不分卷　（宋）王應麟撰　清刻本　二冊

340000－1808－0002348　523532

詩攷一卷　（宋）王應麟撰　清刻本　一冊

340000－1808－0002349　523533－523534

詩地理攷六卷　（宋）王應麟撰　清刻本　二冊

340000－1808－0002350　523535－523539

通鑑地理通釋十四卷周書王會一卷　（宋）王應麟撰　清刻玉海本　五冊

340000－1808－0002351　523659－523660

初學行文語類四卷　（清）孫斑編　清刻本　二冊

340000－1808－0002352　523422－523429

稱謂錄三十二卷　（清）梁章鉅撰　清光緒元年至十年（1875－1884）梁恭辰刻本　八冊

340000－1808－0002353　523661

皇朝經濟文新編六十一卷　題（清）宜今室主

人編輯　清石印本　一冊　存四卷(製造要言一卷、火器要言一卷、船政紀要一卷、商輪說略一卷)

340000－1808－0002354　523662－523760
佩文韻府一百六卷　(清)張玉書等纂修　清光緒十八年(1892)上海鴻寶齋石印本　九十九冊　存六十三卷(一至六十三)

340000－1808－0002355　523761－523812
佩文韻府一百六卷　(清)張玉書等纂修　清光緒十七年(1891)石印本　五十二冊

340000－1808－0002356　523854－523874
佩文韻府一百六卷　(清)張玉書等纂修　清光緒十九年(1893)上海點石齋石印本　二十一冊　存九十六卷(一至四十五、四十九至七十四、八十二至一百六)

340000－1808－0002357　523813－523821
榆園叢刻　(清)許增編　清光緒刻本　九冊　存三十五卷(白石道人詩集二卷、歌曲四卷、評論等一卷、山中白雲詞八卷、詞源二卷、衍波詞二卷、納蘭詞五卷、衡夢詞二卷,浮眉樓詞二卷、懺餘綺語二卷、爨餘詞一卷、拜石山房詞四卷)

340000－1808－0002358　523830－523853
佩文韻府一百六卷拾遺一百六卷　(清)張玉書　(清)張廷玉等纂修　清光緒十九年(1893)石印本　二十四冊

340000－1808－0002359　523822－523829
韻府拾遺一百六卷　(清)張廷玉等纂修　清光緒十七年(1891)上海同文書局石印本　八冊

340000－1808－0002360　523877－523893
增刪韻府羣玉定本二十卷　(元)陰時夫編　清刻本　十七冊　存十七卷(二至七、九至十三、十五至二十)

340000－1808－0002361　523898－523901
鏡源遺照集二十卷首一卷　(清)張均輯　清道光二十七年(1847)刻本　四冊

340000－1808－0002362　523875－523876
韻府拾遺一百六卷　(清)張廷玉等纂修　清末石印本　二冊　存一百四卷(一至一百三、一百六)

340000－1808－0002363　523894－523895
楹聯叢話十二卷　(清)梁章鉅編　清道光二十二年(1842)長沙府署刻本　二冊

340000－1808－0002364　523896
楹聯叢話十二卷　(清)梁章鉅編　清刻本　一冊　存三卷(七至九)

340000－1808－0002365　523897
楹聯續話四卷　(清)梁章鉅編　清道光二十五年(1845)長沙省廨刻本　一冊　存二卷(一至二)

340000－1808－0002366　523902－523906
巾經纂二十卷　(清)宋宗元著　清刻本　五冊

340000－1808－0002367　523947－523955
政法報匯編不分卷　(清)政法學報編輯部編　清光緒十三年(1887)鉛印本　九冊

340000－1808－0002368　523907－523926
五車韻瑞一百六十卷附洪武正韻一卷　(明)凌稚隆編輯　明金閶葉瑤池刻本　二十冊

340000－1808－0002369　524019－524050
西政叢書三十一種　梁啟超輯　清光緒二十三年(1897)慎記書莊石印本　三十二冊

340000－1808－0002370　523927－523930
河南官報　清末鉛印本　四冊　存四集(一至四)

340000－1808－0002371　524001－524018
科學叢錄　(清)官報總局編　清光緒三十二年(1906)鉛印本　十八冊　存四十四集(科學叢錄一:雜誌類六至八,科學叢錄二:學說類、周末學說史分序、學說類八集、甲辰學報提要、乙巳學報提要,科學叢錄三:文編類一至五、九至十二,科學叢錄四:調查類一至七,文編類:教育一集、政治一集、經濟一集、武備一集、交涉一集、實業一集,調查類:法政一集、財政一集、實業一集、人物一集、風土一集、路礦一集、博物雜誌一集,學說類:經學一集、子史一集、天算一集、地理一集、格致一集、動物一集、植物一集)

340000－1808－0002372　523956－523973
湖海樓叢書續編　(清)張之洞編次　清光緒九年(1883)刻本　十八冊　存十三種五十二卷(龍筋鳳髓判四卷、窆存四卷、湖海樓詩稿十二卷、來齋金石考略三卷、煙霞萬古樓詩選二卷、仲瞿詩錄一卷、秋紅丈室遺詩一卷、孩南池館遺詩二卷、雙樹生詩草一卷、紀半樵詩一卷、思適齋集十八卷、儀鄭堂殘稿二卷、賜硯齋題畫偶錄一卷)

340000－1808－0002373　523931－523933
國粹學報　國粹學報館編　清宣統三年(1911)鉛印本　三冊　存三期(七十六至七十八)

340000－1808－0002374　523934－523941
五經歲遍齋校書三種　(清)翟雲升輯　清東萊翟雲升五經歲遍齋刻本　八冊

340000－1808－0002375　523942－946
國朝名人著述叢編　(清)□□輯　清光緒五年(1879)鉛印本　五冊　存十三卷(一至十三)

340000－1808－0002376　523974－524000
學報叢編　(清)北洋官報總局編　清光緒三十二年(1906)鉛印本　二十七冊　存一百四十二卷(政界:銀行與國家社會之關系、道德與經濟之關系、戰爭與教育之關系、女學與國際之關系、河防述要、水利存要、德國陸軍述要、財政略論、日本財政與歐美比例論、裁判所構成法、管理執拗兒童法,軍政界:世界尚武主義、戰法學、論軍備與地理之關系、圍攻要塞方略、俄將別傳、日將事略,理財界:世界商業發達之大勢、美國商務條陳稿、美國圈法考、最近日本財政考、殖民政策條議、法蘭西外國資本,法學界:最近國際公法要旨、國際私法論略、中立國權利義務、條約名義問答、

近世公法宗旨論、法學片談、印藏交涉詳述、演說美辭法,刑政界:刑法新論概要、刑事訴訟法概要、改良刑法方針,行政界:論世界之保護國、最新行政法綱要、國家有形之要素論、國家無形之要素論、樺浦旅行記略,輿地界:政治地理研究法、營義鐵道論、齊武鐵道議、西伯利亞鐵道志、西伯利亞最近之情勢、亞東各國屬地志略、藏事質言、巴拿馬國小志,教育:論學校園之有益、兒童想像推理論、建置文部始末記、美國德國教育合論、女子教育平議、女學議,教育界:歷史教授新法、地理教授新法、修身科教授新法、擬改普通教育制度論、州縣學校謀始、簡便國民教育法、學界紀要、世界女學進化史,文學部:中立公法例證、西洋史講義、芬蘭內情論、東非洲屬地論、滿洲山脈海岸志略,歷史:巴拿馬國獨立記、美散交涉小史、美散交涉論、美國經營東方政策論、美國東亞商務論、瑞那二國分立論、奧俄內情分論、荷日通商逸史、最近世西史通論,財政:經濟學、生財三要新論、租稅公債發微、銀行精義、最新財貨交易論,學界:中國地理學、地學圖說、礦學圖說、世界石炭統計論、物理淺說、合金略說、化學粹言上中,理化:譯學叢說、政治地理概略、中國尚武證義、戰時禁制品論、造火藥法略述、照相法中之化學、礦物學新論,理化實業界:周代大學學科論、畫圖論、說目、說熱、農學類要、農業學堂種植成蹟表、日本維新進步論、考求土貨公文、史學原論、風雨寒暑表源流考、手工學教科書、蘆菔制糖大略、果對栽培法,實業界:實業教育方針、農業補習學校略論、農學述要、動物學進化史、植物學略史、造冰理法略解、播種移植須知、植物利益說、風與昆蟲之關系,實業:農林學堂普通試驗記、農業學堂夏熟成蹟表、美國農業新論、美國種棉法述要、實業學校辦法條陳節要、漁業粹言,考古界:種源論、前世界、心理學提要、算學界:天學釋名、微積答問、平圓互容新義、日本調查算學記、珠算開方法、中西度量權衡備考、邁當尺用法詳解、歐瀛考工記新編、中西格致通論、英國變政小史、中法商務紀要、最新泉幣論、養蜂新

法、日本裁判所編制法、日本刑事訴訟法上下)

340000－1808－0002377　524051－524060

說鈴　(清)黃鵬揚等著　清刻本　十冊　存二十二卷(一至二十二)

340000－1808－0002378　524068－52475

榆園叢書　(清)許增著　清光緒十九年(1893)刻本　八冊　存九種三十八卷(憶雲詞五卷、微波詞一卷、松壺畫贅二卷、松壺畫憶二卷、縵雅堂駢文八卷、笙月詞五卷、花影詞一卷、藏書紀要一卷、閒者軒帖考一卷、漫堂墨品一卷、雪堂墨品一卷、筆史一卷、頻羅庵論書一卷、端溪硯史三卷、金粟箋說一卷、賞延素心錄一卷、書畫說鈴一卷、陽羨名陶錄二卷)

340000－1808－0002379　524061

中田詩草二卷　(清)譚光祐等著　**字禮蒙求一卷**　(清)易本烺撰　清刻本　一冊

340000－1808－0002380　524062－524067

檇李遺書　(清)孫福清輯　清末望雲仙館刻本　六冊　存七種十八卷(鴛鴦湖棹歌一卷、續鴛鴦湖棹歌一卷、三魚堂賸言七至十二、敝帚齋餘談一卷、聖雨齋詩集三卷、紫桃軒又綴三卷、紫桃軒雜綴三卷)

340000－1808－0002381　524084－524101

木犀軒叢書　(清)李盛鐸輯　清光緒十三年(1887)刻本　十八冊　存七十四卷(一至七十四)

340000－1808－0002382　524076－524078

香豔叢書　(清)蟲天子輯　清宣統二年(1910)上海國學扶輪社鉛印本　三冊　存三卷(三集一、三至四)

340000－1808－0002383　524082

國學萃編第四期　(清)國學萃編社編輯　清宣統元年(1909)鉛印本　一冊

340000－1808－0002384　524083

国學萃編第五期　(清)國學萃編社編輯　清宣統元年(1909)鉛印本　一冊

340000－1808－0002385　524079－524081

聚學軒叢書五集六十種　(清)劉世珩撰　清光緒二十二年(1896)貴池劉世珩甫繼庵刻本　三冊　存八卷(毛詩草木鳥獸蟲魚疏校正二卷,晉泰始笛律匡謬一卷,古經天象考一卷,國志蒙拾二卷,歲星表一卷、清白士集校補一卷)

340000－1808－0002386　524395－524494

增訂漢魏叢書九十六種　(清)王謨輯　清光緒二十年(1894)刻本　一百冊　存八十五種五百六十卷(焦氏易林校略十六卷,易傳三卷,關氏易傳一卷,周易略例一卷,古三墳一卷,汲冢周書十卷,詩傳孔氏傳一卷,詩說一卷,韓詩外傳十卷,毛詩草木鳥獸蟲魚疏二卷,大戴禮記十三卷,春秋繁露十七卷,白虎通德論四卷,獨斷一卷,忠經一卷,孝傳一卷,小爾雅一卷,方言十三卷,廣雅十卷,釋名八卷,竹書紀年二卷,穆天子傳六卷,越絕書十五卷,吳越春秋三卷,西京雜記六卷,漢武帝內傳一卷,飛燕外傳一卷,雜事秘辛一卷,華陽國志十二卷,十六國春秋一百卷,元經薛氏傳十卷,群輔錄一卷,英雄記鈔一卷,高士傳三卷,蓮社高賢傳一卷,神仙傳十卷,孔叢子二卷,新語二卷,新書十卷,新序十卷,說苑二十卷,淮南鴻烈解二十一卷,桓寬鹽鐵論十卷,揚子法言一卷,申鑒五卷,論衡三十卷,潛夫論十卷,中論二卷,中說二卷,風俗通義十卷,人物志三卷,新論十卷,顏氏家訓七卷,子余參同契一卷,陰符經一卷,風后握奇經一卷,素書一卷,心書一卷,古今注三卷,博物志十卷,文心雕龍十卷,詩品三卷,書品一卷,尤射一卷,拾遺記十卷,述異記二卷,續齊諧記一卷,搜神記二十卷,搜神後記十卷,還冤記一卷,神異經一卷,海內十洲記一卷,別國洞冥記四卷,枕中書一卷,佛國紀一卷,伽藍記五卷,三輔黃圖六卷,補遺一卷,水經二卷,星經二卷,荊楚歲時記一卷,南方草木狀三卷、竹譜一卷,禽經一卷,古今刀劍錄一卷,鼎錄一卷,天祿閣外史八卷)

340000－1808－0002387　524192－524271

龍威秘書十集一百六十八種　(清)馬俊良輯

清乾隆五十九年(1794)石門馬氏大酉山房刻本　八十冊　存三百十七卷(一至三百十七)

340000－1808－0002388　524495－524586
增訂漢魏叢書九十六種　(清)王謨輯　清刻本　九十二冊　存七十八種四百八卷(易傳三卷,焦氏易林一、三,四周易略例一卷,古三墳一卷,詩傳一卷,詩說一卷,白虎通四卷,校勘補遺一卷,闕文一卷,獨斷一卷,忠經一卷,孝傳一卷,撰方言十三卷,釋名四卷,博雅十卷,小爾雅一卷,吳越春秋六卷,越絕十五卷,十六國春秋十六卷,鄴中記一卷,元經薛氏傳十卷,周書十卷,穆天子傳六卷,漢武帝內傳一卷,飛燕外傳一卷,雜事秘辛一卷,群輔錄一卷,神仙傳十卷,高士傳三卷,英雄記鈔一卷,參同契一卷,陰符經一卷,黃石公素書一卷,心書一卷,孫子二卷,新語二卷,竹書紀年二卷,新書十卷,新序十卷,新論十卷,淮南鴻烈解二十一卷,孔叢二卷,附詰墨一卷,法言十卷,抱樸子內篇四卷,外篇四卷,申鑒五卷,中論二卷,中說二卷,枕中書一卷,潛夫論十卷,天祿閣外史八卷,說苑二十卷,論衡三十卷,神異經一卷,海內十洲記一卷,述異記二卷,續齊諧記一卷,別國洞冥記四卷,西京雜記六卷,拾遺記十卷,博物志十卷,古今注三卷,撰風俗通義十卷,人物志三卷,文心雕龍十卷,詩品三卷,書品一卷,顏氏家訓七卷,考證一卷,鹽鐵論十二卷,三輔黃圖六卷,補遺一卷,華陽國志十二卷,伽藍記五卷,水經二卷,星經二卷,荊楚歲時記一卷,南方草木狀三卷,竹譜一卷,古今刀劍錄一卷,鼎錄一卷)

340000－1808－0002389　524102－524191
增訂漢魏叢書九十六種　(清)王謨輯　清光緒二十年(1894)刻本　九十冊　存七十六種五百十七卷(易林十六卷,易傳三卷,易傳一卷,易略例一卷,古三墳一卷,汲冢周書十卷,韓詩外傳十卷,毛詩草木鳥獸蟲魚疏二卷,大戴禮記十三卷,春秋繁露十七卷,白虎通德論四卷,獨斷一卷,忠經一卷,孝傳一卷,小爾雅一卷,方言十三卷,廣雅十卷,釋名八卷,竹書紀年二卷,穆天子傳六卷,越絕書十五卷,吳

越春秋三卷,西京雜記六卷,武帝內傳一卷,飛燕外傳一卷,雜事秘辛一卷,華陽國志十二卷,十六國春秋一至三十六、四十二至五十四、六十一至一百,元經薛氏傳十卷,群輔錄一卷,英雄記鈔一卷,高士傳三卷,蓮社高賢傳一卷,神仙傳十卷,孔叢子新語二卷,新書十卷,新序十卷,說苑二十卷,鹽鐵論一至十,論衡三十卷,潛夫論十卷,中論二卷,中說二卷,風俗通義十卷,人物志三卷,新論十卷,顏氏家訓七卷,慘同契一卷,陰符經一卷,風后握奇經一卷,素書一卷,心書一卷,古今注三卷,博物志十卷,文心雕龍十卷,詩品三卷,書品一卷,尤射一卷,拾遺記十卷,述異記上下,續齊諧記一卷,搜神記二十卷,搜神後記十卷,還冤記一卷,神異經一卷,海內十洲記一卷,別國洞冥記四卷,枕中書一卷,佛國紀一卷,伽藍記五卷,三輔黃圖六卷,水經二卷,星經二卷,荊楚歲時記一卷,南方草木狀三卷,竹譜一卷,禽經一卷,古今刀劍錄一卷,鼎錄一卷,天祿閣外史八卷)

340000－1808－0002390　524374－524394
漢魏遺書鈔一百八種　(清)王謨輯　清嘉慶三年(1798)刻本　二十一冊　存九十二卷(归藏一卷、九家易解一卷、周易章句一卷、房京易傳一卷、易飛侯一卷、周易洞林一卷、元包一卷、尚書大傳二卷、尚書注一卷、今文尚書說一卷、古文尚書疏一卷、洪範五行傳二卷、尚書中候一卷、春秋公羊穀梁集解一卷、兩百篇一卷、韓詩內傳一卷、韓詩翼要一卷、魯詩傳一卷、詩譜一卷、毛詩譜註一卷、毛詩異同評一卷、毛詩序義一卷、毛詩答雜問一、毛詩箋音義證一卷、毛詩義疏一卷、三禮目錄一卷、三禮義宗一卷、三禮圖一卷、五禮駁一卷、周官傳一卷、周官禮注一卷、喪服經傳一卷、喪服變除一卷、喪服變除圖一卷、喪服要記一卷、喪服經傳略注一卷、喪服釋疑一卷、小戴禮記注一卷、禮記音義隱一卷、月令章句一卷、明堂月令論一卷、四民月令一卷、禮禘祫志一卷、禮統一卷、石渠禮論一卷、漢禮器制度一卷、問禮俗一卷、樂論一卷、鐘律書一卷、琴清英一卷、琴操一卷、歌錄一卷、左氏傳

475

解誼三至四、春秋左氏傳解估一卷、春秋左氏傳述義一卷、規過一卷、雜杜一卷、左氏膏肓一卷、谷梁廢疾一卷、公羊墨守一卷、谷梁傳注一卷、谷梁傳例一卷、答薄氏駁谷梁義一卷、春秋後傳一卷、春秋後語一卷、國語註一卷、世本二卷、論語註一卷、孔子弟子目錄一卷、論語義疏一卷、論語隱義一卷、逸論語一卷、孝經傳一葉孝經注一卷、孝經內事一卷、孝經述義一卷、爾雅注一卷、爾雅圖贊一卷、孟子注一卷、孟子章指二卷、五經通義一卷、五經通論一卷、五經異義二卷、五經要義一卷、五經然否論一葉、五經析疑一卷、五經鈞沈一卷、五經疑問一卷)

340000－1808－0002391　524352－524373
唐代叢書一百六十四種　（清）王文誥輯　清刻本　二十二冊　存一百七十卷（隋唐嘉話一卷、朝野僉載一卷、尚書故實一卷、中朝故事一卷、金鑾密記一卷、杜陽雜編三卷、閑鼓吹一卷、桂苑叢談一卷、劉賓客嘉話錄一卷、松窗雜記一卷、次柳氏舊聞一卷、大唐傳載一卷、開元天寶遺事一卷、開天傳信記一卷、大唐新語一卷、明皇雜錄一卷、常侍言旨一卷、雲溪友議一卷、國史補一卷、因話錄一卷、劇談錄一卷、法苑珠林一卷、宣室志一卷、甘澤謠一卷、南楚新聞一卷、玉泉子一卷、金華子雜編一卷、耳目記一卷、瀟湘錄一卷、小說舊聞記一卷、摭言一卷、事珠一卷、諧噱錄一卷、義山雜纂一卷、龍城錄一卷、嶺表錄異一卷、來南錄一卷、平泉山居草木記一卷、北戶錄一卷、終南十志一卷、洞天福地記一卷、北裏志一卷、迷樓記一卷、海山記一卷、開河記一卷、吳地記一卷、南部煙花記一卷、洛中九老會一卷、教坊記一卷、湘中怨詞一卷、二十四詩品一卷、本事詩一卷、比紅兒詩一卷、真娘墓詩一卷、書法一卷、畫學秘訣一卷、續畫品錄一卷、貞觀公私畫史一卷、歌者葉記一卷、嘯旨一卷、李暮吹笛記一卷、衛公故物記一卷、茶經二卷、十六湯品一卷、煎茶水記一卷、醉鄉日月一卷、食譜一卷、花九錫一卷、紫花梨記一卷、耒耜經一卷、五木經一卷、肉攫部一卷、樂府雜錄一卷、羯鼓錄一卷、小名錄一卷、藥譜一卷、異疾志一卷、大藏治病藥一卷、夢遊錄一卷、三夢記一卷、妝樓記一卷、李泌傳一卷、李林甫外傳一卷、東城老父傳一卷、高力士傳一卷、虬髯客傳一卷、馮燕傳一卷、奇男子傳一卷、蔣子文傳一卷、杜子春傳一卷、墨昆侖傳一卷、陶峴傳一卷、申宗傳一卷、睦仁蒨傳一卷、靈應傳一卷、柳毅傳一卷、仙吏傳一卷、英雄傳一卷、劍俠傳一卷、廣陵妖亂志一卷、周秦行紀一卷、梅妃傳一卷、楊太真外傳二卷、長恨歌傳一卷、紅線傳一卷、劉無雙傳一卷、霍小玉傳一卷、牛應貞傳一卷、謝小娥傳一卷、李娃傳一卷、楊娼傳一卷、章台柳傳一卷、非煙傳一卷、揚州夢記一卷、杜秋傳一卷、龍女傳一卷、妙女傳一卷、神女傳一卷、雷民傳一卷、會真記一卷、黑心符一卷、南柯記一卷、枕中記一卷、酉陽雜俎二卷、諾皋記一卷、支諾皋一卷、前定錄一卷、卓異記一卷、摭異記一卷、集異記一卷、博異志一卷、集異志一卷、幽怪錄一卷、續幽怪錄一卷、聞奇錄一卷、志怪錄一卷、靈應錄一卷、壟上記一卷、鬼冢志一卷、幻影傳一卷、幻戲志一卷、幻異志一卷、稽神錄一卷、錦裙記一卷、冥音錄一卷、離魂記一卷、再生記一卷、冤債志一卷、屍媚傳一卷、奇鬼傳二卷、才鬼記一卷、靈鬼志一卷、妖妄傳一卷、東陽夜怪錄一卷、物怪錄一卷、靈怪錄一卷、人虎傳一卷、白猿傳一卷、獵狐記一卷、任氏傳一卷、袁氏傳一卷、夜叉傳一卷、金剛經鳩異一卷、鸚鵡舍利塔記一卷)

340000－1808－0002392　524715－524731
唐代叢書一百六十四種　（清）王文誥輯　清刻本　十七冊　存一百二十六卷（開元天寶遺事一卷、開天傳信記一卷、大唐新語一卷、明皇雜錄一卷、常侍言旨一卷、雲溪友議一卷、國史補一卷、因話錄一卷、劇談錄一卷、法苑珠林一卷、南楚新聞一卷、宣室志一卷、甘澤謠一卷、金華子雜編一卷、耳目記一卷、瀟湘錄一卷、玉泉子一卷、小說舊聞記一卷、本事詩一卷、比紅兒詩一卷、真娘墓詩一卷、書法一卷、畫學秘訣一卷、續畫品錄一卷、貞觀公私畫史一卷、歌者葉記一卷、嘯旨一卷、李薈吹笛記一卷、衛公故物記一卷、茶經三卷、十六湯品一卷、煎茶水記一卷、食譜一卷、藥譜一卷、異疾志一卷、大藏治病藥一卷、夢遊錄一卷、三夢記一卷、妝樓記一卷、李泌傳一卷、李林甫外傳一卷、東城老父傳一卷、馮燕傳一卷、高力士傳一卷、虬髯客傳一卷、奇男子傳一卷、蔣子文傳一卷、杜子春傳一卷、墨昆侖傳一卷、陶峴傳一卷、申宗傳一卷、靈應傳一卷、睦仁蒨傳一卷、柳毅傳一卷、仙吏傳一卷、英雄傳一卷、劍俠傳一卷、廣陵妖亂志一卷、周秦行紀一卷、梅妃傳一卷、楊太真外傳二卷、長恨歌傳一卷、紅線傳一卷、劉無雙傳一卷、霍小玉傳一卷、牛應貞傳一卷、謝小娥傳一卷、李娃傳一卷、楊娼傳一卷、章台柳傳一卷、非煙傳一卷、揚州夢記一卷、杜秋傳一卷、龍女傳一卷、妙女傳一卷、神女傳一卷、雷民傳一卷、會真記一卷、黑心符一卷、南柯記一卷、枕中記一卷、酉陽雜俎二卷、諸臬記一卷、支諾臬一卷、壙上記一卷、前定錄一卷、卓異記一卷、摭異記一卷、集異記一卷、集異志一卷、志怪錄一卷、博異志一卷、幽怪錄一卷、續幽怪錄一卷、聞奇錄一卷、錦裙記一卷、靈應錄一卷、鬼冢志一卷、幻影傳一卷、幻戲志一卷、幻異志一卷、稽神錄一卷、冥音錄一卷、離魂記一卷、再生記一卷、冤債志一卷、屍媚傳一卷、奇鬼傳一卷、才鬼記一卷、妖妄傳一卷、東陽夜怪錄一卷、靈鬼志一卷、物怪錄一卷、靈怪錄一卷、人虎傳一卷、白猿傳一卷、獵狐記一卷、任氏傳一卷、袁氏傳一卷、夜叉傳一卷、金剛經鳩異一卷、鸚鵡舍利塔記一卷)

340000－1808－0002393　524625－524670

武英殿聚珍版叢書　(清)紀昀等輯　清乾隆中武英殿木活字印本　四十六冊　存一百五十九卷(一至一百五十九)

340000－1808－0002394　524587－524624

十萬卷樓叢書三編五十一種　(清)陸心源輯　清刻本　三十八冊　存三十五種一百六十七卷(存東萊呂紫微師友雜志一卷、東萊呂紫微雜說一卷、可書一卷、東原錄一卷、地理葬書集註九卷、附葬書問對一卷、附醫經正本書

一卷、人倫大統賦二卷、乙巳占十卷、太上老子道德經集解二卷、夷堅甲志二十卷、乙志二十卷、丙志二十卷、丁志二十卷、周秦刻石釋音一卷、切韻指掌圖一卷、附檢圖例一卷、檢圖之例許國公奏議四卷、紹陶錄二卷、漢丞相諸葛忠武侯傳一卷、保越錄一卷、北戶錄三卷、附校勘記一卷、校勘記新編張仲景註解傷寒發微論二卷、解傷寒百證歌五卷、廣川畫跋六卷、衍極五卷、文房四譜五卷、漢官儀三卷、自號錄一卷、友會談叢三卷、蔡中郎文集十卷、外傳一卷、詩苑衆芳一卷、作義要訣一卷)

340000－1808－0002395　524695－524714

唐人說薈二十卷　題(清)蓮塘居士輯　清乾隆刻本　二十冊

340000－1808－0002396　524272－524351

龍威秘書十集一百六十八種　(清)馬俊良輯　清乾隆五十九年(1794)石門馬氏大酉山房刻本　八十冊　存三百十四卷(一至三百十四)

340000－1808－0002397　524671－524694

亭林先生遺書彙輯二十四種　(清)顧炎武著　清光緒十四年(1888)匯印清吳縣朱氏校經山房本　二十四冊

340000－1808－0002398　524732－524776

柏堂遺書　(清)方宗誠撰　清光緒刻本　四十五冊

340000－1808－0002399　525263－525269

歷代地理志韻編今釋二十卷歷代地理沿革圖一卷皇朝輿地韻編二卷　(清)李兆洛輯　清光緒二十四年(1898)石印李氏五種合刊本　七冊

340000－1808－0002400　524777－524801

柏堂遺書　(清)方宗誠撰　清光緒中桐城方氏刻本　二十五冊　存十五種六十二卷(讀易筆記二卷、書傳補義三卷、詩傳補義三卷、禮記集說補義一卷、春秋傳正誼四卷、春秋集義十二卷、孝經章義一卷、讀學庸筆記二卷、讀論孟筆記三卷、讀論孟補記二卷、讀書筆記十三卷、志學錄八卷、續錄三卷、周子通書講

義一卷、輔仁錄四卷）

340000－1808－0002401　　525077－525089

秘書二十一种九十四卷　（清）汪士漢輯　清刻本　十三冊　存八十七卷（一至八十七）

340000－1808－0002402　　524802－524921

船山遺書五十七種二百八十八卷　（清）王夫之撰　清同治四年（1865）湘鄉曾氏金陵節署刻本　一百二十冊　存二百六十卷（禮記章句四十九卷，春秋家說三卷，春秋稗疏二卷，春秋世論五卷，續春秋左氏傳傳博議二卷，讀四書大全說十卷，四書稗疏一卷，四書攷異一卷，說文廣義三卷，讀通鑑論三十卷，宋論十五卷，永曆實錄一至十五、十七至二十六，蓮峯志五卷，張子正蒙注九卷，思問錄內外篇二卷，俟解一卷，噩夢一卷，黃書一卷，識小錄一卷，老子衍一卷，莊子解三十三卷，莊子通一卷，愚骨詞一卷，屈原列傳一卷，楚辭通釋十四卷、末一卷，薑齋文集十卷，薑齋五十自定稿一卷，薑齋六十自定稿一卷，薑齋七十自定稿一卷，柳岸吟一卷，落花詩一卷，遣興詩一卷，和梅花百詠詩一卷，洞庭秋詩一卷，雁字詩一卷，仿體詩一卷，獄餘集一卷，鼓棹初集一卷，鼓棹二集一卷，瀟湘怨詞一卷，詩譯一卷，夕堂永日緒論內編一卷，夕堂永日緒論外編一卷，南窗漫記一卷，龍舟會雜劇一卷，經義一卷，王船山叢書校勘記二卷，薑齋詩勝稿一卷，龍源夜話一卷，述病枕憶得一卷，薑齋詩編年藁一卷，薑齋詩分體藁四卷，薑齋文集補遺二卷）

340000－1808－0002403　　524922

韓氏山水純全集一卷月波洞中記一卷蜀壽元二卷　（清）李調元輯　清刻本　一冊

340000－1808－0002404　　525214－525217

香禪精舍集　（清）潘鍾瑞撰　清光緒刻本　四冊　存十二卷（年譜一卷、奉思錄四卷、遊記三卷、紀游四卷）

340000－1808－0002405　　525270－525289

桴亭先生遺書二十二種　（清）陸世儀著　清光緒元年（1875）刻本　二十冊

340000－1808－0002406　　525218

鶴巢詩存一卷　（清）顧湄慶著　介卿遺艸一卷　（清）顧家樹撰　清光緒十二年（1886）刻本　一冊

340000－1808－0002407　　525090－525109

集虛草堂叢書甲集　（清）李國松輯　清光緒三十年（1904）合肥李氏刻本　二十冊　缺八卷（莊子故八卷）

340000－1808－0002408　　525219－525222

疏香閣遺集四卷　（明）葉小鸞撰　清光緒二十二年（1896）刻本　三冊

340000－1808－0002409　　525290－525299

俞樓襍纂五十卷　（清）俞樾著　清刻本　十冊　存四十三卷（一至四十三）

340000－1808－0002410　　525110－525113

廬陽三賢集三種　（清）張祥雲輯　清光緒元年（1875）合肥張樹聲毓秀堂刻本　四冊

340000－1808－0002411　　525114－525117

廬陽三賢集三種　（清）張祥雲輯　清光緒元年（1875）合肥張樹聲毓秀堂刻本　四冊

340000－1808－0002412　　525330－525335

怡雲堂全集七卷　（清）沈保靖撰　清刻本　六冊

340000－1808－0002413　　525118－525137

桃花聖解盦日記甲集弟二集十集　（清）李慈銘撰　清末影印本　二十冊

340000－1808－0002414　　525223－525262

焦氏叢書二十二種　（清）焦循著　清光緒二年（1876）衡陽魏氏刻本　四十冊

340000－1808－0002415　　525406－525419

惜抱軒全集十種八十八卷　（清）姚鼐撰　清同治五年（1866）省心閣刻本　十四冊　缺十一卷（九經說七至十七）

340000－1808－0002416　　525351－525356

梅氏叢書輯要六十二卷　（清）梅文鼎著　清末石印本　六冊

340000－1808－0002417　　525138－525213

船山遺書二百八十八卷 （清）王夫之撰 清同治四年(1865)湘鄉曾氏金陵節署刻本 七十六冊 存二百六十六卷(一至二百六十六)

340000－1808－0002418 525357
金城叢書四卷 （日本）金城子著 清刻本 一冊 存三卷(史眼一卷、實學指針一卷、泰東之休戚一卷)

340000－1808－0002419 525336－525341
庸盦全集二十一卷 （清）薛福成撰 清光緒二十三年(1897)石印本 六冊 存十卷(一至十)

340000－1808－0002420 525442－525446
養志居僅存稿十八卷首一卷 （清）陳宗起輯 清光緒十一年(1885)刻本 五冊 存九卷(經說一至八、經遺說九)

340000－1808－0002421 525342－525350
周武壯公遺書九卷外集三卷別集一卷附錄一卷首一卷 （清）周盛傳撰 清光緒三十一年(1905)刻本 九冊

340000－1808－0002422 525447
祥琴室日記一卷息茶庵日記一卷 （□）□□撰 清末影印本 一冊

340000－1808－0002423 525358－525405
陸放翁全集一百五十八卷 （宋）陸游撰 明汲古閣刻本 四十八冊

340000－1808－0002424 525464－525479
惜抱軒全集十種八十八卷 （清）姚鼐著 清同治五年(1866)省心閣刻本 十六冊

340000－1808－0002425 525480－525482
受禮廬日記三卷 （□）□□撰 清末影印本 三冊

340000－1808－0002426 525448－525463
惜抱軒全集十種八十八卷 （清）姚鼐撰 清同治五年(1866)省心閣刻本 十六冊

340000－1808－0002427 525483－525484
柏堂讀書筆記 （清）方宗誠著 清光緒中桐城方氏刻本 二冊 存六卷(論文章本原一至三、說詩章義一至三)

340000－1808－0002428 525485
柏堂雜著三卷 （清）方宗誠著 清光緒四年(1878)刻本 一冊

340000－1808－0002429 525420－525431
惜抱軒全集十種八十八卷 （清）姚鼐著 清同治五年(1866)省心閣刻本 十二冊 存四十五卷(文集十六卷、文後集十卷、詩集十卷、詩後集一卷、詩外集一卷、法帖題跋三卷、左傳補註一卷、公羊傳補註一卷、穀梁傳補註一卷、國語補註一卷)

340000－1808－0002430 525436－525441
惜抱軒全集十種八十八卷 （清）姚鼐著 清刻本 六冊 存八十八卷(文集十六卷、文後集十卷、詩集十卷、詩後集一卷、詩外集一卷、法帖題跋三卷、左傳補註一卷、公羊補註一卷、穀梁補註一卷、國語補註一卷、筆記八卷、九經說十七卷、五言今體詩鈔九卷、七言今體詩鈔九卷)

340000－1808－0002431 525486－525494
西山先生真文忠公文集五十五卷心經一卷政經一卷年譜一卷 （宋）真德秀撰 清刻本 九冊 存十一卷(文集一至四、七至十,心經一卷,政經一卷,年譜一卷)

340000－1808－0002432 525432－525435
惜抱軒遺書三種十一卷 （清）姚鼐撰 清光緒五年(1879)桐城徐氏刻本 四冊

340000－1808－0002433 521579－523175
欽定古今圖書集成一萬卷目錄四十卷 （清）陳夢雷原輯 （清）蔣廷錫重輯 清光緒十年(1884)鉛印本 一千五百九十七冊 存九千八百十七卷(乾象典一百卷,歲功典一百十六卷,曆法典一百四十卷,庶徵典一百八十八卷,坤輿典一百四十卷,職方典一至五百十四、五百二十二至五百五十五、五百六十三至七百三十四、七百四十三至一千五百四十四,山川典三百二十卷,邊裔典卷一百四十卷,皇極典三百卷,宮闈典一百四十卷,官常典八百卷,家範典一百十六卷,交誼典一百二十卷,氏族典六百四十卷,人事典一百十二卷,閨媛典三百七十六卷,藝術典十八至八百二十四,神異典三百二十卷,禽蟲典一至一百五十一、一百六十六至一百九十二,草木典一至二百五十八、二百六十五至三百二十,經籍典五百卷,學行典三百卷,文學典一至二百三十四,字學典一至三十二、四十八至八十二、九十五至一百三十,選舉典一百三十六卷,銓衡典一至九十六、一百十五至一百二十,食貨典一至六十三、六十八至一百四十四、一百八十五至三百六十,禮儀典三百四十八卷,樂律典一百三十六卷,戎政典一至七十九、九十一至三百,祥刑典一百八十卷,考工典二百五十二卷,目錄一至三十二)

340000－1808－0002434　524732－352475

芙蓉山舘詩鈔八卷補鈔一卷詞鈔二卷文鈔一卷　(清)楊芳燦著　清刻本　四冊

340000－1808－0002435　525986－526023

曾文正公全集十五種　(清)曾國藩著　清光緒二年(1876)傳忠書局刻本　三十八冊　存六十九卷(文集四卷、詩集四卷、書札三十三卷、雜著四卷、求闕齋讀書錄七卷、大事記四卷、年譜十二卷,首一卷)

340000－1808－0002436　525548－525567

梨洲遺著彙刊二十一種　(清)黃宗羲撰　清宣統二年(1910)上海時中書局鉛印本　二十冊

340000－1808－0002437　525845－525923

曾文正公全集十五種　(清)曾國藩著　清光緒二年(1876)傳忠書局刻本　七十九冊　存十種一百八卷(文集三卷、詩集三卷、奏稿三十六卷、書札三十三卷、家書十卷、家訓二卷、批牘六卷、雜著二卷、求闕齋讀書錄十卷、求闕齋日記類鈔二卷,首一卷)

340000－1808－0002438　524923－525076

函海一百五十九種　(清)李調元編　清光緒八年(1882)刻本　一百五十四冊　缺三十四卷(諸家藏書簿十卷、諸家藏畫簿十卷、制義科瑣記四卷、卍齋璅錄十卷)

340000－1808－0002439　525536－525547

左海文集十卷詩鈔六卷乙集駢體文二卷　(清)陳壽祺撰　清刻左海全集本　十二冊

340000－1808－0002440　525685－525844

曾文正公全集十五種　(清)曾國藩著　清光緒二年(1876)傳忠書局刻本　一百六十冊

340000－1808－0002441　525631－525684

抗希堂全書十六種　(清)方苞著　清光緒二十四年(1898)瑯嬛閣刻本　五十四冊

340000－1808－0002442　525526－525535

大雲山房文稿初集四卷二集四卷言事二卷補編一卷　(清)惲敬著　清同治八年(1869)刻本　十冊

340000－1808－0002443　525568－525630

抗希堂全書十六種　(清)方苞著　清刻本　六十三冊　存十五種一百三十九卷(周官析疑一至三十一、周官集注十二卷、考工析疑四卷、春秋通論四卷、春秋直解十二卷、春秋比事目錄四卷、左傳義法舉要一卷、禮記析疑四十八卷、儀禮析疑十七卷、喪禮或問一卷、史記注補正一卷、刪定管子一卷、刪定荀子一卷、離騷經正義一卷、望溪文集一卷)

340000－1808－0002444　525495－525525

楚蒙山房集　(清)晏斯盛撰　清刻本　三十一冊　存四十卷(詩五卷、禹貢解八卷、學易初津二卷、易翼宗六卷、翼說八奏疏一至四、教條一卷、水利二卷、策問一卷、書四卷、序二卷、記一卷、說傳贊事狀一卷、表誌銘一卷、壽文一卷、祭文一卷)

蕪湖市灣沚區圖書館古籍普查登記目録

全國古籍普查登記目録

國家圖書館出版社
National Library of China Publishing House

340000 – 1816 – 0000001　00001 – 00433

二十四史　（清）淮南書局集成　清同治八年至光緒四年（1869 – 1878）刻光緒五年（1879）淮南書局彙印本　四百三十三冊　存三千二百七十二卷（史記一百三十卷、前漢書一百卷、後漢書九十卷、續漢志三十卷、三國志六十五卷、晉書一百三十卷、音義三卷、宋書一百卷、南齊書五十九卷、梁書五十六卷、陳書三十六卷、魏書一百十四卷、北齊書五十卷、周書五十卷、隋書八十五卷、南史八十卷、北史一百卷、舊唐書二百卷、唐書二百二十五卷、舊五代史一百五十卷附考證、五代史七十四卷、宋史四百九十六卷、遼史一百十五卷附考證、欽定遼史語解九卷、遼史拾遺二十四卷、金史一百三十五卷、元史二百十卷、欽定元史語解二十四卷、明史三百三十二卷）

安徽省中醫藥高等專科學校古籍普查登記目錄

古籍普查登記目錄

全國古籍普查登記目錄

國家圖書館出版社
National Library of China Publishing House

340000－1846－0000001　R249.5－5/6

三家醫案合刻　(清)吳金壽輯　清道光十一年(1831)吳氏貯春僊館刻本　一冊　存一卷(葉天士醫案一卷)

340000－1846－0000002　R24－5/61

幼科發揮二卷　(清)萬全編著　(清)鄭鴻舉校勘　清咸豐九年(1859)龍巖鄭鴻舉刻本　一冊

340000－1846－0000003　R251－5/3

金匱翼八卷　(清)尤在涇集　清嘉慶十八年(1813)刻本　八冊　缺一卷(二)

340000－1846－0000004　R932.93－5/11

不藥良方十二卷　(清)王站柱撰　清刻本　十二冊

340000－1846－0000005　R24－5/102

元和紀用經一卷　(唐)王冰撰　(清)程永培校　清光緒十七年(1891)廣州儒雅堂刻六醴齋醫書本　一冊

340000－1846－0000006　R24－5/42

世補齋醫書六種三十三卷　(清)陸懋修著　清光緒十年(1884)刻本　十八冊

340000－1846－0000007　R24－5/140

活法機要不分卷　(元)朱震亨撰　(清)吳中珩校正　証治要訣類方四卷　(明)戴元禮輯　(清)吳中珩校　清二酉堂刻本　三冊

340000－1846－0000008　R24－5/108

加減靈秘十八方一卷　(明)胡嗣廉撰　清光緒十七年(1891)廣州儒雅堂刻六醴齋醫書本　一冊

340000－1846－0000009　R24－5/109

韓氏醫通二卷　(明)韓懋撰　清光緒十七年(1891)廣州儒雅堂刻六醴齋醫書本　一冊

340000－1846－0000010　R24－5/15

幼科釋謎六卷　(清)沈金鰲輯　清乾隆四十九年(1784)無錫沈氏刻沈氏尊生書本　一冊

340000－1846－0000011　R24－5/3

張氏醫書七種　(清)張璐　(清)張登撰

(日本)前田安宅重訂　清光緒二十五年(1899)浙江官書局重印日本思得堂刻本　二十六冊　缺一卷(傷寒舌鑑一卷)

340000－1846－0000012　R24－5/15－1

沈氏尊生書十卷　(清)沈金鰲輯　清刻本　二冊　存六卷(一至六)

340000－1846－0000013　R221－5/5

黃帝内經素問九卷　(清)高世杙注　清光緒十三年(1887)浙江書局刻本　八冊

340000－1846－0000014　R26－5/5

瘡瘍經驗全書六卷　(宋)竇漢卿輯著　清康熙五十六年(1717)刻本　六冊

340000－1846－0000015　R26－5/4

外科大成四卷　(清)祁坤輯　清善成堂刻本　四冊

340000－1846－0000016　R24－5/58

醫家四要四卷　(清)程曦等纂　清光緒十二年(1886)養鶴山房刻本　四冊

340000－1846－0000017　R24－5/58－1

瘍科臨證心得集三卷方彙一卷　(清)高秉鈞纂輯　(清)吳辰燦叄訂　清嘉慶十一年(1806)盡心堂刻本　四冊

340000－1846－0000018　R24－5/15－2

婦科玉尺六卷　(清)沈金鰲撰　清刻沈氏尊生書本　二冊

340000－1846－0000019　R25－4/52

醫原三卷　(清)石壽棠撰　醫學舉要六卷(清)徐鏞輯　清咸豐十一年(1861)抄本　四冊

340000－1846－0000020　R245－5/4

鍼灸甲乙經十二卷　(晉)皇甫謐集　(清)林億等校正　清光緒十一年(1885)四明存存軒刻本　六冊

340000－1846－0000021　R24－5/67

昌邑黃先生醫書八種七十七卷　(清)黃元御著　(清)徐樹銘校刊　清宣統元年(1909)刻本　五冊　存二種十四卷(四聖心源十卷、素

靈微蘊四卷）

340000－1846－0000022　R24－5/58－2

醫法心傳一卷　（清）程芝田著　清光緒十三
年(1887)養鶴山房刻本　一冊

340000－1846－0000023　R24－5/55

增訂治療彙要三卷　（清）過鑄著　清光緒二
十四年(1898)武林刻本　五冊

340000－1846－0000024　R249.5－5/4

外證醫案彙編四卷　（清）余景和編輯　清光
緒二十年(1894)會稽孫思恭刻本　四冊

340000－1846－0000025　R24－5/23

金匱方歌括六卷　（清）陳念祖定　（清）陳元
蔚參訂　（清）陳元犀韻註　清光緒二十九年
(1903)湖南益元書局刻本　四冊

340000－1846－0000026　R24－5/21

增輯難經本義二卷　（戰國）秦越人撰　（元）
滑壽本義　（清）周學海增輯　清光緒十七年
(1891)池陽周氏刻周氏醫學叢書本　二冊

340000－1846－0000027　R24－5/204

醫法圓通四卷　（清）鄭壽全編輯　（清）敬先
甲評　清同治十三年(1874)成都刻本　三冊
　缺一卷(一)

340000－1846－0000028　R932.93/5/17

希韶閣驗方侯鯖二卷　（清）梁以任撰　（清）
栖霞山人編　清光緒十六年(1890)古敦州蝶
栩山房刻本　二冊

340000－1846－0000029　R24－5/143

醫學精要八卷　（清）黃巖著　清同治六年
(1867)刻本　八冊

340000－1846－0000030　R24－5/13

尚論編四卷尚論後編四卷　（清）喻昌著　清
光緒十五年(1889)經元書室刻本　九冊

340000－1846－0000031　R272－5/3

活幼珠璣二卷續編一卷　（清）許佐廷編　清
同治十二年(1873)刻本　一冊　存二卷(活
幼珠璣二卷)

340000－1846－0000032　R272－5/5

洄溪醫案一卷　（清）徐大椿撰　（清）王士雄
編　道德經二卷　（清）徐大椿注　陰符經二
卷　清刻本　一冊

340000－1846－0000033　R24－5/91

萬密齋醫學全書　（明）萬全撰　清乾隆六年
(1741)敷文堂刻本　二十四冊

340000－1846－0000034　R24－5/44

石室秘錄六卷　（明）陳士鐸著　清文英堂刻
本　六冊

340000－1846－0000035　R24－5/48

外科理例七卷附方一卷　（明）汪機編輯
（明）陳桷較正　明嘉靖刻本　二冊

340000－1846－0000036　R245－5/2

黃帝甲乙經十二卷　（晉）皇甫謐集　清光緒
十一年(1885)四明存存軒刻本　六冊

340000－1846－0000037　R24－5/20

小兒藥證直訣三卷　（宋）錢乙著　（宋）閻孝
忠編次　閻氏小兒方論一卷　（宋）閻孝忠著
　小兒斑疹備急方論一卷　（宋）董汲著　清
光緒十七年(1891)池陽周氏刻周氏醫學叢書
本　二冊

340000－1846－0000038　R252.3/5/6

傷寒論直解六卷　（漢）張機撰　（清）張錫駒
註解　清康熙五十一年(1712)刻本　四冊

340000－1846－0000039　R254－5/8

明吳又可先生溫疫論醫門普度四卷　（明）吳
又可著　（清）孔毓禮評　（清）龔紹林加評
清道光十二年(1832)刻本　四冊

340000－1846－0000040　R24－5/20－1

診家直訣二卷　（清）周學海輯　辨脈法編一
卷平脈法編一卷　（清）張機撰　（清）周學海
章句　清光緒、宣統間池陽周氏刻宣統三年
(1911)彙印周氏醫學叢書本　一冊

340000－1846－0000041　R241－5/3

四診集成八卷　（清）呂紹元編纂　清道光二
十年(1840)刻本　四冊

340000－1846－0000042　R932.93－5/3

古欀堂評選古今名醫方論三卷　（清）羅美選
評選　清抄本　三冊

340000－1846－0000043　R24－5/9
醫林纂要探源十卷　（清）汪紱輯　清光緒二
十三年（1897）江蘇書局刻本　十冊

340000－1846－0000044　R254－5/6
時病論八卷　（清）雷豐著　清光緒十年
（1884）雷慎修堂刻本　四冊

340000－1846－0000045　R254－5/7
寒溫條辨七卷附溫病壞證全篇一卷　（清）楊
璿撰　清光緒二十三年（1897）湖南書局刻本
二冊　存二卷（一至二）

340000－1846－0000046　R254－5/7－1
傷寒瘟疫條辨七卷　（清）楊璿撰　（清）楊鼎
編次　清光緒三十三年（1907）刻本　六冊

340000－1846－0000047　R24－5/106
折肱漫錄七卷　（明）黃承昊撰　清光緒十七
年（1891）廣州儒雅堂刻六醴齋醫書本　二冊

340000－1846－0000048　R223－5/2
臟腑圖說一卷臟腑各圖一卷症治要言一卷醫
案類錄一卷　（清）羅定昌述　清光緒二十年
（1894）刻本　四冊

340000－1846－0000049　R252.6－5/1
增輯傷寒類方四卷　（清）潘霨增輯　清同治
五年（1866）蘇州振新書社刻本　四冊

340000－1846－0000050　R24－5/65
醫貫六卷　題（□）醫無問子著　（□）呂醫山
人評　清刻本　三冊

340000－1846－0000051　R272－5/9
麻科保赤金丹四卷　（清）謝玉瓊　（清）劉阜
山撰　清光緒十七年（1891）刻本　四冊

340000－1846－0000052　R24－5/48－1
醫學篇首卷四卷二卷四卷　（清）曾懿著　清
光緒三十三年（1907）刻本　二冊

340000－1846－0000053　R252.6－5/3
普濟應驗良方八卷補遺一卷　（清）許大炘撰
清光緒五年（1879）古任經延氏刻本　二冊

340000－1846－0000054　R252.2－5
傷寒尋源三卷　（清）呂震名著　清光緒七年
（1881）刻本　三冊

340000－1846－0000055　R932.8－5/13
集古良方十二卷　（清）江進纂輯　清乾隆五
十五年（1790）刻本　十三冊

340000－1846－0000056　R249.5－5/10
得心集醫案六卷　（清）謝星煥著　清咸豐十
一年（1861）刻本　六冊

340000－1846－0000057　R245－5/6
重樓玉鑰一卷洞主仙師白喉治法忌表抉微一
卷　（清）鄭梅澗著　清光緒二十六年（1900）
刻本　一冊

340000－1846－0000058　R24－5/23－1
金匱要略淺註十卷　（清）陳念祖集註　清光
緒二十九年（1903）湖南益元書局刻本　四冊

340000－1846－0000059　R249.1－5/2
先醒齋筆記四卷　（明）繆希雍撰　（明）丁元
薦輯　（明）李枝糸訂　明崇禎十五年（1642）
海虞李枝刻本　二冊

340000－1846－0000060　R254－5/4
溫毒病論一卷　（清）邵登瀛輯　（清）邵炳揚
評述　清嘉慶二十年（1815）刻本　一冊

340000－1846－0000061　R24－5/23－2
時方妙用四卷　（清）陳念祖著　清光緒二十
九年（1903）益元書局刻本　二冊

340000－1846－0000062　R24－5/99
十藥神書註解全一卷　（元）葛可久編　（清）
陳念祖注　（清）林壽萱韻　清光緒二十九年
（1903）湖南益元書局刻本　一冊

340000－1846－0000063　R24－5/97
靈素提要淺註十二卷　（清）陳念祖集註
（清）陳元犀參訂　清光緒二十九年（1903）湖
南書局刻本　六冊

340000－1846－0000064　R24－5/100
霍亂論二卷　（清）王士雄述　清光緒二十九
年（1903）湖南書局刻本　一冊

340000－1846－0000065　R24－5/95

傷寒真方歌括六卷　（清）陳念祖著　清光緒二十九年（1903）湖南書局刻本　一冊

340000－1846－0000066　R24－5/94

醫學從眾八卷　（清）陳念祖著　清光緒二十九年（1903）湖南書局刻本　四冊

340000－1846－0000067　R24－5/57

古今名醫彙粹八卷　（元）羅東美著　清嘉慶六年（1801）刻本　四冊

340000－1846－0000068　R24－5/10

萬方類纂八卷　（清）宋穆編　清光緒二十五年（1899）桂林毓蘭書屋刻本　六冊

340000－1846－0000069　R241－5

醫學金鍼八卷　（清）陳念祖撰　（清）潘霨增輯　清光緒四年（1878）敏德堂刻本　四冊

340000－1846－0000070　R24－5/36

赤水玄珠三十卷　（明）孫東宿撰　明萬曆二十四年（1596）刻本　二十六冊

340000－1846－0000071　R932.93－5/1

三因極一病證方論十八卷　（宋）陳言編　清道光二十三年（1843）刻本　八冊

340000－1846－0000072　R24－5/35

類證治裁八卷附一卷　（清）林珮琴著　清光緒十年（1884）刻本　十冊

340000－1846－0000073　R932.8－5/6

成方切用二十六卷　（清）吳儀洛著　清道光二十七年（1847）瓶花書屋刻本　六冊

340000－1846－0000074　R249.1－5/1

名醫類案十二卷　（明）江瓘輯　清同治十年（1871）藏脩堂刻本　十二冊

340000－1846－0000075　R249.3－5/6

薛院判醫案廿四卷　（明）吳琯輯　清嘉慶十四年（1809）書業堂刻本　四十八冊

340000－1846－0000076　R24－5/13－1

醫門法律六卷　（清）喻昌著　（清）陳守誠梓　清光緒三十一年（1905）經元書室刻本　九冊　缺一卷（三）

340000－1846－0000077　R24－5/140－1

丹溪附餘三種　（元）朱震亨著　（明）吳勉學校　清二西堂刻本　三冊

340000－1846－0000078　R24－5/13－2

寓意草一卷　（清）喻昌著　清光緒三十一年（1905）經元書室刻本　一冊

340000－1846－0000079　R252.2－5/3

傷寒論三註十六卷　（清）周揚俊輯　清光緒十三年（1887）刻本　七冊　缺三卷（二至四）

340000－1846－0000080　R24－5/17

東垣十書　（明）王宇泰訂正　清文奎堂刻本　十六冊　缺一卷（湯液本草上）

340000－1846－0000081　R24－5/101

褚氏遺書一卷　（南朝齊）褚澄編　清光緒十七年（1891）廣州儒雅堂刻六醴齋醫書本　一冊

340000－1846－0000082　R24－5/101－1

葛仙翁肘後備急方八卷　（晉）葛洪撰　清光緒十七年（1891）廣州儒雅堂刻六醴齋醫書本　六冊

340000－1846－0000083　R24－5/108－1

十藥神書一卷　（清）葛可久編　清光緒十七年（1891）廣州儒雅堂刻六醴齋醫書本　一冊

340000－1846－0000084　R932.93－5/2

孫真人千金方衍義三十卷　（清）張璐著　清掃葉山房刻本　三十一冊　缺一卷（八）

340000－1846－0000085　R24－5/27

診斷家正眼二卷本草通元二卷病機沙篆二卷　（明）李中梓著　清榑桑帝城書肆載文堂刻本　十二冊

340000－1846－0000086　R24－5/102－1

蘇沈內翰良方十卷　（宋）蘇軾　（宋）沈括撰　清光緒十七年（1891）廣州儒雅堂刻六醴齋醫書本　三冊

340000－1846－0000087　R932.93－5/4

類證普濟本事方釋義十卷　（清）葉天士著　（清）葉嚴釋義　清姑蘇掃葉山房刻本　六冊

340000 – 1846 – 0000088　R24 – 5/103

痘診傳心錄十八卷　（明）朱惠明著　**附種痘一卷**　（清）朱純暇輯　清光緒十七年（1891）廣州儒雅堂刻六醴齋醫書本　八冊

340000 – 1846 – 0000089　R24 – 5/107

愼柔五書五卷　（清）顧元交編次　清光緒十七年（1891）廣州儒雅堂刻六醴齋醫書本　十二冊

340000 – 1846 – 0000090　R24 – 5/126

馮氏錦囊秘錄雜症大小合余二十卷首二卷　（清）冯兆張纂輯　清嘉慶二十三年（1818）會成堂刻馮氏錦囊秘錄本　二十冊

340000 – 1846 – 0000091　R24 – 5/126 – 1

馮氏錦囊秘錄痘疹全集十五卷　（清）馮兆張纂輯　清嘉慶十八年（1813）會成堂刻馮氏錦囊秘錄本　六冊

340000 – 1846 – 0000092　R24 – 5/126 – 2

馮氏錦囊秘錄雜症痘疹藥性主治合余十二卷首一卷　（清）馮兆張纂輯　清嘉慶十八年（1813）會成堂刻馮氏錦囊秘錄本　六冊

340000 – 1846 – 0000093　R221 – 5/6

皇帝内經素問二十四卷　（明）吳崐註　清刻本　六冊

340000 – 1846 – 0000094　R24 – 5/61 – 1

仿寓意草二卷　（清）李文榮著　清光緒十三年（1887）刻本　二冊

340000 – 1846 – 0000095　R24 – 5/23 – 3

長沙方歌括六卷　（清）陳念祖著　（清）陳蔚注　（清）陳元犀參訂　清光緒二十九年（1903）湖南益元書局刻本　三冊

340000 – 1846 – 0000096　R24 – 5/23 – 4

張仲景傷寒論原文淺註六卷　（清）陳念祖集註　清光緒三十年（1904）益元書局刻本　四冊

340000 – 1846 – 0000097　R24 – 5/21 – 1

脈經十卷　（晉）王叔和著　清光緒十七年（1891）池陽周氏刻周氏醫學叢書本　三冊

340000 – 1846 – 0000098　R24 – 5/19

神農本草經三卷　（清）吳普等述　清光緒十七年（1891）池陽周氏刻周氏醫學叢書本　二冊　缺一卷（三）

340000 – 1846 – 0000099　R24 – 5/19 – 1

本草經疏三十卷　（明）繆希雍著　清光緒十七年（1891）池陽周氏刻周氏醫學叢書本　十三冊

340000 – 1846 – 0000100　R24 – 5/19 – 2

巢氏諸病源候總論五十卷　（隋）巢元方撰　清光緒十七年（1891）池陽周氏刻周氏醫學叢書本　八冊

340000 – 1846 – 0000101　R221 – 5/3

黃帝内經素問二十四卷　（明）吳崐註　清光緒二十四年（1898）刻本　七冊　缺一卷（二十一）

340000 – 1846 – 0000102　R24 – 5/202

醫法圓通四卷　（清）鄭壽全編輯　（清）敬先甲評　清同治十三年（1874）成都刻本　一冊　存一卷（一）

340000 – 1846 – 0000103　R24 – 5/203

醫學讀書記三卷附醫案一卷　（清）尤怡撰　清光緒十四年（1888）古吳謝氏刻本　二冊

340000 – 1846 – 0000104　R24 – 5/47

景岳全書發揮四卷　（清）葉桂著　清光緒五年（1879）吳氏醉六堂刻本　四冊

340000 – 1846 – 0000105　R24 – 5/40

醫經原旨六卷　（清）薛雪集註　清乾隆十九年（1754）刻本　六冊

340000 – 1846 – 0000106　R24 – 5/70

玉楸藥解八卷　（清）黃元御著　（清）徐樹銘校刊　清咸豐十年（1860）長沙燮和精舍刻本　二冊

340000 – 1846 – 0000107　R24 – 5/205

醫門補要三卷　（清）趙濂撰　清光緒九年（1883）刻本　三冊

340000 – 1846 – 0000108　R272 – 5/6

安徽省中醫藥高等專科學校古籍普查登記目錄

幼科醫學指南四卷　（清）周震撰　清刻本
四冊

340000－1846－0000109　R245－5/2－1
推拿廣意三卷　（清）陳世凱重訂　（清）熊應
雄輯　清刻本　一冊

340000－1846－0000110　R249.3－5/21
淮陰吳鞠通醫案六卷　（清）王和伯寫　清宣
統三年(1911)寫本　六冊

340000－1846－0000111　R252.3－5/3
傷寒補天石二卷續傷寒補天石二卷　（明）戈
維城撰　清嘉慶十六年(1811)汲綆齋刻本
四冊

340000－1846－0000112　R249.5－5/1
王氏醫案四卷　（清）王旭高撰　清光緒二十
四年(1898)琴川方氏倚雲吟舘刻本　四冊

340000－1846－0000113　R244－5/3
串雅內編四卷　（清）趙學敏纂輯　清光緒二
十三年(1897)京口袁氏刻本　二冊

340000－1846－0000114　R9328－5/10
良方集腋二卷　（清）謝元慶編集　清同治二
年(1863)留耕堂刻本　四冊

340000－1846－0000115　R24－5/23－5
醫學實在易八卷　（清）陳念祖著　（清）陳元
犀訂　清光緒二十九年(1903)湖南書局刻本
五冊

340000－1846－0000116　R24－5/58－3
醫家四要四卷　（清）程曦等纂　清光緒十年
(1884)無錫日升山房刻本　四冊

340000－1846－0000117　R932.93－5/13
蘇沈內翰良方十卷十藥神書一卷　（清）程永
培校　清於然室刻本　三冊

340000－1846－0000118　R251－5/5
仲景全書二十卷　（漢）張機等撰　清光緒二
十年(1894)成都鄧氏崇文齋刻本　十冊

340000－1846－0000119　R271－5/1
胎產心法三卷　（清）閻純璽撰　清同治十年
(1871)武林刻本　三冊

340000－1846－0000120　R24－5/62
醫醇賸義四卷　（清）費伯雄著　（清）費應蘭
編次　清光緒三年(1877)刻本　四冊

340000－1846－0000121　R252.3－5/5
歸硯錄四卷　（清）王士雄撰　清咸豐九年
(1859)刻本　二冊

340000－1846－0000122　R24－5/18
脈因證治二卷　（元）朱震亨著　清光緒十七
年(1891)池陽周氏刻周氏醫學叢書本　二冊

340000－1846－0000123　R932.2－5/2
本草崇原集說三卷本草經續集說一卷　（清）
張志聰註釋　（清）高世栻纂輯　（清）仲學輅
集說　清宣統二年(1910)刻本　三冊

340000－1846－0000124　R24－5/21－2
脈簡補義二卷　（清）周學海著　清刻本
二冊

340000－1846－0000125　R24－5/22
脈義簡摩八卷　（清）周學海輯　清光緒二十
二年(1896)池陽周氏刻周氏醫學叢書本
四冊

340000－1846－0000126　R24－5/37
當歸草堂醫學叢書初編　（清）丁丙輯　清光
緒四年(1878)錢唐丁氏當歸草堂刻本　十冊

340000－1846－0000127　R24－5/61－2
吳醫彙講十一卷　（清）唐大烈纂輯　（清）沈
文燮校訂　清乾隆五十七年(1792)刻本
四冊

340000－1846－0000128　R24－5/206
醫宗說約六卷　（清）蔣示吉纂述　清光緒十
四年(1888)江陰寶文堂刻本　四冊

340000－1846－0000129　R272－5/7
鄭氏瘄科保赤金丹四卷　（清）謝玉瓊撰
（清）鄭啟壽　（清）鄭行彰傳　清光緒二十六
年(1900)寧波千歲坊文光齋刻本　四冊

340000－1846－0000130　R245－5/5
鍼灸集成四卷　（清）廖潤鴻敘　清同治十三
年(1874)北京天華舘刻本　四冊

340000 – 1846 – 0000131　R24 – 5/25

醫悟十二卷 （清）馬冠羣述　清光緒二十三年（1897）刻本　四冊

340000 – 1846 – 0000132　R24 – 5/31

幼科鐵鏡六卷 （清）夏鼎著　清光緒二十二年（1896）廣雅書局刻本　二冊

340000 – 1846 – 0000133　R24 – 5/31 – 1

幼科鐵鏡六卷 （清）夏鼎著　清光緒二十一年（1895）新寧劉氏刻本　一冊

340000 – 1846 – 0000134　R24 – 5/134

痢證匯參十卷 （清）吳道源纂輯　清宣統元年（1909）刻本　四冊

340000 – 1846 – 0000135　R251 – 5/1

金匱玉函經二註二十二卷附十藥神書一卷 （宋）趙以德衍義　（清）禹楊俊補注　（清）李清俊重刊　清光緒二十四年（1898）刻本　八冊

340000 – 1846 – 0000136　R24 – 5/23 – 6

醫學三字經四卷 （清）陳念祖撰　清光緒二十九年（1903）湖南益元書局刻本　二冊

340000 – 1846 – 0000137　R24 – 5/23 – 7

時方妙用歌括二卷 （清）陳念祖著　清光緒二十九年（1903）湖南益元書局刻本　二冊

340000 – 1846 – 0000138　R272 – 5/2

麻科活人全書四卷 （清）謝玉瓊纂輯　清乾隆五十七年（1792）刻本　四冊

340000 – 1846 – 0000139　R271 – 5/2

女科經綸八卷 （清）蕭壎撰　清光緒十六年（1890）埽葉山房刻本　四冊

340000 – 1846 – 0000140　R24 – 5/46

秘傳証治要訣十二卷 （明）戴元禮述　清刻本　二冊

340000 – 1846 – 0000141　R932.93 – 5/8

衛生鴻寶六卷 （明）祝補齋撰　清咸豐七年（1857）刻本　四冊

340000 – 1846 – 0000142　R932.8 – 5

醫方集解不分卷 （清）汪昂撰　清光緒十二年（1886）刻本　四冊

340000 – 1846 – 0000143　R24 – 5/23 – 8

神農本草經讀四卷 （清）陳念祖著　清光緒二十九年（1903）湖南益元書局刻本　二冊

340000 – 1846 – 0000144　R24 – 5/23 – 9

女科要旨四卷 （清）陳念祖著　清光緒二十九年（1903）湖南益元書局刻本　二冊

340000 – 1846 – 0000145　R24 – 5/127

筆花醫鏡四卷 （清）延清編　清光緒十七年（1891）京都龍光齋刻本　二冊

340000 – 1846 – 0000146　R932.2 – 5/9

本草衍義二十卷 （宋）寇宗奭編撰　清光緒刻本　四冊

340000 – 1846 – 0000147　R24 – 5/23 – 10

景岳新方砭四卷 （清）陳念祖著　清光緒二十九年（1903）湖南益元書局刻本　二冊

340000 – 1846 – 0000148　R932.5 – 5/8

本經疏證十二卷本經續疏六卷本經序疏要八卷 （清）鄒澍學撰　清道光二十九年（1849）刻本　十二冊

340000 – 1846 – 0000149　R254 – 5/3

女科歌訣六卷附經驗方一卷 （清）邵登瀛輯　（清）邵炳揚評述　清光緒五年（1879）刻本　一冊

340000 – 1846 – 0000150　R254 – 5/2

四時病機十四卷 （清）邵登瀛輯　（清）邵炳揚述　清光緒六年（1880）刻本　四冊

340000 – 1846 – 0000151　R272 – 5/1

鼎鍥幼幼集成六卷 （清）陳復正輯訂　清刻本　六冊

340000 – 1846 – 0000152　R241 – 5/2

四診抉微八卷管窺附餘一卷 （清）林之翰纂述　清雍正元年（1723）玉映堂刻本　四冊

340000 – 1846 – 0000153　R252.2 – 5 – 1

新編女科指掌五卷 （清）葉其蓁輯　清光緒十五年（1889）刻本　四冊

340000－1846－0000154　R24－5/120

唐王燾先生外臺秘要方四十卷　（唐）王燾撰　清同治十三年(1874)廣東翰墨園刻本　四十冊

340000－1846－0000155　R24－5/70－1

醫學五則五卷　（清）廖雲溪輯　清光緒十三年(1887)刻本　四冊　缺一卷(湯頭歌括一卷)

340000－1846－0000156　R932.93－5/13－1

韓氏醫通二卷　（清）程永培校　清於然室刻本　一冊

340000－1846－0000157　R24－5/69

醫理真傳四卷　（清）鄭壽全著　清光緒二十九年(1903)刻本　四冊

340000－1846－0000158　R271－5/2－1

女科經綸三卷　（清）蕭壎著　清光緒十年(1884)刻本　二冊

340000－1846－0000159　R24－5/46－1

活法機要不分卷　（元）朱震亨撰　（清）吳中珩校正　証治要訣類方四卷　（明）戴元禮輯　（清）吳中珩校　清刻本　二冊

340000－1846－0000160　R24－5/96

傷寒醫訣串解六卷　（清）陳念祖著　清光緒

二十九年(1903)湖南書局刻本　二冊

340000－1846－0000161　R24－5/98

神授急救異痧奇方一卷　（清）□□輯　（清）陳念祖原評　清光緒二十九年(1903)湖南書局刻本　一冊

340000－1846－0000162　R24－5/140－2

丹溪先生心法四卷　（明）吳中珩校刊　明萬曆刻本　四冊

340000－1846－0000163　R24－5/92

醫書滙参輯成二十四卷　（清）蔡宗玉輯　清道光刻本　十二冊

340000－1846－0000164　R932.93－5/10

回生集二卷　（清）陳杰集　清刻本　二冊

340000－1846－0000165　R245－5

鍼灸大成十卷　（明）楊繼洲撰　（清）李月桂重訂　清京都善成堂刻本　十冊

340000－1846－0000166　R24－5/93

東醫寶鑑二十三卷　（朝鮮）許浚撰　清乾隆二十八年(1763)刻本　二十五冊

340000－1846－0000167　R24－5/32

豫醫雙璧二種　（清）吳重熹輯　清宣統元年(1909)梁園節署鉛印本　八冊

安徽醫科大學圖書館古籍普查登記目錄

全國古籍普查登記目錄

國家圖書館出版社
National Library of China Publishing House

340000－1845－0000001　H161/Z715

說文通訓定聲十八卷柬韻一卷古今韻準一卷
行狀一卷附說雅十九篇　（清）朱駿聲撰　清
同治九年（1870）臨嘯閣刻本　二十四冊

340000－1845－0000002　B222.25/L579

論語正義二十四卷　（清）劉寶楠撰　清同治
五年（1866）代州馮志沂署檢刻本　六冊

340000－1845－0000003　I222.2/C325,
C325s

詩毛氏傳疏三十卷釋毛詩音四卷毛詩說一卷
毛詩傳義類一卷鄭氏箋攷徵一卷　（清）陳奐
著　清光緒九年（1883）徐子靜等刻本　十
一冊

340000－1845－0000004　Z126.2/R282

重刊宋本十三經注疏附校勘記十三種　（清）
阮元撰校勘記　（清）盧宣旬摘錄　清光緒十
三年（1887）上海脈望仙館石印本　三十一冊
缺一種二十卷（爾雅注疏十卷、校勘記十
卷）

340000－1845－0000005　H163/H561

字類標韻六卷目錄一卷　（清）華綱原本
（清）王庭楨重訂　清光緒八年（1882）刻本
二冊

340000－1845－0000006　D919－092/W223B

重刊補注洗冤錄集證六卷　（清）王又槐增輯
（清）李觀瀾補輯　（清）阮其新補注
（清）孫光烈參閱　（清）王又梧校訂　（清）
張錫蕃重訂加丹　清光緒三年（1877）浙江書
局刻四色套印本　四冊

340000－1845－0000007　D919－092

重刊補注洗冤錄集證五卷　（宋）宋慈撰
（清）王又槐增輯　（清）李觀瀾補輯　（清）
孫光烈參閱　（清）阮其新補注　續增洗冤錄
辨正一卷　（清）瞿中溶撰　（清）李璋煜重訂
附刊檢驗合參一卷　（清）郎錦麒輯　（清）
李璋煜重訂　附刊洗冤錄解一卷　（清）豫立
齋著　（清）李璋煜重訂　清光緒三十二年
（1906）上海通時書局石印本　一冊

340000－1845－0000008　B220.2/Y183－
K928.631/G587S

二十二子二十二種　（清）浙江書局輯　清光
緒浙江書局刻本　五十九冊　缺四種九十五
卷（新書十卷,補注黃帝內經素問二十四卷、
素問遺篇一卷、靈樞十二卷,呂氏春秋二十六
卷、附考一卷,淮南子二十一卷）

340000－1845－0000009　E892.25/S841

孫子十家注十三卷　（宋）吉天保輯　（清）孫
星衍校　（清）吳人驥校　敘錄一卷　（清）畢
以珣撰　遺說一卷　（宋）鄭友賢撰　清光緒
三年（1877）浙江書局刻二十二子本　六冊

340000－1845－0000010　B223.5/Z755

莊子集釋十卷　（清）郭慶藩輯　清光緒思賢
講舍刻本　八冊

340000－1845－0000011　B234.94/X549

荀子二十卷首一卷　（唐）楊倞注　王先謙集
解　清光緒十七年（1891）思賢講舍刻本
六冊

340000－1845－0000012　B226.52/H151

韓非子集解二十卷首一卷　王先慎集解　清
光緒二十二年（1896）刻本　六冊

340000－1845－0000013　R2－031/T228

中西匯通醫書五種　（清）唐宗海著　清光緒
石印本　十二冊

340000－1845－0000014　R22/S396

四時病機十四卷　（清）邵登瀛輯　清光緒十
六年（1890）刻本　四冊

340000－1845－0000015　R221.2/W192

補注黃帝內經素問二十四卷　（唐）王冰注
（宋）林億等校　（唐）孫兆重改誤　清江陰朱
文震刻本　七冊

340000－1845－0000016　R22/Z334

醫學指歸二卷首一卷　（清）趙術堂編輯
（清）趙奏言等校字　清同治元年（1862）刻本
二冊

340000－1845－0000017　R2－52/Z271J

景岳全書十六種　（明）張介賓撰　清文光堂刻本　三十二冊

340000－1845－0000018　R222.2/Z287

傷寒論注四卷傷寒附翼二卷　（漢）張機撰（清）柯琴編注　（清）馬中驊校訂　清乾隆二十年（1755）崐山馬中驊刻本　六冊

340000－1845－0000019　R241.13/Z727，R222.39/Z727，R249.47/D148，R289.348/D148

丹溪附餘六種　（元）朱震亨著　（明）戴元禮輯　清慎修堂刻本　五冊　缺二種二卷（醫學發明一卷、活法機要一卷）

340000－1845－0000020　R221.2/Z286

靈樞經九卷　（清）張志聰集注　（清）張文啟參訂　（清）張兆璜校正　清光緒十六年（1890）浙江書局刻本　八冊

340000－1845－0000021　R2－52/Y552

喻氏醫書三種　（清）喻昌撰　清光緒二十年（1894）上海圖書集成印書局鉛印本　八冊

340000－1845－0000022　R222.25/Y524

喻氏醫書三種　（清）喻昌撰　清宣統元年（1909）掃葉山房石印本　五冊　缺一種一卷（寓意草一卷）

340000－1845－0000023　R281.3/L469－R241.13/Z682

周氏醫學叢書三十二種　（清）周學海輯　清光緒、宣統池陽周氏刻宣統三年（1911）彙印本　五十九冊　缺十一種二十四卷（內照法一卷、巢氏諸病源候總論四十一至五十、閻氏小兒方論一卷、小兒斑疹備急方論一卷、三消論一卷、溫熱論一卷、幼科要略二卷、評點葉案存真類編二卷、評點馬氏醫案印機草一卷、韓氏醫通二卷、傷寒補例二卷）

340000－1845－0000024　R221.1/M142

黃帝內經素問合纂十卷靈樞經合纂十卷　（明）馬蒔（清）張志聰注　（清）高世栻參訂　（清）王弘義（清）黃紹姚校正　清上海廣益書局石印本　十三冊　存十五卷（黃帝內經素問合纂十卷，靈樞經合纂一至三、五至六）

340000－1845－0000025　R222.39/Z272Z－1

金匱鉤玄三卷　（元）朱震亨撰　（明）戴元禮錄補　（清）周學海評注　清光緒刻周氏醫學叢書本　一冊

340000－1845－0000026　R24/F278

馮氏錦囊秘錄八種　（清）馮兆張纂輯　（清）王崇志等校　清嘉慶十八年（1813）會成堂刻本　三十二冊

340000－1845－0000027　R281.3/L331B

本草綱目五十二卷首一卷圖三卷奇經八脈考一卷瀕湖脈學一卷脈訣考證一卷　（明）李時珍撰　（清）張士瑜（清）張士珩審定（清）王汝謙（清）朱銘華校理　（清）許燮年繪圖（清）范錫堯監刊　**本草綱目拾遺十卷**（清）趙學敏輯　（清）張紹棠刊　（清）范錫堯等校　**本草萬方鍼線八卷藥品總目一卷**（清）蔡烈先輯（清）張紹棠刊　（清）范錫堯（清）朱銘華校　清光緒九年至十三年（1883－1887）合肥張氏味古齋刻本　五十冊

340000－1845－0000028　R2－52/L317

東垣十書十二種　（金）李杲輯　（明）王肯堂訂正　清文奎堂刻本　十七冊　缺二種二卷（醫壘元戎一卷、癍論萃英一卷）

340000－1845－0000029　R24/W219

唐王燾先生外臺秘要方四十卷　（唐）王燾著（清）程衍道等訂梓　清同治十三年（1874）廣東翰墨園刻本　三十九冊　缺一卷（一）

340000－1845－0000030　R24/W465

御纂醫宗金鑑九十卷首一卷　（清）吳謙等修　清刻本　四十八冊

340000－1845－0000031　R212/J586

嵩厓尊生書十五卷　（清）景日昣撰　清乾隆五十五年（1790）致和堂刻本　八冊

340000－1845－0000032　R2－52/Z271

景岳全書十六種　（明）張介賓撰　清咸豐五年（1855）佛山連元閣刻本　十八冊　缺六種

十二卷(小兒則二卷、痘疹詮四卷、外科鈐二卷、本草正二卷、新方八略一卷、新方八陣一卷)

340000－1845－0000033　R2－52/Y281
景岳全書發揮四卷　(清)葉桂著　清光緒五年(1879)吳氏醉六堂刻本　四冊

340000－1845－0000034　R289.349/W472
成方切用十二卷首一卷末一卷　(清)吳儀洛輯　(清)周蘭九等校　清乾隆二十六年(1761)武原吳氏利濟堂刻吳氏醫學述本　六冊

340000－1845－0000035　R2－52/S445
沈尊生全書五種　(清)沈金鰲撰　清同治十三年(1874)湖北崇文書局刻本　二十六冊

340000－1845－0000036　R281.3/Z815
本經疏證十二卷本經續疏六卷本經序疏要八卷　(清)鄒澍撰　(清)盛康等校刊　清咸豐八年(1858)日升山房刻本　十二冊

340000－1845－0000037　R289.349/W276
絳雪園古方選注不分卷附得宜本草一卷　(清)王子接注　(清)葉桂等校　清雍正九年(1731)掃葉山房刻本　四冊

340000－1845－0000038　R222.39/Y468
金匱翼八卷　(清)尤怡集　(清)徐錦讀　清嘉慶十八年(1813)刻本　六冊　缺二卷(七至八)

340000－1845－0000039　R2－52/L336/1710
醫宗必讀十卷　(明)李中梓著　(明)顧認校　(清)李廷芳訂　**本草徵要補遺一卷**　(明)蔡嶵著　清康熙四十九年(1710)恆言堂刻本　十冊

340000－1845－0000040　R222.2/T247
陶節菴傷寒全生集四卷　(明)陶華著　(清)葉天士評　(清)周半池等校　清眉壽堂刻本　四冊

340000－1845－0000041　R254.1/C375
傷寒明理論四卷　(金)成無己撰　清刻本

二冊

340000－1845－0000042　R2－51/Z727
丹溪先生心法五卷附金匱鉤玄三卷證治要畧一卷　(元)朱震亨撰　(明)吳中珩校刊　清刻本　五冊　缺四卷(金匱鉤玄三卷、證治要畧一卷)

340000－1845－0000043　R254.2/W218
溫熱經緯五卷　(清)王世雄撰　清光緒二十六年(1900)蘇州交通益記圖書館刻潛齋醫書五種本　四冊

340000－1845－0000044　R241.1/D437
金匱玉函經二注二十二卷補方一卷　(宋)趙以德衍義　(清)周揚俊補注　(清)李清俊重刊　(清)葉萬青參校　**十藥神書一卷**　(元)葛乾孫撰　清道光十三年(1833)養恬齋刻本　六冊

340000－1845－0000045　R254.2/W468
溫病條辨六卷首一卷　(清)吳瑭撰　(清)朱武曹點評　清寧波群玉山房刻本　八冊

340000－1845－0000046　R2－52/H686
黃氏醫書八種　(清)黃元御撰　清刻本　十六冊

340000－1845－0000047　R241/Q211
辨證奇聞十卷　(清)錢松著　清光緒刻本　一冊　存一卷(一)

340000－1845－0000048　R272.21/H674
銅壁痘疹全書不分卷　(明)黃廉撰　清抄本　一冊

340000－1845－0000049　R272/C321X
鼎鍥幼幼集成六卷　(清)陳復正輯訂　(清)劉一勸等校正　(清)周宗頤等參定　清刻本　六冊

340000－1845－0000050　R281.3/L331B－1
本草綱目五十二卷圖三卷脈訣攷證一卷瀕湖脈學一卷奇經八脈攷一卷　(明)李時珍撰　**本草萬方鍼線八卷**　(清)蔡烈先輯　清芥子園刻本　四十冊

340000 – 1845 – 0000051　R241.11/W218

脈經十卷　（晉）王叔和著　清光緒十七年
(1891)汀州張氏勵志齋刻本　四冊

340000 – 1845 – 0000052　R2 – 52/X444X

徐氏醫書十六種　（清）徐大椿撰　（清）和月
醫學社輯　清光緒三十三年(1907)章福記書
局石印本　十四冊　缺四種五卷(難經經釋
二卷、雜病源一卷、舌鑑總論一卷、女科醫案
一卷)

340000 – 1845 – 0000053　R2 – 51/Y468

張仲景傷寒論貫珠集八卷目錄一卷　（清）尤
怡注　（清）朱陶性校　清嘉慶十五年(1810)
木活字印本　四冊

340000 – 1845 – 0000054　R289.344/S784 – 1

蘇沈良方八卷　（宋）蘇軾　（宋）沈括撰　清
刻武英殿聚珍版書本　二冊

340000 – 1845 – 0000055　R2 – 51/X474

東醫寶鑒雜病篇十一卷東醫寶鑒湯液篇三卷
東醫寶鑒鍼灸篇一卷　（朝鮮）許浚撰　清刻
本　十二冊　缺三卷(東醫寶鑒雜病篇一至
三)

340000 – 1845 – 0000056　R272.2 – 51/Z276

摘星樓治痘全書十八卷　（明）朱一麟著
（明）朱法遵補訂　（明）朱菜學參校　清光緒
十三年(1887)耕樂堂刻本　六冊　缺六卷
(十三至十八)

340000 – 1845 – 0000057　R221.1/M137 – 1～7

黃帝內經素問注證發微九卷　（明）馬蒔注
清嘉慶十年(1805)慎餘堂鮑氏刻本　七冊
缺一卷(九)

340000 – 1845 – 0000058　R276.7/F375

傅氏眼科審視瑤函六卷首一卷　（明）傅仁宇
纂輯　（明）張文凱參閱　（明）林長生校補
（清）周亮節校梓　清刻本　六冊

340000 – 1845 – 0000059　R214/Y393

性命雙修萬神圭旨四卷　題(明)尹真人授
明天啟二年(1622)刻本　四冊

340000 – 1845 – 0000060　R289.342/S838Y

千金翼方三十卷備急千金要方三十卷　（唐）
孫思邈撰　（宋）林億等校　影宋本千金方考
異一卷　（日本）多紀元堅等總閱　清光緒四
年(1878)江戶醫學影宋刻本　二十冊

340000 – 1845 – 0000061　R222.2/Z272C

注解傷寒論十卷　（漢）張仲景述　（晉）王叔
和撰次　（金）成無己注解　傷寒明理論四卷
（金）成無己撰　清同治九年(1870)刻本
三冊

340000 – 1845 – 0000062　R281.3/L331BC

本草綱目五十二卷圖三卷拾遺十卷脈學一卷
脈訣一卷奇經考一卷　（明）李時珍編輯
（清）趙學敏輯　（清）吳毓昌校訂　本草萬方
鍼線八卷　（清）蔡烈先輯　清光緒三十年
(1904)同文書局石印本　十九冊　缺三卷
(本草綱目三十三至三十五)

340000 – 1845 – 0000063　R271/X261

女科經綸八卷　（清）蕭壎著　清光緒十六年
(1890)掃葉山房刻本　四冊

340000 – 1845 – 0000064　R249.41/C288

重刊巢氏諸病源候總論五十卷　（隋）巢元方
撰　清光緒二十二年(1896)博文書局石印本
六冊　存十三卷(一至十三)

340000 – 1845 – 0000065　R255.5/T229

血證論八卷　（清）唐宗海著　清石印本
二冊

340000 – 1845 – 0000066　R272/Z274

釐正按摩要術四卷　（清）張振鋆撰　清光緒
十五年(1889)邘上張氏刻述古齋幼科新書本
三冊　缺一卷(一)

340000 – 1845 – 0000067　R272/Z274 – 1

述古齋幼科新書三種　（清）張振鋆撰　清光
緒十五年(1889)邘上張氏刻本　八冊

340000 – 1845 – 0000068　R244/W467

理瀹駢文摘要二卷　（清）吳尚先著　清光緒
十三年(1887)融經館刻本　二冊

340000－1845－0000069　R249.49/G226

己任編八卷　（清）高鼓峰著　（清）楊乘六評
清道光十年（1830）刻本　四冊

340000－1845－0000070　R289.3/F374

男科二卷女科二卷續卷一卷產後編二卷
（清）傅山著　清光緒十年（1884）刻本　五冊

340000－1845－0000071　R289.349/F374T

太原傅科二卷　（清）傅山著　清光緒七年
（1881）刻本　二冊

340000－1845－0000072　R2－52/W224

醫林指月十二種　（清）王琢崖纂輯　清光緒
二十二年（1896）上海圖書集成印書局鉛印本
七冊　缺一種四卷（扁鵲心書三卷、神方一
卷）

340000－1845－0000073　R222.22/L336

訂正仲景傷寒論釋義不分卷　（清）李纘文補
注　清宣統元年（1909）刻本　六冊

340000－1845－0000074　R254.2/Y199

寒溫條辨七卷　（清）楊璿撰　清同治九年
（1870）刻本　四冊

340000－1845－0000075　R2－52/L336

合鐫士材三書八卷　（明）李中梓著述　（清）
尤乘增補　清嘉慶二十三年（1818）刻本
六冊

340000－1845－0000076　R254.3/W472

溫疫論二卷　（明）吳有性著　（清）張以增評
點　清康熙三十三年（1694）張以增刻葆真堂
後印本　二冊

340000－1845－0000077　R26/C343

新刊外科正宗四卷　（明）陳實功纂著　清嘉
慶十七年（1812）寶華堂刻本　八冊

340000－1845－0000078　R2－53/D335

當歸草堂醫學叢書初編十種附二種　（清）丁
丙輯　清光緒四年（1878）錢塘丁氏當歸草堂
刻本　十冊

340000－1845－0000079　R24/J334

筆花醫鏡四卷　（清）江涵暾著　清光緒十一

年（1885）田氏刻本　二冊

340000－1845－0000080　R289.1/F228

醫方論四卷　（清）費伯雄著　清光緒十四年
（1888）刻本　二冊

340000－1845－0000081　R289.349/W191

醫方集解不分卷　（清）汪昂撰　清光緒十二
年（1886）刻本　五冊

340000－1845－0000082　R242/Z274

張氏醫通十六卷　（清）張璐纂述　清光緒二
十年（1894）石印本　二十四冊

340000－1845－0000083　R249.1/Y528

古今醫案按十卷　（清）俞震纂輯　（清）李齡
壽校輯　清宣統元年（1909）上海會文堂書局
石印本　九冊

340000－1845－0000084　R249.41/Y528/1883

古今醫案按十卷　（清）俞震纂輯　（清）李齡
壽校輯　清光緒九年（1883）吳江李氏刻本
十冊

340000－1845－0000085　R24/C386

醫學心悟五卷附外科十法一卷　（清）程國彭
著　清光緒二十年（1894）上海圖書集成印書
局鉛印本　三冊

340000－1845－0000086　R254/W472

溫疫論補注二卷　（清）吳有性著　（清）鄭重
光補注　清光緒六年（1880）掃葉山房刻本
二冊

340000－1845－0000087　R249.49/Y517

外證醫案彙編四卷　（清）余景和編輯　清光
緒二十年（1894）會稽孫氏刻本　四冊

340000－1845－0000088　R24/Y288

醫效秘傳三卷　（清）葉桂述　（清）吳金壽輯
清道光十一年（1831）吳氏貯春僊館刻三家
醫案合刻本　三冊

340000－1845－0000089　R22/F228

醫醇賸義四卷　（清）費伯雄著　（清）費應蘭
編次　清同治二年（1863）武進費氏耕心堂刻
費氏全集本　四冊

340000 – 1845 – 0000090　R26/G435

瘍醫大全四十卷　（清）顧世澄纂輯　（清）錢之栢　（清）顧楙燮全校　清同治九年(1870)刻本　四十八冊

340000 – 1845 – 0000091　R2－52/X444

徐氏醫書八種雜著四種　（清）徐大椿撰　清光緒十九年(1893)上海圖書集成書局鉛印本　八冊

340000 – 1845 – 0000092　R249.49/Y288L

臨證指南醫案十卷　（清）葉桂著　清同治三年(1864)刻本　十冊

340000 – 1845 – 0000093　R25/L335/1892

證治彙補八卷　（清）李惺菴著　清光緒十八年(1892)簡玉山房刻本　八冊

340000 – 1845 – 0000094　R222.2/Z266

傷寒舌鑑一卷　（清）張登纂　清同治九年(1870)刻本　一冊

340000 – 1845 – 0000095　R222.26/X444

傷寒論類方四卷　（清）徐大椿撰　（清）潘霨增輯　長沙方歌括一卷　（清）陳念祖撰（清）蕭庭滋　（清）潘霨增輯　清同治五年(1866)刻本　四冊

340000 – 1845 – 0000096　I222.3/L611

楚辭十七卷　（漢）王逸章句　（宋）洪興祖補注　清同治十一年(1872)金陵書局刻本四冊

340000 – 1845 – 0000097　I214.22/W272

王右丞集二十八卷　（唐）王維撰　（清）趙殿成箋注　首一卷末一卷　（清）趙殿成輯錄　清乾隆仁和趙氏刻本　十冊

340000 – 1845 – 0000098　B249.6/D148

戴東原集十二卷　（清）戴震撰　覆校劄記一卷　（清）段玉裁撰　清乾隆五十七年(1792)經韻樓刻本　十二冊

340000 – 1845 – 0000099　I214.92/Q456,Q456W,Z126.2/Q465

鮚埼亭集三十八卷首一卷外編五十卷全謝山

經史問答十卷　（清）全祖望撰　（清）史夢蛟校　清嘉慶九年(1804)餘姚史夢蛟借樹山房刻同治十一年(1872)印本　十八冊　缺二十一卷(外編四至二十四)

340000 – 1845 – 0000100　I214.92/Z726,Z716

曝書亭集八十卷附錄一卷　（清）朱彝尊撰（清）朱桂孫等校　笛漁小稾十卷　（清）朱昆田撰　（清）朱桂孫等校　清康熙五十三年(1714)朱稻孫刻雍正印本　十六冊

340000 – 1845 – 0000101　I222.844/Y183

小山詞鈔一卷小山詞補鈔一卷　（宋）晏幾道撰　（清）晏端書編　清光緒十一年(1885)刻本　一冊

340000 – 1845 – 0000102　I212.1/Z328

文選六十卷　（南朝梁）蕭統撰　（唐）李善注　（清）胡克家校刊　文選考異十卷　（清）胡克家撰　清同治八年(1869)萬本儀廣州萃文堂刻本　二十四冊

340000 – 1845 – 0000103　I262/W222

續古文辭類纂三十四卷　王先謙纂集　清光緒八年(1882)長沙王氏刻本　八冊

340000 – 1845 – 0000104　I222.5/Z171

國朝駢體正宗十二卷　（清）曾燠選　（清）姚燮　（清）張壽榮參評　國朝駢體正宗續編八卷　（清）張鳴珂輯　清光緒二十三年(1897)烏程江氏修緜山房刻本　十冊

340000 – 1845 – 0000105　I214.9/H387

北江全集六種附三種　（清）洪亮吉饌　（清）呂培等校字　清乾隆嘉慶刻本　十六冊　存四種六十五卷(卷施閣文甲集十卷、乙集八卷、詩二十卷,洪北江先生年譜一卷,附鮚軒詩八卷,更生齋文甲集四卷、乙集四卷、詩八卷、餘二卷)

340000 – 1845 – 0000106　Z222/L319/1894

太平御覽一千卷目錄十五卷　（宋）李昉等纂　（清）鮑崇城校　清光緒二十年(1894)上海積山書局石印本　三十二冊

340000 – 1845 – 0000107　Z225/Q311

御定駢字類編二百四十卷 （清）張廷玉等編
清光緒十三年(1887)上海同文書局石印本
二十六冊　缺一百十二卷(一至一百十二)

340000－1845－0000108　R249.49/Y288

三家醫案合刻三種 （清）吳金壽纂　清道光
十一年(1831)笠澤吳氏貯春僊館刻本　二冊

340000－1845－0000109　R249.49/Y288－1

三家醫案合刻三種 （清）吳金壽纂　清道光
十一年(1831)笠澤吳氏貯春僊館刻本　二冊

340000－1845－0000110　Z22/Z286

淵鑑類函四百五十卷目錄四卷 （清）張英等
纂　清光緒九年(1883)上海點石齋石印本
十冊

340000－1845－0000111　R－52/L316

生理解剖圖說一卷 （□）□□撰　清光緒三
十四年(1908)上海掃葉山房鉛印本　一冊

宿州市碭山縣圖書館古籍普查登記目録

全國古籍普查登記目録

國家圖書館出版社
National Library of China Publishing House

340000 - 4806 - 0000001　1001 - 1004

七經精義七種　（清）黃淦纂　清嘉慶十六年
(1811)刻本　四冊　存三種十一卷(詩經精
義四卷、首一卷、末一卷,儀禮精義不分卷,續
編一卷,禮記精義四至六)

340000 - 4806 - 0000002　1005

易經大全會解四卷　（宋）朱熹本義　（清）來
爾繩纂輯　（清）朱采治　（清）朱之澄編訂
清道光二十六年(1846)金閶綠蔭堂刻本　一
冊　存一卷(一)

340000 - 4806 - 0000003　1006 - 1007

易經大全會解四卷　（宋）朱熹本義　（清）來
爾繩纂輯　（清）朱采治　（清）朱之澄編訂
清龍江書屋刻本　二冊　存二卷(一至二)

340000 - 4806 - 0000004　1008

書六卷　（宋）蔡沈集傳　清光緒十六年
(1890)廣陵邱氏刻本　一冊　存一卷(一)

340000 - 4806 - 0000005　1009 - 1010

書六卷　（宋）蔡沈集傳　清文誠堂刻本　二
冊　存二卷(一、六)

340000 - 4806 - 0000006　1011

書六卷　（宋）蔡沈集傳　清文成堂刻本　一
冊　存一卷(一)

340000 - 4806 - 0000007　1012

書六卷　（宋）蔡沈集傳　清刻本　一冊　存
二卷(二至三)

340000 - 4806 - 0000008　1013

書經體註六卷　（宋）蔡沈集傳　（清）錢希祥
纂輯　清刻本　一冊　存一卷(四)

340000 - 4806 - 0000009　1014 - 1016

書經體註大全合參六卷　（宋）蔡沈集傳
(清)錢希祥纂輯　清刻本(卷四補配)　三冊
存五卷(二至六)

340000 - 4806 - 0000010　1017

詩八卷　（宋）朱熹集傳　清光緒十年(1884)
刻本　一冊　存二卷(一至二)

340000 - 4806 - 0000011　1018

詩經融註大全體要八卷　（清）高朝瓔定
(清)沈世楷輯　清光緒十六年(1890)寶興堂
刻本　一冊　存二卷(一至二)

340000 - 4806 - 0000012　1019

新增詩經補註備旨八卷　（清）鄒聖脈纂輯
清刻本　一冊　存一卷(四)

340000 - 4806 - 0000013　1020

詩經融註大全體要八卷　（清）高朝瓔定
(清)沈世楷輯　清刻本　一冊　存二卷(一
至二)

340000 - 4806 - 0000014　1024

周禮節訓六卷　（清）黃叔琳撰　（清）姚培謙
重訂　（清）王永祺參閱　清同治刻本　一冊
存五卷(二至六)

340000 - 4806 - 0000015　1025 - 1026

周禮十二卷　（漢）鄭玄注　（唐）陸德明音義
清刻本　二冊　存四卷(九至十二)

340000 - 4806 - 0000016　1027 - 1030

漱芳軒合纂禮記體註四卷　（清）范翔參訂
(清)徐且輯　清嘉慶二十三年(1818)刻本
四冊

340000 - 4806 - 0000017　1031

寄傲山房塾課纂輯禮記全文備旨十一卷
(清)鄒聖脈纂輯　（清）鄒廷獻編次　（清）
鄒景揚等校訂　清刻本　一冊　存二卷(八
至九)

340000 - 4806 - 0000018　1032

禮記十卷　（元）陳澔集說　清刻本　一冊
存一卷(九)

340000 - 4806 - 0000019　1033

禮記增訂旁訓六卷　（清）徐立剛撰　清刻本
一冊　存一卷(六)

340000 - 4806 - 0000020　1034 - 1036

春秋經傳集解三十卷首一卷　（晉）杜預撰
(唐)陸德明音釋　（宋）林堯叟附註　（清）
馮李驊增訂　左繡三十卷首一卷　（清）馮李
驊　（清）陸浩評輯　（清）范允斌等參評

（清）馮近潢較輯　（清）馮念詒等書　清華川
書屋刻本　三冊　存二十卷（春秋經傳集解
二十至二十九、左繡二十至二十九）

340000－4806－0000021　1037
評點春秋綱目左傳句解彙雋六卷　（清）韓葵
重訂　清刻本　一冊　存一卷（四）

340000－4806－0000022　1039
二論引端四卷　（清）劉忠輯　清刻本　一冊
　存一卷（四）

340000－4806－0000023　1040
孟子集注七卷　（宋）朱熹集注　清文瑛堂刻
本　一冊　存二卷（四至五）

340000－4806－0000024　1041
孟子文樞不分卷　（清）求古齋主人編　清刻
本　三冊

340000－4806－0000025　1042－1043
新訂四書補註備旨十卷　（明）鄧林撰　（清）
杜定基增訂　清光緒十八年（1892）文奎堂刻
本　二冊　存三卷（大學一、中庸一、上孟二）

340000－4806－0000026　1044
新訂四書補註備旨十卷　（明）鄧林撰　（清）
杜定基增訂　清味經堂刻本　一冊　存一卷
（下孟三）

340000－4806－0000027　1045－1046
新訂四書補註備旨十卷　（明）鄧林撰　（清）
杜定基增訂　清刻本　二冊　存二卷（下孟
三至四）

340000－4806－0000028　1047－1048
新訂四書補註備旨十卷　（明）鄧林撰　（清）
杜定基增訂　清刻本　二冊　存二卷（上孟
一、下孟四）

340000－4806－0000029　1055－1056
四書左國彙纂四卷　（清）高其名　（清）鄭師
成輯　清刻本　二冊　存二卷（二、四）

340000－4806－0000030　1057
漱芳軒合纂四書體註十九卷　（宋）朱熹集註
　（清）范翔參訂　清上洋江左書林刻本　一

冊　存二卷（大學、中庸）

340000－4806－0000031　1058－1059
四書集註十九卷　（宋）朱熹撰　清刻本　二
冊　存七卷（論語一至四、孟子一至三）

340000－4806－0000032　1060－1063
四書味根錄三十七卷　（清）金澂撰　清光緒
石印本　四冊　存九卷（中庸一至二，論語五
至八，孟子一至二、十四）

340000－4806－0000033　1064－1065
四書味根錄三十七卷　（清）金澂撰　清光緒
石印本　二冊　存四卷（中庸一至二，孟子十
三至十四）

340000－4806－0000034　1068－1087
四書朱子本義匯參四十七卷　（宋）朱熹章句
　（清）王步青輯　清刻本　二十冊　缺十六
卷（大學二至三，中庸一至二、五至六，論語二
至三、六、十一至十二，孟子二、四至六、十四）

340000－4806－0000035　1088
學庸清解□□卷　（清）劉華輯　清刻本　一
冊　存二卷（三至四）

340000－4806－0000036　1089－1092
四書朱子異同條辨四十卷　（清）李沛霖
（清）李禎訂　清刻本　四冊　存五卷（十一、
十四、十六至十八）

340000－4806－0000037　1093－1097
四書人物類典串珠四十卷　（清）臧志仁編輯
　（清）臧銘　（清）臧錕校字　清刻本　五冊
　存十八卷（一至二、五至八、十三至十四、二
十六至三十、三十六至四十）

340000－4806－0000038　1098－1102
四書人物類典串珠四十卷　（清）臧志仁編輯
　（清）臧銘　（清）臧錕校字　清刻本　五冊
　缺八卷（五至十二）

340000－4806－0000039　1103－1104
四書襯十九卷　（清）駱培撰　清刻本　二冊
　存八卷（論語六至十、孟子一至三）

340000－4806－0000040　1106

鄉黨圖考十卷 （清）江永著 清刻本 一冊
存三卷（六、九至十）

340000－4806－0000041 1107

字彙十二卷首一卷 （明）梅膺祚音釋 清文
富堂刻本 一冊 存一卷（首一卷）

340000－4806－0000042 1108－1109

字彙十二卷首一卷 （明）梅膺祚音釋 清刻
本 二冊 存二卷（辰、申）

340000－4806－0000043 1110

字彙十二卷首一卷 （明）梅膺祚音釋 清刻
本 一冊 存一卷（亥）

340000－4806－0000044 1111－1112

詩韻集成十卷 （清）余照輯 清光緒六年
（1880）崇德堂刻本 二冊 存五卷（一至二、
八至十）

340000－4806－0000045 2001－2018

史記一百三十卷 （漢）司馬遷撰 （明）徐孚
遠 （明）陳子龍測議 清刻本 十八冊 缺
五十二卷（一至九、十四、十八、二十一至二十
二、四十五至六十三、六十九至七十二、九十
八至一百五、一百十九至一百二十四、一百二
十九至一百三十）

340000－4806－0000046 2020－2023

漢書一百二十卷 （漢）班固撰 （唐）顏師古
注 漢書敘例一卷 （唐）顏師古撰 清同治
八年（1869）金陵書局刻二十四史本 四冊
存二十六卷（一至七、四十五至五十四、九十
二至一百）

340000－4806－0000047 2024－2032

漢書一百二十卷 （漢）班固撰 （唐）顏師古
注 清刻本 九冊 存三十四卷（一至六、十
五至二十、四十九至五十四、六十至六十五、
七十三至七十八、八十六至八十九）

340000－4806－0000048 2033－2047

前漢書一百卷 （漢）班固撰 （唐）顏師古注
清鉛印本 十五冊 缺三十七卷（一至十
四、四十一至五十、七十八至八十六、九十四
至九十七）

340000－4806－0000049 2048

後漢書九十卷 （南朝宋）劉曄撰 （唐）李賢
注 清刻本 一冊 存八卷（五至十二）

340000－4806－0000050 2099

御撰資治通鑑綱目三編二十卷 （清）張廷玉
等編 清刻本 一冊 存四卷（六至九）

340000－4806－0000051 2100

尺木堂綱鑑易知錄九十二卷明鑑易知錄十五
卷 （清）周之炯等輯 清鉛印本 一冊 存
七卷（尺木堂綱鑑易知錄六十七至七十三）

340000－4806－0000052 2101－2118

重訂王鳳洲先生會纂綱鑑四十六卷 （明）王
世貞撰 （明）陳仁錫訂 （明）呂一經校 清
聚和堂刻本 十八冊 缺十九卷（六至二十
三、二十五）

340000－4806－0000053 2120－2121

鼎鍥趙田了凡袁先生編纂古本歷史大方綱鑑
補三十九卷首一卷 （明）袁黃編纂 清刻本
二冊 存二卷（十、十三）

340000－4806－0000054 2122－2125

重訂國語國策合註二種 （三國吳）韋昭解
（宋）宋庠補音 清嘉慶二十年（1815）刻本
四冊 存二種十四卷（國語一至三、十至十
五，戰國策一至三、六至七）

340000－4806－0000055 2126－2127

史記菁華錄六卷 （清）姚苧田輯 清道光四
年（1824）姚氏扶荔山房刻朱墨套印本 二冊
存二卷（五至六）

340000－4806－0000056 2128

廿二史劄記三十六卷附補遺一卷 （清）趙翼
著 清嘉慶刻本 一冊 存二卷（二十七至
二十八）

340000－4806－0000057 2129－2130

歷代史論十二卷 （明）張溥撰 清光緒二十
四年（1898）上海書局石印本 二冊 存七卷
（一至三、九至十二）

340000－4806－0000058 2131－2141

國朝先正事略六十卷 （清）李元度纂 清刻本 十一冊 存二十二卷（十至十五、十八至十九、二十二至三十五）

340000－4806－0000059 2142－2154
文獻通考輯要二十四卷欽定續文獻通考輯要二十六卷皇明文獻通考二十六卷 （清）湯壽潛編 清光緒二十五年（1899）通雅堂鉛印本 十三冊 存三十七卷（欽定續文獻通考輯要一至四、六至八、十一至十七、二十至二十六，皇明文獻通考二至六、十二至二十、二十五至二十六）

340000－4806－0000060 2155
天下郡國利病書一百二十卷 （清）顧炎武輯 （清）龍萬育訂 清光緒二十七年（1901）圖書集成印書局鉛印本 一冊 存四卷（六十五至六十八）

340000－4806－0000061 2156－2163
水經注釋四十卷附錄二卷水經注箋刊誤十二卷 （清）趙一清撰 清乾隆五十九年（1794）東潛趙氏小山堂刻本 八冊 存十六卷（水經注釋十至十一、十五至十七、三十六至四十，附錄二卷，水經注箋刊誤一、三至四、十二）

340000－4806－0000062 2164
地球韻言四卷 （清）張士瀛撰 清光緒刻本 一冊 存二卷（一至二）

340000－4806－0000063 2165－2168
欽定四庫全書簡明目錄二十卷首一卷 （清）紀昀等總纂 清光緒二年（1876）京都琉璃廠刻本 四冊 存六卷（十二至十三、十五至十八）

340000－4806－0000064 2169
古今偽書考一卷 （清）姚際恒著 （清）章恭斌校刊 清光緒十五年（1889）長沙經濟書堂刻本 一冊

340000－4806－0000065 3001
孔子家語十卷 （三國魏）王肅注 清乾隆四十六年（1781）書業堂刻本 一冊 存五卷（一至五）

340000－4806－0000066 3002－3003
校訂困學紀聞集證二十卷 （宋）王應麟撰 （清）閻潛邱等注 （清）屠繼序校補 （清）萬希槐集證 清嘉慶十八年（1813）刻本 二冊 存四卷（一至四）

340000－4806－0000067 3005－3011
黃帝內經素問註證發微九卷 （明）馬蒔撰 清刻本 七冊 缺二卷（二、八）

340000－4806－0000068 3012
黃帝內經靈樞註證發微十卷 （明）馬蒔撰 清刻本 一冊 存二卷（四至五）

340000－4806－0000069 3013
吳醫彙講九卷 （清）唐大烈纂輯 （清）周桂參訂 清刻本 一冊 存三卷（七至九）

340000－4806－0000070 3014
經餘必讀八卷 （清）雷琳等輯 清刻本 一冊 存二卷（五至六）

340000－4806－0000071 3016
金剛經一卷心經一卷 （後秦）釋鳩摩羅什譯 清光緒刻本 一冊

340000－4806－0000072 3018
玉歷鈔傳警世編不分卷 （□）□□撰 清同治元年（1862）刻本 一冊

340000－4806－0000073 3021
分韻子史題解二十卷 （清）費卿庭輯 （清）徐琢編校 清刻本 一冊 存四卷（十七至二十）

340000－4806－0000074 3022
初學行文語類四卷 （清）孫埏輯 清光緒七年（1881）刻本 一冊

340000－4806－0000075 4001
楚辭燈四卷 （清）林雲銘論述 （清）臨沅芷校 清刻本 一冊 存二卷（三至四）

340000－4806－0000076 4002－4003
楚辭燈四卷 （清）林雲銘論述 （清）臨沅芷校 清刻本 二冊 缺一卷（四）

340000－4806－0000077 4004－4005

陳檢討集二十卷　（清）陳維崧撰　（清）程師
恭註　清刻本　二冊　存八卷(十至十四、十
八至二十)

340000－4806－0000078　4008－4010
海秋詩集二十六卷後集一卷　（清）湯鵬撰
清桐石山房刻本　三冊

340000－4806－0000079　4011－4012
犢山文稿不分卷　（清）周鎬撰　（清）顧響泉
（清）何日銘鑒定　清同治四年(1865)維揚
大文堂刻本　二冊

340000－4806－0000080　4013－4015
知味軒啟事四卷稟言四卷　（清）陳毓靈撰
（清）左昇　（清）程仁基校訂　清道光二十六
年(1846)文英堂刻本　三冊　存二卷(稟言
一、四)

340000－4806－0000081　4016
書業德重訂古文釋義新編八卷　（清）余誠評
註　（清）余芝參閱　清光緒十年(1884)文英
堂刻本　一冊　存二卷(一至二)

340000－4806－0000082　4017
經元堂重訂古文釋義新編八卷　（清）余誠評
註　（清）余芝參閱　清刻本　一冊　存一卷
(四)

340000－4806－0000083　4018－4019
重訂古文釋義新編八卷　（清）余誠評註　清
刻本　二冊　存二卷(三、八)

340000－4806－0000084　4020
古文辭類纂七十四卷　（清）姚鼐輯　清刻本
一冊　存五卷(四十六至五十)

340000－4806－0000085　4021
古文辭類纂七十四卷　（清）姚鼐輯　清刻本
一冊　存七卷(五十四至六十)

340000－4806－0000086　4022
唐宋八家文讀本三十卷　（唐）韓愈等著
（清）沈德潛評點　清小鬱林刻本　一冊　存
三卷(一至三)

340000－4806－0000087　4023
古唐詩合解唐詩十二卷　（清）王堯衢注

（清）李模　（清）李桓校　清光緒二年
(1876)敬文堂刻本　一冊　存一卷(一)

340000－4806－0000088　4024－4027
古唐詩合解唐詩十二卷　（清）王堯衢注
（清）李模　（清）李桓校　清刻本　四冊　存
九卷(一至九)

340000－4806－0000089　4028
重訂古文雅正十四卷　（清）蔡世遠編　（清）
李立侯　（清）張季長參訂　（清）林有席參評
（清）陳守詒重校　清道光六年(1826)刻本
一冊　存二卷(一至二)

340000－4806－0000090　4029－4034
古文析義六卷　（清）林雲銘評注　清金閶小
酉山房刻本　六冊

340000－4806－0000091　4035
雞跖賦續刻二十八卷擬古二卷　（清）應泰泉
輯　清同治十三年(1874)刻本　一冊　存七
卷(雞跖賦續刻二十四至二十八、擬古二卷)

340000－4806－0000092　4036
增補重訂千家詩註解四卷　（清）王相選注
清刻本　一冊　存二卷(三至四)

340000－4806－0000093　4037－4038
唐詩三百首續選一卷　（清）于慶元編　（清）
于闐絫　（清）于兆元　（清）于鼎元校　姓氏
小傳一卷　（清）于慶元輯　清刻本　二冊

340000－4806－0000094　4039
唐詩三百首註疏六卷　（清）蘅塘退士編
（清）章燮注　清刻本　一冊　存一卷(五)

340000－4806－0000095　4040－4043
御選唐宋詩醇四十七卷　（清）高宗弘曆輯
清刻本　四冊　存七卷(三十一至三十二、三
十九至四十二、四十七)

340000－4806－0000096　4044
唐詩直解庚補箋釋批評七卷　（明）李攀龍編
選　（明）葉羲昂直解　（明）蔣一葵箋釋
（明）鍾惺批評　（明）仇滄柱庚補　清刻本
一冊　存三卷(一至三)

340000－4806－0000097　4045－4052

國朝二十四家文鈔二十四卷　（清）徐斐然輯
（清）徐秉願參訂　清道光十年(1830)刻本
八冊　缺四卷(八至十一)

340000－4806－0000098　4053
詩學舍英十四卷　（清）劉文蔚輯　清刻本
一冊　存三卷(十二至十四)

340000－4806－0000099　4054
時藝課不分卷　（清）路德輯　清刻本　一冊

340000－4806－0000100　4055
時藝核續編不分卷　（清）路德輯　清道光來
鹿堂刻本　一冊

340000－4806－0000101　4056
時藝核續編不分卷　（清）路德輯　清道光來
鹿堂刻本　一冊

340000－4806－0000102　4057－4058
時藝引不分卷　（清）路德輯　清道光二十四
年(1844)文成堂刻本　二冊

340000－4806－0000103　4059
時藝綜不分卷　（清）路德輯　清道光二十二
年(1842)刻本　一冊

340000－4806－0000104　4060－4061
時藝階六卷　（清）路德輯　清咸豐七年
(1857)崇文堂刻本　二冊　存四卷(一至四)

340000－4806－0000105　4062－4063
時藝階六卷　（清）路德輯　清刻本　二冊
存二卷(二、六)

340000－4806－0000106　4064－4065
仁在堂時藝話不分卷　（清）路德輯　清道光
二十一年(1841)聚錦堂刻本　二冊

340000－4806－0000107　4066
仁在堂時藝引階合編不分卷　（清）路德輯
清光緒八年(1882)寶興堂刻本　一冊

340000－4806－0000108　4067－4071
仁在堂全集十四集　（清）路德輯　清三讓睦
記刻本　五冊　存五集(時藝課不分卷、時藝
辨不分卷、時藝話不分卷、課士賦續編不分
卷、訓蒙草不分卷)

340000－4806－0000109　4072－4076
制藝鎔裁十六卷　（清）顧元熙等編　清刻本
五冊　存四卷(二、四至五、八)

340000－4806－0000110　4077
八銘塾鈔初集六卷二集六卷　（清）吳懋政編
次　清刻本　一冊　存一卷(二集下孟)

340000－4806－0000111　4078
八銘塾鈔初集六卷二集六卷　（清）吳懋政編
次　清三讓堂刻本　一冊　存二卷(二集中
庸、上孟)

340000－4806－0000112　4079
墨卷四卷　（□）□□撰　清刻本　一冊　缺
一卷(大學)

340000－4806－0000113　4080
直省鄉墨崇實二卷　（清）任筱蕃選　清光緒
八年(1882)復合堂刻本　一冊　存一卷(上)

340000－4806－0000114　4081
塾課小題正鵠二集一卷　（清）李元度編輯
（清）李元吉等校訂　清同治十三年(1874)文
富堂刻本　一冊

340000－4806－0000115　4082－4083
塾課小題正鵠三集　（清）李傳敏鑒定　（清）
李元度編輯　（清）李元吉　（清）李元善校訂
（清）李元愷等校　清刻本　二冊　存二集
(初集、二集)

340000－4806－0000116　4084
試律青雲集四卷　（清）楊逢春輯　（清）沈品
三等注　（清）徐紹曾等校正　清咸豐六年
(1856)敬文堂刻本　一冊　存一卷(一)

340000－4806－0000117　4085－4087
試律青雲集四卷　（清）楊逢春輯　（清）沈品
三等注　（清）徐紹曾等校正　清同治七年
(1868)李氏堂刻本　三冊　缺一卷(四)

340000－4806－0000118　4088
試律青雲集四卷　（清）楊逢春輯　（清）沈品
三等注　（清）徐紹曾等校正　清刻本　一冊
存一卷(三)

340000－4806－0000119　4089

試律青雲集註釋四卷 （清）楊逢春輯 （清）沈品三等注 （清）徐紹曾等校正 清刻本 一冊 存一卷(二)

340000－4806－0000120 4090－4091
分韻青雲詩集四卷 （清）楊逢春輯 （清）沈品三等注 （清）徐紹曾等校正 清刻本 二冊 存二卷(三至四)

340000－4806－0000121 4092
試帖百篇最豁解二卷 （清）王澤洼評注 清嘉慶十一年(1806)歸德九經堂刻本 一冊 存一卷(上)

340000－4806－0000122 4093
藝林類擷十六卷 （清）謝輔坫選 清刻本 一冊 存二卷(十一至十二)

340000－4806－0000123 4094
文藝金鍼一卷賦課續編一卷 （清）路德輯 清刻本 一冊

340000－4806－0000124 4095
詩文小題約鈔下編四卷 （□）□□輯 清刻本 一冊

340000－4806－0000125 4096
寄嶽雲齋試帖詳註二卷 （清）張學蘇箋 (清)聶銑敏藁 （清）王茂松等校 清刻本 一冊 存一卷(二)

340000－4806－0000126 4097－4098
詳註張太史塾課□□卷 （清）張江撰 清刻本 二冊 存六卷(一、四至八)

340000－4806－0000127 4099
增詩二論詳解□□卷 （□）□□撰 清刻本 一冊 存一卷(四)

340000－4806－0000128 4100－4101
重訂詩料詳註四卷 （清）秦照 （清）郭一經輯 （清）陳風增釋 清嘉慶二年(1797)九經堂刻本 二冊 存三卷(一至三)

340000－4806－0000129 4102－4103
登瀛社稿一卷續刊一卷 （清）曾之撰撰 清刻本 二冊

340000－4806－0000130 4104－4106
詩句題解韻編一卷 （清）陳維屏纂輯 （清）王茂松鑒定 韻編朝代姓名總目一卷 （清）□□撰 詩句題解韻編續集六卷 （清）葉蘭纂輯 清同治三年(1864)京都琉璃廠刻本 三冊 缺四卷(詩句題解韻編續集一至二、四、六)

340000－4806－0000131 4107
方樸山先生文選不分卷 （清）方樸山撰 （清）謝家禾編 清道光十年(1830)掃葉山房刻三方合稿本 一冊

340000－4806－0000132 4108
明文明一卷 （明）路德選 清刻本 一冊

340000－4806－0000133 4109－4110
欽定四書文五集三十卷 （清）方苞編 清刻本 二冊 存二卷(正嘉、本朝)

340000－4806－0000134 4111
目耕齋小題偶耕不分卷 （清）沈叔眉編 清刻本 一冊

340000－4806－0000135 4112－4113
管緘若時文二集不分卷 （清）管世銘撰 清韞山堂刻本 二冊

340000－4806－0000136 4114
目蓮救母幽冥寶傳一卷 （清）□□撰 清光緒三十二年(1906)永邑樂善堂刻本 一冊

340000－4806－0000137 4115－4116
第一才子書六十卷一百二十回 （明）羅貫中撰 （清）金聖嘆注 （清）毛宗崗評 清刻本 二冊 存六卷(一至四、四十四至四十五)

340000－4806－0000138 5001
西學富強叢書八十一種 （清）袁俊德輯 清光緒二十五年(1899)小倉山房石印本 一冊 存二種五卷(周髀知裁一、器象顯真一至四)

《黃山市歙縣博物館古籍普查登記目録》
書名筆畫字頭索引

515

516

九畫

十畫

《黄山市歙縣博物館古籍普查登記目錄》
書名筆畫索引

四畫

五畫

七畫

九畫

十畫

十一畫

十三畫

十四畫

十五畫

十八畫

十九畫

二十畫

二十一畫

二十二畫

二十四畫

《黃山市圖書館古籍普查登記目錄》
書名筆畫字頭索引

《黄山市圖書館古籍普查登記目録》
書名筆畫索引

《黄山市戴震紀念館古籍普查登記目録》
書名筆畫字頭索引

《黄山市戴震紀念館古籍普查登記目録》
書名筆畫索引

《黄山市黄山區圖書館古籍普查登記目録》
書名筆畫字頭索引

《黄山市黄山區圖書館古籍普查登記目録》
書名筆畫索引

《黃山市祁門縣圖書館古籍普查登記目錄》
書名筆畫字頭索引

《黃山市祁門縣圖書館古籍普查登記目錄》
書名筆畫索引

《黄山市祁門縣博物館古籍普查登記目錄》
書名筆畫字頭索引

《黄山市祁門縣博物館古籍普查登記目錄》
書名筆畫索引

《黄山市休寧縣文物局古籍普查登記目錄》
書名筆畫字頭索引

《黃山市休寧縣文物局古籍普查登記目錄》
書名筆畫索引

568

《黄山市黟縣圖書館古籍普查登記目録》
書名筆畫字頭索引

十八畫

《黄山市黟縣圖書館古籍普查登記目錄》
書名筆畫索引

十八畫

《黄山學院圖書館古籍普查登記目錄》
書名筆畫字頭索引

《黃山學院圖書館古籍普查登記目録》
書名筆畫索引

《宣城市圖書館古籍普查登記目録》
書名筆畫字頭索引

《宣城市圖書館古籍普查登記目錄》
書名筆畫索引

六畫

七畫

八畫

十二畫

十三畫

十四畫

《宣城市博物館古籍普查登記目録》
書名筆畫字頭索引

《宣城市博物館古籍普查登記目録》
書名筆畫索引

《宣城市廣德市圖書館古籍普查登記目錄》
書名筆畫字頭索引

《宣城市廣德市圖書館古籍普查登記目録》
書名筆畫索引

《宣城市績溪縣圖書館古籍普查登記目錄》
書名筆畫字頭索引

596

《宣城市績溪縣圖書館古籍普查登記目錄》
書名筆畫索引

七畫

八畫

九畫

十畫

十一畫

十二畫

十三畫

十四畫

《宣城市郎溪縣圖書館古籍普查登記目録》
書名筆畫字頭索引

《宣城市郎溪縣圖書館古籍普查登記目録》
書名筆畫索引

《池州市青陽縣圖書館古籍普查登記目錄》
書名筆畫字頭索引

《池州市青陽縣圖書館古籍普查登記目録》
書名筆畫索引

《池州市青陽縣九華山風景區管委會歷史文物館古籍普查登記目錄》
書名筆畫字頭索引

《池州市青陽縣九華山風景區管委會歷史文物館古籍普查登記目錄》書名筆畫索引

《池州市石臺縣圖書館古籍普查登記目錄》
書名筆畫字頭索引

二畫

《池州市石臺縣圖書館古籍普查登記目録》
書名筆畫索引

二畫

《池州市石臺縣崇實中學古籍普查登記目錄》
書名筆畫字頭索引

《池州市石臺縣崇實中學古籍普查登記目錄》
書名筆畫索引

《安慶師範學院圖書館古籍普查登記目錄》
書名筆畫字頭索引

《安慶師範學院圖書館古籍普查登記目錄》
書名筆畫索引

《桐城市圖書館古籍普查登記目録》
書名筆畫字頭索引

《桐城市圖書館古籍普查登記目錄》
書名筆畫索引

五畫

六畫

七畫

八畫

九畫

十畫

十一畫

十二畫

十三畫

十四畫

十七畫

十八畫

十九畫

《桐城市博物館古籍普查登記目錄》
書名筆畫字頭索引

《桐城市博物館古籍普查登記目錄》
書名筆畫索引

《潛山市圖書館古籍普查登記目錄》
書名筆畫字頭索引

《潛山市圖書館古籍普查登記目録》
書名筆畫索引

十七畫

《安慶市嶽西縣圖書館古籍普查登記目録》
書名筆畫字頭索引

674

《安慶市嶽西縣圖書館古籍普查登記目録》
書名筆畫索引

《安慶市太湖縣圖書館古籍普查登記目錄》
書名筆畫字頭索引

《安慶市太湖縣圖書館古籍普查登記目錄》
書名筆畫索引

《安慶市宿松縣圖書館古籍普查登記目錄》
書名筆畫字頭索引

《安慶市宿松縣圖書館古籍普查登記目錄》
書名筆畫索引

《安慶市懷寧縣圖書館古籍普查登記目録》
書名筆畫字頭索引

《安慶市懷寧縣圖書館古籍普查登記目錄》
書名筆畫索引

《銅陵市圖書館古籍普查登記目録》
書名筆畫字頭索引

《銅陵市圖書館古籍普查登記目錄》
書名筆畫索引

《銅陵市樅陽縣圖書館古籍普查登記目錄》
書名筆畫字頭索引

《銅陵市樅陽縣圖書館古籍普查登記目錄》
書名筆畫索引

《馬鞍山市當塗縣圖書館古籍普查登記目錄》
書名筆畫字頭索引

《馬鞍山市當塗縣圖書館古籍普查登記目錄》
書名筆畫索引

《馬鞍山李白研究會古籍普查登記目録》
書名筆畫字頭索引

七畫

《馬鞍山李白研究會古籍普查登記目録》
書名筆畫索引

《安徽工業大學圖書館古籍普查登記目録》
書名筆畫字頭索引

《安徽工業大學圖書館古籍普查登記目錄》
書名筆畫索引

《蕪湖市圖書館古籍普查登記目錄》
書名筆畫字頭索引

十畫

十一畫

十二畫

十三畫

十四畫

716

《蕪湖市圖書館古籍普查登記目録》
書名筆畫索引

十一畫

十二畫

十三畫

《無為市圖書館古籍普查登記目録》
書名筆畫字頭索引

十一畫

十五畫

十六畫

《無爲市圖書館古籍普查登記目録》
書名筆畫索引

四畫

744

747

八畫

749

750

十一畫

十二畫

十三畫

十五畫

十六畫

十七畫

二十畫

二十一畫

《蕪湖市灣沚區圖書館古籍普查登記目録》
書名筆畫字頭索引

二畫

《蕪湖市灣沚區圖書館古籍普查登記目錄》
書名筆畫索引

二畫

《安徽省中醫藥高等專科學校古籍普查登記目錄》
書名筆畫字頭索引

《安徽省中醫藥高等專科學校古籍普查登記目錄》
書名筆畫索引

781

《安徽醫科大學圖書館古籍普查登記目錄》
書名筆畫字頭索引

《安徽醫科大學圖書館古籍普查登記目錄》
書名筆畫索引

《宿州市碭山縣圖書館古籍普查登記目錄》
書名筆畫字頭索引

十一畫

十二畫

十三畫

十四畫

十五畫

十六畫

十七畫

十八畫

十九畫

《宿州市碭山縣圖書館古籍普查登記目録》
書名筆畫索引

十四畫

十五畫

十六畫

十七畫

十八畫

十九畫